소방공무원
소방학개론
하

저희(이&권)는 이런 사람입니다.

- **이명구**
    - (現) 소방관
    - 보유자격증 : 화재진화사, 소방설비기사(전기), 소방설비기사(기계), 소방안전교육사, 소방시설관리사, 위험물기능장, 화재감식기사, 전기기사
    - 서울시립대 방재공학 석사 졸업

- **권혁범**
    - (現) 소방관
    - 보유자격증 : 화재진화사, 소방설비기사(전기), 소방설비기사(기계), 소방안전교육사, 위험물기능장, 화재감식기사, 정보처리기사, 굴삭기

소방학개론(하)
기본서

초판   인쇄   2025년 01월 08일
초판   발행   2025년 01월 10일

편 저 자 | 이명구, 권혁범
발 행 처 | ㈜서원각
등록번호 | 1999-1A-107호
주   소 | 경기도 고양시 일산서구 덕산로 88-45(가좌동)
교재주문 | 031-923-2051
팩   스 | 031-923-3815
교재문의 | 카카오톡 플러스 친구[서원각]
홈페이지 | goseowon.com

▷ 이 책은 저작권법에 따라 보호받는 저작물로 무단 전재, 복제, 전송 행위를 금지합니다.
▷ 내용의 전부 또는 일부를 사용하려면 저작권자와 (주)서원각의 서면 동의를 반드시 받아야 합니다.
▷ ISBN과 가격은 표지 뒷면에 있습니다.
▷ 파본은 구입하신 곳에서 교환해드립니다.

PREFACE

현직 소방관으로 재직 중인 이명구, 권혁범 소방관입니다.

저희(이&권)가 책을 집필하는 계기는 다음과 같습니다.
저몇 년동안 소방관련자격증을 공부하여 시험에 합격하였고 지금도 공부 중인 수험생(기술사)이기도 합니다.
우연히 신입 소방관의 소방학개론 수험서를 보았고 저희가 예비 소방관 후배들이 공부하는데 많은 도움이 될 수 있겠다 싶어 책을 만들게 되었습니다.
비번날 카페, 도서관에서 만나서 책의 구성, 암기법 등 책을 집필하는데 2년이라는 시간과 열정을 쏟았습니다.

저희(이&권)은 직접 시험으로 검증하였습니다.
책을 집필하면서 자격증시험(소방기사전기, 소방기사기계, 소방시설관리사, 소방안전교육사) 시험문제에 직접 응시하였고, 적응이 가능한지 검증하였으며, 소방직 공무원 기출문제(일반, 간부)를 모두 분석하고 검증 완료하였습니다.

저희(이&권)는 공유문화를 추구합니다.
저희는 자료를 카페(https://cafe.naver.com/studybook119)에 공개하기로 하였고, 유튜브로 무료강의를 시작하기로 하였습니다. 소방에 궁금한 사항이나 질문사항이 있으시면 카페를 이용하시면 되겠습니다.

소방학개론은 소방직시험(공채, 경채, 간부)을 기본틀로 구성하였습니다.
2023년부터 소방학개론의 비중이 높아졌다는 것을 알고 있을 것입니다.
저희(이&권)는 후배 소방관님의 합격에 대한 간절한 마음을 누구보다 잘 알기에 하나라도 더 알려드리고 싶고 효율적으로 공부방법으로 좋은 성적으로 합격을 기원하는 마음으로 집필하였습니다.

STRUCTURE

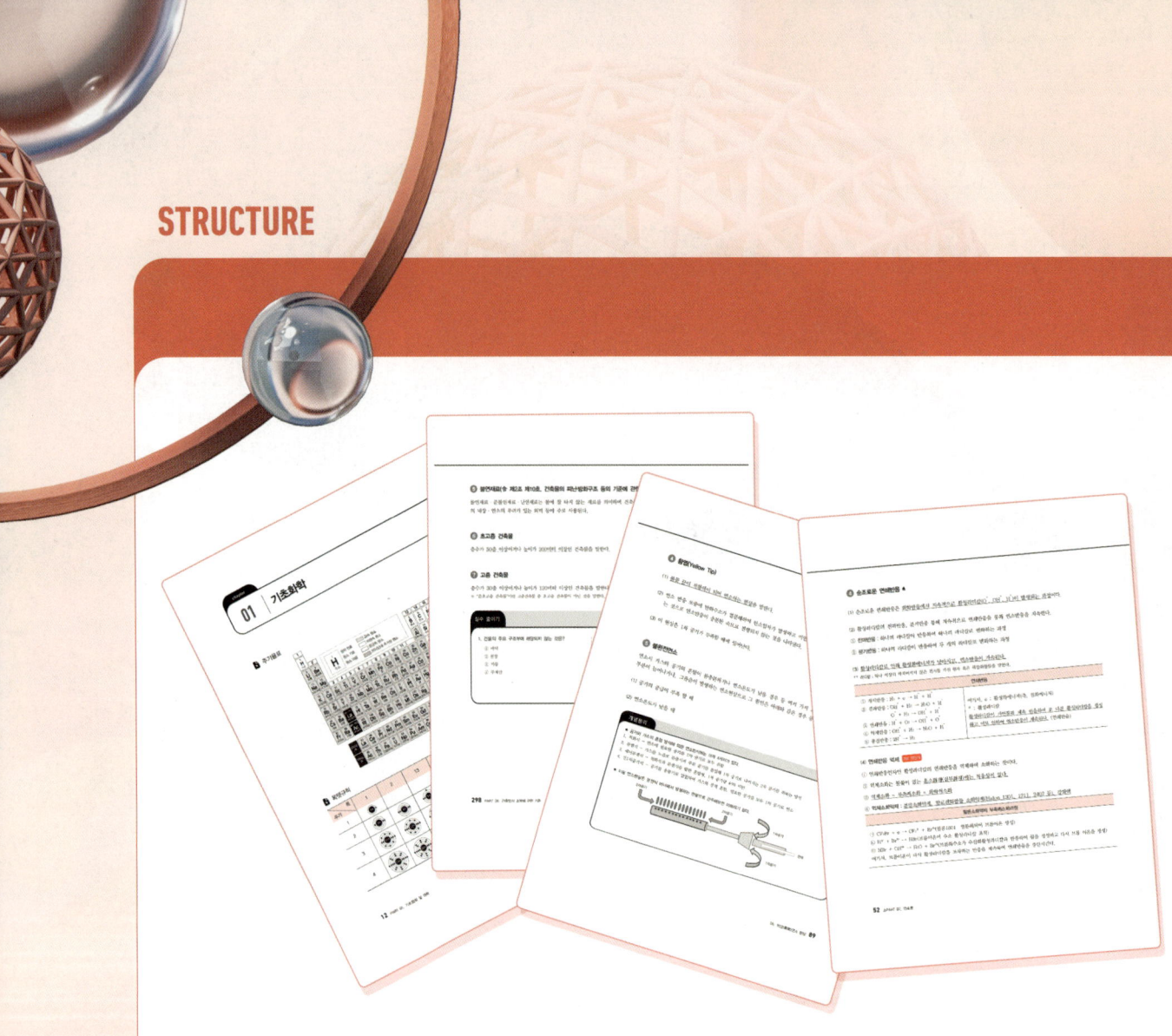

핵심이론정리

해당 단원에서 필수적으로 알아야 할 내용을 정리하여 수록했습니다. 출제가 예상되는 핵심적인 내용만을 학습함으로써 단기간에 학습 효율을 높일 수 있습니다.

이론팁

과년도 기출문제를 분석하여 반드시 알아야 할 내용을 한 눈에 파악할 수 있도록 Tip으로 정리하였습니다. 문제 출제의 포인트가 될 수 있는 사항이므로 반드시 암기하는 것이 좋습니다.

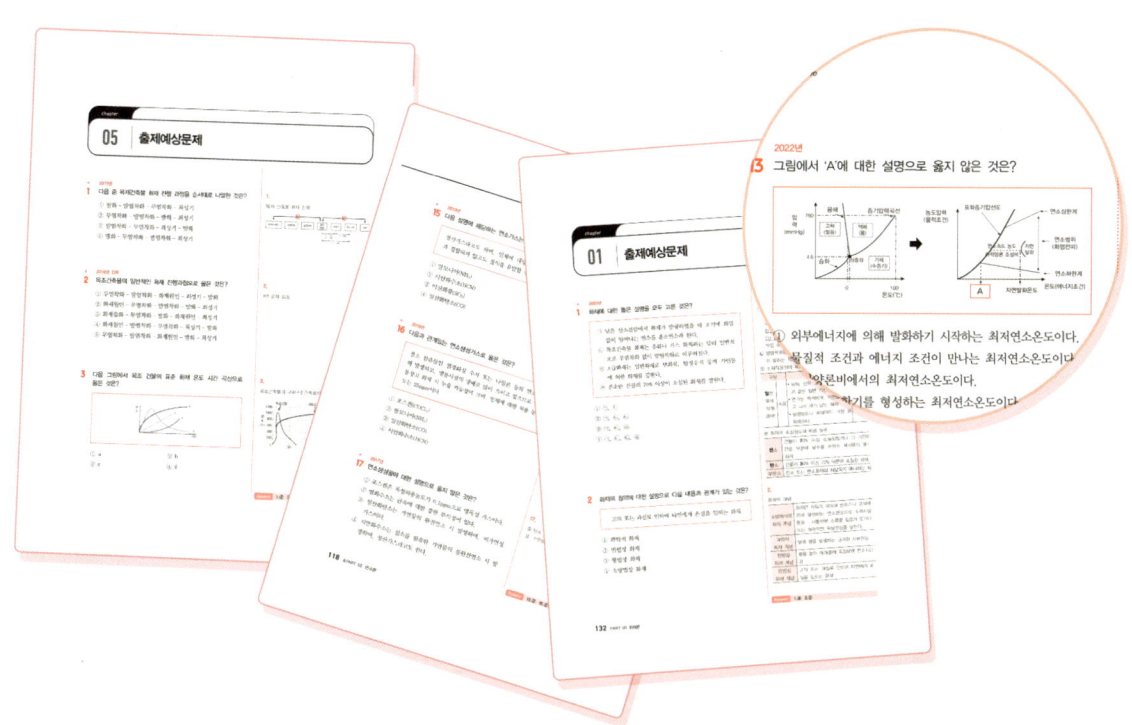

기출문제분석

실제로 시험에 출제된 문제를 수록하여 기출 경향 파악에 도움이 되도록 구성하였습니다. 이론 학습이 바로 기출문제 풀이로 이어져 학습의 효율을 높일 수 있습니다.

출제예상문제

출제가 예상되는 문제만을 엄선하여 수록하였습니다. 다양한 난도와 유형의 문제들로 연습하여 확실하게 대비할 수 있습니다.

CONTETNS

PART 11 피난구조설비
- 01_ 피난기구 ······ 10
- 02_ 인명구조기구 ······ 19
- 03_ 유도등 및 유도표지 ······ 23
- 04_ 비상조명등 및 휴대용비상조명등 ······ 32

PART 12 소화용수설비
- 01_ 상수도 소화용수설비 ······ 40
- 02_ 소화수조 및 저수조 ······ 43

PART 13 소화활동설비
- 01_ 소화활동설비의 종류 ······ 50
- 02_ 제연설비(거실제연설비) ······ 51
- 03_ 제연설비(특별피난계단 및 부속실 제연설비) ······ 59
- 04_ 연결송수관설비 ······ 66
- 05_ 연결살수설비 ······ 72
- 06_ 비상콘센트설비 ······ 75
- 07_ 무선통신보조설비 ······ 81
- 08_ 지하구의 화재안전기준(구,연소방지설비) ······ 88

PART 14 소방학총론
- 01_ 소방행정체제의 기능 및 책임 ······ 94
- 02_ 소방행정 행위의 구분 ······ 96
- 03_ 소방의 발전과정 ······ 98
- 04_ 소방조직관리 ······ 108
- 05_ 민간 소방조직 ······ 111

PART 15 소방공무원 인적자원관리
- 01_ 공무원의 구분 ······ 120
- 02_ 인사관련 용어정의 ······ 122
- 03_ 소방공무원의 계급 ······ 126
- 04_ 임용 ······ 127
- 05_ 복무 ······ 132
- 06_ 신분보장 ······ 134
- 07_ 징계 ······ 140

PART 16 소방공무원 물적·재정적 자원관리
- 01_ 소방물적자원 관리 ······ 148
- 02_ 국고보조금 ······ 149

PART 17 소방기본법
- 01_ 소방기본법 개요 ······ 154
- 02_ 소방력의 3요소 ······ 155
- 03_ 119종합상황실의 설치와 운영 ······ 157
- 04_ 소방활동 등(진압활동 등) ······ 159

PART 18 화재의 예방 및 안전에 관한 법률
- 01_ 화재의 예방 및 안전관리 개요 ······ 178
- 02_ 화재안전조사 ······ 179
- 03_ 화재의 예방조치 등 ······ 183
- 04_ 화재예방강화지구의 지정 등 ······ 187
- 05_ 소방대상물의 안전관리 ······ 189
- 06_ 특별관리시설물의 소방안전관리 ······ 196

PART 19 소방시설 설치 및 관리에 관한 법률

- 01_ 소방시설 설치 및 관리 개요 ········ 210
- 02_ 건축허가등의 동의 ········ 214
- 03_ 특정소방대상물에 설치하는 소방시설의 관리 등 219
- 04_ 방염 ········ 228
- 05_ 특정소방대상물의 구분 ········ 231

PART 20 위험물 안전관리

- 01_ 위험물의 개요 ········ 248
- 02_ 위험물의 허가관련 등에 관한 사항 ········ 252
- 03_ 위험물의 안전관리 등에 관한 사항 ········ 255
- 04_ 위험물의 운반 및 운송에 관한 사항 ········ 261
- 05_ 행정처분 ········ 266
- 06_ 안전거리 ········ 267
- 07_ 보유공지 ········ 268
- 08_ 표지 및 게시판 ········ 271

PART 21 구조실무

- 01_ 구조개론 ········ 288
- 02_ 구조활동의 기본 ········ 292
- 03_ 구조활동의 기록 ········ 294
- 04_ 구조장비 ········ 296
- 05_ 로프매듭 ········ 301
- 06_ 위험물질의 표지와 식별방법 ········ 307

PART 22 구급실무

- 01_ 응급의료개론 ········ 320
- 02_ 환자분류 ········ 328
- 03_ 환자평가 ········ 334
- 04_ 응급의료 장비 ········ 340
- 05_ 감염방지 및 개인 보호 장비 ········ 350
- 06_ 심폐소생술 ········ 357
- 07_ 화상 ········ 361

PART 23 재난 및 안전관리

- 01_ 소방활동의 특성 ········ 366
- 02_ 재해(사고)발생 이론 ········ 367
- 03_ 재난 ········ 373
- 04_ 재난관리 및 재난관리 체제 ········ 377

PART 24 재난 및 안전관리 기본법

- 01_ 총칙 ········ 392
- 02_ 안전관리기구 및 기능 ········ 412
- 03_ 안전관리계획 ········ 441
- 04_ 재난의 예방 ········ 448
- 05_ 재난의 대비 ········ 465
- 06_ 재난의 대응과 긴급구조 ········ 479
- 07_ 재난의 복구 ········ 518
- 08_ 안전문화 진흥 ········ 532
- 09_ 보칙 ········ 538
- 10_ 벌칙 ········ 559

✽ 연도별 기출경향 ✽

[기출연도]	2012	2013	2014	2015	2016	2017	2018	2019	2020	2021	2022	2023	2024
문항수	1	2	0	0	0	0	0	0	0	1	0	1	0

PART 11

피난구조설비

01	피난기구
02	인명구조기구
03	유도등 및 유도표지
04	비상조명등 및 휴대용비상조명등

01 피난기구

1 개요

피난기구란 ① 피난사다리 ② 구조대 ③ 완강기 ④ 화재안전기준으로 정하는 것(미끄럼대 · 피난교 · 피난용트랩 · 간이완강기 · 공기안전매트 · 다수인피난장비 · 승강식피난기 등)으로 구분하며, 소방대상물의 방호공간, 장치, 장비 등에서 화재가 발생한 경우 초기에 특정 다수인 및 불특정 다수인의 피난을 위한 기구로서 사람이 직접 조작하거나 무동력으로 작동하여 화재층에서 다른 층 및 외부로의 피난을 돕는 것으로 인명을 안전하게 보호하기 위한 기구이다.

2 설치대상

특정소방대상물	적용기준
특정소방대상물 전체	모든층
	■ 제외대상 ① 피난층, 지상1층, 지상2층 　　(단, 노유자시설 중 피난층이 아닌 지상 1층과 지상 2층은 설치) ② 층수가 11층 이상인 층 ③ 위험물 저장 및 처리시설 중 가스시설 ④ 지하가 중 터널 또는 지하구

③ 피난기구의 종류 🔥🔥🔥 [2021]

피난사다리	화재 시 긴급대피를 위해 사용하는 사다리를 말한다.
완강기	사용자의 몸무게에 따라 자동적으로 내려올 수 있는 기구 중 사용자가 교대하여 연속적으로 사용할 수 있는 것을 말한다.
간이완강기	사용자의 몸무게에 따라 자동적으로 내려올 수 있는 기구 중 사용자가 연속적으로 사용할 수 없는 것을 말한다.
구조대	포지 등을 사용하여 자루형태로 만든 것으로서 화재시 사용자가 그 내부에 들어가서 내려옴으로써 대피할 수 있는 것을 말한다.
공기안전매트	화재 발생시 사람이 건축물 내에서 외부로 긴급히 뛰어 내릴 때 충격을 흡수하여 안전하게 지상에 도달할 수 있도록 포지에 공기 등을 주입하는 구조로 되어 있는 것을 말한다.
다수인피난장비	화재 시 2인 이상의 피난자가 동시에 해당층에서 지상 또는 피난층으로 하강하는 피난기구를 말한다.
승강식 피난기	사용자의 몸무게에 의하여 자동으로 하강하고 내려서면 스스로 상승하여 연속적으로 사용할 수 있는 무동력 승강식피난기를 말한다.
미끄럼대	사용자가 미끄럼식으로 신속하게 지상 또는 피난층으로 이동할 수 있는 피난기구를 말한다.
하향식 피난구용 내림식사다리	하향식 피난구 해치에 격납하여 보관하고 사용 시에는 사다리 등이 소방대상물과 접촉되지 아니하는 내림식 사다리를 말한다.
피난교	인접 건축물 또는 피난층과 연결된 다리 형태의 피난기구를 말한다.
피난용트랩	화재 층과 직상 층을 연결하는 계단형태의 피난기구를 말한다.

4 피난기구의 설치기준 [2023 간부]

(1) 피난기구 설치수량 🔥🔥 (M 숙노의 오백/ 위문운동판복 팔백/ 계아/ 그밖 천)

특정소방대상물	설치개수
숙박시설, **노**유자시설, **의**료시설로 사용되는 층	그 층의 바닥면적 **500㎡** 마다 1개 이상
위락시설, **문**화집회 및 **운동**시설, **판**매시설로 사용되는 층 또는 **복**합용도의 층	그 층의 바닥면적 **800㎡** 마다 1개 이상
계단실형 **아**파트	각 세대마다 **1개** 이상
그 **밖**의 용도로 사용되는 층	그 층의 바닥면적 **1,000㎡** 마다 1개 이상

(2) 피난기구 추가 설치규정 🔥🔥

특정소방대상물	설치규정
숙박시설 (휴양콘도미니엄을 제외한다)	객실마다 완강기 또는 둘 이상의 간이 완강기를 설치할 것
공동주택	하나의 관리주체가 관리하는 공동주택 구역마다 공기안전매트 1개 이상을 추가로 설치할 것
노유자시설 중 장애인 관련 시설 (4층 이상의 층)	층마다 구조대를 1개 이상 추가 (주된 사용자 중 스스로 피난이 불가한 자가 있는 경우)

(3) 피난기구 설치기준

① 피난기구는 계단·피난구 기타 피난시설로부터 적당한 거리에 있는 안전한 구조로 된 피난 또는 소화 활동상 유효한 개구부(가로 0.5미터 이상, 세로 1미터 이상의 것을 말한다.)에 고정하여 설치하거나 필요한 때에 신속하고 유효하게 설치할 수 있는 상태에 둘 것

② 피난기구를 설치하는 개구부는 서로 동일직선상이 아닌 위치에 있을 것

③ 피난기구는 특정소방대상물의 기둥·바닥 및 보 등 구조상 견고한 부분에 볼트조임·매입 및 용접 등의 방법으로 견고하게 부착할 것

④ 4층 이상의 층에 피난사다리(하향식 피난구용 내림식사다리는 제외한다)를 설치하는 경우에는 금속성 고정사다리를 설치하고, 당해 고정사다리에는 쉽게 피난할 수 있는 구조의 노대를 설치할 것

⑤ 완강기는 강하 시 로프가 건축물 또는 구조물 등과 접촉하여 손상되지 않도록 하고, 로프의 길이는 부착위치에서 지면 또는 기타 피난상 유효한 착지 면까지의 길이로 할 것

⑥ 미끄럼대는 안전한 강하속도를 유지하도록 하고, 전락방지를 위한 안전조치를 할 것
⑦ 구조대의 길이는 피난 상 지장이 없고 안정한 강하속도를 유지할 수 있는 길이로 할 것
⑧ 다수인 피난장비는 다음 각 목에 적합하게 설치할 것
- ㉠ 피난에 용이하고 안전하게 하강할 수 있는 장소에 적재 하중을 충분히 견딜 수 있도록 「건축물의 구조기준 등에 관한 규칙」 제3조에서 정하는 구조안전의 확인을 받아 견고하게 설치할 것
- ㉡ 다수인피난장비 보관실(이하 "보관실"이라 한다)은 건물 외측보다 돌출되지 아니하고, 빗물·먼지 등으로부터 장비를 보호할 수 있는 구조일 것
- ㉢ 사용 시에 보관실 외측 문이 먼저 열리고 탑승기가 외측으로 자동으로 전개될 것
- ㉣ 하강 시에 탑승기가 건물 외벽이나 돌출물에 충돌하지 않도록 설치할 것
- ㉤ 상·하층에 설치할 경우에는 탑승기의 하강경로가 중첩되지 않도록 할 것
- ㉥ 하강 시에는 안전하고 일정한 속도를 유지하도록 하고 전복, 흔들림, 경로이탈 방지를 위한 안전조치를 할 것
- ㉦ 보관실의 문에는 오작동 방지조치를 하고, 문 개방 시에는 당해 소방대상물에 설치된 경보설비와 연동하여 유효한 경보음을 발하도록 할 것
- ㉧ 피난층에는 해당 층에 설치된 피난기구가 착지에 지장이 없도록 충분한 공간을 확보할 것
- ㉨ 한국소방산업기술원 또는 법 제46조제1항에 따라 성능시험기관으로 지정받은 기관에서 그 성능을 검증받은 것으로 설치할 것

소방대상물의 설치장소별 피난기구의 적응성(제4조 제1항 관련)

설치장소별 \ 층별	1층	2층	3층	4층 이상 10층 이하
1. 노유자시설	미끄럼대 구조대 피난교 다수인피난장비 승강식피난기	미끄럼대 구조대 피난교 다수인피난장비 승강식피난기	미끄럼대 구조대 피난교 다수인피난장비 승강식피난기	구조대 피난교 다수인피난장비 승강식피난기
2. 의료시설·근린생활시설중 입원실이 있는 의원·접골원·조산원			미끄럼대 구조대 피난교 피난용트랩 다수인피난장비 승강식피난기	구조대 피난교 피난용트랩 다수인피난장비 승강식피난기
3. 「다중이용업소의 안전관리에 관한 특별법 시행령」 제2조에 따른 다중이용업소로서 영업장의 위치가 4층 이하인 다중이용업소		미끄럼대 피난사다리 구조대 완강기 다수인피난장비 승강식피난기	미끄럼대 피난사다리 구조대 완강기 다수인피난장비 승강식피난기	미끄럼대 피난사다리 구조대 완강기 다수인피난장비 승강식피난기
4. 그 밖의 것			미끄럼대 피난사다리 구조대 완강기 피난교 피난용트랩 간이완강기 공기안전매트 다수인피난장비 승강식피난기	피난사다리 구조대 완강기 피난교 간이완강기 공기안전매트 다수인피난장비 승강식피난기

※ 비고
1) 구조대의 적응성은 장애인 관련 시설로서 주된 사용자 중 스스로 피난이 불가한 자가 있는 경우 추가로 설치하는 경우에 한한다.
2), 3) 간이완강기의 적응성은 숙박시설의 3층 이상에 있는 객실에, 공기안전매트의 적응성은 공동주택(「공동주택관리법」 제2조 제1항 제2호 가목부터 라목까지 중 어느 하나에 해당하는 공동주택)에 추가로 설치하는 경우에 한한다. 🔥 (Ⓜ 암기법)

설치장소별 \ 층별	1층	2층	3층	4층 이상 10층 이하
1. 노유자시설	미구다승교	미구다승교	미구다승교	구다승교
2. 의료시설·근린생활시설중 입원실이 있는 의원·접골원·조산원			미구다승교트	구다승교트
3. 다중이용업소로서 영업장의 위치가 4층 이하인 다중이용업소		미구다승완사	미구다승완사	미구다승완사
4. 그 밖의 것			미구다승완간공교트사	구다승완간공교사

01 출제예상문제

* 2021년

1 피난구조설비에 대한 설명으로 옳지 않은 것은?

① 인공소생기란 호흡 부전 상태인 사람에게 인공호흡을 시켜 환자를 보호하거나 구급하는 기구이다.
② 피난구유도등이란 피난구 또는 피난경로로 사용되는 출입구를 표시하여 피난을 유도하는 등을 말한다.
③ 복도통로유도등이란 피난통로가 되는 복도에 설치하는 통로유도등으로서 피난구의 방향을 명시하는 것을 말한다.
④ 구조대란 사용자의 몸무게에 의하여 자동으로 하강하고 내려서면 스스로 상승하여 연속적으로 사용할 수 있는 무동력 피난기구를 말한다.

1.

완강기	사용자의 몸무게에 따라 자동적으로 내려올 수 있는 기구중 사용자가 교대하여 <u>연속적으로 사용</u>할 수 있는 것을 말한다.
구조대	포지 등을 사용하여 <u>자루형태</u>로 만든 것으로서 화재시 사용자가 그 내부에 들어가서 내려옴으로써 대피할 수 있는 것을 말한다.

2 피난기구의 종류가 아닌 것은?

① 미끄럼대　　② 공기호흡기
③ 승강식피난기　　④ 공기안전매트

2.
㉠ 피난기구 : 피난사다리, 완강기, 간이완강기, 구조대, 공기안전매트, 다수인피난장비, 승강식 피난기, 하향식 피난구용 내림식사다리, 미끄럼대
㉡ 인명구조기구 : 방열복, 방화복, 공기호흡기, 인공소생기 (**M 방공인**)

3 피난기구 용어의 정의 중 다음 ( ) 안에 알맞은 것은?

( )란 사용자의 몸무게에 따라 자동적으로 내려올 수 있는 기구 중 사용자가 연속적으로 사용할 수 없는 것을 말한다.

① 간이완강기　　② 공기안전매트
③ 완강기　　④ 승강식 피난기

3.

간이완강기	사용자의 몸무게에 따라 자동적으로 내려올 수 있는 기구중 사용자가 <u>연속적으로 사용할 수 없는 것</u>을 말한다.

Answer 1.④ 2.② 3.①

4 피난기구 설치 개수의 기준 중 다음 ( ) 안에 알맞은 것은?

> 층마다 설치하되, 숙박시설·노유자시설 및 의료시설로 사용되는 층에 있어서는 그 층의 바닥면적(㉠)㎡마다, 위락시설·문화집회 및 운동시설·판매시설로 사용되는 층 또는 복합용도의 층에 있어서는 그 층의 바닥면적 (㉡)㎡마다, 계단실형 아파트에 있어서는 각 세대마다, 그 밖의 용도의 층에 있어서는 그 층의 바닥면적 (㉢)㎡마다 1개 이상 설치할 것

① ㉠ 300, ㉡ 500, ㉢ 1000
② ㉠ 500, ㉡ 800, ㉢ 1000
③ ㉠ 300, ㉡ 500, ㉢ 1500
④ ㉠ 500, ㉡ 800, ㉢ 1500

4.
피난기구 설치수량 🔥🔥 (**M** **숙**노의 **오백**/ **위**문운동 **판**복 **팔백**/ **계**아/ **그밖** **천**)

특정소방대상물	설치개수
숙박시설, **노**유자시설, **의료**시설로 사용되는 층	그 층의 바닥면적 **500**㎡ 마다 1개 이상
위락시설, **문**화집회 및 **운동**시설, **판**매시설로 사용되는 층 또는 **복**합용도의 층	그 층의 바닥면적 **800**㎡ 마다 1개 이상
계단실형 **아**파트	각 세대마다 **1**개 이상
그 밖의 용도로 사용되는 층	그 층의 바닥면적 **1,000**㎡ 마다 1개 이상

5 피난기구의 화재안전기준상 노유자시설의 4층 이상 10층 이하에서 적응성이 있는 피난기구가 아닌 것은?

① 피난교
② 다수인피난장비
③ 승강식피난기
④ 미끄럼대

5.
소방대상물의 설치장소별 피난기구의 적응성 (**M** 암기법)

설치 장소별 \ 층별	1층	2층	3층	4층 이상 10층 이하
1. 노유자시설		미구다승교	미구다승교	**구**다승교
2. 의료시설·근린생활시설중 입원실이 있는 의원·접골원·조산원			미구다승교트	**구**다승교트
3. 다중이용업소로서 영업장의 위치가 4층 이하인 다중이용업소		미구다승완사	미구다승완사	
4. 그 밖의 것		미구다승완간공교트사	미구다승완간공교트사	**구**다승완간공교**사**

Answer 4.② 5.④

6 소방대상물의 설치장소별 피난기구의 적응성 기준 중 다음 ( ) 안에 알맞은 것은?

> 간이완강기의 적응성은 숙박시설의 (㉠)층 이상에 있는 객석에, 공기안전매트의 적응성은 (㉡)에 한한다.

① ㉠ 3, ㉡ 공동주택
② ㉠ 4, ㉡ 공동주택
③ ㉠ 3, ㉡ 단독주택
④ ㉠ 4, ㉡ 단독주택

6.

소방대상물의 설치장소별 피난기구의 적응성의 기준 중 간이완강기의 적응성은 <u>숙박시설의 3층 이상</u>에 있는 객실에, 공기안전매트의 적응성은 <u>공동주택</u>(공동주택관리법 시행령 제2조의 규정에 해당하는 공동주택)에 한한다.

---

* 2023년 간부

7 피난기구의 화재안전성능기준(NFPC 301)에서 피난기구의 설치기준으로 옳지 않은 것은?

① 피난기구를 설치하는 개구부는 서로 동일직선상이 아닌 위치에 있을 것
② 구조대의 길이는 피난 상 지장이 없고 안정한 강하속도를 유지할 수 있는 길이로 할 것
③ 다수인 피난장비는 사용시에 보관실 외측 문이 먼저 열리고 탑승기가 외측으로 자동으로 전개될 것
④ 피난기구는 특정소방대상물의 기둥·바닥 및 보 등 구조상 견고한 부분에 볼트조임 매입 및 용접 등의 방법으로 견고하게 부착할 것
⑤ 4층 이상의 층에 하향식 피난구용 내림식사다리를 설치하는 경우에는 금속성 고정사다리를 설치하고, 당해 고정사다리에는 쉽게 피난할 수 있는 구조의 노대를 설치할 것

7.

피난기구는 다음 각 호의 기준에 따라 설치해야 한다.
1. 피난기구는 계단·피난구 기타 피난시설로부터 적당한 거리에 있는 안전한 구조로 된 피난 또는 소화 활동상 유효한 개구부(가로 0.5미터 이상, 세로 1미터 이상의 것을 말한다.)에 고정하여 설치하거나 필요한 때에 신속하고 유효하게 설치할 수 있는 상태에 둘 것
2. 피난기구를 설치하는 개구부는 서로 동일직선상이 아닌 위치에 있을 것
3. 피난기구는 특정소방대상물의 기둥·바닥 및 보 등 구조상 견고한 부분에 볼트조임·매입 및 용접 등의 방법으로 견고하게 부착할 것
4. 4층 이상의 층에 피난사다리(하향식 피난구용 내림식사다리는 제외한다)를 설치하는 경우에는 금속성 고정사다리를 설치하고, 당해 고정사다리에는 쉽게 피난할 수 있는 구조의 노대를 설치할 것
5. 완강기는 강하 시 로프가 건축물 또는 구조물 등과 접촉하여 손상되지 않도록 하고, 로프의 길이는 부착위치에서 지면 또는 기타 피난상 유효한 착지면까지의 길이로 할 것
6. 미끄럼대는 안전한 강하속도를 유지하도록 하고, 전락방지를 위한 안전조치를 할 것
7. 구조대의 길이는 피난 상 지장이 없고 안정한 강하속도를 유지할 수 있는 길이로 할 것
8. 다수인 피난장비는 사용 시에 보관실 외측 문이 먼저 열리고 탑승기가 외측으로 자동으로 전개될 것

Answer 6.① 7.⑤

02 | 인명구조기구

1 개요

인명구조기구라 함은 방열복, 방화복, 공기호흡기 및 인공소생기로 화재 시 소방활동을 수행하거나 인명을 안전하게 보호 또는 구조하는데 사용되는 기구를 말한다.

2 인명구조기구를 설치하여야 하는 특정소방대상물

(1) 방열복 또는 방화복(안전모, 보호장갑 및 안전화를 포함한다), 인공소생기 및 공기호흡기를 설치하여야 하는 특정소방대상물 : **지**하층을 **포**함하는 층수가 **7**층 이상인 **관**광호텔 (M 지포7관)

(2) 방열복 또는 방화복(안전모, 보호장갑 및 안전화를 포함한다) 및 공기호흡기를 설치하여야 하는 특정소방대상물 : **지**하층을 **포**함하는 층수가 **5**층 이상인 **병**원 (M 지포5병)

(3) 공기호흡기를 설치하여야 하는 특정소방대상물은 다음의 어느 하나와 같다. (M 수백영/판대/역/상/이)

① **수용인원 100명** 이상인 문화 및 집회시설 중 **영**화상영관

② **판**매시설 중 **대**규모점포

③ 운수시설 중 지하**역**사

④ 지하가 중 지하**상**가

⑤ 물분무등소화설비를 설치하여야 하는 특정소방대상물 및 화재안전기준에 따라 **이**산화탄소소화설비(호스릴이산화탄소소화설비는 제외한다)를 설치하여야 하는 특정소방대상물

③ 정의 🔥🔥🔥

방열복	고온의 복사열에 가까이 접근하여 소방활동을 수행할 수 있는 내열피복을 말한다.	
공기호흡기	소화활동 시에 화재로 인하여 발생하는 각종 유독가스 중에서 일정시간 사용할 수 있도록 제조된 압축공기식 개인호흡장비(보조마스크를 포함한다)를 말한다.	
인공소생기	호흡 부전 상태인 사람에게 인공호흡을 시켜 환자를 보호하거나 구급하는 기구를 말한다.	
방화복	화재진압 등의 소방활동을 수행할 수 있는 피복을 말한다.	
인명구조	화열, 화염, 유해성가스 등으로부터 인명을 보호하거나 구조하는데 사용되는 기구를 말한다.	

📝 특정소방대상물의 용도 및 장소별로 설치하여야 할 인명구조기구(제4조제1호 관련) 🔥🔥

특정소방대상물	인명구조기구의 종류	설치 수량
• **지**하층을 **포**함하는 층수가 **7**층 이상인 **관**광호텔 및 **5**층 이상인 **병**원 (Ⓜ 지포7관5병)	• **방**열복 또는 방화복(안전**모**, **보**호장갑 및 **안**전화를 포함한다) • **공**기호흡기 • **인**공소생기 (Ⓜ 방공인 모보안)	• 각 2개 이상 비치할 것. 다만, 병원의 경우에는 인공소생기를 설치하지 않을 수 있다.
• 문화 및 집회시설 중 **수**용인원 100명 이상의 **영**화상영관 • **판**매시설 중 **대**규모 점포 • 운수시설 중 지하**역**사 • 지하가 중 지하**상**가 (Ⓜ 수백영/판대/역/상)	• 공기호흡기	• 층마다 2개 이상 비치할 것. 다만, 각 층마다 갖추어 두어야 할 공기호흡기 중 일부를 직원이 상주하는 인근 사무실에 갖추어 둘 수 있다.
• 물분무등소화설비 중 이산화탄소 소화설비를 설치하여야 하는 특정소방대상물	• 공기호흡기	• 이산화탄소소화설비가 설치된 장소의 출입구 외부 인근에 1대 이상 비치할 것

02 출제예상문제

1 소화활동 시 화재로 인하여 발생하는 각종 유독가스 중에서 일정시간 사용할 수 있도록 제조된 압축공기식 개인호흡장비는?

① 산소발생기
② 공기호흡기
③ 방열마스크
④ 인공 소생기

2 인명구조기구의 종류가 아닌 것은?

① 방열복
② 구조대
③ 공기호흡기
④ 인공소생기

1.

인명구조기구의 종류

방열복	고온의 복사열에 가까이 접근하여 소방활동을 수행할 수 있는 내열피복을 말한다.
공기호흡기	소화활동 시에 화재로 인하여 발생하는 각종 유독가스 중에서 일정시간 사용할 수 있도록 제조된 압축공기식 개인호흡장비(보조마스크를 포함한다)를 말한다.
인공소생기	호흡 부전 상태인 사람에게 인공호흡을 시켜 환자를 보호하거나 구급하는 기구를 말한다.
방화복	화재진압 등의 소방활동을 수행할 수 있는 피복을 말한다.

2.

문제 1번 답안 참조

Answer 1.② 2.②

3 특정소방대상물의 용도 및 장소별로 설치해야 할 인명구조기구의 기준으로 틀린 것은?

① 지하가 중 지하상가는 공기 호흡기를 층마다 2개 이상 비치할 것
② 문화 및 집회시설 중 수용인원 100명 이상의 영화상영관은 공기호흡기를 층마다 2개 이상 비치할 것
③ 물분무등소화설비 중 이산화탄소 소화설비를 설치해야 하는 특정소방대상물은 공기호흡기를 이산화탄소 소화설비가 설치된 장소의 출입구 외부 인근에 1대 이상 비치할 것
④ 지하층을 포함하는 층수가 7층 이상인 관광호텔은 방열복 또는 방화복, 공기호흡기, 인공소생기를 각 1개 이상 비치할 것

3.

특정소방대상물	인명구조기구의 종류	설치 수량
• **지**하층을 **포**함하는 층수가 **7**층 이상인 **관**광호텔 및 **5**층 이상인 **병**원 (M **지포7관5병**)	• **방**열복 또는 **방**화복(안전**모**, 보호장갑 및 **안**전화를 포함) • **공**기호흡기 • **인**공소생기 (M **방공인 모보안**)	• **각 2개 이상** 비치할 것. 다만, 병원의 경우에는 인공소생기를 설치하지 않을 수 있다.

4 특정소방대상물의 용도 및 장소별로 설치하여야 할 인명구조기구 종류의 기준 중 다음 ( ) 안에 알맞은 것은?

특정소방대상물	인명구조기구의 종류
물분무등소화설비 중 ( )를 설치하여야하는 특정소방대상물	공기호흡기

① 이산화탄소소화설비
② 분말소화설비
③ 할론소화설비
④ 할로겐화합물 및 불활성기체소화설비

4.

특정소방대상물	인명구조기구의 종류	설치 수량
• 물분무등소화설비 중 <u>이산화탄소소화설비</u>를 설치하여야 하는 특정소방대상물	• 공기호흡기	• 이산화탄소소화설비가 설치된 장소의 출입구 외부 인근에 1대 이상 비치할 것

Answer 3.④ 4.①

03 유도등 및 유도표지

❶ 개요

유도등 및 유도표지는 화재시 긴급대피 방향을 안내하기 위한 설비로서 유도등은 전원을 이용하는 것으로 정상상태에서는 상용전원에 따라 켜지고 상용전원이 정전되는 경우에는 비상전원으로 자동 전환되어 켜지는 등을 말하며, 유도표지는 피난의 방향과 피난구를 표시한 표지판으로 등화를 갖지 않고 표시면의 자체 휘도로 피난을 유도하는 표지이다.

또한, 피난유도선은 화재발생시 또는 정전 시에 안전하고 원활한 피난을 유도할 수 있도록 연속된 띠 형태로 피난통로 등에 설치하는 것을 말한다. 화재신호를 수신하거나 정전 시 자동적으로 광원을 점등하는 방식과 외부로 부터 전원을 공급받지 않고 전등불이나 햇빛 등으로 부터 빛에너지를 축광하여 자체발광하는 방식이 있다.

❷ 설치대상

① 피난구유도등, 통로유도등 및 유도표지는 「소방시설법 시행령」 별표 2의 특정소방대상물에 설치한다.
   다만, 다음의 어느 하나에 해당하는 경우는 제외한다.
   ㉠ 지하가 중 터널 및 지하구
   ㉡ 동물 및 식물 관련 시설 중 축사로서 가축을 직접 가두어 사육하는 부분
② 객석유도등은 다음의 어느 하나에 해당하는 특정소방대상물에 설치한다.
   ㉠ **유흥**주점영업시설(유흥주점영업 중 손님이 **춤**을 출 수 있는 **무**대가 설치된 **카**바레, **나**이트클럽 또는 그 밖에 이와 비슷한 영업시설만 해당한다)
   ㉡ **문**화 및 집회시설
   ㉢ **종**교시설
   ㉣ **운동**시설 (Ⓜ 유흥춤무카나 문종운동)

❸ 유도등 및 유도표지의 종류

(1) 유도등 및 유도표지의 분류 🔥🔥🔥

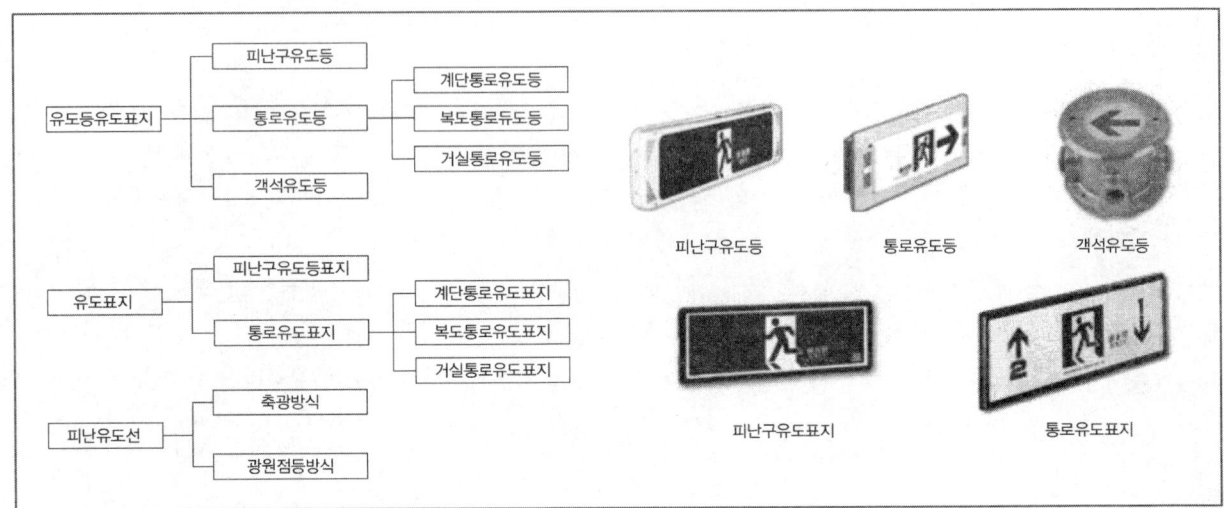

(2) 용어정의 🔥🔥🔥

피난구유도등	피난구 또는 피난경로로 사용되는 출입구가 있다는 것을 표시하는 녹색등화의 유도등을 말한다. 유도등의 크기에 따라 대형, 중형, 소형이 있다.
통로유도등	피난통로를 안내하기 위한 유도등으로 크기에 따라 대형, 중형, 소형으로 분류되며, 설치장소나 사용목적 등에 의해 복도통로유도등, 계단통로유도등, 거실통로유도등으로 분류한다.
복도통로유도등	피난통로가 되는 복도에 설치하는 통로유도등으로서 피난구의 방향을 명시하는 것을 말한다.
거실통로유도등	거주, 집무, 작업, 집회, 오락 그밖에 이와 유사한 목적을 위하여 계속적으로 사용하는 거실, 주차장 등 개방된 통로에 설치하는 유도등으로 피난의 방향을 명시하는 것을 말한다.
계단통로유도등	피난통로가 되는 계단이나 경사로에 설치하는 통로유도등으로 바닥면 및 디딤 바닥면을 비추는 것을 말한다.
객석유도등	객석의 통로, 바닥 또는 벽에 설치하는 유도등을 말한다.
피난구유도표지	피난구 또는 피난경로로 사용되는 출입구가 있다는 것을 지시하는 유도표지를 말한다.
통로유도표지	피난통로가 되는 복도, 계단, 거실 등에 설치하는 것으로서 피난구의 방향을 표시하는 유도표지를 말한다.
피난유도선	햇빛이나 전등불에 따라 축광하거나 전류에 따라 빛을 발하는 유도체로서 어두운 상태에서 피난을 유도할 수 있도록 띠 형태로 설치되는 피난유도시설을 말한다.

❹ 설치장소 및 기준

(1) 피난구유도등 ♨

① 설치장소 (Ⓜ 옥직제안)

　㉠ **옥**내로부터 **직**접 **지**상으로 **통**하는 출입구 및 그 부속실의 출입구 (Ⓜ 옥직지통)

　㉡ **직**통계단 · **직**통계단의 **계**단실 및 그 **부**속실의 출입구 (Ⓜ 직직계부)

　㉢ **제**㉠ 및 ㉡에 **따**른 정한 출입구에 **이**르는 **복**도 또는 **통**로로 통하는 출입구 (Ⓜ 제따이복통)

　㉣ **안**전**구**획된 **거**실로 **통**하는 출입구 (Ⓜ 안구거통)

② 설치 기준

　㉠ 피난구유도등은 피난구의 바닥으로부터 높이 1.5m 이상으로서 출입구에 인접하도록 설치하여야 한다.

　㉡ 피난층으로 향하는 피난구의 위치를 안내할 수 있도록 제①항의 출입구 인근 천장에 제①항에 따라 설치된 피난구유도등의 면과 수직이 되도록 피난구유도등을 추가로 설치해야 한다.

(2) 통로 유도등 ♨♨

① 설치 장소 및 설치기준 : 통로유도등은 특정소방대상물의 각 거실과 그로부터 지상에 이르는 복도 또는 계단의 통로에 다음 각 호의 기준에 따라 설치하여야 한다.

　㉠ 복도통로유도등은 다음 각목의 기준에 따라 설치할 것 (Ⓜ 복구노파)

　　ⓐ **복**도에 설치하되 피난구유도등이 설치된 출입구의 맞은편 복도에는 입체형으로 설치하거나, 바닥에 설치할 것

　　ⓑ **구**부러진 모퉁이 및 ⓐ에 따라 설치된 통로유도등을 기점으로 보행거리 20m 마다 설치할 것

　　ⓒ **바닥으로부터 높이 1m 이하**의 위치에 설치할 것. 다만, **지**하층 또는 **무**창층의 용도가 **도**매시장 · **소**매시장 · **여**객자동차터미널 · **지**하역사 · 지하**상**가인 경우 복도 · 통로 중앙부분의 바닥에 설치할 것 (Ⓜ 지무도소여역상)

　　ⓓ 바닥에 설치하는 통로유도등은 하중에 따라 **파**괴되지 아니하는 강도의 것으로 할 것

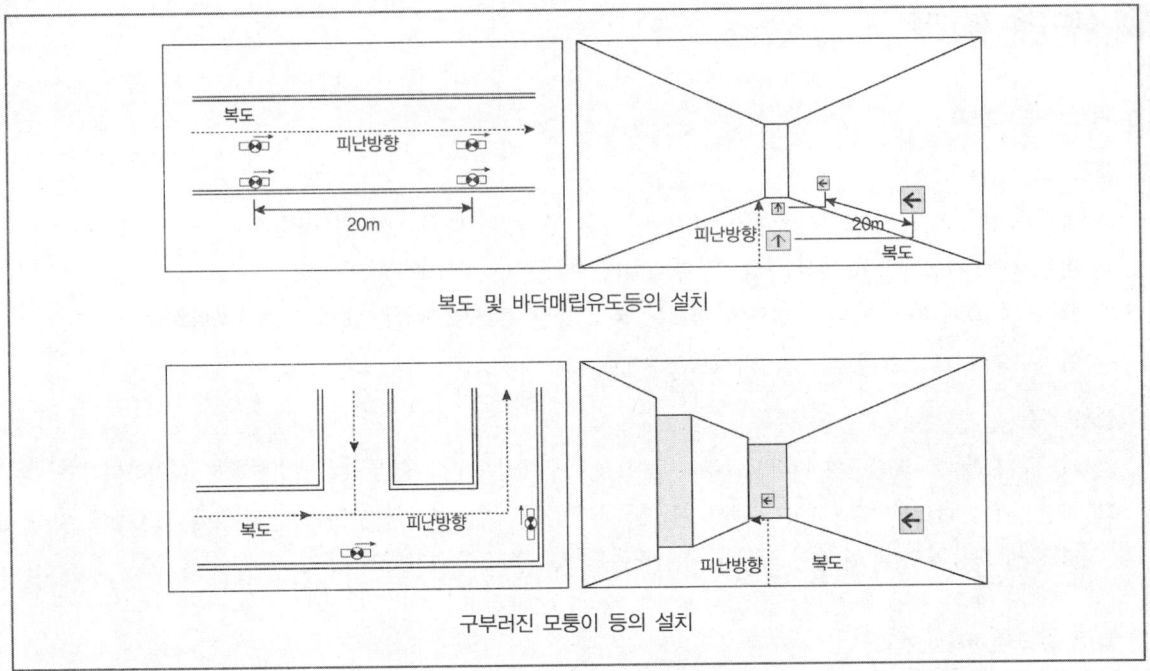

복도 및 바닥매립유도등의 설치

구부러진 모퉁이 등의 설치

ⓒ 거실 통로유도등은 다음 각목의 기준에 따라 설치할 것 (Ⓜ 거구보일러(15))
  ⓐ **거**실의 통로에 설치할 것. 다만, 거실의 통로가 벽체 등으로 구획된 경우에는 복도통로유도등을 설치하여야 한다.
  ⓑ **구**부러진 모퉁이 및 **보**행거리 20m마다 설치할 것
  ⓒ 바닥으로부터 1.5m 이상의 위치에 설치할 것. 다만 거실통로에 기둥이 설치되어 있는 경우에는 기둥부분의 바닥으로부터 1.5m 이하에 설치할 수 있다.

ⓒ 계단통로유도등은 다음 각목의 기준에 따라 설치할 것
  ⓐ 각층의 경사로 참 또는 계단참마다(1개층에 경사로참 또는 계단참이 2 이상 있는 경우에는 2개의 계단참마다) 설치할 것
  ⓑ 바닥으로부터 1m 이하의 위치에 설치할 것

ⓔ **통**행에 **지**장이 없도록 설치할 것 (Ⓜ 통지)

ⓜ **주**위에 이와 유사한 **등**화**광**고물·**게**시물 등을 설치하지 아니할 것 (Ⓜ 주등광게)

ⓗ 통로유도등은 **백**색**바**탕에 **녹**색으로 피난방향을 표시한 등으로 하여야 한다. 다만, 계단에 설치하는 것은 피난의 방향을 표시하지 아니할 수 있다. (Ⓜ 백바녹문)

(3) 객석유도등 🔥🔥🔥

① 설치 장소 : **객**석유도등은 객석의 **통**로, **바**닥 또는 **벽**에 설치하여야 한다. (Ⓜ 객통바벽)

② 설치면제 장소 (Ⓜ 주채충분/ 거부하출 보2 통통통)

　㉠ **주**간에만 사용하는 장소로서 **채**광이 **충분**한 객석

　㉡ **거**실 등의 각 **부**분으로부터 **하**나의 거실**출**입구에 이르는 **보**행거리가 20m 이하인 객석의 **통**로로서 그 **통**로에 **통**로유도등이 설치된 객석

③ 설치 기준

　㉠ **객**석내의 통로가 경**사**로 또는 수평으로 되어 있는 부분은 다음의 식에 따라 산출한 수(소수점 이하의 수는 **1**로 본다)의 유도등을 설치하여야 한다. (Ⓜ 객사마일)

$$설치개수 = \frac{객석의\ 통로의\ 직선\ 부분의\ 길이(m)}{4} - 1$$

　㉡ 객석내의 통로가 옥외 또는 이와 유사한 부분에 있는 경우에는 당해 통로전체에 미칠 수 있는 수의 유도등을 설치하여야 한다.

(4) 유도표지 🔥

① 유도표지 설치기준 (Ⓜ 계피주유축)

　㉠ **계**단에 설치하는 것을 제외하고는 **각**층마다 복도 및 통로의 각 부분으로부터 하나의 유도표지까지의 **보**행거리가 15m 이하가 되는 곳과 구부러진 모퉁이의 벽에 설치할 것 (Ⓜ 계각보일러)

　㉡ **피**난구유도표지는 **출**입구 **상**단에 설치하고, **통로**유도표지는 바닥으로부터 **높**이 1m 이하의 위치에 설치할 것 (Ⓜ 피출상 통로원)

　㉢ **주**위에는 이와 유사한 **등**화 · **광**고물 · **게**시물 등을 설치하지 아니할 것 (Ⓜ 주등광게)

　㉣ **유**도표지는 **부**착판 등을 사용하여 **쉽**게 **떨**어지지 아니하도록 설치할 것 (Ⓜ 유부쉽떨)

　㉤ **축**광방식의 유도표지는 **외**광 또는 **조**명장치에 의하여 **상**시 조명이 제공되거나 **비**상조명등에 의한 **조**명이 제공되도록 설치 할 것 (Ⓜ 축외조상비조)

(5) 피난유도선 🔥🔥

① 축광방식의 피난유도선 설치기준 (Ⓜ 구바피부외)

　㉠ **구**획된 **각 실**로부터 주**출**입구 또는 **비**상구까지 설치할 것 (Ⓜ 구각실주출비)

　㉡ **바**닥으로부터 **높**이 50㎝ 이하의 위치 또는 바닥 **면**에 설치할 것 (Ⓜ 바높5면)

　㉢ **피**난유도 표시부는 50㎝ 이내의 **간**격으로 연속되도록 설치 (Ⓜ 피50간)

　㉣ **부**착대에 의하여 **견**고하게 설치할 것 (Ⓜ 부견)

　㉤ **외**광 또는 **조**명장치에 의하여 **상**시 조명이 제공되거나 **비**상조명등에 의한 **조**명이 제공되도록 설치 할 것 (Ⓜ 외조상비조)

② 광원점등방식의 피난유도선 설치기준 (M 구피피수비바피)

　㉠ **구**획된 **각 실**로부터 **주출**입구 또는 **비**상구까지 설치할 것 (M 구각실 주출비)

　㉡ **피**난유도 표시부는 바닥으로부터 **높**이 1m 이하의 위치 또는 바닥 **면**에 설치할 것 (M 피높1면)

　㉢ **피**난유도 표시부는 **50㎝**이내의 **간**격으로 연속되도록 설치하되 **실**내 장식물 등으로 설치가 **곤**란할 경우 **1m** 이내로 설치할 것 (M 피50간 실곤1)

　㉣ **수**신기로부터의 화재**신호** 및 **수**동조작에 의하여 **광원**이 **점**등되도록 설치할 것 (M 수신호수광점)

　㉤ **비상**전원이 상시 **충**전상태를 유지하도록 설치할 것 (M 비상충)

　㉥ **바닥**에 설치되는 피난유도 표시부는 **매립**하는 방식을 사용할 것 (M 바닥매립)

　㉦ **피**난유도 **제**어부는 **조**작 및 **관**리가 용이하도록 바닥으로부터 **0.8m** 이상 **1.5m**이하의 높이에 설치할 것
　　(M 피제조관815)

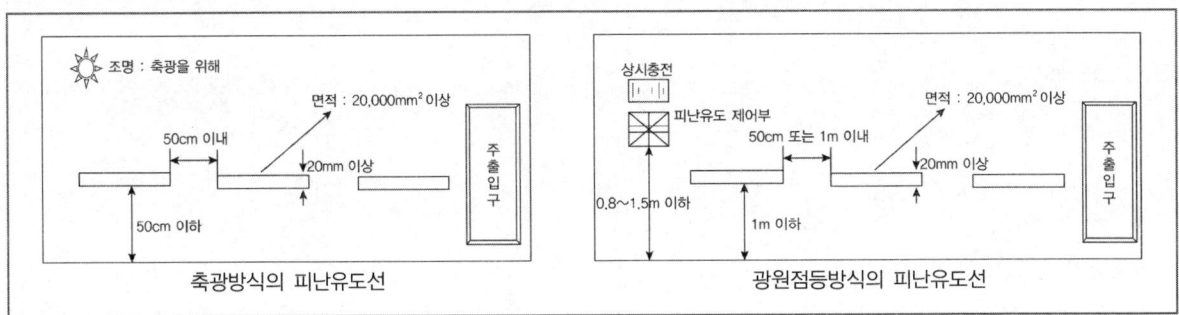

축광방식의 피난유도선 / 광원점등방식의 피난유도선

(6) 유도등의 전원

① 유도등의 전원은 **축전지**, **전**기저장장치(외부 전기에너지를 저장해 두었다가 필요한 때 전기를 공급하는 장치) 또는 **교**류전압의 **옥**내간선으로 하고, 전원까지의 배선은 **전**용으로 하여야 한다. (M 축전교옥전)

② 비상전원은 다음 각 호의 기준에 적합하게 설치하여야 한다.

　㉠ 축전지로 할 것

　㉡ 유도등을 20분 이상 유효하게 작동시킬 수 있는 용량으로 할 것. 다만, 다음 각 목의 특정소방대상물의 경우에는 그 부분에서 피난층에 이르는 부분의 유도등을 60분 이상 유효하게 작동시킬 수 있는 용량으로 하여야 한다. (M 11층 지무도소여역상)

　　ⓐ 지하층을 제외한 층수가 **11층** 이상의 층

　　ⓑ **지**하층 또는 **무**창층으로서 용도가 **도**매시장·**소**매시장·**여**객자동차터미널·지하**역**사 또는 지하**상**가

③ 배선은 「전기사업법」 제67조에서 정한 것 외에 다음 각 호의 기준에 따라야 한다.

　㉠ 유도등의 인입선과 옥내배선은 직접 연결할 것

　㉡ 유도등은 전기회로에 점멸기를 설치하지 아니하고 항상 점등상태를 유지할 것. 다만, 특정소방대상물 또는 그 부분에 **사**람이 없거나 다음 각 목의 어느 하나에 해당하는 장소로서 3선식 배선에 따라 상시 충전되는 구조인 경우에는 그러하지 아니하다. (M 사외공관)

ⓐ **외**부광(光)에 따라 피난구 또는 피난방향을 쉽게 식별할 수 있는 장소
ⓑ **공**연장, 암실(暗室) 등으로서 어두워야 할 필요가 있는 장소
ⓒ 특정소방대상물의 **관**계인 또는 종사원이 주로 사용하는 장소

④ 3선식 배선으로 상시 충전되는 유도등의 전기회로에 점멸기를 설치하는 경우에는 다음 각 호의 어느 하나에 해당되는 경우에 점등되도록 하여야 한다. 🔥🔥 (Ⓜ **자비상방자**)

㉠ **자**동화재탐지설비의 **감**지기 또는 **발**신기가 **작**동되는 때 (Ⓜ 자감발작)
㉡ **비**상경보설비의 **발**신기가 **작**동되는 때 (Ⓜ 비발작)
㉢ **상**용전원이 **정**전되거나 **전**원선이 **단**선되는 때 (Ⓜ 상정전단)
㉣ **방**재업무를 **통**제하는 곳 또는 **전**기실의 **배**전반에서 **수**동으로 점등하는 때 (Ⓜ 방통전배수)
㉤ **자**동소화설비가 **작**동되는 때 (Ⓜ 자작)

> **개념원리** 소방에서의 화재 개념의 의미
>
> ■ 유도등 배선방식
> 1) 2선식 유도등
>   2선식 유도등은 유도등에 2선이 인입되는 방식으로 형광등과 축전지에 동시에 전원이 공급된다. 그러므로 평상시에도 형광등이 점등되어 있다.
> 2) 3선식 유도등
>   3선식 유도등은 형광등에 공급되는 전원의 선로와 축전지에 공급되는 전원의 분리하여 구성하는 방식으로 평상시 형광등에는 전원이 공급되지 않고 일정한 경우에만 전원이 공급되는 방식으로 되어 있다. 따라서 3선식유도등은 평상시에는 점등되지 않는다.
>
> ■ 비상전원 유효시간 🔥🔥
>
> | 소방시설 | | 비상전원 용량(최소) | |
> |---|---|---|---|
> | 소화설비 | 전체(간이SP 제외) | 20분 | |
> | | 간이스프링클러 | 10분(단, 근린생활시설 용도 20분) | |
> | 경보설비 | 선제 | 60분 감시 후 10분 경보 | |
> | 피난설비 | 유도등설비
비상조명등설비 | 1. 11층 이상의 층(지하층 제외)
2. 지하층 또는 무창층
　(도매시장, 소매시장, 여객자동차터미널, 지하역사, 지하상가 용도) | 60분 |
> | | | 기타 장소인 경우 | 20분 |
> | 소화활동설비 | 제연설비
연결송수관설비
비상콘센트설비 | 20분 | |
> | | 무선통신보조설비 | 30분 | |

03 출제예상문제

1 유도등 및 유도표지의 화재안전기준(NFSC 303)에 따른 피난구유도등의 설치장소로 틀린 것은?

① 직통계단
② 직통계단의 계단실
③ 안전구획된 거실로 통하는 출입구
④ 옥외로부터 직접 지하로 통하는 출입구

2 유도등 및 유도표지의 화재안전기준(NFSC 303)에 따른 객석유도등의 설치기준이다. 다음 ( )에 들어갈 내용으로 옳은 것은?

> 객석유도등은 객석의 (㉠), (㉡) 또는 (㉢)에 설치하여야 한다.

① ㉠ 통로, ㉡ 바닥, ㉢ 벽
② ㉠ 바닥, ㉡ 천장, ㉢ 벽
③ ㉠ 통로, ㉡ 바닥, ㉢ 천장
④ ㉠ 바닥, ㉡ 통로, ㉢ 출입구

1.

피난구유도등 설치장소 ♨ (**M 옥직제안**)
㉠ **옥**내로부터 직접 **지**상으로 **통**하는 출입구 및 그 부속실의 출입구 (**M 옥직지통**)
㉡ **직**통계단 · **직**통계단의 **계**단실 및 그 **부**속실의 출입구 (**M 직직계부**)
㉢ 제㉠ 및 ㉡에 **따**른 정한 출입구에 **이**르는 **복**도 또는 **통**로로 통하는 출입구 (**M 제따이복통**)
㉣ **안전구**획된 **거**실로 **통**하는 출입구 (**M 안구거통**)

2.

객석유도등 설치 장소 : 객석유도등은 **객**석의 **통**로, **바**닥 또는 **벽**에 설치하여야 한다. (**M 객통바벽**)

Answer 1.④ 2.①

3 객석내의 통로가 경사로 또는 수평로로 되어 있는 부분에 설치하여야 하는 객석유도등의 설치개수 산출공식으로 옳은 것은?

① $\dfrac{\text{객석통로의 직선부분의 길이}(m)}{3} - 1$

② $\dfrac{\text{객석통로의 직선부분의 길이}(m)}{4} - 1$

③ $\dfrac{\text{객석통로의 넓이}(m^2)}{3} - 1$

④ $\dfrac{\text{객석통로의 넓이}(m^2)}{4} - 1$

3.

객석유도등 설치 기준
㉠ 객석내의 통로가 경사로 또는 수평으로 되어 있는 부분은 다음의 식에 따라 산출한 수(소수점 이하의 수는 1로 본다)의 유도등을 설치하여야 한다. (M 객사마일)

설치개수 = $\dfrac{\text{객석의 통로의 직선 부분의 길이}(m)}{4} - 1$

㉡ 객석내의 통로가 옥외 또는 이와 유사한 부분에 있는 경우에는 당해 통로전체에 미칠 수 있는 수의 유도등을 설치하여야 한다.

4 유도등 및 유도표지의 화재안전기준(NFSC 303)에 따라 지하층을 제외한 층수가 11층 이상인 특정소방대상물의 유도등의 비상전원을 축전지로 설치한다면 피난층에 이르는 부분의 유도등을 몇 분 이상 유효하게 작동시킬 수 있는 용량으로 하여야 하는가?

① 10
② 20
③ 50
④ 60

4.

비상전원 유효시간 🔥🔥

소방시설		비상전원 용량(최소)
소화 설비	전체(간이SP 제외)	20분
	간이 스프링클러	10분(단, 근린생활시설 용도 20분)
경보 설비	전체	60분 감시 후 10분 경보
피난 설비	유도등 설비 비상 조명등 설비	1. 11층 이상의 층 (지하층 제외) 2. 지하층 또는 무창층(도매시장,소매시장,여객자동차터미널,지하역사,지하상가 용도) (M 11층 지무도소여역상) — 60분
		기타 장소인 경우 — 20분
소화 활동 설비	제연설비 연결송수관 설비 비상콘센트 설비	20분
	무선통신 보조설비	30분

Answer 3.② 4.④

04 비상조명등 및 휴대용비상조명등

❶ 개요

(1) 비상조명등은 화재발생 등에 따른 정전시에 안전하고 원활한 피난활동을 할 수 있도록 거실 및 피난통로 등에 설치되어 자동 점등되는 조명등을 말하며, 휴대용비상조명등은 화재발생 등으로 인한 정전 시 피난자가 휴대할 수 있는 조명등을 말한다.

(2) 비상조명등은 화재발생 등에 의하여 상용전원의 공급이 중단되어 상시전등이 소등되어서 상용전원에 의한 조도 확보가 불가능한 경우에 비상전원에 의하여 전원을 공급받아 비상조도를 확보하여 안전하고 원활한 피난활동을 할 수 있도록 특정소방대상물의 거실 및 피난통로 등에 설치되는 조명등을 말한다.

❷ 비상조명등 설치대상 및 면제대상

(1) 설치대상

비상조명등을 설치하여야 할 특정소방대상물(창고시설 중 창고 및 하역장, 위험물저장 및 처리시설 중 가스시설은 제외한다)은 다음과 같다. (M 지포다섯(5)마리 삼(3)천원/ 무지싸오(45) 무지/ 터보(5))

① **지**하층을 **포**함한 층수가 **5**층 이상인 건축물로서 연면적 **3,000㎡** 이상인 것

② ①호에 해당하지 아니하는 특정소방대상물로서 그 **지**하층 또는 **무**창층의 바닥면적이 **450㎡** 이상인 경우에는 그 **지**하층 또는 **무**창층

③ 지하가 중 **터**널로서 길이가 **500**m 이상인 것

(2) 면제 대상

① 화재예방, 소방시설 설치·유지 및 안전관리에 관한 법률 시행령 제16조[별표6] : 비상조명등을 설치하여야 할 특정소방대상물에 피난구유도등 또는 통로유도등을 화재안전기준에 적합하게 설치한 경우에는 그 유도등의 유효범위(유도등의 조도가 바닥에서 1lx 이상 되는 부분)안의 부분에는 설치가 면제된다.

② 비상조명등의 화재안전기준 제5조 (M 거부하출보 일오/ 의경공의학 거실)
  ㉠ **거**실의 각 **부**분으로부터 **하**나의 **출**입구에 이르는 **보**행거리가 **15**m 이내인 부분
  ㉡ **의**원 · **경**기장 · **공**동주택 · **의**료시설 · **학**교의 **거실**

개념원리

무창층에 설치하여야 하는 소방시설의 종류	
옥내소화전설비	무창층 바닥면적 600㎡ 이상이 있는 것은 전층
스프링클러설비	무창층 바닥면적 1,000㎡ 이상
제연설비	무창층 바닥면적 1,000㎡ 이상
비상조명등	무창층 바닥면적 450㎡ 이상
다중이용업소 간이스프링클러설비	무창층인 경우 면적에 상관없이

(3) 비상조명등의 종류

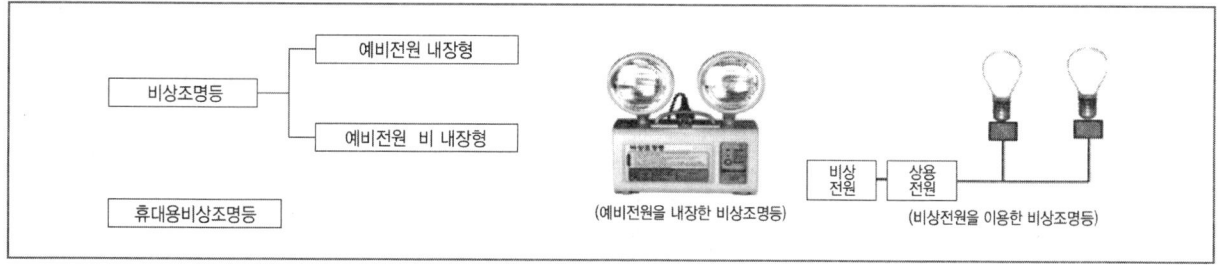

❸ 비상조명등 설치기준

(1) 설치위치

특정소방대상물의 각 거실과 그로부터 지상에 이르는 <u>복도·계단 및 그 밖의 통로</u>에 설치할 것

(2) <u>조도</u>

조도는 비상조명등이 설치된 장소의 각 부분의 바닥에서 <u>1 lx 이상</u>이 되도록 할 것

(3) 축전지

예비전원을 내장하는 비상조명등에는 평상시 점등 여부를 확인할 수 있는 점검 스위치를 설치하고 당해 조명등을 작동시킬 수 있는 용량의 축전지와 예비전원 충전장치를 내장할 것

(4) 예비전원을 내장하지 아니하는 비상조명등의 비상전원

자가발전설비, 축전지설비 또는 전기저장장치(외부 전기에너지를 저장해 두었다가 필요한 때 전기를 공급하는 장치)를 설치할 것

(5) (3)항 및 (4)항의 <u>비상전원은 비상조명등을 20분 이상 작동할 수 있도록 할 것</u>

다만, 다음 각호의 소방대상물의 경우에는 그 부분에서 피난층에 이르는 부분의 비상조명등은 60분 이상 유효하게 작동시킬 수 있는 용량으로 하여야 한다. (Ⓜ 11 지무도소여역상)

① 지하층을 제외한 층수가 **11**층 이상의 층
② **지**하층 또는 **무**창층의 용도가 **도**매시장 · **소**매시장 · **여**객자동차터미널 · 지하**역**사 또는 지하**상**가

❹ 휴대용 비상조명등

(1) 설치대상 (Ⓜ 숙/ 수백영판대철도역상)

① **숙**박시설
② **수**용인원 **100**명 이상의 **영**화상영관, **판**매시설 중 **대**규모 점포, **철**도 및 **도**시철도시설 중 지하**역**사, 지하가 중 지하**상**가

(2) 면제부분(비상조명등의 화재안전기준 제5조제2항) (Ⓜ 1피 복통창개 숙복비)

지상 **1**층 또는 **피**난층으로서 **복**도 · **통**로 또는 **창**문 등의 **개**구부를 통하여 피난이 용이한 경우 또는 **숙**박시설로서 **복**도에 **비**상조명등을 설치한 경우에는 휴대용비상조명등을 설치하지 아니할 수 있다.

(3) 휴대용비상조명등 적합기준

① 다음 각 목의 장소에 설치할 것
  ㉠ **숙**박시설 또는 **다**중이용업소에는 **객**실 또는 **영**업장안의 **구**획된 **실**마다 잘 보이는 곳(**외**부에 **설**치시 **출**입문 **손**잡이로부터 1m **이**내 부분)에 **1**개 이상 설치 (Ⓜ 숙다객영구실/외설출손일)
  ㉡ 「유통산업발전법」 제2조 제3호에 따른 **대**규모점포(지하상가 및 지하역사는 제외한다)와 **영**화상영관에는 보행거리 **50**m 이내마다 **3**개 이상 설치 (Ⓜ 대영오삼)
  ㉢ 지하**상**가 및 지하**역**사에는 보행거리 **25**m 이내마다 **3**개 이상 설치 (Ⓜ 역상이오삼)

② 설치높이는 <u>바닥으로부터 0.8m 이상 1.5m 이하의 높이</u>에 설치할 것
③ 어둠속에서 위치를 확인할 수 있도록 할 것
④ 사용 시 <u>자동으로 점등되는</u> 구조일 것

⑤ 외함은 난연성능이 있을 것

⑥ 건전지를 사용하는 경우에는 방전방지조치를 하여야 하고, 충전식 밧데리의 경우에는 상시 충전되도록 할 것

⑦ 건전지 및 충전식 밧데리의 용량은 20분 이상 유효하게 사용할 수 있는 것으로 할 것

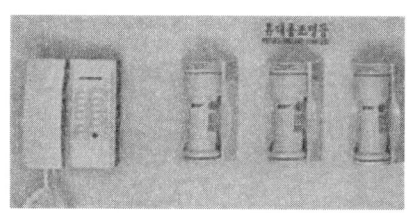 

개념원리 소방시설별 조도기준(화재안전기준)

소방시설	조도기준
비상조명등의 화재안전기준	거실과 피난 경로상에 설치하되, 조도는 비상조명등이 설치된 장소 각 부분의 바닥에서 1lx 이상
도로터널의 화재안전기준	터널 안의 차도·보도는 10lx 이상, 그 외 모든 부분은 1lx 이상
고층건축물의 화재안전기준	피난안전구역에 설치하되, 조도는 비상조명등이 설치된 장소 각 부분의 바닥에서 10lx 이상

04 출제예상문제

1 비상조명등의 설치제외 기준 중 다음 ( ) 안에 알맞은 것은?

> 거실의 각 부분으로부터 하나의 출입구에 이르는 보행거리가 (　)m 이내인 부분

① 2
② 5
③ 15
④ 25

1.

비상조명등의 화재안전기준 설치제외 (**M 거부하출보일오/ 의경공의학 거실**)
㉠ **거**실의 각 **부**분으로부터 **하**나의 출입구에 이르는 **보**행거리가 **15**m 이내인 부분
㉡ **의**원 · **경**기장 · **공**동주택 · **의**료시설 · **학**교의 **거실**

2 비상조명등의 설치제외 장소가 아닌 것은?

① 의원의 거실
② 경기장의 거실
③ 의료시설의 거실
④ 종교시설의 거실

2.

문제2번 답안 참조

3 비상조명등의 화재안전기준(NFSC 304)에 따라 비상조명등의 조도는 비상조명등이 설치된 장소의 각 부분의 바닥에서 몇 lx 이상이 되도록 하여야 하는가?

① 1
② 3
③ 5
④ 10

3.

비상조명등 설치기준
㉠ 설치위치 : 특정소방대상물의 각 거실과 그로부터 지상에 이르는 복도 · 계단 및 그 밖의 통로에 설치할 것
㉡ 조도 : 조도는 비상조명등이 설치된 장소의 각 부분의 바닥에서 1 lx 이상이 되도록 할 것

Answer 1.③ 2.④ 3.①

4 비상전원이 비상조명등을 60분 이상 유효하게 작동시킬 수 있는 용량으로 하지 않아도 되는 특정소방대상물은?

① 지하상가
② 숙박시설
③ 무창층으로서 용도가 소매시장
④ 지하층을 제외한 층수가 11층 이상의 층

4.

소방시설	비상전원 용량(최소)	
피난설비	유도등설비 비상조명등설비	1. 11층 이상의 층(지하층 제외) 2. 지하층 또는 무창층(도매시장,소매시장,여객자동차터미널,지하역사,지하상가 용도) (M **11층 지무도소여역상**)	60분
	기타 장소인 경우	20분

5 비상조명등의 화재안전기준(NFSC 304)에 따른 휴대용비상조명등의 설치기준이다. 다음 ( )에 들어갈 내용으로 옳은 것은?

> 지하상가 및 지하역사에는 보행거리 (ⓐ)m 이내 마다 (ⓑ)개 이상 설치할 것

① ⓐ 25, ⓑ 1
② ⓐ 25, ⓑ 3
③ ⓐ 50, ⓑ 1
④ ⓐ 50, ⓑ 3

5.
휴대용비상조명등 설치장소
㉠ **숙**박시설 또는 **다**중이용업소에는 **객**실 또는 **영**업장안의 **구**획된 **실**마다 잘 보이는 곳(**외**부에 설치 시 출입문 **손**잡이로부터 **1**m 이내 부분)에 **1**개 이상 설치 (M **숙다객영구실/외설출손일**)
㉡ 「유통산업발전법」 제2조제3호에 따른 **대**규모점포(지하가 및 지하역사는 제외한다)와 **영**화상영관에는 보행거리 **50**m 이내마다 **3**개 이상 설치 (M **대영오삼**)
㉢ 지하**상**가 및 지하**역**사에는 보행거리 **25**m 이내마다 **3**개 이상 설치 (M **역상이오삼**)

Answer 4.② 5.②

✻ **연도별 기출경향** ✻

[기출연도]	2012	2013	2014	2015	2016	2017	2018	2019	2020	2021	2022	2023	2024
문항수	0	0	0	0	0	1	0	0	0	0	0	0	0

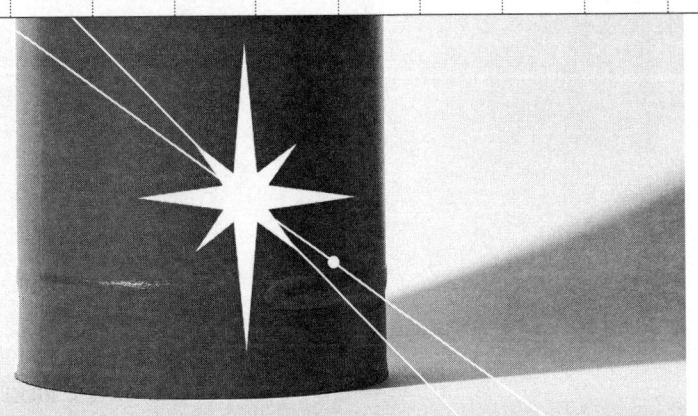

PART 12
소화용수설비

01 상수도 소화용수설비
02 소화수조 및 저수조

01 상수도 소화용수설비

① 개요

소화용수설비에는 상수도소화용수설비와 소화수조가 있다. 상수도 소화용수설비는 상수도관에 소화전을 접속한 것을 말하고, 소화수조는 수조를 설치하고 여기에 항시 물을 채워두는 것을 말한다.

② 설치대상

(1) 설치기준

상수도소화용수설비를 설치하여야 하는 특정소방대상물은 다음 각 목의 어느 하나와 같다. 다만, 상수도 소화용수설비를 설치하여야 하는 특정소방대상물의 대지 경계선으로부터 180m 이내에 지름 75㎜ 이상인 상수도용 배수관이 설치되지 않은 지역의 경우에는 화재안전기준에 따른 소화수조 또는 저수조를 설치하여야 한다.

적용기준	비고
연면적 5,000㎡ 이상인 것	가스시설·지하가 중 터널·지하구의 경우는 제외한다.
가스시설로서 지상에 노출된 탱크	저장용량의 합계가 100톤 이상인 것
자원순환관련시설 중 폐기물재활용시설 및 폐기물처분시설	

(2) 설치면제 기준

① 상수도소화용수설비를 설치하여야 하는 특정소방대상물의 각 부분으로부터(대지기준이 아닌 건물 외면으로부터의 기준) 수평거리 140m 이내에 공공의 소방을 위한 소화전이 화재안전기준에 적합하게 설치되어 있는 경우에는 설치가 면제된다.

② 소방본부장 또는 소방서장이 상수도소화용수설비의 설치가 곤란하다고 인정하는 경우로서 화재안전기준에 적합한 소화수조 또는 저수조가 설치되어 있거나 이를 설치하는 경우에는 그 설비의 유효범위에서 설치가 면제된다.

③ 설치기준 🔥🔥🔥 (M 호치료(75) 백/ 소자진도공/ 소특수 투영 일사(14))

(1) **호칭지름 75㎜** 이상의 수도배관에 호칭지름 **100㎜** 이상의 소화전을 접속할 것

(2) 제1)호에 따른 **소**화전은 소방**자**동차 등의 **진**입이 쉬운 **도**로변 또는 **공**지에 설치할 것

(3) 제1)호에 따른 **소**화전은 **특**정소방대상물의 **수평투영**면의 각 부분으로부터 140m 이하가 되도록 설치할 것

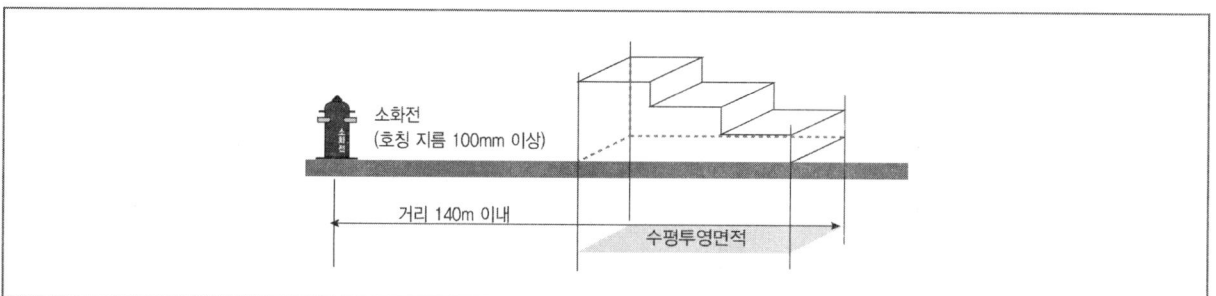

개념원리 | 소화용수설비와 소방기본법상 소방용수시설의 차이점

소화용수설비는 설치자가 소화용수설비 설치 대상인 특정소방대상물의 관계인이고, 소방용수시설은 공공을 위한 시설로서 일반수도사업자 및 관할 소방서에서 설치하고 관리한다.

01 출제예상문제

1 상수도소화용수설비를 설치하여야 하는 특정소방대상물의 연면적 기준으로 옳은 것은? (단, 특정소방대상물 중 숙박시설로 한정한다.)

① 연면적 1000㎡ 이상인 경우
② 연면적 1500㎡ 이상인 경우
③ 연면적 3000㎡ 이상인 경우
④ 연면적 5000㎡ 이상인 경우

2 상수도 소화용수설비의 설치기준 중 다음 ( ) 안에 알맞은 것은?

> 호칭지름 (㉠)mm 이상의 수도배관에 호칭지름 (㉡)mm 이상의 소화전을 접속하여야 하며, 소화전은 특정소방대상물의 수평 투영면의 각 부분으로부터 (㉢)m 이하가 되도록 설치할 것

① ㉠ 65, ㉡ 100, ㉢ 120
② ㉠ 65, ㉡ 100, ㉢ 140
③ ㉠ 75, ㉡ 100, ㉢ 120
④ ㉠ 75, ㉡ 100, ㉢ 140

1.

상수도 소화용수설비 설치대상

상수도소화용수설비를 설치하여야 하는 특정소방대상물은 다음 각 목의 어느 하나와 같다. 다만, 상수도 소화용수설비를 설치하여야 하는 특정소방대상물의 대지 경계선으로부터 180m 이내에 지름 75mm 이상인 상수도용 배수관이 설치되지 않은 지역의 경우에는 화재안전기준에 따른 소화수조 또는 저수조를 설치하여야 한다.

적용기준	비고
연면적 5,000㎡ 이상인 것	가스시설·지하가 중 터널·지하구의 경우는 제외한다.
가스시설로서 지상에 노출된 탱크	저장용량의 합계가 100톤 이상인 것

2.

설치기준 🔥🔥🔥 (M 호치료(75) 백/ 소자진도공/ 소특수 투영 일사(14))

㉠ 호칭지름 75mm 이상의 수도배관에 호칭지름 100mm 이상의 소화전을 접속할 것
㉡ ㉠호에 따른 소화전은 소방자동차 등의 진입이 쉬운 도로변 또는 공지에 설치할 것
㉢ ㉠호에 따른 소화전은 특정소방대상물의 수평투영면의 각 부분으로부터 140m 이하가 되도록 설치할 것

Answer 1.④ 2.④

02 소화수조 및 저수조

1 소화수조 및 저수조 설치기준

상수도소화용수설비를 설치하여야 하는 특정소방대상물의 대지 경계선으로부터 180m 이내에 지름 75㎜ 이상인 상수도용 배수관이 설치되지 않은 지역의 경우에는 화재안전기준에 따른 소화수조 또는 저수조를 설치하여야 한다.

적용기준	비고
연면적 5,000㎡ 이상인 것	가스시설·지하가 중 터널·지하구의 경우는 제외한다.
가스시설로서 지상에 노출된 탱크	저장용량의 합계가 100톤 이상인 것
자원순환관련시설 중 폐기물재활용시설 및 폐기물처분시설	

2 용어정의

(1) 소화수조 또는 저수조

수조를 설치하고 여기에 소화에 필요한 물을 항시 채워두는 것으로서, 소화수조는 소화용수의 전용 수조를 말하고, 저수조란 소화용수와 일반 생활용수의 겸용 수조를 말한다.

(2) 채수구

소방차의 소방호스와 접결되는 흡입구를 말한다.

① 가압송수장치를 이용하여 공급하는 것은 벽면에 설치된 채수구를 통하여 소방차에서 직접 소화용수를 확보한다. 수조가 지면으로부터 4.5m 이상인 경우에는 채수구를 설치한다.

② 소방차의 펌프를 이용하여 공급하는 것은 수조가 지면으로부터 4.5m 미만인 경우에는 흡수관 투입구를 설치한다.

③ 설치기준 ♨♨

(1) 소화수조, 저수조의 채수구 또는 흡수관투입구는 <u>소방차가 2m 이내의 지점</u>까지 접근할 수 있는 위치에 설치하여야 한다.

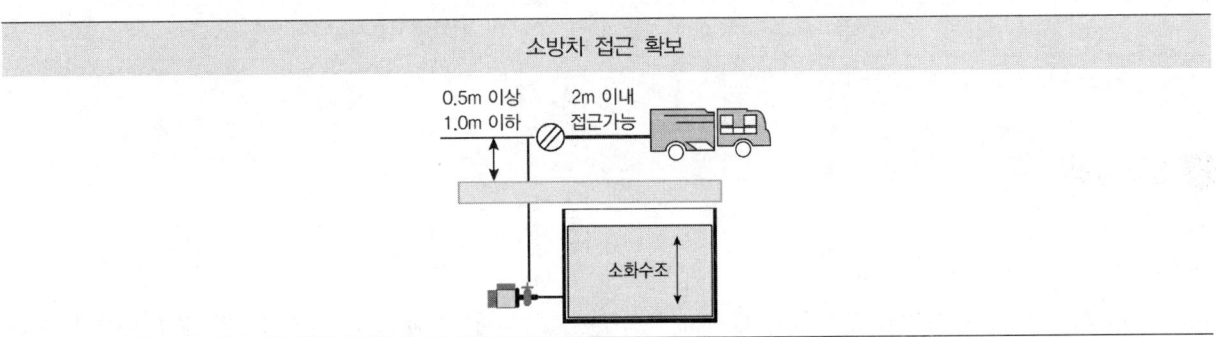

(2) 소화수조 또는 저수조의 저수량은 특정소방대상물의 연면적을 다음 표에 따른 기준면적으로 나누어 얻은 수 (소수점 이하의 수는 1로 본다)에 20㎥을 곱한 양 이상이 되도록 하여야 한다.

소방대상물의 구분	면적
1. 1층 및 2층의 바닥면적 합계가 15,000㎡ 이상인 소방 대상물	7,500㎡
2. 제1호에 해당되지 아니하는 그 밖의 소방대상물	12,500㎡

> **예제** 소방에서의 화재 개념의 의미
>
> 층별 바닥면적 3,000㎡의 지상 7층 건물의 상수도 소화전 대신 소화수조를 설치 시 저수량(㎥)을 계산
>
> *answers and explanations*
>
> 연면적 : 21,000㎡, 1층과 2층의 바닥면적 합계가 15,000㎡ 미만이므로
> 기준면적인 12,500㎡으로 나누면 1.68이므로 2로 한다.(소수점 이하는 1로 봄)
> 따라서 2 × 20㎥ = 40㎥가 필요한 저수량이 된다.

(3) 소화수조 또는 저수조는 다음 각 호의 기준에 따라 <u>흡수관투입구 또는 채수구를 설치</u>하여야 한다.

① 지하에 설치하는 소화용수설비의 <u>흡수관투입구</u>는 그 한 변이 <u>0.6m 이상</u>이거나 직경이 <u>0.6m</u> 이상인 것으로 하고, <u>소요수량이 80㎥ 미만인 것은 1개 이상, 80㎥ 이상인 것은 2개 이상</u>을 설치하여야 하며, "흡수관투입구"라고 표시한 표지를 할 것 (M 흡팔이(82) 점육(0.6))

② 소화용수설비에 설치하는 채수구는 다음 각 목의 기준에 따라 설치할 것

㉠ 채수구는 다음 표에 따라 소방용호스 또는 소방용흡수관에 사용하는 구경 65mm이상의 나사식 결합 금속구를 설치할 것

㉡ 채수구는 지면으로부터의 <u>높이가 0.5m 이상 1m 이하</u>의 위치에 설치하고 "채수구"라고 표시한 표지를 할 것

소요수량	20㎥ 이상 40㎥ 미만	40㎥ 이상 100㎥ 미만	100㎥ 이상
채수구의 수	1개	2개	3개

(4) 소화용수설비를 설치하여야 할 특정소방대상물에 있어서 <u>유수의 양이 0.8㎥/min 이상</u>인 유수를 사용할 수 있는 경우에는 <u>소화수조를 설치하지 아니할 수 있다.</u>

(5) <u>소화수조 또는 저수조가 지표면으로부터의 깊이(수조 내부바닥까지의 길이를 말한다)가 4.5m 이상인 지하에 있는 경우에는 다음 표에 따라 가압송수장치를 설치</u>하여야 한다. 다만, 유효 저수량을 지표면으로부터 4.5m 이하인 지하에서 확보할 수 있는 경우에는 소화수조 또는 저수조의 지표면으로부터의 깊이에 관계없이 가압송수장치를 설치하지 아니할 수 있다.

소요수량	20㎥ 이상 40㎥ 미만	40㎥ 이상 100㎥ 미만	100㎥ 이상
가압송수장치의 1분당 양수량	1,100ℓ 이상	2,200ℓ 이상	3,300ℓ 이상

(6) 소화수조가 옥상 또는 옥탑의 부분에 설치된 경우에는 지상에 설치된 <u>채수구에서의 압력이 0.15MPa이상</u>이 되도록 하여야 한다.

02 출제예상문제

1 소화용수설비에 설치하는 채수구의 수는 소요수량이 40m³ 이상 100m³ 미만인 경우 몇 개를 설치해야 하는가?

① 1
② 2
③ 3
④ 4

1.

소화용수설비에 설치하는 채수구
㉠ 채수구는 소방용호스 또는 소방용흡수관에 사용하는 구경 65mm 이상의 나사식 결합 금속구를 설치할 것
㉡ 채수구는 지면으로부터의 높이가 0.5m 이상 1m 이하의 위치에 설치하고 "채수구"라고 표시한 표지를 할 것

소요수량	20㎥ 이상 40㎥ 미만	40㎥ 이상 100㎥ 미만	100㎥ 이상
채수구의 수	1개	2개	3개

2 11층 사무실 건축물로 1층 바닥면적 5,000㎡이고 연면적 60,000㎡인 경우 소화용수 저장량을 구하시오

① 40㎡
② 60㎡
③ 80㎡
④ 100㎡

2.

1층 및 2층 바닥면적 합계가 15,000㎡이하이므로 면적을 12,000㎡을 기준으로해서 연면적으로 나누어 얻은수(소수점 이하는 1로 본다)에 20㎡를 곱한 양

$$\frac{60,000m^2}{12,000m^2} = 4.5 \quad \therefore 5$$

소화용수 저수량: $5 \times 20m^2 = 100m^2$

Answer 1.② 2.④

3 국가화재안전기준상 소화수조 등에 관한 내용에서 ( )안에 들어갈 숫자는?

> 소화수조, 저수조의 채수구 또는 흡수관투입구는 소방차가 ( )m 이내의 지점까지 접근할 수 있는 위치에 설치하여야 한다.

① 2
② 3
③ 4
④ 5

3.

소화수조, 저수조의 채수구 또는 흡수관투입구는 소방차가 2m 이내의 지점까지 접근할 수 있는 위치에 설치하여야 한다.

4 소화수조 및 저수조의 화재안전기준에 따라 소화용수 설비를 설치하여야 할 특정소방대상물에 있어서 유수의 양이 최소 몇 ㎥/min 이상인 유수를 사용할 수 있는 경우에 소화수조를 설치하지 아니할 수 있는가?

① 0.8
② 1
③ 1.5
④ 2

4.

소화용수 설비를 설치하여야 할 특정소방대상물에 있어서 유수의 양이 0.8㎥/min 이상인 유수를 사용할 수 있는 경우에는 소화수조를 설치하지 않을 수 있다.

Answer 3.① 4.①

※ **연도별 기출경향** ※

[기출연도]	2012	2013	2014	2015	2016	2017	2018	2019	2020	2021	2022	2023	2024
문항수	1	0	0	1	0	1	0	0	0	0	0	1	0

PART 13

소화활동설비

01	소화활동설비의 종류
02	제연설비(거실제연설비)
03	제연설비(특별피난계단 및 부속실 제연설비)
04	연결송수관설비
05	연결살수설비
06	비상콘센트설비
07	무선통신보조설비
08	지하구의 화재안전기준(구,연소방지설비)

01 소화활동설비의 종류 🔥🔥(Ⓜ 무제비3연)

소화활동설비는 화재진압활동에 필요한 보조설비를 말하며, 종류로는 제연설비·연결송수관설비·연결살수설비·비상콘센트설비·무선통신보조설비·연소방지설비로 분류한다.

제연설비	제연설비는 소방설비 중 피난을 원활하게 하는 것으로서 화재에 의하여 발생하는 연기가 피난을 방해하지 않도록 방호구역 내에 가두어 그 연기를 제어·배출하거나, 피난통로로 연기의 침입을 방지시켜 연기로부터 피난을 안전하게 할 수 있도록 하는 설비이다.
연결송수관설비	화재가 발생했을 때 지상에서 호스를 연장하기가 곤란한 고층 건물 등을 대상으로 하여 소방 펌프차로부터 송수구를 통해서 압력수를 보내어 방수구에서 호스, 노즐에 의해 방수하여 소화하는 설비이다.
연결살수설비	화재 시 열이나 연기가 체류하여 소화활동이 곤란한 지하층이나 1,000㎡ 이상의 판매시설, 영업시설을 대상으로 하여 소방 펌프차에서 송수구를 통해 압력수를 보내고, 살수 헤드에서 살수하여 소화하는 설비로서 살수헤드에는 폐쇄형과 개방형이 있다.
비상콘센트설비	비상콘센트는 화재 시 소방대 또는 소방관계자가 구비하고 있는 조명기구, 절단 및 파괴장비 등을 접속하여 사용할 수 있도록 11층 이상의 건축물에 설치하여 소화활동을 용이하게 하는 전기접속콘센트이다.
무선통신보조설비	지하가 등에서 화재가 발생하였을 경우 지하와 지상간 무선통신이 곤란하므로 이를 원활히 하기 위하여 누설동축케이블 등을 사용하여 지상 소방지휘대와 지하 소방대원간에 원활한 무선교신이 가능토록하기 위한 설비이다.
연소방지설비	전력, 통신용의 전선이나 가스, 냉난방용 배관 또는 이와 동등한 것을 집합적으로 수용하기 위해 설치되는 공동구 등에서 발생한 화재를 진화하거나 연소를 미연에 예방하기 위하여 설치하는 설비로서 구성은 스프링클러설비와 유사하며 송수구, 배관, 헤드 등으로 구성되어 있다.

02 제연설비(거실제연설비)

📄 제연설비 설치대상

1) **문**화 및 집회시설, **종**교시설, **운동**시설로서 **무**대부의 바닥면적이 **200**㎡ 이상 또는 문화 및 집회시설 중 **영**화상영관으로서 **수**용인원 100명 이상인 것 (Ⓜ 문종운동 무대부 이백 영수백)
2) **지**하층이나 **무**창층에 설치된 **근**린생활시설, **판**매시설, **운**수시설, **숙**박시설, **위**락시설, **의**료시설, **노**유자시설 또는 **창**고시설(물류터미널만 해당한다)로서 해당 용도로 사용되는 바닥면적의 합계가 **1천**㎡ 이상인 층
(Ⓜ 무지 판운 노숙 창물근 위의 1000)
3) **운**수시설 중 **시**외버스정류장, **철**도 및 **도**시철도 시설, **공항**시설 및 항만시설의 **대**기실 또는 **휴**게시설로서 **지**하층 또는 **무**창층의 바닥면적이 **1천**㎡ 이상인 것 (Ⓜ 운시철도 공항 대휴 무지천)
4) **지**하가(터널은 제외한다)로서 연면적 **1천**㎡ 이상인 것 (Ⓜ 지하천)
5) 지하가 중 예상 교통량, 경사도 등 터널의 특성을 고려하여 행정안전부령으로 정하는 터널
6) 특정소방대상물(갓복도형 아파트 등은 제외한다)에 부설된 특별피난계단, 비상용 승강기의 승강장 또는 피난용 승강기의 승강장

❶ 개요

(1) 제연설비는 소화활동설비의 일종으로 건축물의 화재 초기단계에서 발생하는 연기 등을 감지하여 화재실(거실)의 연기는 배출하고 피난경로인 복도, 계단 등에는 연기가 확산되지 않도록 함으로써 거주자를 연기로부터 보호하고 안전하게 피난할 수 있도록 함과 동시에 소방대가 소화활동을 할 수 있도록 연기를 제어하는 데 그 목적이 있다.

(2) 제연설비의 주요 구성요소는 송풍기(급·배기용), 풍도(급기·배출), 급기구, 배출구, 댐퍼, 연기감지기, 수동기동장치, 제연경계벽, 수신기 등이며, 그 일반적 작동원리는 연기감지기 동작에 따라 작동신호가 수신기로 입력되고 해당하는 신호를 수신기에서 받아 설비가 구동하게 되는 것이다.

❷ 제연설비의 설치목적 및 종류

(1) 제연설비의 설치목적

자연 또는 기계적인 방법(송풍기, 배출기)을 이용하여 연기의 이동 및 확산을 제한하기 위해 사용되는 설비로서 단순히 연기만 배출시키는 배연설비(건축법에서 정의)와 구분되어 사용되며, 송풍기로 가압시켜 가압공간내로 연기가 들어오지 못하도록 하는 방연(smoke defense)설비와 배출기로 화재실의 연기를 배출시키는 배연(smoke ventilation)설비로 구분할 수 있다.

(2) 제연설비의 종류

제연설비는 설치된 장소에 따라 거실제연설비와 특별피난계단의 계단실 및 부속실제연설비로 구분한다.

① **거실제연설비** : 거실은 화재가 발생하는 화재실이므로 해당 화재실에서 연기와 열기를 직접 배출시켜야 하므로 <u>급기와 배기를 동시에 실시해야 한다.</u> 따라서 급기송풍기와 배기송풍기가 동시에 필요하며 배출시킨 배기량 이상으로 급기를 하여 피난과 소방활동을 할 수 있도록 하여야 한다.

② **특별피난계단의 계단실 및 부속실 제연** : 특별피난계단의 계단실이나 부속실(피난용·비상용 승강기 승강장 포함)은 화재가 발생하는 화재실이 아니며 거실에서 화재가 발생할 경우 거주자가 일시적인 피난을 하거나 소방대가 대기하는 공간으로 볼 수 있다. 따라서 이 공간에는 <u>급기만을 실시하여 거실보다 압력을 높게 함으로서 거실의 연기가 침투하지 않도록 하여야 한다.</u>

❸ 용어정의 ♨♨

제연구역	① 제연구역이란 제연경계(제연경계가 면한 천장 또는 반자를 포함한다)에 의해 구획된 건물 내의 공간을 말하며, 일종의 구역화(zoning)이다. ② 제연구역 범위 　㉠ 거실 : <u>직경 60m의 원에 내접</u> 　㉡ 통로 : 보행중심선의 <u>길이 60m</u> 이내
제연경계	제연경계란 연기를 예상제연구역 내에 가두거나 이동을 억제하기 위한 보 또는 제연경계벽 등을 말한다. ① 제연경계의 재질은 내화재료, 불연재료 또는 제연경계벽으로 성능을 인정받은 것으로서 화재 시 쉽게 변형·파괴되지 아니하고 연기가 누설되지 않는 기밀성 있는 재료로 할 것 ② 제연경계는 제연경계의 폭이 0.6m 이상이고, 수직거리는 2m 이내이어야 한다. 다만, 구조상 불가피한 경우는 2m를 초과할 수 있다. ③ 제연경계벽은 배연 시 기류에 따라 그 하단이 쉽게 흔들리지 아니하여야 하며, 또한 가동식의 경우에는 급속히 하강하여 인명에 위해를 주지 아니하는 구조일 것
제연경계의 폭	제연경계가 면한 천장 또는 반자로부터 그 제연경계의 수직하단 끝부분까지의 거리를 말한다.
수직거리	제연경계의 하단 끝으로부터 그 수직한 하부 바닥면까지의 거리를 말한다.
예상제연구역	화재발생 시 연기의 제어가 요구되는 제연구역을 말한다.

공동예상 제연구역	① 2개 이상의 예상제연구역을 말한다. ② 연기를 제어하는 제연방식은 "단독제연"과 "공동제연"으로 나눌 수 있다. "단독제연"은 하나의 제연구역에 대한 개별적인 제연방식이고, 이에 반하여 "공동제연"은 벽이나 제연경계로 구분된 2이상의 제연구역에 대해 어느 하나의 제연구역에서 화재가 발생하여도 2이상의 제연구역에 동시에 급배기를 실시하여 제연하는 것을 말한다.
유입풍도	예상제연구역으로 공기를 유입하도록 하는 풍도를 말한다.
배출풍도	예상 제연구역의 공기를 외부로 배출하도록 하는 풍도를 말한다.

❹ 제연설비 설치기준

(1) 배출량

① 배출량(소규모거실, 대규모거실 및 통로)

　㉠ 소규모 거실의 경우(바닥면적 400㎡ 미만) : 면적별 배출량을 기준으로 한다.

구분	배출량			비고
거실배출방식	바닥면적 1㎡ 당 1㎥/min 이상 최저 5,000CMH(㎥/hour·㎡)			
	통로길이	수직거리	배출량	
통로배출방식	40m 이하	2m 이하	25,000CMH	※ 거실의 바닥면적이 50㎡ 미만인 경우 그 거실에서 연기를 배출하지 아니하고, 그 거실에 인접한 통로에서 배출하는 방식
		2m 초과 2.5m 이하	30,000CMH	
		2.5m 초과 3m 이하	35,000CMH	
		3m 초과	45,000CMH	
	40m 초과 60m 이하	2m 이하	30,000CMH	
		2 초과 2.5m 이하	35,000CMH	
		2.5m 초과 3m 이하	40,000CMH	
		3m 초과	50,000CMH	

※ CMH = ㎥/hour·㎡ [시간당(hour), 단위면적당(㎡) 필요한 배출량(㎥)]

ⓒ 대규모의 거실의 경우(바닥면적 400㎡ 이상) : 수직 높이별 배출량을 기준으로 한다.

예상 제연구역	수직거리	배출량	비 고
직경 40m 원에 내접	2m 이하	40,000CMH	제연경계의 수직거리 높이별로 적용함
	2 초과 2.5m이하	45,000CMH	
	2.5m 초과 3m이하	50,000CMH	
	3m 초과	60,000CMH	
직경 40m 원을 초과	2m 이하	45,000CMH	
	2 초과 2.5m 이하	50,000CMH	
	2.5m 초과 3m 이하	55,000CMH	
	3m 초과	65,000CMH	

ⓒ 통로의 경우 : 보행거리별 배출량을 기준으로 한다.

구분	배출량	비고
보행거리 40m 이하	40,000CMH	제연경계로 구획된 경우 수직거리에 따라 적용한다.
보행거리 40m 초과	45,000CMH	

② 공동 예상제연구역의 배출량(Ⓜ 벽합경최) : 동일 제연구역 내 2이상의 예상제연구역이 있을 경우는 아래와 같다.

제연구획이 벽으로 구획된 거실의 경우	제연구획이 **벽**으로 된 거실을 동시에 배출한 경우 ⇒ 각 거실의 배출량을 **합**한 것으로 한다.
제연구역이 제연경계로 구획된 거실의 경우	제연구획이 제연**경**계로 구획된 거실을 동시에 배출할 경우 ⇒ 각 거실의 배출량 중 **최**대의 것으로 한다.
제연구획이 벽과 제연경계로 구획된 경우	제연구역이 벽과 제연경계로 구획된 거실을 동시에 배출할 경우 ⇒ 제연경계로 구획된 거실의 배출량은 배출량 중 최대의 것 + 벽으로 구획된 배출량은 전부 합한 것

(2) 배출구

① 배출구 포용거리 : 10m 이내

② 50㎡ 미만의 물품창고, 화장실, 목욕실 등은 배출구 및 배출량 산정에서 제외한다.

③ 거실의 경우(바닥면적 400㎡ 미만)

예상제연 구획	배출구
벽으로 구획	천장(반자) 또는 벽체의 중간 윗부분(반자와 바닥사이)에 설치
제연경계로 구획	천장(반자) 또는 벽체의 경우 제연경계의 하단부보다 윗부분에 설치

④ 통로의 경우(바닥면적 400㎡ 이상 거실 포함)

예상제연 구획	배출구	비고
벽으로 구획	천장(또는 반자)에 가까운 벽체	벽에 설치 시 배출구 하단과 2m 이격
제연경계로 구획	천장(또는 반자)에 가까운 벽체	벽 또는 제연경계에 설치 시 배출구 하단이 제연경계 하단보다 높이 설치

(3) 배출기 및 풍도

① 배출기 (M 능캔분리)

　㉠ 배출기의 배출**능**력은 배출량 이상이 되도록 할 것

　㉡ 배출기와 배출풍도의 접속부분에 사용하는 **캔**버스는 내열성(석면재료는 제외한다)이 있는 것으로 할 것

　㉢ 배출기의 전동기부분과 배풍기 부분은 **분리**하여 설치하여야 하며, 배풍기 부분은 유효한 내열처리를 할 것

② 배출풍도 🔥

　㉠ 배출풍도는 아연도금강판 또는 이와 동등 이상의 내식성·내열성이 있는 것으로 하며, 내열성(석면재료를 제외한다)의 단열재로 유효한 단열 처리 할 것

　㉡ 강판의 두께는 배출풍도의 크기에 따라 다음 표에 따른 기준 이상으로 할 것

풍도단면의 긴변 또는 직경의 크기	450mm 이하	450mm 초과 750mm 이하	750mm 초과 1,500 이하	1,500mm 초과 2,250mm 이하	2,250mm 초과
강판두께	0.5mm	0.6mm	0.8mm	1.0mm	1.2mm

③ 풍량 및 풍속

　㉠ 풍량 : 거실의 용도와 면적기준에 따른 배출량 이상으로 하여야 한다.

　㉡ 풍속 : **흡**입측 **풍**도 : **15**m/sec 이하, **배출**측 풍도 : **20**m/sec 이하로 한다. (M 흡풍15 배풍20)

(4) 급기량 및 유입구 🔥

① 공기유입량 : 배출량 이상으로 하여야 한다.

② 유입구

    ㉠ 유입구의 높이

        ⓐ 거실의 경우(바닥면적 400㎡ 미만)

유입구 위치	비고
바닥외의 장소	유입구와 배기구는 5m 이상 또는 구획된 실의 장변의 2분의 1 이상으로 할 것 (천장에 설치가 가능하므로 유입공기에 의한 확산을 방지할 수 있다.)

        ⓑ 거실의 경우(바닥면적 400㎡ 이상)

유입구 위치	비고
바닥으로부터 1.5m 이하	주변은 공기의 유입장애가 없을 것

    ㉡ 유입구의 풍속 : 5m/sec 이하

    ㉢ 유입 풍도 풍속 : 20m/sec 이하

(5) 공기유입방식 (Ⓜ 강자인)

공기를 유입하는 급기방식으로는 '**강**제유입방식', '**자**연유입방식' 및 '**인**접구역 유입방식'의 3가지가 있다.

강제유입방식	① 거실에서 배출하는 양 이상을 급기송풍기에 의해 급기하는 방식 ② 영화관 등 방음을 필요로 하는 구획실이나 소규모 화재실에서 일반적으로 많이 사용됨
자연유입방식	창문 등 개구부를 이용하여 해당 제연구역에 급기하는 방식
인접구역 유입방식	인접한 제연구역에서 거실에 배출하는 양 이상을 급기송풍기에 의해 급기하는 방식

(6) 제연구역 설정 기준 🔥🔥🔥 (Ⓜ 이층/상/육/육/천)

① 하나의 제연구역 면적은 **1,000㎡** 이내로 할 것.

② 하나의 제연구역은 **2**개 이상 **층**에 미치지 아니하도록 할 것. 다만, 층 구분이 불분명할 경우는 그 부분을 다른 부분과 별도로 제연구획 한다.

③ 거실과 통로(복도를 포함한다.)는 **상**호 제연 구획 할 것

④ 하나의 제연구역은 직경 **60m** 원내에 들어갈 수 있을 것

⑤ 통로상의 제연구역은 보행중심선의 길이가 **60m**를 초과하지 아니할 것

제연구역 설정	① 하나의 제연구역 면적은 1,000㎡ 이내로 할 것 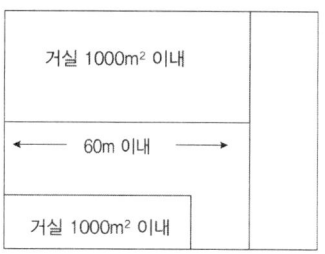 ② 하나의 제연구역은 2개 이상 층에 미치지 아니하도록 할 것. 다만, 층의 구분이 불분명할 경우는 그 부분을 다른 부분과 별도로 제연구획 한다. 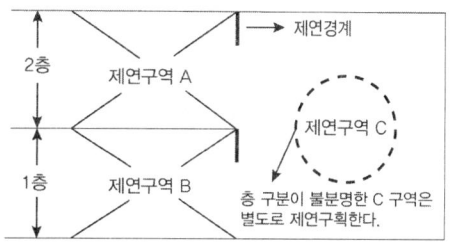 ③ 거실과 통로(복도를 포함한다)는 상호 제연 구획 할 것 (거실과 복도는 각각 구분해서 제연하라는 의미) 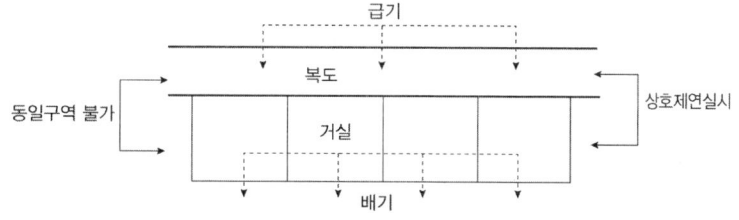 ④ 거실 : 하나의 제연구역은 직경 60m 원내에 들어갈 수 있을 것 ⑤ 통로 : 통로상의 제연구역은 보행중심선의 길이가 60m를 초과하지 아니할 것 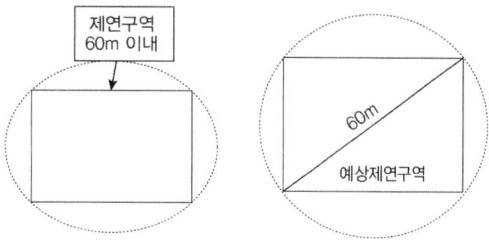

02 출제예상문제

1 제연설비 설치장소의 제연구역 구획기준으로 틀린 것은?

① 하나의 제연구역의 면적은 1000 m² 이내로 할것
② 거실과 통로는 상호 제연구획 할 것
③ 통로상의 제연구역은 보행중심선의 길이가 60m를 초과하지 아니할 것
④ 하나의 제연구역은 지름 40m 원내에 들어갈 수 있을 것

2 배출풍도의 설치기준 중 다음 ( )안에 알맞은 것은?

> 배출기 흡입측 풍도안의 풍속은 (㉠)m/s 이하로 하고 배출측 풍속은 (㉡)m/s 이하로 할것

① ㉠ 15, ㉡ 10
② ㉠ 10, ㉡ 15
③ ㉠ 20, ㉡ 15
④ ㉠ 15, ㉡ 20

1.

제연구역 설정 기준 🔥🔥🔥 (M 이층/상/육/육/천)
㉠ 하나의 제연구역 면적은 **1,000**m² 이내로 할 것.
㉡ 하나의 제연구역은 **2**개 이상 층에 미치지 아니하도록 할 것. 다만, 층 구분이 불분명할 경우는 그 부분을 다른 부분과 별도로 제연구획 한다.
㉢ 거실과 통로(복도를 포함한다.)는 **상**호 제연 구획 할 것.
㉣ 하나의 제연구역은 직경 **60**m 원내에 들어갈 수 있을 것.
㉤ 통로상의 제연구역은 보행중심선의 길이가 **60**m를 초과하지 아니할 것

2.

배출풍도의 설치기준
㉠ 풍량 : 거실의 용도와 면적기준에 따른 배출량 이상으로 하여야 한다.
㉡ 풍속 : 흡입측 풍도 : 15m/sec 이하, 배출측 풍도 : 20m/sec 이하로 한다. (M **흡풍15 배풍20**)

Answer 1.④ 2.④

03 | 제연설비(특별피난계단 부속실 제연설비)

❶ 개요

특별피난계단의 계단실 및 부속실 제연설비는 통상적으로 급기가압제연설비라고 부른다.

(1) 기준 및 설치목적

① 특별피난계단의 계단실 및 부속실(비상용승강기의 승강장과 피난용승강기의 승강장도 포함한다)에 대해 제연설비를 설치·유지함으로써 피난로 및 피난공간의 안전성을 확보하여 인명 안전은 물론 소방관의 소화·구조 활동을 원활하게 하는 데에 그 목적이 있다.

② 급기가압제연설비는 소방대상물의 제연구역 내(계단실, 부속실 또는 비상용승강기의 승강장, 피난용 승강기의 승강장)에 신선한 공기를 주입하여 옥내(화재발생 부분)보다 압력을 높게 하여 화재 시 발생한 연기 또는 열기가 제연구역으로 확산, 침투하지 못하도록 하여 피난자의 피난과 소화 종사자의 원활한 소화활동을 위해 설치한다.

(2) 연기 제어의 목적

① 연기를 배출시켜 화재실 연기농도를 낮추거나 청결층을 유지하기 위함이다. → 거실제연설비

② 부속실을 급기·가압하여 연기유입을 제한시킨다. → 부속실 제연설비

③ 연기에 의한 질식을 방지하여 피난시간 확보와 안전을 도모한다.

④ 소화활동을 위한 안전공간을 확보한다.

❷ 설치대상

특별피난계단의 계단실, 부속실, 비상용승강기의 승강장, 피난용승강기의 승강장

개념원리

특별피난계단설치 (건축법시행령 제35조)	① 11층 이상의 층 (공동주택은 16층 이상) ② 지하 3층 이하의 층 ③ 5층 이상의 층 또는 지하 2층 이하의 층 건물 중 소매시장, 도매시장, 상점 (판매·영업시설)의 용도로 쓰이는 층으로부터의 직통계단은 1개소
비상용 승강기의 설치 (건축법시행령 제90조)	높이가 31m를 넘는 건축물 (공동주택은 10층 이상)
피난용 승강기	층수가 30층 이상이거나 높이가 120m 이상인 건축물

❸ 용어정의 ♠♠

제연구역	내화구조의 벽으로 구획된 공간 내에 외부의 신선한 공기를 주입하여 옥내(화재 실)에서 발생한 연기가 구획된 공간(제연구역)으로 침입하는 것을 방지하여 거주자의 피난 및 소방대의 소화활동을 목적으로 나눈 공간으로서 제연구역 대상에 따라 계단실, 부속실, 계단실과 부속실 동시, 비상용승강기 승강장을 말한다.
방연풍속	옥내로부터 제연구역내로 연기의 유입을 유효하게 방지할 수 있는 풍속을 말한다.
급기량	옥외로부터 신선한 공기를 가압공간인 제연구역에 차압 및 방연풍속을 유지하기 위해 가압되는 공기의 공급량을 말한다. 누설량과 보충량의 합을 급기량이라 한다.
누설량	제연구역의 출입문이 닫힌 상태로 가압되고 있는 상태에서, 제연구역 출입문 등의 누설틈새를 통하여 제연구역 외부로 누설되어 나가는 공기의 양을 말한다.
보충량	방연풍속을 유지하기 위하여 제연구역에 보충하여야 할 공기량을 말한다.
플랩댐퍼	부속실의 설정압력범위를 초과하는 경우 압력을 배출하여 설정압 범위를 유지하게 하는 과압방지장치를 말한다.
유입공기	제연구역 출입문의 일시적인 개방에 따라 제연구역(부속실)으로부터 옥내(화재구역)로 유입하는 공기를 말한다. 즉, 차압에 따라 누설하는 것과 출입문의 일시적인 개방에 따라 유입하는 것을 말한다.
거실제연설비	「제연설비의 화재안전기준(KFSC 501)」의 기준에 따른 옥내의 제연설비를 말한다.
자동차압 급기댐퍼	제연구역과 옥내사이의 차압을 압력센서 등으로 감지하여 제연구역에 공급되는 풍량의 조절로 제연구역의 차압유지를 자동으로 제어할 수 있는 댐퍼를 말한다.
자동폐쇄장치	제연구역의 출입문 등에 설치하는 것으로서 화재발생 시 옥내에 설치된 감지기 작동과 연동하여 출입문을 자동적으로 닫게 하는 장치를 말한다.

❹ 설치기준

(1) 제연방식

① 제연구역에 옥외의 신선한 공기를 공급하여 제연구역의 기압을 제연구역 이외의 옥내(이하 "옥내"라 한다)보다 높게 하되 일정한 기압의 차이(이하 "차압"이하 한다)를 유지하게 함으로써 옥내로부터 제연구역내로 연기가 침투하지 못하도록 할 것

② 피난을 위하여 제연구역의 출입문이 일시적으로 개방되는 경우 방연풍속을 유지하도록 옥외의 공기를 제연구역내로 보충공급 하도록 할 것

③ 출입문이 닫히는 경우 제연구역의 과압을 방지할 수 있는 유효한 조치를 하여 차압을 유지할 것

(2) 제연구역 선정 ♦♦♦ (M 계부동계 부비승단)

① **계**단실 및 그 **부**속실을 **동**시에 제연하는 것
② **계**단실 단독제연하는 것
③ **부**속실만을 단독으로 제연하는 것
④ **비**상용승강기 **승**강장 **단**독 제연하는 것

(3) 차압 ♦♦♦

① 제연구역과 옥내와의 사이에 유지하여야 하는 최소차압은 40Pa(옥내에 스프링클러설비가 설치된 경우에는 12.5 Pa) 이상으로 하여야 한다.
② 제연설비가 가동되었을 경우 출입문의 개방에 필요한 힘은 110N 이하로 하여야 한다.
③ 출입문이 일시적으로 개방되는 경우 개방되지 아니하는 제연구역과 옥내와의 차압은 제①항의 기준에 불구하고 제①항의 기준에 따른 차압의 70% 미만이 되어서는 아니 된다.
④ 계단실과 부속실을 동시에 제연 하는 경우 부속실의 기압은 계단실과 같게 하거나 계단실의 기압보다 낮게 할 경우에는 부속실과 계단실의 압력차이는 5Pa 이하가 되도록 하여야 한다.

> **개념원리** 소방에서의 화재 개념의 의미
>
> - 차압이란 화재실로부터 제연구역에 출입문 등 누설 틈새를 통하여 제연구역내로 침투하는 연기를 방지하기 위한 제연구역과 거실과의 압력차이다.
> - 기준차압 : 40Pa(옥내에 스프링클러설비가 설치된 경우에는 12.5Pa) 이상으로 한다.
>   ① 다른 층의 문 개방 시 제연구역(전실등) 압력 : 기준차압 × 70% 이상 (28Pa ± 20%)
>   ② 계단실과 전실을 동시 가압할 경우 : 계단실과 전실과의 압력차 ⇒ 5Pa 이하

(4) 방연풍속 ♦

① 개념

   ㉠ 출입문 폐쇄 시에는 차압에 의하여 규정 압력이 유지되기 때문에 옥내의 연기가 부속실로 침투하지 못하지만, 피난을 위하여 일시적으로 출입문을 개방하거나 문을 닫지 않고 피난하였을 경우 제연구역의 차압이 낮아져 옥내의 연기가 제연구역으로 침입할 가능성이 있다.
   ㉡ 따라서 출입문이 개방되었을 경우에도 연기가 부속실로 들어오지 못하도록 더 많은 공기를 불어 넣어줄 필요가 있다. 이것을 방연풍속이라 한다.

② 방연풍속

제연구역		방연풍속
계단실 및 그 부속실을 동시에 제연하는 것 또는 계단실만 단독으로 제연하는 것		0.5㎧ 이상
부속실만 단독으로 제연하는 것 또는 비상용승강기의 승강장만 단독으로 제연하는 것	부속실 또는 승강장이 면하는 옥내가 거실인 경우	0.7㎧ 이상
	부속실 또는 승강장이 면하는 옥내가 복도로서 그 구조가 방화구조(내화시간이 30분 이상인 구조를 포함한다)인 것	0.5㎧ 이상

(5) 유입공기 배출

① **유입공기 배출구 필요성** : 지속적인 화재실 연소로 인하여 실내의 압력이 상승하거나 제연구역 출입문 개방으로 인하여 옥내에 공기가 유입되어 압력이 상승할 우려가 있다. 이때 옥내와 제연구역 간 압력이 같아지거나 화재실의 압력이 제연구역보다 커지게 되면 연기가 제연구역으로 역류할 우려가 있다. 따라서 이와 같은 현상을 방지하기 위하여 옥내에 유입공기 배출구 설치가 필요하다.

② **유입공기 배출방식** 🔥 (M **수자기배제**)

㉠ **수**직풍도에 따른 배출	옥상으로 직통하는 전용의 배출용 수직풍도를 설치하여 배출하는 것으로서 다음 각 목의 어느 하나에 해당하는 것 ⓐ **자**연배출식 : 굴뚝효과에 따라 배출하는 것 ⓑ **기**계배출식 : 수직풍도의 상부에 전용의 배출용 송풍기를 설치하여 강제로 배출하는 것. 다만, 지하층만을 제연하는 경우 배출용 송풍기의 설치위치는 배출된 공기로 인하여 피난 및 소화활동에 지장을 주지 아니하는 곳에 설치할 수 있다.
㉡ **배**출구에 따른 배출	건물의 옥내와 면하는 외벽마다 옥외와 통하는 배출구를 설치하여 배출하는 것
㉢ **제**연설비에 따른 배출	거실제연설비가 설치되어 있고 당해 옥내로부터 옥외로 배출하여야 하는 유입공기의 양을 거실제연설비의 배출량에 합하여 배출하는 경우 유입공기의 배출은 당해 거실제연설비에 따른 배출로 갈음할 수 있다.

(6) 급기풍도의 크기에 따른 강판의 두께

풍도 단면의 긴변 또는 직경의 크기	450 mm이하	450mm 초과 750mm 이하	750mm 초과 1500mm 이하	1500mm 초과 2250mm 이하	2250mm 초과
강판두께	0.5mm	0.6mm	0.8mm	1.0mm	1.2mm

(7) 외기취입구 🔥 (Ⓜ 외상빗이 취바속향)

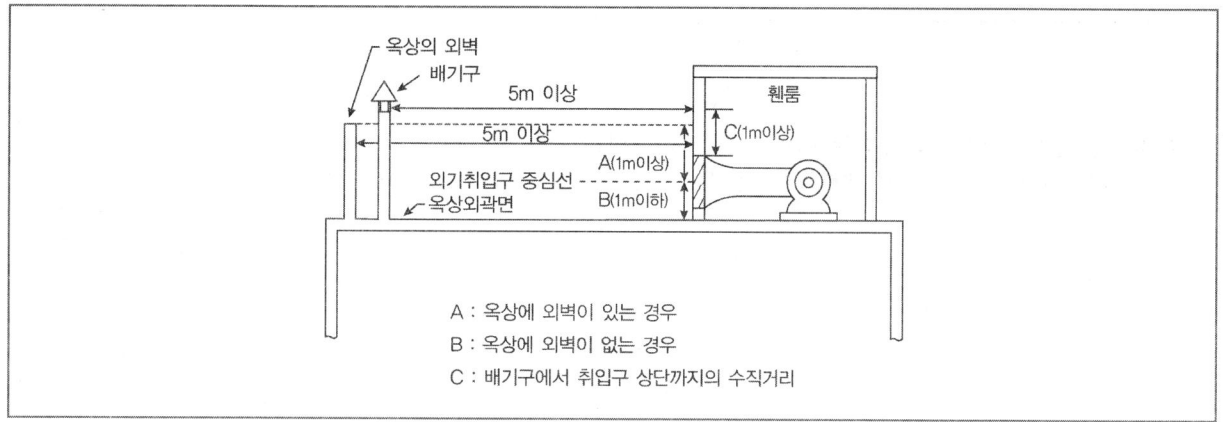

A : 옥상에 외벽이 있는 경우
B : 옥상에 외벽이 없는 경우
C : 배기구에서 취입구 상단까지의 수직거리

① 외기를 옥외로부터 취입하는 경우 취입구는 연기 또는 공해물질 등으로 오염된 공기를 취입하지 않는 위치에 설치해야 하며, 배기구 등(유입공기, 주방의 조리대의 배출공기 또는 화장실의 배출공기 등을 배출하는 배기구를 말한다)으로부터 수평거리 5m 이상, 수직거리 1m 이상 낮은 위치에 설치할 것

② 취입구를 옥상에 설치하는 경우에는 옥상의 외곽면으로부터 수평거리 5m 이상, 외곽면의 상단으로부터 하부로 수직거리 1m 이하의 위치에 설치할 것

③ 취입구는 빗물과 이물질이 유입하지 않는 구조로 할 것

④ 취입구는 취입공기가 옥외의 바람의 속도와 방향에 따라 영향을 받지 않는 구조로 할 것

(8) 수동기동장치

배출댐퍼 및 개폐기의 직근과 제연구역에는 다음 각 호의 기준에 따른 장치의 작동을 위하여 전용의 수동기동장치를 설치하여야 한다. 다만, 계단실 및 그 부속실을 동시에 제연하는 제연구역에는 그 부속실에만 설치할 수 있다. (Ⓜ 전당급개)

① **전**층의 제연구역에 설치된 급기댐퍼의 개방

② **당**해층의 배출댐퍼 또는 개폐기의 개방

③ **급**기송풍기 및 유입공기의 배출용 송풍기(설치한 경우에 한한다)의 작동

④ **개**방·고정된 모든 출입문(제연구역과 옥내사이의 출입문에 한한다)의 개폐장치의 작동

03 출제예상문제

1 특별피난계단의 계단실 및 부속실 제연설비의 화재안전기준상 차압 등에 관한 기준 중 다음 괄호 안에 알맞은 것은?

> 제연설비가 가동되었을 경우 출입문의 개방에 필요한 힘은 ( )N 이하로 하여야 한다.

① 12.5
② 40
③ 70
④ 110

2 특별피난계단의 계단실 및 부속실 제연설비의 차압 등에 관한 기준 중 옳은 것은?

① 제연설비가 가동되었을 경우 출입문의 개방에 필요한 힘은 130N 이하로 하여야 한다.
② 제연구역과 옥내와의 사이에 유지하여야 하는 최소차압은 40Pa(옥내에 스프링 클러설비가 설치된 경우에는 12.5Pa) 이상 으로 하여야 한다.
③ 피난을 위하여 제연구역의 출입문이 일시적으로 개방되는 경우 개방되지 아니하는 제연구역과 옥내와의 차압은 기준 차압의 60% 미만이 되어서는 아니 된다.
④ 계단실과 부속실을 동시에 제연 하는 경우 부속실의 기압은 계단실과 같게 하거나 계단실의 기압보다 낮게 할 경우에는 부속실과 계단실의 압력차이는 10Pa 이하가 되도록 하여야 한다.

1.

차압 ♠♠♠
㉠ 제연구역과 옥내와의 사이에 유지하여야 하는 최소차압은 40Pa(옥내에 스프링클러설비가 설치된 경우에는 12.5Pa) 이상으로 하여야 한다.
㉡ 제연설비가 가동되었을 경우 출입문의 개방에 필요한 힘은 110N 이하로 하여야 한다.
㉢ 출입문이 일시적으로 개방되는 경우 개방되지 아니하는 제연구역과 옥내와의 차압은 제1항의 기준에 불구하고 제1항의 기준에 따른 차압의 70% 미만이 되어서는 아니 된다.
㉣ 계단실과 부속실을 동시에 제연 하는 경우 부속실의 기압은 계단실과 같게 하거나 계단실의 기압보다 낮게 할 경우에는 부속실과 계단실의 압력차이는 5Pa 이하가 되도록 하여야 한다.

2.
문제 1번 답안 참조

Answer 1.④ 2.②

3 제연구역의 선정방식 중 계단실 및 그 부속실을 동시에 제어하는 것의 방연풍속은 몇 m/s 이상이어야 하는가?

① 0.5
② 0.7
③ 1
④ 1.5

4 특별피난계단의 계단실 및 부속실 제연설비의 화재안전기준에서 부속실만 단독으로 제연하는 것 또는 비상용승강기의 승강장만 단독으로 제연하는 것으로 부속실 또는 승강장이 면하는 옥내가 거실인 경우의 최소 방연풍속은?

① 0.5m/s
② 0.6m/s
③ 0.7m/s
④ 0.8m/s

5 특별피난계단의 계단실 및 부속실 제연설비의 화재 안전기준 중 급기풍도 단면의 긴변의 길이가 1300mm 인 경우, 강판의 두께는 몇 mm 이상이어야 하는가?

① 0.6
② 0.8
③ 1.0
④ 1.2

3.

방연풍속 (**M** 계부동계/부비승단/거/복/오칠오(575))

제연 구역	방연풍속
계단실 및 그 부속실을 동시에 제연하는 것 또는 계단실만 단독으로 제연하는 것 (**M** 계부동계)	0.5㎧ 이상
부속실만 단독으로 제연하는 것 또는 비상용승강기의 승강장만 단독으로 제연하는 것 (**M** 부비승단/거/복)	부속실 또는 승강장이 면하는 옥내가 거실인 경우	0.7㎧ 이상
	부속실 또는 승강장이 면하는 옥내가 복도로서 그 구조가 방화구조(내화시간이 30분 이상인 구조를 포함한다)인 것	0.5㎧ 이상

4.

문제 3번 답안 참조

5.

급기풍도의 크기에 따른 강판의 두께(**M** 사고치고 싶어 더하면 둘둘오공 / 오빼고 둘씩증가)

풍도 단면의 긴변 또는 직경의 크기	450mm 이하	450mm 초과 750mm 이하	750mm 초과 1500mm 이하	1500mm 초과 2250mm 이하	2250mm 초과
강판두께	0.5mm	0.6mm	0.8mm	1.0mm	1.2mm

Answer 3.① 4.③ 5.②

04 연결송수관설비

1 개요

(1) 연결송수관설비는 화재 시 소화기, 옥내소화전설비 등을 이용하여 거주자들에 의한 초기 화재진압이 실패하거나 건축물 내에 시설된 자동소화설비 등에 의한 화재진압이 실패한 경우 소방관에 의해 본격적인 화재진압이 이루어지는 소화활동설비이다.

(2) 건축물의 옥외에 설치된 송수구에 소방차로부터 가압수를 송수하고 화재 층에서 소방관이 방수구 인근 또는 3개 층마다 설치된 방수기구함에 내장된 호스와 노즐을 연결하여 소화수를 화재부분에 방수하여 소방대에 의해 화재를 진압하는 소화활동설비이다. 설비의 구성은 송수구, 배관, 방수구, 호스 및 노즐 등으로 구성된다.

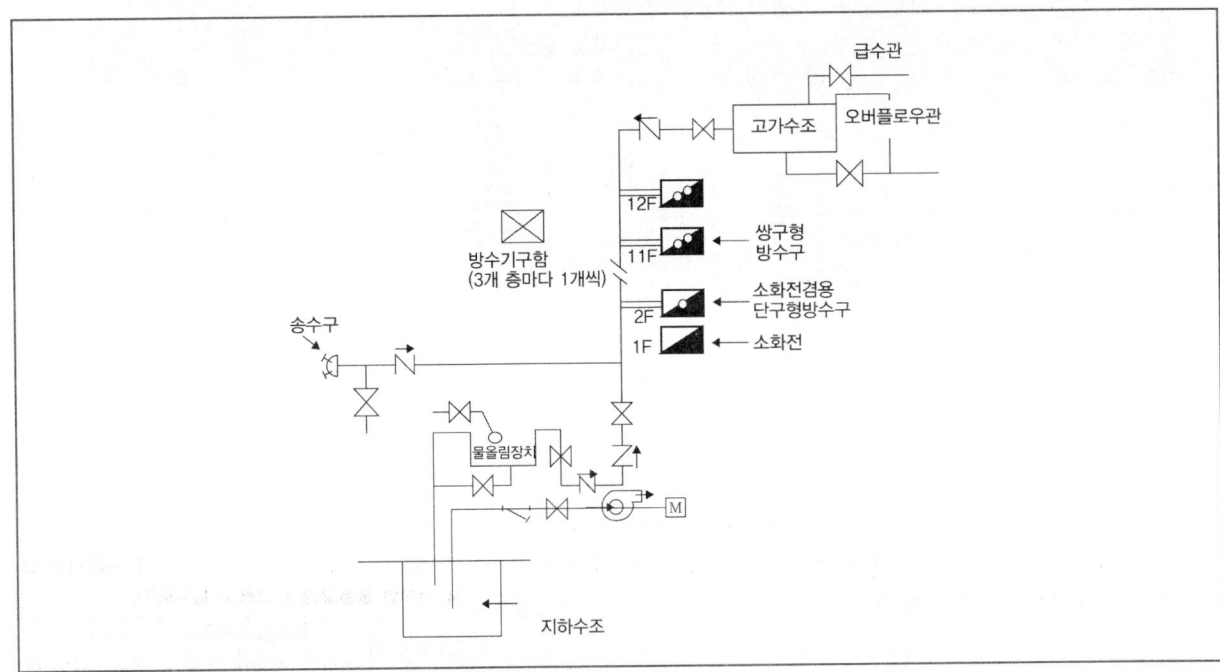

❷ 설치대상 및 면제기준

(1) 설치대상 (Ⓜ 층오연육/ 지포일곱(7)마리/ 지삼지바천/ 터천)

① **층**수가 **5층** 이상으로서 **연**면적 **6천㎡** 이상인 경우에는 모든 층

② 1)에 해당하지 않는 특정소방대상물로서 **지**하층을 **포**함하는 층수가 **7층** 이상인 경우에는 모든 층

③ 1) 및 2)에 해당하지 않는 특정소방대상물로서 **지**하층의 층수가 **3층** 이상이고 **지**하층의 **바**닥면적의 합계가 **1천㎡** 이상인 경우에는 모든 층

④ 지하가 중 **터**널로서 길이가 **1천**m 이상인 것

(2) 면제기준 (Ⓜ 연송 옥스간살)

연결**송**수관설비를 설치하여야 하는 소방대상물의 옥외에 연결송수구 및 옥내에 방수구가 부설된 **옥**내소화전설비, **스**프링클러설비, **간**이스프링클러설비 또는 연결**살**수설비를 화재안전기준에 적합하게 설치한 경우에는 그 설비의 유효범위에서 설치가 면제된다. 다만, 지표면에서 최상층 방수구의 높이가 70m 이상인 경우에는 설치하여야 한다.

❸ 용어정의

(1) 송수구

소화설비에 소화용수를 보급하기 위하여 건물 외벽 또는 구조물의 외벽에 설치하는 관

(2) 방수구

소화설비로부터 소화용수를 방수하기 위하여 건물내벽 또는 구조물의 외벽에 설치하는 관

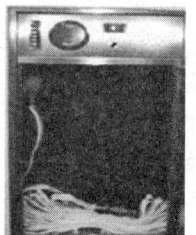
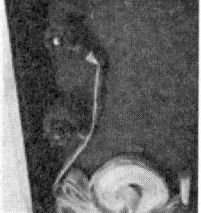

| 송수구 | 방수구 |

④ 설치기준

(1) 자동배수밸브 및 체크밸브 🔥🔥

송수구의 부근에는 자동배수밸브 및 체크밸브를 다음 기준에 따라 설치할 것. 이 경우 자동배수밸브는 배관 안의 물이 잘 빠질 수 있는 위치에 설치하되, 배수로 인하여 다른 물건이나 장소에 피해를 주지 아니하여야 한다. (M 습송자체 건송자체자)

설비종류	구분	설치순서	암기
연결송수관설비	**습**식	**송**수구 · **자**동배수밸브 · **체**크밸브	습송자체
	건식	**송**수구 · **자**동배수밸브 · **체**크밸브 · **자**동배수밸브	건송자체자
연결살수설비	**폐**쇄형헤드	**송**수구 · **자**동배수밸브 · **체**크밸브	폐송자체
	개방형헤드	**송**수구 · **자**동배수밸브	개송자

(2) 습식설비 설치 대상물(습식 : 배관안에 물을 채워놓는 설비 ⇔ 건식설비) 🔥🔥

① <u>지면으로부터의 높이가 31m 이상인 특정소방대상물</u>

② <u>지상 11층 이상인 특정소방대상물</u>

(3) 방수구 설치기준

① 층별 설치기준 🔥

설치장소	방수구는 그 특정소방대상물의 <u>층마다 설치할 것</u>

설치
제외장소
	M 아열두(12) / 차대차도달피 / 송부옥(소판집 공관도지 창백)층
	㉠ **아**파트의 1층 및 2층
	㉡ 소방**차**의 접근이 가능하고 소방**대**원이 소방**차**로부터 각 부분에 쉽게 **도달**할 수 있는 **피**난층
	㉢ **송**수구가 **부**설된 **옥**내소화전을 설치한 특정소방대상물(**집**회장 · **관**람장 · **백**화점 · **도**매시장 · **소**매시장 · **판**매시설 · **공**장 · **창**고시설 또는 **지**하가를 제외한다)로서 다음의 어느 하나에 해당하는 **층**
	   ⓐ **지**하층을 **제**외한 층수가 4층 이하이고 연면적이 6,000㎡ 미만인 **특**정소방대상물의 지**상**층
	     (M 지제사육특상)
	   ⓑ **지**하층의 층수가 2 이하인 **특**정소방대상물의 **지**하층 (M 지하이특하)

② **면적별 설치기준** : 방수구는 아파트 또는 바닥면적이 1,000㎡ 미만인 층에 있어서는 계단(계단의 부속실을 포함하며 계단이 2 이상 있는 경우에는 그중 1개의 계단을 말한다)으로부터 5m 이내에, 바닥면적 1,000㎡ 이상인 층(아파트를 제외한다)에 있어서는 각 계단(계단의 부속실을 포함하며 계단이 3 이상 있는 층의 경우에는 그중 2개의 계단을 말한다)으로부터 5m 이내에 설치하되, 그 방수구로부터 그 층의 각 부분까지의 거리가 다음 각 목의 기준을 초과하는 경우에는 그 기준 이하가 되도록 방수구를 추가하여 설치할 것
  ㉠ 지하가(터널은 제외한다) 또는 지하층의 바닥면적의 합계가 3,000㎡ 이상인 것은 수평거리 25m
  ㉡ ㉠에 해당하지 아니하는 것은 수평거리 50m

③ **형태별 설치기준**

10층 이하		단구형 또는 쌍구형
11층 이상	원칙	쌍구형
	예외	단구형으로 할 수 있는 경우 (Ⅿ 아/ 스유방2) ① **아**파트의 용도로 사용되는 층 ② **스**프링클러설비가 **유**효하게 설치되어 있고 **방**수구가 **2**개소 이상 설치된 층

(4) 가압송수장치 ♨

지표면에서 최상층 방수구의 높이가 70m 이상의 특정소방대상물에는 다음 각 호의 기준에 따라 연결송수관설비의 가압송수장치를 설치하여야 한다.

펌프 토출량 \ 방수구	3개 이하	4개	5개 (5개 이상은 5개 적용)
일반건축물	2,400 l/min	3,200 l/min	4,000 l/min
계단식 아파트	1,200 l/min	1,600 l/min	2,000 l/min

(5) 연결송수관설비의 방수용기구함 설치기준

① 방수기구함은 피난층과 가장 가까운 층을 기준으로 3개층마다 설치하되, 그 층의 방수구마다 보행거리 5m 이내에 설치할 것

② 방수기구함에는 길이 15m의 호스와 방사형 관창을 다음 각 목의 기준에 따라 비치할 것
  ㉠ 호스는 방수구에 연결하였을 때 그 방수구가 담당하는 구역의 각 부분에 유효하게 물이 뿌려질 수 있는 개수 이상을 비치할 것. 이 경우 쌍구형 방수구는 단구형 방수구의 2배 이상의 개수를 설치하여야 한다.
  ㉡ 방사형 관창은 단구형 방수구의 경우에는 1개, 쌍구형 방수구의 경우에는 2개 이상 비치할 것

③ 방수기구함에는 "방수기구함"이라고 표시한 축광식 표지를 할 것

(6) 연결송수관설비의 송수구 설치기준

① 소방차가 쉽게 접근할 수 있고 잘 보이는 장소에 설치할 것

② 지면으로부터 높이가 0.5m 이상 1m 이하의 위치에 설치할 것

③ 송수구는 화재층으로부터 지면으로 떨어지는 유리창 등이 송수 및 그 밖의 소화작업에 지장을 주지 않는 장소에 설치할 것

④ 송수구로부터 연결송수관설비의 주배관에 이르는 연결배관에 개폐밸브를 설치한 때에는 그 개폐상태를 쉽게 확인 및 조작할 수 있는 옥외 또는 기계실 등의 장소에 설치할 것. 이 경우 개폐밸브에는 그 밸브의 개폐상태를 감시제어반에서 확인할 수 있도록 급수개폐밸브 작동표시 스위치를 다음 각 목의 기준에 따라 설치하여야 한다.
　㉠ 급수개폐밸브가 잠길 경우 탬퍼 스위치의 동작으로 인하여 감시제어반 또는 수신기에 표시되어야 하며 경보음을 발할 것
　㉡ 탬퍼 스위치는 감시제어반 또는 수신기에서 동작의 유무확인과 동작시험, 도통시험을 할 수 있을 것
　㉢ 탬퍼 스위치에 사용되는 전기배선은 내화전선 또는 내열전선으로 설치할 것

⑤ 구경 65mm의 쌍구형으로 할 것

⑥ 송수구에는 그 가까운 곳의 보기 쉬운 곳에 송수압력범위를 표시한 표지를 할 것

⑦ 송수구는 연결송수관의 수직배관마다 1개 이상을 설치할 것. 다만, 하나의 건축물에 설치된 각 수직배관이 중간에 개폐밸브가 설치되지 않은 배관으로 상호 연결되어 있는 경우에는 건축물마다 1개씩 설치할 수 있다.

⑧ 송수구에는 가까운 곳의 보기 쉬운 곳에 "연결송수관설비송수구"라고 표시한 표지를 설치할 것

⑨ 송수구에는 이물질을 막기 위한 마개를 씌울 것

04 출제예상문제

1 송수구가 부설된 옥내소화전을 설치한 특정·소방대상물로서 연결송수관설비의 방수구를 설치하지 아니할 수 있는 층의 기준 중 다음 (　) 안에 알맞은 것은? (단, 집회장·관람장·백화점·도매시장·소매시장·판매시설·공장·창고시설 또는 지하가를 제외한다.)

> • 지하층을 제외한 층수가 (㉠)층 이하 이고 연면적이 (㉡) ㎡ 미만인 특정소방대상물의 지상층의 용도로 사용되는 층
> • 지하층 층수가 (㉢) 이하인 특정소방대상물의 지하층

① ㉠ 3, ㉡ 5000, ㉢ 3
② ㉠ 4, ㉡ 6000, ㉢ 2
③ ㉠ 5, ㉡ 3000, ㉢ 3
④ ㉠ 6, ㉡ 4000, ㉢ 2

2 연결송수관설비의 화재안전기준에 관한 설명으로 옳지 않은 것은?

① 송수구는 지면으로부터 0.5m 이상 1m 이하의 위치에 설치하여야 한다.
② 배관 및 방수구의 주배관 구경은 65mm 이상의 것으로 하여야 한다.
③ 아파트의 1층 및 2층에는 연결송수관설비의 방수구를 설치하지 아니할 수 있다.
④ 방수기구함은 방수구가 가장 많이 설치된 층을 기준하여 3개 층마다 설치하되, 그 층의 방수구마다 보행거리 5m 이내에 설치하여야 한다.

1.
방수구 설치기준(층별 설치기준)

설치장소	방수구는 그 특정소방대상물의 층마다 설치할 것.
설치 제외장소	▣ 아열두(12) / 차대차도달피 / 송부옥(소판집 공관도지 창백)층 ㉠ **아**파트의 **1**층 및 **2**층 ㉡ **소**방**차**의 접근이 가능하고 소방**대**원이 소방**차**로부터 각 부분에 쉽게 **도달**할 수 있는 **피난층** ㉢ **송**수구가 **부**설된 **옥**내소화전을 설치한 특정소방대상물(**집**회장·**관**람장·**백**화점·**도**매시장·**소**매시장·**판**매시설·**공**장·**창**고시설 또는 **지**하가를 제외한다)로서 다음의 어느 하나에 해당하는 **층** 　ⓐ **지**하층을 **제**외한 층수가 **4**층 이하이고 연면적이 **6,000㎡** 미만인 **특**정소방대상물의 지상층 (▣ 지제사육특상) 　ⓑ **지하**층의 층수가 **2** 이하인 **특**정소방대상물의 지**하**층 (▣ 지하이특하)

2.
방수기구함은 피난층과 가장 가까운 층을 기준으로 3개층마다 설치하되, 그 층의 방수구마다 보행거리 5m 이내에 설치할 것

Answer 1.② 2.④

05 연결살수설비

① 개요

(1) 연결살수설비는 지하층에서 화재가 발생할 경우 열기와 연기가 배출되지 않고 체류하여 소방대가 출동하여도 진입이 곤란하며, 소방활동이 매우 곤란한 장소인 관계로 소방대의 소방활동에 지장이 없도록 하기 위하여 바닥면적이 일정 규모 이상인 지하층에 설치하여 소방대가 화점에 접근하지 않은 상태에서도 소방차를 이용하여 살수가 가능하도록한 설비이다.

(2) 연결살수설비는 소화활동설비로서 물소화설비의 일종으로 송수구, 선택밸브, 연결살수설비 전용헤드(또는 스프링클러헤드), 배관 및 밸브류 등으로 구성되어 있다.

(3) 소방대상물에 화재가 발생한 경우 송수구를 통해 소방차의 소화용수를 공급하여 연결살수설비 전용헤드 또는 스프링클러헤드로 방사되어 소화하는 설비이다.

② 설치대상 및 면제대상

(1) **설치대상** (M 판운창물천/ 지씹오 아학칠/ 삼십탱/ 특부연)

① **판**매시설, **운**수시설, **창**고시설 중 **물**류터미널로서 해당 용도로 사용되는 부분의 바닥면적의 합계가 **1천**㎡ 이상인 것

② **지**하층(피난층으로 주된 출입구가 도로와 접한 경우는 제외한다)으로서 바닥면적의 합계가 150㎡ 이상인 것 다만, 「주택법 시행령」 제21조 제4항에 따른 국민주택규모 이하인 **아**파트등의 지하층(대피시설로 사용하는 것만 해당한다)과 교육연구시설 중 **학**교의 지하층의 경우에는 700㎡ 이상인 것으로 한다.

③ 가스시설 중 지상에 노출된 탱크의 용량이 30톤 이상인 **탱**크시설

④ ① 및 ②의 **특**정소방대상물에 **부**속된 **연**결통로

(2) **설치면제** (M 살수 스간물미/ 가물송 물공수 6시간)

① 송수구를 부설한 **스**프링클러설비 · **간**이 스프링클러설비 · **물**분무 소화설비 또는 **미**분무소화설비를 화재안전기준에 적합하게 설치할 경우에는 그 설비의 유효범위 안의 부분에서 설치가 면제된다.

② **가**스 관계법령에 따라 설치되는 **물**분무장치 등에 소방대가 사용할 수 있는 연결**송**수구가 설치되거나 **물**분무장치 등에 6시간 이상 **공**급할 수 있는 **수**원이 확보된 경우에는 설치를 면제한다.

③ 설치기준

(1) 연결살수설비에는 송수구의 자동배수밸브와 체크밸브 ♨♨ (Ⓜ 폐송자체 개송자)

설비종류	구분	설치순서	암기
연결송수관설비	**습**식	**송**수구 · **자**동배수밸브 · **체**크밸브	습송자체
	건식	**송**수구 · **자**동배수밸브 · **체**크밸브 · **자**동배수밸브	건송자체자
연결살수설비	**폐**쇄형헤드	**송**수구 · **자**동배수밸브 · **체**크밸브	폐송자체
	개방형헤드	**송**수구 · **자**동배수밸브	개송자

(2) 연결살수설비의 배관의 구경

① 연결살수설비 전용헤드를 사용하는 경우에는 다음 표에 따른 구경 이상으로 할 것
② 스프링클러헤드를 사용하는 경우에는 「스프링클러설비의 화재안전기준(NFSC 103)」 별표 1의 기준에 따를 것
   ㉠ 연결살수설비 전용 헤드 사용하는 경우

하나의 배관에 부착하는 살수헤드의 개수	1개	2개	3개	4개 또는 5개	6개 이상 10개 이하
배관의 구경(mm)	32	40	50	65	80

(3) 폐쇄형헤드를 사용하는 연결살수설비의 주배관 접속 기준 (Ⓜ 옥수도옥상)

① **옥**내소화전설비의 주배관(옥내소화전설비가 설치된 경우에 한한다)
② **수도**배관(연결살수설비가 설치된 건축물 안에 설치된 수도배관 중 구경이 가장 큰 배관을 말한다)
③ **옥상**에 설치된 수조(다른 설비의 수조를 포함한다)

(4) 연결살수설비의 헤드

① 연결살수설비의 헤드는 연결살수설비전용헤드 또는 스프링클러헤드로 설치하여야 한다.
② 건축물에 설치하는 연결살수설비의 헤드는 다음 각 호의 기준에 따라 설치하여야 한다.
   ㉠ 천장 또는 반자의 실내에 면하는 부분에 설치할 것
   ㉡ 천장 또는 반자의 각 부분으로부터 하나의 살수헤드까지의 수평거리가 연결살수설비 전용헤드의 경우는 3.7m 이하, 스프링클러헤드의 경우는 2.3m 이하로 할 것. 다만, 살수헤드의 부착면과 바닥과의 높이가 2.1m 이하인 부분은 살수헤드의 살수분포에 따른 거리로 할 수 있다.

(5) 가연성 가스의 저장·취급시설에 설치하는 연결살수설비의 헤드 설치기준

① 연결살수설비 전용의 개방형헤드를 설치할 것

② 가스저장탱크·가스홀더 및 가스발생기의 주위에 설치하되, 헤드 상호 간의 거리는 3.7m 이하로 할 것

③ 헤드의 살수범위는 가스저장탱크·가스홀더 및 가스발생기의 몸체의 중간 윗부분의 모든 부분이 포함되도록 하여야 하고 살수된 물이 흘러내리면서 살수범위에 포함되지 아니한 부분에도 모두 적셔질 수 있도록 할 것

06 비상콘센트설비

① 개요

화재가 발생하면 건물 내의 전원이 대부분 차단되므로 출동한 소방대의 소화활동장비에 전원을 공급하기 위해서 이동용 자가발전기를 사용하거나 외부로부터 전선릴을 이용하여 전원을 사용해야 하는데, 건물 내부로 접근이 용이치 않은 고층건물이나 지하층은 전원공급에 많은 어려움이 있다. 그래서 일정한 규모 이상의 건물에는 화재발생 시 소화활동에 필요한 전원을 전용으로 공급받을 수 있는 설비를 설치하도록 하고 있는데 이를 비상콘센트설비라고 한다.

② 설치 대상(가스시설, 지하구는 제외한다) (M 터보(5)/ 빼빼로(11)/ 지삼지바천)

(1) 층수가 **11층** 이상인 특정소방대상물의 경우에는 **11층** 이상의 층

(2) **지**하층의 층수가 **3**개층 이상이고 **지**하층의 **바**닥면적의 합계가 **1,000㎡** 이상인 것은 지하층의 모든 층

(3) 지하가 중 **터**널로서 길이가 **500m** 이상인 것

③ 용어정의 ♦♦

저압	직류는 1.5KV 이하, 교류는 1KV 이하인 것
고압	직류는 1.5KV를, 교류는 1KV를 초과하고, 7kV 이하인 것
특고압	7kV를 초과 (1,000V = 1KV)

④ 구성

(1) 전원

(2) 배선

(3) 콘센트

(4) 보호함

❺ 설치기준 🔥🔥

(1) 전원회로(비상콘센트에 전력을 공급하는 회로를 말한다) [2023 간부]

① 비상콘센트설비의 전원회로는 단상교류 220V인 것으로서, 그 공급용량은 1.5 kVA 이상인 것으로 할 것

② 전원회로는 각층에 2 이상이 되도록 설치할 것. 다만, 설치하여야할 층의 비상콘센트가 1개인 때에는 하나의 회로로 할 수 있다.

③ 전원회로는 주배전반에서 전용회로로 할 것. 다만, 다른 설비의 회로의 사고에 따른 영향을 받지 아니하도록 되어 있는 것에 있어서는 그러하지 아니하다.

④ 전원으로부터 각층의 비상콘센트에 분기되는 경우에는 분기배선용 차단기를 보호함 안에 설치할 것

⑤ 콘센트마다 배선용 차단기(KSC 8321)를 설치하여야 하며, 충전부가 노출되지 아니하도록 할 것

⑥ 개폐기에는 "비상콘센트"라고 표시한 표지를 할 것

⑦ 비상콘센트용의 풀박스 등은 방청도장을 한 것으로서, 두께 1.6mm 이상의 철판으로 할 것

⑧ 하나의 전용회로에 설치하는 비상콘센트는 10개 이하로 할 것. 이 경우 전선의 용량은 각 비상콘센트(비상콘센트가 3개 이상인 경우에는 3개)의 공급용량을 합한 용량 이상의 것으로 하여야 한다.

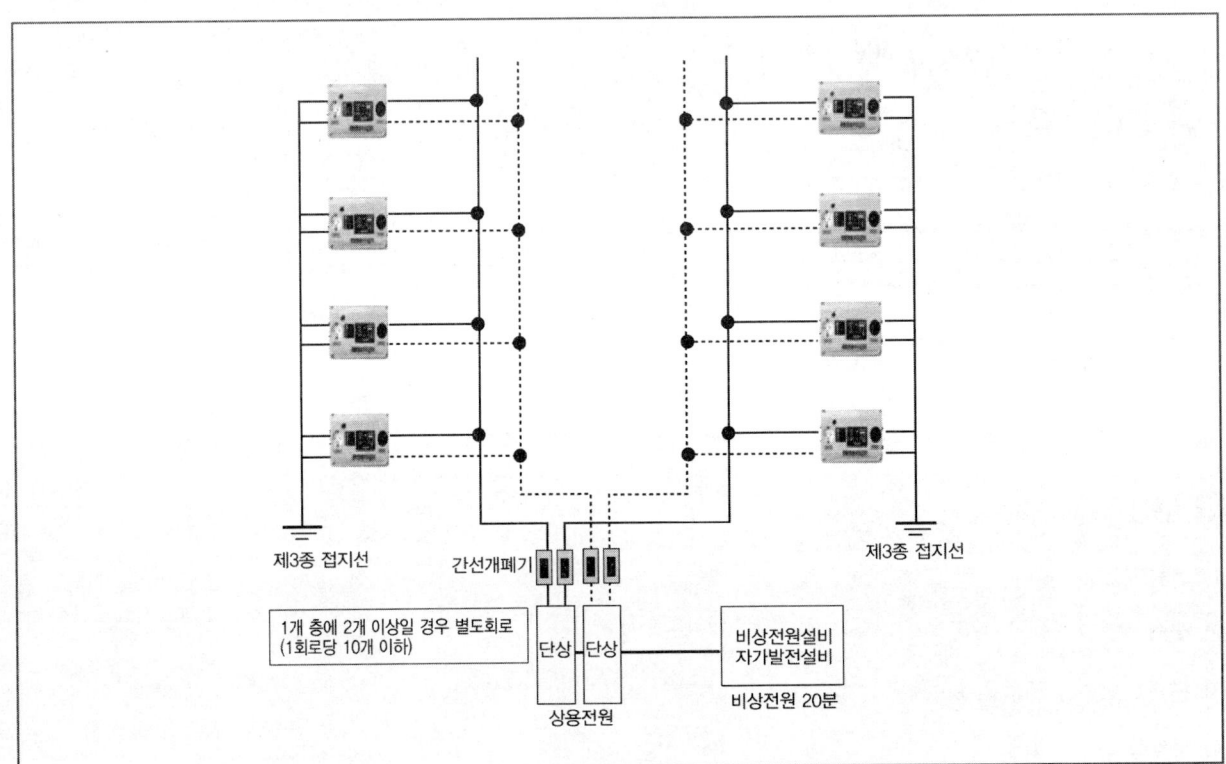

(2) 플러그접속기

① 비상콘센트의 플러그접속기는 접지형 2극 플러그접속기(KS C 8305)를 사용하여야 한다.

② 비상콘센트의 플러그접속기의 칼받이의 접지극에는 접지공사를 해야 한다.

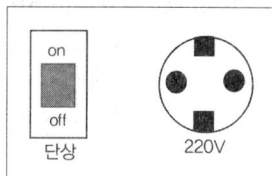

(3) 절연저항 및 절연내력(비상콘센트설비의 전원부와 외함 사이) 🔥

① 절연저항은 전원부와 외함 사이를 500V 절연저항계로 측정할 때 20MΩ 이상일 것

② 절연내력은 전원부와 외함 사이에 정격전압이 150V 이하인 경우에는 1,000V의 실효전압을, 정격전압이 150V 이상인 경우에는 그 정격전압에 2를 곱하여 1,000V를 더한 실효전압을 가하는 시험에서 1분 이상 견디는 것으로 할 것

비상콘센트 정격전압	절연내력 시험
① 150V 이하	60Hz의 정현파에 가까운 실효전압 1,000V의 교류전압을 가하는 시험에서 1분간 견디는 것이어야 한다.
② 150V 초과	그 정격전압에 2를 곱하여 1,000을 더한 값의 교류전압을 가하는 시험에서 1분간 견디는 것이어야 한다.

(4) 비상콘센트설비의 배선

① 전원회로의 배선 : 내화배선

② 그 밖의 배선 : 내화배선 또는 내열배선

(5) 비상전원 유효시간 🔥🔥

소방시설		비상전원 용량(최소)	
소화설비	전체(간이SP 제외)	20분	
	간이스프링클러	10분(단, 근린생활시설 용도 20분)	
경보설비	전체	60분 감시 후 10분 경보	
피난설비	유도등설비 비상조명등설비	1. 11층 이상의 층 2. 지하층 또는 무창층 (도매시장, 소매시장, 여객자동차터미널, 지하역사, 지하상가 용도)	60분
		기타 장소인 경우	20분
소화활동설비	제연설비 연결송수관설비 비상콘센트설비	20분	
	무선통신보조설비	30분	

개념원리

1. **절연저항**
   화재시 소방대가 비상콘센트를 사용하기 위하여 외함에 접촉할 경우 누전으로 인한 감전사고를 방지하기 위함이다.

2. **절연내력시험(絕緣耐力試驗 ; Dielectric strength test)**
   절연물이 어느 정도의 전압에 견딜 수 있는지를 확인하는 시험을 절연내력시험이라 하며 절연내력시험에서 어떤 일정한 전압을 규정한 시간 동안 가하여 이상이 있는지를 확인하는 것을 별도로 내전압시험이라 한다.

3. **실효전압(實效電壓 ; Virtual voltage)**
   직류전압은 시간에 따라 일정한 전압을 유지하지만, 교류전압은 파형이 사인파(Sine Wave)로 변화하므로 시간에 따라 크기가 일정하지 않다. 따라서 직류전압과 같이 일정하게 교류전압을 표현하기 위해 사용하는 전압을 실효전압이라 하며 교류전압 220V, 380V 등은 실효전압을 의미한다.

06 출제예상문제

1 비상콘센트설비를 설치하여야 하는 특정소방 대상물의 기준으로 옳은 것은? (단, 위험물 저장 및 처리시설 중 가스시설 또는 지하구는 제외한다.)

① 지하가(터널은 제외)로서 연면적 1000m² 이상인 것
② 층수가 11층 이상인 특정소방대상물의 경우에는 11층 이상의 층
③ 지하층의 층수가 3층 이상이고 지하층의 바닥면적의 합계가 1500m² 이상인 것은 지하층의 모든 층
④ 창고시설 중 물류터미널로서 해당 용도로 사용되는 부분의 바닥면적의 합계가 1000m 이상인 것

1.

설치 대상(가스시설, 지하구는 제외한다) (**M** 터보(5)/ 빼빼로(11)/ 지삼지바천)
㉠ 층수가 **11**층 이상인 특정소방대상물의 경우에는 **11**층 이상의 층
㉡ **지**하층의 층수가 **3**개층 이상이고 **지**하층의 **바**닥면적의 합계가 **1,000**m² 이상인 것은 지하층의 모든 층
㉢ 지하가 중 **터**널로서 길이가 **500**m 이상인 것

2 비상콘센트설비의 화재안전기준(NFSC 504)에 따른 용어의 정의 중 옳은 것은?

① "저압"이란 직류는 1.5KV 이하, 교류는 1KV 이하인 것을 말한다.
② "저압"이란 직류는 1.5KV 이하, 교류는 1KV 이하인 것을 말한다.
③ "고압"이란 직류는 1.5KV를, 교류는 1KV 초과하는 것을 말한다.
④ "고압"이란 직류는 1.5KV를, 교류는 1KV 초과하는 것을 말한다.

2.

용어정의 🔥🔥

저압	직류는 1.5KV 이하, 교류는 1KV 이하인 것
고압	직류는 1.5KV를, 교류는 1KV를 초과하고, 7kV 이하인 것
특고압	7kV를 초과 (1,000V = 1KV)

Answer 1.② 2.①

3 비상콘센트설비의 전원부와 외함 사이의 절연내력 기준 중 다음 ( ) 안에 알맞은 것은?

> 절연내력은 전원부와 외함 사이에 정격 전압이 150V 이하인 경우에는 (㉠)V의 실효전압을, 정격전압이 150V 이상인 경우에는 그 정격 전압에 (㉡)를 곱하여 1000을 더한 실효전압을 가하는 시험에서 (㉢)분 이상 견디는 것으로 할 것

① ㉠ 500, ㉡ 2 ㉢ 1
② ㉠ 500, ㉡ 3 ㉢ 2
③ ㉠ 1000, ㉡ 2 ㉢ 1
④ ㉠ 1000, ㉡ 3 ㉢ 2

3.

절연저항 및 절연내력(비상콘센트설비의 전원부와 외함 사이)
㉠ 절연저항은 전부와 외함 사이를 500V 절연저항계로 측정할 때 20MΩ 이상일 것
㉡ 절연내력은 전원부와 외함 사이에 정격전압이 150V 이하인 경우에는 1,000V의 실효전압을, 정격전압이 150V 이상인 경우에는 그 정격전압에 2를 곱하여 1,000V를 더한 실효전압을 가하는 시험에서 1분 이상 견디는 것으로 할 것

* 2023년 간부

1 다음은 비상콘센트설비의 전원회로 기준에 관한 것이다. ( ) 안에 들어갈 내용으로 옳은 것은?

> 비상콘센트설비의 전원회로는 (㉠) 교류 (㉡)볼트인 것으로서, 그 공급용량은 (㉢)킬로볼트암페어 이상인 것으로 할 것

	㉠	㉡	㉢
①	단상	24	1.5
②	단상	220	1.5
③	단상	380	3.0
④	3상	220	3.0
⑤	3상	380	3.0

4.

비상콘센트설비의 전원회로는 단상교류 220V인 것으로서, 그 공급용량은 1.5 kVA 이상인 것으로 할 것

Answer 3.③ 4.②

07 무선통신보조설비

1 개요

(1) 지하층이나 지하상가는 그 구조상 전파의 반송 특성이 나빠서 무선교신이 용이하지 않아 화재진압이나 구조현장에서 소방대원간의 무선교신이 어렵게 된다. 그래서 이러한 특성이 있는 건축물 중 일정규모 이상의 특정소방대상물에 전파가 도착하기 어려운 것을 보충하기 위해서 누설동축케이블이나 안테나를 설치하여 원활하게 무선교신을 할 수 있도록 한 설비이다.

(2) 무선통신보조설비의 주요 구성은 전송장치, 무반사 종단저항, 안테나, 분배기, 분파기, 혼합기, 접속단자, 증폭기 등으로 구성되어 있으며, 화재안전기준에서 정하는 기준에 따라 특정소방대상물의 규모, 구조 및 특성에 따라 적합하게 설치하여야 한다.

2 설치대상 및 면제대상

(1) 설치대상 (M 무전기를 업고 터보(5)는 연천 공동구에서 푸쉬업을 30명중 16등으로 331번 하고 있는 중이다.)

① 지하가(터널은 제외한다)로서 **연**면적 **1천**㎡ 이상인 것

② 지하층의 바닥면적의 합계가 **3**천㎡ 이상인 것 또는 지하층의 층수가 **3**층 이상이고 지하층의 바닥면적의 합계가 **1**천㎡ 이상인 것은 지하층의 모든 층

③ 지하가 중 **터**널로서 길이가 **5**00m 이상인 것

④ 「국토의 계획 및 이용에 관한 법률」 제2조 제9호에 따른 **공동구**

⑤ 층수가 **30**층 이상인 것으로서 **16**층 이상 부분의 모든 층

(2) 면제기준 및 설치제외

① 특정소방대상물의 소방시설 설치의 면제기준(소방시설법) : 무선통신보조설비를 설치하여야 할 특정소방대상물에 이동통신 구내 중계기 선로 설비 또는 무선이동 중계기(「전파법」 제58조의 2에 따른 적합성 평가를 받은 제품만 해당한다)등을 화재안전기준의 무선통신보조설비기준에 적합하게 설치한 경우에는 무선통신보조설비 설치가 면제된다.

② 무선통신보조설비의 화재안전기준(NFSC 505) 제4조(설치제외) ♦♦♦ (M **지**특**바**리(2) **표동일**) : **지**하층으로서 **특**정소방대상물의 **바**닥부분 **2**면 이상이 지**표**면과 **동일**하거나 지표면으로부터의 깊이가 **1**m 이하인 경우에는 해당층에 한하여 무선통신보조설비를 설치하지 아니할 수 있다.

❸ 구성요소

(1) 소방용 무선통신보조설비에는 <u>공중선 방식과 누설동축케이블 방식</u>이 있으나, 현재 대부분 누설동축케이블 방식을 사용하고 있다.

(2) 누설동축케이블방식은 <u>누설동축케이블, 동축케이블, 무전기접속단자함, 분배기, 증폭기, 케이블커넥터, 무반사 종단저항</u>으로 구성된다.

❹ 용어정의 ♦♦♦

누설동축케이블	**동**축케이블의 **외**부도체에 가느다란 **홈**을 만들어서 전파가 외부로 **새어**나갈 수 있도록 한 케이블을 말한다. (Ⓜ 동외홈새어)
분배기	**신**호의 전송로가 **분**기되는 **장**소에 설치하는 것으로 **임**피던스 **매**칭(Matching)과 **신**호 **균**등분**배**를 위해 사용하는 장치를 말한다. (Ⓜ 신분장 임매신균배)
분파기	**서**로 **다**른 **주**파수의 **합**성된 **신**호를 **분**리하기 위해서 **사**용하는 장치를 말한다. (Ⓜ 서다주합신 분사)
혼합기	**두**개 이상의 **입**력신호를 **원**하는 **비**율로 **조**합한 **출력**이 발생하도록 하는 장치를 말한다. (Ⓜ 두입원비조 출력)
증폭기	**신**호 전송 시 신호가 **약**해져 **수**신이 **불**가능해지는 것을 **방**지하기 위해서 **증폭**하는 장치를 말한다. (Ⓜ 신약수불방 증폭)
무선중계기	**안**테나를 통하여 수신된 **무**전기 신호를 **증폭**한 후 **음**영지역에 재방사하여 **무**전기 상호 간 송수신이 **가능**하도록 하는 장치를 말한다. (Ⓜ 안무증폭 음무가능)
옥외안테나	**감**시제어반 등에 설치된 **무**선중계기의 **입**력과 **출**력포트에 연결되어 송수신 신호를 원활하게 **방**사·**수**신하기 위해 옥**외**에 설치하는 장치를 말한다. (Ⓜ 감무입출 방수외)
무반사 종단저항	빛이 공기 중을 통과하다가 공기와 밀도가 다른 유리에 도달하면 일부는 유리를 투과하고 일부는 반사한다. 무선통신용 신호도 동축케이블의 끝에 도달하면 갑자기 임피던스가 무한대로 되므로 그 지점에서 반사하여 왔던 길로 되돌아가 메아리가 생기는데 이런 반사파를 없애기 위해 설치하는 것이 무반사 종단저항이다.

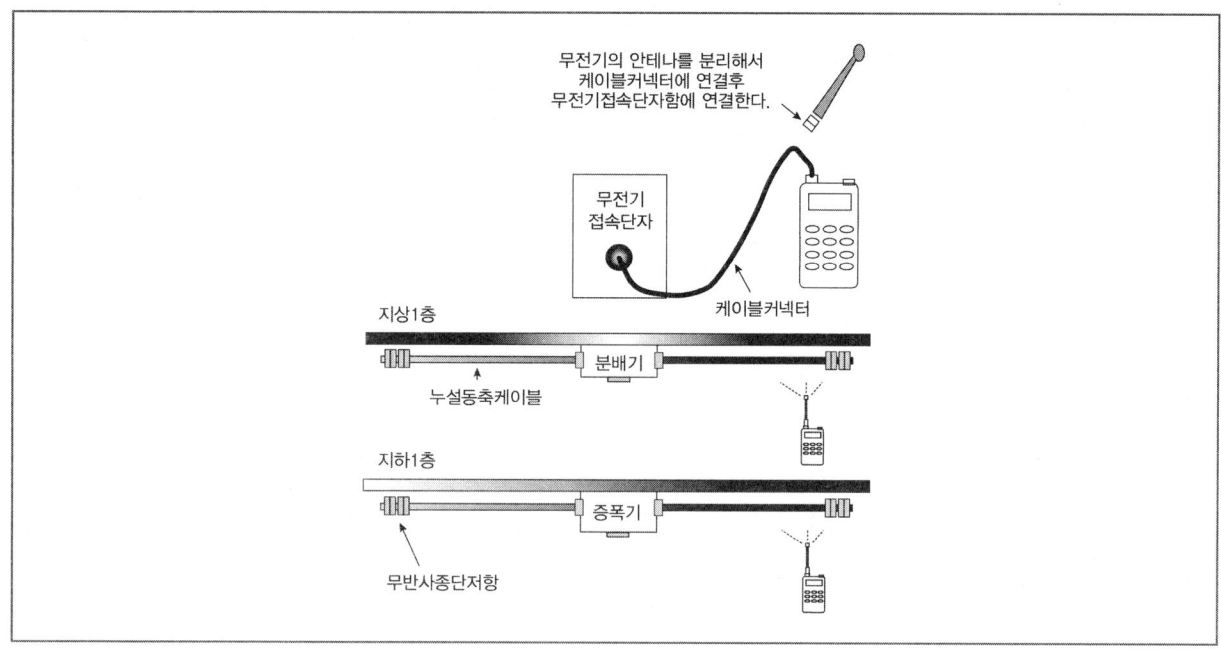

⑤ 설치기준

(1) 누설동축케이블 등의 설치기준 🔥

① 소방전용주파수대에서 전파의 전송 또는 복사에 적합한 것으로서 소방전용의 것으로 할 것. 다만, 소방대 상호간의 무선연락에 지장이 없는 경우에는 다른 용도와 겸용할 수 있다.

② 누설동축케이블과 이에 접속하는 안테나 또는 동축케이블과 이에 접속하는 안테나로 구성할 것

③ 누설동축케이블 및 동축케이블은 불연 또는 난연성의 것으로서 습기에 따라 전기의 특성이 변질되지 아니하는 것으로 하고, 노출하여 설치한 경우에는 피난 및 통행에 장애가 없도록 할 것

④ 누설동축케이블 및 동축케이블은 화재에 따라 해당 케이블의 피복이 소실된 경우에 케이블 본체가 떨어지지 아니하도록 4m 이내마다 금속제 또는 자기제등의 지지금구로 벽·천장·기둥 등에 견고하게 고정시킬 것. 다만, 불연재료로 구획된 반자 안에 설치하는 경우에는 그러하지 아니하다.

⑤ 누설동축케이블 및 안테나는 금속판 등에 따라 전파의 복사 또는 특성이 현저하게 저하되지 아니하는 위치에 설치할 것

⑥ 누설동축케이블 및 안테나는 고압의 전로로부터 1.5m 이상 떨어진 위치에 설치할 것. 다만, 해당 전로에 정전기 차폐장치를 유효하게 설치한 경우에는 그러하지 아니하다.

⑦ 누설동축케이블의 끝부분에는 무반사 종단저항을 견고하게 설치할 것

(2) 누설동축케이블 또는 동축케이블의 임피던스는 50 Ω으로 하고, 이에 접속하는 안테나·분배기 기타의 장치는 해당 임피던스에 적합한 것으로 하여야 한다.

(3) 무선통신보조설비 설치기준

① 누설동축케이블 또는 동축케이블과 이에 접속하는 안테나가 설치된 층은 모든 부분(계단실, 승강기, 별도 구획된 실 포함)에서 유효하게 통신이 가능할 것

② 옥외 안테나와 연결된 무전기와 건축물 내부에 존재하는 무전기 간의 상호통신, 건축물 내부에 존재하는 무전기 간의 상호통신, 옥외 안테나와 연결된 무전기와 방재실 또는 건축물 내부에 존재하는 무전기와 방재실 간의 상호통신이 가능할 것

07 출제예상문제

1 무선통신보조설비를 설치하여야 할 특정소방 대상물의 기준 중 다음 ( ) 안에 알맞은 것은?

> 층수가 30층 이상인 것으로서 ( )층 이상 부분의 모든 층

① 11
② 15
③ 16
④ 20

1.

무선통신보조설비 설치대상 (🅜 **무전기를 업고 터보(5)**는 **연천 공동구**에서 푸쉬업을 30명중 16등으로 331번 하고 있는 중이다.)
㉠ 지하가(터널은 제외한다)로서 **연**면적 **1천**㎡ 이상인 것
㉡ 지하층의 바닥면적의 합계가 **3천**㎡ 이상인 것 또는 지하층의 층수가 3층 이상이고 지하층의 바닥면적의 합계가 1천㎡ 이상인 것은 지하층의 모든 층
㉢ 지하가 중 터널로서 길이가 **5**00m 이상인 것
㉣ 「국토의 계획 및 이용에 관한 법률」 제2조 제9호에 따른 **공동구**
㉤ 층수가 **30**층 이상인 것으로서 **16**층 이상 부분의 모든 층

2 무선통신보조설비를 설치하지 아니할 수 있는 기준 중 다음 ( ) 안에 알맞은 것은?

> (㉠)으로서 특정소방대상물의 바닥부분 2면 이상이 지표면과 동일하거나 지표면으로부터 깊이가 (㉡)m 이하인 경우에는 해당층에 한하여 무선통신보조설비를 설치하지 아니할 수 있다.

① ㉠ 지하층, ㉡ 1
② ㉠ 지하층, ㉡ 2
③ ㉠ 무창층, ㉡ 1
④ ㉠ 무창층, ㉡ 2

2.

무선통신보조설비의 설치제외 🔥🔥🔥 (🅜 **지특바리(2) 표동일**)
지하층으로서 **특**정소방대상물의 **바**닥부분 **2**면 이상이 지**표**면과 **동일**하거나 지표면으로부터의 깊이가 **1**m 이하인 경우에는 해당층에 한하여 **무**선통신보조설비를 설치하지 아니할 수 있다.

Answer 1.③ 2.①

3 무선통신보조설비의 화재안전기준(NFSC 505)에 따라 무선통신보조설비의 주요구성요소가 아닌 것은?

① 증폭기
② 분배기
③ 음향장치
④ 누설동축케이블

4 무선통신보조설비의 화재안전기준(NFSC 505)에 따른 용어의 정의로 옳은 것은?

① "혼합기"는 신호의 전송로가 분기되는 장소에 설치하는 장치를 말한다.
② "분배기"는 서로 다른 주파수의 합성된 신호를 분리하기 위해서 사용하는 장치를 말한다.
③ "증폭기"는 두 개 이상의 입력신호를 원하는 비율로 조합한 출력이 발생되도록 하는 장치를 말한다.
④ "누설동축케이블"은 동축케이블의 외부도체에 가느다란 홈을 만들어서 전파가 외부로 새어나갈 수 있도록 한 케이블을 말한다.

3.
구성요소
㉠ 소방용 무선통신보조설비에는 공중선 방식과 누설동축케이블 방식이 있으나, 현재 대부분 누설동축케이블 방식을 사용하고 있다.
㉡ 누설동축케이블방식은 누설동축케이블, 동축케이블, 무전기접속단자함, 분배기, 증폭기, 케이블커넥터, 무반사 종단저항으로 구성된다.

4.
용어정의

누설동축 케이블	동축케이블의 외부도체에 가느다란 홈을 만들어서 전파가 외부로 새어나갈 수 있도록 한 케이블을 말한다. (M 동외홈새어)
분배기	신호의 전송로가 분기되는 장소에 설치하는 것으로 임피던스 매칭(Matching)과 신호 균등분배를 위해 사용하는 장치를 말한다. (M 신분장 임매신균배)
분파기	서로 다른 주파수의 합성된 신호를 분리하기 위해서 사용하는 장치를 말한다. (M 서다주합신 분사)
혼합기	두개 이상의 입력신호를 원하는 비율로 조합한 출력이 발생하도록 하는 장치를 말한다. (M 두입원비조 출력)
증폭기	신호 전송 시 신호가 약해져 수신이 불가능해지는 것을 방지하기 위해서 증폭하는 장치를 말한다. (M 신약수불방 증폭)
무선 중계기	안테나를 통하여 수신된 무전기 신호를 증폭한 후 음영지역에 재방사하여 무전기 상호 간 송수신이 가능하도록 하는 장치를 말한다. (M 안무증폭 음무가능)
옥외 안테나	감시제어반 등에 설치된 무선중계기의 입력과 출력포트에 연결되어 송수신 신호를 원활하게 방사·수신하기 위해 옥외에 설치하는 장치를 말한다. (M 감무입출 방수외)
무반사 종단저항	빛이 공기 중을 통과하다가 공기와 밀도가 다른 유리에 도달하면 일부는 유리를 투과하고 일부는 반사한다. 무선통신용 신호도 동축케이블의 끝에 도달하면 갑자기 임피던스가 무한대로 되므로 그 지점에서 반사하여 왔던 길로 되돌아가 메아리가 생기는데 이런 반사파를 없애기 위해 설치하는 것이 무반사 종단저항이다.

Answer 3.③ 4.④

5 무선통신보조설비의 누설동축케이블의 설치기준으로 틀린 것은?

① 끝부분에는 반사 종단저항을 견고하게 설치할 것
② 고압의 전로로부터 1.5m 이상 떨어진 위치에 설치할 것
③ 금속판 등에 따라 전파의 복사 또는 특성이 현저하게 저하되지 아니하는 위치에 설치할 것
④ 불연 또는 난연성의 것으로서 습기에 따라 전기의 특성이 변질되지 아니하는 것으로 설치할 것

5.
누설동축케이블 등의 설치기준
㉠ 소방전용주파수대에서 전파의 전송 또는 복사에 적합한 것으로서 소방전용의 것으로 할 것. 다만, 소방대 상호 간의 무선연락에 지장이 없는 경우에는 다른 용도와 겸용할 수 있다.
㉡ 누설동축케이블과 이에 접속하는 안테나 또는 동축케이블과 이에 접속하는 안테나로 구성할 것
㉢ 누설동축케이블 및 동축케이블은 불연 또는 난연성의 것으로서 습기에 따라 전기의 특성이 변질되지 아니하는 것으로 하고, 노출하여 설치한 경우에는 피난 및 통행에 장애가 없도록 할 것
㉣ 누설동축케이블 및 동축케이블은 화재에 따라 해당 케이블의 피복이 소실된 경우에 케이블 본체가 떨어지지 아니하도록 4m 이내마다 금속제 또는 자기제등의 지지금구로 벽·천장·기둥 등에 견고하게 고정시킬 것. 다만, 불연재료로 구획된 반자 안에 설치하는 경우에는 그러하지 아니하다.
㉤ 누설동축케이블 및 안테나는 금속판 등에 따라 전파의 복사 또는 특성이 현저하게 저하되지 아니하는 위치에 설치할 것
㉥ 누설동축케이블 및 안테나는 고압의 전로로부터 1.5 m 이상 떨어진 위치에 설치할 것. 다만, 해당 전로에 정전기 차폐장치를 유효하게 설치한 경우에는 그러하지 아니하다.
㉦ 누설동축케이블의 끝부분에는 무반사 종단저항을 견고하게 설치할 것

Answer 5.①

08 지하구의 화재안전기준(개정전 : 연소방지설비)

1 개요

(1) 지하구 화재 시 소극적인 연소확대 방지 기능에 더하여 초기 진화도 할 수 있는 적극적 개념의 소방시설을 설치하도록 화재안전기준을 개정한 것으로, <u>2018년 11월 서울 서대문구 KT아현지사(통신구) 화재사고*를 계기로 연소방지설비를 지하구의 화재안전기준으로 개정하였으나 현재 소방시설법에는 개정전 연소방지설비를 소화활동설비로 지칭하고 있다.</u>

  * KT아현지사 화재 : 2018. 11. 24.(토) 11:12 지하통신구에서 원인미상의 화재로 서울과 경기 일부에 통신장애 발생

(2) 「지하구의 화재안전기준(NFSC 605)」 개정안은 소화기구 및 자동소화장치, 물분무등소화설비, 자동화재탐지설비 등의 설치에 관한 기준으로 구성하고 있다.

(3) 주요내용을 살펴보면, 온도와 발화지점의 정확한 확인이 가능한 감지기를 설치하고, 출입구나 환기구마다 연소를 방지할 수 있는 설비를 설치해야 하며, 모든 분기구 및 지하구와 인접 국사(局舍, 전력 또는 통신사용 건물) 사이에 설치하는 방화벽의 설치기준을 마련했고, 소방관서와 지하구 통제실 간 소방활동 관련정보를 상시 교환할 수 있는 통합감시시설도 설치하도록 하고 있다.

2 설치대상

■ 지하구(「소방시설법」 별표 2)

(1) 전력·통신용의 전선이나 가스·냉난방용의 배관 또는 이와 비슷한 것을 집합수용하기 위하여 설치한 지하 인공구조물로서 사람이 점검 또는 보수를 하기 위하여 출입이 가능한 것 중 다음의 어느 하나에 해당하는 것

① 전력 또는 통신사업용 지하 인공구조물로서 전력구(케이블 접속부가 없는 경우에는 제외한다) 또는 통신구 방식으로 설치된 것

② ①외의 지하 인공구조물로서 폭이 1.8미터 이상이고 높이가 2미터 이상이며 길이가 50미터 이상인 것

(2) 「국토의 계획 및 이용에 관한 법률」 제2조 제9호에 따른 공동구

❸ 용어정의

지하구	소방시설법 시행령 [별표2] 제28호에서 규정한 지하구를 말한다.
제어반	설비, 장치 등의 조작과 확인을 위해 제어용 계기류, 스위치 등을 금속제 외함에 수납한 것
분전반	분기개폐기 · 분기과전류차단기 그밖에 배선용기기 및 배선을 금속제 외함에 수납한 것
방화벽	화재 시 발생한 열, 연기 등의 확산을 방지하기 위하여 설치하는 벽
분기구	전기, 통신, 상하수도, 난방 등의 공급시설의 일부를 분기하기 위하여 지하구의 단면 또는 형태를 변화시키는 부분을 말한다.
환기구	지하구의 온도, 습도의 조절 및 유해가스를 배출하기 위해 설치되는 것으로 자연환기구와 강제환기구로 구분된다.
작업구	지하구의 유지관리를 위하여 자재, 기계기구의 반 · 출입 및 작업자의 출입을 위하여 만들어진 출입구를 말한다.
케이블접속부	케이블이 지하구 내에 포설되면서 발생하는 직선 접속 부분을 전용의 접속재로 접속한 부분
특고압 케이블	사용전압이 7,000V를 초과하는 전로에 사용하는 케이블

❹ 설치기준

(1) 소화기구 설치

① 소화기의 능력단위는 A급 화재는 개당 3단위 이상, B급 화재는 개당 5단위 이상 및 C급 화재에 적응성이 있는 것으로 할 것

② 소화기 한대의 총중량은 사용 및 운반의 편리성을 고려하여 7kg 이하로 할 것

③ 소화기는 사람이 출입할 수 있는 출입구(환기구, 작업구를 포함한다) 부근에 5개 이상 설치할 것

④ 소화기는 바닥면으로부터 1.5m 이하의 높이에 설치할 것

⑤ 소화기의 상부에 "소화기"라고 표시한 조명식 또는 반사식의 표지판을 부착하여 사용자가 쉽게 인지 할 수 있도록 할 것

(2) **자동화재탐지설비**

① 감지기는 다음 각 호에 따라 설치하여야 한다.
　㉠ 「자동화재탐지설비 및 시각경보장치의 화재안전기준(NFSC 203)」제7조제1항 각 호의 감지기 중 먼지·습기 등의 영향을 받지 않고 발화지점(1m 단위)과 온도를 확인할 수 있는 것을 설치할 것.
　㉡ 지하구 천장의 중심부에 설치하되 감지기와 천장 중심부 하단과의 수직거리는 30cm 이내로 할 것
　㉢ 발화지점이 지하구의 실제거리와 일치하도록 수신기 등에 표시할 것.
　㉣ 공동구 내부에 상수도용 또는 냉·난방용 설비만 존재하는 부분은 감지기를 설치하지 않을 수 있다.

② 발신기, 지구음향장치 및 시각경보기는 설치하지 않을 수 있다.

(3) **유도등**

사람이 출입할 수 있는 출입구(환기구, 작업구를 포함한다.)에는 해당 지하구 환경에 적합한 크기의 피난구유도등을 설치하여야 한다.

(4) **연소방지설비**

① 연소방지설비의 헤드 설치
　㉠ 천장 또는 벽면에 설치할 것
　㉡ 헤드간의 수평거리는 연소방지설비 전용헤드의 경우에는 2m 이하, 스프링클러헤드의 경우에는 1.5m 이하로 할 것
　㉢ 소방대원의 출입이 가능한 환기구·작업구마다 지하구의 양쪽방향으로 살수헤드를 설정하되, 한쪽 방향의 살수구역의 길이는 3m 이상으로 할 것. 다만, 환기구 사이의 간격이 700m를 초과할 경우에는 700m 이내마다 살수구역을 설정하되, 지하구의 구조를 고려하여 방화벽을 설치한 경우에는 그러하지 아니하다.
　㉣ 연소방지설비 전용헤드를 설치할 경우에는 「소화설비용헤드의 성능인증 및 제품검사 기술기준」에 적합한 '살수헤드'를 설치할 것

② 연소방지설비 배관의 구경은 연결살수설비 기준에 따를 것

(5) **연소방지재** : 지하구 내에 설치하는 케이블·전선에 설치

① 연소방지재는 한국산업표준(KS C IEC 60332-3-24)에서 정한 난연성능 이상의 제품을 사용
　㉠ 시험에 사용되는 연소방지재는 시료(케이블 등)의 아래쪽(점화원으로부터 가까운 쪽)으로부터 30cm 지점부터 부착 또는 설치되어야 한다.
　㉡ 시험에 사용되는 시료(케이블 등)의 단면적은 325㎟로 한다.
　㉢ 시험성적서의 유효기간은 발급 후 3년으로 한다.

② 연소방지재는 시험성적서에 명시된 방식으로 시험성적서에 명시된 길이 이상으로 설치하되, 연소방지재 간의 설치 간격은 350m를 넘지 않도록 하여야 한다.
  ㉠ 분기구
  ㉡ 지하구의 인입부 또는 인출부
  ㉢ 절연유 순환펌프 등이 설치된 부분
  ㉣ 기타 화재발생 위험이 우려되는 부분

(6) 방화벽

방화벽은 항상 닫힌 상태를 유지하거나 자동폐쇄장치에 의하여 화재 신호를 받으면 자동으로 닫히는 구조로 하여야 한다.

① 내화구조로서 홀로 설 수 있는 구조일 것
② 방화벽의 출입문은 60분+방화문 또는 60분 방화문으로 설치할 것
③ 방화벽을 관통하는 케이블·전선 등에는 국토교통부 고시(내화구조의 인정 및 관리기준)에 따라 내화충전 구조로 마감할 것
④ 방화벽은 분기구 및 국사·변전소 등의 건축물과 지하구가 연결되는 부위(건축물로부터 20m 이내)에 설치할 것
⑤ 자동폐쇄장치를 사용하는 경우에는 「자동폐쇄장치의 성능인증 및 제품검사의 기술기준」에 적합한 것으로 설치할 것

(7) 무선통신보조설비

무선통신보조설비의 옥외안테나는 방재실 인근과 공동구의 입구 및 연소방지설비의 송수구가 설치된 장소(지상)에 설치해야 한다.

(8) 통합감시시설 설치

① 소방관서와 지하구의 통제실 간에 화재 등 소방활동과 관련된 정보를 상시 교환할 수 있는 정보통신망을 구축할 것

✳ **연도별 기출경향** ✳

[기출연도]	2012	2013	2014	2015	2016	2017	2018	2019	2020	2021	2022	2023	2024
문항수	2	7	0	2	3	3	5	2	2	0	0	2	3

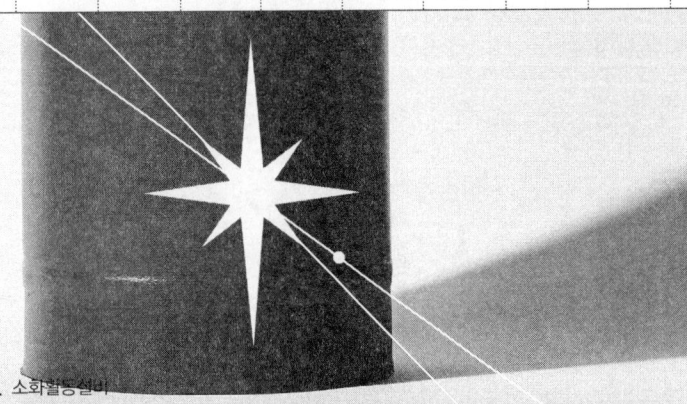

PART 14

소방학총론

01	소방행정체제의 기능 및 책임
02	소방행정 행위의 구분
03	소방의 발전과정
04	소방조직관리
05	민간 소방조직

01 소방행정체제의 기능 및 책임 2017 간부

❶ 소방의 임무와 목적(소방기본법 제1조)

(1) 소방의 임무
① 화재를 예방·경계하거나 진압활동 등과 같은 화재에 대한 행위
② 화재, 재난·재해 그 밖의 위급한 상황에서의 구조·구급 활동을 수행하는 행위

(2) 소방의 목적
① 국민의 생명·신체 및 재산 보호
② 공공의 안녕질서 유지
③ 공공의 복리증진

❷ 소방행정의 개념 및 그 필요성

(1) 소방행정의 개념
소방관계 법령에 기초하여 특정한 소방 사안을 구체적으로 형성하는 국가활동

(2) 소방행정의 특수성 (M 고특국사)
① **고**도의 공공행정
② **특**수전문행정
③ **국**민생명 유지행정
④ **사**회목적적 행정

(3) 소방행정의 필요성

법제적 특성	① 화재진압, 긴급구조, 구급 등의 전문적 업무를 수행하기 때문에 일반직과는 다른 소방업무 <u>고유의 특수성과 전문성</u>이 있다. ② 소방공무원은 경력직공무원 중 특정직 공무원으로서 행정직 공무원들과 신분교류 없이 소방행정조직 내에서만 순환되는 독특한 시스템 유지	
업무적 특성 M 현대가위 신일결전	① **현장성**	직접 사고현장에 출동하여 활동하는 <u>현장 활동 중심의 현장지향적 특성</u>
	② **대기성**	재난은 예고없이 발생할 수 있으므로 <u>항상 대응태세</u>를 갖추어야하는 특성
	③ **신속, 정확성**	위험한 재난현장에서 한정된 시간 내에 업무를 종결해야 하므로 임무수행에 있어 <u>신속하고 정확한 임무 수행</u>이 요구된다.
	④ **전문성**	소방업무는 다양한 재난현장의 유형에 따라 임무수행을 하여야 하므로 화공, 건축, 전기, 가스, 기계 등 다양한 분야의 전문성이 요구된다.
	⑤ **일체성**	재난현장에서의 신속한 재난현장을 수습하기 위해 일체성이 전제되어야 하므로 현장에서의 강력한 지휘권과 기동성이 요구된다.
	⑥ **가외성**🔥	<u>외관상 당장은 불필요거나 낭비적일 수 있으나 장래에 불확실성을 대비하기 위하여 이중, 삼중의 안전장치</u>를 말한다. 따라서 소방조직이 여유자원을 많이 가지고 있을 때 가외성이 높다고 말할 수 있다.
	⑦ **위험성**	긴급을 요하는 화재현장과 구조, 구급에 투입되는 소방공무원은 항상 내재된 위험성에 노출되어 있으므로 강인한 체력과 사명감이 높은 인원을 채용하는 이유도 이 때문이다.
	⑧ **결과성**🔥	소방조직은 재난 발생 시 인명과 재산의 피해를 최소화하는 것이 중요하기 때문에 과정이나 절차의 준수보다 <u>결과를 상대적으로 중요시 하는 경향</u>이 있다.

02 소방행정 행위의 구분

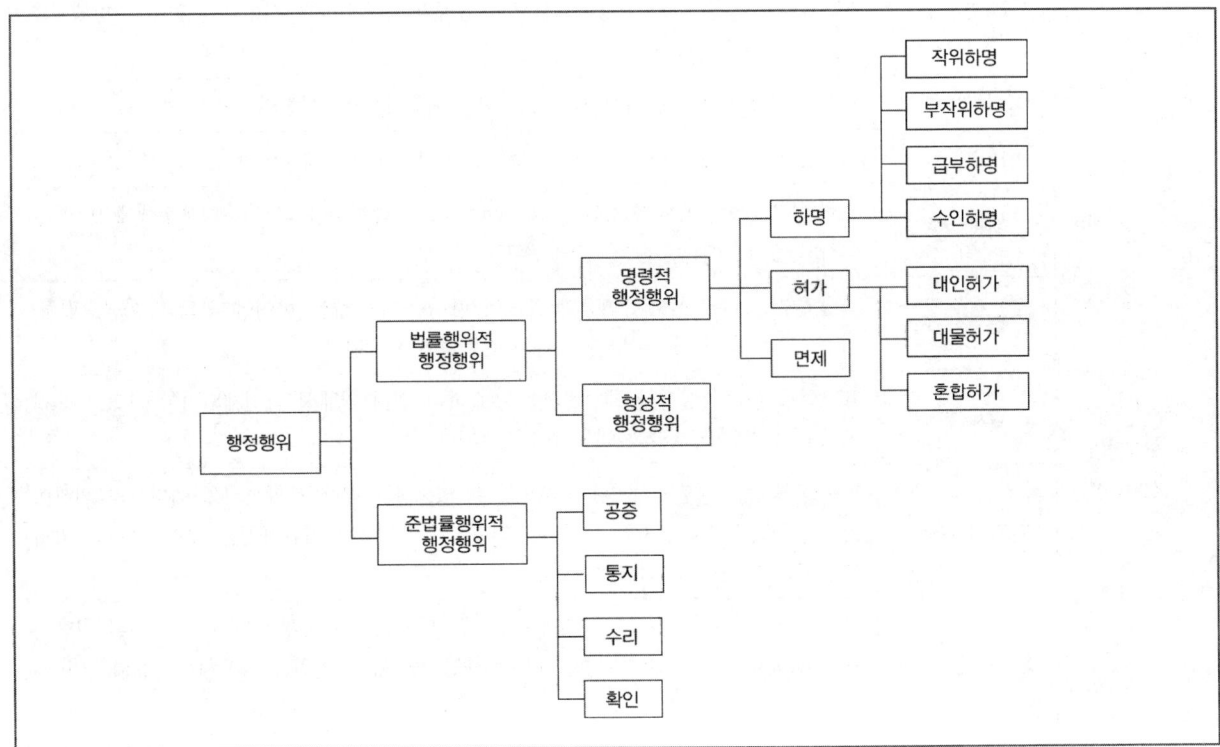

❶ 행정행위

(1) 법률행위적 행정행위

(2) 준법률행위적 행정행위

❷ 법률행위적 행정행위

(1) 명령적 행정행위
① 개념 : 행정행위의 상대방에 대하여 일정한 의무를 부과하거나 이를 해제하는 행위

② 종류

소방하명	의무를 부과하는 행위		
	작위하명	적극적으로 해야 할 의무(~해라)	
	부작위하명	특정한 행위를 금지하도록 하는 의무(금지, 정지, 중지)(~하지마라) 예 화재예방 조치명령, 소방용수시설의 사용금지명령, 특별조사 결과에 따른 조치명령	
	급부하명	금전, 물품, 노력 등을 제공할 의무를 명하는 행정행위 예 수수료, 교육비	
	수인하명	행정주체의 권한행사에 대하여 저항하지 아니할 의무를 명하는 행정행위 (~받아들여라) 예 ㉠ 강제처분명령(소방대상물 및 토지, 차량, 물건 이동, 제거) 　　㉡ 소방대의 긴급통행 　　㉢ 소방자동차의 우선통행 　　㉣ 소방공무원의 출입,조사	
소방허가	부작위의무를 해제하는 행위		
	대인허가	사람의 능력지식 등 주관적 요소를 심사대상으로 한다. 예 소방기술자에 대한 허가	
	대물허가	물건의 내용상태 등 객관적 요소를 심사대상으로 한다. 예 지정수량 이상의 위험물을 저장, 취급하는 제조소 등의 허가	
	혼합허가	일정한 물적 요소와 인적 요소가 결합된 상태를 심사대상으로 한다. 예 소방시설 관리업 등록, 소방시설업 등록	
소방면제	작위급부수인 의무를 해제하는 행위		

(2) 형성적 행정행위

특정 상대방에게 권리능력 또는 포괄적 법률관계 기타 법률상의 힘이나 법률상의 지위를 발생 · 변경 · 소멸시키는 행위로서 특허, 인가, 공법상 대리가 있다.

❸ 준법률행위적 행정행위

(1) 개념

행정청의 효과의사의 표시가 아니라, 행정청의 판단 내지 인식의 표시에 대해 법률에서 일정한 법적 효과를 부여하는 결과 행정행위가 되는 행위를 말한다.

(2) 종류 (M 공통수확)

① **공**증
② **통**지
③ **수**리
④ **확**인

03 소방의 발전과정

❶ 소방행정조직의 발전과정 (Ⓜ 미/대/발/광/방/국/소/국가 - 자/국/이/광/준/준/준/국가)

시대	년도	체제
조선 ~ 일제 강점기		• 1426 금화도감 • 1895 최초로 "소방"이란 용어사용 • 1925 경성소방서(현 종로소방서)
미군정시대	1946 ~ 1948	• **자**치소방체제
대한민국 정부 수립이후	1948 ~ 1970	• **국**가소방체제 • 신분 - 경찰공무원법 적용
발전기	1971 ~ 1992	• 국가 · 자치 **이**원화(서울 · 부산 자치소방)
광역자치 정착기	1992 ~ 2004	• 시 · 도(**광**역) 자치소방 • 기구 - 1992. 4. 시 · 도 소방본부 설치 • 신분 - 시 · 도 지방직으로 전환(1995.1.)
소방**방**재청시대	2004.6 ~ 2014.10	• **준** 독립체제(소방방재청:국가직 / 시 · 도 : 지방직)
국민안전처 중앙소방본부로 전환	2014.11 ~ 2017.6	• **준** 독립체제(중앙소방본부:국가직 / 시 · 도 : 지방직) • 세월호 사건을 계기
소방청시대	2017.7 ~ 2020.3	• **준** 독립체제(소방청:국가직 / 시 · 도 지방직) • 소방청 체제(2017.7.26. 소방청 신설 내용 통과)
국가소방공무원시대	2020.4	• **국가**소방체제 • 2019.11.19. 소방공무원법 개정안 통과 • 2020.4.1. 소방공무원 국가직전환

❷ 소방행정 발전과정 연도별 도표 🔥🔥🔥

`2015` `2017` `2018` `2019` `2020` `2031` `2018 간부`
`2023` `2023 간부` `2024 간부` `2024`

〈초성숫자암기법〉 ㄱ ㄴ ㄷ ㄹ ㅁ ㅂ ㅅ ㅇ ㅈ ㅊ 1 2 3 4 5 6 7 8 9 0	예 도시(ㄷㅅ)-37 사랑(ㅅㄹ)-74

삼국시대			
신라 미추왕(262년)	화재에 대한 최초기록(금성 서문 화재)		
신라 진평왕(596년)	사회적 재앙으로 인식(영흥사 화재 시 이재민 위문·구제)		
통일신라시대			
신라 문무왕	3차례 화재 발생 기록 O		
신라 헌강왕	화재에 대한 방화의식(초가 → 기와 지붕, 나무 → 숯 이용)		
고려시대			
1066년(문종 20년)	소방(消防)을 소재(消災)라 하였음. (M **고려 소금통**, 소-소재, 금-금화제도, 통-화통도감)		
	금화제도	실화 및 방화자에 대한 처벌 (관직 : 현행 면직 처분 / 민간인 : 실화-태형, 방화-징역 3년)	
	금화관리자 배치	큰 창고인 운흥창 화재를 계기로 금화관리자 및 금화책임자 배치(별도의 관서 내지 조직은 아님)	
	화**통**도감 직제 신설	화약제조 및 사용량이 늘어남에 따라 화통도감을 설치하여 특별관리	
조선시대			
1417년(태종)	금화법령	1417년(태종) 경국대전의 편찬으로 그 골격을 갖추었으며, 행순(야간에 순찰), 금화(화재를 단속), 방화관계법령, 실화, 방화에 관한 형률이 기록	
	금화조건	금화도감이 설치되기 전에도 궁중화재를 진압하기 위하여 금화조건이 있었음	
1426년(세종 8년)	**금화**도감(최초의 독자적인 소방관서에 해당, 병조) → 수성금화도감(1426년, 공조) → 금화군(세종 13년, 1431년) → 멸화군(세조 13년, 1467년) (M **가로너비 세팔 금화, 1426 세종 8년 금화도감**)		
	금화군	최초의 소방관·소방수	
1460년(세조 6년)	금화도감의 한성부 합속	1460년(세조6년) 관제의 개편으로 독립기구였던 금화도감을 한성부에 속하는 기구	

임진왜란 이후 갑오개혁 전후, 일제강점기(1919~ 1945)		
1894년	소방업무는 내무부 지방국에서 관장	
1895년 (갑오경장 이후)	최초로 **"소방"이란 용어** 사용	(M 최초의 소방은 겨울장마(1895)때 불렸다)
	일제강점기 상비소방수제도	경찰조직 내 소방조직 관장은 중앙은 소방사무를 경무총감(1910년) 보안과 소방계에서 담당
1925년	최초의 소방서	**경성**(현 종로) 소방서 설치 (M 경성엔 가죽나무(1925)가 많다)
미군정시대 : 자치소방체제		
1945~1948년	소방을 분리 역사상 독립된 자치소방제도 최초 시행	
1946년	자치소방체제	**중앙**—중앙소방위원회설치 (M 가죽리본(1946)이 중앙에 있다)
1947년	중앙소방청 (집행기관)설치	지방—서울시(소방부 설치), 도(소방위원회, 지방소방청 설치), 시·읍·면(소방부 설치)
대한민국정부 수립 후(1948 ~ 1970) : 국가소방체제		
1948년	국가소방체제	소방업무는 국가소방으로 하여 경찰조직의 내무부 치안국 소방과로 예속
1958년	소방법 제정 (M 가죽마음(1958) 소방법)	
1961년	소방시설공동세 신설(목적세, 소방재원확보)	
1970년	국가 기초의 이원적 소방체제로 전환	
발전기(1971 ~ 1992) : 국가·자치 이원체제		
1972년	국가와 자치의 이원적 소방체제 전국 최초로 소방**본부** 설치(서울, 부산소방본부) (M 가죽소년(1972) 서울,부산본부)	
1973년	**지방소방공무원법 제정** (M 가죽식당(1973) 공무원법)	
1975년	내무부 민방위본부 창설(소방국 설치)	
1978년	중앙소방학교 설치(소방공무원 교육훈련체계 일원화) 소방공무원법 제정(소방공무원 신분 단일화) (M 가죽서울(1978) 단일화)	
1983년	소방공무원 복제규정 제정 공포	
1983년	119구급대 설치(구급업무를 소방의 기본업무로 법제화, 소방법 개정)	
1987년	119특별구조대 편성·운영(88서울올림픽 계기- 119특별구조대운영계획 수립)	
1989년	구조업무를 소방의 기본업무와 법제화(소방법 개정)	

광역자치 정착기(1992 ~ 2020) : 광역시·도 자치소방체제		
1992년	광역소방체제로 전환(**모든 시·도**에 **소방본부 설치**) (Ⓜ 가죽장난(1992) 모든시도본부)	
1995년	**재난관리법** 제정, 중앙119구조대 설치(삼풍백화점 붕괴사건 계기) (Ⓜ 가죽장마(1995) 재난법)	
소방방재청 → 국민안전처설치 → 소방청 : 준독립체제 　(2004)　　　(2014)　　(2017)		
2004년	소방방재청 개청(대구 지하철 화재사건 계기) 소방법이 소방관계 **4**대 기본법으로 분법(소방기본법, 소방시설 공사업법, 소방시설법, 위험물안전관리법) **재**난 및 **안**전관리기본법 제정 (Ⓜ 나체차림(2004) 4분, 재안)	
2014년	국민안전처 설치(국무총리소속, 소방조직은 중앙소방본부로 개편 : 세월호 침몰 사건 계기)	
2017년	**소방청** 독립(국민안전처를 행정안전부가 흡수하고 기존의 소방방재청을 소방청으로 출범하고 행정안전부 산하 외청으로 독립) (Ⓜ 나체가수(2017) 소방청)	
현재(2020. 4월 ~) : 국가소방체제		
2020년 4월	2019년 소방공무원 국가직 전환 법률안 통과 2020년 4월 1일부터 국가직 전환(소방공무원의 신분을 **국가직**으로 단일화, 국가주도형의 광역시소방체제) (Ⓜ 나체나체(2020) 국가직)	
2022년 12월	화재예방, 소방시설 설치 및 안전관리에 관한 법률이 화재의 예방 및 안전관리에 관한 법률과 소방시설 설치 및 관리에 관한 법률로 분법 시행	

03 출제예상문제

※ 2017년 간부

1 다음의 소방행정에 대한 설명으로 옳지 않은 것은?

① 소방조직은 화재를 비롯한 각종 재난과 사고로부터 국민의 생명·신체 및 재산을 보호함으로써 공공의 안녕 및 질서 유지와 복리증진에 이바지함을 목적으로 하는 공익조직이다.

② 도시의 인구집중화 현상, 건물의 고층화와 대형화, 지하생활공간의 확대, 가스·위험물 시설 및 사용량의 증가, 불특정다수가 운집하는 백화점이나 영화관의 증가 등 생활환경의 변화로 인해 소방의 역할은 날로 증가하고 있다.

③ 우리나라의 소방은 1948년 정부수립 시 부터 시·도 광역자치소방체제를 운용하고 있다.

④ 소방행정은 위급한 재난에 대응하는 위기관리(emergency management)의 성격을 지니므로 일반 행정과는 다소 다른 특징도 갖는다.

⑤ 오늘날 소방행정은 소방 서비스의 양적 확대 및 질적 고도화로 인해 전문적인 기술과 훈련을 통한 전문 인력의 양성과 다양한 분야의 전문적 지식을 활용하는 응용과학적 지식체계를 필요로 한다.

1.
③ 우리나라의 소방은 1948년 정부수립 시 국가소방체제를 운용하였다.

Answer 1.③

* 2019년

2 해방 이후의 소방조직 변천과정을 과거부터 현재까지 옳게 나열한 것은?

> ㉠ 중앙에는 중앙소방위원회를 두고, 지방에는 도소방위원회를 두어 독립된 자치소방제도를 시행하였다.
> ㉡ 소방행정이 경찰행정 사무에 포함되어 시·군까지 일괄적으로 관리하는 국가소방체제로 전환되었다.
> ㉢ 서울과 부산은 소방본부를 설치하였고, 다른 지역은 국가소방체제로 국가소방과 자치소방의 이원화시기였다.
> ㉣ 소방사무가 시·도 사무로 전환되어 전국 시·도에 소방본부가 설치되었다.

① ㉠ → ㉡ → ㉢ → ㉣
② ㉠ → ㉡ → ㉣ → ㉢
③ ㉡ → ㉠ → ㉢ → ㉣
④ ㉡ → ㉠ → ㉣ → ㉢

2.
㉠ 1946년 미군정시대
㉡ 1948년 대한민국 정부수립
㉢ 1972년 국가와 자치의 이원체제
㉣ 1992년 광역소방체제(모든 시도에 소방본부 설치)

* 2017년

3 정부수립 이후 초창기(1948 ~ 1970)의 소방조직체제로 옳은 것은?

① 이원적 소방체제
② 국가소방체제
③ 자치소방체제
④ 행정소방체제

3.
1948년 정부수립 시 국가소방체제를 운용하였다.

Answer 2.① 3.②

✽ 2018년 간부

4 미군정 시대부터의 우리나라 소방역사에 대한 설명으로 옳지 않은 것은?

① 미군정기에 최초의 독립된 자치소방행정체제를 실시하였다.
② 1958년에 「소방법」이 제정되었다.
③ 1970년에 전국 시·도에 소방본부를 설치 하였다.
④ 1978년에 국가·지방소방공무원에 대한 단일신분법이 제정되었다.
⑤ 2017년에 소방청이 설립되었다.

5 우리나라 소방의 역사를 발생 순서대로 옳게 나열한 것은?

┌─────────────────────────┐
│ ㉠ 소방공무원법 제정   │
│ ㉡ 소방청 개청   │
│ ㉢ 위험물안전관리법 제정   │
└─────────────────────────┘

① ㉠ – ㉡ – ㉢   ② ㉠ – ㉢ – ㉡
③ ㉡ – ㉢ – ㉠   ④ ㉢ – ㉠ – ㉡

✽ 2021년

6 우리나라 소방 역사에 대한 설명으로 옳은 것만을 모두 고른 것은?

┌──────────────────────────────────────┐
│ ㉠ 고려시대에는 소방(消防)을 소재(消災)라 하였으며, 화통도감을 신설하였다. │
│ ㉡ 조선시대 세종 8년에 금화도감을 설치하였다. │
│ ㉢ 1915년에 우리나라 최초 소방본부인 경성소방서를 설치하였다. │
│ ㉣ 1945년에 중앙소방위원회 및 중앙소방청을 설치하였다. │
└──────────────────────────────────────┘

① ㉠, ㉡   ② ㉠, ㉡, ㉢
③ ㉡, ㉢, ㉣   ④ ㉠, ㉡, ㉢, ㉣

4.
③ 1970년 국가와 자치의 이원적 소방체제, 1992년 광역소방체제(모든 시도에 소방본부 설치)

5.
㉠ 1973년, ㉡ 2017년, ㉢ 2004년

6.
㉢ 1925년 최초 소방서인 경성 소방서 설치
㉣ 1946년 중앙소방위원회 설치

Answer 4.③ 5.② 6.①

* 2020년

7 우리나라 소방 역사에 대한 설명으로 옳지 않은 것은?

① 조선 시대인 1426년(세종 8년) 금화도감이 설치되었다.
② 일제강점기인 1925년 최초의 소방서가 설치되었다.
③ 미군정 시대인 1946년 중앙소방위원회가 설치되었다.
④ 대한민국 정부 수립 이후인 1948년 소방법이 제정·공포되었다.

7.
④ 1958년 소방법 제정

* 2020년

8 우리나라 소방행정에 관한 설명으로 옳은 것은?

① 미군정시대에는 소방행정을 경찰에서 분리하여 자치소방행정체제를 도입하였다.
② 1972년 전국 시·도에 소방본부를 설치·운영하고 광역소방행정체제로 전환하였다.
③ 소방공무원은 공무원 분류상 경력직 공무원 중 특수경력직 공무원에 해당한다.
④ 소방공무원의 징계 중 경징계에는 정직, 감봉, 견책이 있다.

8.
② 1992년 광역소방체제(모든 시도에 소방본부 설치)
③ 소방공무원은 경력직공무원 중에 특정직공무원이다.
④ 소방공무원의 징계 중 경징계에는 감봉, 견책이 있다.

* 2018년

9 우리나라 소방의 발전과정에 대한 설명 중 옳지 않은 것은?

① 최초의 소방관서는 금화도감이다.
② 일제강점기에 최초의 소방서가 설치되었다.
③ 갑오개혁 이후 '소방'이라는 용어를 처음 사용하였다.
④ 대한민국 정부수립과 동시에 소방본부가 설치되었다.

9.
우리나라의 소방은 1948년 정부수립 시 국가소방체제를 운용하였다.

Answer 7.④ 8.① 9.④

※ 2015년
10 소방의 역사로 옳지 않은 것은?

① 1426년 세종8년에 금화도감 설치
② 1925년 최초 소방서 경성소방서 설치됨과 동시에 소방법 제정
③ 1972년 서울과 부산 이원적 소방행정체제가 시행되었다.
④ 2004년 재난 및 안전관리기본법을 공포하였다.

※ 2024년
11 소방행정조직의 발전 과정에 관한 설명으로 옳지 않은 것은?

① 1426년(세종 8년)에 독자적인 소방 관리를 위해 금화도감을 설치하였으며 이후 성문도감과 병합하여 수성금화도감으로 개편하였다.
② 1894년에 경무청이 설치되고, '소방'이란 용어가 처음으로 사용되었다.
③ 1948년에 대한민국 정부가 수립되고 국가 소방체제로 전환하면서 소방행정조직이 경찰에서 분리되었다.
④ 2017년에 「정부조직법」 개정으로 국민안전처를 해체하고 소방청을 개설하였다.

※ 2023년
12 우리나라 소방행정체제의 변천과정에 관한 내용으로 옳지 않은 것은?

① 중앙소방위원회 설치(1946) 당시에는 자치소방체제였다.
② 정부수립(1948) 당시에는 국가소방체제였다.
③ 중앙소방학교 설립(1978) 당시에는 국가소방과 자치소방의 이원적 체제였다.
④ 대구지하철 화재 발생(2003) 당시에는 국가소방체제였다.

10.
② 1925년 최초 소방서 경성소방서 설치, 1958년 소방법 제정

11.
대한민국정부 수립 후(1948~1970): 국가소방체제
1948년(국가소방체제): 소방업무는 국가소방으로 하여 경찰조직의 내무부 치안국 소방과로 예속

12.
④ 대구지하철 화재 발생(2003) 당시에는 광역시·도 자치소방체제였다.

Answer 10.② 11.③ 12.④

※ 2023년 간부

13 우리나라 소방의 시대별 발전과정에 관한 내용으로 옳은 것만을 〈보기〉에서 고른 것은?

〈보기〉
- ㉠ 고려시대 : 금화도감을 설치하였다.
- ㉡ 조선시대 : 일본에서 들여온 수총기를 궁정소방대에 처음으로 구비하였다.
- ㉢ 일제강점기 : 우리나라 최초로 소방서를 설치하였다.
- ㉣ 미군정시대 : 소방을 경찰에서 분리하여 최초로 독립된 자치적 소방제도를 시행하였다.

① ㉠, ㉡
② ㉠, ㉣
③ ㉡, ㉢
④ ㉡, ㉣
⑤ ㉢, ㉣

※ 2024년 간부

14 대한민국 정부 수립 이후 중앙소방조직의 변천 과정을 시간적 순서대로 옳게 나열한 것은?

① 소방방재청 - 내무부 소방국 - 내무부 치안국 소방과 - 국민안전처 중앙소방본부 - 소방청
② 소방방재청 - 내무부 치안국 소방과 - 내무부 소방국 - 국민안전처 중앙소방본부 - 소방청
③ 내무부 소방국 - 내무부 치안국 소방과 - 국민안전처 중앙소방본부 - 소방방재청 - 소방청
④ 내무부 경찰국 소방과 - 내무부 소방국 - 소방청 - 국민안전처 중앙소방본부 - 소방방재청
⑤ 내무부 치안국 소방과 - 내무부 소방국 - 소방방재청 - 국민안전처 중앙소방본부 - 소방청

13.
㉠ 조선 세종 8년 금화도감 설치
㉡ 1890년대(대한제국) 궁정소방대에서 사용
㉢ 1925년 경성소방서 설치
㉣ 소방을 분리 역사상 독립된 자치소방제도 최초 시행

14.
암기)미/대/발/광/방/국/소/국가 - 자/국/이/광/준/준/준/국/가

년도	시대	체제
1946~1948	**미**군정시대	**자**치소방대
~1970	**대**한민국 정부 수립이후	**국**가소방체제 신분-경찰공무원법 적용
~1992	**발**전기	국가·자치 **이**원화(서울·부산 자치소방)
~2004	**광**역자치 정착기	시·도(**광**역) 자치소방, 시·도소방본부 설치, 시·도 지방직으로 전환
~2014	소방**방**재청시대	**준** 독립체제(소방방재청:국가식/시·도:지방직)
~2017	**국**민안전처 중앙소방본부로 전환	**준** 독립체제(소방방재청:국가직/시·도:지방직), 세월호 사건계기
~2020.3	**소**방청시대	**준** 독립체제(소방방재청:국가직/시·도:지방직), 소방청 체제
~2020.4	**국가**소방공무원시대	**국가**소방체제

Answer 13.⑤ 14.⑤

04 소방조직관리

❶ 소방행정조직의 기초이론

(1) 조직의 개념
구성원의 협동노력으로 특정한 목표를 달성하기 위한 인적 집합체 또는 분업체제

(2) 조직의 특성

조직은	① 달성하고자 하는 특정한 목표 내지 목적을 지님
	② 목표를 달성하기 위한 개인들의 집합체
	③ 여러 부분 요소들로 구성되며, 이들은 상호의존하면서 상호작용을 하는 분업체제
	④ 사회적 환경속에 존재하며 사회적 환경과 상호 의존된 일종의 사회체제
	⑤ 사회체제속의 한 부분체제 또는 하위체제임

⑥ 사회체제로서의 조직은 Parsons의 체제의 기능(AGIL) 즉, 목표달성기능, 적응기능, 통합기능, 체제유지기능

❷ 조직의 원리 ♦♦♦ (M 계/ 전분/ 조/ 통범/ 명통) 2017 2021

조직의 원리	내용
계층제의 원리	직무를 권한과 책임의 정도에 따라 등급화하고 상·하계층간에 지휘·명령복종관계 또는 단일의 의사결정 중추를 확립하는 것
전문화(**분**업)의 원리	업무를 종류와 성질로 구분하여 조직 구성원에게 가급적 한가지 주된 업무를 분담시킴으로써 조직관리상의 능률을 향상시키는 원리
조정의 원리	조직의 공동목표를 달성하기 위해 하위체계 사이의 노력을 통합하고 조정하는 원리
통솔**범**위의 원리	1인의 상관 또는 감독자가 효과적으로 직접 감독할 수 있는 부하의 수에 관한 원리(그 수는 반드시 일정한 한계를 가져야 한다는 것)
명령**통**일의 원리	누구나 한 사람의 상관에게만 보고하며 또 명령을 받아야 한다는 원리

③ 소방조직의 종류 🔥🔥🔥 [2016 간부] [2018 간부]

(1) 소방조직은 활동 주체에 따라 공공(공적) 소방조직과 민간(사적) 소방조직으로 구분

(2) 공공 소방조직으로는 중앙소방조직인 소방청, 중앙소방학교, 중앙119구조본부, 국립소방연구원이 있으며, 지방소방조직으로는 지방소방학교, 서울종합방재센터, 소방서를 비롯하여 시·도(특별시·광역시·특별자치시·도·특별자치도) 소속인 소방본부 등이 있다.

(3) 민간 소방조직으로는 의용소방대, 소방안전관리자, 위험물안전관리자, 자체소방대, 소방시설 설계·시공·감리·점검 업체, 소방용 기계·기구의 제조·검정 업체 등이 있다.

📎 소방조직의 분류 🔥🔥

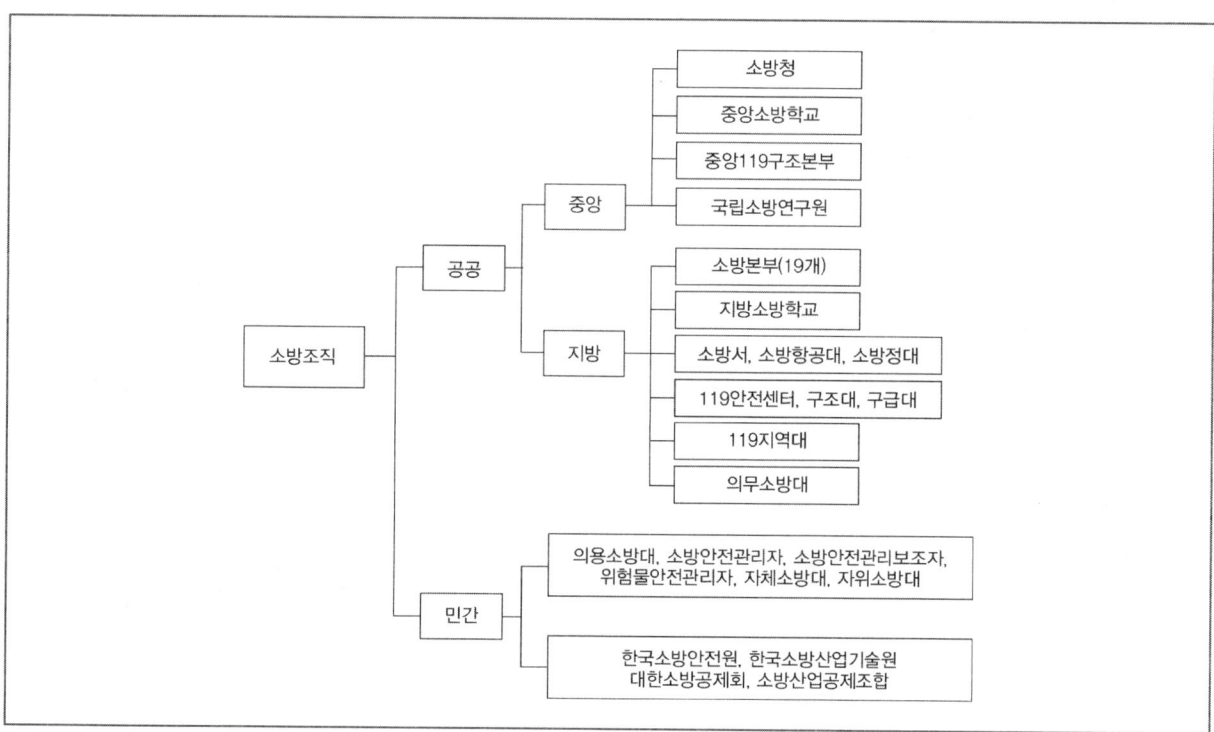

04 출제예상문제

* 2021년

1 소방조직의 원리에 해당하지 않는 것은?

① 조정의 원리
② 계층제의 원리
③ 명령 분산의 원리
④ 통솔 범위의 원리

1.

조직의 원리
㉠ **계**층제의 원리
㉡ **전**문화(**분**업)의 원리
㉢ **조**정의 원리
㉣ **통솔범**위의 원리
㉤ **명령통**일의 원리

* 2017년 하반기

2 다음 설명하는 소방조직의 원리로 가장 옳은 것은?

> 직무를 권한과 책임의 정도에 따라 등급화하고 상·하계 층간 지휘·명령 복종관계 또는 단일의 의사결정 중추를 확립하는 것

① 계선의 원리
② 업무조정의 원리
③ 계층제의 원리
④ 명령통일의 원리

2.

계층제의 원리 – 직무를 권한과 책임의 정도에 따라 등급화하고 상·하계층간에 지휘·명령복종관계 또는 단일의 의사결정 중추를 확립하는 것

3 다음에서 설명하는 소방조직의 원리로 옳은 것은?

> 각 부분이 공동목표를 달성하기 위해 행동을 통일하고 공동체의 노력으로 질서정연하게 배열하는 것

① 조정의 원리
② 명령통일의 원리
③ 통솔범위의 원리
④ 계층제의 원리

3.

조정의 원리 – 조직의 공동목표를 달성하기 위해 하위체계 사이의 노력을 통합하고 조정하는 원리

Answer 1.③ 2.③ 3.①

chapter 05 | 민간 소방조직

1 민간소방조직 종류 2018

민간조직	내 용
의용소방대	의용소방대의 근원은 소방조에서 비롯되고 경방단으로 이어져 내려오다 일제의 통치가 종결되자 경방단이 해체되고 소방대가 조직되었으나 1952년 8월 방공단 설치를 계기로 여기에 흡수되었다. 그러나 의용소방대의 필요성이 재인식되어 1954년 1월 전국적으로 의용소방대를 조직하기에 이르렀으며 <u>1958년 소방법 제정 시 의용소방대 설치규정을 마련함</u>으로써 많은 발전을 하였다. 1975년 민방위 발족 후에는 시·군 조례로 의용소방대를 조직하여 운영해 오다가 1992년 1월 1일 광역자치체제로 전환되면서 설치 규정이 시·도 조례로 바뀌었다.
소방안전관리자	일정규모 이상의 소방대상물 관계인은 법적 자격을 갖춘 자를 당해 소방대상물의 소방안전관리자로 선임하고 소방안전관리업무를 효과적으로 수행할 수 있도록 하였다.
소방안전관리 보조자	소방안전관리자를 선임해야 하는 건물 중 연면적이 넓거나 세대수가 많거나 화재가 발생하였을 때 위험한 중요시설에는 소방안전관리자의 업무를 보조할 수 있는 보조인력을 추가로 선임하도록 규정하여 소방안전관리를 한층 더 강화하고 있다.
자위소방대	자위소방조직은 소방대상물에서 화재 등 재난 발생시 비상연락, 초기소화, 피난유도 및 인명·재산피해를 최소화하기 위해 편성된 자율안전관리 조직이다.
위험물안전관리자	제조소등[허가를 받지 아니하는 제조소등과 이동탱크저장소 제외]의 관계인은 위험물의 안전관리에 관한 직무를 수행하기 위하여 제조소등마다 대통령령이 정하는 위험물의 취급에 관한 자격이 있는 자를 위험물안전관리자로 선임하여야 한다.
사체소방대	대량위험물을 저장 또는 취급하는 제조소 등의 설치자로 하여금 자체소방대를 두도록 법제화하였는데 화학소방차 및 조작인원을 확보하고 정기적인 소방훈련을 실시하게 함으로써 초기진화능력을 향상시키기 위한 조직이다.
한국소방안전원	1980년 1월 이전에는 내무부 산하 소방단체로서 대한소방협회, 한국위험물안전기술협회, 한국주유소협회, 한국방재협회, 한국소방공사협회 등이 있었으나, 1980년 10월 7일 이들 유사단체를 통폐합하여 사단법인 한국소방안전협회를 설립하였고, 2018년 7월 한국소방안전원으로 명칭을 변경하였다. 협회의 기능으로는 소방기술과 안전관리에 관한 조사연구 및 교육과 행정 기관이 위탁하는 사업 등을 수행하고 있다.
한국소방산업 기술원	내무부 고유업무의 대행을 목적으로 1977년 6월 1일 재단법인 한국소방검정협회로 발족하여 1979년 7월 1일 재단법인 한국소방검정공사로 개칭되었고, 2008년 12월 한국소방산업기술원으로 개원되었다. 주요 기능으로는 소방용 기계 기구 등에 대한 검정업무를 수행하고 있다.

대한소방공제회	후생복지 증진과 소방행정 발전을 위하여 1984년 8월 29일 내무부장관의 허가를 득하고 사단법인 대한소방공제회가 설립되었다. 대한소방공제회는 주요기능은 소방공무원에 대한 공제제도를 확립 운영하고, 직무수행 중 순직하거나 상해를 입은 소방공무원 등에 대한 지원사업을 수행하고 있다.
소방산업공제조합	2009년 4월 소방산업의 진흥에 관한 법률에 따라 소방청장의 인가를 받아 설립되었다. 주요기능은 조합원에 필요한 보증과 자금의 융자 및 공제보험 등을 수행하고 있다.

❷ 의용소방대(의용소방대 설치 및 운영에 관한 법률) 2017 간부 2019 간부

(1) 의용소방대의 설치 등

① 시·도지사 또는 소방서장은 재난현장에서 화재진압, 구조·구급 등의 활동과 화재예방활동에 관한 업무를 보조하기 위하여 의용소방대를 설치할 수 있다.

② 의용소방대는 특별시·광역시·특별자치시·도·특별자치도(이하 "시·도"라 한다), 시·읍 또는 면에 둔다.

③ 시·도지사 또는 소방서장은 필요한 경우 관할 구역을 따로 정하여 그 지역에 의용소방대를 설치할 수 있다.

④ 시·도지사 또는 소방서장은 필요한 경우 제②항 또는 제③항에 따른 의용소방대를 화재진압 등을 전담하는 의용소방대(이하 "전담의용소방대"라 한다)로 운영할 수 있다. 이 경우 관할 구역의 특성과 관할 면적 또는 출동 거리 등을 고려하여야 한다.

⑤ 그 밖에 의용소방대의 설치 등에 필요한 사항은 행정안전부령으로 정한다.

(2) 의용소방대원의 임명

시·도지사 또는 소방서장은 그 지역에 거주 또는 상주하는 주민 가운데 희망하는 사람으로서 다음의 어느 하나에 해당하는 사람을 의용소방대원으로 임명한다.

① 관할 구역 내에서 안정된 사업장에 근무하는 사람

② 신체가 건강하고 협동정신이 강한 사람

③ 희생정신과 봉사정신이 투철하다고 인정되는 사람

④ 소방기술 관련 자격·학력 또는 경력이 있는 사람

⑤ 의사·간호사 또는 응급구조사 자격을 가진 사람

⑥ 기타 의용소방대의 활동에 필요한 기술과 재능을 보유한 사람

(3) 의용소방대원의 해임

① 시·도지사 또는 소방서장은 의용소방대원이 다음 각 호의 어느 하나에 해당하는 때에는 해임하여야 한다.
  ㉠ 소재를 알 수 없는 경우
  ㉡ 관할 구역 외로 이주한 경우. 다만, 신속한 재난현장 도착 등 대원으로서 활동하는데 지장이 없다고 인정되는 경우에는 그러하지 아니하다.
  ㉢ 심신장애로 직무를 수행할 수 없다고 인정되는 경우
  ㉣ 직무를 태만히 하거나 직무상의 의무를 이행하지 아니한 경우
  ㉤ 행위금지 의무를 위반한 경우
  ㉥ 그 밖에 행정안전부령으로 정하는 사유에 해당하는 경우

② 그 밖에 의용소방대원의 해임절차 등에 필요한 사항은 행정안전부령으로 정한다.

(4) 정년

의용소방대원의 정년은 65세로 한다.

(5) 조직

① 의용소방대에는 대장·부대장·부장·반장 또는 대원을 둔다.
② 대장 및 부대장은 의용소방대원 중 관할 소방서장의 추천에 따라 시·도지사가 임명한다.
③ 그 밖에 의용소방대의 조직 등에 필요한 사항은 행정안전부령으로 정한다.

(6) 임무 ♨

① 화재의 경계와 진압업무의 보조
② 구조·구급 업무의 보조
③ 화재 등 재난 발생 시 대피 및 구호업무의 보조
④ 화재예방업무의 보조
⑤ 그 밖에 행정안전부령으로 정하는 사항

(7) 의용소방대원의 근무 등

① 의용소방대원은 비상근(非常勤)으로 한다.
② 소방본부장 또는 소방서장은 소방업무를 보조하게 하기 위하여 필요한 때에는 의용소방대원을 소집할 수 있다.

(8) 행위의 금지

의용소방대원은 의용소방대의 명칭을 사용하여 다음의 어느 하나에 해당하는 행위를 하여서는 아니 된다.

① 기부금을 모금하는 행위

② 영리목적으로 의용소방대의 명의를 사용하는 행위

③ 정치활동에 관여하는 행위

④ 소송·분쟁·쟁의에 참여하는 행위

⑤ 그 밖에 의용소방대의 명예가 훼손되는 행위

(9) 경비의 부담

① 의용소방대의 운영과 활동 등에 필요한 경비는 해당 시·도지사가 부담한다.

② 국가는 제①항에 따른 경비의 일부를 예산의 범위에서 지원할 수 있다.

(10) 소집수당 등

① 시·도지사는 의용소방대원이 임무를 수행하는 때에는 예산의 범위에서 수당을 지급할 수 있다.

② 제①항에 따른 수당의 지급방법 등에 필요한 사항은 행정안전부령으로 정하는 기준에 따라 시·도의 조례로 정한다.

(11) 활동비 지원

시장·군수·구청장(자치구의 구청장을 말한다)은 관할 구역에서 의용소방대원이 임무를 수행하는 경우 그 임무 수행에 필요한 비용의 전부 또는 일부를 지원할 수 있다.

(12) 성과중심의 포상 등

① 소방본부장 또는 소방서장은 의용소방대 및 의용소방대원별로 활동실적을 평가·관리하고, 이를 토대로 성과중심의 포상 등을 실시할 수 있다.

② 제①항에 따른 의용소방대 및 의용소방대원별 활동실적 평가·관리 방법 및 포상 등에 관하여 필요한 사항은 행정안전부령으로 정하는 기준에 따라 시·도의 조례로 정한다.

(13) 재해보상 등

① 시·도지사는 의용소방대원이 임무의 수행 또는 교육·훈련으로 인하여 질병에 걸리거나 부상을 입거나 사망한 때에는 행정안전부령으로 정하는 범위에서 시·도의 조례로 정하는 바에 따라 보상금을 지급하여야 한다.

② 시·도지사는 제①항에 따른 보상금 지급을 위하여 보험에 가입할 수 있다.

❸ 자위소방대

(1) 자위소방조직은 소방대상물에서 화재 등 재난 발생시 비상연락, 초기소화, 피난유도 및 인명·재산피해를 최소화하기 위해 편성된 자율안전관리 조직이다.

(2) 관계인과 소방안전관리대상물의 소방안전관리자로 하여금 자위소방대를 구성·운영토록 한 규정은 화재의 예방 및 안전관리에 관한 법률이다.

(3) 자위소방대의 기능을 효율적으로 수행할 수 있도록 편성·운영하되, 소방안전관리대상물의 규모, 용도 등의 특성을 고려하여 화재발생시 비상연락, 초기소화, 피난유도 및 응급구조, 방호안전기능을 편성할 수 있도록 하고 있다. (인명 및 재산 피해 최소화 조치)

> ○ 비상연락업무는 화재 시 화재신고 및 상황전파 등이 있다.
> ○ 응급구조업무는 응급상황 발생 시 응급조치 및 응급의료소 설치 지원 등이 있다.
> ○ 초기소화업무는 초기소화설비를 이용한 조기 화재진압이다.
> ○ 방호안전업무는 화재확산방지 위험물시설에 대한 제어 및 비상반출 등이 있다.
> ○ 피난유도업무는 재실자나 방문자의 피난유도 및 약자에 대한 피난보조 활동이다.

(4) 소방교육 실시결과를 자위소방대 및 초기대응체계 소방교육 실시 결과 기록부에 기록하고 이를 2년간 보관하여야 한다.

chapter 05 출제예상문제

* 2018년 간부

1 우리나라 소방조직에 대한 구분으로 옳지 않은 것은?

① 중앙소방행정조직 – 중앙119구조본부
② 지방소방행정조직 – 서울특별시소방학교
③ 민간소방조직 – 자체소방대
④ 지방소방행정조직 – 소방서
⑤ 중앙소방행정조직 – 의용소방대

1.
⑤ 의용소방대 민간소방조직

* 2016년 간부

2 우리나라 소방조직체계 중 소방행정조직에 해당하는 것은?

① 의용소방대
② 자체소방대
③ 의무소방대
④ 자위소방대
⑤ 국가민방위 재난안전교육원

2.
①②④ 민간소방조직

3 중앙소방행정조직에 해당하지 않는 것은?

① 소방청
② 중앙소방학교
③ 중앙119구조본부
④ 소방본부

3.
④ 소방본부는 지방소방조직이다.

Answer 1.⑤ 2.③ 3.④

* 2019년 간부

4 「의용소방대 설치 및 운영에 관한 법률」상 의용소방대의 임무로 옳지 않은 것은?

① 화재예방업무의 보조
② 구조 · 구급 업무의 보조
③ 소방시설 점검업무의 보조
④ 화재의 경계와 진압업무의 보조
⑤ 화재 등 재난 발생 시 대피 및 구호업무의 보조

4.

의용소방대 임무
㉠ 화재의 경계와 진압업무의 보조
㉡ 구조 · 구급 업무의 보조
㉢ 화재 등 재난 발생 시 대피 및 구호업무의 보조
㉣ 화재예방업무의 보조
㉤ 그 밖에 행정안전부령으로 정하는 사항

* 2017년 간부

5 의용소방대에 대한 설명으로 옳지 않은 것은?

① 1958년 소방법 제정 시 의용소방대 설치 규정이 마련되었다.
② 지역에 거주 또는 상주 하는 주민 가운데 희망하는 사람으로서 간호사 자격자는 의용소방대원으로 임명 될 수 있다.
③ 서울특별시장은 서울특별시에 의용소방대를 둔다.
④ 의용소방대원의 정년은 65세로 한다.
⑤ 의용소방대의 대장 및 부대장은 관할 소방서장이 임명한다.

5.
⑤ 대장 및 부대장은 의용소방대원 중 관할 소방서장의 추천에 따라 시 · 도지사가 임명한다.

* 2018년

6 민간 소방조직의 설치에 관한 설명으로 옳지 않은 것은?

① 주유취급소에는 위험물안전관리자를 선임해야 한다.
② 소방안전관리대상물에는 소방안전관리자를 선임해야 한다.
④ 소방업무를 체계적으로 보조하기 위해 의용소방대를 설치한다.
④ 제4류 위험물을 저장 · 취급하는 제조소에는 반드시 자체소방대를 설치해야 한다.

6.
자체소방대를 설치하여야 하는 사업소
① 지정수량 3천배 이상의 제4류 위험물을 취급하는 제조소 또는 일반취급소
② 지정수량 50만배 이상 제4류 위험물을 저장하는 옥외탱크저장소

Answer 4.③ 5.⑤ 6.④

✳ **연도별 기출경향** ✳

[기출연도]	2012	2013	2014	2015	2016	2017	2018	2019	2020	2021	2022	2023	2024
문항수	2	1	0	0	2	1	3	0	0	0	1	0	1

PART 15

소방공무원 인적자원관리

01	공무원의 구분
02	인사관련 용어정의
03	소방공무원의 계급
04	임용
05	복무
06	신분보장
07	징계

01 공무원의 구분(국가공무원법 제2조) 2017 2018 간부

❶ 경력직공무원
실적과 자격 보장되며 평생토록 공무원으로 근무할 것이 예정되는 공무원

❷ 특수경력직공무원
경력직공무원 외의 공무원

❸ 공무원의 구분

공무원의 구분		공무원 종류
경력직 공무원	일반직공무원	기술·연구 또는 행정일반에 대한 업무를 담당하는 공무원
	특정직공무원	법관, 검사, 외무공무원, 경찰공무원, 소방공무원, 교육공무원, 군인, 군무원, 헌법재판소 헌법연구관, 국가정보원의 직원과 특수 분야의 업무를 담당하는 공무원으로서 다른 법률에서 특정직공무원으로 지정하는 공무원
특수경력직 공무원	정무직공무원	1) 선거에 의하여 취임하거나 임명에 있어서 국회의 동의를 요하는 공무원 2) 고도의 정책결정업무를 담당하거나 이러한 업무를 보조하는 공무원으로서 법령 또는 대통령령에서 정무직으로 지정하는 공무원
	별정직공무원	비서관·비서 등 보좌업무 등을 수행하거나 특정한 업무 수행을 위하여 법령에서 별정직으로 지정하는 공무원

* <u>소방공무원은 경력직공무원 중에 특정직공무원이다.</u> (M 경력특정)

01 출제예상문제

※ 2017년 하반기

1 다음 중 소방공무원은 국가공무원법상 어디에 속하는가?

① 특정직 공무원
② 별정직 공무원
③ 특수경력직 공무원
④ 일반직 공무원

1.
소방공무원은 경력직공무원 중에 특정직공무원이다.

※ 2018년 간부

2 소방공무원에 대한 설명으로 옳은 것은?

① 소방공무원은 특수경력직 공무원이다.
② 소방경 이하의 국가소방공무원은 소방청장이 임용한다.
③ 「소방공무원법」상 임용에는 신규채용, 파견, 정직, 퇴직 등이 있다.
④ 소방공무원 중징계에는 파면, 해임, 감봉, 정직 등이 있다.
⑤ 지방소방공무원의 임용권자는 소방본부장이다.

2.
② 소방령 이상의 국가소방공무원은 소방청장의 제청으로 국무총리를 경유하여 대통령이 임용한다. 다만, 소방총감은 대통령이 임명하고, 소방령 이상 소방준감 이하의 국가소방공무원에 대한 전보·휴직·직위해제·강등·정직 및 복직은 소방청장이 행하며, 소방경 이하의 국가소방공무원은 소방청장이 임용한다.

Answer 1.① 2.②

02 인사관련 용어정의

❶ 소방공무원법상 용어정의[제2조(정의)]

(1) 임용

신규채용·승진·전보·파견·강임·휴직·직위해제·정직·강등·복직·면직·해임 및 파면을 말한다. (Ⓜ **임신승 전파 강휴직 정강복면 해파**)
※ 아닌 것 : 퇴직

(2) 전보

소방공무원의 같은 계급 및 자격 내에서의 근무기관이나 부서를 달리하는 임용을 말한다.(Ⓜ **전보 같은 달리**)

(3) 강임

동종의 직무 내에서 하위의 직위에 임명하는 것을 말한다. (Ⓜ **강동직하직**)

(4) 복직

휴직·직위해제 또는 정직(강등에 따른 정직을 포함한다) 중에 있는 소방공무원을 직위에 복귀시키는 것을 말한다. (Ⓜ **복휴직정강포**)

❷ 소방공무원 임용령상 용어정의[제2조(정의)]

(1) 임용

신규채용·승진·전보·파견·강임·휴직·직위해제·정직·강등·복직·면직·해임 및 파면을 말한다.

(2) 소방기관

소방청, 특별시·광역시·특별자치시·도·특별자치도(이하 "시·도"라 한다)와 중앙소방학교·중앙119구조본부·국립소방연구원·지방소방학교·서울종합방재센터·소방서·119특수대응단 및 소방체험관을 말한다.
※ 아닌 것 : 시도본부, 지역대, 센터

(3) 필수보직기간

소방공무원이 다른 직위로 전보되기 전까지 현 직위에서 근무하여야 하는 최소기간을 말한다.

(4) 복직

휴직·직위해제 또는 정직(강등에 따른 정직을 포함한다) 중에 있는 소방공무원을 직위에 복귀시키는 것을 말한다.

❸ 국가공무원법상 용어정의[제5조(정의)] ♨

(1) 직위(職位)

1명의 공무원에게 부여할 수 있는 직무와 책임을 말한다.

(2) 직급(職級)

직무의 종류·곤란성과 책임도가 상당히 유사한 직위의 군을 말한다.

(3) 정급(定級)

직위를 직급 또는 직무등급에 배정하는 것을 말한다.

(4) 강임(降任)

같은 직렬 내에서 하위 직급에 임명하거나 하위 직급이 없어 다른 직렬의 하위 직급으로 임명하거나 고위공무원단에 속하는 일반직공무원을 고위공무원단 직위가 아닌 하위 직위에 임명하는 것을 말한다.

(5) 전직(轉職)

직렬을 달리하는 임명을 말한다.

(6) 전보(轉補)

같은 직급 내에서의 보직 변경 또는 고위공무원단 직위 간의 보직 변경을 말한다.

(7) 직군(職群)

직무의 성질이 유사한 직렬의 군을 말한다.

(8) 직렬(職列)

직무의 종류가 유사하고 그 책임과 곤란성의 정도가 서로 다른 직급의 군을 말한다.

⑼ 직류(職類)

같은 직렬 내에서 담당 분야가 같은 직무의 군을 말한다.

⑽ 직무등급

직무의 곤란성과 책임도가 상당히 유사한 직위의 군을 말한다.

02 출제예상문제

1 다음 중 「소방공무원」법의 용어 정의에 대한 설명으로 틀린 것은?

① "임용"이란 신규채용·승진·전보·파견·강임·휴직·직위해제·정직·강등·복직·면직·해임 및 파면을 말한다.
② "전보"란 소방공무원의 동일 직위 및 자격 내에서의 근무기관이나 부서를 달리하는 임용을 말한다.
③ "강임"이란 동종의 직무 내에서 하위의 직위에 임명하는 것을 말한다.
④ "복직"이란 휴직·직위해제 또는 정직(강등에 따른 정직에 제외한다) 중에 있는 소방공무원을 직위에 복귀시키는 것을 말한다.

1.
복직이란 **휴**직·**직**위해제 또는 **정**직(**강**등에 따른 정직을 **포**함한다) 중에 있는 소방공무원을 직위에 복귀시키는 것을 말한다.

2 다음 중 임용의 종류가 아닌 것은?

① 신규채용
② 직위해제
③ 해임
④ 견책

2.
임용이란 신규채용·승진·전보·파견·강임·휴직·직위해제·정직·강등·복직·면직·해임 및 파면을 말한다.

3 다음의 소방공무원 중 직위에 복귀시킬 수 없는 신분 상태는?

① 휴직
② 정직
③ 면직
④ 직위해제

3.
복직이란 **휴**직·**직**위해제 또는 **정**직(**강**등에 따른 정직을 포함한다) 중에 있는 소방공무원을 직위에 복귀시키는 것을 말한다.

Answer 1.④ 2.④ 3.③

03 소방공무원의 계급

계급 구분	계급장	승진소요 최저근무연수	근속승진	계급정년 (감4+2+5+3)	연령정년
소방총감					
소방정감					
소방감				4년	
소방준감				6년	
소방정		4년		11년	
소방령		3년		14년	60세
소방경		3년			
소방위		2년 시보기간 : 1년	8년		
소방장		2년	6년6월		
소방교		1년	5년		
소방사		1년	4년		
소방사시보		시보기간 : 6개월			

실수 줄이기

1. **[2016년]** 계급의 순서가 옳은 것은?

　① 소방총감 소방준감 소방정감 소방정 소방감
　② 소방총감 소방감 소방준감 소방정 소방정감
　③ 소방총감 소방준감 소방정 소방감 소방정감
　④ 소방총감 소방정감 소방감 소방준감 소방정

1.
소방총감 – 소방정감 – 소방감 – 소방준감 – 소방정 – 소방령 – 소방경 – 소방위 – 소방장 – 소방교 – 소방사

답 ④

04 임용

❶ 임용의 개요

(1) 소방공무원으로서의 신분 관계를 발생·변경·소멸시키는 모든 인사행위

(2) 신분 관계를 발생시키는 행위로는 신규채용이 있고, 변경시키는 행위로는 승진·전보·파견·강임·휴직·직위해제·정직·강등·복직이 있으며, 소멸시키는 행위로는 면직·해임·파면이 있음

임용	발생	신규채용
	변경	승진, 전보, 파견, 강임, 휴직, 직위해제, 정직, 강등, 복직
	소멸	면직, 해임, 파면 (M 면해파)

❷ 임용권자(소방공무원법 제6조 제1항)

고유임용권자와 위임임용권자

① **고유임용권자** : 「소방공무원법」 제6조에 따른 대통령, 소방청장

② **위임임용권자** : 「임용령」 제3조에 따른 소방청장, 시·도지사, 중앙소방학교장, 중앙119구조본부장, 지방소방학교장, 서울종합방재센터장, 소방서장

③ **고유임용권과 위임임용권을 동시에 갖는 자** : 소방청장

(1) 대통령

① 소방령 이상의 국가소방공무원은 소방청장의 제청으로 국무총리를 경유하여 대통령이 임용한다. 다만, 소방총감은 대통령이 임명하고, 소방령 이상 소방준감 이하의 국가소방공무원에 대한 전보·휴직·직위해제·강등·정직 및 복직은 소방청장이 행한다.

② 대통령은 임용권의 일부를 대통령령으로 정하는 바에 따라 소방청장 또는 시·도지사에게 위임할 수 있다.

(2) 소방청장

① 고유임용권
- ㉠ 소방경 이하의 국가소방공무원은 소방청장이 임용한다.
- ㉡ 소방령 이상 소방준감 이하의 국가소방공무원에 대한 전보·휴직·직위해제·강등·정직 및 복직은 소방청장이 행한다.

② 위임임용권 : 소방청장은 대통령의 권한 위임에 의해 소방청과 그 소속기관의 소방정 및 소방령에 대한 임용권과 소방정인 지방소방학교장의 임용권을 가진다.

③ 소방청장 권한의 위임 : 소방청장은 임용권의 일부를 대통령령으로 정하는 바에 따라 시·도지사 및 소방청 소속 기관의 장에게 위임할 수 있다.
- ㉠ 시·도지사 : 시·도 소속 소방령 이상 소방준감 이하의 소방공무원에 대한 전보, 휴직, 직위해제, 강등, 정직 및 복직에 관한 권한과 소방정인 지방소방학교장에 대한 휴직, 직위해제, 정직 및 복직에 관한 권한과 시·도 소속 소방경 이하의 소방공무원에 대한 임용권을 시도지사에게 위임한다.
- ㉡ 중앙소방학교장 : 중앙소방학교 소속 소방공무원 중 소방령에 대한 전보·휴직·직위해제·정직 및 복직에 관한 권한과 소방경 이하의 소방공무원에 대한 임용권을 중앙소방학교장에게 위임한다.
- ㉢ 중앙119구조본부 소속 소방공무원 중 소방령에 대한 전보·휴직·직위해제·정직 및 복직에 관한 권한과 소방경 이하의 소방공무원에 대한 임용권을 중앙119구조본부장에게 위임한다.

(3) 시·도지사

① 대통령 권한의 위임 : 시·도 소속 소방령 이상의 소방공무원(소방본부장 및 지방소방학교장은 제외)에 대한 임용권을 시·도지사에게 위임한다.

② 소방청장의 권한의 위임 : 시·도 소속 소방령 이상 소방준감 이하의 소방공무원에 대한 전보, 휴직, 직위해제, 강등, 정직 및 복직에 관한 권한과 소방정인 지방소방학교장에 대한 휴직, 직위해제, 정직 및 복직에 관한 권한과 시·도 소속 소방경 이하의 소방공무원에 대한 임용권을 시도지사에게 위임한다.

③ 임용권의 재위임 : 시·도지사는 그 관할구역안의 지방소방학교·서울종합방재센터·소방서·119특수대응단·소방체험관 소속 소방경 이하(서울소방학교·경기소방학교 및 서울종합방재센터의 경우에는 소방령 이하)의 소방공무원에 대한 해당 기관 안에서의 전보권과 소방위 이하의 소방공무원에 대한 휴직·직위해제·정직 및 복직에 관한 권한을 지방소방학교장·서울종합방재센터장·소방서장·119특수대응단장 또는 소방체험관장에게 위임한다.

(4) 소방청장의 임용권 직접 행사

소방청장은 소방공무원의 정원의 조정 또는 소방기관 상호간의 인사교류 등 인사행정 운영상 필요한 때에는 중앙소방학교장과 중앙119구조본부장에 대한 임용권의 위임규정과 지방소방학교장에 대한 휴직, 직위해제, 정직 및 복직 권한 및 시·도지사에 대한 임용권의 위임 규정에도 불구하고 그 임용권을 직접 행사할 수 있다.

❸ 임용시기

(1) 임용일자

① 소방공무원의 임용장 또는 임용통지서에 기재된 일자에 임용된 것으로 보며, 임용일자를 소급해서는 아니 된다. (임용령 제4조 제1항)

② 사망으로 인한 면직은 사망한 다음 날에 면직된 것으로 본다.

(2) 임용시기의 특례(임용령 제5조)

소방공무원의 임용은 제4조제1항에도 불구하고 다음 각 호의 어느 하나에 해당하는 경우에는 다음 각 호의 구분에 따른 일자에 임용한다.

① 순직한 사람을 다음의 어느 하나에 해당하는 날을 임용일자로 하여 특별승진임용하는 경우
  ㉠ 재직 중 사망한 경우 : 사망일의 전날
  ㉡ 퇴직 후 사망한 경우 : 퇴직일의 전날

② 휴직기간의 만료 또는 휴직사유가 소멸된 후에도 직무에 복귀하지 아니하거나 직무를 감당할 수 없어 직권으로 면직시키는 경우 : 휴직기간의 만료일 또는 휴직사유의 소멸일

③ 시보임용예정자가 시보소방공무원 등에 대한 교육훈련에 따른 소방공무원의 직무수행과 관련한 실무 수습 중 사망한 경우 : 사망일의 전날

04 출제예상문제

1 다음 중 소방공무원 관계의 소멸사유로 바르게 묶은 것은?

① 직위해제, 정직, 면직
② 파면, 해임, 면직
③ 휴직, 정직, 면직
④ 파면, 해임, 직위해제

1.

임용	발생	신규채용
	변경	승진, 전보, 파견, 강임, 휴직, 직위해제, 정직, 강등, 복직
	소멸	면직, 해임, 파면

2 다음 중 대통령이 소방준감에 대해 직접 행사할 수 있는 임용은?

① 복직
② 직위해제
③ 강임
④ 강등

2.
소방령 이상의 국가소방공무원은 소방청장의 제청으로 국무총리를 경유하여 대통령이 임용한다. 다만, 소방총감은 대통령이 임명하고, 소방령 이상 소방준감 이하의 국가소방공무원에 대한 전보·휴직·직위해제·강등·정직 및 복직은 소방청장이 행한다.

3 소방공무원의 임용권자 중에서 고유임용권과 위임임용권을 동시에 가지는 사람은?

① 소방청장과 시도지사
② 소방청장
③ 소방청장과 중앙소방학교장
④ 행정안전부장관과 소방청장

3.
고유임용권과 위임임용권을 동시에 갖는 자 : 소방청장

Answer 1.② 2.③ 3.②

4 소방공무원의 임용에 있어서 임용시기로 적절한 것은?

① 임용장 또는 임용통지서에 기재된 일자
② 임용장 또는 임용통지서를 발송한 일자
③ 임용장 또는 임용통지서를 접수한 일자
④ 임용장 또는 임용통지서가 도달한 일자

5 소방공무원의 임용일자에 대한 설명으로 적절하지 못한 것은?

① 임용장 또는 임용통지서에 기재된 일자에 임용된 것으로 본다.
② 사망으로 인한 면직은 사망한 전날에 면직된 것으로 본다.
③ 재직 중 순직한 경우 사망일의 전날을 임용일자로 하여 특별승진임용 한다.
④ 휴직기간의 만료일을 임용일자로 하여 직권면직 한다.

4.
임용일자
㉠ 소방공무원의 임용장 또는 임용통지서에 기재된 일자에 임용된 것으로 보며, 임용일자를 소급해서는 아니 된다. (임용령 제4조 제1항)
㉡ 사망으로 인한 면직은 사망한 다음 날에 면직된 것으로 본다.

5.
임용시기의 특례(임용령 제5조)
소방공무원의 임용은 제4조제1항에도 불구하고 다음 각 호의 어느 하나에 해당하는 경우에는 다음 각 호의 구분에 따른 일자에 임용한다.
㉠ 순직한 사람을 다음의 어느 하나에 해당하는 날을 임용일자로 하여 특별승진임용하는 경우
 • 재직 중 사망한 경우 : 사망일의 전날
 • 퇴직 후 사망한 경우 : 퇴직일의 전날
㉡ 휴직기간의 만료 또는 휴직사유가 소멸된 후에도 직무에 복귀하지 아니하거나 직무를 감당할 수 없어 직권으로 면직시키는 경우 : 휴직기간의 만료일 또는 휴직사유의 소멸일
㉢ 시보임용예정자가 시보소방공무원 등에 대한 교육훈련에 따른 소방공무원의 직무수행과 관련한 실무 수습 중 사망한 경우 : 사망일의 전날

Answer 4.① 5.②

05 복무

❶ 공무원의 의무(국가공무원법)

성실 의무	모든 공무원은 법령을 준수하며 성실히 직무를 수행하여야 한다.
복종의 의무	공무원은 직무를 수행할 때 소속 상관의 직무상 명령에 복종하여야 한다.
친절·공정의 의무	공무원은 국민 전체의 봉사자로서 친절하고 공정하게 직무를 수행하여야 한다.
종교중립의 의무	공무원은 종교에 따른 차별 없이 직무를 수행하여야 한다.
비밀 엄수의 의무	공무원은 재직 중은 물론 퇴직 후에도 직무상 알게 된 비밀을 엄수하여야 한다.
청렴의 의무	① 공무원은 직무와 관련하여 직접적이든 간접적이든 사례·증여 또는 향응을 주거나 받을 수 없다. ② 공무원은 직무상의 관계가 있든 없든 그 소속 상관에게 증여하거나 소속 공무원으로부터 증여를 받아서는 아니 된다.
품위 유지의 의무	공무원은 직무의 내외를 불문하고 그 품위가 손상되는 행위를 하여서는 아니 된다.

❷ 공무원의 금지사항(국가공무원법)

직장 이탈 금지	공무원은 소속 상관의 허가 또는 정당한 사유가 없으면 직장을 이탈하지 못한다.
영리 업무 및 겸직 금지	공무원은 공무 외에 영리를 목적으로 하는 업무에 종사하지 못하며 소속 기관장의 허가 없이 다른 직무를 겸할 수 없다.
정치 운동의 금지	공무원은 정당이나 그 밖의 정치단체의 결성에 관여하거나 이에 가입할 수 없다.
집단 행위의 금지	공무원은 노동운동이나 그 밖에 공무 외의 일을 위한 집단행위를 하여서는 아니 된다. 다만, 사실상 노무에 종사하는 공무원은 예외로 한다.

③ 소방공무원법상 의무(소방공무원법)

복종의 의무	화재진압 업무에 동원된 소방공무원으로서 복종의 의무를 위반하여 상관의 직무상 명령에 불복한 자는 5년 이하의 징역 또는 금고에 처한다.
직장이탈금지	화재진압 업무에 동원된 소방공무원으로서 소속 상관의 허가 또는 정당한 사유없이 직장을 이탈한 자는 5년 이하의 징역 또는 금고에 처한다.
거짓 보고 등의 금지	① 소방공무원은 직무에 관한 보고나 통보를 거짓으로 하여서는 아니되며, 직무를 게을리 하거나 유기(遺棄)해서는 아니 된다. ② 화재진압 업무에 동원된 소방공무원으로서 제21조 제1항을 위반하여 거짓 보고나 통보를 하거나 같은 조 제2항을 위반하여 직무를 게을리 하거나 유기한 자는 5년 이하의 징역 또는 금고에 처한다.
지휘권 남용 등의 금지	① 화재 진압 또는 구조·구급 활동을 할 때 소방공무원을 지휘·감독하는 사람은 정당한 이유 없이 그 직무수행을 거부 또는 유기하거나 소방공무원을 지정된 근무지에서 진출·후퇴 또는 이탈하게 하여서는 아니 된다. ② 화재 진압 또는 구조·구급 활동을 할 때 소방공무원을 지휘·감독하는 자로서 제22조를 위반하여 정당한 이유 없이 그 직무수행을 거부 또는 유기하거나 소방공무원을 지정된 근무지에서 진출·후퇴 또는 이탈하게 한 자는 5년 이하의 징역 또는 금고에 처한다.

06 신분보장

❶ 신분보장의 원칙(국가공무원법 제68조)

공무원은 형의 선고, 징계처분 또는 이 법에서 정하는 사유에 따르지 아니하고는 본인의 의사에 반하여 휴직·강임 또는 면직을 당하지 아니한다. 다만, 1급 공무원은 그러하지 아니하다.

❷ 당연퇴직(국가공무원법 제69조)

(1) 의의

당연퇴직은 임용권자의 의사와 관계없이 법이 정한 일정한 사유가 발생하면 공무원 관계가 소멸되는 것을 말한다.

(2) 사유

① 결격사유에 해당하는 경우

㉠ 피성년후견인

㉡ 파산선고를 받고 복권되지 아니한 자

㉢ 금고 이상의 실형을 선고받고 그 집행이 종료되거나 집행을 받지 아니하기로 확정된 후 5년이 지나지 아니한 자

㉣ 금고 이상의 형을 선고받고 그 집행유예 기간이 끝난 날부터 2년이 지나지 아니한 자

㉤ 금고 이상의 형의 선고유예를 받은 경우에 그 선고유예 기간 중에 있는 자

㉥ 법원의 판결 또는 다른 법률에 따라 자격이 상실되거나 정지된 자

㉦ 공무원으로 재직기간 중 직무와 관련하여 「형법」에 규정된 죄를 범한 자로서 300만원 이상의 벌금형을 선고받고 그 형이 확정된 후 2년이 지나지 아니한 자

㉧ 「성폭력범죄의 처벌 등에 관한 특례법」 제2조에 규정된 죄를 범한 사람으로서 100만원 이상의 벌금형을 선고받고 그 형이 확정된 후 3년이 지나지 아니한 사람

㉨ 미성년자에 대한 다음 각 목의 어느 하나에 해당하는 죄를 저질러 파면·해임되거나 형 또는 치료감호를 선고받아 그 형 또는 치료감호가 확정된 사람(집행유예를 선고받은 후 그 집행유예기간이 경과한 사람을 포함한다.)

ⓐ 「성폭력범죄의 처벌 등에 관한 특례법」 제2조에 따른 성폭력범죄

ⓑ 「아동·청소년의 성보호에 관한 법률」 제2조 제2호에 따른 아동·청소년대상 성범죄

ⓒ 징계로 파면처분을 받은 때부터 5년이 지나지 아니한 자

　　㉠ 징계로 해임처분을 받은 때부터 3년이 지나지 아니한 자

② 임기제공무원의 근무기간이 만료된 경우

❸ 직권 면직(국가공무원법 제70조)

(1) 의의

① 공무원의 직위를 계속 유지시킬 수 없는 일정한 사유가 발생한 때 공무원 본인의 의사에 관계없이 국가의 일방적인 의사에 의하여 공무원의 신분관계를 소멸시키는 제도이다.

② 징계책임을 통해서도 면직시킬 수 있으나 징계는 처분결과가 불확실하며, 여러 가지 절차가 수반되어야 하기 때문에 직권으로 면직시킬 수 있는 규정을 별도로 두고 있다.

(2) 사유

① 직제와 정원의 개폐 또는 예산의 감소 등에 따라 폐직(廢職) 또는 과원(過員)이 되었을 때

② 휴직 기간이 끝나거나 휴직 사유가 소멸된 후에도 직무에 복귀하지 아니하거나 직무를 감당할 수 없을 때

③ 대기 명령을 받은 자가 그 기간에 능력 또는 근무성적의 향상을 기대하기 어렵다고 인정된 때

④ 전직시험에서 세 번 이상 불합격한 자로서 직무수행 능력이 부족하다고 인정된 때

⑤ 병역판정검사 · 입영 또는 소집의 명령을 받고 정당한 사유 없이 이를 기피하거나 군복무를 위하여 휴직 중에 있는 자가 군복무 중 군무(軍務)를 이탈하였을 때

⑥ 해당 직급 · 직위에서 직무를 수행하는데 필요한 자격증의 효력이 없어지거나 면허가 취소되어 담당직무를 수행할 수 없게 된 때

⑦ 고위공무원단에 속하는 공무원이 제70조의2에 따른 적격심사 결과 부적격 결정을 받은 때

❹ 직위해제(국가공무원법 제73조의3)

(1) 의의
공무원 본인에게 직위를 계속 보유하게 할 수 없는 일정한 귀책사유가 있어서 그 공무원에게 직위를 부여하지 아니하는 것을 말한다. 직위해제는 휴직과 달리 본인에게 귀책사유가 있을 때에 행하며, 제재적인 성격을 갖는다.

(2) 사유
① 직무수행 능력이 부족하거나 근무성적이 극히 나쁜 자
② 파면·해임·강등 또는 정직에 해당하는 징계 의결이 요구 중인 자
③ 형사 사건으로 기소된 자(약식명령이 청구된 자는 제외한다)
④ 고위공무원단에 속하는 일반직공무원으로서 제70조의2 제1항 제2호부터 제5호까지의 사유로 적격심사를 요구받은 자
⑤ 금품비위, 성범죄 등 대통령령으로 정하는 비위행위로 인하여 감사원 및 검찰·경찰 등 수사기관에서 조사나 수사 중인 자로서 비위의 정도가 중대하고 이로 인하여 정상적인 업무수행을 기대하기 현저히 어려운 자

❺ 강임

(1) 의의
① 강임이란 동종의 직무 내에서 하위의 직위에 임명하는 것을 말한다. 소방공무원을 강임할 때에는 바로 하위계급에 임용하여야 한다.(소방공무원법 제2조 및 소방공무원 임용령 제54조)
② 임용권자는 직제 또는 정원의 변경이나 예산의 감소 등으로 직위가 폐직되거나 하위의 직위로 변경되어 과원이 된 경우 또는 본인이 동의한 경우에는 소속 공무원을 강임할 수 있다.(국가공무원법 제73조의4)

(2) 강임된 자의 우선 승진임용
① 강임된 공무원은 상위 직급 또는 고위공무원단 직위에 결원이 생기면 승진시험, 승진심사를 거치지 아니하고 우선 임용된다. 다만, 본인이 동의하여 강임된 공무원은 본인의 경력과 해당 기관의 인력 사정 등을 고려하여 우선 임용될 수 있다.(국가공무원법 제73조의4 제2항)
② 동일계급에 강임된 자가 2인 이상인 경우의 우선 승진임용 순위는 강임일자 순으로 하되, 강임일자가 같은 경우에는 강임되기 전의 계급에 임용된 일자의 순에 의한다.(소방공무원 임용령 제55조)

⑥ 정년(소방공무원법 제25조)

(1) 의의

정년제도는 공무원이 일정한 연령에 도달하거나 일정기간 승진하지 못하는 경우 자동적으로 퇴직시키는 제도로 조직의 계획적이고 안정된 인사관리를 통해 행정의 능률성을 확보하는데 그 목적이 있다.

(2) 소방공무원의 정년(연령정년, 계급정년)

구분	소방총감	소방정감	소방감	소방준감	소방정	소방령	소방경	소방위	소방장	소방교	소방사
계급정년	–	–	4년	6년	11년	14년	–	–	–	–	–
연령정년	60세										

(3) 정년퇴직 발령

소방공무원은 그 정년이 되는 날이 1월에서 6월 사이에 있는 경우에는 6월 30일에 당연히 퇴직하고, 7월에서 12월 사이에 있는 경우에는 12월 31일에 당연히 퇴직한다.

06 출제예상문제

1 다음 중에서 공무원의 당연 퇴직 사유가 아닌 것은?

① 파산선고를 받고 복권되지 아니한 사람
② 징계로 파면처분을 받은 날로부터 5년이 지나지 아니한 사람
③ 파산선고를 받은 사람으로서 면책허가 결정을 받은 사람
④ 직무와 관련하여 형법상의 배임의 죄를 범한 사람으로서 금고 이상의 형의 선고유예를 선고받고 그 선고유예기간 중에 있는 사람

1.

당연퇴직 사유
㉠ 결격사유에 해당하는 경우
- 피성년후견인
- 파산선고를 받고 복권되지 아니한 자
- 금고 이상의 실형을 선고받고 그 집행이 종료되거나 집행을 받지 아니하기로 확정된 후 5년이 지나지 아니한 자
- 금고 이상의 형을 선고받고 그 집행유예 기간이 끝난 날부터 2년이 지나지 아니한 자
- 금고 이상의 형의 선고유예를 받은 경우에 그 선고유예 기간 중에 있는 자
- 법원의 판결 또는 다른 법률에 따라 자격이 상실되거나 정지된 자
- 공무원으로 재직기간 중 직무와 관련하여 「형법」에 규정된 죄를 범한 자로서 300만원 이상의 벌금형을 선고받고 그 형이 확정된 후 2년이 지나지 아니한 자
- 「성폭력범죄의 처벌 등에 관한 특례법」 제2조에 규정된 죄를 범한 사람으로서 100만원 이상의 벌금형을 선고받고 그 형이 확정된 후 3년이 지나지 아니한 사람
- 미성년자에 대한 다음 각 목의 어느 하나에 해당하는 죄를 저질러 파면·해임되거나 형 또는 치료감호를 선고받아 그 형 또는 치료감호가 확정된 사람(집행유예를 선고받은 후 그 집행유예기간이 경과한 사람을 포함한다)
 - 「성폭력범죄의 처벌 등에 관한 특례법」 제2조에 따른 성폭력범죄
 - 「아동·청소년의 성보호에 관한 법률」 제2조 제2호에 따른 아동·청소년대상 성범죄
- 징계로 파면처분을 받은 때부터 5년이 지나지 아니한 자
- 징계로 해임처분을 받은 때부터 3년이 지나지 아니한 자
㉡ 임기제공무원의 근무기간이 만료된 경우

Answer 1.③

2 다음 중 공무원의 직권면직 사유가 아닌 것은?

① 직무수행능력이 부족하거나 근무성적이 극히 나쁜 경우
② 지방자치단체를 폐지하거나 설치하여 직위가 없어지거나 과원이 된 때
③ 휴직기간이 끝나거나 휴직사유가 소멸된 후에도 직무에 복귀하지 아니하거나 직무를 담당할 수 없을 때
④ 전직시험에서 3회 이상 불합격한 자로서 직무수행능력이 부족하다고 인정될 때

3 다음 소방공무원의 정년을 바르게 연결한 것이 아닌 것은?

① 소방감의 계급정년 - 없음
② 소방정의 계급정년 - 11년
③ 소방장의 연령정년 - 60세
④ 소방령의 계급정년 - 14년

4 다음 중 공무원의 직위해제의 사유로 볼 수 없는 것은?

① 직무수행능력이 부족한 사람
② 근무성적이 극히 나쁜 경우
③ 중징계의결이 요구되고 있는 사람
④ 형사사건으로 약식명령이 청구된 사람

2.

직권면직 사유
㉠ 직제와 정원의 개폐 또는 예산의 감소 등에 따라 폐직(廢職) 또는 과원(過員)이 되었을 때
㉡ 휴직 기간이 끝나거나 휴직 사유가 소멸된 후에도 직무에 복귀하지 아니하거나 직무를 감당할 수 없을 때
㉢ 대기 명령을 받은 자가 그 기간에 능력 또는 근무성적의 향상을 기대하기 어렵다고 인정된 때
㉣ 전직시험에서 세 번 이상 불합격한 자로서 직무수행 능력이 부족하다고 인정된 때
㉤ 병역판정검사·입영 또는 소집의 명령을 받고 정당한 사유 없이 이를 기피하거나 군복무를 위하여 휴직 중에 있는 자가 군복무 중 군무(軍務)를 이탈하였을 때
㉥ 해당 직급·직위에서 직무를 수행하는데 필요한 자격증의 효력이 없어지거나 면허가 취소되어 담당직무를 수행할 수 없게 된 때
㉦ 고위공무원단에 속하는 공무원이 제70조의2에 따른 적격심사 결과 부적격 결정을 받은 때

3.

구분	소방총감	소방정감	소방감	소방준감	소방정	소방령	소방경	소방위	소방장	소방교	소방사
계급 정년	-	-	4년	6년	11년	14년	-	-	-	-	-

4.

직위해제 사유
㉠ 직무수행 능력이 부족하거나 근무성적이 극히 나쁜 자
㉡ 파면·해임·강등 또는 정직에 해당하는 징계 의결이 요구 중인 자
㉢ 형사 사건으로 기소된 자(약식명령이 청구된 자는 제외한다)
㉣ 고위공무원단에 속하는 일반직공무원으로서 제70조의2제1항제2호부터 제5호까지의 사유로 적격심사를 요구받은 자
㉤ 금품비위, 성범죄 등 대통령령으로 정하는 비위행위로 인하여 감사원 및 검찰·경찰 등 수사기관에서 조사나 수사 중인 자로서 비위의 정도가 중대하고 이로 인하여 정상적인 업무수행을 기대하기 현저히 어려운 자

Answer 2.① 3.① 4.④

07 징계

1 징계의 종류 🔥🔥🔥 [2018 상반기] [2022 간부]

(1) 신분의 배제여부에 따른 분류

① 배제징계 : 공무원의 신분배제(파면, 해임)
② 교정징계 : 신분적 이익의 일부 제한(강등·정직·감봉·견책)
   ※ 아닌 것 : 훈계, 경고, 계고, 엄중주의, 권고 등은 징계의 종류가 아니다.

(2) 징계양정의 경중에 따른 분류

① 중징계 : 파면, 해임, 강등, 정직
② 경징계 : 감봉, 견책

📎 징계의 종류 (M 파해강정/ 감견)

징계양정	징계종류	배제여부	기간	신분 등의 처분	보수 및 급여
중징계	파면	배제징계	-	공무원 신분박탈 (5년간 공무원 재임용 불가)	퇴직급여의 1/4~1/2 지급제한
	해임		-	공무원 신분박탈 (3년간 공무원 재임용 불가)	금품수수나 공금 횡령 및 유용 등으로 해임된 경우 퇴직급여의 1/8~1/4 지급제한
	강등	교정징계	3월	• 1계급 아래로 직급을 내림 • 3월 직무정지 • 18개월간 승진 및 승급 제한	보수의 전액 삭감
	정직		1~3월	• 1~3월 직무정지 • 18개월간 승진 및 승급 제한	보수의 전액 삭감
경징계	감봉		1~3월	12개월간 승진 및 승급 제한	보수의 1/3 삭감
	견책		-	6개월간 승진 및 승급 제한	-

❷ 징계의 효력

(1) 파면

① **배제징계** : 파면은 공무원의 신분을 박탈하여 공무원 관계를 배제하는 징계처분이다.

② 5년간 공무원 임용제한

③ **퇴직급여 및 퇴직수당 감액**
  ㉠ **퇴직급여** : 재직기간 5년 미만인 사람은 그 금액의 1/4 감액하고, 재직기간 5년 이상인 사람은 그 금액의 1/2 감액한다.
  ㉡ **퇴직수당** : 퇴직수당의 1/2 감액한다.

(2) 해임

① **배제징계** : 해임은 공무원의 신분을 박탈하여 공무원 관계를 배제하는 징계처분이다.

② 3년간 공무원 임용제한

③ **퇴직급여 및 퇴직수당**
  ㉠ 퇴직급여 및 퇴직수당은 감액이 없고 전액을 지급받는 것이 원칙이다.
  ㉡ 다만 금전, 물품 및 향응의 수수, 예산 및 기금의 횡령·유용 등으로 징계 해임된 경우는 재직기간 5년 미만인 사람은 그 금액의 1/8 감액하고, 재직기간 5년 이상인 사람은 그 금액의 1/4 감액한다.

(3) 강등

① 강등은 1계급 아래로 직급을 내리고 공무원 신분은 유지하나 3개월간 직무에 종사하지 못하며 그 기간 중 보수는 전액을 감한다.

② **승진 및 승급 제한기간** : 처분집행의 종료일로부터 18개월간 승진 및 승급 제한(금전, 물품 및 향응의 수수, 예산의 횡령·유용, 성폭력 등으로 인한 징계처분의 경우에는 6개월 가산)

(4) 정직

① 1개월 이상 3개월 이하의 기간으로 정직처분을 받은 자는 그 기간 동안 공무원 신분은 유지하나 직무에 종사하지 못하며 그 기간 중 보수는 전액을 감한다.

② **승진 및 승급 제한기간** : 처분집행의 종료일로부터 18개월간 승진 및 승급 제한(금전, 물품 및 향응의 수수, 예산의 횡령·유용, 성폭력 등으로 인한 징계처분의 경우에는 6개월 가산)

(5) 감봉

① 1개월 이상 3개월 이하의 기간으로 하며, 직무에는 종사하나 보수의 1/3을 감한다.

② 승진 및 승급 제한기간 : 처분집행의 종료일로부터 12개월간 승진 및 승급 제한(금전, 물품 및 향응의 수수, 예산의 횡령·유용, 성폭력 등으로 인한 징계처분의 경우에는 6개월 가산)

(6) 견책

① 전과에 대해 훈계하고 회개하는 것으로서, "전과"와 이에 대한 "훈계" 내용은 징계처분 사유 설명서에 적시되어 있다.

② 승진 및 승급 제한기간 : 처분집행의 종료일로부터 6개월간 승진 및 승급 제한(금전, 물품 및 향응의 수수, 예산의 횡령·유용, 성폭력 등으로 인한 징계처분의 경우에는 6개월 가산)

❸ 징계위원회

(1) 징계위원회의 설치

① **중앙징계위원회**(소방공무원법 제28조 1항) : 소방준감 이상의 소방공무원에 대한 징계의결은 국무총리 소속으로 설치된 징계위원회에서 한다.

② 소방공무원 징계위원회
  ㉠ 소방청에 설치된 소방공무원 징계위원회
    ⓐ 소방청 소속 소방정 이하의 소방공무원
    ⓑ 소방청 소속기관(중앙소방학교, 중앙119구조본부 및 국립소방연구원)의 소방정 또는 소방령인 소방공무원. 다만, 국립소방연구원의 경우에는 소방정인 소방공무원을 말한다.
    ⓒ 소방정인 지방소방학교장
  ㉡ 중앙소방학교 및 중앙119구조본부에 설치된 징계위원회 : 소속 소방경 이하의 소방공무원
  ㉢ 국립소방연구원에 설치된 징계위원회 : 소속 소방령 이하의 소방공무원
  ㉣ 시·도에 설치된 징계위원회 : 시·도지사가 임용권을 행사하는 소방공무원
  ㉤ 각 소방기관별(지방소방학교, 서울종합방재센터 및 소방서) **징계위원회** : 소속 소방위 이하

(2) 징계위원회의 구성

① 구성인원
  ㉠ 징계위원회는 다음의 구분에 따라 공무원위원과 민간위원으로 구성한다. 이 경우 민간위원의 수는 위원장을 제외한 위원 수의 2분의 1 이상이어야 한다.

ⓒ 소방청 및 시·도에 설치된 징계위원회 : 위원장 1명을 포함하는 5명 이상 7명 이하의 위원

ⓒ 중앙소방학교·중앙119구조본부·국립소방연구원·지방소방학교·서울종합방재센터 및 소방서에 설치된 징계위원회 : 위원장 1명을 포함하는 3명 이상 7명 이하의 위원

② 위원장 : 징계위원회의 위원장은 해당 징계위원회가 설치된 기관의 장의 차순위 계급자(동일계급의 경우에는 직위를 설치하는 법령에 규정된 직위의 순위를 기준으로 정한다)가 된다.

③ 공무원위원 : 다음의 어느 하나에 해당하는 공무원 중에서 해당 징계위원회가 설치된 기관의 장이 임명하되, 특별한 사유가 없으면 최상위 계급자부터 차례로 임명하여야 한다. 다만, 해당 기관에 공무원위원이 될 공무원의 수가 제①항에 따른 위원 수에 미달되는 경우에는 다른 소방기관의 소방공무원 중에서 그 소방기관의 장의 추천을 받아 임명할 수 있다.

ⓒ 징계 등 심의 대상자보다 상위계급의 소방위 이상의 소방공무원

ⓒ 징계 등 심의 대상자의 계급보다 상위의 계급에 상당하는 소속 6급 이상의 일반직 국가공무원(고위공무원단에 속하는 일반직공무원을 포함한다) 또는 일반직 지방공무원

④ 민간위원 : 징계위원회가 설치된 소방기관의 장은 다음의 어느 하나에 해당하는 사람 중에서 민간위원을 위촉한다.

ⓒ 소방청 및 시·도에 설치된 징계위원회의 경우에는 다음 각 목에 해당하는 사람

ⓐ 법관·검사 또는 변호사로 10년 이상 근무한 사람

ⓑ 대학에서 법률학·행정학 또는 소방 관련 학문을 담당하는 정교수 이상으로 재직 중인 사람

ⓒ 소방공무원으로 소방정 또는 법률에 따라 지방소방정 이상의 직위에서 근무하고 퇴직한 사람

ⓒ 중앙소방학교·중앙119구조본부·국립소방연구원·지방소방학교·서울종합방재센터 및 소방서에 설치된 징계위원회의 경우에는 다음 각 목에 해당하는 사람

ⓐ 법관·검사 또는 변호사로 5년 이상 근무한 사람

ⓑ 대학에서 법률학·행정학 또는 소방 관련 학문을 담당하는 부교수 이상으로 재직 중인 사람

ⓒ 소방공무원으로 20년 이상 근속하고 퇴직한 사람

(3) 징계집행기관

① **징계위원회가 설치된 기관의 장** : 소방공무원의 징계는 관할 징계위원회의 의결을 거쳐 그 징계위원회가 설치된 기관의 장이 하되, 「국가공무원법」에 따라 국무총리 소속으로 설치된 징계위원회에서 의결한 징계는 소방청장이 한다. 다만, 파면과 해임은 관할 징계위원회의 의결을 거쳐 그 소방공무원의 임용권자(임용권을 위임받은 사람은 제외한다)가 한다.

② **시·도지사가 임용권을 행사하는 소방공무원의 징계집행** : 관할 징계위원회의 의결을 거쳐 임용권자가 한다. 다만, 시·도 소속 소방기관에 설치된 소방공무원 징계위원회에서 의결한 정직·감봉 및 견책은 그 징계위원회가 설치된 기관의 장이 한다.

07 출제예상문제

※ 2018년 상반기
1 다음은 소방공무원의 징계에서 중징계에 해당하지 않는 것은?

① 파면
② 해임
③ 정직
④ 견책

2 징계의 종류에 대한 다음 설명에서 옳은 것은?

① 직위해제와 불문경고는 징계의 종류가 아니다.
② 파면과 해임 및 강등은 중징계이며, 배제징계에 속한다.
③ 정직과 감봉 및 견책은 경징계이며, 교정징계에 속한다.
④ 징계의 종류에는 파면, 해임, 강임, 정직, 감봉, 견책 등이 있다

1.

징계양정의 경중에 따른 분류
㉠ 중징계: 파면, 해임, 강등, 정직
㉡ 경징계: 감봉, 견책

2.

징계양정	징계종류	배제여부	기간	신분 등의 처분	보수 및 급여
중징계	파면	배제징계	–	• 공무원 신분박탈 (5년간 공무원 재임용 불가)	• 퇴직급여의 1/4~1/2 지급제한
	해임		–	• 공무원 신분박탈 (3년간 공무원 재임용 불가)	• 금품수수나 공금 횡령 및 유용 등으로 해임된 경우 퇴직급여의 1/8~1/4 지급제한
	강등	교정징계	3월	• 1계급 아래로 직급을 내림 • 3월 직무정지 • 18개월간 승진 및 승급 제한	• 보수의 전액 삭감
	정직		1~3월	• 1~3월 직무정지 • 18개월간 승진 및 승급 제한	• 보수의 전액 삭감
경징계	감봉		1~3월	• 12개월간 승진 및 승급 제한	• 보수의 1/3 삭감
	견책		–	• 6개월간 승진 및 승급 제한	–

Answer 1.④ 2.①

3 징계를 중징계와 경징계로 구분하였을 경우 성격이 다른 하나는?

① 정직
② 감봉
③ 해임
④ 강등

※ 2022년 간부

4 「국가공무원법」및 「소방공무원 징계령」에서 정하고 있는 소방공무원의 징계에 관한 내용으로 옳은 것은?

① 중징계의 종류에는 파면, 해임, 강등, 정직, 감봉이 있다.
② 경징계의 종류에는 견책, 훈계, 경고가 있다.
③ 소방정인 지방소방학교장에 관한 징계는 시·도에 설치된 징계위원회에서 심의·의결한다.
④ 정직은 1개월 이상 3개월 이하의 기간으로 하고, 정직 처분을 받은 자는 그 기간 중 공무원의 신분은 보유하나 직무에 종사하지 못하며 보수는 전액을 감한다.
⑤ 감봉은 1개월 이상 3개월 이하의 기간 동안 보수의 2분의 1을 감한다.

5.
③ 1개월 이상 3개월 이하의 기간으로 하며, 직무에는 종사하나 보수의 1/3을 감한다.

4.
① 중징계: 파면, 해임, 강등, 정직
② 경징계: 감봉, 견책
③ 소방정인 지방소방학교장에 관한 징계는 소방청에 설치된 소방공무원 징계위원회에서 심의·의결한다.
⑤ 감봉은 1개월 이상 3개월 이하의 기간으로 하며, 직무에는 종사하나 보수의 1/3을 감한다.

Answer 3.③ 4.④

* **연도별 기출경향** *

[기출연도]	2012	2013	2014	2015	2016	2017	2018	2019	2020	2021	2022	2023	2024
문항수	0	2	0	0	0	0	0	2	0	0	0	0	0

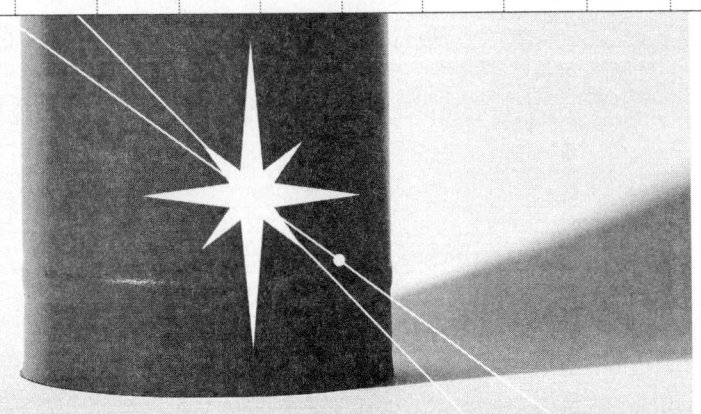

PART

16

소방공무원
물적·재정적 자원관리

| 01 | 소방물적자원 관리 |
| 02 | 국고보조금 |

01 소방물적자원 관리

(1) 소방물적자원 관리의 개념

① <u>소방물적자원 관리</u>란 소방행정조직이 국민의 안전을 담보하기 위하여 물적 자원을 동원·사용·통제하는 행위를 의미하는 것으로서 소방재정이라고 할 수 있다.
② 이러한 소방물적자원 관리는 시·도의 일반재정으로 편성된 소방 예산, 중앙정부의 소방 업무 관련 예산과 지방정부에 이전하는 소방 관련 재정을 모두 포함한다.
③ 그런데, 소방서비스는 주로 시·도 단위에서 제공되므로, 소방재정은 시·도 재정 운용의 제도적 틀 속에서 확보·관리·사용되는 공적경제라 할 수 있다.
④ 시·도의 예산에는 소방서비스를 적절히 공급하는데 필요한 소방장비와 인력을 확보하기 위하여 재정적 자원이 소방비로 계상(예산편성에 넣음)된다.

(2) 소방재정의 구분

일반재원과 특정재원으로 구분하거나, 자주재원과 의존재원으로 구분할 수 있다.

① 일반재원과 특정재원

일반재원	어떠한 경비에도 <u>자유롭게 지출할 수 있는 재원</u>을 말하는 것으로 지방세·세외수입·지방교부세가 있다.
특정재원	지출할 수 있는 <u>비용 용도가 한정</u>되어 있는 재원을 말하는 것으로 지역자원시설세(구 소방공동시설세)·국고보조금 등이 있다.

② 자주재원과 의존재원

자주재원	지방자치단체가 자주적으로 결정·실현하는 재원으로 지방세·세외수입이 있다.
의존재원	국가가 결정·실현하는 재원이므로 지방자치단체가 국가에 의존하는 재원이며 지방교부세, 국고보조금 등이 있다.

③ 소방재정은 중앙정부의 소방 업무 관련 예산과 더불어 지방정부에 이전하는 소방관련 재원을 포함한다.
④ <u>지방교부세 중 하나로 소방안전교부세가 있는데</u>, 중앙정부는 2015년부터 폐지된 분권교부세를 대신하여 소방안전교부세를 신설하고 지방정부의 다양한 소방정책을 지원하는 기능을 확대하였다.
⑤ 소방세출 예산은 크게 경상예산, 사업예산으로 구분되어지는데 경상예산은 일반적으로 매년 반복적으로 계속해서 지출되는 인건비, 물건비, 기관운영비, 이전적 지출 등을 포함하는 경비를 말하며, 사업예산은 투자적 경비로 소비적 경비와 반대되는 경비로서 경비의 지출이 주로 자본 형성 효과를 가져오는 자본적 지출에 해당한다.

02 국고보조금 2019 간부

(1) 국고보조금의 의의

① 국가는 소방장비의 구입 등 시·도의 소방업무에 필요한 경비의 일부를 보조한다.[소방기본법 제9조(소방장비 등에 대한 국고보조)]

② 제①항에 따른 보조 대상사업의 범위와 기준보조율은 대통령령으로 정한다.

(2) 국고보조대상[소방기본법 시행령 제2조(국고보조 대상 사업의 범위와 기준보조율)]

① 다음 각 목의 소방활동장비와 설비의 구입 및 설치 (Ⓜ 차, 정, 헬(육해공) 전복청)
　㉠ 소방자동차
　㉡ 소방헬리콥터 및 소방정
　㉢ 소방전용통신설비 및 전산설비
　㉣ 그 밖에 방화복 등 소방활동에 필요한 소방장비

② 소방관서용 청사의 건축

(3) 국고보조산정을 위한 기준가격

① 국내조달품 : 정부고시가격 (Ⓜ 국정부)

② 수입물품 : 조달청에서 조사한 해외시장의 시가 (Ⓜ 수조해시)

③ 정부고시가격 또는 조달청에서 조사한 해외시장의 시가가 없는 물품 : 2 이상의 공신력 있는 물가조사기관에서 조사한 가격의 평균가격 (Ⓜ 2공평)

chapter 02 출제예상문제

※ 2019년 간부
1 「소방기본법 시행령」상 국고보조 대상사업의 범위에 해당하지 않는 것은?

① 소방자동차 구입
② 소방헬리콥터 및 소방정 구입
③ 소방전용통신설비 및 전산설비 설치
④ 방화복 등 소방활동에 필요한 소방장비 구입
⑤ 소방관서용 청사의 대수선

2 소방장비 등에 대한 국고보조 대상사업의 범위와 기준보조율은 무엇으로 정하는가?

① 총리령
② 대통령령
③ 시·도의 조례
④ 국토교통부령

1.
국고보조대상[소방기본법 시행령 제2조(국고보조 대상사업의 범위와 기준보조율)]
㉠ 다음 각 목의 소방활동장비와 설비의 구입 및 설치
  • 소방자동**차**
  • 소방**헬**리콥터 및 소방**정**
  • 소방**전**용통신설비 및 전산설비
  • 그 밖에 방화**복** 등 소방활동에 필요한 소방장비
㉡ 소방관서용 **청**사의 건축

2.
국고보조금의 의의
㉠ 국가는 소방장비의 구입 등 시·도의 소방업무에 필요한 경비의 일부를 보조한다.[소방기본법 제9조(소방장비 등에 대한 국고보조)]
㉡ 제㉡항에 따른 보조 대상사업의 범위와 기준보조율은 대통령령으로 정한다.

Answer 1.⑤ 2.②

3 소방기본법령상 소방활동장비와 설비의 구입 및 설치 시 국고보조의 대상이 아닌 것은?

① 소방자동차
② 사무용 집기
③ 소방헬리콥터 및 소방정
④ 소방전용통신설비 및 전산설비

3.
국고보조대상[소방기본법 시행령 제2조(국고보조 대상사업의 범위와 기준보조율)]
① 다음 각 목의 소방활동장비와 설비의 구입 및 설치
 ㉠ 소방자동차
 ㉡ 소방헬리콥터 및 소방정
 ㉢ 소방전용통신설비 및 전산설비
 ㉣ 그 밖에 방화복 등 소방활동에 필요한 소방장비
② 소방관서용 청사의 건축

Answer 3.②

✳ 연도별 기출경향 ✳

[기출연도]	2012	2013	2014	2015	2016	2017	2018	2019	2020	2021	2022	2023	2024
문항수	1	1	0	1	1	2	0	0	1	0	0	1	4

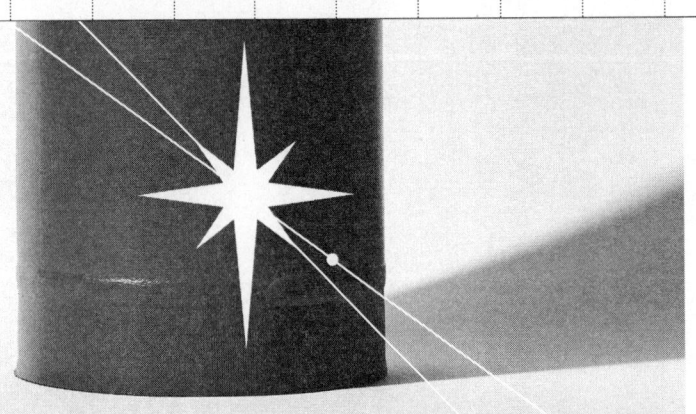

PART 17

소방기본법

01	소방기본법 개요
02	소방력의 3요소
03	119종합상황실의 설치와 운영
04	소방활동 등(진압활동 등)

01 소방기본법 개요

❶ 목적

소방기본법은 화재를 **예**방·**경**계하거나 **진**압하고 화재, 재**난**·재**해**, 그 밖의 **위급**한 상황에서의 구조·구급 **활동** 등을 통하여 국민의 **생**명·**신**체 및 **재**산을 보호함으로써 **공**공의 안녕 및 **질**서 유지와 **복**리증진에 이바지함을 목적으로 제정되어 있다. (Ⓜ 화예경진 화난재해 위급활동 생신재 공질복)

❷ 용어정의 ♦♦♦

소방대상물	**건**축물, **차**량, 선박(선박으로서 **항**구에 **매**어둔 선박만 해당), **선**박 건조 **구**조물, **산**림, 그 밖의 **인**공 구조물 또는 **물**건을 말한다. (Ⓜ 건차항매 선구산인물) ※아닌 것 : 항해중인 선박(×)
관계지역	소방대상물이 있는 장소 및 그 이웃 지역으로서 화재의 예방·경계·진압, 구조·구급 등의 활동에 필요한 지역을 말한다. ※ 아닌 것 : 조사(×)
관계인	소방대상물의 **소**유자·**관**리자 또는 **점**유자를 말한다. (Ⓜ 소관점) ※ 아닌 것 : 특정소방대상물(×)
소방본부장	특별시·광역시·특별자치시·도 또는 특별자치도("시·도"라 한다)에서 화재의 예방·경계·진압·조사 및 구조·구급 등의 업무를 담당하는 부서의 장을 말한다. ※ 아닌 것 : 기관의 장(×), 시·군(×)
소방대	화재를 진압하고 화재, 재난·재해, 그 밖의 위급한 상황에서 구조·구급 활동 등을 하기 위하여 다음의 사람으로 구성된 조직체를 말한다. (Ⓜ 공무용) `2016` ① 「소방공무원법」에 따른 소방**공**무원 ② 「의무소방대설치법」 제3조에 따라 임용된 의**무**소방원(義務消防員) ③ 「의용소방대 설치 및 운영에 관한 법률」에 따른 의**용**소방대원(義勇消防隊員) ※ 아닌 것 : 자위소방대(×), 자체소방원(×)
소방대장	소방본부장 또는 소방서장 등 화재, 재난·재해, 그 밖의 위급한 상황이 발생한 현장에서 소방대를 지휘하는 사람을 말한다.

02 소방력의 3요소[소방기본법 제8조(소방력의 기준 등)]

소방대원(**인원**)	소방**공**무원, 의**무**소방원 의**용**소방대원 (Ⓜ **공무용**)
차량(**장**비)	기동·진압·구조·구급·통신·측정·보호·보조장비의 8종
소방**용**수시설	**소**화전, **급**수탑, **저**수조 (Ⓜ **소급저**)

❶ 소방대원 (Ⓜ 공무용)

※ 자위소방대(×), 자체소방대원(×)

(1) 소방**공**무원

(2) 의**무**소방원

(3) 의**용**소방대원

❷ 소방장비

소방장비는 소방활동의 능률을 높이기 위한 것으로서 「소방장비관리규칙」에는 장비의 기능 및 성질에 따라서 기동·진압·구조·구급·통신·측정·보호·보조장비의 8종으로 분류하고 있다.

구분	정의
1. 기동장비	자체에 동력원이 부착되어 자력으로 이동하거나 견인되어 이동할 수 있는 장비
2. 화재진압장비	화재진압활동에 사용되는 장비
3. 구조장비	구조활동에 사용되는 장비
4. 구급장비	구급활동에 사용되는 장비
5. 정보통신장비	소방업무 수행을 위한 의사전달 및 정보교환·분석에 필요한 장비
6. 측정장비	소방업무 수행에 수반되는 각종 조사 및 측정에 사용되는 장비
7. 보호장비	소방현장에서 소방대원의 신체를 보호하는 장비
8. 보조장비	소방업무 수행을 위하여 간접 또는 부수적으로 필요한 장비

❸ 소방용수시설[소방기본법 제10조(소방용수시설의 설치 및 관리 등)]

(1) 관리주체 (Ⓜ 소급제)

① <u>시·도지사</u>는 소방활동에 필요한 <u>소화전·급수탑·저수조</u>를 설치하고 유지·관리하여야 한다. 다만, 「수도법」 제45조에 따라 소화전을 설치하는 <u>일반수도사업자</u>는 관할 소방서장과 사전협의를 거친 후 소화전을 설치하여야 하며, 설치 사실을 관할 소방서장에게 통지하고, 그 소화전을 유지·관리하여야 한다.

② <u>시·도지사</u>는 소방자동차의 진입이 곤란한 지역 등 화재발생 시 초기 대응이 필요한 지역(화재경계지구, 시도지사가 인정하는지역)으로서 소방호스 또는 호스릴 등을 소방용수시설에 연결하여 화재를 진압하는 <u>비상소화장치</u>를 설치하고 유지·관리할 수 있다.

(2) 소방용수시설 설치기준 ♨♨

① 공통기준 (Ⓜ 주상공백 그박사)

주거지역·**상**업지역 및 **공**업지역	소방대상물과의 수평거리를 100미터 이하가 되도록 할 것
그밖의 지역	소방대상물과의 수평거리를 140미터 이하가 되도록 할 것

② 소방용수시설별 설치기준 (Ⓜ 소급저)

소화전	**상**수도와 연결하여 지하식 또는 지상식의 구조로 하고, 소방용호스와 연결하는 소화전의 연결금속구의 구경은 65밀리미터로 할 것 (Ⓜ 소상65)
급수탑	급수배관의 구경은 100밀리미터 이상으로 하고, 개폐밸브는 지상에서 1.5미터 이상 1.7미터 이하의 위치에 설치하도록 할 것 (Ⓜ 급백 일오칠)
저수조	(Ⓜ 저낙지 사와(45)하/ 흡수오(5)상/소쉽게/지토스/사원60/저상자) ① **지**면으로부터의 **낙**차가 4.5미터 이하일 것 ② **흡**수부분의 **수**심이 0.5미터 이상일 것 ③ **소**방펌프자동차가 **쉽**게 접근할 수 있도록 할 것 ④ 흡수에 **지**장이 없도록 **토**사 및 **쓰**레기 등을 제거할 수 있는 설비를 갖출 것 ⑤ 흡수관의 투입구가 **사**각형의 경우에는 한 변의 길이가 60센티미터 이상, **원**형의 경우에는 지름이 60센티미터 이상일 것 ⑥ **저**수조에 물을 공급하는 방법은 **상**수도에 연결하여 **자**동으로 급수되는 구조일 것

03. 119종합상황실의 설치와 운영[소방기본법 제4조]

❶ 설치 · 운영권자

(1) <u>소방청장, 소방본부장 및 소방서장</u>은 화재, 재난 · 재해, 그 밖에 구조 · 구급이 필요한 상황이 발생하였을 때에 신속한 소방활동을 위한 정보의 수집 · 분석과 판단 · 전파, 상황관리, 현장 지휘 및 조정 · 통제 등의 업무를 수행하기 위하여 119종합상황실을 설치 · 운영하여야 한다.

(2) 제(1)항에 따른 119종합상황실 설치 · 운영에 필요한 사항은 행정안전부령으로 정한다.

❷ 종합상황실의 설치 · 운영

(1) 종합상황실은 <u>소방청과 시 · 도의 소방본부 및 소방서</u>에 각각 설치 · 운영하여야 한다.

(2) <u>소방청장, 소방본부장 또는 소방서장</u>은 신속한 소방활동을 위한 정보를 수집 · 전파하기 위하여 종합상황실에 전산 · 통신요원을 배치하고, 소방청장이 정하는 유 · 무선통신시설을 갖추어야 한다.

(3) 종합상황실은 24시간 운영체제를 유지하여야 한다.

❸ 종합상황실의 실장의 업무 (Ⓜ 신/ 사/ 출원/ 전보/ 지피/ 정보)

(1) 화재, 재난 · 재해 그 밖에 구조 · 구급이 필요한 상황(재난상황)의 발생의 **신**고접수

(2) 접수된 재난상황을 검토하여 가까운 소방서에 인력 및 장비의 동원을 요청하는 등의 **사**고수습

(3) 하급소방기관에 대한 **출**동지령 또는 동급 이상의 소방기관 및 유관기관에 대한 지**원**요청

(4) 재난상황의 **전**파 및 **보**고

(5) 재난상황이 발생한 현장에 대한 **지**휘 및 **피**해현황의 파악

(6) 재난상황의 수습에 필요한 **정보**수집 및 제공

4 종합상황실의 실장의 보고 🔥 2017 간부

다음의 어느 하나에 해당하는 상황이 발생하는 때에는 그 사실을 지체 없이 서면·팩스 또는 컴퓨터통신 등으로 소방서의 종합상황실의 경우는 소방본부의 종합상황실에, 소방본부의 종합상황실의 경우는 소방청의 종합상황실에 각각 보고해야 한다.

(1) 사망자가 **5**인 이상 발생하거나 사상자가 **10**인 이상 발생한 화재 (Ⓜ 인피오십)

(2) **이재**민이 **100**인 이상 발생한 화재 (Ⓜ 이재백)

(3) **재산피**해액이 **50억**원 이상 발생한 화재 (Ⓜ 재피오십억)

(4) **관**공서·**학**교·**정**부미도정공장·**문**화재·지하**철** 또는 지하**구**의 화재 (Ⓜ 관학정문철구)

(5) 관광**호텔**, 층수가 **11**층 이상인 건축물, 지하**상**가, **시**장, **백**화점 (Ⓜ 호텔빼빼로(11) 상시백)

(6) 지정수량의 **3천**배 이상의 **위험물**의 제조소·저장소·취급소 (Ⓜ 3천위)

(7) 층수가 **5**층 이상이거나 객실이 **30**실 이상인 **숙**박시설, 층수가 **5**층 이상이거나 병상이 **30**개 이상인 **종**합병원·**정신**병원·**한방**병원·**요양소** (Ⓜ 오삼숙/ 오삼종신/ 한방요소)

(8) 연면적 **1만5천**제곱미터 이상인 **공**장 또는 화재**경**계지구에서 발생한 화재 (Ⓜ 만오공경)

(9) **철**도차량, **항**구에 **매**어둔 총 톤수가 **1천**톤 이상인 **선**박, **항**공기, **발**전소 또는 **변**전소에서 발생한 화재(Ⓜ 철항매천선 항발변)

(10) **가**스 및 **화**약류의 **폭**발에 의한 화재 (Ⓜ 가화폭)

(11) **다중**이용업소의 화재 (Ⓜ 다중)

(12) 「긴급구조대응활동 및 현장지휘에 관한 규칙」에 의한 **통**제단장의 현장지휘가 필요한 재난상황

(13) 언론에 **보도**된 재난상황 (Ⓜ 보도)

(14) 그 밖에 소방청장이 정하는 재난상황

04 소방활동 등(진압활동 등)

소방활동	화재진압과 인명구조·구급 등
소방지원활동	산불, 자연재해, 행사, 피해복구, 훈련지원, 소방시설 오작동, 방송제작 지원
생활안전활동	위험 구조물 등 제거, 위해동물 퇴치, 위험제거 및 구조, 단전사고 대비

1 소방활동 등의 구분 ♨♨

(1) 소방활동[소방기본법 제16조]

① <u>소방청장, 소방본부장 또는 소방서장</u>은 화재, 재난·재해, 그 밖의 위급한 상황이 발생하였을 때에는 소방대를 현장에 신속하게 출동시켜 화재진압과 인명구조·구급 등 소방에 필요한 활동을 하게 <u>하여야 한다.</u>

② 누구든지 정당한 사유 없이 출동한 소방대의 화재진압 및 인명구조·구급 등 <u>소방활동을 방해</u>하여서는 아니 된다. (<u>5년 이하의 징역 또는 5천만원 이하의 벌금</u>)

(2) 소방지원활동[소방기본법 제16조의2] `2024`

<u>소방청장·소방본부장 또는 소방서장</u>은 공공의 안녕질서 유지 또는 복리증진을 위하여 필요한 경우 <u>소방활동 외에 다음의 활동을 하게 할 수 있다.</u> (Ⓜ 군/ 소방/ 방송/ 근/ 피/ 산불/ 급제)

① **산불**에 대한 예방·진압 등 지원활동
② 자연재해에 따른 **급**수·배수 및 **제**설 등 지원활동
③ 집회·공연 등 각종 행사 시 사고에 대비한 **근**접대기 등 지원활동
④ 화재, 재난·재해로 인한 **피**해복구 지원활동
⑤ **군**·경찰 등 유관기관에서 실시하는 훈련지원 활동
⑥ **소방**시설 오작동 신고에 따른 조치활동
⑦ **방송**제작 또는 촬영 관련 지원활동

(3) 생활안전활동[소방기본법 제16조의3]

<u>소방청장·소방본부장 또는 소방서장</u>은 신고가 접수된 <u>생활안전 및 위험제거 활동</u>(화재, 재난·재해, 그 밖의 위급한 상황에 해당하는 것은 제외)에 대응하기 위하여 소방대를 출동시켜 다음의 활동을 하게 하여야 한다. (Ⓜ **고벌끼단위**)

① 붕괴, 낙하 등이 우려되는 **고**드름, 나무, 위험 구조물 등의 제거활동

② 위해동물, **벌** 등의 포획 및 퇴치 활동

③ **끼**임, 고립 등에 따른 위험제거 및 구출 활동

④ **단**전사고 시 비상전원 또는 조명의 공급

⑤ 그 밖에 방치하면 급박해질 우려가 있는 **위**험을 예방하기 위한 활동

② 소방신호[소방기본법 제18조] 2023

(1) 소방신호의 종류 (M 경발해훈)

① **경계**신호 : 화재예방상 필요하다고 인정되거나 화재위험경보 시 발령

② **발화**신호 : 화재가 발생한 때 발령

③ **해제**신호 : 소화활동이 필요없다고 인정되는 때 발령

④ **훈련**신호 : 훈련상 필요하다고 인정되는 때 발령

(2) 소방신호의 방법 (M 경일연이오삼삼/ 553호에서난타공연중 발화/ 해제는 일일일/ 훈연삼일공일삼)

신호방법 종별	타종신호	싸이렌신호	그밖의 신호 (M 통기계)	암기
경계신호	1타와 **연**2타를 반복	5초 간격을 두고 30초씩 3회	"통풍대" "게시판" 화재경보발령중 적색/백색	M 경일연이오삼삼
발화신호	난타	5초 간격을 두고 5초씩 3회		M 발난오오삼
해제신호	상당한 간격을 두고 1타씩 반복	1분간 1회	"기" 적색/백색	M 해제는 일일일
훈련신호	**연**3타 반복	10초 간격을 두고 1분씩 3회		M 훈연삼일공일삼

비고

1. 소방신호의 방법은 그 <u>전부 또는 일부</u>를 함께 사용할 수 있다.
2. 게시판을 철거하거나 <u>통풍대 또는 기를 내리는 것</u>으로 소방활동이 해제되었음을 알린다.
3. 소방대의 <u>비상소집을 하는 경우</u>에는 훈련신호를 사용할 수 있다.

❸ 소방자동차의 우선 통행[소방기본법 제21조]

(1) 모든 차와 사람은 소방자동차(지휘를 위한 자동차와 구조·구급차를 포함)가 화재진압 및 구조·구급 활동을 위하여 출동을 할 때에는 이를 방해하여서는 아니 된다.

(2) 소방자동차가 화재진압 및 구조·구급 활동을 위하여 출동하거나 훈련을 위하여 필요할 때에는 사이렌을 사용할 수 있다. [긴급할 때(×)]

(3) 모든 차와 사람은 소방자동차가 화재진압 및 구조·구급 활동을 위하여 사이렌을 사용하여 출동하는 경우에는 다음의 행위를 하여서는 아니 된다.(5년 이하의 징역 또는 5천만원 이하의 벌금)
① 소방자동차에 진로를 양보하지 아니하는 행위
② 소방자동차 앞에 끼어들거나 소방자동차를 가로막는 행위
③ 그 밖에 소방자동차의 출동에 지장을 주는 행위

(4) 제(3)항의 경우를 제외하고 소방자동차의 우선 통행에 관하여는 「도로교통법」에서 정하는 바에 따른다.

❹ 소방자동차 전용구역[소방기본법 제21조의2] 🔥

(1) 소방차 전용구역 설치대상 (M 아기 백삼(살))
① **아**파트 중 세대수가 **100**세대 이상인 아파트
② **기**숙사 중 **3**층 이상의 기숙사

(2) 소방차 전용구역 방해기준(100만원 이하의 과태료) (M 물앞진노 그 소방자동차)
① 전용구역에 **물**건 등을 쌓거나 주차하는 행위
② 전용구역의 **앞**면, 뒷면 또는 양 측면에 물건 등을 쌓거나 주차하는 행위. 다만, 부설주차장의 주차구획 내에 주차하는 경우는 제외한다.
③ 전용구역 **진**입로에 물건 등을 쌓거나 주차하여 전용구역으로의 진입을 가로막는 행위
④ 전용구역 **노**면표지를 지우거나 훼손하는 행위
⑤ **그** 밖의 방법으로 **소방자동차**가 전용구역에 주차하는 것을 방해하거나 전용구역으로 진입하는 것을 방해하는 행위

(3) 소방차 전용구역의 설치 기준·방법 ♦

① 각 동별 전면 또는 후면에 소방자동차 전용구역을 1개소 이상 설치해야 한다. 다만, 하나의 전용구역에서 여러 동에 접근하여 소방활동이 가능한 경우로서 소방청장이 정하는 경우에는 각 동별로 설치하지 않을 수 있다.

② 전용구역의 설치 방법 (Ⓜ 빗금 두삼오간/ 노항문백)
　㉠ 전용구역 노면표지의 외곽선은 **빗금**무늬로 표시하되, 빗금은 **두**께를 **3**0센티미터로 하여 **5**0센티미터 **간**격으로 표시한다. (전용구역의 규격 6m × 12m)
　㉡ 전용구역 **노**면표지 도료의 색채는 **황**색을 기본으로 하되, **문**자(P, 소방차 전용)는 **백**색으로 표시한다.

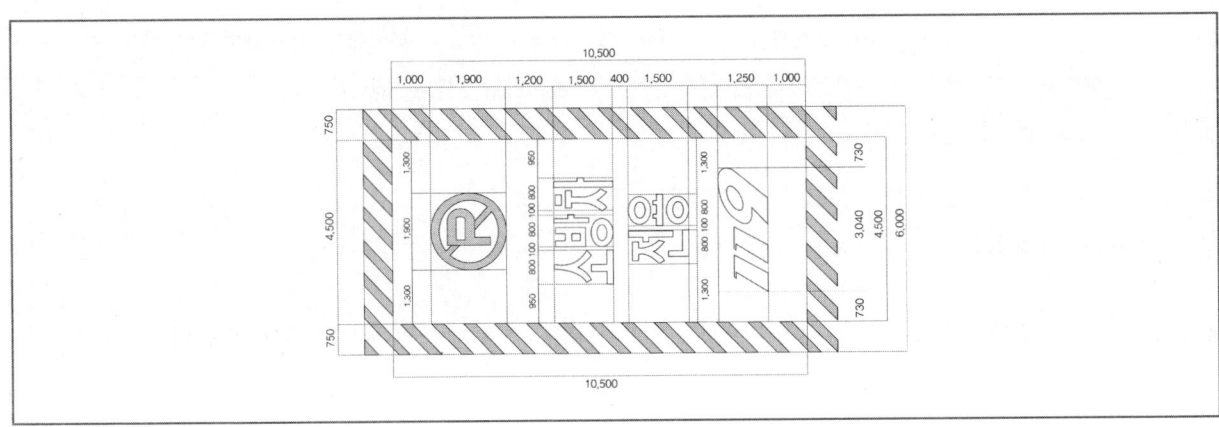

5 소방대의 긴급통행[소방기본법 제22조]

소방대는 화재, 재난·재해, 그 밖의 위급한 상황이 발생한 현장에 신속하게 출동하기 위하여 긴급할 때에는 일반적인 통행에 쓰이지 아니하는 도로·빈터 또는 물 위로 통행할 수 있다.

6 소방활동구역의 설정[소방기본법 제23조] ♦

(1) 소방대장은 화재, 재난·재해, 그 밖의 위급한 상황이 발생한 현장에 소방활동구역을 정하여 소방활동에 필요한 사람으로서 다음과 같이 정하는 사람 외에는 그 구역에 출입하는 것을 제한할 수 있다.(500만원 이하의 과태료) (Ⓜ 소전의 취수허)

① **소**방활동구역 안에 있는 소방대상물의 소유자·관리자 또는 점유자 (Ⓜ **소관점**)
② **전**기·가스·수도·통신·교통의 업무에 종사하는 사람으로서 원활한 소방활동을 위하여 필요한 사람 (Ⓜ **전통가수교**)
③ **의**사·간호사 그 밖의 구조·구급업무에 종사하는 사람

④ **취**재인력 등 보도업무에 종사하는 사람

⑤ **수**사업무에 종사하는 사람

⑥ 그 밖에 소방대장이 소방활동을 위하여 출입을 **허**가한 사람

(2) 경찰공무원은 소방대가 제(1)항에 따른 소방활동구역에 있지 아니하거나 소방대장의 요청이 있을 때에는 제(1)항에 따른 조치를 할 수 있다.

❼ 소방활동 종사 명령[소방기본법 제24조]

(1) 소방본부장, 소방서장 또는 소방대장은 화재, 재난·재해, 그 밖의 위급한 상황이 발생한 현장에서 소방활동을 위하여 필요할 때에는 그 관할구역에 사는 사람 또는 그 현장에 있는 사람으로 하여금 사람을 구출하는 일 또는 불을 끄거나 불이 번지지 아니하도록 하는 일을 하게 할 수 있다. 이 경우 소방본부장, 소방서장 또는 소방대장은 소방활동에 필요한 보호장구를 지급하는 등 안전을 위한 조치를 하여야 한다.(5년 이하의 징역 또는 5천만원 이하의 벌금)

(2) 명령에 따라 소방활동에 종사한 사람은 시·도지사로부터 소방활동의 비용을 지급받을 수 있다. 다만, 다음의 어느 하나에 해당하는 사람의 경우에는 그러하지 아니하다. (M 관고물)

① 소방대상물에 화재, 재난·재해, 그 밖의 위급한 상황이 발생한 경우 그 관계인

② 고의 또는 과실로 화재 또는 구조·구급 활동이 필요한 상황을 발생시킨 사람

③ 화재 또는 구조·구급 현장에서 물건을 가져간 사람

❽ 강제처분[소방기본법 제25조]

(1) 소방본부장, 소방서장 또는 소방대장은 사람을 구출하거나 불이 번지는 것을 막기 위하여 필요할 때에는 화재가 발생하거나 불이 번질 우려가 있는 소방대상물 및 토지를 일시적으로 사용하거나 그 사용의 제한 또는 소방활동에 필요한 처분을 할 수 있다.(3년 이하의 징역 또는 3천만원 이하의 벌금)

(2) 소방본부장, 소방서장 또는 소방대장은 사람을 구출하거나 불이 번지는 것을 막기 위하여 긴급하다고 인정할 때에는 제(1)항에 따른 소방대상물 또는 토지 외의 소방대상물과 토지에 대하여 제(1)항에 따른 처분을 할 수 있다.(300만원 이하의 벌금)

(3) 소방본부장, 소방서장 또는 소방대장은 소방활동을 위하여 긴급하게 출동할 때에는 소방자동차의 통행과 소방활동에 방해가 되는 주차 또는 정차된 차량 및 물건 등을 제거하거나 이동시킬 수 있다.(300만원 이하의 벌금)

(4) 소방본부장, 소방서장 또는 소방대장은 제(3)항에 따른 소방활동에 방해가 되는 주차 또는 정차된 차량의 제거나 이동을 위하여 관할 지방자치단체 등 관련 기관에 견인차량과 인력 등에 대한 지원을 요청할 수 있고, 요청을 받은 관련 기관의 장은 정당한 사유가 없으면 이에 협조하여야 한다.

(5) 시·도지사는 제(4)항에 따라 견인차량과 인력 등을 지원한 자에게 시·도의 조례로 정하는 바에 따라 비용을 지급할 수 있다.

⑨ 피난명령[소방기본법 제26조]

(1) 소방본부장, 소방서장 또는 소방대장은 화재, 재난·재해, 그 밖의 위급한 상황이 발생하여 사람의 생명을 위험하게 할 것으로 인정할 때에는 일정한 구역을 지정하여 그 구역에 있는 사람에게 그 구역 밖으로 피난할 것을 명할 수 있다.(100만원 이하의 벌금)

(2) 소방본부장, 소방서장 또는 소방대장은 제(1)항에 따른 명령을 할 때 필요하면 관할 경찰서장 또는 자치경찰단장에게 협조를 요청할 수 있다.

⑩ 위험시설 등에 대한 긴급조치[소방기본법 제27조]

(1) 소방본부장, 소방서장 또는 소방대장은 화재 진압 등 소방활동을 위하여 필요할 때에는 소방용수 외에 댐·저수지 또는 수영장 등의 물을 사용하거나 수도(水道)의 개폐장치 등을 조작할 수 있다. (100만원 이하의 벌금)

(2) 소방본부장, 소방서장 또는 소방대장은 화재 발생을 막거나 폭발 등으로 화재가 확대되는 것을 막기 위하여 가스·전기 또는 유류 등의 시설에 대하여 위험물질의 공급을 차단하는 등 필요한 조치를 할 수 있다.(100만원 이하의 벌금)

⑪ 방해행위의 제지[소방기본법 제27조의2]

소방대원은 소방활동 또는 생활안전활동을 방해하는 행위를 하는 사람에게 필요한 경고를 하고, 그 행위로 인하여 사람의 생명·신체에 위해를 끼치거나 재산에 중대한 손해를 끼칠 우려가 있는 긴급한 경우에는 그 행위를 제지할 수 있다.

⑫ 소방용수시설 또는 비상소화장치의 사용금지[소방기본법 제28조]

누구든지 다음의 어느 하나에 해당하는 행위를 하여서는 아니 된다. (5년 이하의 징역 또는 5천만원 이하의 벌금)
(M 사효방)

(1) 정당한 사유 없이 소방용수시설 또는 비상소화장치를 **사**용하는 행위

(2) 정당한 사유 없이 손상·파괴, 철거 또는 그 밖의 방법으로 소방용수시설 또는 비상소화장치의 **효**용(效用)을 해치는 행위

(3) 소방용수시설 또는 비상소화장치의 정당한 사용을 **방**해하는 행위

⑬ 소방업무의 응원[소방기본법 제11조] ♨

(1) <u>소방본부장이나 소방서장</u>은 소방활동을 할 때에 긴급한 경우에는 이웃한 소방본부장 또는 소방서장에게 소방업무의 응원(應援)을 요청할 수 있다.

(2) 소방업무의 응원 요청을 받은 소방본부장 또는 소방서장은 정당한 사유 없이 그 요청을 거절하여서는 아니 된다.

(3) 소방업무의 응원을 위하여 파견된 소방대원은 응원을 요청한 소방본부장 또는 소방서장의 지휘에 따라야 한다.

(4) <u>시·도지사</u>는 소방업무의 응원을 요청하는 경우를 대비하여 출동 대상지역 및 규모와 필요한 경비의 부담 등에 관하여 필요한 사항을 다음의 사항이 포함되도록 이웃하는 시·도지사와 협의하여 <u>미리 규약(規約)</u>으로 정하여야 한다. (M 화구조/ 대규모/ 수의정연/ 요/ 가)

① 다음의 소방활동에 관한 사항
   가. **화**재의 경계·진압활동
   나. **구**조·구급업무의 지원
   다. 화재**조**사활동

② 응원출동**대**상지역 및 **규모**

③ 다음의 소요경비의 부담에 관한 사항
   가. 출동대원의 **수**당·식사 및 **의**복의 수선
   나. 소방장비 및 기구의 **정**비와 **연**료의 보급
   다. 그 밖의 경비

④ 응원출동의 **요**청방법

⑤ 응원출동훈련 및 평**가**

⑭ 소방력의 동원[소방기본법 제11조의2]

(1) <u>소방청장</u>은 해당 시·도의 소방력만으로는 소방활동을 효율적으로 수행하기 어려운 화재, 재난·재해, 그 밖의 구조·구급이 필요한 상황이 발생하거나 특별히 국가적 차원에서 소방활동을 수행할 필요가 인정될 때에는 각 <u>시·도지사에게 행정안전부령</u>으로 정하는 바에 따라 소방력을 동원할 것을 요청할 수 있다.

(2) 동원요청 방법(행정안전부령)

<u>소방청장</u>은 각 시·도지사에게 소방력 동원을 요청하는 경우 다음의 사항을 팩스 또는 전화 등의 방법으로 통지하여야 한다. 다만, 긴급을 요하는 경우에는 시·도 소방본부 또는 소방서의 종합상황실장에게 직접 요청할 수 있다. (Ⓜ 사/ 인장/ 수집/ 활동정보/ 청장)

① 동원 요청 **사**실
② 동원을 요청하는 **인**력 및 **장**비의 규모
③ 소방력 이송 **수**단 및 **집**결장소
④ 소방활동을 수행하게 될 재난의 규모, 원인 등 소방**활동**에 필요한 **정보**
⑤ 규정한 사항 외에 그 밖의 시·도 소방력 동원에 필요한 사항은 소방**청장**이 정한다.

(3) 동원 요청을 받은 시·도지사는 정당한 사유 없이 요청을 거절하여서는 아니 된다.

(4) 소방청장은 시·도지사에게 동원된 소방력을 화재, 재난·재해 등이 발생한 지역에 지원·파견하여 줄 것을 요청하거나 필요한 경우 직접 소방대를 편성하여 화재진압 및 인명구조 등 소방에 필요한 활동을 하게 할 수 있다.

(5) 동원된 소방대원이 다른 시·도에 파견·지원되어 소방활동을 수행할 때에는 특별한 사정이 없으면 화재, 재난·재해 등이 발생한 지역을 관할하는 소방본부장 또는 소방서장의 지휘에 따라야 한다. 다만, 소방청장이 직접 소방대를 편성하여 소방활동을 하게 하는 경우에는 소방청장의 지휘에 따라야 한다.

(6) 소방활동을 수행하는 과정에서 발생하는 경비 부담에 관한 사항, 소방활동을 수행한 민간 소방 인력이 사망하거나 부상을 입었을 경우의 보상주체·보상기준 등에 관한 사항, 그 밖에 동원된 소방력의 운용과 관련하여 필요한 사항은 <u>대통령령</u>으로 정한다.

⑮ 소방박물관 등의 설립과 운영[소방기본법 제5조]

(1) 설립목적

소방의 역사와 안전문화를 발전시키고 국민의 안전의식을 높이기 위하여 설립하여 운영할 수 있다.

① 소방청장 : 소방박물관
② **시**·도지사 : 소방**체**험관(화재 현장에서의 피난 등을 체험할 수 있는 체험관을 말한다.) (Ⓜ 시체)

(2) 소방박물관의 설립과 운영에 필요한 사항은 행정안전부령으로 정하고, 소방체험관의 설립과 운영에 필요한 사항은 행정안전부령으로 정하는 기준에 따라 시·도의 조례로 정한다.

⑯ 소방기관의 설치 등[소방기본법 제3조]

(1) 시·도의 화재 예방·경계·진압 및 조사, 소방안전교육·홍보와 화재, 재난·재해, 그 밖의 위급한 상황에서의 구조·구급 등의 업무(이하 "소방업무"라 한다)를 수행하는 소방기관의 설치에 필요한 사항은 대통령령으로 정한다.

(2) 소방업무를 수행하는 소방본부장 또는 소방서장은 그 소재지를 관할하는 특별시장·광역시장·특별자치시장·도지사 또는 특별자치도지사(이하 "시·도지사"라 한다)의 지휘와 감독을 받는다.

(3) 제(2)항에도 불구하고 소방청장은 화재 예방 및 대형 재난 등 필요한 경우 시·도 소방본부장 및 소방서장을 지휘·감독할 수 있다.

(4) 시·도에서 소방업무를 수행하기 위하여 시·도지사 직속으로 소방본부를 둔다.

⑰ 행위의 주체

☐ 시·도지사	소방체험관 등의 설립과 운영(법 제5조) 소방용수시설(법 제10조) 화재경계지구 지정(법 제13조)
☐ 소방청장, 소방본부장 및 소방서장	119종합상황실 설치·운영(법 제4조) 소방활동 등(법 제16조) 화재의 원인 및 피해 조사(제29조)
☐ 소방청장	소방박물관 등의 설립과 운영(법 제5조) 화재경계지구 지정 요청(법 제13조) 소방력의 동원(법 제11조의2)
☐ 소방본부장이나 소방서장	화재의 예방조치(법 제12조) 소방업무의 응원(법 제11조)
☐ 소방본부장, 소방서장 또는 소방대장	소방활동 종사 명령(법 제24조) 강제처분(법 제25조) 피난명령(법 제26조) 위험시설 등에 대한 긴급조치(법 제27조)
☐ 소방대장	소방활동구역의 설정(법 제23조)
☐ 소방대원	방해행위의 제지(법 제27조의2)

05 출제예상문제

1 소방기본법 제1장 총칙에서 정하는 목적의 내용으로 거리가 먼 것은?

① 구조, 구급 활동 등을 통하여 공공의 안녕 및 질서 유지
② 풍수해의 예방, 경계, 진압에 관한 계획, 예산 지원 활동
③ 구조, 구급 활동 등을 통하여 국민의 생명, 신체, 재산 보호
④ 화재, 재난, 재해 그 밖의 위급한 상황에서의 구조, 구급 활동

* 2016년

2 화재 진압, 경계, 구조, 구급 등을 활동하기 위한 조직에 일원에 해당되는 자는?

① 의용소방대
② 자위소방대
③ 소방안전관리자
④ 위험물안전관리자

* 2015년

3 소방력 3요소가 아닌 것은?

① 소방인력
② 장비
③ 소방설비
④ 물

1.

소방기본법은 **화재**를 **예방·경계**하거나 **진압**하고 화재, 재**난**·재**해**, 그 밖의 **위급**한 상황에서의 구조·구급 활동 등을 통하여 국민의 **생**명·**신**체 및 **재**산을 보호함으로써 **공**공의 안녕 및 **질**서 유지와 **복**리증진에 이바지함을 목적으로 제정되어 있다.

2.

화재를 진압하고 화재, 재난·재해, 그 밖의 위급한 상황에서 구조·구급 활동 등을 하기 위하여 다음의 사람으로 구성된 조직체를 말한다.
① 소방**공**무원
② 임용된 의**무**소방원
③ 의**용**소방대원

3.

소방력의 3요소

소방대원(**인**원)	소방**공**무원, 의**무**소방원 의**용**소방대원
차량(**장**비)	기동·진압·구조·구급·통신·측정·보호·보조장비의 8종
소방**용**수시설	**소**화전, **급**수탑, **저**수조

Answer 1.② 2.① 3.③

4 소방용수시설의 설치기준 중 주거지역·상업지역 및 공업지역에 설치하는 경우 소방대상물과의 수평거리는 최대 몇 m 이하인가?

① 50
② 100
③ 150
④ 200

5 소방기본법령상 소방용수시설별 설치기준 중 옳은 것은?

① 저수조는 지면으로부터의 낙차가 4.5m 이상일 것
② 소화전은 상수도와 연결하여 지하식 또는 지상식의 구조로 하고, 소방용호스와 연결하는 소화전의 연결금속구의 구경은 50mm로 할 것
③ 저수조 흡수관의 투입구가 사각형의 경우에는 한 변의 길이가 60cm 이상일 것
④ 급수탑 급수배관의 구경은 65mm 이상으로 하고, 개폐밸브는 지상에서 0.8m 이상, 1.5m 이하의 위치에 설치하도록 할 것

4

주거지역·상업지역 및 공업지역	소방대상물과의 수평거리를 **100**미터 이하가 되도록 할 것
그밖의 지역	소방대상물과의 수평거리를 **140**미터 이하가 되도록 할 것

5.

소화전	**상**수도와 연결하여 지하식 또는 지상식의 구조로 하고, 소방용호스와 연결하는 소화전의 연결금속구의 구경은 **65**밀리미터로 할 것
급수탑	급수배관의 구경은 **100**밀리미터 이상으로 하고, 개폐밸브는 지상에서 **1.5**미터 이상 **1.7**미터 이하의 위치에 설치하도록 할 것
저수조	① 지면으로부터의 낙차가 4.5미터 이하일 것 ② 흡수부분의 수심이 0.5미터 이상일 것 ③ 소방펌프자동차가 쉽게 접근할 수 있도록 할 것 ④ 흡수에 지장이 없도록 토사 및 쓰레기 등을 제거할 수 있는 설비를 갖출 것 ⑤ 흡수관의 투입구가 사각형의 경우에는 한 변의 길이가 60센티미터 이상, 원형의 경우에는 지름이 60센티미터 이상일 것 ⑥ 저수조에 물을 공급하는 방법은 상수도에 연결하여 자동으로 급수되는 구조일 것

Answer 4.② 5.③

※ 2017년 간부

6 A 광역시 소방본부장이 관할구역에서 발생한 화재조사 활동 결과 다음과 같은 화재가 발생하였다. 이 경우 A 광역시 소방본부 종합상황실의 실장이 소방청의 종합상황실에 보고하여야 하는 것을 모두 고른 것은?

> ㉠ 사망자가 5명 발생한 화재
> ㉡ 이재민이 100인 발생한 화재
> ㉢ 재산피해액이 50억원 발생한 화재
> ㉣ 사상자가 10인 발생한 화재
> ㉤ 학교화재

① ㉠, ㉡
② ㉠, ㉡, ㉢
③ ㉠, ㉢, ㉣
④ ㉠, ㉡, ㉢, ㉣
⑤ ㉠, ㉡, ㉢, ㉣, ㉤

※ 2018년

7 화재예방, 소방활동 또는 소방훈련을 위하여 사용되는 소방신호에 해당하는 것은?

① 대응 신호
② 경계 신호
③ 복구 신호
④ 대비 신호

6.

다음의 어느 하나에 해당하는 상황이 발생하는 때에는 그 사실을 지체 없이 서면·팩스 또는 컴퓨터통신 등으로 소방서의 종합상황실의 경우는 소방본부의 종합상황실에, 소방본부의 종합상황실의 경우는 소방청의 종합상황실에 각각 보고해야 한다.

1) 사망자가 **5**인 이상 발생하거나 사상자가 **10**인 이상 발생한 화재
2) **이**재민이 **100**인 이상 발생한 화재
3) **재**산**피**해액이 **50억**원 이상 발생한 화재
4) **관**공서·**학**교·**정**부미도정공장·**문**화재·지하**철** 또는 지하**구**의 화재
5) 관광**호**텔, 층수가 **11**층 이상인 건축물, 지하**상**가, **시**장, 백화점
6) 지정수량의 **3천**배 이상의 **위험물**의 제조소·저장소·취급소
7) 층수가 **5**층 이상이거나 객실이 **30**실 이상인 **숙**박시설, 층수가 **5**층 이상이거나 병상이 **30**개 이상인 **종**합병원·정신병원·**한방**병원·**요**양소
8) 연면적 **1만5천**제곱미터 이상인 **공**장 또는 화재**경**계지구에서 발생한 화재
9) **철**도차량, **항**구에 **매**어둔 총 톤수가 **1천**톤 이상인 **선**박, **항**공기, **발**전소 또는 **변**전소에서 발생한 화재
10) **가**스 및 **화**약류의 **폭**발에 의한 화재
11) **다**중이용업소의 화재
12) 「긴급구조대응활동 및 현장지휘에 관한 규칙」에 의한 **통**제단장의 현장지휘가 필요한 재난상황
13) 언론에 **보**도된 재난상황
14) 그 밖에 소방청장이 정하는 재난상황

7.

소방신호의 종류 (M 경발해훈)
㉠ **경**계신호: 화재예방상 필요하다고 인정되거나 화재위험경보 시 발령
㉡ **발**화신호: 화재가 발생한 때 발령
㉢ **해**제신호: 소화활동이 필요없다고 인정되는 때 발령
㉣ **훈**련신호: 훈련상 필요하다고 인정되는 때 발령

Answer 6.⑤ 7.②

* 2017년 간부
8 다음의 소방에 관한 규정 중 옳지 않은 것은?

① 시·도의 소방업무를 수행하는 소방기관의 설치에 필요한 사항은 대통령령으로 정한다.
② 소방업무를 수행하는 소방본부장 또는 소방서장은 시·도지사의 지휘와 감독을 받는다.
③ 소방청장, 소방본부장 및 소방서장은 119종합상황실을 설치·운영하여야 하며, 이때 필요한 사항은 행정안전부령으로 정한다.
④ 소방기관이 소방업무를 수행하는데 필요한 인력과 장비 등에 관한 기준은 행정안전부령으로 정한다.
⑤ 소방본부장 또는 소방서장은 화재가 발생할 우려가 높거나 화재가 발생하는 경우 그로 인하여 피해가 클 것으로 예상되는 지역을 화재예방강화지구로 지정할 수 있다.

9 소방기본법령상 소방신호의 종류 및 방법에 관한 내용으로 옳지 않은 것은?

① 발화신호의 싸이렌신호는 5초 간격을 두고 1분씩 3회이다.
② 해제신호의 타종신호는 상당한 간격을 두고 1타씩 반복한다.
③ 훈련신호의 싸이렌신호는 10초 간격을 두고 1분씩 3회이다.
④ 경계신호의 타종신호는 1타와 연2타를 반복한다.

8.

⑤ 시·도지사는 다음의 어느 하나에 해당하는 지역 중 화재가 발생할 우려가 높거나 화재가 발생하는 경우 그로 인하여 피해가 클 것으로 예상되는 지역을 화재예방강화지구로 지정할 수 있다(화재예방법 18조).

9.

신호 방법 종별	타종신호	싸이렌신호
경계신호	1타와 **연2**타를 반복	**5**초 간격을 두고 **30**초씩 **3**회
발화신호	**난**타	**5**초 간격을 두고 **5**초씩 **3**회
해제신호	상당한 간격을 두고 **1**타씩 반복	**1**분간 **1**회
훈련신호	**연3**타반복	**10**초 간격을 두고 **1**분씩 **3**회

Answer 8.⑤ 9.①

* 2020년 간부

10 「소방기본법 시행령」상 소방자동차 전용구역 방해행위의 기준에 해당하지 않는 것은?

① 전용구역에 물건 등을 쌓는 행위
② 전용구역 노면표지를 훼손하는 행위
③ 전용구역으로의 진입을 가로막는 행위
④ 전용구역의 앞면, 뒷면에 주차하는 행위
⑤ 「주차장법」 제19조에 따른 부설주차장의 주차구획 내에 주차하는 행위

10.

소방차 전용구역 방해기준(100만원 이하의 과태료)
㉠ 전용구역에 **물**건 등을 쌓거나 주차하는 행위
㉡ 전용구역의 **앞**면, 뒷면 또는 양 측면에 물건 등을 쌓거나 주차하는 행위. 다만, 부설주차장의 주차구획 내에 주차하는 경우는 제외한다.
㉢ 전용구역 **진**입로에 물건 등을 쌓거나 주차하여 전용구역으로의 진입을 가로막는 행위
㉣ 전용구역 **노**면표지를 지우거나 훼손하는 행위
㉤ 그 밖의 방법으로 **소방자동차**가 전용구역에 주차하는 것을 방해하거나 전용구역으로 진입하는 것을 방해하는 행위

11 소방기본법령상 소방활동구역의 출입자에 해당되지 않는 자는?

① 소방활동구역 안에 있는 소방대상물의 소유자·관리자 또는 점유자
② 전기·가스·수도·통신·교통의 업무에 종사하는 사람으로서 원활한 소방활동을 위하여 필요한 자
③ 화재건물과 관련 있는 부동산업자
④ 취재인력 등 보도업무에 종사하는 자

11.

㉠ **소**방활동구역 안에 있는 소방대상물의 소유자·관리자 또는 점유자 ⓜ 소관점   ⓜ 전통가수교
㉡ **전**기·가스·수도·통신·교통의 업무에 종사하는 사람으로서 원활한 소방활동을 위하여 필요한 사람
㉢ **의**사·간호사 그 밖의 구조·구급업무에 종사하는 사람
㉣ **취**재인력 등 보도업무에 종사하는 사람
㉤ **수**사업무에 종사하는 사람
㉥ 그 밖에 소방대장이 소방활동을 위하여 출입을 **허**가한 사람

12 소방기본법상 소방업무의 응원에 대한 설명 중 틀린 것은?

① 소방본부장이나 소방서장은 소방활동을 할 때에 긴급한 경우에는 이웃한 소방본부장 또는 소방서장에게 소방업무의 응원을 요청할 수 있다.
② 소방업무의 응원 요청을 받은 소방본부장 또는 소방서장은 정당한 사유 없이 그 요청을 거절하여서는 아니 된다.
③ 소방업무의 응원을 위하여 파견된 소방대원은 응원을 요청한 소방본부장 또는 소방서장의 지휘에 따라야 한다.
④ 시·도지사는 소방업무의 응원을 요청하는 경우를 대비하여 출동 대상지역 및 규모와 필요한 경비의 부담 등에 관하여 필요한 사항을 대통령령으로 정하는 바에 따라 이웃하는 시·도지사와 협의하여 미리 규약으로 정하여야 한다.

12.

시·도지사는 소방업무의 응원을 요청하는 경우를 대비하여 출동 대상지역 및 규모와 필요한 경비의 부담 등에 관하여 필요한 사항을 다음의 사항이 포함되도록 이웃하는 시·도지사와 협의하여 미리 규약(規約)으로 정하여야 한다.

Answer 10.⑤ 11.③ 12.④

13 소방기본법령상 시·도지사가 이웃하는 다른 시·도지사와 소방업무에 관하여 상호응원협정을 체결하고자 할 때 포함되어야 하는 사항이 아닌 것은?

① 화재조사활동
② 구조·구급업무의 지원
③ 응원출동의 요청방법
④ 소방안전관리에 관한 특별조사

14 소방기본법상 소방대장의 권한이 아닌 것은?

① 소방활동을 할 때에 긴급한 경우에는 이웃한 소방본부장 또는 소방서장에게 소방업무의 응원을 요청할 수 있다.
② 화재, 재난·재해, 그 밖의 위급한 상황이 발생한 현장에서 소방활동을 위하여 필요할 때에는 그 관할구역에 사는 사람 또는 그 현장에 있는 사람으로 하여금 사람을 구출하는 일 또는 불을 끄거나 불이 번지지 아니하도록 하는 일을 하게 할 수 있다.
③ 사람을 구출하거나 불이 번지는 것을 막기 위하여 필요할 때에는 화재가 발생하거나 불이 번질 우려가 있는 소방대상물 및 토지를 일시적으로 사용하거나 그 사용의 제한 또는 소방활동에 필요한 처분을 할 수 있다.
④ 소방활동을 위하여 긴급하게 출동할 때에는 소방자동차의 통행과 소방활동에 방해가 되는 주차 또는 정차된 차량 및 물건 등을 제거하거나 이동시킬 수 있다.

13.

소방업무의 응원
시·도지사는 소방업무의 응원을 요청하는 경우를 대비하여 출동 대상지역 및 규모와 필요한 경비의 부담 등에 관하여 필요한 사항을 다음의 사항이 포함되도록 이웃하는 시·도지사와 협의하여 미리 규약(規約)으로 정하여야 한다.

① 다음의 소방활동에 관한 사항	가. **화**재의 경계·진압활동 나. **구**조·구급업무의 지원 다. 화재**조**사활동
② 응원출동**대**상지역 및 **규모**	
③ 다음의 소요경비의 부담에 관한 사항	가. 출동대원의 **수**당·식사 및 **의**복의 수선 나. 소방장비 및 기구의 **정**비와 **연료**의 보급 다. 그 밖의 경비
④ 응원출동의 **요**청방법	
⑤ 응원출동훈련 및 평**가**	

14.
① 소방본부장이나 소방서장은 소방활동을 할 때에 긴급한 경우에는 이웃한 소방본부장 또는 소방서장에게 소방업무의 응원(應援)을 요청할 수 있다.
②③④ 소방본부, 소방서장 또는 소방대장

Answer 13.④ 14.①

* 2023년

15 「소방기본법」 및 같은 법 시행규칙상 화재예방, 소방활동 또는 소방훈련을 위하여 사용되는 소방신호의 종류와 방법에 관한 내용으로 옳은 것은?

① 소방신호의 방법으로는 타종신호, 싸이렌신호, 음성신호가 있다.
② 소방대의 비상소집을 하는 경우에는 훈련신호를 사용할 수 있다.
③ 타종신호로 하는 경우 경계신호는 5초 간격을 두고 30초씩 3회로 한다.
④ 소방신호의 종류에는 비상신호, 훈련신호, 해제신호, 경계신호가 있다.

15.
① 소방신호의 방법으로는 타종신호, 싸이렌신호, "통풍대", "게시판", "기"가 있다.
③ 타종신호로 하는 경우 경계신호는 1타와 연2타를 반복한다.
④ 소방신호의 종류에는 발화신호, 훈련신호, 해제신호, 경계신호가 있다.

* 2024년

16 「소방기본법」상 화재로 오인할 만한 우려가 있는 불을 피우거나 연막(煙幕) 소독을 하려는 자가 시·도의 조례로 정하는 바에 따라 관할 소방본부장 또는 소방서장에게 신고해야 하는 지역으로 옳지 않은 것은? (단, 각 시·도에서 별도로 정하는 지역은 제외한다.)

① 공장·창고가 밀집한 지역
② 노후·불량 건축물이 밀집한 지역
③ 위험물의 저장 및 처리시설이 밀집한 지역
④ 석유화학제품을 생산하는 공장이 있는 지역

16.
화재로 오인할 만한 우려가 있는 불을 피우거나 연막(煙幕) 소독을 하려는 자가 시·도의 조례로 정하는 바에 따라 관할 소방본부장 또는 소방서장에게 신고해야 하는 지역(암기 : 시공창목석위)
1. 시장지역
2. 공장·창고가 밀집한 지역
3. 목조건물이 밀집한 지역
4. 위험물의 저장 및 처리시설이 밀집한 지역
5. 석유화학제품을 생산하는 공장이 있는 지역
6. 그 밖에 시·도의 조례로 정하는 지역 또는 장소

* 2024년

17 「소방기본법」 및 같은 법 시행규칙상 소방지원활동으로 옳지 않은 것은?

① 소방시설 오작동 신고에 따른 조치활동
② 낙하 등이 우려되는 고드름 등의 제거활동
③ 자연재해에 따른 제설 등 지원활동
④ 공연 등 각종 행사 시 사고에 대비한 근접대기 등 지원활동

17.
① 소방활동 : 화재진압과 인명구조·구급 등
② 소방지원활동 : 산불, 자연재해, 행사, 피해복구, 훈련지원, 소방시설 오작동, 방송제작 지원
③ 생활안전활동 : 위험 구조물 등 제거, 위해동물 퇴치, 위험제거 및 구조, 단전사고 대비

Answer 15.② 16.② 17.②

✷ **연도별 기출경향** ✷

[기출연도]	2012	2013	2014	2015	2016	2017	2018	2019	2020	2021	2022	2023	2024
문항수	0	0	0	0	1	0	0	1	0	0	1	7	6

PART 18

화재의 예방 및 안전에 관한 법률

01	화재의 예방 및 안전관리 개요
02	화재안전조사
03	화재의 예방조치 등
04	화재예방강화지구의 지정 등
05	소방대상물의 안전관리
06	특별관리시설물의 소방안전관리

01 화재의 예방 및 안전관리 개요

❶ 목적

이 법은 화재의 예방과 안전관리에 필요한 사항을 규정함으로써 화재로부터 국민의 생명·신체 및 재산을 보호하고 공공의 안전과 복리 증진에 이바지함을 목적으로 한다.

❷ 용어정의[화재예방법 제2조]

(1) 예방

화재의 위험으로부터 사람의 생명·신체 및 재산을 보호하기 위하여 화재발생을 사전에 제거하거나 방지하기 위한 모든 활동을 말한다.

(2) 안전관리

화재로 인한 피해를 최소화하기 위한 예방, 대비, 대응 등의 활동을 말한다.

(3) 화재안전조사

소방청장, 소방본부장 또는 소방서장(이하 "소방관서장"이라 한다)이 소방대상물, 관계지역 또는 관계인에 대하여 소방시설등(「소방시설 설치 및 관리에 관한 법률」 제2조제1항제2호에 따른 소방시설등을 말한다. 이하 같다)이 소방 관계 법령에 적합하게 설치·관리되고 있는지, 소방대상물에 화재의 발생 위험이 있는지 등을 확인하기 위하여 실시하는 현장조사·문서열람·보고요구 등을 하는 활동을 말한다.

(4) 화재예방강화지구

특별시장·광역시장·특별자치시장·도지사 또는 특별자치도지사(이하 "시·도지사"라 한다)가 화재발생 우려가 크거나 화재가 발생할 경우 피해가 클 것으로 예상되는 지역에 대하여 화재의 예방 및 안전관리를 강화하기 위해 지정·관리하는 지역을 말한다.

(5) 화재예방안전진단

화재가 발생할 경우 사회·경제적으로 피해 규모가 클 것으로 예상되는 소방대상물에 대하여 화재위험요인을 조사하고 그 위험성을 평가하여 개선대책을 수립하는 것을 말한다.

02 화재안전조사

❶ 실시권자 (Ⓜ 청본서장)

소방**청**장, 소방**본**부장 또는 소방**서**장[소방관서장]

❷ 실시대상 (Ⓜ 강안자 국화재제)

(1) 「소방시설법」에 따른 **자**체점검이 불성실하거나 불완전하다고 인정되는 경우

(2) 화재예방**강**화지구 등 법령에서 화재안전조사를 하도록 규정되어 있는 경우

(3) 화재예방**안**전진단이 불성실하거나 불완전하다고 인정되는 경우

(4) **국**가적 행사 등 주요 행사가 개최되는 장소 및 그 주변의 관계 지역에 대하여 소방안전관리 실태를 조사할 필요가 있는 경우

(5) **화**재가 자주 발생하였거나 발생할 우려가 뚜렷한 곳에 대한 조사가 필요한 경우

(6) **재**난예측정보, 기상예보 등을 분석한 결과 소방대상물에 화재의 발생 위험이 크다고 판단되는 경우

(7) **제**1호부터 제6호까지에서 규정한 경우 외에 화재, 그 밖의 긴급한 상황이 발생할 경우 인명 또는 재산 피해의 우려가 현저하다고 판단되는 경우

❸ 화재안전조사의 방법 · 절차

(1) 소방관서장은 화재안전조사를 조사의 목적에 따라 제7조제2항에 따른 화재안전조사의 항목 전체에 대하여 종합적으로 실시하거나 특정 항목에 한정하여 실시할 수 있다.

(2) 소방관서장은 화재안전조사를 실시하려는 경우 사전에 관계인에게 조사**대**상, 조사**기**간 및 조사사**유** 등을 우편, 전화, 전자메일 또는 문자전송 등을 통하여 통지하고 이를 대통령령으로 정하는 바에 따라 인터넷 홈페이지나 전산시스템 등을 통하여 **7일** 이상 공개하여야 한다. 다만, 다음 각 호의 어느 하나에 해당하는 경우에는 그러하지 아니하다.(Ⓜ 대기유 7일)

① 화재가 발생할 우려가 뚜렷하여 <u>긴급하게 조사할 필요</u>가 있는 경우

② 제(1)호 외에 화재안전조사의 실시를 사전에 통지하거나 공개하면 <u>조사목적을 달성할 수 없다</u>고 인정되는 경우

(3) 화재안전조사는 관계인의 승낙 없이 소방대상물의 공개시간 또는 근무시간 이외에는 할 수 없다. 다만, 제(2)항 제①호에 해당하는 경우에는 그러하지 아니하다.

(4) 소방관서장은 화재안전조사를 마친 때에는 그 조사 결과를 관계인에게 서면으로 통지하여야 한다. 다만, 화재안전조사의 현장에서 관계인에게 조사의 결과를 설명하고 화재안전조사 결과서의 부본을 교부한 경우에는 그러하지 아니하다.

(5) 화재안전조사의 방법 및 절차 등에 필요한 사항은 대통령령으로 정한다.

(6) 관계인은 천재지변이나 그 밖에 대통령령으로 정하는 사유로 화재안전조사를 받기 곤란한 경우에는 화재안전조사를 통지한 소방관서장에게 대통령령으로 정하는 바에 따라 화재안전조사를 연기하여 줄 것을 신청할 수 있다. 이 경우 소방관서장은 연기신청 승인 여부를 결정하고 그 결과를 <u>조사 시작 전까지</u> 관계인에게 알려 주어야 한다.

(7) **화재안전조사의 연기**

① 천재지변

② 「재난 및 안전관리 기본법」 제3조제1호에 해당하는 재난이 발생한 경우

③ 관계인의 질병, 사고, 장기출장의 경우

④ 권한 있는 기관에 자체점검기록부, 교육·훈련일지 등 화재안전조사에 필요한 장부·서류 등이 압수되거나 영치(領置)되어 있는 경우

⑤ 소방대상물의 증축·용도변경 또는 대수선 등의 공사로 화재안전조사를 실시하기 어려운 경우

(8) 소방관서장은 필요한 경우에는 소방기술사, 소방시설관리사, 그 밖에 화재안전 분야에 전문지식을 갖춘 사람을 화재안전조사에 참여하게 할 수 있다.

(9) 소방관서장은 화재안전조사의 대상을 객관적이고 공정하게 선정하기 위하여 필요한 경우 화재안전조사위원회를 구성하여 화재안전조사의 대상을 선정할 수 있다.

(10) 화재안전조사위원회는 위원장 1명을 포함한 7명 이내의 위원으로 성별을 고려하여 구성하고, 위원장은 소방본부장이 된다.

❹ 화재안전조사의 항목

(1) 화재의 예방조치 등에 관한 사항

(2) 소방안전관리 업무 수행에 관한 사항

(3) 피난계획의 수립 및 시행에 관한 사항

(4) 소화·통보·피난 등의 훈련 및 소방안전관리에 필요한 교육에 관한 사항

(5) 「소방기본법」에 따른 소방자동차 전용구역의 설치에 관한 사항

(6) 「소방시설공사업법」시공, 감리원의 배치에 관한 사항

(7) 「소방시설법」에 따른 소방시설의 설치 및 관리에 관한 사항

(8) 「소방시설법」에 따른 건설현장 임시소방시설의 설치 및 관리에 관한 사항

(9) 「소방시설법」에 따른 피난시설, 방화구획(防火區劃) 및 방화시설의 관리에 관한 사항

(10) 「소방시설법」에 따른 방염(防炎)에 관한 사항

(11) 「소방시설법」에 따른 소방시설등의 자체점검에 관한 사항

(12) 「다중이용업소의 안전관리에 관한 특별법」에 따른 안전관리에 관한 사항

(13) 「위험물안전관리법」에 따른 위험물 안전관리에 관한 사항

(14) 「초고층 및 지하연계 복합건축물 재난관리에 관한 특별법」에 따른 초고층 및 지하연계 복합건축물의 안전관리에 관한 사항

(15) 그 밖에 소방대상물에 화재의 발생 위험이 있는지 등을 확인하기 위해 소방관서장이 화재안전조사가 필요하다고 인정하는 사항

❺ 화재안전조사 결과 공개

소방관서장은 화재안전조사를 실시한 경우 다음의 전부 또는 일부를 인터넷 홈페이지나 전산시스템 등을 통하여 공개할 수 있다.(30일 이상)

(1) 소방대상물의 위치, 연면적, 용도 등 현황

(2) 소방시설등의 설치 및 관리 현황

(3) 피난시설, 방화구획 및 방화시설의 설치 및 관리 현황

(4) 제조소등 설치 현황

(5) 소방안전관리자 선임 현황

(6) 화재예방안전진단 실시 결과

03 화재의 예방조치 등

❶ 화재의 예방조치[화재예방법 제17조] 🔥🔥

(1) 누구든지 <u>화재예방강화지구 및 이에 준하는 대통령령으로 정하는 장소</u>에서는 다음의 어느 하나에 해당하는 행위를 하여서는 아니 된다. 다만, <u>행정안전부령으로 정하는 바에 따라</u> 안전조치를 한 경우에는 그러하지 아니한다.

① **모**닥불, 흡연 등 화기의 취급

② **풍**등 등 소형열기구 날리기

③ **용**접·용단 등 불꽃을 발생시키는 행위

④ 그 밖에 대통령령으로 정하는 화재 발생 위험이 있는 행위(위험물을 방치하는 행위) (Ⓜ **모풍용**)

화재예방 강화지구 (Ⓜ 시공창 목위석산로불 관서장 필요) **2024**	1. **시**장지역 2. **공**장·**창**고가 밀집한 지역 3. **목**조건물이 밀집한 지역 4. 노후·**불**량건축물이 밀집한 지역 5. **위**험물의 저장 및 처리 시설이 밀집한 지역 6. **석**유화학제품을 생산하는 공장이 있는 지역 7. **산**업단지 8. 소방시설·소방용수시설 또는 소방출동**로**가 없는 지역 9. 그 밖에 제1호부터 제8호까지에 준하는 지역으로서 **소방관서장**이 화재예방강화지구로 지정할 **필요**가 있다고 인정하는 지역(암기 : 시공창 목위석산로불 청본서장 필요)
대통령령으로 정하는 장소 (Ⓜ 제고액수화)	1. **제**조소등 2. 「**고**압가스 안전관리법」에 따른 저장소 3. **액**화석유가스의 저장소·판매소 4. **수**소연료공급시설 및 수소연료사용시설 5. **화**약류를 저장하는 장소(암기 : 제고액수화)

(2) "행정안전부령으로 정하는 안전조치를 한 경우"란 다음의 어느 하나에 해당하는 경우를 말한다.

① 지정된 장소에서 화기 등을 취급하는 경우

② 소화기 등 안전시설을 비치 또는 설치하여 안전조치를 한 장소에서 화기 등을 취급하는 경우

③ 화재감시자 등 안전요원이 배치된 장소에서 화기 등을 취급하는 경우

④ 그 밖에 소방관서장과 사전 협의하여 안전조치한 경우

(3) 소방관서장은 화재 발생 위험이 크거나 소화 활동에 지장을 줄 수 있다고 인정되는 행위나 물건에 대하여 행위 당사자나 그 물건의 소유자, 관리자 또는 점유자에게 다음의 명령을 할 수 있다.

① 제(1)항 각 호의 어느 하나에 해당하는 행위의 금지 또는 제한

② 목재, 플라스틱 등 가연성이 큰 물건의 제거, 이격, 적재 금지 등

③ 소방차량의 통행이나 소화 활동에 지장을 줄 수 있는 물건의 이동

(4) 소방관서장은 (3)항에 따라 옮긴 물건 등을 보관하는 경우에는 그날부터 14일 동안 해당 소방관서의 인터넷 홈페이지에 그 사실을 공고해야 한다.

(5) 옮긴 물건 등의 보관기간은 제(4)항에 따른 공고기간의 종료일 다음 날부터 7일까지로 한다.

(6) 소방관서장은 제(5)항에 따른 보관기간이 종료된 때에는 보관하고 있는 옮긴 물건 등을 매각해야 한다. 다만, 보관하고 있는 옮긴 물건 등이 부패·파손 또는 이와 유사한 사유로 정해진 용도로 계속 사용할 수 없는 경우에는 폐기할 수 있다.

(7) 소방관서장은 보관하던 옮긴 물건 등을 제(6)항 본문에 따라 매각한 경우에는 지체 없이 「국가재정법」에 따라 세입조치를 해야 한다.

(8) 소방관서장은 제(6)항에 따라 매각되거나 폐기된 옮긴물건등의 소유자가 보상을 요구하는 경우에는 보상금액에 대하여 소유자와의 협의를 거쳐 이를 보상해야 한다.

② 특수가연물의 저장·취급(화재예방법 시행령 [별표 2]) 🔥🔥🔥 2023 간부 2023

(1) 특수가연물의 품명 및 수량 (Ⓜ 면이 나대사 넝종사볏천 가고삼천 석목탄만 가액이 목나십 합발이십 그밖삼천)

품명		수량	암기
면화류		200킬로그램 이상	면2
나무껍질 및 대팻밥		400킬로그램 이상	나대4
넝마 및 종이부스러기		1,000킬로그램 이상	넝종사볏천
사류(絲類)		1,000킬로그램 이상	
볏짚류		1,000킬로그램 이상	
가연성고체류		3,000킬로그램 이상	가고삼천
석탄·목탄류		10,000킬로그램 이상	석목탄만
가연성액체류		2세제곱미터 이상	가액2
목재가공품 및 나무부스러기		10세제곱미터 이상	목나십
플라스틱류 (합성수지류)	발포시킨 것	20세제곱미터 이상	합발이십
	그 밖의 것	3,000킬로그램 이상	그밖삼천

(2) 특수가연물의 저장 및 취급의 기준

특수가연물은 다음 각 목의 기준에 따라 쌓아 저장해야 한다.

다만, 석탄·목탄류를 발전(發電)용으로 저장하는 경우에는 그렇지 않다.

① **품**명별로 **구**분하여 **쌓**을 것(Ⓜ 품구쌰)

② 다음의 기준에 맞게 쌓을 것

구분	살수설비 또는 방사능력 범위에 해당 특수가연물이 포함되도록 대형수동식소화기를 설치하는 경우	그 밖의 경우
높이	15미터 이하	10미터 이하
쌓는 부분의 바닥면적	200제곱미터(석탄·목탄류의 경우에는 300제곱미터) 이하	50제곱미터(석탄·목탄류의 경우에는 200제곱미터) 이하

③ <u>실외에 쌓아 저장하는 경우</u> 쌓는 부분과 대지경계선, 도로 및 인접 건축물과 최소 6미터 이상 간격을 두되, 쌓는 높이보다 0.9미터 이상 높은 「건축법 시행령」에 따른 내화구조벽체 설치 시 그렇지 않다.

④ 실내에 쌓아 저장하는 경우 주요구조부는 내화구조이면서 불연재료이어야 하고, 다른 종류의 특수가연물과 동일 공간 내에서 보관하지 않는다. 다만, 내화구조의 벽으로 분리하는 경우 그렇지 않다.

⑤ 쌓는 부분의 사이는 실내의 경우 1.2미터 또는 쌓는 높이의 1/2 중 큰 값 이상으로 간격을 두어야 하며, 실외의 경우 3미터 또는 쌓는 높이 중 큰 값 이상으로 간격을 두어야 한다.

(3) 특수가연물의 표지

① 특수가연물을 저장 또는 취급하는 장소에는 품명, 최대저장수량, 단위부피당 질량 또는 단위체적당 질량, 관리책임자 성명·직책, 연락처 및 화기취급의 금지표시가 포함된 특수가연물 표지(이하 "표지"라 한다)를 설치해야 한다.

② 표지는 특수가연물을 저장 또는 취급하는 장소 중 보기 쉬운 곳에 설치해야 한다.

③ 표지의 규격은 다음과 같다.

특수가연물	
화기엄금	
품 명	합성수지류
최대저장수량 (배수)	000톤(00배)
단위부피당질량 (단위체적당 질량)	000kg/㎥
관리책임자 (직책)	홍길동 팀장
연락처	02-000-0000

ⓐ 표지는 한변의 길이가 0.3미터 이상, 다른 한변의 길이가 0.6미터 이상인 직사각형으로 할 것
ⓑ 표지의 바탕은 백색으로, 문자는 흑색으로 할 것(다만, "화기엄금" 표시부분은 제외한다)
ⓒ 표지 중 화기엄금 표시부분의 바탕은 붉은색으로, 문자는 백색으로 할 것

04 화재예방강화지구의 지정 등

① 화재예방강화지구 지정[화재예방법 제18조] 🔥🔥🔥 2023 간부

시·도지사는 다음 각 호의 어느 하나에 해당하는 지역을 화재예방강화지구로 지정하여 관리할 수 있다.
(Ⓜ 시공창 목위석산로불 관서장 필요)

(1) **시**장지역

(2) **공**장·**창**고가 밀집한 지역

(3) **목**조건물이 밀집한 지역

(4) **위**험물의 저장 및 처리 시설이 밀집한 지역

(5) **석**유화학제품을 생산하는 공장이 있는 지역

(6) 「**산**업입지 및 개발에 관한 법률」 제2조제8호에 따른 산업단지

(7) 소방시설·소방용수시설 또는 소방출동**로**가 없는 지역

(8) 노후·**불**량건축물이 밀집한 지역

(9) 그 밖에 제(1)호부터 제(8)호까지에 준하는 지역으로서 소방**관서장**이 화재예방강화지구로 지정할 필요가 있다고 인정하는 지역

② 화재예방강화지구 지정 요청

시·도지사가 화재예방강화지구로 지정할 필요가 있는 지역을 화재예방강화지구로 지정하지 아니하는 경우 소방청장은 해당 시·도지사에게 해당 지역의 화재예방강화지구 지정을 요청할 수 있다.

❸ 화재예방강화지구 화재안전조사

(1) 실시권자 : 소방관서장(소방청장, 소방본부장, 소방서장)

(2) 실시횟수 : 연1회 이상

(3) 실시결과 : 화재안전조사를 한 결과 화재의 예방강화를 위하여 필요하다고 인정할 때에는 관계인에게 소화기구, 소방용수시설, 그 밖에 소방에 필요한 설비의 설치를 명할 수 있다.

❹ 소방훈련 및 교육

(1) 실시권자 : 소방관서장(소방청장, 소방본부장, 소방서장)

(2) 실시횟수 : 연1회 이상

(3) 훈련 및 교육 실시 전 : 소방상 필요한 훈련 및 교육을 실시하고자 하는 때에는 화재예방강화지구 안의 관계인에게 훈련 또는 교육 10일전 까지 그 사실을 **통보**해야 한다. (Ⓜ **십통보**)

❺ 예방강화지구 관리대장 작성

(1) 실시권자시 : 지사

(2) 실시횟수 : 매년

(3) 시·도지사는 대통령령으로 정하는 바에 따라 화재예방강화지구의 지정 현황, 화재안전조사의 결과, 소방설비등의 설치 명령 현황, 소방훈련 및 교육 현황 등이 포함된 화재예방강화지구에서의 화재예방에 필요한 자료를 매년 작성·관리하여야 한다.

05 소방대상물의 안전관리[화재예방법 제24조]

❶ 소방안전관리자를 두어야 하는 특정소방대상물[시행령 별표4] 2024

(1) 특급 소방안전관리대상물(동·식물원, 철강 등 불연성 물품을 저장·취급하는 창고, 위험물 제조소등, 지하구 제외) (M 지제 50층 아파트 200만원/ 아제 지포 30층 120만원/ 아제 연10만원)

① 50층 이상(지하층 제외)이거나 지상으로부터 높이가 200미터 이상인 아파트

② 30층 이상(지하층 포함)이거나 지상으로부터 높이가 120미터 이상인 특정소방대상물(아파트는 제외)

③ ②목에 해당하지 아니하는 특정소방대상물로서 연면적이 10만제곱미터 이상인 특정소방대상물(아파트는 제외)

(2) 1급 소방안전관리대상물(동·식물원, 철강 등 불연성 물품을 저장·취급하는 창고, 위험물 제조소등, 지하구 제외) (M 지제 30층 아파트 120만원/ 연 만오천원/ 빼빼로(11층) 아제/ 가가 천원)

① 30층 이상(지하층 제외)이거나 지상으로부터 높이가 120미터 이상인 아파트

② 연면적 1만5천제곱미터 이상인 특정소방대상물(아파트 및 연립주택 제외)

③ ②목에 해당하지 아니하는 특정소방대상물로서 층수가 11층 이상인 특정소방대상물(아파트는 제외)

④ 가연성 가스를 1천톤 이상 저장·취급하는 시설

(3) 2급 소방안전관리대상물 (M 국보/ 가백지영(공)/ 옥스물등)

① 옥내소화전설비, 스프링클러설비, 물분무등소화설비를 설치한 특정소방대상물[호스릴 방식의 물분무등소화설비만을 설치한 경우는 제외]

② 가스 제조설비를 갖추고 도시가스사업의 허가를 받아야 하는 시설 또는 가연성 가스를 100톤 이상 1천톤 미만 저장·취급하는 시설

③ 지하구

④ 공동주택(옥내소화전설비 또는 스프링클러설비가 설치된 공동주택 한정)

⑤ 보물 또는 국보로 지정된 목조건축물

(4) 3급 소방안전관리대상물

① 간이스프링클러설비(주택전용 간이스프링클러설비 제외)를 설치한 특정소방대상물

② 자동화재탐지설비를 설치한 특정소방대상물

요약정리) 소방안전관리자를 두어야 하는 특정소방대상물

구분	아파트 (지하층 제외)	건축물 (아파트 제외)	연면적 (아파트 제외)	가연성가스 저장,취급시설	기타
특급	50층 이상 2000m 이상	지하층 포함 30층 이상 120m 이상	10만㎡ 이상	1천톤 이상	
1급	30층 이상 120m 이상	지하층 포함 11층 이상	1.5만㎡ 이상		
2급				100톤 이상 1천톤 미만	옥내,S/P,물분무등 (호스릴 제외)
					지하구
					공동주택
					보물 또는 국보 중 목조건축물
3급	위 항목에 해당하지 아니하는 특정소방대상물로서 간이스프링클러설비나 자동화재탐지설비가 설치된 특정소방대상물				

❷ 소방안전관리보조자를 두어야 하는 특정소방대상물[시행령 별표 5]

(Ⓜ 300세대 아파트/ 아제1만5천/공기의 노수숙)

(1) 아파트(300세대 이상인 아파트)

(2) 아파트를 제외한 연면적이 1만5천제곱미터 이상인 특정소방대상물

(3) 제(1)호 및 제(2)호에 따른 특정소방대상물을 제외한 특정소방대상물 중 다음에 해당하는 특정소방대상물

① 공동주택 중 기숙사

② 의료시설

③ 노유자시설

④ 수련시설

⑤ 숙박시설(숙박시설로 사용되는 바닥면적의 합계가 1천500제곱미터 미만이고 관계인이 24시간 상시 근무하고 있는 숙박시설은 제외한다.

❸ 보조자선임대상 특정소방대상물에 선임하여야 하는 소방안전관리보조자의 최소 선임인원 기준[시행령 별표 5]

(1) 아파트

1명(다만, 초과되는 300세대마다 1명 이상을 추가로 선임)

(2) 아파트를 제외한 연면적이 1만5천제곱미터 이상인 특정소방대상물

1명[다만, 초과되는 연면적 1만5천제곱미터(특정소방대상물의 방재실에 자위소방대가 24시간 상시 근무하고 소방자동차 중 소방펌프차, 소방물탱크차, 소방화학차 또는 무인방수차를 운용하는 경우에는 3만제곱미터로 한다)마다 1명 이상을 추가로 선임]

(3) 제(1)호 및 (2)호 외의 경우 : 1명

❹ 소방안전관리자의 선임신고 기한[화재예방법 제26조] `2023`

소방안전관리대상물의 관계인이 소방안전관리자를 선임한 경우에는 선임한 날부터 14일 이내에 소방본부장이나 소방서장에게 신고하고, 소방안전관리대상물의 출입자가 쉽게 알 수 있도록 소방안전관리자의 성명과 그 밖에 행정안전부령으로 정하는 사항을 게시하여야 한다.

⑤ 소방안전관리자의 자체선임 기한[시행규칙 제14조]

특정소방대상물의 관계인은 소방안전관리자를 다음에 해당하는 날부터 30일 이내에 선임

사유	기준일
신축·증축·개축·재축·대수선 또는 용도변경으로 해당 특정소방대상물의 소방안전관리자를 신규로 선임하여야 하는 경우	해당 특정소방대상물의 완공일
증축 또는 용도변경으로 인하여 특정소방대상물이 소방안전관리자를 선임하여야 하는 특정소방대상물로 된 경우	증축공사의 완공일 또는 용도변경 사실을 건축물관리대장에 기재한 날
특정소방대상물을 양수하거나 경매, 환가, 압류재산의 매각 그 밖에 이에 준하는 절차에 의하여 관계인의 권리를 취득한 경우	해당 권리를 취득한 날 또는 관할 소방서장으로부터 소방안전관리자 선임 안내를 받은 날(다만, 새로 권리를 취득한 관계인이 종전의 특정소방대상물의 관계인이 선임신고한 소방안전관리자를 해임하지 아니하는 경우를 제외한다.)
관리의 권원이 분리된 특정소방대상물	관리의 권원이 분리되거나 소방본부장 또는 소방서장이 관리권원을 조정한 날
소방안전관리자가 해임, 퇴직등으로 업무가 종료된 경우	소방안전관리자를 해임한 날, 퇴직한 날 등 근무를 종료한 날
소방안전관리업무를 대행하는 자를 감독할 수 있는 사람을 소방안전관리자로 선임한 경우로서 그 업무대행 계약이 해지 또는 종료된 경우	소방안전관리업무 대행이 끝난 날
소방안전관리자 자격이 정지 또는 취소된 경우	소방안전관리자 자격이 정지 또는 취소된 날

❻ 소방안전관리대상물의 출입자가 쉽게 알 수 있도록 게시해야하는 사항[시행규칙 제15조] (M 명일등성연근)

`2024`

(1) 소방안전관리대상물의 **명**칭

(2) 소방안전관리자의 선임**일**자

(3) 소방안전관리대상물의 **등**급

(4) 소방안전관리자의 **성**명

(5) 소방안전관리자의 **연**락처

(6) 소방안전관리자의 **근**무 위치(화재 수신기 또는 종합방재실을 말한다.)

❼ 특정소방대상물의 관계인 및 소방안전관리자의 업무 (M 계자피설 훈화기초)[화재예방법 제24조]

(1) 피난계획에 관한 사항과 대통령령으로 정하는 사항이 포함된 소방**계**획서의 작성 및 시행

(2) **자**위소방대 및 초기대응체계의 구성, 운영 및 교육

(3) 「소방시설법」에 따른 **피**난시설, 방화구획 및 방화시설의 관리

(4) 소방시**설**이나 그 밖의 소방 관련 시설의 관리

(5) 소방**훈**련 및 교육

(6) **화**기(火氣) 취급의 감독

(7) 행정안전부령으로 정하는 바에 따른 소방안전관리에 관한 업무수행에 관한 **기**록 · 유지

(8) 화재발생 시 **초**기대응

(9) 그 밖에 소방안전관리에 필요한 업무

⑧ 건설현장 소방안전관리[화재예방법 제29조] 🔥🔥

(1) 건설현장 소방안전관리 대상물(M 연합일오/연오 상하112 냉동냉장) `2023` `2024`

① 신축·증축·개축·재축·이전·용도변경 또는 대수선을 하려는 부분의 **연**면적의 **합**계가 **1만5천제곱미터** 이상인 것

② 신축·증축·개축·재축·이전·용도변경 또는 대수선을 하려는 부분의 **연**면적이 5천제곱미터 이상인 것으로서 다음 각 목의 어느 하나에 해당하는 것
   가. 지**하**층의 층수가 **2**개 층 이상인 것
   나. 지**상**층의 층수가 11층 이상인 것
   다. 냉동창고, 냉장창고 또는 **냉동·냉장**창고

(2) 배치기준

공사시공자가 건설현장 소방안전관리대상물을 신축·증축·개축·재축·이전·용도변경 또는 대수선 하는 경우에는 소방안전관리자를 소방시설공사 착공 신고일부터 건축물 사용승인일까지 소방안전관리자로 선임하고 행정안전부령으로 정하는 바에 따라 소방본부장 또는 소방서장에게 신고하여야 한다.

(3) 건설현장 소방안전관리대상물의 소방안전관리자의 업무(M 계임피교초화) `2023`

① 건설현장의 소방**계**획서의 작성
② 「소방시설법」에 따른 **임**시소방시설의 설치 및 관리에 대한 감독
③ 공사진행 단계별 **피**난안전구역, 피난로 등의 확보와 관리
④ 건설현장의 작업자에 대한 소방안전 **교**육 및 훈련
⑤ **초**기대응체계의 구성·운영 및 교육
⑥ **화**기취급의 감독, 화재위험작업의 허가 및 관리
⑦ 그 밖에 건설현장의 소방안전관리와 관련하여 소방청장이 고시하는 업무

⑨ 관리의 권원이 분리된 특정소방대상물의 소방안전관리 대상[화재예방법 제35조] (M 복지 도소매전통 113)

(1) **복**합건축물(지하층을 제외한 층수가 **11**층 이상 또는 연면적 **3**만제곱미터 이상인 건축물)

(2) **지**하가

(3) 그 밖에 대통령령으로 정하는 특정소방대상물(판매시설 중 **도**매시장, **소매**시장 및 **전통**시장)

⑩ 피난계획의 수립 및 시행[화재예방법 제36조]

(1) 피난계획에 포함되는 사항
① 화재경보의 수단 및 방식
② 층별, 구역별 피난대상 인원의 현황
③ 어린이, 노인, 장애인 등 화재의 예방 및 안전관리에 취약한 자(화재안전취약자)의 현황
④ 각 거실에서 옥외(옥상 또는 피난안전구역을 포함한다)로 이르는 피난경로
⑤ 피난약자 및 피난약자를 동반한 사람의 피난동선과 피난방법
⑥ 피난시설, 방화구획, 그 밖에 피난에 영향을 줄 수 있는 제반 사항

(2) 피난유도 안내정보의 제공 (M 연2교/ 분1방/ 피도층보쉬/ 엘출시용 영상)
① **연 2**회 피난안내 **교**육을 실시하는 방법
② **분**기별 **1**회 이상 피난안내**방**송을 실시하는 방법
③ **피**난안내**도**를 **층**마다 **보**기 **쉬**운 위치에 게시하는 방법
④ **엘**리베이터, **출**입구 등 **시**청이 **용**이한 지역에 피난안내**영상**을 제공하는 방법

06 특별관리시설물의 소방안전관리

① 소방안전 특별관리시설물 대상[화재예방법 제40조]

소방청장은 화재 등 재난이 발생할 경우 사회·경제적으로 피해가 큰 다음의 시설에 대하여 소방안전 특별관리를 하여야 한다. (M 공항/도시/철도/ 항/문/ 초지/ 천(평) 영화/ 단지/ 전통구/ 석/천/시장 500/ 발전)

(1) **공항**시설

(2) **철도**시설

(3) **도시**철도시설

(4) **항**만시설

(5) **지**정문화재 및 **천**연기념물·명승, 시·도자연유산인시설

(6) 산업기술**단지**

(7) 산업**단지**

(8) **초**고층 건축물 및 **지**하연계 복합건축물

(9) 영화상영관 중 수용인원 **1,000**명 이상인 **영화**상영관

(10) **전**력용 및 **통**신용 지하**구**

(11) **석**유비축시설

(12) **천**연가스 인수기지 및 공급망

(13) 전통**시장**으로서 대통령령으로 정하는 전통시장(점포가 **500**개 이상인 전통시장)

(14) 그 밖에 대통령령으로 정하는 시설물(**발전**사업자가 가동 중인 발전소)

❷ 화재예방안전진단의 대상[시행령 제43조] 2024

소방안전 특별관리시설물 중 대통령령으로 정하는 특별관리 시설물 (Ⓜ 공항/도시/철도/항만/발전/가스/전통구)

(1) **공항**시설 중 여객터미널의 연면적이 1천제곱미터 이상인 공항시설

(2) **철도**시설 중 역 시설의 연면적이 5천제곱미터 이상인 철도시설

(3) **도시**철도시설 중 역사 및 역 시설의 연면적이 5천제곱미터 이상인 도시철도시설

(4) **항만**시설 중 여객이용시설 및 지원시설의 연면적이 5천제곱미터 이상인 항만시설

(5) **전력용 및 통신용 지하구 중 공동구**

(6) 천연**가스** 인수기지 및 공급망 중 가스시설(산소 또는 가연성 가스를 제조·저장 또는 취급하는 시설 중 지상에 노출된 산소 또는 가연성 가스 탱크의 저장용량의 합계가 100톤 이상이거나 저장용량이 30톤 이상인 탱크가 있는 가스시설)

(7) **발전**소 중 연면적이 5천제곱미터 이상인 발전소

(8) **가스**공급시설 중 가연성 가스 탱크의 저장용량의 합계가 100톤 이상이거나 저장용량이 30톤 이상인 가연성 가스 탱크가 있는 가스공급시설

❸ 화재예방안전진단의 범위[화재예방법 제41조] (Ⓜ 위계유교 평발진 선) `2023`

(1) 화재**위**험요인의 조사에 관한 사항

(2) 소방**계**획 및 피난계획 수립에 관한 사항

(3) 소방시설등의 **유**지·관리에 관한 사항

(4) 비상대응조직 및 **교**육훈련에 관한 사항

(5) 화재 위험성 **평**가에 관한 사항

(6) 화재 등의 재난 발생 후 재**발**방지 대책의 수립 및 그 이행에 관한 사항

(7) **지진** 등 외부 환경 위험요인 등에 대한 예방·대비·대응에 관한 사항

(8) 화재예방안전진단 결과 보수보강 등 개**선**요구 사항 등에 대한 이행 여부

07 출제예상문제

※ 2016년 간부
1 「화재안전조사의 방법·절차에 대한 설명으로 옳지 않은 것은?

① 화재안전조사는 관계인의 승낙 없이 해가 뜨기 전이나 해가 진 뒤에 할 수 없다.
② 소방관서장은 화재안전조사를 마친 때에는 그 조사결과를 관계인에게 서면으로 통지하여야 한다.
③ 소방관서장은 화재안전조사를 하려면 5일 전에 관계인에게 조사대상, 조사기간 및 조사사유 등을 서면으로 알려야 한다.
④ 연기신청을 받은 소방관서장은 연기신청 승인여부를 결정하고 그 결과를 조사 개시 전까지 관계인에게 알려주어야 한다.
⑤ 화재안전조사의 방법 및 절차에 필요한 사항은 대통령령으로 정한다.

2 화재의 예방 및 안전관리에 관한 법률상 소방청장, 소방본부장 또는 소방서장은 관할구역에 있는 소방대상물에 대하여 화재안전조사를 실시할 수 있다. 화재안전조사 대상과 거리가 먼 것은? (단, 개인 주거에 대하여는 관계인의 승낙을 득한 경우이다.)

① 화재예방강화지구 등 법률에서 화재안전조사를 하도록 규정한 경우
② 관계인의 자체점검이 불성실하거나 불완전하다고 인정되는 경우
③ 화재가 발생할 우려가 없으나 소방대상물의 정기점검이 필요한 경우
④ 국가적 행사 등 주요 행사가 개최되는 장소에 대하여 소방안전관리 실태를 점검할 필요가 있는 경우

1.
소방관서장은 화재안전조사를 실시하려는 경우 사전에 관계인에게 조사**대**상, 조사**기**간 및 조사사**유** 등을 우편, 전화, 전자메일 또는 문자전송 등을 통하여 통지하고 이를 대통령령으로 정하는 바에 따라 인터넷 홈페이지나 전산시스템 등을 통하여 **7일** 이상 공개하여야 한다. 다만, 다음 각 호의 어느 하나에 해당하는 경우에는 그러하지 아니하다.(M 대기유 7일)

2.
화재안전조사 실시대상 (M 강안자 국화재제)
(1) 「소방시설법」에 따른 **자**체점검이 불성실하거나 불완전하다고 인정되는 경우
(2) 화재예방**강**화지구 등 법령에서 화재안전조사를 하도록 규정되어 있는 경우
(3) 화재예방**안**전진단이 불성실하거나 불완전하다고 인정되는 경우
(4) **국**가적 행사 등 주요 행사가 개최되는 장소 및 그 주변의 관계 지역에 대하여 소방안전관리 실태를 조사할 필요가 있는 경우
(5) **화**재가 자주 발생하였거나 발생할 우려가 뚜렷한 곳에 대한 조사가 필요한 경우
(6) **재**난예측정보, 기상예보 등을 분석한 결과 소방대상물에 화재의 발생 위험이 크다고 판단되는 경우
(7) **제**1호부터 제6호까지에서 규정한 경우 외에 화재, 그 밖의 긴급한 상황이 발생할 경우 인명 또는 재산 피해의 우려가 현저하다고 판단되는 경우

Answer 1.③ 2.③

* 2022년 간부
3 「화재의 예방 및 안전관리에 관한 법률」 및 동법 시행령상 화재안전조사에 관한 내용으로 옳지 않은 것은?

① 화재안전조사는 관계인 자체점검이 불성실하거나 불완전하다고 인정되는 경우 실시한다.
② 화재안전조사는 국가적 행사 등 주요 행사가 개최되는 장소 및 그 주변의 관계지역에 대하여 소방안전관리 실태를 점검할 필요가 있는 경우 실시한다.
③ 소방청장, 소방본부장 또는 소방서장은 필요하면 소방기술사, 소방시설관리사, 그 밖에 소방·방재 분야에 관한 전문지식을 갖춘 사람을 화재안전조사에 참여하게 할 수 있다.
④ 화재안전조사위원회는 위원장 1명을 포함한 15명 이내의 위원으로 성별을 고려하여 구성하고, 위원장은 소방본부장이 된다.
⑤ 소방본부장은 화재안전조사의 대상을 객관적이고 공정하게 선정하기 위하여 필요하면 소방특별 조사위원회를 구성하여 화재안전조사의 대상을 선정할 수 있다.

4 화재의 예방조치 등과 관련하여 모닥불, 흡연, 화기 취급, 그 밖에 화재예방상 위험하다고 인정되는 행위의 금지 또는 제한의 명령을 할 수 있는 자는?

① 시·도지사
② 국무총리
③ 행정안전부장관
④ 소방본부장

3.
화재안전조사위원회는 위원장 1명을 포함한 7명 이내의 위원으로 성별을 고려하여 구성하고, 위원장은 소방본부장이 된다.

4.
소방관서장(소방청장, 소방본부장, 소방서장)은 화재 발생 위험이 크거나 소화 활동에 지장을 줄 수 있다고 인정되는 행위나 물건에 대하여 행위 당사자나 그 물건의 소유자, 관리자 또는 점유자에게 다음의 명령을 할 수 있다.
① 화기취급, 소형열기구 날리기, 용접·용단 등 불꽃을 발생시키는 행위의 금지 또는 제한
② 목재, 플라스틱 등 가연성이 큰 물건의 제거, 이격, 적재 금지 등
③ 소방차량의 통행이나 소화 활동에 지장을 줄 수 있는 물건의 이동

Answer 3.④ 4.④

5 화재예방법령상 특수가연물의 저장 기준 중 ㉠, ㉡, ㉢ 에 알맞은 것은? (단, 석탄·목탄류를 발전용으로 저장하는 경우는 제외한다.)

> 쌓는 높이는 10m 이하가 되도록 하고, 쌓는 부분의 바닥면적은 (㉠)㎡ 이하가 되도록 할 것. 다만, 살수설비를 설치하거나, 방사능력 범위에 해당 특수가연물이 포함되도록 대형수동식소화기를 설치하는 경우에는 쌓는 높이를 (㉡)m 이하, 쌓는 부분의 바닥면적을 (㉢)㎡ 이하로 할 수 있다.

① ㉠ 200, ㉡ 20, ㉢ 400
② ㉠ 200, ㉡ 15, ㉢ 300
③ ㉠ 50, ㉡ 20, ㉢ 100
④ ㉠ 50, ㉡ 15, ㉢ 200

6 화재예방법령상 화재예방강화지구에 관한 설명으로 옳지 않은 것은?

① 목조건물이 밀집한 지역으로 화재가 발생할 우려가 높거나 화재가 발생하는 경우 그로 인하여 피해가 클 것으로 예상되는 지역은 화재예방강화지구로 지정할 수 있다.
② 소방청장이 화재예방강화지구로 지정할 필요가 있는 지역을 화재예방강화지구로 지정하지 아니하는 경우 해당 시, 도지사는 소방청장에게 해당 지역의 화재예방강화지구 지정을 요청할 수 있다.
③ 소방관서장(소방청장, 소방본부장, 소방서장)은 화재예방강화지구 안의 소방대상물의 위치, 구조 및 설비 등에 대한 화재안전조사를 연 1회 이상 실시하여야 한다.
④ 소방관서장(소방청장, 소방본부장, 소방서장)은 화재예방강화지구 안의 관계인에 대하여 필요한 훈련 및 교육을 연 1회 이상 실시할 수 있다.

5.

구분	살수설비 또는 방사능력 범위에 해당 특수가연물이 포함되도록 대형수동식소화기를 설치하는 경우	그 밖의 경우
높이	15미터 이하	10미터 이하
쌓는 부분의 바닥면적	200제곱미터(석탄·목탄류의 경우에는 300제곱미터) 이하	50제곱미터(석탄·목탄류의 경우에는 200제곱미터) 이하

6.
시·도지사가 화재예방강화지구로 지정할 필요가 있는 지역을 화재예방강화지구로 지정하지 아니하는 경우 소방청장은 해당 시·도지사에게 해당 지역의 화재예방강화지구 지정을 요청할 수 있다.

Answer 5.④ 6.②

7 화재예방법령상 특급 소방안전관리대상물이 아닌 것은?

① 55층인(지하층 제외) 아파트
② 지상 27층(지하 5층)인 특정소방대상물
③ 높이가 120m 이상인 아파트
④ 특정소방대상물로서 연면적이 15만㎡인 특정소방대상물

2024년

8 「화재의 예방 및 안전관리에 관한 법률 시행령」상 소방 공무원으로 9년간 근무한 경력자가 발급받을 수 있는 최상 위의 소방안전관리자 자격으로 선임할 수 있는 소방안전관리 대상물로 옳은 것은?

① 가연성 가스를 1천 톤 이상 저장·취급하는 시설
② 지상으로부터 높이가 200미터 이상인 아파트
③ 지상으로부터 높이가 120미터 이상인 업무시설
④ 연면적이 10만 제곱미터 이상인 의료시설

9 특정소방대상물(소방안전관리대상물은 제외)의 관계인과 소방안전관리대상물의 소방안전관리자의 업무가 아닌 것은?

① 화기 취급의 감독
② 자체소방대의 운용
③ 소방 관련 시설의 유지·관리
④ 피난시설, 방화구획 및 방화시설의 유지·관리

7.

특급 소방안전관리대상물(동·식물원, 철강 등 불연성 물품을 저장·취급하는 창고, 위험물 제조소등, 지하구 제외) [M] 지제 50층 아파트 200만원/ 아제 지포 30층 120만원/ 아제 연10만원)

① 50층 이상(지하층 제외)이거나 지상으로부터 높이가 200m 이상인 아파트
② 30층 이상(지하층 포함)이거나 지상으로부터 높이가 120m 이상인 특정소방대상물(아파트는 제외)
③ ②목에 해당하지 아니하는 특정소방대상물로서 연면적이 10만㎡ 이상인 특정소방대상물(아파트는 제외)

8.

1급 소방안전관리대상물(동·식물원, 철강 등 불연성 물품을 저장·취급하는 창고, 위험물 제조소등, 지하구 제외) ([M] 지제 30층 아파트 120만원/ 연 만오천원/ 빼빼로(11층) 아제/ 가가 천원)

① 30층 이상(지하층 제외)이거나 지상으로부터 높이가 120m 이상인 아파트
② 연면적 1만5천㎡ 이상인 특정소방대상물(아파트 및 연립주택 제외)
③ ②목에 해당하지 아니하는 특정소방대상물로서 층수가 11층 이상인 특정소방대상물(아파트는 제외)
④ 가연성 가스를 1천톤 이상 저장·취급하는 시설

9.

특정소방대상물의 관계인 및 소방안전관리자의 업무 [M] 계자피설 훈화기초[화재예방법 제24조]

(1) 피난계획에 관한 사항과 대통령령으로 정하는 사항이 포함된 소방계획서의 작성 및 시행
(2) 자위소방대 및 초기대응체계의 구성, 운영 및 교육
(3) 「소방시설법」에 따른 피난시설, 방화구획 및 방화시설의 관리
(4) 소방시설이나 그 밖의 소방 관련 시설의 관리
(5) 소방훈련 및 교육
(6) 화기(火氣) 취급의 감독
(7) 행정안전부령으로 정하는 바에 따른 소방안전관리에 관한 업무수행에 관한 기록·유지
(8) 화재발생 시 초기대응
(9) 그 밖에 소방안전관리에 필요한 업무

Answer 7.③ 8.① 9.②

10 화재예방 및 안전관리에 관한 법상 소방안전 특별관리시설물의 대상 기준 중 틀린 것은?

① 수련시설
② 항만시설
③ 전력용 및 통신용 지하구
④ 지정문화재

* 2024년
11 「화재의 예방 및 안전관리에 관한 법률」 및 같은 법 시행 규칙상 소방안전관리대상물의 관계인이 소방안전관리자를 선임한 경우 소방안전관리대상물의 출입자가 쉽게 알 수 있도록 게시해야 하는 사항으로 옳지 않은 것은?

① 소방안전관리자의 성명 및 선임일자
② 소방안전관리대상물의 명칭 및 등급
③ 소방안전관리대상물의 용도 및 수용인원
④ 소방안전관리자의 근무 위치(화재수신기 또는 종합방재 실을 말한다.)

10.

소방안전 특별관리시설물 대상[화재예방법 제40조]
소방청장은 화재 등 재난이 발생할 경우 사회·경제적으로 피해가 큰 다음의 시설에 대하여 소방안전 특별관리를 하여야 한다. (M 공항/도시/철도/ 항/문/ 초지/ 천(평) 영화/ 단지/ 전통구/ 석/천/시장 500/ 발전)

(1) 공항시설
(2) 철도시설
(3) 도시철도시설
(4) 항만시설
(5) 지정문화재 및 천연기념물·명승, 시·도자연유산인 시설
(6) 산업기술단지
(7) 산업단지
(8) 초고층 건축물 및 지하연계 복합건축물
(9) 영화상영관 중 수용인원 1,000명 이상인 영화상영관
(10) 전력용 및 통신용 지하구
(11) 석유비축시설
(12) 천연가스 인수기지 및 공급망
(13) 전통시장으로서 대통령령으로 정하는 전통시장(점포가 500개 이상인 전통시장)
(14) 그 밖에 대통령령으로 정하는 시설물(발전사업자가 가동 중인 발전소)

11.

소방안전관리대상물의 출입자가 쉽게 알 수 있도록 게시해야하는 사항[시행규칙 제15조] (M **명일등성연근**)

(1) 소방안전관리대상물의 **명**칭
(2) 소방안전관리자의 선임**일**자
(3) 소방안전관리대상물의 **등**급
(4) 소방안전관리자의 **성**명
(5) 소방안전관리자의 **연**락처
(6) 소방안전관리자의 **근**무 위치(화재 수신기 또는 종합방재실을 말한다.)

Answer 10.① 11.③

※ 2019년 간부

12 「화재예방 및 안전관리에 관한 법률 시행규칙」상 소방안전관리대상물의 관계인이 수립하여 시행하여야 할 피난계획에 포함되지 않는 것은?

① 화재경보의 수단 및 방식
② 층별, 구역별 피난대상 인원의 현황
③ 각 거실에서 옥외로 이르는 피난경로
④ 피난 시 소화설비의 작동과 사용계획
⑤ 피난약자 및 피난약자를 동반한 사람의 피난동선과 피난방법

12.
피난계획에 포함되는 사항 (M 각층동경어피)
① **화**재**경**보의 **수**단 및 **방**식 (M 화경수방)
② **층**별, **구**역별 **피**난대상 **인**원의 현황 (M 층구피인원)
③ **어**린이, **노**인, **장**애인 등 화재의 예방 및 안전관리에 취약한 자(화재안전취약자)의 **현황** (M 어노장현황)
④ **각 거**실에서 옥**외**(옥상 또는 피난안전구역을 포함한다)로 이르는 **피**난**경**로 (M 각거외 피경)
⑤ **피**난약자 및 **피**난약자를 동반한 사람의 **피**난**동**선과 피난**방**법 (M 피피동방)
⑥ **피**난시설, **방**화구획, **그** 밖에 피난에 **영**향을 줄 수 있는 제반 사항 (M 피방구영향)

※ 2023년 간부

13 「화재의 예방 및 안전관리에 관한 법률 시행령」상 화재의 확대가 빠른 특수가연물의 품명 및 수량으로 옳은 것은?

① 넝마 : 500킬로그램 이상
② 사류 : 1,000킬로그램 이상
③ 면화류 : 100킬로그램 이상
④ 가연성고체류 : 2,000킬로그램 이상
⑤ 석탄 목탄류 : 3,000킬로그램 이상

13.
특수가연물의 품명 및 수량

품명		수량	암기
면화류		200kg 이상	면2
나무껍질 및 대팻밥		400kg 이상	나대4
넝마 및 종이부스러기		1,000kg 이상	넝종사볏천
사류(絲類)		1,000kg 이상	
볏짚류		1,000kg 이상	
가연성고체류		3,000kg 이상	가고삼천
석탄·목탄류		10,000kg 이상	석목탄만
가연성액체류		2m³ 이상	가액2
목재가공품 및 나무부스러기		10m³ 이상	목나십
합성수지류	발포시킨 것	20m³ 이상	합발이십
	그 밖의 것	3,000kg 이상	그밖삼천

Answer 12.④ 13.②

* 2023년 간부

14 「화재의 예방 및 안전관리에 관한 법률」상 시·도지사가 화재예방강화지구로 지정하여 관리해야 하는 지역으로 옳은 것만을 〈보기〉에서 있는 대로 고른 것은?

〈보기〉
㉠ 시장지역
㉡ 공장·창고가 밀집한 지역
㉢ 노후·불량건축물이 밀집한 지역
㉣ 위험물의 저장 및 처리 시설이 밀집한 지역

① ㉠, ㉡
② ㉠, ㉢
③ ㉡, ㉣
④ ㉠, ㉡, ㉣
⑤ ㉠, ㉡, ㉢, ㉣

14.
1. 시장지역
2. 공장·창고가 밀집한 지역
3. 목조건물이 밀집한 지역
4. 노후·불량건축물이 밀집한 지역
5. 위험물의 저장 및 처리 시설이 밀집한 지역
6. 석유화학제품을 생산하는 공장이 있는 지역
7. 산업단지
8. 소방시설·소방용수시설 또는 소방출동로가 없는 지역
9. 그 밖에 제1호부터 제8호까지에 준하는 지역으로서 소방관서장이 화재예방강화지구로 지정할 필요가 있다고 인정하는 지역(암기·시공창 목위석산로 불 청본서장 필요)

* 2023년

15 「화재의 예방 및 안전관리에 관한 법률」상 건설현장 소방안전관리대상물의 소방안전관리자의 업무에 관한 내용으로 옳지 않은 것은?

① 건설현장의 소방계획서의 작성
② 화기취급의 감독, 화재위험작업의 허가 및 관리
③ 공사진행 단계별 피난안전구역, 피난로 등의 확보와 관리
④ 건설현장 작업자를 제외한 책임자에 대한 소방안전 교육 및 훈련

15.
제29조(건설현장 소방안전관리)
건설현장 소방안전관리대상물의 소방안전관리자의 업무는 다음 각 호와 같다.
1. 건설현장의 소방계획서의 작성
2. 「소방시설 설치 및 관리에 관한 법률」 제15조제1항에 따른 임시소방시설의 설치 및 관리에 대한 감독
3. 공사진행 단계별 피난안전구역, 피난로 등의 확보와 관리
4. 건설현장의 작업자에 대한 소방안전 교육 및 훈련
5. 초기대응체계의 구성·운영 및 교육
6. 화기취급의 감독, 화재위험작업의 허가 및 관리
7. 그 밖에 건설현장의 소방안전관리와 관련하여 소방청장이 고시하는 업무

Answer 14.⑤ 15.④

* 2023년

16 「화재의 예방 및 안전관리에 관한 법률 시행령」상 특수가연물의 저장 및 취급 기준에서 특수가연물 표지에 관한 내용으로 옳지 않은 것은?

① 특수가연물 표지 중 화기엄금 표시 부분의 바탕은 붉은색으로, 문자는 백색으로 할 것
② 특수가연물 표지는 한 변의 길이가 0.3미터 이상, 다른 한 변의 길이가 0.6미터 이상인 직사각형으로 할 것
③ 특수가연물 표지의 바탕은 검은색으로, 문자는 흰색으로 할 것. 다만, "화기엄금" 표시 부분은 제외한다.
④ 특수가연물을 저장 또는 취급하는 장소에는 품명, 최대 저장수량, 단위부피당 질량 또는 단위체적당 질량, 관리 책임자 성명·직책, 연락처 및 화기취급의 금지표시가 포함된 특수가연물 표지를 설치해야 한다.

16.
화재의 예방 및 안전관리에 관한 법률 시행령[별표 3] 특수가연물 표지
가. 특수가연물을 저장 또는 취급하는 장소에는 품명, 최대저장수량, 단위부피당 질량 또는 단위체적당 질량, 관리책임자 성명·직책, 연락처 및 화기취급의 금지표시가 포함된 특수가연물 표지를 설치해야 한다.
나. 특수가연물 표지의 규격은 다음과 같다.
  1) 특수가연물 표지는 한 변의 길이가 0.3미터 이상, 다른 한 변의 길이가 0.6미터 이상인 직사각형으로 할 것
  2) 특수가연물 표지의 바탕은 흰색으로, 문자는 검은색으로 할 것. 다만, "화기엄금" 표시 부분은 제외한다.
  3) 특수가연물 표지 중 화기엄금 표시 부분의 바탕은 붉은색으로, 문자는 백색으로 할 것
다. 특수가연물 표지는 특수가연물을 저장하거나 취급하는 장소 중 보기 쉬운 곳에 설치해야 한다.

* 2023년 2024년

17 「화재의 예방 및 안전관리에 관한 법률」 및 같은 법 시행령상 소방안전관리자를 선임해야 하는 건설현장 소방안전관리대상물에 해당하지 않는 것은?

① 신축을 하려는 부분의 연면적이 5천제곱미터인 냉동·냉장 창고
② 신축을 하려는 부분의 연면적의 합계가 2만제곱미터인 복합건축물
③ 증축을 하려는 부분의 연면적의 합계가 3만제곱미터인 업무시설
④ 증축을 하려는 부분의 연면적이 5천제곱미터이고, 지상층의 층수가 10층인 업무시설

17.
제29조(건설현장 소방안전관리대상물)
1. 신축·증축·개축·재축·이전·용도변경 또는 대수선을 하려는 부분의 연면적의 합계가 1만5천제곱미터 이상인 것
2. 신축·증축·개축·재축·이전·용도변경 또는 대수선을 하려는 부분의 연면적이 5천제곱미터 이상인 것으로서 다음 각 목의 어느 하나에 해당하는 것
  가. 지하층의 층수가 2개 층 이상인 것
  나. 지상층의 층수가 11층 이상인 것
  다. 냉동창고, 냉장창고 또는 냉동·냉장창고

Answer 16.③ 17.④

* 2023년

18 「화재의 예방 및 안전관리에 관한 법률」상 화재예방안전진단의 범위에 해당하는 것만을 〈보기〉에서 있는 대로 고른 것은?

> ㉠ 소방계획 및 피난계획 수립에 관한 사항
> ㉡ 소방시설등의 유지·관리에 관한 사항
> ㉢ 비상대응조직 및 교육훈련에 관한 사항
> ㉣ 화재 위험성 평가에 관한 사항

① ㉠
② ㉠, ㉡
③ ㉠, ㉡, ㉢
④ ㉠, ㉡, ㉢, ㉣

18.

제41조(화재예방안전진단)
화재예방안전진단의 범위는 다음 각 호와 같다.
1. 화재위험요인의 조사에 관한 사항
2. 소방계획 및 피난계획 수립에 관한 사항
3. 소방시설등의 유지·관리에 관한 사항
4. 비상대응조직 및 교육훈련에 관한 사항
5. 화재 위험성 평가에 관한 사항
6. 그 밖에 화재예방진단을 위하여 대통령령으로 정하는 사항

* 2023년

19 「화재의 예방 및 안전관리에 관한 법률」 및 같은 법 시행규칙상 소방안전관리자의 선임신고 등에 관한 설명이다. ( ) 안에 들어갈 내용으로 옳은 것은?

> • 소방안전관리대상물의 관계인이 소방안전관리자를 선임한 경우에는 선임한 날부터 (㉠)일 이내에 선임사실을 소방본부장 또는 소방서장에게 신고하여야 한다.
> • 소방안전관리대상물의 관계인은 소방안전관리자를 선임 사유가 발생한 날부터 (㉡)일 이내에 선임해야 한다.

	㉠	㉡
①	14	30
②	14	60
③	30	30
④	30	60

19.
• 소방안전관리대상물의 관계인이 소방안전관리자를 선임한 경우에는 선임한 날부터 14일 이내에 선임사실을 소방본부장 또는 소방서장에게 신고하여야 한다.
• 소방안전관리대상물의 관계인은 소방안전관리자를 선임 사유가 발생한 날부터 30일 이내에 선임해야 한다.

Answer 18.④ 19.①

✵ **연도별 기출경향** ✵

[기출연도]	2012	2013	2014	2015	2016	2017	2018	2019	2020	2021	2022	2023	2024
문항수	0	0	0	0	0	1	1	1	1	1	1	3	4

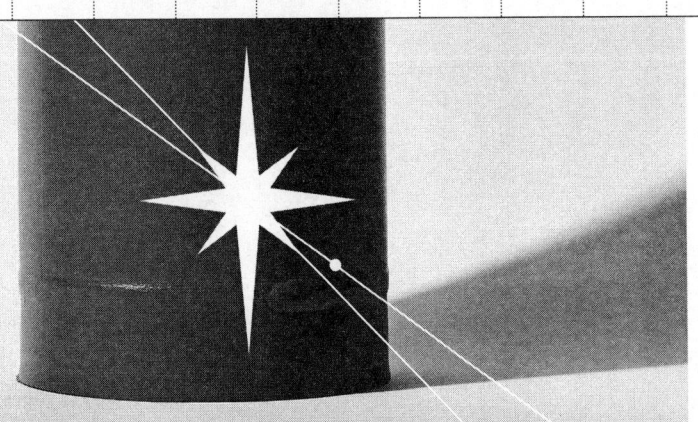

PART 19

소방시설 설치 및 관리에 관한 법률

01	소방시설 설치 및 관리 개요
02	건축허가등의 동의
03	특정소방대상물에 설치하는 소방시설의 관리 등
04	방염
05	특정소방대상물의 구분

01 소방시설 설치 및 관리 개요

❶ 목적

특정소방대상물 등에 설치하여야 하는 소방시설등의 설치·관리와 소방용품 성능관리에 필요한 사항을 규정함으로써 국민의 생명·신체 및 재산을 보호하고 공공의 안전과 복리 증진에 이바지함을 목적으로 한다.

❷ 용어정의[화재예방법 제2조]

(1) 소방시설

소화설비, 경보설비, 피난구조설비, 소화용수설비, 그 밖에 소화활동설비로서 대통령령으로 정하는 것을 말한다.

① **소화설비** : 물 또는 그 밖의 소화약제를 사용하여 소화하는 기계·기구 또는 설비 (Ⓜ **소자옥수물외**)

가. **소화**기구 Ⓜ **소간자**	1) **소**화기 2) **간**이소화용구 : **에**어로졸식 소화용구, **투**척용 소화용구, **소**공간용 소화용구 및 소화약제 외의 것(**마**른모래, **팽**창질석, **팽**창진주암)을 이용한 간이소화용구 (Ⓜ **에투 소마팽팽**) 3) **자**동확산소화기
나. **자**동소화장치 Ⓜ **주상캐가분고**	1) **주**거용 주방자동소화장치 2) **상**업용 주방자동소화장치 3) **캐**비닛형 자동소화장치 4) **가**스자동소화장치 5) **분**말자동소화장치 6) **고**체에어로졸자동소화장치
다. **옥**내소화전설비(호스릴옥내소화전설비를 포함)	
라. **스**프링클러설비등	1) 스프링클러설비 2) 간이스프링클러설비(캐비닛형 간이스프링클러설비를 포함) 3) 화재조기진압용 스프링클러설비
마. **물**분무등소화설비 Ⓜ **물포이할불분강미고**	1) **물**분무 소화설비 2) **미**분무소화설비 3) **포**소화설비 4) **이**산화탄소소화설비 5) **할**론소화설비 6) 할로겐화합물 및 **불**활성기체 소화설비 7) **분**말소화설비 8) **강**화액소화설비 9) **고**체에어로졸소화설비
바. **옥외**소화전설비	

② 경보설비 : 화재발생 사실을 통보하는 기계·기구 또는 설비로서 다음 각 목의 것 (M 비비시자누가통단시)

   가. **단**독경보형 감지기

   나. **비**상경보설비(비상벨설비, 자동식사이렌설비)

   다. **시**각경보기

   라. **자**동화재탐지설비

   마. **비**상방송설비

   바. **자**동화재속보설비

   사. **통**합감시시설

   아. **누**전경보기

   자. **가**스누설경보기

   차. 화재알림설비

③ 피난구조설비 : 화재가 발생할 경우 피난하기 위하여 사용하는 기구 또는 설비 (M 피인유유조조)

가. **피**난기구	1) **피**난사다리 2) **구**조대 3) **완**강기 4) **간**이완강기 5) 그 밖의 화재안전기준으로 정하는 것 (M 피구완간)
나. **인**명구조기구	1) **방**열복, 방화복(안전모, 보호장갑 및 안전화를 포함한다) 2) **공**기호흡기 3) **인**공소생기 (M 방공인)
다. **유**도등 및 **유**도표시	1) **피**난유도선 2) **피**난구유도등 3) **통**로유도등 4) **객**석유도등 5) 유도**표**지 (M 피피통객표)
라. 비상**조**명등 및 휴대용비상**조**명등	

④ 소화용수설비 : 화재를 진압하는 데 필요한 물을 공급하거나 저장하는 설비

   가. 상수도소화용수설비

   나. 소화수조·저수조

⑤ 소화활동설비 : 화재를 진압하거나 인명구조활동을 위하여 사용하는 설비 (M 무제비3연)

   가. **제**연설비   나. **연**결송수관설비   다. **연**결살수설비

   라. **비**상콘센트설비 마. **무**선통신보조설비 바. **연**소방지설비

(2) 소방시설등

소방시설과 비상구(非常口), 그 밖에 소방 관련 시설로서 대통령령으로 정하는 것(방화문 및 자동방화셔터)을 말한다.

(3) 특정소방대상물

건축물 등의 규모·용도 및 수용인원 등을 고려하여 소방시설을 설치하여야 하는 소방대상물로서 대통령령으로 정하는 것을 말한다.

(4) 화재안전성능

화재를 예방하고 화재발생 시 피해를 최소화하기 위하여 소방대상물의 재료, 공간 및 설비 등에 요구되는 안전성능을 말한다.

(5) 성능위주설계

건축물 등의 재료, 공간, 이용자, 화재 특성 등을 종합적으로 고려하여 공학적 방법으로 화재 위험성을 평가하고 그 결과에 따라 화재안전성능이 확보될 수 있도록 특정소방대상물을 설계하는 것을 말한다.

(6) 소방용품

소방시설 등을 구성하거나 소방용으로 사용되는 제품 또는 기기로서 대통령령으로 정하는 것을 말한다.

1. 소화설비를 구성하는 제품 또는 기기 Ⓜ 유전기관 소자 호헤선	가. **소화**기구(소화약제 외의 것을 이용한 간이소화용구는 제외한다.) 나. **자**동소화장치 다. 소화설비를 구성하는 소화**전**, **관**창(筈槍), 소방**호**스, 스프링클러**헤**드, **기**동용 수압개폐장치, **유**수제어밸브 및 가스관**선**택밸브
2. 경보설비를 구성하는 제품 또는 기기 Ⓜ 누가 발수중감음경	가. **누**전경보기 및 **가**스누설경보기 나. 경보설비를 구성하는 **발**신기, **수**신기, **중**계기, **감**지기 및 **음**향장치(**경**종만 해당한다)
3. 피난구조설비를 구성하는 제품 또는 기기 Ⓜ 피구완공유조	가. **피**난사다리, **구**조대, **완**강기(간이완강기 및 지지대를 포함한다) 나. **공**기호흡기(충전기를 포함한다) 다. 피난구**유**도등, 통로**유**도등, 객석유도등 및 예비 전원이 내장된 비상**조**명등
4. 소화용으로 사용하는 제품 또는 기기 Ⓜ 소방 액도물	가. **소화**약제 나. **방**염제(방염**액**·방염**도**료 및 방염성**물**질을 말한다)
5. 그 밖에 행정안전부령으로 정하는 소방 관련 제품 또는 기기	

(7) 무창층(無窓層) 🔥🔥

지상층 중 다음의 요건을 모두 갖춘 개구부의 면적의 합계가 해당 층의 바닥면적의 <u>30분의 1</u>이하가 되는 층을 말한다. (Ⓜ 해내화도크) 2021 간부

① **크**기는 지름 **50**센티미터 이상의 **원**이 **내**접(內接)할 수 있는 크기일 것 (Ⓜ 오십원 내줘(접))

② **해**당 층의 **바**닥면으로부터 개구부 밑부분까지의 **높**이가 **1.2**미터 이내일 것 (Ⓜ 바높일이)

③ **도**로 또는 **차**량이 진입할 수 있는 **빈터**를 향할 것 (Ⓜ 도차빈터)

④ **화**재 시 **건**축물로부터 **쉽**게 **피**난할 수 있도록 **창**살이나 그 밖의 **장**애물이 설치되지 아니할 것 (Ⓜ 화건쉽피창장)

⑤ **내**부 또는 **외**부에서 **쉽**게 **부**수거나 **열** 수 있을 것 (Ⓜ 내외쉽부열)

(8) 피난층

곧바로 **지**상으로 갈 수 있는 **출**입구가 있는 층을 말한다. (Ⓜ 곧지출)

※ 건축법상 피난층 : **직**접 **지**상으로 **통**하는 출입구가 있는 층 및 피난안전구역을 말한다. (Ⓜ 직지통)

02 건축허가등의 동의

❶ 건축허가 동의[소방시설법 제6조] 🔥🔥🔥 2023 간부 2024

(1) 동의권자

건축물 등의 신축·증축·개축·재축(再築)·이전·용도변경 또는 대수선(大修繕)의 허가·협의 및 사용승인의 권한이 있는 행정기관은 건축허가등을 할 때 미리 그 건축물 등의 시공지(施工地) 또는 소재지를 관할하는 <u>소방본부장이나 소방서장</u>의 동의를 받아야 한다.

(2) 동의요구 처리기간 (Ⓜ 동오십/ 보완사/ 취칠/ 인허칠)

① **동의기간** : 건축허가등의 동의요구서류를 접수한 날부터 <u>**5일**(특급 **10일**)</u> 이내 회신 (Ⓜ **동오십**)

② **보완기간** : 동의 요구서 및 첨부서류의 보완이 필요한 경우에는 <u>**4일**</u> 이내의 기간을 정하여 보완을 요구할 수 있다. (Ⓜ **보완사**)

③ 보완기간은 회신기간에 산입하지 아니하고, 보완기간내에 보완하지 아니하는 때에는 동의요구서를 반려하여야 한다.

④ 건축허가등의 동의를 요구한 기관이 그 건축허가등을 취소하였을 때에는 **취**소한 <u>날부터 **7일**</u> 이내에 건축물 등의 시공지 또는 소재지를 관할하는 소방본부장 또는 소방서장에게 그 사실을 통보하여야 한다. (Ⓜ **취칠**)

⑤ 다른 법령에 따른 **인**가·**허**가 또는 신고 등의 시설기준에 소방시설등의 설치·유지 등에 관한 사항이 포함되어 있는 경우 해당 인허가등의 권한이 있는 행정기관은 인허가등을 할 때 미리 그 시설의 소재지를 관할하는 소방본부장이나 소방서장에게 그 시설이 이 법 또는 이 법에 따른 명령을 따르고 있는지를 확인하여 줄 것을 요청할 수 있다. 이 경우 요청을 받은 소방본부장 또는 소방서장은 <u>**7일**</u> 이내에 확인 결과를 알려야 한다. (Ⓜ **인허칠**)

(3) 건축허가 동의대상물의 범위

1. **연**면적이 400제곱미터 이상인 건축물 (Ⓜ **연사/ 학백 노수이 정장삼**)	다만, 다음의 어느 하나에 해당하는 시설은 해당 목에서 정한 기준 이상인 건축물로 한다. 가. **학**교시설 : 100제곱미터 나. **노**유자시설 및 **수**련시설 : 200제곱미터 다. **정**신의료기관(입원실이 없는 정신건강의학과 의원 제외) : 300제곱미터 라. **장**애인 의료재활시설 : 300제곱미터
5. **지**하층 또는 **무**창층이 있는 건축물로서 바닥면적이 150제곱미터(**공**연장의 경우에는 100제곱미터) 이상인 층이 있는 것 (Ⓜ 무지씹오공백)	
3. 차고·주차장 또는 주차용도로 사용되는 시설로서 다음의 어느 하나에 해당하는 것 (Ⓜ **차주이/ 기계주차20대**)	가. **차**고·**주**차장으로 사용되는 바닥면적이 200제곱미터 이상인 층이 있는 건축물이나 주차시설 나. 승강기 등 **기계**장치에 의한 **주차**시설로서 자동차 **20대** 이상을 주차할 수 있는 시설
2. 층수가 **6층** 이상인 건축물 (Ⓜ 육층)	
4. **항공**기격납고, **관**망탑, **항공**관제탑, **방송**용 **송수신**탑 (Ⓜ 항공관방송)	
6. **의원**(입원실이 있는 것 한정), **조**산원, **산**후조리원, **위**험물 저장 및 처리 시설, 발전시설 중 풍력발전소·**전**기저장시설, 지하**구** (Ⓜ 조산의 위전구)	

7. 제1호에 해당하지 않는 노유자시설 중 다음의 어느 하나에 해당하는 시설	가. 노인 관련 시설 중 다음의 어느 하나에 해당하는 시설
	  1) 노인주거복지시설·노인의료복지시설 및 재가노인복지시설
	  2) 학대피해노인 전용쉼터
	나. 아동복지시설(아동상담소, 아동전용시설 및 지역아동센터는 제외)
	다. 장애인 거주시설
	라. 정신질환자 관련 시설
	마. 노숙인 관련 시설 중 노숙인자활시설, 노숙인재활시설 및 노숙인요양시설
	바. 결핵환자나 한센인이 24시간 생활하는 노유자시설

8. 요양병원. 다만, 정신의료기관 중 정신병원과 의료재활시설은 제외한다.	
9. 특정소방대상물 중 공장 또는 창고시설로서 「화재예방법」에서 정하는 수량의 750배 이상의 특수가연물을 저장·취급하는 것	
10. 가스시설로서 지상에 노출된 탱크의 저장용량의 합계가 100톤 이상인 것	

(4) 건축허가등의 동의대상 제외 🔥🔥 (Ⓜ 소누피 자단가스/ 추가로/ 착공)

① 별표 4에 따라 특정소방대상물에 설치되는 **소**화기구, **자**동소화장치, **누**전경보기, **단**독경보형감지기, **가스**누설경보기 및 **피**난구조설비(비상조명등은 제외한다)가 화재안전기준에 적합한 경우 해당 특정소방대상물

② 건축물의 증축 또는 용도변경으로 인하여 해당 특정소방대상물에 **추가로** 소방시설이 설치되지 아니하는 경우 그 특정소방대상물

③ 「소방시설공사업법 시행령」 제4조에 따른 소방시설공사의 **착공**신고 대상에 해당하지 않는 경우 해당 특정소방대상물

❷ 주택에 설치하는 소방시설[소방시설법 제10조] 🔥

(1) 설치하여야하는 소방시설 (Ⓜ 소단경)

① **소**화기
② **단**독**경**보형감지기

(2) 설치대상 (Ⓜ 단공/ 아기제외)

① **단**독주택
② **공**동주택(**아**파트 및 **기**숙사는 **제외**한다)
　★ 공동주택에 해당하는 건축물 : 연립주택, 다세대주택, 다가구주택

❸ 자동차에 설치 또는 비치하는 소화기[소방시설법 제11조] (Ⓜ 5특화합)

(1) **5**인승 이상의 승용자동차

(2) 승**합**자동차

(3) **화**물자동차

(4) **특**수자동차

④ 내진설계를 실시하여야하는 소방시설[소방시설법 제7조] 🔥🔥 (Ⓜ 옥스물등) 2019 간부 2024

	물분무등소화설비 종류 (Ⓜ 물포이할불분강미고)
1) 옥내소화전설비 2) 스프링클러설비 3) 물분무등소화설비	1) **물**분무소화설비 2) **미**분무소화설비 3) **포**소화설비 4) **이**산화탄소소화설비 5) **할**론소화설비 6) 할로겐화합물 및 **불**활성기체 소화설비 7) **분**말소화설비 8) **강**화액소화설비 9) **고**체에어로졸소화설비

⑤ 성능위주설계 실시대상(신축만 해당)[소방시설법 제8조] 🔥🔥

암기 Ⓜ 아제 연20만원/ 지제 50층 아파트 200만원/ 아제 지포 30층 120만원/ 철도공항 3만원/ 영화상영관 10개/ 초지복/10만창고 지리삼/오수조

(1) 연면적 **20만**제곱미터 이상인 특정소방대상물(**아파트**등 **제**외)

(2) 다음 각 목의 특정소방대상물

① **50**층 이상(**지**하층은 **제**외)이거나 지상으로부터 높이가 **200**미터 이상인 **아파트**등

② **30**층 이상(**지**하층을 **포**함)이거나 지상으로부터 높이가 **120**미터 이상인 특정소방대상물(**아파트**등 **제**외)

(3) 연면적 **3만**제곱미터 이상인 특정소방대상물로서 다음에 해당하는 특정소방대상물

① **철도** 및 도시철도 시설

② **공항**시설

(4) **창고**시설 중 연면적 **10만**제곱미터 이상인 것 또는 **지**하층의 층수가 **2**개 층 이상이고 지하층의 바닥면적의 합계가 3만제곱미터 이상인 것

(5) 하나의 건축물에 **영화상영관**이 **10**개 이상인 특정소방대상물

(6) 「**초**고층 및 **지**하연계 **복**합건축물 재난관리에 관한 특별법」에 따른 지하연계 복합건축물에 해당하는 특정소방대상물

(7) 터널 중 **수저**(水底)터널 또는 길이가 **5천미터** 이상인 것

※ 지하연계 복합건축물 정의(다음의 두 가지 요건을 모두 만족하는 경우)
- 층수가 11층 이상이거나 1일 수용인원이 5천명 이상인 건축물로서 지하부분이 지하역사 또는 지하도상가와 연결된 건축물
- 건축물 안에 「건축법」에 따른 문화 및 집회시설, 판매시설, 운수시설, 업무시설, 숙박시설, 위락시설 중 유원시설업의 시설 또는 대통령령으로 정하는 용도의 시설이 하나 이상 있는 건축물

03 특정소방대상물에 설치하는 소방시설의 관리 등

❶ 소방시설정보관리시스템 구축 · 운영 대상[시행령 제12조] (Ⓜ 노수숙 문종의 위창공 가구업 판매)

(1) **문**화 및 집회시설

(2) **종**교시설

(3) **판매**시설

(4) **의**료시설

(5) **노**유자 시설

(6) 숙박이 가능한 **수**련시설

(7) **업**무시설

(8) **숙**박시설

(9) **공**장

(10) **창**고시설

(11) **위**험물 저장 및 처리 시설

(12) 지하**가**(地下街)

(13) 지하**구**

❷ 소방시설기준 적용의 특례[소방시설법 제13조] 🔥🔥🔥 2020 간부

(1) 원칙

소방본부장이나 소방서장은 <u>대통령령 또는 화재안전기준이 변경되어 그 기준이 강화되는 경우</u> 기존의 특정소방대상물(건축물의 신축·개축·재축·이전 및 대수선 중인 특정소방대상물을 포함한다)의 소방시설에 대하여는 <u>변경 전의 대통령령 또는 화재안전기준을 적용한다. (원칙)</u>

(2) 예외사항(대통령령 또는 화재안전기준의 변경으로 강화된 기준을 적용)

① 다음 소방시설 중 대통령령으로 정하는 것 (M 소비자피난탐 공동지구 노간탐단 의스간탐속)
  ㉠ **소**화기구
  ㉡ **비**상경보설비
  ㉢ **자**동화재속보설비
  ㉣ **피난**구조설비
  ㉤ 자동화재**탐**지설비

② 다음 각 목의 특정소방대상물에 설치하는 소방시설 중 대통령령 또는 화재안전기준으로 정하는 것

특정소방대상물	소방시설
공동구	소화기, 자동소화장치, 자동화재탐지설비, 통합감시시설, 유도등 및 연소방지설비
전력 또는 통신사업용 **지**하**구**	
노유자시설	**간**이스프링클러설비, 자동화재**탐**지설비 및 **단**독경보형 감지기
의료시설	스프링클러설비, **간**이스프링클러설비, 자동화재**탐**지설비 및 자동화재**속**보설비

❸ 특정소방대상물의 소방시설 설치의 면제기준(유사한 소방시설의 설치를 면제)[시행령 별표5] 🔥

설치가 면제되는 소방시설	설치가 면제되는 기준
1. 자동소화장치	자동소화장치(주거용 주방자동소화장치 및 상업용 주방자동소화장치는 제외한다)를 설치해야 하는 특정소방대상물에 <u>물분무등소화설비</u>를 화재안전기준에 적합하게 설치한 경우
2. 옥내소화전설비 (Ⓜ 내호미외)	소방본부장 또는 소방서장이 옥내소화전설비의 설치가 곤란하다고 인정하는 경우로서 <u>호스릴 방식의 미분무소화설비 또는 옥외소화전설비</u>를 화재안전기준에 적합하게 설치한 경우에는 그 설비의 유효범위에서 설치가 면제된다.
3. 스프링클러설비	가. 스프링클러설비를 설치해야 하는 특정소방대상물(발전시설 중 전기저장시설은 제외한다)에 적응성 있는 <u>자동소화장치 또는 물분무등소화설비</u>를 화재안전기준에 적합하게 설치한 경우 나. 스프링클러설비를 설치해야 하는 전기저장시설에 소화설비를 소방청장이 정하여 고시하는 방법에 따라 설치한 경우
4. 간이스프링클러 설비 (Ⓜ 간스물미) 2024	간이스프링클러설비를 설치해야 하는 특정소방대상물에 <u>스프링클러설비, 물분무소화설비 또는 미분무소화설비</u>를 화재안전기준에 적합하게 설치한 경우
5. 물분무등소화설비 (Ⓜ 차주스)	물분무등소화설비를 설치해야 하는 <u>차고·주차장</u>에 스프링클러설비를 화재안전기준에 적합하게 설치한 경우
6. 옥외소화전설비	옥외소화전설비를 설치해야 하는 문화재인 목조건축물에 상수도소화용수설비를 화재안전기준에서 정하는 방수압력·방수량·옥외소화전함 및 호스의 기준에 적합하게 설치한 경우
7. 비상경보설비(Ⓜ 비단경2)	비상경보설비를 설치해야 할 특정소방대상물에 <u>단독경보형 감지기를 2개 이상의 단독경보형 감지기와 연동</u>하여 설치한 경우
8. 비상경보설비 또는 단독경보형 감지기	비상경보설비 또는 단독경보형 감지기를 설치해야 하는 특정소방대상물에 <u>자동화재탐지설비 또는 화재알림설비</u>를 화재안전기준에 적합하게 설치한 경우
9. 자동화재탐지설비	자동화재탐지설비의 기능(감지·수신·경보기능을 말한다)과 성능을 가진 <u>화재알림설비, 스프링클러설비 또는 물분무등소화설비</u>를 화재안전기준에 적합하게 설치한 경우
10. 화재알림설비	화재알림설비를 설치해야 하는 특정소방대상물에 자동화재탐지설비를 화재안전기준에 적합하게 설치한 경우
11. 비상방송설비(Ⓜ 방탐경)	비상방송설비를 설치해야 하는 특정소방대상물에 <u>자동화재탐지설비 또는 비상경보설비</u>와 같은 수준 이상의 음향을 발하는 장치를 부설한 방송설비를 화재안전기준에 적합하게 설치한 경우
12. 자동화재속보설비	자동화재속보설비를 설치해야 하는 특정소방대상물에 <u>화재알림설비</u>를 화재안전기준에 적합하게 설치한 경우

13. 누전경보기(M 누아지)	누전경보기를 설치해야 하는 특정소방대상물 또는 그 부분에 아크경보기(옥내 배전선로의 단선이나 선로 손상 등으로 인하여 발생하는 아크를 감지하고 경보하는 장치를 말한다) 또는 전기 관련 법령에 따른 지락차단장치를 설치한 경우	
14. 피난구조설비	피난구조설비를 설치해야 하는 특정소방대상물에 그 위치·구조 또는 설비의 상황에 따라 피난상 지장이 없다고 인정되는 경우	
15. 비상조명등(M 조구통)	비상조명등을 설치해야 하는 특정소방대상물에 피난구유도등 또는 통로유도등을 화재안전기준에 적합하게 설치한 경우	
16. 상수도소화용수 설비	가. 상수도소화용수설비를 설치해야 하는 특정소방대상물의 각 부분으로부터 수평거리 140m 이내에 공공의 소방을 위한 소화전이 화재안전기준에 적합하게 설치되어 있는 경우 나. 소방본부장 또는 소방서장이 상수도소화용수설비의 설치가 곤란하다고 인정하는 경우로서 화재안전기준에 적합한 소화수조 또는 저수조가 설치되어 있거나 이를 설치하는 경우	
17. 제연설비	가. 제연설비를 설치해야 하는 특정소방대상물[별표 4 제5호가목6)은 제외한다]에 다음의 어느 하나에 해당하는 설비를 설치한 경우에는 설치가 면제된다. 　1) 공기조화설비를 화재안전기준의 제연설비기준에 적합하게 설치하고 공기조화설비가 화재 시 제연설비기능으로 자동전환되는 구조로 설치되어 있는 경우 　2) 직접 외부 공기와 통하는 배출구의 면적의 합계가 해당 제연구역[제연경계(제연설비의 일부인 천장을 포함한다)에 의하여 구획된 건축물 내의 공간을 말한다] 바닥면적의 100분의 1 이상이고, 배출구부터 각 부분까지의 수평거리가 30m 이내이며, 공기유입구가 화재안전기준에 적합하게(외부 공기를 직접 자연 유입할 경우에 유입구의 크기는 배출구의 크기 이상이어야 한다) 설치되어 있는 경우 나. 별표 4 제5호가목6)에 따라 제연설비를 설치해야 하는 특정소방대상물 중 노대(露臺)와 연결된 특별피난계단, 노대가 설치된 비상용 승강기의 승강장 또는 「건축법 시행령」 제91조제5호의 기준에 따라 배연설비가 설치된 피난용 승강기의 승강장에는 설치가 면제된다.	
18. 연결송수관설비	연결송수관설비를 설치해야 하는 소방대상물에 옥외에 연결송수구 및 옥내에 방수구가 부설된 옥내소화전설비, 스프링클러설비, 간이스프링클러설비 또는 연결살수설비를 화재안전기준에 적합하게 설치한 경우에는 그 설비의 유효범위에서 설치가 면제된다. 다만, 지표면에서 최상층 방수구의 높이가 70m 이상인 경우에는 설치해야 한다.	
19. 연결살수설비	가. 연결살수설비를 설치해야 하는 특정소방대상물에 송수구를 부설한 스프링클러설비, 간이스프링클러설비, 물분무소화설비 또는 미분무소화설비를 화재안전기준에 적합하게 설치한 경우 나. 가스 관계 법령에 따라 설치되는 물분무장치 등에 소방대가 사용할 수 있는 연결송수구가 설치되거나 물분무장치 등에 6시간 이상 공급할 수 있는 수원(水源)이 확보된 경우	

20. 무선통신보조설비	무선통신보조설비를 설치해야 하는 특정소방대상물에 <u>이동통신 구내 중계기 선로설비 또는 무선이동중계기</u>(「전파법」 제58조의2에 따른 적합성평가를 받은 제품만 해당한다) 등을 화재안전기준의 무선통신보조설비기준에 적합하게 설치한 경우	
21. 연소방지설비(Ⓜ 방스물미)	연소방지설비를 설치해야 하는 특정소방대상물에 <u>스프링클러설비, 물분무소화설비 또는 미분무소화설비</u>를 화재안전기준에 적합하게 설치한 경우	

❹ 특정소방대상물의 증축 또는 용도변경 시의 소방시설기준 적용[시행령 제15조]

(1) 원칙

증축 또는 용도변경 당시의 소방시설의 설치에 관한 대통령령 또는 화재안전기준을 적용한다.

(2) 특례(예외)

① 증축 : 다음의 어느 하나에 해당하는 경우에는 기존 부분에 대해서는 증축 당시의 소방시설의 설치에 관한 대통령령 또는 화재안전기준을 적용하지 않는다. (Ⓜ 내방자33캐노)

  ㉠ 기존 부분과 증축 부분이 **내**화구조(耐火構造)로 된 바닥과 벽으로 구획된 경우

  ㉡ 기존 부분과 증축 부분이 「건축법 시행령」에 따른 **자**동방화셔터 또는 60분+**방**화문으로 구획되어 있는 경우

  ㉢ **자**동차 생산공장 등 화재 위험이 낮은 특정소방대상물 내부에 연면적 **33**제곱미터 이하의 직원 휴게실을 증축하는 경우

  ㉣ 자동차 생산공장 등 화재 위험이 낮은 특정소방대상물에 **캐노**피(기둥으로 받치거나 매달아 놓은 덮개를 말하며, 3면 이상에 벽이 없는 구조의 것을 말한다)를 설치하는 경우

② 용도변경 : 특정소방대상물이 용도변경되는 경우에는 용도변경되는 부분에 대해서만 용도변경 당시의 소방시설의 설치에 관한 대통령령 또는 화재안전기준을 적용한다. 다만, 다음의 어느 하나에 해당하는 경우에는 특정소방대상물 전체에 대하여 용도변경 전에 해당 특정소방대상물에 적용되던 소방시설의 설치에 관한 대통령령 또는 화재안전기준을 적용한다.

  ㉠ 특정소방대상물의 구조·설비가 화재연소 확대 요인이 적어지거나 피난 또는 화재진압활동이 쉬워지도록 변경되는 경우

  ㉡ 용도변경으로 인하여 천장·바닥·벽 등에 고정되어 있는 가연성 물질의 <u>양이 줄어드는</u> 경우

⑥ 소방시설을 설치하지 않을 수 있는 특정소방대상물 [시행령 별표6] ★★

(1) 소방시설을 설치하지 아니할 수 있는 대상 (M 낮어달자)

① 화재위험도가 **낮**은 특정소방대상물

② 화재안전기준을 적용하기가 **어**려운 특정소방대상물

③ 화재안전기준을 **달**리 적용하여야 하는 특수한 용도 또는 구조를 가진 특정소방 대상물

④ 위험물안전관리법 제19조의 규정에 의한 **자**체소방대가 설치된 특정소방대상물

(2) 소방시설을 설치하지 아니할 수 있는 대상 및 소방시설

구분	특정소방대상물	소방시설
1. 화재 위험도가 낮은 특정소방대상물	**석**재, 불연성금속, 불연성 건축재료 등의 가공공장·기계조립공장·주물공장 또는 불연성 물품을 저장하는 창고	옥**외**소화전 및 연결**살**수설비 (M 석외살)
2. 화재안전기준을 적용하기 어려운 특정소방대상물	**펄**프공장의 작업장, 음료수 공장의 세정 또는 충전을 하는 작업장, 그 밖에 이와 비슷한 용도로 사용하는 것	스프링클러설비, **상**수도소화용수설비 및 연결**살**수설비 (M 펄스상살)
	정수장, 수영장, 목욕장, 농예·축산·어류양식용 시설, 그 밖에 이와 비슷한 용도로 사용되는 것	**자**동화재탐지설비, **상**수도소화용수설비 및 연결**살**수설비 (M 정자상살)
3. 화재안전기준을 달리 적용하여야 하는 특수한 용도 또는 구조를 가진 특정소방대상물	**원자**력발전소, 중·저준위**방**사성폐기물의 저장시설	연결**송**수관설비 및 연결**살**수설비 (M 원자방송살)
4. 「위험물 안전관리법」 제19조에 따른 자체소방대가 설치된 특정소방대상물	**자**체소방대가 설치된 위험물 제조소등에 부속된 사무실	옥**내**소화전설비, 소화**용**수설비, 연결**살**수설비 및 연결**송**수관설비 (M 자내용송살)

❼ 특정소방대상물에 설치하여야 하는 소방시설의 종류 산정 시 수용인원 산정방법[시행령 별표7] 🔥🔥🔥

(1) 숙박시설이 있는 특정소방대상물 (Ⓜ 침대유무 종플(+)삼)

① **침**대가 **있**는 숙박시설 : 해당 특정소방물의 **종**사자 수에 침대 수(2인용 침대는 2개로 산정한다)를 합한 수

② **침**대가 **없**는 숙박시설 : 해당 특정소방대상물의 종사자 수에 숙박시설 바닥면적의 합계를 $3m^2$로 나누어 얻은 수를 합한 수

(2) 제(1)호 외의 특정소방대상물

① **강**의실·**교**무실·**상담**실·**실습**실·**휴**게실 용도로 쓰이는 특정소방대상물 : 해당 용도로 사용하는 바닥면적의 합계를 $1.9m^2$로 나누어 얻은 수 (Ⓜ 상담교실휴강 일구(더하면 10))

② **강**당, **문**화 및 집회시설, **운동**시설, **종교**시설 : 해당 용도로 사용하는 바닥면적의 합계를 $4.6m^2$로 나누어 얻은 수 (관람석이 있는 경우 고정식 의자를 설치한 부분은 그 부분의 의자 수로 하고, 긴 의자의 경우에는 의자의 정면너비를 0.45m로 나누어 얻은 수로 한다) (Ⓜ 문종운동강당 46(더하면 10))

③ 그 밖의 특정소방대상물 : 해당 용도로 사용하는 바닥면적의 합계를 $3m^2$로 나누어 얻은 수 (Ⓜ 그 삼)

[비고] (Ⓜ 복검화 제외)
1. 위 표에서 바닥면적을 산정할 때에는 **복**도(「건축법 시행령」 제2조제11호에 따른 준불연재료 이상의 것을 사용하여 바닥에서 천장까지 벽으로 구획한 것을 말한다), **계**단 및 **화**장실의 바닥면적을 포함하지 않는다.
2. 계산 결과 소수점 이하의 수는 반올림한다.

❽ 건설현장의 임시소방시설의 설치 및 관리[소방시설법 제15조] 🔥🔥

특정소방대상물의 건축·대수선·용도변경 또는 설치 등을 위한 공사를 시공하는 자는 공사 현장에서 인화성(引火性) 물품을 취급하는 작업 등 대통령령으로 정하는 작업("화재위험작업")을 하기 전에 설치 및 철거가 쉬운 화재대비시설(임시소방시설)을 설치하고 유지·관리하여야 한다.

(1) 인화성(引火性) 물품을 취급하는 작업 등 대통령령으로 정하는 작업 (Ⓜ 용인전폭기(그))

① **인**화성·**가**연성·**폭**발성 물질을 취급하거나 **가**연성 **가**스를 발생시키는 작업 (Ⓜ 인가폭 가가)

② **용**접·**용**단 등 **불꽃**을 발생시키거나 화기(火氣)를 취급하는 작업 (Ⓜ 용용불꽃)

③ **전**열기구, **가**열전선 등 **열**을 발생시키는 **기구**를 취급하는 작업 (Ⓜ 전가열기구)

④ **알**루미늄, **마**그네슘 등을 취급하여 **폭발성 부유분진**을 발생시킬 수 있는 작업 (Ⓜ 알마 폭발성부유분진)

⑤ **그** 밖에 제1호부터 제4호까지와 **비슷**한 **작업**으로 소방청장이 정하여 고시하는 작업 (Ⓜ 비슷한 작업)

(2) 임시소방시설의 종류 (M 소간비간 가조포)

소화기	소화약제를 압력에 따라 방사하는 기구로서 사람이 수동으로 조작하여 소화하는 것
간이소화장치	물을 방사(放射)하여 화재를 진화할 수 있는 장치로서 소방청장이 정하는 성능을 갖추고 있을 것
비상경보장치	화재가 발생한 경우 주변에 있는 작업자에게 화재사실을 알릴 수 있는 장치로서 소방청장이 정하는 성능을 갖추고 있을 것
간이피난유도선	화재가 발생한 경우 피난구 방향을 안내할 수 있는 장치로서 소방청장이 정하는 성능을 갖추고 있을 것
가스누설경보기	가연성 가스가 누설되거나 발생된 경우 이를 탐지하여 경보하는 장치로서 법 제37조에 따른 형식승인 및 제품검사를 받은 것
비상**조**명등	화재가 발생한 경우 안전하고 원활한 피난활동을 할 수 있도록 자동 점등되는 조명장치로서 소방청장이 정하는 성능을 갖추고 있을 것
방화**포**	용접·용단 등의 작업 시 발생하는 불티로부터 가연물이 점화되는 것을 방지해주는 천 또는 불연성 물품으로서 소방청장이 정하는 성능을 갖추고 있을 것

(3) 임시소방시설과 기능과 성능이 유사한 소방시설(임시소방시설을 설치한 것으로 보는 소방시설)

간이소화장치를 설치한 것으로 보는 소방시설	**옥**내소화전 또는 **소**방청장이 정하여 고시하는 기준 (**대**형소화기 6개)에 맞는 소화기 (M 옥소대륙)
비상경보장치를 설치한 것으로 보는 소방시설	비상**방**송설비 또는 자동화재**탐**지설비 (M 경방탐)
간이피난유도선을 설치한 것으로 보는 소방시설	피난**유**도선, 피난**구**유도등, **통**로유도등 또는 비상**조**명등 (M 간유구통조)

(4) 임시소방시설을 설치하여야 하는 공사의 종류와 규모

소화기	건축허가 등을 할 때 소방본부장 또는 소방서장의 동의를 받아야 하는 특정소방대상물의 건축·대수선·용도변경 또는 설치 등을 위한 공사 중 인화성(引火性) 물품을 취급하는 작업 등 대통령령으로 정하는 작업을 하는 현장에 설치한다.
간이소화장치	다음의 어느 하나에 해당하는 공사의 화재위험작업현장에 설치한다. 1) **연**면적 **3천㎡** 이상 2) **지**하층, **무**창층 또는 **4**층 이상의 층. 이 경우 해당 층의 바닥면적이 **600㎡** 이상인 경우만 해당한다. (M 연삼/ 무지쎄륙)

비상경보장치	다음의 어느 하나에 해당하는 공사의 화재위험작업현장에 설치한다. 1) **연**면적 400㎡ 이상 2) **지**하층 또는 **무**창층. 이 경우 해당 층의 바닥면적이 150㎡ 이상인 경우만 해당한다. (Ⓜ 연사/무지씹오)
간이피난유도선	바닥면적이 150㎡ 이상인 **지**하층 또는 **무**창층의 화재위험작업현장에 설치한다. (Ⓜ 무지씹오)
가스누설경보기	바닥면적이 150㎡ 이상인 **지**하층 또는 **무**창층의 화재위험작업현장에 설치한다. (Ⓜ 무지씹오)
비상조명등	바닥면적이 150㎡ 이상인 **지**하층 또는 **무**창층의 화재위험작업현장에 설치한다. (Ⓜ 무지씹오)
방화포	용접·용단작업이 진행되는 화재위험작업현장에 설치한다.

※ 가스누설경보기, 비상조명등, 방화포는 2023.7.1. 시행예정

❾ 피난시설, 방화구획 및 방화시설의 유지·관리[소방시설법 제16조]

특정소방대상물의 관계인은 「건축법」에 따른 피난시설, 방화구획 및 방화벽, 내부 마감재료 등(방화시설)에 대하여 다음 각 호의 행위를 하여서는 아니 된다. (Ⓜ 피방구시 폐훼/ 주장/ 용장소활지/ 변경)

(1) **피**난시설, **방화구**획 및 방화**시**설을 **폐**쇄하거나 **훼**손하는 등의 행위

(2) 피난시설, 방화구획 및 방화시설의 **주**위에 물건을 쌓아두거나 **장**애물을 설치하는 행위

(3) 피난시설, 방화구획 및 방화시설의 **용**도에 **장**애를 주거나 「**소**방기본법」에 따른 소방**활**동에 **지**장을 주는 행위

(4) 그 밖에 피난시설, 방화구획 및 방화시설을 **변경**하는 행위

❿ 소방용품의 내용연수 등[소방시설법 제17조] ♨

(1) 내용연수를 설정하여야 하는 소방용품 : 분말형태의 소화약제를 사용하는 소화기

(2) 내용연수 : 10년

04 방염

1 방염성능기준 이상의 실내장식물 등을 설치하여야 하는 특정소방대상물 [시행령 제30조]

(1) **근**린생활시설 중 의원, 조산원, 산후조리원, 체력단련장, 공연장 및 종교집회장 (Ⓜ 방근의(박근혜) 체조후 종교공연 갔다.)

(2) 건축물의 **옥내**에 있는 시설로서 다음 각 목의 시설 (Ⓜ 옥내 문종운동 수제)
  가. **문**화 및 집회시설
  나. **종**교시설
  다. **운동**시설(수영장은 **제**외한다)

(3) **의료**시설 (Ⓜ 노가다합숙소 의숙 방촬 11층아제)

(4) 교육연구시설 중 **합숙소**

(5) **노**유자시설

(6) 숙박이 **가**능한 수련시설

(7) **숙**박시설

(8) 방송통신시설 중 **방**송국 및 **촬**영소

(9) **다**중이용업소

(10) 제1호부터 제9호까지의 시설에 해당하지 않는 것으로서 층수가 **11층** 이상인 것(**아파트**는 **제**외한다)

❷ 방염대상물품[시행령 제31조]

(1) 제조 또는 가공 공정에서 방염처리를 한 물품(합판·목재류의 경우에는 설치 현장에서 방염처리를 한 것을 포함) (Ⓜ 창커/ 카두이미/ 전무암무/ 섬합 단유노)

① **창**문에 설치하는 **커**튼류(블라인드를 포함)
② **카**펫, **두**께가 2밀리미터 **미**만인 벽지류(종이벽지는 제외)
③ **전**시용 합판·목재 또는 섬유판 **무**대용 합판·목재 또는 섬유판 합판·목재류의 경우 불가피하게 설치 현장에서 방염 처리한 것을 포함한다.
④ **암**막·**무**대막(「영화상영관에 설치하는 스크린과 가상체험 체육시설업에 설치하는 스크린을 포함)
⑤ **섬**유류 또는 **합**성수지류 등을 원료로 하여 제작된 소파·의자(**단**란주점영업, **유**흥주점영업 및 **노**래연습장업의 영업장에 설치하는 것만 해당)

(2) 건축물 내부의 천장이나 벽에 부착하거나 설치하는 것 (Ⓜ 종합간음)

다만, 가구류(옷장, 찬장, 식탁, 식탁용 의자, 사무용 책상, 사무용 의자, 계산대 및 그 밖에 이와 비슷한 것)와 너비 10센티미터 이하인 반자돌림대 등과 「건축법」에 따른 내부마감재료는 제외한다.

① **종**이류(두께 2밀리미터 이상인 것)·**합**성수지류 또는 **섬**유류를 주원료로 한 **물**품 (Ⓜ 종합섬물)
② **합**판이나 목재
③ 공간을 구획하기 위하여 설치하는 **간**이 칸막이(접이식 등 이동 가능한 벽체나 천장 또는 반자가 실내에 접하는 부분까지 구획하지 아니하는 벽체)
④ **흡**음(吸音)이나 방음(防音)을 위하여 설치하는 흡음재(흡음용 커튼을 포함) 또는 방음재(방음용 커튼을 포함)

❸ 방염성능기준 (Ⓜ 올리이십(20) 아니삼십(30) 면오(50) 길이(2) 접삼(3) 발사(4))

(1) 버너의 불꽃을 제거한 때부터 불꽃을 **올리**며 연소하는 상태가 그칠 때까지 시간은 **20**초 이내일 것

(2) 버너의 불꽃을 제거한 때부터 불꽃을 올리지 **아니**하고 연소하는 상태가 그칠 때까지 시간은 **30**초 이내일 것

(3) 탄화(炭化)한 **면**적은 **50**제곱센티미터 이내, 탄화한 **길**이는 20센티미터 이내일 것

(4) 불꽃에 의하여 완전히 녹을 때까지 불꽃의 **접**촉 횟수는 **3**회 이상일 것

(5) 소방청장이 정하여 고시한 방법으로 **발**연량(發煙量)을 측정하는 경우 최대연기밀도는 400 이하일 것

❹ **방염제품의 권장(소방본부장 또는 소방서장)** (Ⓜ 다의노숙장 의소침/ 내천벽가)

(1) **다**중이용업소, **의**료시설, **노**유자시설, **숙**박시설 또는 **장**례식장에서 사용하는 **침**구류·**소**파 및 **의**자

(2) 건축물 **내**부의 **천**장 또는 **벽**에 부착하거나 설치하는 **가**구류

05 특정소방대상물의 구분[시행령 별표2 관련]

1 별개의 소방대상물

내화구조로 된 하나의 특정소방대상물이 개구부 및 연소 확대 우려가 없는 내화구조의 바닥과 벽으로 구획되어 있는 경우에는 그 구획된 부분을 각각 별개의 특정소방대상물로 본다.

2 하나의 소방대상물

둘 이상의 특정소방대상물이 다음의 어느 하나에 해당되는 구조의 복도 또는 통로("연결통로"라 한다)로 연결된 경우에는 이를 하나의 소방대상물로 본다.

(1) 내화구조로 된 연결통로가 다음의 어느 하나에 해당되는 경우 (M 벽업육 벽이씹)

① **벽**이 **없**는 구조로서 그 길이가 **6m** 이하인 경우

② **벽**이 **있**는 구조로서 그 길이가 **10m** 이하인 경우. 다만, 벽 높이가 바닥에서 천장까지의 높이의 2분의 1 이상인 경우에는 벽이 있는 구조로 보고, 벽 높이가 바닥에서 천장까지의 높이의 2분의 1 미만인 경우에는 벽이 없는 구조로 본다.

(2) 내화구조가 아닌 연결통로로 연결된 경우

(3) 컨베이어로 연결되거나 플랜트설비의 배관 등으로 연결되어 있는 경우

(4) 지하보도, 지하상가, 지하가로 연결된 경우

(5) 자동방화셔터 또는 60분+ 방화문이 설치되지 않은 피트로 연결된 경우

(6) 지하구로 연결된 경우

3 하나의 소방대상물로 보는 기준에도 불구하고 연결통로 또는 지하구와 소방대상물의 양쪽에 다음의 어느 하나에 적합한 경우에는 각각 별개의 소방대상물로 본다. (M 화경자 셔터방 /화자 방드개)

(1) **화**재 시 **경**보설비 또는 **자**동소화설비의 작동과 연동하여 자동으로 닫히는 자동방화**셔터** 또는 60분+ **방**화문이 설치된 경우

(2) **화**재 시 **자**동으로 방수되는 **방**식의 **드**렌처설비 또는 **개**방형 스프링클러헤드가 설치된 경우

chapter 06 출제예상문제

1 소방시설 설치 및 관리에 관한 법령상 용어의 정의 중 다음 ( ) 안에 알맞은 것은?

> 특정소방대상물이란 소방시설을 설치하여야 하는 소방대상물로서 ( )으로 정하는 것을 말한다.

① 행정안전부령
② 국토교통부령
③ 고용노동부령
④ 대통령령

1.

특정소방대상물 : 건축물 등의 규모·용도 및 수용인원 등을 고려하여 소방시설을 설치하여야 하는 소방대상물로서 대통령령으로 정하는 것을 말한다.

* 2021년 간부

2 「소방시설 설치 및 관리에 관한 법령 시행령」상 무창층(無窓層)이란 지상층 중 개구부 면적의 합계가 해당 층 바닥면적의 30분의 1이하가 되는 층을 말한다. 이때 개구부가 갖추어야 할 요건으로 옳지 않은 것은?

① 크기는 지름 50센티미터 이상의 원이 내접(內接)할 수 있는 크기일 것
② 해당 층의 바닥면으로부터 개구부 밑부분까지의 높이가 0.8미터 이내일 것
③ 도로 또는 차량이 진입할 수 있는 빈터를 향할 것
④ 화재 시 건축물로부터 쉽게 피난할 수 있도록 창살이나 그 밖의 장애물이 설치되지 아니할 것
⑤ 내부 또는 외부에서 쉽게 부수거나 열 수 있을 것

2.

무창층(無窓層) : 지상층 중 다음의 요건을 모두 갖춘 개구부의 면적의 합계가 해당 층의 바닥면적의 30분의 1 이하가 되는 층을 말한다. (Ⓜ 해내화도크) **2021 간부**
① **크**기는 지름 **50**센티미터 이상의 원이 **내**접(內接)할 수 있는 크기일 것 (Ⓜ 오십원 내줘(접))
② **해**당 층의 **바**닥면으로부터 개구부 밑부분까지의 높이가 **1.2**미터 이내일 것 (Ⓜ 바높일이)
③ **도**로 또는 **차**량이 진입할 수 있는 **빈터**를 향할 것 (Ⓜ 도차빈터) (Ⓜ 화건쉽피창장)
④ **화**재 시 **건**축물로부터 **쉽**게 **피**난할 수 있도록 **창**살이나 그 밖의 **장**애물이 설치되지 아니할 것
⑤ **내**부 또는 **외**부에서 **쉽**게 부수거나 **열** 수 있을 것 (Ⓜ 내외쉽부열)

Answer 1.④ 2.②

3 소방시설 설치 및 관리에 관한 법령상 소방용품으로 틀린 것은?

① 시각경보기
② 자동소화장치
③ 가스누설경보기
④ 방염제

3.
"소방용품"이란 소방시설등을 구성하거나 소방용으로 사용되는 제품 또는 기기로서 대통령령으로 정하는 것을 말한다.

1. 소화설비를 구성하는 제품 또는 기기 M 유전기관 소자 호헤선	가.	**소**화기구(소화약제 외의 것을 이용한 간이소화용구는 제외한다.)
	나.	**자**동소화장치
	다.	소화설비를 구성하는 소화**전**, 관**창**(管槍), 소방**호**스, 스프링클러**헤**드, **기**동용 수압개폐장치, **유**수제어밸브 및 가스관**선**택밸브
2. 경보설비를 구성하는 제품 또는 기기 M 누가 발수중 감음경	가.	**누**전경보기 및 **가**스누설경보기
	나.	경보설비를 구성하는 **발**신기, **수**신기, **중**계기, **감**지기 및 **음**향장치(**경**종만 해당한다.)
3. 피난구조설비를 구성하는 제품 또는 기기 M 피구완공유조	가.	피난사다리, **구**조대, **완**강기 (간이완강기 및 지지대를 포함한다.)
	나.	**공**기호흡기(충전기를 포함한다)
	다.	피난구**유**도등, 통로**유**도등, 객석**유**도등 및 예비 전원이 내장된 비상**조**명등
4. 소화용으로 사용하는 제품 또는 기기 M 소방 액도물	가.	**소**화약제
	나.	**방**염제(방염**액** · 방염**도**료 및 방염성**물**질을 말한다.)
5. 그 밖에 행정안전부령으로 정하는 소방 관련 제품 또는 기기		

4 소방시설 설치 및 관리에 관한 법령상 주택의 소유자가 소방시설을 설치하여야 하는 대상이 아닌 것은?

① 아파트
② 연립주택
③ 다세대주택
④ 다가구주택

4.
주택에 설치하는 소방시설
(1) 설치하여야하는 소방시설 (M 소단경)
　① **소**화기
　② **단**독**경**보형감지기
(2) 설치대상 (M 단공/ 아기제외)
　① **단**독주택
　② **공**동주택(**아**파트 및 **기**숙사는 **제외**한다)
　★ 공동주택에 해당하는 건축물 : 연립주택, 다세대주택, 다가구주택

Answer 3.① 4.①

* 2019년 간부 2024년

5 소방청장이 정하는 내진설계기준에 맞게 소방시설을 설치해야 하는 경우 대통령령으로 정하는 소방시설에 해당하지 않는 것은?

① 옥내소화전설비
② 옥외소화전설비
③ 물분무 소화설비
④ 스프링클러설비
⑤ 포소화설비

5.
내진설계를 실시하여하는 소방시설[소방시설법 제7조]
🔥🔥 (Ⓜ 옥스물등)

	물분무등소화설비 종류 (Ⓜ 물포이할불분강미고)
1) **옥**내소화전설비 2) **스**프링클러설비 3) **물**분무**등**소화설비	1) **물**분무소화설비 2) **미**분무소화설비 3) **포**소화설비 4) **이**산화탄소소화설비 5) **할**론소화설비 6) 할로겐화합물 및 **불**활성기체 소화설비 7) **분**말소화설비 8) **강**화액소화설비 9) **고**체에어로졸소화설비

* 2024년

6 소방시설 설치 및 관리에 관한 법령상 분말형태의 소화약제를 사용하는 소화기의 내용연수로 옳은 것은? (단, 소방용품의 성능을 확인받아 그 사용기한을 연장하는 경우는 제외한다.)

① 3년
② 5년
③ 7년
④ 10년

6.
소방용품의 내용연수 등[소방시설법 제17조] 🔥
(1) 내용연수를 설정하여야 하는 소방용품 : 분말형태의 소화약제를 사용하는 소화기
(2) 내용연수 : 10년

Answer 5.② 6.④

7 소방시설공사업법령에 따른 성능위주설계를 할 수 있는 자의 설계범위 기준 중 틀린 것은?

① 연면적 30,000m² 이상인 특정소방대상물로서 공항시설
② 연면적 100,000m² 이상인 특정소방대상물 (단, 아파트 등은 제외)
③ 지하층을 포함한 층수가 30층 이상인 특정소방대상물 (단, 아파트 등은 제외)
④ 하나의 건축물에 영화상영관이 10개 이상인 특정소방대상물

7.

성능위주설계 실시대상(신축만 해당)[소방시설법 제8조] 🔥🔥

암기 M 아제 연20만원/ 지제 50층 아파트 200만원/ 아제 지포 30층 120만원/ 철도공항 3만원/ 영화상영관 10개/ 초지복/10만창고 지리삼/오수조

(1) 연면적 **20만** 제곱미터 이상인 특정소방대상물(아파트 등 **제**외)
(2) 다음 각 목의 특정소방대상물
    ① **50**층 이상(**지**하층은 **제**외)이거나 지상으로부터 높이가 **200**미터 이상인 **아파트** 등
    ② **30**층 이상(**지**하층을 **포**함)이거나 지상으로부터 높이가 **120**미터 이상인 특정소방대상물(아파트 등 **제**외)
(3) 연면적 **3만** 제곱미터 이상인 특정소방대상물로서 다음에 해당하는 특정소방대상물
    ① 철도 및 도시철도 시설
    ② **공항**시설
(4) **창고**시설 중 연면적 **10만** 제곱미터 이상인 것 또는 지하층의 층수가 **2개** 층 이상이고 지하층의 바닥면적의 합계가 **3만** 제곱미터 이상인 것
(5) 하나의 건축물에 영화상영관이 10개 이상인 특정소방대상물
(6) 「**초**고층 및 **지**하연계 **복**합건축물 재난관리에 관한 특별법」에 따른 지하연계 복합건축물에 해당하는 특정소방대상물
(7) 터널 중 **수저**(水底)터널 또는 길이가 **5**천미터 이상인 것

※ 지하연계 복합건축물 정의
- 층수가 11층 이상이거나 1일 수용인원이 5천명 이상인 건축물로서 지하부분이 지하역사 또는 지하도상가와 연결된 건축물
- 건축물 안에 「건축법」에 따른 문화 및 집회시설, 판매시설, 운수시설, 업무시설, 숙박시설, 위락시설 중 유원시설업의 시설 또는 대통령령으로 정하는 용도의 시설이 하나 이상 있는 건축물

Answer 7.②

8 소방시설 설치 및 관리에 관한 법령상 수용인원 산정 방법 중 다음과 같은 시설의 수용인원은 몇 명인가?

> 숙박시설이 있는 특정소방대상물로서 종사자수는 5명, 숙박시설은 모두 2인용 침대이며, 침대수량은 50개이다.

① 55
② 75
③ 85
④ 105

9 소방시설 설치 및 관리에 관한 법령에 따른 특정소방대상물의 수용인원의 산정방법 기준 중 틀린 것은?

① 침대가 있는 숙박시설의 경우는 해당 특정소방대상물의 종사자 수에 침대수(2인용 침대는 2인으로 산정)를 합한 수
② 침대가 없는 숙박시설의 경우는 해당 특정소방대상물의 종사자 수에 숙박시설 바닥면적의 합계를 3㎡로 나누어 얻은 수를 합한 수
③ 강의실 용도로 쓰이는 특정소방대상물의 경우는 해당 용도로 사용하는 바닥면적의 합계를 1.9㎡로 나누어 얻은 수
④ 문화 및 집회시설의 경우는 해당 용도로 사용하는 바닥면적의 합계를 2.6㎡로 나누어 얻은 수

8.
특정소방대상물에 설치하여야 하는 소방시설의 종류 산정 시 수용인원 산정방법[시행령 별표7] 🔥🔥🔥
(1) 숙박시설이 있는 특정소방대상물 (M **침대유무 종플**(+)삼)
  ① **침대**가 **있**는 숙박시설: 해당 특정소방물의 **종**사자 수에 침대 수(2인용 침대는 2개로 산정한다)를 합한 수
  ② **침대**가 **없**는 숙박시설: 해당 특정소방대상물의 종사자 수에 숙박시설 바닥면적의 합계를 3㎡로 나누어 얻은 수를 합한 수
(2) 제(1)호 외의 특정소방대상물
  ① **강**의실·**교**무실·**상담**실·**실**습실·**휴**게실 용도로 쓰이는 특정소방대상물: 해당 용도로 사용하는 바닥면적의 합계를 **1.9㎡**로 나누어 얻은 수 (M **상담교실휴강 일구**(더하면 10))
  ② **강당**, **문**화 및 집회시설, **운동**시설, **종**교시설: 해당 용도로 사용하는 바닥면적의 합계를 **4.6㎡**로 나누어 얻은 수(관람석이 있는 경우 고정식 의자를 설치한 부분은 그 부분의 의자 수로 하고, 긴 의자의 경우에는 의자의 정면너비를 0.45m로 나누어 얻은 수로 한다) (M **문종운동 강당 46**(더하면 10))
  ③ 그 밖의 특정소방대상물: 해당 용도로 사용하는 바닥면적의 합계를 **3㎡**로 나누어 얻은 수 (M **그 삼**)
[비고] (M **복계화 제외**)
1. 위 표에서 바닥면적을 산정할 때에는 **복**도(「건축법 시행령」 제2조제11호에 따른 준불연재료 이상의 것을 사용하여 바닥에서 천장까지 벽으로 구획한 것을 말한다), **계**단 및 **화**장실의 바닥면적을 포함하지 않는다.
2. 계산 결과 소수점 이하의 수는 반올림한다.
 계산 : 5 + 2인용침대 × 50 = 105명

9.
문제 8번 참조

Answer 8.④ 9.④

10 소방시설 설치 및 관리에 관한 법령에 따른 임시소방시설 중 간이소화 장치를 설치하여야 하는 공사의 작업현장의 규모의 기준 중 다음 ( ) 안에 알맞은 것은?

- 연면적 (㉠)m² 이상
- 지하층, 무창층 또는 (㉡)층 이상의 층의 경우 해당 층의 바닥면적이 (㉢)m² 이상인 경우만 해당

① ㉠ 1000, ㉡ 6, ㉢ 150
② ㉠ 1000, ㉡ 6, ㉢ 600
③ ㉠ 3000, ㉡ 4, ㉢ 150
④ ㉠ 3000, ㉡ 4, ㉢ 600

10.
임시소방시설을 설치하여야 하는 공사의 종류와 규모

소화기	건축허가 등을 할 때 소방본부장 또는 소방서장의 동의를 받아야 하는 특정소방대상물의 건축·대수선·용도변경 또는 설치 등을 위한 공사 중 인화성(引火性) 물품을 취급하는 작업 등 대통령령으로 정하는 작업을 하는 현장에 설치한다.
간이소화장치	다음의 어느 하나에 해당하는 공사의 작업현장에 설치한다. 1) **연**면적 **3**천m² 이상 2) **지**하층, **무**창층 또는 **4**층 이상의 층. 이 경우 해당 층의 바닥면적이 **600**m² 이상인 경우만 해당한다. (M 연삼/ 무지쎄륙)
비상경보장치	다음의 어느 하나에 해당하는 공사의 작업현장에 설치한다. 1) **연**면적 **400**m² 이상 2) **지**하층 또는 무창층. 이 경우 해당 층의 바닥면적이 **150**m² 이상인 경우만 해당한다. (M 연사/ 무지씹오)
간이피난유도선	바닥면적이 **150**m² 이상인 **지**하층 또는 **무**창층의 작업현장에 설치한다. (M 무지씹오)
가스누설경보기	바닥면적이 **150**m² 이상인 **지**하층 또는 **무**창층의 작업현장에 설치한다. (M 무지씹오)
비상조명등	바닥면적이 **150**m² 이상인 **지**하층 또는 **무**창층의 작업현장에 설치한다. (M 무지씹오)
방화포	용접·용단작업이 진행되는 화재위험작업현장에 설치한다.

※ 가스누설경보기, 비상조명등, 방화포는 2023.7.1. 시행예정

Answer 10.④

11 건축물의 공사 현장에 설치하여야 하는 임시소방시설과 기능 및 성능이 유사하여 임시소방시설을 설치한 것으로 보는 소방시설로 연결이 틀린 것은? (단, 임시소방시설 - 임시소방시설을 설치한 것으로 보는 소방시설 순이다.)

① 간이소화장치 - 옥내소화전
② 간이피난유도선 - 유도표지
③ 비상경보장치 - 비상방송설비
④ 비상경보장치 - 자동화재탐지설비

11.

임시소방시설과 기능과 성능이 유사한 소방시설

소화기	소화약제를 압력에 따라 방사하는 기구로서 사람이 수동으로 조작하여 소화하는 것
간이소화장치	물을 방사(放射)하여 화재를 진화할 수 있는 장치로서 소방청장이 정하는 성능을 갖추고 있을 것
비상경보장치	화재가 발생한 경우 주변에 있는 작업자에게 화재사실을 알릴 수 있는 장치로서 소방청장이 정하는 성능을 갖추고 있을 것
간이피난유도선	화재가 발생한 경우 피난구 방향을 안내할 수 있는 장치로서 소방청장이 정하는 성능을 갖추고 있을 것
가스누설경보기	가연성 가스가 누설되거나 발생된 경우 이를 탐지하여 경보하는 장치로서 법 제37조에 따른 형식승인 및 제품검사를 받은 것
비상조명등	화재가 발생한 경우 안전하고 원활한 피난활동을 할 수 있도록 자동 점등되는 조명장치로서 소방청장이 정하는 성능을 갖추고 있을 것
방화포	용접·용단 등의 작업 시 발생하는 불티로부터 가연물이 점화되는 것을 방지해주는 천 또는 불연성 물품으로서 소방청장이 정하는 성능을 갖추고 있을 것

Answer 11.②

* 2020년 간부

12 「소방시설 설치 및 관리에 관한 법률 시행령」상 의료시설에 강화된 소방시설 기준을 적용해 설치하여야 하는 소방시설로 옳지 않은 것은?

① 스프링클러설비
② 자동화재탐지설비
③ 자동화재속보설비
④ 단독경보형감지기
⑤ 간이스프링클러설비

* 2024년

13 「소방시설 설치 및 관리에 관한 법률 시행령」상 특정소방 대상물의 간이스프링클러설비 설치면제 기준이다. ( ) 안에 들어갈 설비에 해당하지 않는 것은?

> 간이스프링클러설비를 설치해야 하는 특정소방대상물에 ( ), ( ) 또는 ( )를 화재안전기준에 적합하게 설치한 경우에는 그 설비의 유효범위에서 설치가 면제된다.

① 옥내소화전설비　　② 스프링클러설비
③ 물분무소화설비　　④ 미분무소화설비

12.

소방시설기준 적용의 특례[소방시설법 제13조] 🔥🔥🔥
2020 간부

(1) 원칙
　소방본부장이나 소방서장은 <u>대통령령 또는 화재안전기준이 변경되어 그 기준이 강화되는 경우</u> 기존의 특정소방대상물(건축물의 신축·개축·재축·이전 및 대수선 중인 특정소방대상물을 포함한다)의 소방시설에 대하여는 <u>변경 전의 대통령령 또는 화재안전기준을 적용한다. (원칙)</u>

(2) 예외사항(대통령령 또는 화재안전기준의 변경으로 강화된 기준을 적용)
　① 다음 소방시설 중 대통령령으로 정하는 것 ([M] **소비자피난탐 공동지구 노간탐단 의스간탐속**)
　　㉠ **소**화기구
　　㉡ **비**상경보설비
　　㉢ **자**동화재속보설비
　　㉣ **피난**구조설비
　　㉤ 자동화재**탐**지설비
　② 다음 각 목의 특정소방대상물에 설치하는 소방시설 중 대통령령 또는 화재안전기준으로 정하는 것

특정소방대상물	소방시설
공**동**구	소화기, 자동소화장치, 자동화재탐지설비, 통합감시시설, 유도등 및 연소방지설비
전력 또는 통신사업용 **지**하**구**	
노유자시설	**간**이스프링클러설비, 자동화재**탐**지설비 및 **단**독경보형 감지기
의료시설	**스**프링클러설비, **간**이스프링클러설비, 자동화재**탐**지설비 및 자동화재**속**보설비

13.

간이스프링클러 설비([M] **간스물미**)
간이스프링클러설비를 설치해야 하는 특정소방대상물에 <u>스프링클러설비, 물분무소화설비 또는 미분무소화설비</u>를 화재안전기준에 적합하게 설치한 경우

Answer 12.④ 13.①

14 소방시설 설치 및 관리에 관한 법령상 특정소방대상물의 소방시설 설치의 면제기준 중 다음 (   )안에 알맞은 것은?

> 물분무등소화설비를 설치하여야 하는 차고·주차장에 (   )를 화재안전기준에 적합하게 설치한 경우에는 그 설비의 유효범위에서 설치가 면제된다.

① 옥내소화전설비
② 스프링클러설비
③ 간이스프링클러설비
④ 할로겐화합물 및 불활성기체소화설비

15 소방시설 설치 및 관리에 관한 법령에 따른 화재안전기준을 달리 적용하여야 하는 특수한 용도 또는 구조를 가진 특정소방대상물 중 중·저준위방사성폐기물의 저장시설에 설치하지 아니할 수 있는 소방시설은?

① 소화용수설비
② 옥외소화전설비
③ 물분무등소화설비
④ 연결송수관설비 및 연결살수설비

14.

설치가 면제되는 소방시설	설치가 면제되는 기준
물분무등소화설비 (M 차주스)	물분무등소화설비를 설치해야 하는 차고·주차장에 스프링클러설비를 화재안전기준에 적합하게 설치한 경우

15.

소방시설을 설치하지 아니할 수 있는 대상 및 소방시설

구분	특정소방대상물	소방시설
1. 화재 위험도가 낮은 특정소방대상물	**석**재 불연성금속 불연성 건축재료 등의 가공공장·기계조립공장·주물공장 또는 불연성 물품을 저장하는 창고	옥**외**소화전 및 연결**살**수설비 (M 석외살)
2. 화재안전기준을 적용하기 어려운 특정소방대상물	**펄**프공장의 작업장, 음료수 공장의 세정 또는 충전을 하는 작업장, 그 밖에 이와 비슷한 용도로 사용하는 것	**스**프링클러설비, **상**수도소화용수설비 및 연결**살**수설비 (M 펄스상살)
	정수장, 수영장, 목욕장, 농예·축산·어류양식용시설, 그 밖에 이와 비슷한 용도로 사용되는 것	**자**동화재탐지설비, **상**수도소화용수설비 및 연결살수설비 (M 정자상살)
3. 화재안전기준을 달리 적용하여야 하는 특수한 용도 또는 구조를 가진 특정소방대상물	**원자**력 발전소, 중·저준위**방**사성 폐기물의 저장시설	연결**송**수관설비 및 연결**살**수설비 (M 원자방송살)
4. 「위험물 안전관리법」 제19조에 따른 자체소방대가 설치된 특정소방대상물	**자**체소방대가 설치된 위험물 제조소등에 부속된 사무실	옥**내**소화전설비, 소화**용**수설비, 연결**살**수설비 및 연결**송**수관설비 (M 자내용송살)

Answer 14.② 15.④

16 소방시설 설치 및 관리에 관한 법령상 방염성능기준으로 틀린 것은?

① 버너의 불꽃을 제거한 때부터 불꽃을 올리며 연소하는 상태가 그칠 때까지 시간은 20초 이내
② 버너의 불꽃을 제거한 때부터 불꽃을 올리지 아니하고 연소하는 상태가 그칠 때까지 시간은 30초 이내
③ 탄화한 면적은 50cm² 이내, 탄화한 길이는 20cm 이내
④ 불꽃에 의하여 완전히 녹을 때까지 불꽃의 접촉횟수는 2회 이상

16.

방염성능기준 (M 올리이십(20) 아니삼십(30) 면오(50) 길이(2) 접삼(3) 발사(4))

(1) 버너의 불꽃을 제거한 때부터 불꽃을 **올리**며 연소하는 상태가 그칠 때까지 시간은 **20**초 이내일 것
(2) 버너의 불꽃을 제거한 때부터 불꽃을 올리지 **아니**하고 연소하는 상태가 그칠 때까지 시간은 **30**초 이내일 것
(3) 탄화(炭化)한 **면**적은 **50**제곱센티미터 이내, 탄화한 **길**이는 **20**센티미터 이내일 것
(4) 불꽃에 의하여 완전히 녹을 때까지 불꽃의 **접촉**횟수는 **3**회 이상일 것
(5) 소방청장이 정하여 고시한 방법으로 **발**연량(發煙量)을 측정하는 경우 최대연기밀도는 **4**00 이하일 것

17 제조 또는 가공 공정에서 방염처리를 하는 방염대상물품으로 틀린 것은? (단, 합판·목재류의 경우에는 설치 현장에서 방염처리를 한 것을 포함한다.)

① 카펫
② 창문에 설치하는 커튼류
③ 두께가 2mm 미만인 종이벽지
④ 전시용 합판 또는 섬유판

17.

제조 또는 가공 공정에서 방염처리를 한 물품(합판·목재류의 경우에는 설치 현장에서 방염처리를 한 것을 포함) (M 창커/ 카두이미/ 전무암무/ 섬합 단유노)
① **창**문에 설치하는 **커**튼류(블라인드를 포함)
② **카**펫, **두**께가 **2**밀리미터 **미**만인 벽지류(종이벽지는 제외)
③ **전**시용 합판 또는 섬유판, **무**대용 합판 또는 섬유판
④ **암**막·**무**대막('영화상영관에 설치하는 스크린과 가상체험 체육시설업에 설치하는 스크린을 포함)
⑤ **섬**유류 또는 **합**성수지류 등을 원료로 하여 제작된 소파·의자 (**단**란주점영업, **유**흥주점영업 및 노래연습장업의 영업장에 설치하는 것만 해당)

Answer 16.④ 17.③

18 다중이용업소의 실내장식물 중 방염대상물품이 아닌 것은?

① 너비10[cm] 이하의 반자돌림대
② 흡음용 커튼
③ 합판과 목재
④ 두께2[mm] 미만인 벽지류

18.

건축물 내부의 천장이나 벽에 부착하거나 설치하는 것 (M 종합간음)
다만, 가구류(옷장, 찬장, 식탁, 식탁용 의자, 사무용 책상, 사무용 의자, 계산대 및 그 밖에 이와 비슷한 것)와 너비 10센티미터 이하인 반자돌림대 등과 「건축법」에 따른 내부마감재료는 제외한다.
① **종**이류(두께 2밀리미터 이상인 것)·**합**성수지류 또는 **섬**유류를 주원료로 한 **물**품 (M 종합섬물)
② **합**판이나 목재
③ 공간을 구획하기 위하여 설치하는 **간**이 칸막이(접이식 등 이동 가능한 벽체나 천장 또는 반자가 실내에 접하는 부분까지 구획하지 아니하는 벽체)
④ **흡음**(吸音)이나 방음(防音)을 위하여 설치하는 흡음재(흡음용 커튼을 포함) 또는 방음재(방음용 커튼을 포함)

19 방염성능기준 이상의 실내장식물 등을 설치해야 하는 특정소방대상물이 아닌 것은?

① 건축물 옥내에 있는 종교시설
② 방송통신시설 중 방송국 및 촬영소
③ 층수가 11층 이상인 아파트
④ 숙박이 가능한 수련시설

19.

방염성능기준 이상의 실내장식물 등을 설치하여야 하는 특정소방대상물
(1) **근**린생활시설 중 **의**원, **조**산원, 산후조리원, **체**력단련장, **공연**장 및 **종교**집회장
(M **방근의**(박근혜) 체조후 종교공연 갔다.
(2) 건축물의 **옥내**에 있는 시설로서 다음 각 목의 시설 (M 옥내 문종운동 수제)
  가. **문**화 및 집회시설
  나. **종**교시설
  다. **운동**시설(수영장은 제외한다)
(3) **의**료시설 (M 노가다합숙소 의숙 방촬 11층아제)
(4) 교육연구시설 중 **합숙소**
(5) **노**유자시설
(6) 숙박이 **가**능한 수련시설
(7) **숙**박시설
(8) 방송통신시설 중 **방**송국 및 **촬**영소
(9) **다**중이용업소
(10) 제1호부터 제9호까지의 시설에 해당하지 않는 것으로서 층수가 **11층** 이상인 것(**아파트**는 **제**외한다)

Answer 18.① 19.③

※ 2018년 간부
20 소방시설의 설치유지 및 안전관리에 관한 설명으로 옳은 것은?

① 무창층에 설치되는 개구부의 크기는 지름 70cm의 원이 내접할 수 있어야 한다.
② 지하구란 곧바로 지상으로 갈 수 있는 출입구가 있는 층을 말한다.
③ 화재를 진압하는데 필요한 물을 공급하거나 저장하는 설비를 소화용수설비라 한다.
④ 방열복, 공기호흡기, 공기안전매트는 피난 설비이다.
⑤ 옥내소화전설비, 포소화설비, 소화기구, 연결송수관설비 등은 소화설비에 해당한다.

20.

소방시설: 소화설비, 경보설비, 피난구조설비, 소화용수설비, 그 밖에 소화활동설비로서 대통령령으로 정하는 것을 말한다.(소경피용활)
(1) 소화설비: 물 또는 그 밖의 소화약제를 사용하여 소화하는 기계·기구 또는 설비
(2) 경보설비: 화재발생 사실을 통보하는 기계·기구 또는 설비
(3) 피난구조설비: 화재가 발생할 경우 피난하기 위하여 사용하는 기구 또는 설비
(4) 소화용수설비: 화재를 진압하는 데 필요한 물을 공급하거나 저장하는 설비
(5) 소화활동설비: 화재를 진압하거나 인명구조활동을 위하여 사용하는 설비

※ 2023년
21 특정소방대상물의 바닥면적이 다음과 같을 때 「소방시설 설치 및 관리에 관한 법률 시행령」에 따른 수용인원은 총 몇 명인가? (단, 바닥면적을 산정할 때에는 복도, 계단 및 화장실 을 포함하지 않으며, 계산 결과 소수점 이하의 수는 반올림한다.)

- 관람석이 없는 강당 1개, 바닥면적 460㎡
- 강의실 10개, 각 바닥면적 57㎡
- 휴게실 1개, 바닥면적 38㎡

① 380
② 400
③ 420
④ 440

21.

소방시설 설치 및 관리에 관한 법률 시행령 [별표 7]
1. 숙박시설이 있는 특정소방대상물
   가. 침대가 있는 숙박시설: 해당 특정소방대상물의 종사자 수에 침대 수(2인용 침대는 2개로 산정한다)를 합한 수
   나. 침대가 없는 숙박시설: 해당 특정소방대상물의 종사자 수에 숙박시설 바닥면적의 합계를 3㎡로 나누어 얻은 수를 합한 수
2. 제1호 외의 특정소방대상물
   가. 강의실·교무실·상담실·실습실·휴게실 용도로 쓰는 특정소방대상물: 해당 용도로 사용하는 바닥면적의 합계를 1.9㎡로 나누어 얻은 수
   나. 강당, 문화 및 집회시설, 운동시설, 종교시설: 해당 용도로 사용하는 바닥면적의 합계를 4.6㎡로 나누어 얻은 수(관람석이 있는 경우 고정식 의자를 설치한 부분은 그 부분의 의자 수로 하고, 긴 의자의 경우에는 의자의 정면너비를 0.45m로 나누어 얻은 수로 한다)
   다. 그 밖의 특정소방대상물: 해당 용도로 사용하는 바닥면적의 합계를 3㎡로 나누어 얻은 수

Answer 20.③ 21.③

* 2023년

22 「소방시설 설치 및 관리에 관한 법률 시행령」상 건축물 등의 신축·증축·개축·재축·이전·용도변경 또는 대수선의 허가·협의 및 사용승인을 할 때 미리 소방본부장 또는 소방서장의 동의를 받아야 하는 건축물 등의 범위로 옳지 않은 것은?

① 연면적 100제곱미터 이상인 특정소방대상물 중 노유자(老幼者) 시설 및 수련시설
② 「학교시설사업 촉진법」에 따라 건축등을 하려는 연면적 100 제곱미터 이상의 학교시설
③ 지하층 또는 무창층이 있는 건축물로서 바닥면적이 150제곱미터(공연장의 경우에는 100제곱미터) 이상인 층이 있는 것
④ 차고·주차장 또는 주차 용도로 사용되는 시설로서 차고·주차장으로 사용되는 바닥면적이 200제곱미터 이상인 층이 있는 건축물이나 주차시설

22.

① 노유자시설 및 수련시설: 200제곱미터

Answer 22.①

* 2023년 간부

23 「소방시설 설치 및 관리에 관한 법률 시행령」상 건축물 등의 신축·증축·개축·재축·이전·용도변경 또는 대수선의 허가·협의 및 사용승인을 할 때 미리 소방본부장 또는 소방서장의 동의를 받아야 하는 건축물 등의 범위로 옳은 것만을 <보기>에서 고른 것은?

<보기>

㉠ 노유자시설 및 수련시설 : 100제곱미터 이상
㉡ 항공기 격납고, 관망탑, 항공관제탑, 방송용 송수신탑
㉢ 승강기 등 기계장치에 의한 주차시설로서 자동차 15대 이상을 주차할 수 있는 시설
㉣ 차고·주차장으로 사용되는 바닥면적이 200제곱미터 이상인 층이 있는 건축물이나 주차시설
㉤ 지하층 또는 무창층이 있는 건축물로서 바닥면적이 150제곱미터(공연장의 경우에는 100제곱미터) 이상인 층이 있는 것

① ㉠, ㉡, ㉢
② ㉠, ㉡, ㉣
③ ㉠, ㉢, ㉣
④ ㉡, ㉢, ㉤
⑤ ㉡, ㉣, ㉤

* 2024년

24 「소방시설 설치 및 관리에 관한 법률 시행령」상 건축허가 등의 동의대상물에 해당하지 않는 것은?

① 층수가 6층인 건축물
② 연면적 400제곱미터인 건축물
③ 지하층이 있는 건축물로서 바닥면적이 150제곱미터 이상인 층이 있는 것
④ 특정소방대상물 중 노유자(老幼者)시설로서 연면적 100 제곱미터인 건축물

23. 24.

건축허가 동의 대상물의 범위

1. **연**면적이 400제곱미터 이상인 건축물 (M 연사/ 학백 노수이 정장삼)	다만, 다음의 어느 하나에 해당하는 시설은 해당 목에서 정한 기준 이상인 건축물로 한다. 가. **학**교시설 : **100㎡** 나. **노**유자시설 및 **수**련시설 : **200㎡** 다. **정**신의료기관(입원실이 없는 정신건강의학과 의원 제외) : **300㎡** 라. **장**애인 의료재활시설 : **300㎡**	
5. **지**하층 또는 **무**창층이 있는 건축물로서 바닥면적이 **150㎡**(**공**연장의 경우에는 **100㎡**) 이상인 층이 있는 것 (M 무지씹오공백)		
3. **차**고·주차장 또는 주차용도로 사용되는 시설로서 다음의 어느 하나에 해당하는 것 (M 차주이/ 기계주차20대)	가. **차**고·**주**차장으로 사용되는 바닥면적이 **200㎡** 이상인 층이 있는 건축물이나 주차시설 나. 승강기 등 **기**계장치에 의한 **주차**시설로서 자동차 **20대** 이상을 주차할 수 있는 시설	
2. 층수가 **6층** 이상인 건축물 (M 육층)		
4. **항공**기격납고, **관**망탑, **항공**관제탑, **방송**용 **송**수신탑 (M 항공관방송)		
6. **의**원(입원실이 있는 것 한정), **조**산원, **산**후조리원, **위**험물 저장 및 처리 시설, 발전시설 중 풍력발전소·전기저장시설, 지하구 (M 조산의 위전구)		
7. 제1호에 해당하지 않는 노유자시설 중 다음의 어느 하나에 해당하는 시설	가. 노인 관련 시설 중 다음의 어느 하나에 해당하는 시설 1) 노인주거복지시설·노인의료복지시설 및 재가노인복지시설 2) 학대피해노인 전용쉼터 나. 아동복지시설(아동상남소, 아동선용시설 및 지역아동센터는 제외) 다. 장애인 거주시설 라. 정신질환자 관련 시설 마. 노인 관련 시설 중 노숙인자활시설, 노숙인재활시설 및 노숙인요양시설 바. 결핵환자나 한센인이 24시간 생활하는 노유자시설	
8. 요양병원. 다만, 정신의료기관 중 정신병원과 의료재활시설은 제외한다.		
9. 특정소방대상물 중 공장 또는 창고시설로서 「화재예방법」에서 정하는 수량의 750배 이상의 특수가연물을 저장·취급하는 것		
10. 가스시설로서 지상에 노출된 탱크의 저장용량의 합계가 100톤 이상인 것		

Answer 23.⑤ 24.④

✽ **연도별 기출경향** ✽

[기출연도]	2012	2013	2014	2015	2016	2017	2018	2019	2020	2021	2022	2023	2024
문항수	0	4	0	0	1	0	0	1	0	2	0	5	7

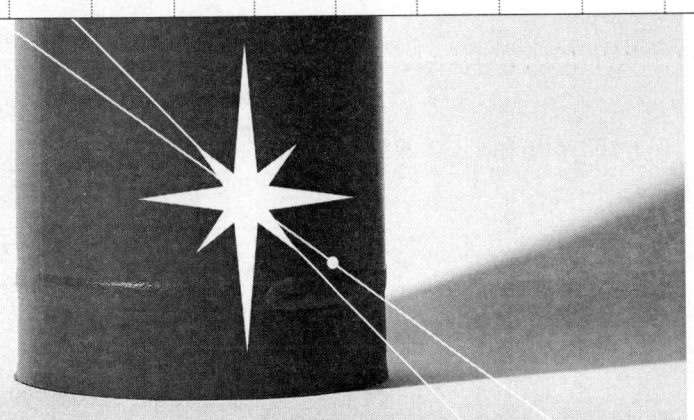

PART 20

위험물 안전관리

01	위험물의 개요
02	위험물의 허가관련 등에 관한 사항
03	위험물의 안전관리 등에 관한 사항
04	위험물의 운반 및 운송에 관한 사항
05	행정처분
06	안전거리
07	보유공지
08	표지 및 게시판

01 위험물의 개요

1 용어정의 🔥🔥🔥 [2020 간부]

구분	설명
위험물	**인**화성 또는 **발**화성 등의 성질을 가지는 것으로 **대**통령령으로 정한 것 (Ⓜ 인발대)
지정수량	위험물 **종**류별로 **위**험성을 고려하여 대통령령으로 정한 수량으로써 제조소 등의 설치허가 등 **최저**기준이 되는 수량 (Ⓜ 지종위최저)
제조소	위험물을 제조할 목적으로 지정수량 이상의 위험물을 취급하기 위하여 허가를 받은 장소를 말한다.
저장소	지정수량 이상의 위험물을 저장하기 위한 대통령령이 정하는 장소로서 허가를 받은 장소를 말한다.
취급소	지정수량 이상의 위험물을 제조외의 목적으로 취급하기 위한 대통령령이 정하는 장소로서 허가를 받은 장소를 말한다.
제조소등	제조소 · 저장소 및 취급소를 말한다.

2 위험물제조소등의 구분 🔥🔥🔥

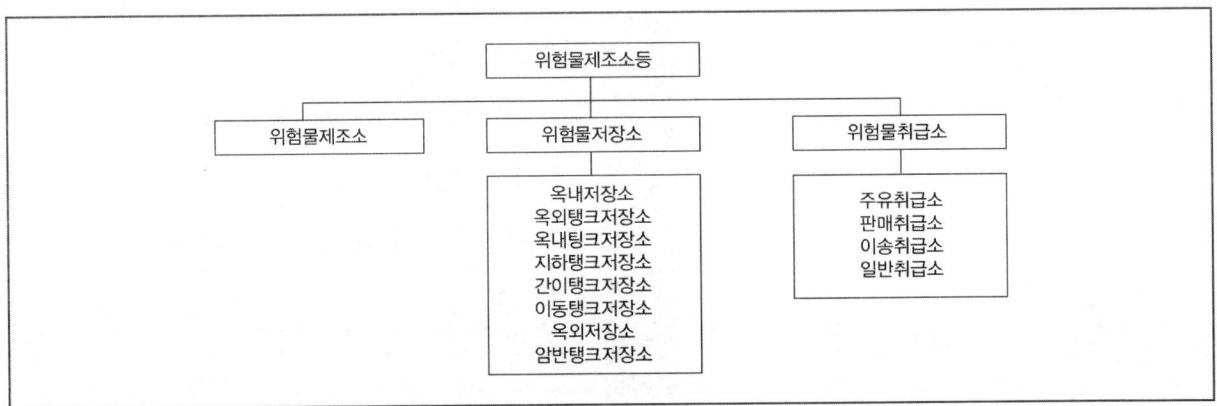

(1) 위험물제조소

위험물을 제조하기 위해 지정수량 이상의 위험물을 취급하기 위한 시설을 설치한 장소로서 위험물시설의 설치허가를 받은 장소를 말한다.

(2) 위험물저장소 (Ⓜ 내외 내외탱 이지간암)

지정수량 이상의 위험물을 저장하기 위한 시설로서 위험물시설의 설치허가를 받은 장소를 말하며, 그 형태에 따라 8가지 저장소로 나눈다.

저장소의 구분	지정수량 이상의 위험물을 저장하기 위한 장소
옥내저장소	옥내(지붕과 기둥 또는 벽 등에 의하여 둘러싸인 곳을 말한다.)에 저장하는 장소 (옥내탱크저장소제외)
옥외탱크저장소	옥외에 있는 탱크(지하탱크, 간이탱크, 이동탱크, 암반탱크를 제외한다)에 위험물을 저장하는 장소
옥내탱크저장소	옥내에 있는 탱크에 위험물을 저장하는 장소
지하탱크저장소	지하에 매설한 탱크에 위험물을 저장하는 장소
간이탱크저장소	간이탱크에 위험물을 저장하는 장소
이동탱크저장소	차량에 고정된 탱크에 위험물을 저장하는 장소. 일반적으로 탱크로리(tank lorry)라 부른다.
옥외저장소 2023	옥외에 다음 각목에 해당하는 위험물을 저장하는 장소 가. 제2류 위험물중 **유황** 또는 **인**화성**고**체(인화점이 섭씨 0도 이상인 것에 한) (Ⓜ 유인고) 나. 제4류 위험물중 제1석유류(인화점이 섭씨 0도 이상인 것에 한한다)·알코올류·제2석유류·제3석유류·제4석유류 및 동식물유류 다. 제6류 위험물 라. 제**2**류 위험물 및 제**4**류 위험물중 특별시·광역시 또는 도의 **조**례에서 정하는 위험물(「**관**세법」 제154조의 규정에 의한 **보**세구역안에 저장하는 경우에 한한다) (Ⓜ 조관보이사) 마. 「**국제**해사기구에 관한 협약」에 의하여 설치된 국제해사기구가 채택한 「국제해상위험물규칙」(IMDG Code)에 적합한 용기에 수납된 위험물 (Ⓜ 국제)
암반탱크저장소	암반내의 공간을 이용한 탱크에 액체의 위험물을 저장하는 장소

(3) 위험물취급소 (Ⓜ 주판이일)

지정수량 이상의 위험물을 제조 외의 목적으로 취급하기 위한 장소로서 설치허가를 받은 장소를 말하며, 그 목적에 따라 주유취급소, 판매취급소, 이송취급소, 일반취급소로 구분된다.

저장소의 구분	지정수량 이상의 위험물을 제조 외의 목적으로 취급하기 위한 장소
주유취급소	고정된 주유설비에 의하여 자동차·항공기 또는 선박 등의 연료탱크에 직접 주유하거나, 실소비자에게 판매하는 위험물취급소를 말한다.
판매취급소	점포에서 위험물을 용기에 담아 판매하기 위하여 지정수량의 40배 이하의 위험물을 취급하는 장소를 판매취급소라 하며, 저장할 수 있는 위험물의 수량에 따라 제1종 판매취급소와 제2종 판매취급소로 구분하고 있으며 위험물을 배합하는 실을 따로 두고 있다.
이송취급소	배관 및 이에 부속하는 설비에 의하여 위험물을 이송하는 취급소를 말한다. 다만, 「송유관안전관리법」에 의한 송유관에 의하여 위험물을 이송하는 곳 등 「위험물안전 관리법 시행령」 별표3 제3호 가목~사목에 해당하는 곳은 제외한다.
일반취급소	상기 취급소에 해당하지 아니하는 취급소를 말한다. 제조소와는 달리 위험물을 이용하여 최종산물이 위험물이 아닌 제품을 제조(생산)하는 경우 또는 위험물을 생산하지 아니하는 제반 취급소를 일반취급소라 할 수 있다.

❸ 위험물안전관리법 적용제외

(1) 항공기

(2) 선박

(3) 철도 및 궤도

❹ 지정수량에 따른 적용 법규 ♨♨♨

(1) 지정수량 이상의 위험물
제조소 등에서 취급하여야 하며 위험물 안전관리법 적용

(2) 지정수량 미만인 위험물
지정수량 미만인 위험물의 저장 또는 취급에 관한 기술상의 기준은 시·도의 조례로 정한다.

※ (둘 이상의 위험물을 같은 장소에서 저장 또는 취급하는 경우에 있어서 당해 장소에서 저장 또는 취급하는 각 위험물의 수량을 그 위험물의 지정수량으로 각각 나누어 얻은 수의 합계가 1 이상인 경우 당해 위험물은 지정수량 이상의 위험물로 본다.)

⑤ 지정수량 이상의 위험물의 저장 및 취급제한

(1) 원칙

지정수량 이상의 위험물을 저장소가 아닌 장소에서 저장하거나 제조소등이 아닌 장소에서 취급하여서는 아니된다.

(2) 예외

① 시·도의 조례가 정하는 바에 따라 관할소방서장의 승인을 받아 지정수량 이상의 위험물을 90일 이내의 기간동안 임시로 저장 또는 취급하는 경우
② 군부대가 지정수량 이상의 위험물을 군사목적으로 임시로 저장 또는 취급하는 경우
③ 임시로 저장 또는 취급하는 장소에서의 저장 또는 취급의 기준과 임시로 저장 또는 취급하는 장소의 위치·구조 및 설비의 기준은 시·도의 조례로 정한다.

02 위험물의 허가관련 등에 관한 사항

❶ 위험물시설의 설치 및 변경 등 🔥🔥 (Ⓜ 설위구설 허가/ 품수배 하루전 신고)

(1) 제조소등의 **설치**

설치장소를 관할하는 시 · 도지사의 **허가**

(2) 제조소등의 **위치 · 구조** 또는 **설**비 변경

설치장소를 관할하는 시 · 도지사의 **허가**

(3) 제조소등의 위험물의 **품명 · 수량** 또는 지정수량의 **배수**를 변경

변경하고자 하는 날의 1일 전까지 행정안전부령이 정하는 바에 따라 시 · 도지사에게 신고

(4) 허가를 받지 아니하고 제조소등을 설치하거나 그 위치 · 구조 또는 설비를 변경할 수 있으며, 신고를 하지 아니하고 위험물의 품명 · 수량 또는 지정수량의 배수를 변경할 수 있는 경우 (Ⓜ 농축수 난방 건조는 20배 이하로 저장(하고) 주방저취 (단) 공중 제외)
① **주**택의 난**방**시설(**공**동주택의 **중앙**난방시설을 **제외**한다)을 위한 **저**장소 또는 **취**급소
② **농**예용 · **축**산용 또는 **수**산용으로 필요한 **난방**시설 또는 **건조**시설을 위한 지정수량 **20배 이하**의 **저장**소

❷ 위험물 시설의 완공검사 🔥🔥

(1) 규정에 따른 허가를 받은 자가 제조소등의 설치를 마쳤거나 그 위치 · 구조 또는 설비의 변경을 마친 때 → 시 · 도지사가 행하는 완공검사를 받아 규정에 따른 기술기준에 적합하다고 인정받은 후 사용 가능

(2) 완공검사를 받고자 하는 자가 제조소등의 일부에 대한 설치 또는 변경을 마친 후 그 일부를 미리 사용하고자 하는 경우에는 당해 제조소등의 일부에 대하여 완공검사를 받을 수 있다.

(3) 완공검사의 신청시기
① 지하탱크가 있는 제조소등의 경우 : 당해 지하탱크를 매설하기 전
② 이동탱크저장소의 경우 : 이동저장탱크를 완공하고 상시 설치 장소("상치장소"라 한다)를 확보한 후

③ 이송취급소의 경우 : 이송배관 공사의 전체 또는 일부를 완료한 후. 다만, 지하·하천 등에 매설하는 이송배관의 공사의 경우에는 이송배관을 매설하기 전

④ 전체 공사가 완료된 후에는 완공검사를 실시하기 곤란한 경우

　㉠ 위험물설비 또는 배관의 설치가 완료되어 기밀시험 또는 내압시험을 실시하는 시기

　㉡ 배관을 지하에 설치하는 경우에는 시·도지사, 소방서장 또는 기술원이 지정하는 부분을 매몰하기 직전

　㉢ 기술원이 지정하는 부분의 비파괴시험을 실시하는 시기

⑤ 제①호 내지 제④호에 해당하지 아니하는 제조소등의 경우 : 제조소등의 공사를 완료한 후

③ 제조소등의 사용 중지 등

(1) 제조소등의 사용을 중지(경영상 형편, 대규모 공사 등의 사유로 3개월 이상 위험물을 저장하지 아니하거나 취급하지 아니하는 경우)하는 경우 조치사항

① 위험물의 제거 및 제조소등에의 출입통제 등 안전조치

② 제조소등의 사용을 중지하는 기간에 위험물안전관리자가 계속하여 직무를 수행하는 경우에는 안전조치를 아니할 수 있다.

(2) 제조소등의 사용을 중지하거나 중지한 제조소등의 사용을 재개하려는 경우

해당 제조소등의 사용을 중지하려는 날 또는 재개하려는 날의 <u>14일 전까지 시·도지사에게 신고</u>

(3) 시·도지사는 신고를 받으면 제조소등의 관계인이 안전조치를 적합하게 하였는지 또는 위험물안전관리자가 직무를 적합하게 수행하는지를 확인하고 위해방지를 위하여 필요한 안전조치의 이행을 명할 수 있다.

(4) 제조소등의 관계인은 제조소등의 <u>사용을 중지하는 기간 동안에는 위험물안전관리자를 선임하지 아니할 수 있다.</u>

④ 제조소등의 폐지

제조소등의 관계인(소유자·점유자 또는 관리자)은 당해 제조소등의 용도를 폐지(장래에 대하여 위험물 시설로서의 기능을 완전히 상실시키는 것을 말한다)한 때에는 제조소등의 <u>용도를 폐지한 날부터 14일 이내에 시·도지사에게 신고</u>하여야 한다.

5 탱크안전성능검사 2016 간부

(1) 위험물탱크의 설치 또는 그 위치·구조 또는 설비의 변경공사를 하는 때에는 시·도지사가 실시하는 탱크안전성능검사를 받아야 한다. 이 경우 시·도지사는 탱크안전성능시험자 또는 한국소방산업기술원으로부터 탱크안전성능시험을 받은 경우에는 당해 탱크안전성능검사의 전부 또는 일부를 면제할 수 있다

(2) 탱크안전성능검사의 대상이 되는 탱크 (M 기충수용암/ 기(초)용(접) 외탱백만/ 충수 고산제일미)

① **기초·지반검사** : 옥**외탱**크저장소의 액체위험물탱크 중 그 용량이 **100만**리터 이상인 탱크

② **충수(充水)·수압검사** : 액체위험물을 저장 또는 취급하는 탱크. 다만, 다음 각 목의 어느 하나에 해당하는 탱크는 제외한다. (M 고산제일미)
  ㉠ **제**조소 또는 **일**반취급소에 설치된 탱크로서 용량이 지정수량 **미**만인 것
  ㉡ 「**고**압가스 안전관리법」 제17조제1항에 따른 특정설비에 관한 검사에 합격한 탱크
  ㉢ 「**산**업안전보건법」 제84조제1항에 따른 안전인증을 받은 탱크

③ **용접부검사** : 옥**외탱**크저장소의 액체위험물탱크 중 그 용량이 **100만**리터 이상인 탱크

④ **암반탱크검사** : 액체위험물을 저장 또는 취급하는 암반내의 공간을 이용한 탱크

(3) 탱크안전성능검사의 신청시기

① **기초·지반검사** : 위험물탱크의 기초 및 지반에 관한 공사의 개시 전

② **충수·수압검사** : 위험물을 저장 또는 취급하는 탱크에 배관 그 밖의 부속설비를 부착하기 전

③ **용접부검사** : 탱크본체에 관한 공사의 개시 전

④ **암반탱크검사** : 암반탱크의 본체에 관한 공사의 개시 전

03 위험물의 안전관리 등에 관한 사항

❶ 위험물안전관리자 🔥🔥 [2021 간부]

(1) 제조소등[허가를 받지 아니하는 제조소등과 이동탱크저장소 제외]의 관계인은 위험물의 안전관리에 관한 직무를 수행하게 하기 위하여 제조소등마다 대통령령이 정하는 위험물의 취급에 관한 자격이 있는 자를 위험물안전관리자로 선임하여야 한다.

(2) 안전관리자를 선임한 제조소등의 관계인은 그 안전관리자를 해임하거나 안전관리자가 퇴직한 때에는 <u>해임하거나 퇴직한 날부터 30일 이내에 다시 안전관리자를 선임</u>하여야 한다.

(3) 제조소등의 관계인은 안전관리자를 선임한 경우에는 <u>선임한 날부터 14일 이내에 행정안전부령으로 정하는 바에 따라 소방본부장 또는 소방서장에게 신고</u>하여야 한다.

(4) 제조소등의 관계인이 안전관리자를 해임하거나 안전관리자가 퇴직한 경우 그 관계인 또는 안전관리자는 소방본부장이나 소방서장에게 그 사실을 알려 해임되거나 퇴직한 사실을 확인받을 수 있다.

(5) 제조소등의 관계인은 안전관리자가 여행·질병 그 밖의 사유로 인하여 일시적으로 직무를 수행할 수 없거나 안전관리자의 해임 또는 퇴직과 동시에 다른 안전관리자를 선임하지 못하는 경우에는 위험물의 취급에 관한 자격 취득자 또는 위험물안전에 관한 기본지식과 경험이 있는 자로서 <u>대리자(代理者)로 지정하여 그 직무를 대행하게 하여야 한다. 이 경우 대행기간은 30일을 초과할 수 없다.</u>

(6) 안전관리자는 위험물을 취급하는 작업을 하는 때에는 작업자에게 안전관리에 관한 필요한 지시를 하는 등 행정안전부령이 정하는 바에 따라 위험물의 취급에 관한 안전관리와 감독을 하여야 하고, 제조소등의 관계인과 그 종사자는 안전관리자의 위험물 안전관리에 관한 의견을 존중하고 그 권고에 따라야 한다.

(7) 제조소등에 있어서 위험물취급자격자가 아닌 자는 안전관리자 또는 제(5)항에 따른 대리자가 참여한 상태에서 위험물을 취급하여야 한다.

(8) 다수의 제조소등을 동일인이 설치한 경우에는 제(1)항의 규정에 불구하고 관계인은 대통령령이 정하는 바에 따라 1인의 안전관리자를 중복하여 선임할 수 있다. 이 경우 대통령령이 정하는 제조소등의 관계인은 제(5)항에 따른 대리자의 자격이 있는 자를 각 제조소등별로 지정하여 안전관리자를 보조하게 하여야 한다.

(9) 제조소등의 종류 및 규모에 따라 선임하여야 하는 안전관리자의 자격은 대통령령으로 정한다.

② 위험물 취급자격자의 자격

위험물취급자격자의 구분	취급할 수 있는 위험물
1. 위험물기능장, 위험물산업기사, 위험물기능사의 자격을 취득한 사람	별표 1의 모든 위험물
2. 안전관리자교육이수자	별표 1의 위험물 중 제4류 위험물
3. 소방공무원으로 근무한 경력이 3년 이상인 자	별표 1의 위험물 중 제4류 위험물

③ 1인의 안전관리자를 중복하여 선임할 수 있는 경우

(1) 보일러·버너 또는 이와 비슷한 것으로 위험물을 소비하는 장치로 이루어진 7개 이하의 **일반취급소**와 그 일반취급소에 공급하기 위한 위험물을 저장하는 **저장**소 [일반취급소 및 저장소가 모두 동일구내(같은 건물 안 또는 같은 울타리 안)에 있는 경우]를 동일인이 설치한 경우] (Ⓜ 7보 일취저장)

(2) 위험물을 차량에 고정된 탱크 또는 운반용기에 **옮**겨 담기 위한 5개 이하의 일반취급소[일반취급소간의 거리(보행거리)가 **300미터** 이내인 경우]와 그 일반취급소에 공급하기 위한 위험물을 저장하는 저장소를 동일인이 설치한 경우] (Ⓜ 300미터 옮(환자) 5명 발생)

(3) **동**일구내에 있거나 **상**호 **100**미터 이내의 거리에 있는 저장소로서 저장소의 규모, 저장하는 위험물의 종류 등을 고려하여 행정안전부령이 정하는 저장소를 동일인이 설치한 경우(Ⓜ 동상백)

(4) 다음 각목의 기준에 모두 적합한 **5**개 이하의 제조소등을 동일인이 설치한 경우 (Ⓜ 동상백 삼촌이(삼천미) 5명)

① 각 제조소 등이 **동**일구내에 위치하거나 **상**호 **100**미터 이내의 거리에 있을 것

② 각 제조소 등에서 저장 또는 취급하는 위험물의 최대수량이 지정수량의 **3천**배 **미**만인 제조소, 취급소일 것(다만, 저장소 제외)

(5) **동**일구내 또는 **상**호 **100**미터 이내의 거리에 있는 저장소로서 동일인이 설치한 다음 각목의 어느 하나에 해당하는 저장소 (Ⓜ 동상백/ 내지간탱/ 내외암탱 10/ 외탱 30)

① 옥**내**탱크저장소

② **지**하탱크저장소

③ **간**이**탱**크저장소

④ **10**개 이하의 옥**내**저장소

⑤ 10개 이하의 옥**외**저장소

⑥ 10개 이하의 **암**반**탱**크저장소

⑦ **30**개 이하의 옥외탱크저장소

❹ 제조소 1인 안전관리자 중복선임시 대리자를 각 제조소 등별로 지정하여 안전관리자를 보조하게 해야하는 대상 ♨♨ (M 안보 제일이다)

(1) **제**조소

(2) **이**송취급소

(3) **일**반취급소. 다만, 인화점이 38도 이상인 제4류 위험물만을 지정수량의 30배 이하로 취급하는 일반취급소로서 다음 각목의 1에 해당하는 일반취급소를 제외한다.
① 보일러·버너 또는 이와 비슷한 것으로서 위험물을 소비하는 장치로 이루어진 일반취급소
② 위험물을 용기에 옮겨 담거나 차량에 고정된 탱크에 주입하는 일반취급소

❺ 예방규정 ♨♨ [2023]

(1) 대통령령이 정하는 제조소등의 관계인은 당해 제조소등의 화재예방과 화재 등 재해발생시의 비상조치를 위하여 <u>행정안전부령이 정하는</u> 바에 따라 예방규정을 정하여 당해 <u>제조소등의 사용을 시작하기 전에 시·도지사에게</u> 제출하여야 한다. 예방규정을 변경한 때에도 또한 같다.

(2) 예방규정을 정하여야 하는 제조소등 (M 암송/ 10일제/ 외내외탱 백, 백오십, 이백)

① **암**반탱크저장소

② 이**송**취급소

③ 지정수량의 **10**배 이상의 위험물을 취급하는 **일**반취급소. 다만, 제4류 위험물(특수인화물을 제외한다)만을 지정수량의 50배 이하로 취급하는 일반취급소(제1석유류·알코올류의 취급량이 지정수량의 10배 이하인 경우에 한한다)로서 다음 각목의 어느 하나에 해당하는 것을 제외한다.
㉠ 보일러·버너 또는 이와 비슷한 것으로서 위험물을 소비하는 장치로 이루어진 일반취급소
㉡ 위험물을 용기에 옮겨 담거나 차량에 고정된 탱크에 주입하는 일반취급소

④ 지정수량의 **10**배 이상의 위험물을 취급하는 **제**조소

⑤ 지정수량의 **100**배 이상의 위험물을 저장하는 옥**외**저장소

⑥ 지정수량의 **150**배 이상의 위험물을 저장하는 옥**내**저장소

⑦ 지정수량의 **200**배 이상의 위험물을 저장하는 옥**외탱**크저장소

⑥ 정기점검 및 정기검사, 구조안전점검

정기점검 및 정기검사, 구조안전점검 비교

구분	정기점검	구조안전점검	정기검사
대상	① 예방규정을 정하는 제조소 등 ② 지하탱크저장소 ③ 이동탱크저장소 ④ 지하에 매설된 탱크가 있는 제조소·주유취급소 또는 일반취급소	저장 또는 취급하는 액체위험물의 최대수량이 50만리터 이상인 특정·준특정옥외탱크저장소	저장 또는 취급하는 액체위험물의 최대수량이 50만리터 이상인 특정·준특정옥외탱크저장소
횟수	연 1회 이상	① 완공검사합격확인증 : 12년 ② 최근의 정밀정기검사 : 11년 ③ 연장신청 : 13년	① 정밀정기검사 : 기간 내에 1회 　㉠ 완공검사합격확인증 : 12년 　㉡ 최근의 정밀정기검사 : 11년 ② 중간정기검사 : 기간 내 1회 　㉠ 완공검사합격확인증 : 4년 　㉡ 최근의 정밀정기검사 또는 중간정기검사 : 4년
실시자	① 안전관리자 ② 위험물운송자(이동탱크저장소에 한함) ③ 안전관리대행기관 ④ 탱크시험자	① 안전관리자 ② 안전관리대행기관 ③ 탱크시험자	소방본부장 또는 소방서장
보관	3년	구조안전점검 기록보관 25년 단, 연장신청 한 경우 30년	
제출	관계인은 점검을 한 날부터 30일 이내에 점검결과를 시·도지사에게 제출		

7 자체소방대 🔥🔥 [2023 간부] [2024 간부]

(1) 자체소방대를 설치하여야 하는 사업소 (Ⓜ 제일사는 삼천배/ 외탱사는 오십만배)

① 지정수량 **3천배** 이상의 제4류 위험물을 취급하는 **제**조소 또는 **일**반취급소

② 지정수량 **50만배** 이상 제4류 위험물을 저장하는 옥**외탱**크저장소

(2) 자체소방대 설치 제외대상 일반취급소 (Ⓜ 유보광이용)

① **보**일러, 버너 그 밖에 이와 유사한 장치로 위험물을 소비하는 일반취급소

② **이**동저장탱크 그 밖에 이와 유사한 것에 위험물을 주입하는 일반취급소

③ **용**기에 위험물을 옮겨 담는 일반취급소

④ **유**압장치, 윤활유순환장치 그 밖에 이와 유사한 장치로 위험물을 취급하는 일반취급소

⑤ 「**광**산안전법」의 적용을 받는 일반취급소

(3) 자체소방대에 두는 화학소방자동차 및 인원

사업소의 구분	화학소방자동차	자체소방대원의 수
1. 제조소 또는 일반취급소에서 취급하는 제4류 위험물의 최대수량의 합이 지정수량의 3천배 이상 12만배 미만인 사업소	1대	5인
2. 제조소 또는 일반취급소에서 취급하는 제4류 위험물의 최대수량의 합이 지정수량의 12만배 이상 24만배 미만인 사업소	2대	10인
3. 제조소 또는 일반취급소에서 취급하는 제4류 위험물의 최대수량의 합이 지정수량의 24만배 이상 48만배 미만인 사업소	3대	15인
4. 제조소 또는 일반취급소에서 취급하는 제4류 위험물의 최대수량의 합이 지정수량의 48만배 이상인 사업소	4대	20인
5. 옥외탱크저장소에 저장하는 제4류 위험물의 최대수량이 지정수량의 50만배 이상인 사업소	2대	10인

(4) 화학소방자동차에 갖추어야 하는 소화능력 및 설비의 기준 `2023`

화학소방자동차의 구분	소화능력 및 설비의 기준
포수용액 방사차	① 포수용액의 방사능력이 매분 **2,000**l 이상일 것 ② 소화약액탱크 및 소화약액혼합장치를 비치할 것 ③ **10만**l 이상의 포수용액을 방사할 수 있는 양의 소화약제를 비치할 것 (Ⓜ 포리(2000)십만)
분말 방사차	① 분말의 방사능력이 매초 **35**kg 이상일 것 ② 분말탱크 및 가압용가스설비를 비치할 것 ③ **1,400**kg 이상의 분말을 비치할 것 (Ⓜ 분말사모(35)일사(14))
할로겐화합물 방사차	① 할로겐화합물의 방사능력이 매초 **40**kg 이상일 것 ② 할로겐화합물탱크 및 가압용가스설비를 비치할 것 ③ **1,000**kg 이상의 할로겐화합물을 비치할 것 (Ⓜ 할로사(40)천(1000))
이산화탄소 방사차	① 이산화탄소의 방사능력이 매초 **40**kg 이상일 것 ② 이산화탄소저장용기를 비치할 것 ③ **3,000**kg 이상의 이산화탄소를 비치할 것 (Ⓜ 이산사(40)삼(3000))
제독차	**가**성소오다 및 **규**조토를 각각 **50**kg 이상 비치할 것 (Ⓜ 제독가규오(50))

8 안전교육대상자 (Ⓜ 안시반송)

(1) **안**전관리자로 선임된 자

(2) 탱크**시**험자의 기술인력으로 종사하는 자

(3) 위험물운**반**자로 종사하는 자

(4) 위험물운**송**자로 종사하는 자

04 | 위험물의 운반 및 운송에 관한 사항

1 위험물의 운반(위험물을 용기에 담아 다른 장소로 옮기는 것)

(1) 위험물운반자 요건

① 「국가기술자격법」에 따른 위험물 분야의 자격을 취득할 것

② 업무에 관한 능력의 습득 또는 향상을 위하여 소방청장이 실시하는 교육을 수료할 것(**안**전관리자 · 탱크**시**험자 · 위험물운**반**자 · 위험물운**송**자) (Ⓜ 안시반송)

(2) 운반용기의 재질 (Ⓜ 강금알 양유 고종플섬 합삼짚나)

강판 · **알**루미늄판 · **양**철판 · **유**리 · **금**속판 · **종**이 · **플**라스틱 · **섬**유판 · **고**무류 · **합**성섬유 · **삼** · **짚** 또는 **나**무

(3) 적재방법(수납율)

① <u>고체위험물</u> : 운반용기 내용적의 <u>95%</u> 이하의 수납율로 수납할 것

② <u>액체위험물</u> : 운반용기 내용적의 <u>98%</u> 이하의 수납율로 수납하되, 55도의 온도에서 누설되지 아니하도록 충분한 공간용적을 유지하도록 할 것

③ 하나의 외장용기에는 다른 종류의 위험물을 수납하지 아니할 것

④ 제3류 위험물은 다음의 기준에 따라 운반용기에 수납할 것

　㉠ <u>자연발화성물질</u> : 불활성 기체를 봉입하여 밀봉하는 등 공기와 접하지 아니하도록 할 것

　㉡ <u>자연발화성물질 외</u> : 파라핀 · 경유 · 등유 등의 보호액으로 채워 밀봉하거나 불활성 기체를 봉입하여 밀봉하는 등 수분과 접하지 아니하도록 할 것

　㉢ <u>알킬알루미늄</u> 등 : 운반용기의 내용적 <u>90%</u> 이하의 수납율로 수납하되, 50℃의 온도에서 5% 이상의 공간용적을 유지하도록 할 것

(4) 운반방법(지정수량 이상 운반 시)

① 한변의 길이가 0.3m이상, 다른 한변의 길이가 0.6m이상인 직사각형의 판으로 할 것

② <u>흑색 바탕에 황색의 반사도료</u> 그 밖의 반사성이 있는 재료로 '위험물'이라고 표시할 것

③ 표지는 차량의 전면 및 후면의 보기 쉬운 곳에 내걸 것

(5) 유별을 달리하는 위험물의 혼재기준

위험물의 구분	제1류	제2류	제3류	제4류	제5류	제6류	암기법
제1류		×	×	×	×	○	1류 ↔ 6류
제2류	×		×	○	○	×	2류 ↔ 5류
제3류	×	×		○	×	×	2류 ↔ 4류
제4류	×	○	○		○	×	3류 ↔ 4류
제5류	×	○	×	○		×	
제6류	○	×	×	×	×		

이 표는 지정수량의 $\frac{1}{10}$ 이하의 위험물에 대하여는 적용하지 아니한다.

(6) 수납하는 위험물에 따른 주의사항 [2021 간부] [2024]

유별		주의사항
제1류 위험물	알칼리금속의 과산화물	화기·충격주의, 물기엄금, 가연물접촉주의
	그 밖의 것	화기·충격주의, 가연물접촉주의
제2류 위험물	철분, 금속분, 마그네슘	화기주의, 물기엄금
	인화성 고체	화기엄금
	그 밖의 것	화기주의
제3류 위험물	자연발화성 물질	화기엄금, 공기접촉엄금
	금수성 물질	물기엄금
제4류 위험물		화기엄금
제5류 위험물		화기엄금, 충격주의
제6류 위험물		가연물접촉주의

🔖 암기법(수납하는 위험물에 따른 주의사항)
1) 외우기순서 [1. 주의사항 외우기 (Ⓜ 화주/ 화엄/ 충주/ 화주충주/ 물/ 가/ 공) 2. 품명 외우기]
2) "제8절 표지 및 게시판"과 연관되어 있어 있음.

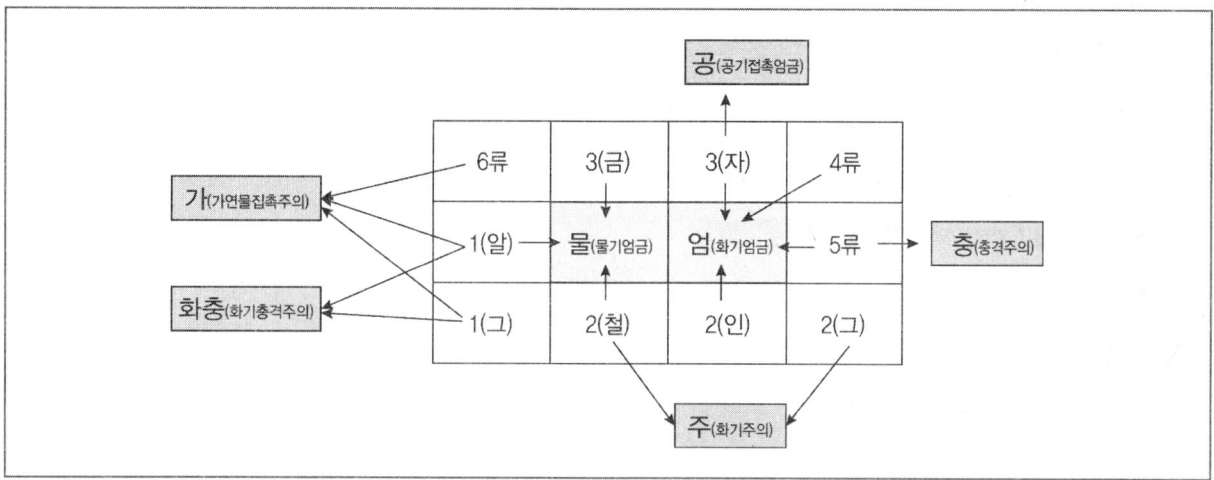

(7) 차광성이 있는 것으로 피복하여야 하는 위험물 (Ⓜ 일/ 삼자/ 사특/ 오/ 육)

① 제1류 위험물

② 제3류 위험물 중 **자**연발화성물질

③ 제4류 위험물 중 **특**수위험물

④ 제5류 위험물

⑤ 제6류 위험물

(8) 방수성이 있는 것으로 피복하여야 하는 위험물 (Ⓜ 일알과/ 이철금마/ 삼금)

① 제1류 위험물 중 **알**칼리금속의 **과**산화물

② 제2류 위험물 중 **철**분, **금**속분, **마**그네슘

③ 제3류 위험물 중 **금**수성 물질

❷ 위험물의 운송(이동탱크저장소에 의하여 위험물을 옮기는 것)

(1) 위험물운송자 요건

① 「국가기술자격법」에 따른 위험물 분야의 자격을 취득할 것

② 업무에 관한 능력의 습득 또는 향상을 위하여 소방청장이 실시하는 교육을 수료할 것

(2) 운송책임자(위험물 운송의 감독 또는 지원을 하는 자)의 감독 또는 지원을 받아 이를 운송하여야 하는 위험물 🔥🔥 (Ⓜ 알킬/ 알리/ 함유) 2019 간부 2024

① **알킬**알루미늄

② **알킬**리튬

③ 제①호 또는 제②호의 물질을 **함유**하는 위험물

(3) 운송책임자의 요건

① 당해 위험물의 취급에 관한 국가기술자격을 취득하고 관련 업무에 <u>1년 이상</u> 종사한 경력이 있는 자

② 위험물의 운송에 관한 안전교육을 수료하고 관련 업무에 <u>2년 이상</u> 종사한 경력이 있는 자

(4) 운송책임자의 감독 또는 지원의 방법

① 이동탱크저장소에 동승하여 운전자에게 필요한 감독 또는 지원을 하는 방법. 다만, 운전자가 운송책임자의 자격이 있는 경우에는 운송책임자의 자격이 없는 자가 동승할 수 있다.

② 별도의 사무실에 운송책임자가 대기하면서 다음의 사항을 이행하는 방법

㉠ 운송경로를 미리 파악하고 관할 소방관서 또는 관련업체(비상대응에 관한 협력을 얻을 수 있는 업체를 말한다)에 대한 연락체계를 갖추는 것

㉡ 이동탱크저장소의 운전자에 대하여 수시로 안전확보 상황을 확인하는 것

③ 비상시의 응급처치에 관하여 조언을 하는 것

④ 그 밖에 위험물의 운송중 안전확보에 관하여 필요한 정보를 제공하고 감독 또는 지원하는 것

(5) 이동탱크저장소에 의한 위험물의 운송시에 준수 기준 (M 장삼사 이백이)

① 위험물운송자는 운송의 개시전에 이동저장탱크의 배출밸브 등의 밸브와 폐쇄장치, 맨홀 및 주입구의 뚜껑, 소화기 등의 점검을 충분히 실시할 것

② 위험물운송자는 **장**거리(고속국도에 있어서는 **340**km 이상, 그 밖의 도로에 있어서는 **200**km 이상을 말한다)에 걸치는 운송을 하는 때에는 **2**명 이상의 운전자로 할 것. 다만, 다음에 해당하는 경우에는 그러하지 아니하다.

　㉠ 운송책임자를 동승시킨 경우

　㉡ 운송하는 위험물이 제2류 위험물·제3류 위험물(칼슘 또는 알루미늄의 탄화물과 이것만을 함유한 것에 한한다)또는 제4류 위험물(특수인화물을 제외한다)인 경우

　㉢ 운송 도중에 **2**시간 이내마다 **20**분 이상씩 **휴식**하는 경우 (M 둘둘휴식)

(6) 탱크 용적의 산정기준 ♦

① 탱크용량 = 탱크의 내용적 – 공간용적(탱크내용적의 5/100 이상 10/100 이하)

② 탱크의 내용적 계산방법

　㉠ 타원형 탱크의 내용적

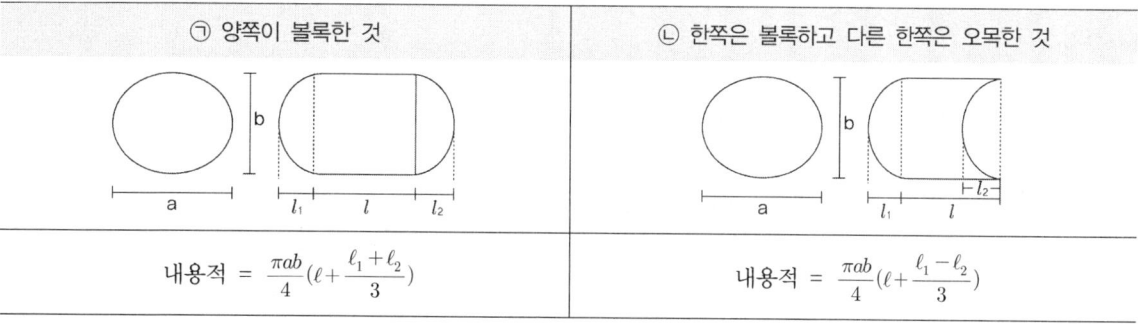

　㉡ 원통형 탱크의 내용적

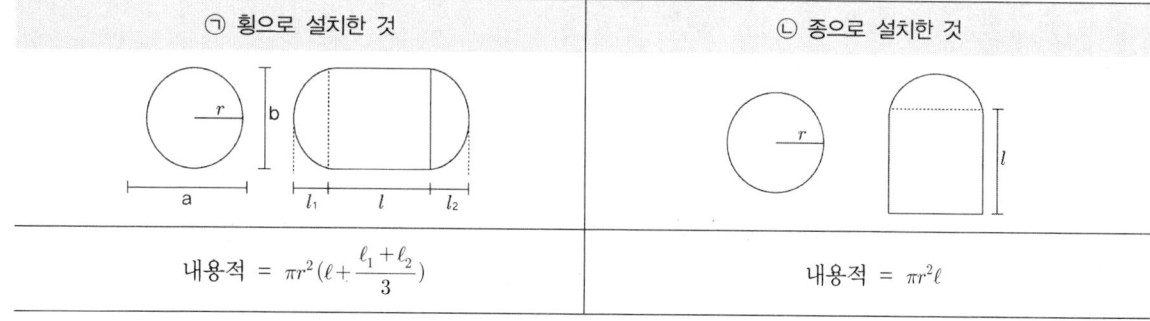

05 행정처분

❶ 제조소등 6월 이내의 사용정지 및 허가 취소 (Ⓜ 변완수선대정조저)

(1) **변**경허가를 받지 않고 제조소등의 위치, 구조 또는 설비를 변경한 때

(2) **완**공검사를 받지 않고 제조소등을 사용한 때

(3) **수**리, 개조 또는 이전 명령에 위반한 때

(4) 위험물 안전 관리자를 **선**임하지 않았을 때

(5) **대**리자를 지정하지 않았을 때

(6) **정**기점검 및 정기검사를 하지 않았을 때

(7) 안전**조**치 이행명령을 따르지 아니한 때

(8) **저**장·취급기준준수 명령을 위반한 때

❷ 과징금 처분

(1) 과징금 부과권자
시, 도지사

(2) 부과사유
제조소등에 대한 사용의 정지가 그 이용자에게 심한 불편을 주거나 그 밖에 공익을 해칠 우려가 있는 때

(3) 과징금 금액
2억원 이하

06 안전거리

1 정의
제조소등의 외측으로부터 건축물의 외측까지의 수평거리

2 적용대상 (M 제내외 외탱일)
(1) **제**조소　　　(2) 옥**내**저장소　　　(3) 옥**외**저장소
(4) 옥**외탱**크저장소　　(5) **일**반취급소

3 안전거리 (M 문다가주전 532153)

구분	안전거리
유형**문**화재 및 지정문화재	50m 이상
학교·병원·극장 등(300명 이상) 및 아동·노인복지시설(20명 이상) [**다**중시설]	30m 이상
고압**가**스, 액화석유가스, 가스공급시설	20m 이상
주거용으로 사용되는 것	10m 이상
사용**전**압이 35,000V를 초과하는 특고압가공전선	5m 이상
사용**전**압이 7,000V 초과 35,000V 이하의 특고압가공전선	3m 이상

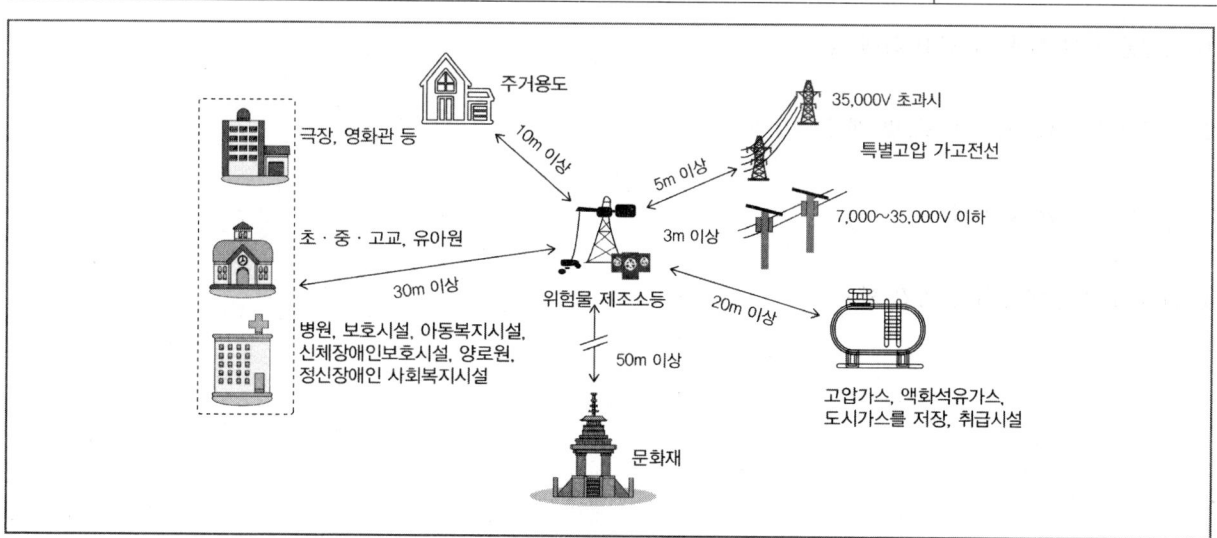

07 보유공지

❶ 정의
위험물의 취급하는 건축물 및 그 구성부분에 확보해야 할 안전공간

❷ 적용대상 (M 제내외 외탱일)

(1) **제**조소

(2) 옥**내**저장소

(3) 옥**외**저장소

(4) 옥**외탱**크저장소

(5) **일**반취급소

❸ 기능

(1) 위험물 시설 화재 시 연소 확대 방지

(2) 소방 활동 위한 공간 확보 및 제공

(3) 피난상 필요한 공간 확보

(4) 점검 및 보수에 필요한 공간 확보

❹ 제조소 등 보유 공지 기준

(1) 제조소 2022

취급하는 위험물의 최대 수량	공지의 너비
지정수량의 10배 이하	3m 이상
지정수량의 10배 초과	5m 이상

(2) 옥내저장소 (M 오일이오리리/ 일이삼오장)

저장 또는 취급하는 위험물의 최대 수량	공지의 너비	
	벽, 기둥 및 바닥이 내화구조	그 밖의 건축물
지정수량의 5배 이하	–	0.5m 이상
지정수량의 5배 초과 10배 이하	1m 이상	1.5m 이상
지정수량의 10배 초과 20배 이하	2m 이상	3m 이상
지정수량의 20배 초과 50배 이하	3m 이상	5m 이상
지정수량의 50배 초과 200배 이하	5m 이상	10m 이상
지정수량의 200배 초과	10m 이상	15m 이상

특례기준
지정수량 20배 초과하는 옥내저장소와 동일한 부지 내에 있는 다른 옥내저장소와의 사이에는 동표에 정하는 공지 너비의 1/3 (해당 수치가 3m 미만인 경우에는 3m)의 공지를 보유할 수 있다.

(3) 옥외저장소 (M 일이오리리 삼뻭(5)꾸(9) 시비(12)거낭(15))

저장 또는 취급하는 위험물의 최대 수량	공지의 너비
지정수량의 10배 이하	3m 이상
지정수량의 10배 초과 20배 이하	5m 이상
지정수량의 20배 초과 50배 이하	9m 이상
지정수량의 50배 초과 200배 이하	12m 이상
지정수량의 200배 초과	15m 이상

특례기준
제4류 위험물 중 제4석유류와 제6류 위험물을 저장 또는 취급하는 옥외저장소의 보유 공지는 상기표에 의한 공지 너비의 1/3 이상의 너비로 할 수 있다.

(4) 옥외탱크저장소 (M 오일이삼싹싹 쌈빡(5)꾸(9) 시비(12)거냥(15))

저장 또는 취급하는 위험물의 최대 수량	공지의 너비
지정수량의 500배 이하	3m 이상
지정수량의 500배 초과 1000배 이하	5m 이상
지정수량의 1000배 초과 2000배 이하	9m 이상
지정수량의 2000배 초과 3000배 이하	12m 이상
지정수량의 3000배 초과 4000배 이하	15m 이상
지정수량의 4000배 초과	해당 탱크의 수평 단면의 최대 지름과 높이 중 큰 것과 같은 거리 이상 (단, 30m 초과 시 30m 이상으로, 15m 미만 시 15m 이상으로 할 것)

특례기준
① 제6류 위험물 외 위험물을 저장 또는 취급하는 옥외저장탱크(지정수량 4000배 초과 시 제외)를 동일한 방유제 안에 2개 이상 인접하여 설치하는 경우 : 보유 공지의 1/3 이상 (최소 3m 이상)
② 제6류 위험물을 저장 또는 취급하는 옥외저장탱크 : 보유 공지의 1/3 이상 (최소 1.5m 이상)
③ 제6류 위험물을 저장 또는 취급하는 옥외저장탱크를 동일 구내에 2개 이상 인접하여 설치하는 경우의 보유 공지 : ② 규정에 의해서 산출된 보유 공지의 1/3 이상 (최소 1.5m 이상)
④ 옥외저장탱크에 물분무설비로 방호조치를 하는 경우에는 보유 공지의 1/2 이상의 너비로 할 수 있다. (최소 3m 이상)

안전거리와 보유 공지 비교

구분	안전거리	보유 공지
개념	상대적 수평거리	절대적 공간
위치	제조소 등과 방호대상 건축물 외측 상호 간	위험물 시설 주위
기능	• 타 건물 등 피해 방지 • 인명 및 재산 피해 방지	• 화재 확대 방지 • 소화활동 및 피난공간 확보 • 점검 및 보수 공간 확보

08 표지 및 게시판

❶ '위험물 제조소(저장소, 취급소 등)' 라는 표지를 설치할 것

(1) 표지의 크기

한변의 길이 0.3m 이상, 다른 한 변의 길이 0.6m 이상

(2) 표지의 색상

백색바탕 흑색문자

❷ 방화에 관하여 필요한 사항을 적은 게시판을 설치할 것

(1) 게시판의 크기

한변의 길이 0.3m 이상, 다른 한변의 길이 0.6m 이상

(2) 기재 내용 (M 배성직 최유품)

① 위험물의 **유**별, **품**명 및 저장**최**대수량 또는 취급최대수량
② 지정수량의 **배**수
③ 안전관리자의 **성**명 또는 **직**명

(3) 게시판의 색상

백색바탕 흑색 문자

③ 주의사항 게시판 (Ⓜ 일알삼금 물기청백/ 이인고제 화주적백/ 이인고 삼자사오 화엄적백)

위험물의 종류	주의 사항	게시판의 색상
제1류 위험물 중 알칼리 금속의 과산화물 제3류 위험물 중 금수성 물질	물기엄금	청색바탕 백색문자
제2류 (인화성 고체는 제외)	화기주의	적색바탕 백색문자
제2류 위험물 중 인화성 고체 제3류 위험물 중 자연발화성 물질 제4류 위험물 제5류 위험물	화기엄금	적색바탕 백색문자

* 제1류 위험물의 알칼리 금속의 과산화물외의 것과 제6류 위험물은 주의사항이 없음.

📌 표지, 게시판 및 주의사항 게시판 색상비교

구분		색상	크기
표지 (Ⓜ 백바흑문)		**백**색**바**탕 **흑**색**문**자	한변의 길이 0.3m 이상, 다른 한변의 길이 0.6m 이상
게시판 (Ⓜ 백바흑문)		**백**색**바**탕 **흑**색**문**자	
주의사항 게시판	물기엄금 ((Ⓜ 물기청백)	**청**색바탕 **백**색문자	
	화기주의 (Ⓜ 화주적백)	**적**색바탕 **백**색문자	
	화기엄금 (Ⓜ 화엄적백)	**적**색바탕 **백**색문자	

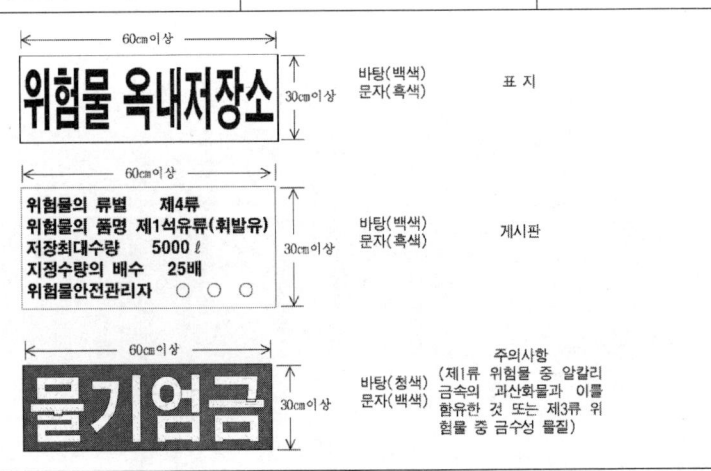

09 출제예상문제

*   2020년 간부

1 「위험물안전관리법」상 위험물에 대한 정의이다. ( ) 안에 들어갈 내용으로 옳은 것은?

> 위험물이라 함은 (㉠) 또는 (㉡) 등의 성질을 가지는 것으로서 (㉢)이 정하는 물품을 말한다.

① ㉠ 가연성 ㉡ 발화성 ㉢ 국무총리령
② ㉠ 가연성 ㉡ 폭발성 ㉢ 대통령령
③ ㉠ 인화성 ㉡ 발화성 ㉢ 대통령령
④ ㉠ 인화성 ㉡ 폭발성 ㉢ 대통령령
⑤ ㉠ 인화성 ㉡ 발화성 ㉢ 국무총리령

1.
위험물이란 **인**화성 또는 **발**화성 등의 성질을 가지는 것으로 **대**통령령으로 정한 것

2 위험물안전관리법상 지정수량 미만인 위험물의 저장 또는 취급에 관한 기술상의 기준은 무엇으로 정하는가?

① 대통령령
② 국무총리령
③ 시·도의 조례
④ 행정안전부령

2.
지정수량에 따른 적용 법규
㉠ 지정수량 이상의 위험물 : 제조소 등에서 취급하여야하며 위험물 안전관리법 적용
㉡ 지정수량 <u>미만</u>인 위험물 : 지정수량 미만인 위험물의 저장 또는 취급에 관한 기술상의 기준은 <u>시·도의 조례</u>로 정한다.

Answer 1.③ 2.③

3 시·도의 조례가 정하는 바에 따라 지정수량 이상의 위험물을 임시로 저장·취급할 수 있는 기간 (㉠)과 임시저장 승인 권자 (㉡)는?

① ㉠ 30일 이내, ㉡ 시·도지사
② ㉠ 60일 이내, ㉡ 소방본부장
③ ㉠ 90일 이내, ㉡ 관할소방서장
④ ㉠ 120일 이내, ㉡ 행정안전부장관

4 위험물안전관리법상 위험물시설의 설치 및 변경 등에 관한 기준 중 다음 ( ) 안에 알맞은 것은?

> 제조소 등의 위치·구조 또는 설비의 변경 없이 당해 제조소등에서 저장하거나 취급하는 위험물의 품명·수량 또는 지정수량의 배수를 변경하고자 하는 자는 변경하고자 하는 날의 (㉠)일 전까지 (㉡)이 정하는 바에 따라 (㉢)에게 신고하여야 한다.

① ㉠ 1, ㉡ 행정안전부령, ㉢ 시·도지사
② ㉠ 1, ㉡ 대통령령, ㉢ 소방본부장·소방서장
③ ㉠ 14, ㉡ 행정안전부령, ㉢ 시·도지사
④ ㉠ 14, ㉡ 대통령령, ㉢ 소방본부장·소방서장

3.
시·도의 조례가 정하는 바에 따라 <u>관할소방서장의 승인</u>을 받아 지정수량 이상의 위험물을 <u>90일 이내의 기간동안 임시로 저장 또는 취급</u>하는 경우

4.
㉠ 제조소등의 **설치** : 설치장소를 관할하는 시·도지사의 **허가**
㉡ 제조소등의 **위치**·**구조** 또는 **설**비 변경 : 설치장소를 관할하는 시·도지사의 **허가**
㉢ 제조소등의 위험물의 **품**명·**수**량 또는 지정수량의 **배**수를 변경 : 변경하고자 하는 날의 **1일 전**까지 행정안전부령이 정하는 바에 따라 시·도지사에게 **신고**

Answer 3.③ 4.①

5 위험물안전관리법령상 허가를 받지 아니하고 당해 제조소등을 설치하거나 그 위치·구조 또는 설비를 변경할 수 있으며, 신고를 하지 아니하고 위험물의 품명·수량 또는 지정수량의 배수를 변경할 수 있는 기준으로 옳은 것은?

① 축산용으로 필요한 건조시설을 위한 지정수량 40배 이하의 저장소
② 수산용으로 필요한 건조시설을 위한 지정수량 30배 이하의 저장소
③ 농예용으로 필요한 난방시설을 위한 지정수량 40배 이하의 저장소
④ 주택의 난방시설(공동주택의 중앙난방시설 제외)을 위한 저장소

6 위험물안전관리법령상 제조소등의 완공검사 신청시기 기준으로 틀린 것은?

① 지하탱크가 있는 제조소등의 경우에는 당해 지하탱크를 매설하기 전
② 이동탱크저장소의 경우에는 이동저장탱크를 완공하고 상치장소를 확보한 후
③ 이송취급소의 경우에는 이송배관 공사의 전체 또는 일부 완료한 후
④ 배관을 지하에 설치하는 경우에는 소방서장이 지정하는 부분을 매몰하고 난 직후

5.
허가를 받지 아니하고 제조소등을 설치하거나 그 위치·구조 또는 설비를 변경할 수 있으며, 신고를 하지 아니하고 위험물의 품명·수량 또는 지정수량의 배수를 변경할 수 있는 경우
㉠ **주**택의 난**방**시설(**공**동주택의 **중**앙난방시설은 **제외**한다)을 위한 **저**장소 또는 **취**급소
㉡ **농**예용·**축**산용 또는 **수**산용으로 필요한 **난방**시설 또는 **건조**시설을 위한 지정수량 **20배 이하의 저장소**

7.
완공검사의 신청시기
㉠ 지하탱크가 있는 제조소등의 경우 : 당해 지하탱크를 매설하기 전
㉡ 이동탱크저장소의 경우 : 이동저장탱크를 완공하고 상시 설치 장소("상치장소"라 한다)를 확보한 후
㉢ 이송취급소의 경우 : 이송배관 공사의 전체 또는 일부를 완료한 후. 다만, 지하·하천 등에 매설하는 이송배관의 공사의 경우에는 이송배관을 매설하기 전
㉣ 전체 공사가 완료된 후에는 완공검사를 실시하기 곤란한 경우
• 위험물설비 또는 배관의 설치가 완료되어 기밀시험 또는 내압시험을 실시하는 시기
• 배관을 지하에 설치하는 경우에는 시·도지사, 소방서장 또는 기술원이 지정하는 부분을 매몰하기 직전
• 기술원이 지정하는 부분의 비파괴시험을 실시하는 시기
㉤ 제①호 내지 제④호에 해당하지 아니하는 제조소등의 경우 : 제조소등의 공사를 완료한 후

Answer 5.④ 6.④

※ 2016년 간부

7 위험물 시설에 대한 탱크안전성능검사 중 기초.지반검사 대상이 되는 탱크 기준은?

① 옥내저장소의 액체위험물탱크 중 그 용량이 100만 리터 이상인 탱크
② 옥내탱크저장소의 액체위험물탱크 중 그 용량이 500만 리터 이상인 탱크
③ 옥외탱크저장소의 액체위험물탱크 중 그 용량이 500만 리터 이상인 탱크
④ 옥내탱크저장소의 액체위험물탱크 중 그 용량이 100만 리터 이상인 탱크
⑤ 옥외탱크저장소의 액체위험물탱크 중 그 용량이 100만 리터 이상인 탱크

7.

탱크안전성능검사의 대상이 되는 탱크
㉠ **기**초 · 지반검사 : 옥**외탱**크저장소의 액체위험물탱크 중 그 용량이 **100만**리터 이상인 탱크
㉡ **충**수(充水) · **수**압검사 : 액체위험물을 저장 또는 취급하는 탱크. 다만, 다음 각 목의 어느 하나에 해당하는 탱크는 제외한다.
• **제**조소 또는 일반취급소에 설치된 탱크로서 용량이 지정수량 **미**만인 것
• 「**고**압가스 안전관리법」 제17조 제1항에 따른 특정설비에 관한 검사에 합격한 탱크
• 「**산**업안전보건법」 제84조 제1항에 따른 안전인증을 받은 탱크
㉢ **용**접부검사 : 옥**외탱**크저장소의 액체위험물탱크 중 그 용량이 **100만**리터 이상인 탱크
㉣ **암**반탱크검사 : 액체위험물을 저장 또는 취급하는 암반내의 공간을 이용한 탱크

※ 2019년 간부

8 「위험물안전관리법」상 위험물안전관리자 선임에 대한 내용이다. (㉠), (㉡)에 알맞은 것은?

> 안전관리자를 선임한 제조소등의 관계인은 그 안전관리자를 해임하거나 안전관리자가 퇴직한 때에는 해임하거나 퇴직한 날부터 (㉠)일 이내에 다시 안전관리자를 선임하여야 한다. 안전 관리자를 선임한 경우에 선임한 날부터 (㉡)일 이내에 행정안전부령으로 정하는 바에 따라 소방 본부장 또는 소방서장에게 신고하여야 한다.

① ㉠ 7 ㉡ 14
② ㉠ 14 ㉡ 7
③ ㉠ 30 ㉡ 7
④ ㉠ 30 ㉡ 14
⑤ ㉠ 30 ㉡ 30

8.

위험물안전관리자
㉠ 제조소등[허가를 받지 아니하는 제조소등과 이동탱크저장소 제외]의 관계인은 위험물의 안전관리에 관한 직무를 수행하게 하기 위하여 제조소등마다 대통령령이 정하는 위험물의 취급에 관한 자격이 있는 자를 위험물안전관리자로 선임하여야 한다.
㉡ 안전관리자를 선임한 제조소등의 관계인은 그 안전관리자를 해임하거나 안전관리자가 퇴직한 때에는 해임하거나 퇴직한 날부터 30일 이내에 다시 안전관리자를 선임하여야 한다.
㉢ 제조소등의 관계인은 안전관리자를 선임한 경우에는 선임한 날부터 14일 이내에 행정안전부령으로 정하는 바에 따라 소방본부장 또는 소방서장에게 신고하여야 한다.

Answer 7.⑤ 8.④

* 2021년 간부

9 「위험물안전관리법」상 위험물안전관리자에 대한 내용으로 옳지 않은 것은?

① 안전관리자를 선임한 제조소등의 관계인은 그 안전관리자를 해임하거나 안전관리자가 퇴직한 때에는 해임하거나 퇴직한 날부터 30일 이내에 다시 안전관리자를 선임하여야 한다.
② 제조소등의 관계인은 관련 법령에 따라 안전관리자를 선임한 경우에는 선임한 날부터 14일 이내에 행정안전부령으로 정하는 바에 따라 소방본부장 또는 소방서장에게 신고하여야 한다.
③ 제조소등의 관계인이 안전관리자를 해임하거나 안전관리자가 퇴직한 경우 그 관계인 또는 안전관리자는 소방본부장이나 소방서장에게 그 사실을 알려 해임되거나 퇴직한 사실을 확인받을 수 있다.
④ 안전관리자를 선임한 제조소등의 관계인은 안전관리자의 해임 또는 퇴직과 동시에 다른 안전관리자를 선임하지 못하는 경우에는 국가기술자격법에 따른 위험물의 취급에 관한 자격취득자 또는 위험물 안전에 관한 기본지식과 경험이 있는 자로서 소방본부장이나 소방서장이 정하는 자를 대리자(代理者)로 지정하여 그 직무를 대행하게 하여야 한다.
⑤ 제조소등의 종류 및 규모에 따라 선임하여야 하는 안전관리자의 자격은 대통령령으로 정한다.

9.
제조소등의 관계인은 안전관리자가 여행·질병 그 밖의 사유로 인하여 일시적으로 직무를 수행할 수 없거나 안전관리자의 해임 또는 퇴직과 동시에 다른 안전관리자를 선임하지 못하는 경우에는 위험물의 취급에 관한 자격취득자 또는 위험물안전에 관한 기본지식과 경험이 있는 자로서 대리자(代理者)로 지정하여 그 직무를 대행하게 하여야 한다. 이 경우 대행기간은 30일을 초과할 수 없다.

10 위험물안전관리법령에 따른 정기점검의 대상인 제조소등의 기준 중 틀린 것은?

① 암반탱크저장소
② 지하탱크저장소
③ 이동탱크저장소
④ 지정수량의 150배 이상의 위험물을 저장하는 옥외탱크저장소

10.
정기점검 실시대상
㉠ **예**방규정을 정하는 제조소등
㉡ **지**하탱크저장소
㉢ 이**동**탱크저장소
㉣ 지하에 **매설**된 탱크가 있는 **제조소**·**주**유취급소 또는 **일**반취급소

Answer 9.④ 10.④

11 위험물안전관리법령상 정기검사를 받아야 하는 특정·준특정옥외탱크저장소의 관계인은 특정·준특정옥외탱크저장소의 설치허가에 따른 완공검사필증을 발급받은 날부터 몇 년 이내에 정기검사를 받아야 하는가?

① 9
② 10
③ 11
④ 12

12 관계인이 예방규정을 정하여야 하는 제조소등의 기준이 아닌 것은?

① 지정수량의 10배 이상의 위험물을 취급하는 제조소
② 지정수량의 50배 이상의 위험물을 저장하는 옥외저장소
③ 지정수량의 150배 이상의 위험물을 저장하는 옥내저장소
④ 지정수량의 200배 이상의 위험물을 저장하는 옥외탱크저장소

11.

정기검사

㉠ 실시대상 : 저장 또는 취급하는 액체위험물의 최대수량이 50만리터 이상인 특정·준특정옥외탱크저장소
㉡ 실시횟수
• 정밀정기검사 : 다음 각 목의 어느 하나에 해당하는 기간 내에 1회
 − 설치허가에 따른 완공검사합격확인증을 발급받은 날부터 12년
 − 최근의 정밀정기검사를 받은 날부터 11년
• 중간정기검사 : 다음 각 목의 어느 하나에 해당하는 기간 내에 1회
 − 설치허가에 따른 완공검사합격확인증을 발급받은 날부터 4년
 − 최근의 정밀정기검사 또는 중간정기검사를 받은 날부터 4년
㉢ 실시자 : 소방본부장 또는 소방서장

12.

예방규정을 정하여야 하는 제조소등
㉠ **암**반탱크저장소
㉡ 이**송**취급소
㉢ 지정수량의 **10**배 이상의 위험물을 취급하는 **일반**취급소. 다만, 제4류 위험물(특수인화물을 제외한다)만을 지정수량의 50배 이하로 취급하는 일반취급소(제1석유류·알코올류의 취급량이 지정수량의 10배 이하인 경우에 한한다)로서 다음 각목의 어느 하나에 해당하는 것을 제외한다.
• 보일러·버너 또는 이와 비슷한 것으로서 위험물을 소비하는 장치로 이루어진 일반취급소
• 위험물을 용기에 옮겨 담거나 차량에 고정된 탱크에 주입하는 일반취급소
㉣ 지정수량의 **10**배 이상의 위험물을 취급하는 **제조소**
㉤ 지정수량의 **100**배 이상의 위험물을 저장하는 **옥외**저장소
㉥ 지정수량의 **150**배 이상의 위험물을 저장하는 **옥내**저장소
㉦ 지정수량의 **200**배 이상의 위험물을 저장하는 옥**외탱**크저장소

Answer 11.④ 12.②

13 위험물안전관리법령상 위험물의 안전관리와 관련된 업무를 수행하는 자로서 소방청장이 실시하는 안전교육대상자가 아닌 것은?

① 안전관리자로 선임된 자
② 탱크시험자의 기술인력으로 종사하는 자
③ 위험물운송자로 종사하는 자
④ 제조소등의 관계인

13.
안전교육대상자
㉠ **안**전관리자로 선임된 자
㉡ 탱크**시**험자의 기술인력으로 종사하는 자
㉢ 위험물운**반**자로 종사하는 자
㉣ 위험물운**송**자로 종사하는 자

14 다음 위험물안전관리법령의 자체소방대 기준에 대한 설명으로 틀린 것은?

> 다량의 위험물을 저장·취급하는 제조소등으로서 대통령령이 정하는 제조소등이 있는 동일한 사업소에서 대통령령이 정하는 수량 이상의 위험물을 저장 또는 취급하는 경우 당해 사업소의 관계인은 대통령령이 정하는 바에 따라 당해 사업소에 자체소방대를 설치하여야 한다.

① "대통령령이 정하는 제조소등"은 제4류 위험물을 취급하는 제조소를 포함한다.
② "대통령령이 정하는 제조소등"은 제4류 위험물을 취급하는 일반취급소를 포함한다.
③ "대통령령이 정하는 수량 이상의 위험물"은 제4류 위험물의 최대수량의 합이 지정수량의 3천배 이상인 것을 포함한다.
④ "대통령령이 정하는 제조소등"은 보일러로 위험물을 소비하는 일반취급소를 포함한다.

14.
자체소방대
㉠ 자체소방대를 설치하여야 하는 사업소 (**M** 제일사는 삼천배/ 외탱사는 오십만배)
• 지정수량 **3천배** 이상의 제**4**류 위험물을 취급하는 **제조소** 또는 **일**반취급소
• 지정수량 **50만배** 이상 제**4**류 위험물을 저장하는 옥**외탱**크저장소
㉡ 자체소방대 설치 제외대상 일반취급소 (**M** 유보광 이용)
• **보**일러, 버너 그 밖에 이와 유사한 장치로 위험물을 소비하는 일반취급소
• **이**동저장탱크 그 밖에 이와 유사한 것에 위험물을 주입하는 일반취급소
• **용**기에 위험물을 옮겨 담는 일반취급소
• **유**압장치, 윤활유순환장치 그 밖에 이와 유사한 장치로 위험물을 취급하는 일반취급소

Answer 13.④ 14.④

* 2021년 간부

15 「위험물안전관리법 시행규칙」상 수납하는 위험물의 종류에 따라 운반용기의 외부에 표시하여야할 주의 사항으로 옳지 않은 것은?

① 제1류 위험물 중 알칼리금속의 과산화물 또는 이를 함유한 것에 있어서는 "화기·충격주의", "물기엄금" 및 "가연물접촉주의"
② 제2류 위험물 중 철분·금속분·마그네슘 또는 이들 중 어느 하나 이상을 함유한 것에 있어서는 "화기주의" 및 "물기엄금"
③ 제3류 위험물 중 자연발화성물질에 있어서는 "화기엄금" 및 "공기접촉엄금", 금수성 물질에 있어서는 "물기엄금"
④ 제4류 위험물에 있어서는 "화기엄금"
⑤ 제5류 위험물에 있어서는 "화기주의" 및 "충격주의"

16 위험물안전관리법령상 지정수량 이상의 위험물을 운반 시 혼재하여 적재할 수 있는 위험물의 조합으로 옳은 것은?

① 제1류 위험물과 제3류 위험물
② 제2류 위험물과 제4류 위험물
③ 제3류 위험물과 제5류 위험물
④ 제4류 위험물과 제6류 위험물

15.

수납하는 위험물에 따른 주의사항

유별		주의사항
제1류 위험물	알칼리금속의 과산화물	화기·충격주의, 물기엄금, 가연물접촉주의
	그 밖의 것	화기·충격주의, 가연물접촉주의
제2류 위험물	철분, 금속분, 마그네슘	화기주의, 물기엄금
	인화성 고체	화기엄금
	그 밖의 것	화기주의
제3류 위험물	자연발화성 물질	화기엄금, 공기접촉엄금
	금수성 물질	물기엄금
제4류 위험물		화기엄금
제5류 위험물		화기엄금, 충격주의
제6류 위험물		가연물접촉주의

16

유별을 달리하는 위험물의 혼재기준

위험물의 구분	제1류	제2류	제3류	제4류	제5류	제6류
제1류		×	×	×	×	○
제2류	×		×	○	○	×
제3류	×	×		○	×	×
제4류	×	○	○		○	×
제5류	×	○	×	○		×
제6류	○	×	×	×	×	

암기법: 1류↔6류, 2류↔5류, 2류↔4류, 3류↔4류

이 표는 지정수량의 $\frac{1}{10}$ 이하의 위험물에 대하여는 적용하지 아니한다.

Answer 15.⑤ 16.②

∗ 2019년 간부

17 「위험물안전관리법 시행령」상 운송책임자의 감독·지원을 받아 운송하여야 하는 위험물을 있는 대로 고르면?

㉠ 알킬알루미늄	㉡ 마그네슘
㉢ 히드록실아민	㉣ 중크롬산
㉤ 알킬리튬	㉥ 적린

① ㉠, ㉢
② ㉠, ㉤
③ ㉢, ㉣
④ ㉢, ㉤
⑤ ㉡, ㉥

17.
운송책임자(위험물 운송의 감독 또는 지원을 하는 자)의 감독 또는 지원을 받아 이를 운송하여야 하는 위험물
① **알킬**알루미늄
② **알킬리튬**
③ 제①호 또는 제②호의 물질을 **함유**하는 위험물

18 위험물안전관리법령상 제조소의 기준에 따라 건축물의 외벽 또는 이에 상당하는 공작물의 외측으로부터 제조소의 외벽 또는 이에 상당하는 공작물의 외측까지의 안전거리 기준으로 틀린 것은? (단, 제6류 위험물을 취급하는 제조소를 제외하고, 건축물에 불연재료로 된 방화상 유효한 담 또는 벽을 설치하지 않은 경우이다.)

① 의료법에 의한 종합병원에 있어서는 30m 이상
② 도시가스사업법에 의한 가스공급시설에 있어서는 20m 이상
③ 사용전압 35000V를 초과하는 특고압가공전선에 있어서는 5m 이상
④ 문화재보호법에 의한 유형문화재와 기념물 중 지정문화재에 있어서는 30m 이상

18.
안전거리

구분	안전거리
유형**문**화재 및 지정문화재	50m 이상
학교·병원·극장 등(300명 이상) 및 아동·노인복지시설(20명 이상)[**다**중시설]	30m 이상
고압**가**스, 액화석유가스, 가스공급시설	20m 이상
주거용으로 사용되는 것	10m 이상
사용**전**압이 35,000V를 초과하는 특고압가공전선	5m 이상
사용**전**압이 7,000V 초과 35,000V 이하의 특고압가공전선	3m 이상

Answer 17.② 18.④

※ 2024년

19 「위험물안전관리법 시행규칙」상 위험물제조소에 저장 또는 취급하는 위험물에 따라 설치해야 하는 주의사항을 표시한 게시판의 내용으로 옳지 않은 것은?

① 제1류 위험물 중 알칼리금속의 과산화물 — 물기주의
② 제2류 위험물(인화성고체 제외) — 화기주의
③ 제3류 위험물 중 자연발화성물질 — 화기엄금
④ 제5류 위험물 — 화기엄금

20 위험물안전관리법령상 위험물제조소의 표지 및 게시판 기준에 관한 설명으로 옳지 않은 것은?

① 제조소 표지의 규격은 한 변이 0.3m 이상 다른 한 변이 0.4m 이상인 직사각형으로 하여야 한다.
② 제조소 표지와 게시판의 바탕은 백색이며 문자는 흑색으로 하여야 한다.
③ 주의사항을 표시한 게시판 중 "물기엄금"은 청색바탕에 백색문자로 한다.
④ 제2류 위험물(인화성 고체 제외)에 있어서는 "화기주의"를 기재하여 게시하여야 한다.

19.

주의사항 게시판 (M **일알삼금 물기청백/ 이인고제 화주적백/ 이인고 삼자사오 화엄적백**)

위험물의 종류	주의사항	게시판의 색상
제1류 위험물 중 알칼리 금속의 과산화물 제3류 위험물 중 금수성 물질	물기엄금	청색바탕 백색문자
제2류 (인화성 고체는 제외)	화기주의	적색바탕 백색문자
제2류 위험물 중 인화성 고체 제3류 위험물 중 자연발화성 물질 제4류 위험물 제5류 위험물	화기엄금	적색바탕 백색문자

※ 제1류 위험물의 알칼리 금속의 과산화물외의 것과 제6류 위험물은 주의사항이 없음.

20.

'위험물 제조소(저장소, 취급소 등)'라는 표지를 설치할 것
㉠ 표지의 크기: 한변의 길이 0.3m 이상, 다른 한 변의 길이 0.6m 이상
㉡ 표지의 색상: 백색바탕 흑색문자

Answer 19.① 20.①

* 2023년 간부

21 「위험물안전관리법 시행령」상 제조소에서 취급하는 제4류 위험물의 최대수량의 합이 지정수량의 50만배인 사업소의 경우, 자체소방대에 두는 화학소방자동차와 자체소방대원의 수로 옳은 것은?

	화학소방자동차	자체소방대원
①	1대	5인
②	2대	10인
③	3대	15인
④	4대	20인
⑤	5대	10인

* 2023년

22 「위험물안전관리법」 및 같은 법 시행령상 관계인이 예방규정을 정하여야 하는 제조소등에 해당하지 않는 것은?

① 4,000L의 알코올류를 취급하는 제조소
② 30,000kg의 유황을 저장하는 옥외저장소
③ 2,500kg의 질산에스테르류를 저장하는 옥내저장소
④ 150,000L의 경유를 저장하는 옥외탱크저장소

21.

자체소방대에 두는 화학소방자동차 및 인원

사업소의 구분	화학 소방자동차	자체소방 대원의 수
1. 제조소 또는 일반취급소에서 취급하는 제4류 위험물의 최대수량의 합이 지정수량의 3천배 이상 12만배 미만인 사업소	1대	5인
2. 제조소 또는 일반취급소에서 취급하는 제4류 위험물의 최대수량의 합이 지정수량의 12만배 이상 24만배 미만인 사업소	2대	10인
3. 제조소 또는 일반취급소에서 취급하는 제4류 위험물의 최대수량의 합이 지정수량의 24만배 이상 48만배 미만인 사업소	3대	15인
4. 제조소 또는 일반취급소에서 취급하는 제4류 위험물의 최대수량의 합이 지정수량의 48만배 이상인 사업소	4대	20인
5. 옥외탱크저장소에 저장하는 제4류 위험물의 최대수량이 지정수량의 50만배 이상인 사업소	2대	10인

22.

제15조(관계인이 예방규정을 정하여야 하는 제조소등)
1. 지정수량의 10배 이상의 위험물을 취급하는 제조소
2. 지정수량의 100배 이상의 위험물을 저장하는 옥외저장소
3. 지정수량의 150배 이상이 위험물을 저장하는 옥내저장소
4. 지정수량의 200배 이상의 위험물을 저장하는 옥외탱크저장소
5. 암반탱크저장소
6. 이송취급소
7. 지정수량의 10배 이상의 위험물을 취급하는 일반취급소. 다만, 제4류 위험물(특수인화물을 제외한다)만을 지정수량의 50배 이하로 취급하는 일반취급소(제1석유류·알코올류의 취급량이 지정수량의 10배 이하인 경우에 한한다)로서 다음 각목의 어느 하나에 해당하는 것을 제외한다.
   가. 보일러·버너 또는 이와 비슷한 것으로서 위험물을 소비하는 장치로 이루어진 일반취급소
   나. 위험물을 용기에 옮겨 담거나 차량에 고정된 탱크에 주입하는 일반취급소

Answer 21.④ 22.④

23. 「위험물안전관리법 시행령」상 지정수량 이상의 위험물을 옥외저장소에 저장할 수 있는 것으로 옳지 않은 것은? (다만, 「국제해사기구에 관한 협약」에 의하여 설치된 국제해사기구가 채택한 「국제해상위험물규칙」(IMDG Code)에 적합한 용기에 수납된 위험물은 제외한다.)

① 제1류 위험물 중 염소산염류
② 제2류 위험물 중 유황
③ 제4류 위험물 중 알코올류
④ 제6류 위험물

23.
위험물안전관리법 시행령 [별표 2]
옥외에 다음 각목의 해당하는 위험물을 저장하는 장소
가. 제2류 위험물중 유황 또는 인화성고체(인화점이 섭씨 0도 이상인 것에 한한다)
나. 제4류 위험물중 제1석유류(인화점이 섭씨 0도 이상인 것에 한한다)·알코올류·제2석유류·제3석유류·제4석유류 및 동식물유류
다. 제6류 위험물
라. 제2류 위험물 및 제4류 위험물중 특별시·광역시 또는 도의 조례에서 정하는 위험물(「관세법」 제154조의 규정에 의한 보세구역안에 저장하는 경우에 한한다)
마. 「국제해사기구에 관한 협약」에 의하여 설치된 국제해사기구가 채택한 「국제해상위험물규칙」(IMDG Code)에 적합한 용기에 수납된 위험물

24. 「위험물안전관리법 시행규칙」상 제조소의 위치·구조 및 설비의 기준에 근거하여 취급하는 위험물의 최대수량이 지정수량의 20배인 경우, 제조소 주위에 보유하여야 하는 공지의 너비는?

① 2m 이상
② 3m 이상
③ 4m 이상
④ 5m 이상

24.
보유공지

취급하는 위험물의 최대수량	공지의 너비
지정수량의 10배 이하	3m 이상
지정수량의 10배 초과	5m 이상

Answer 23.① 24.④

※ 2023년

25 「위험물안전관리법 시행규칙」상 화학소방자동차에 갖추어야 하는 소화능력 또는 설비의 기준으로 옳은 것은?

① 포수용액 방사차 : 포수용액의 방사능력이 매분 1,000L 이상일 것
② 분말 방사차 : 1,000kg 이상의 분말을 비치할 것
③ 할로겐화합물 방사차 : 할로겐화합물의 방사능력이 매초 40kg 이상일 것
④ 이산화탄소 방사차 : 1,000kg 이상의 이산화탄소를 비치할 것

26 위험물안전관리법령상 자체소방대를 설치하여야 하는 사업소로 옳은 것은?

① 용기에 위험물을 옮겨 담는 일반취급소
② 이동저장탱크 그 밖에 이와 유사한 것에 위험물을 주입하는 일반취급소
③ 보일러, 버너 그 밖에 이와 유사한 장치로 위험물을 소비하는 일반취급소
④ 제4류 위험물을 취급하는 제조소 또는 일반취급소에서 취급하는 제4류 위험물의 최대수량의 합이 지정수량의 3천배 이상인 경우
⑤ 제4류 위험물을 저장하는 옥외탱크저장소에 저장하는 제4류 위험물의 최대수량이 지정수량의 30만배 이상인 경우

25.

위험물안전관리법 시행규칙 [별표 23]
화학소방자동차에 갖추어야 하는 소화능력 및 설비의 기준

화학소방 자동차의 구분	소화능력 및 설비의 기준
포수용액 방사차	포수용액의 방사능력이 매분 2,000ℓ 이상일 것
	소화약액탱크 및 소화약액혼합장치를 비치할 것
	10만ℓ 이상의 포수용액을 방사할 수 있는 양의 소화약제를 비치할 것
분말 방사차	분말의 방사능력이 매초 35kg 이상일 것
	분말탱크 및 가압용가스설비를 비치할 것
	1,400kg 이상의 분말을 비치할 것
할로겐 화합물 방사차	할로겐화합물의 방사능력이 매초 40kg 이상일 것
	할로겐화합물탱크 및 가압용가스설비를 비치할 것
	1,000kg 이상의 할로겐화합물을 비치할 것
이산화탄소 방사차	이산화탄소의 방사능력이 매초 40kg 이상일 것
	이산화탄소저장용기를 비치할 것
	3,000kg 이상의 이산화탄소를 비치할 것
제독차	가성소오다 및 규조토를 각각 50kg 이상 비치할 것

26.

(1) 자체소방대를 설치하여야 하는 사업소 (암기 : 제일사는 삼천배/ 이탱사는 오신만배)
① 지정수량 <u>3천배</u> 이상의 제4류 위험물을 취급하는 <u>제</u>조소 또는 일반취급소
② 지정수량 <u>50만배</u> 이상 제4류 위험물을 저장하는 옥<u>외탱</u>크저장소

(2) 자체소방대 설치 제외대상 일반취급소 (암기 : 유보광이용)
① 보일러, 버너 그 밖에 이와 유사한 장치로 위험물을 소비하는 일반취급소
② 이동저장탱크 그 밖에 이와 유사한 것에 위험물을 주입하는 일반취급소
③ 용기에 위험물을 옮겨 담는 일반취급소
④ 유압장치, 윤활유순환장치 그 밖에 이와 유사한 장치로 위험물을 취급하는 일반취급소
⑤ 「광산안전법」의 적용을 받는 일반취급소

Answer 25.③ 26.④

✳ **연도별 기출경향** ✳

[기출연도]	2012	2013	2014	2015	2016	2017	2018	2019	2020	2021	2022	2023	2024
문항수	2	2	0	1	1	1	0	0	0	1	0	0	0

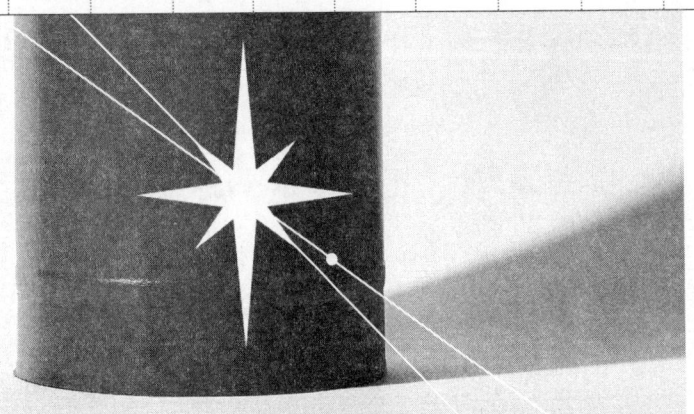

PART 21 구조실무

01	구조개론
02	구조활동의 기본
03	구조활동의 기록
04	구조장비
05	로프매듭
06	위험물질의 표지와 식별방법

01 구조개론 2018 간부

❶ 소방구조업무의 연혁

(1) 우리나라 인명구조 활동의 시작

1958년 3월 11일 법률 제485호로 소방법이 제정되면서부터 화재와 함께 풍·수해, 설해에 의한 인명구조 업무가 소방업무에 포함

(2) 인명구조 활동의 시대적 요구

① 1988년 제24회 서울올림픽 대회를 완벽히 개최하기 위하여 고도로 전문화된 구조기술과 장비를 갖춘 구조대의 설치가 절실히 요구됨
② 이러한 시대적 추세에 따라 1987년 9월 4일 119특별구조대설치 운영계획을 수립하고 1988년 8월 1일 올림픽이 개최되는 7개 도시에 119특별구조대 9개대(서울3, 부산·대구·인천·광주·대전·수원)를 설치하여 구조대원 114명과 구조공작차 9대로 화재 및 각종 사고시의 인명구조 활동을 수행하게 됨

(3) 인명구조 활동의 명문화

1989년도에 소방법을 개정('89. 12. 30. 법률 제4155호)하여 소방업무에 구조활동을 명문화

(4) 인명구조 활동의 정착 (M 우아~ 성충대풍)

① 청주 **우**암아파트상가 붕괴사고('93.1.7.) → **아**시아나 항공기 추락사고('93.7.26.) → **성**수대교 붕괴사고('94.10.21.) → **충**주호 유람선 화재사고('94.10.24.) → **대**구 상인동 가스폭발사고('95.4.28.) → 삼**풍**백화점 붕괴사고('95.6.29.) 등 각종 대형재난·사고가 빈발함에 따라 구조기능의 보강이 추진되어 각종 재난현장에서 긴급구조구난 활동능력을 보강하기 위하여 행정자치부('08.2.29. 행정안전부)와 시·도 및 소방서에 구조구급과를 설치
② 또한 행정자치부장관 직속의 중앙119구조대('11.1.28. 중앙119구조단, '13.9.17. 중앙119구조본부로 승격)를 설치하고 각 시·도에는 수난구조대, 산악구조대, 화학구조대 등을 설치하여 지역적 특성에 맞는 구조활동을 전개할 수 있는 체계를 구축
③ 특히 2011년 9월 9일부터 '119구조·구급에 관한 법률'의 시행으로 구조업무를 효과적으로 수행하기 위한 체계의 구축 등 구조활동에 필요한 기반을 마련

❷ 용어정의(119구조·구급에 관한 법률 제2조)

구조	화재, 재난·재해 및 테러, 그 밖의 위급한 상황에서 외부의 도움을 필요로 하는 사람(요구조자)의 생명, 신체 및 재산을 보호하기 위하여 수행하는 모든 활동을 말한다.
119구조대	탐색 및 구조활동에 필요한 장비를 갖추고 소방공무원으로 편성된 단위조직을 말한다.
119항공대	항공기, 구조·구급 장비 및 119항공대원으로 구성된 단위조직을 말한다.
119항공대원	구조·구급을 위한 119항공대에 근무하는 조종사, 정비사, 항공교통관제사, 운항관리사, 119구조·구급대원을 말한다.
119구조견	위급상황에서 「소방기본법」 제4조에 따른 소방활동의 보조를 목적으로 소방기관에서 운용하는 개를 말한다.
119구조견대	위급상황에서 119구조견을 활용하여 「소방기본법」 제4조에 따른 소방활동을 수행하는 소방공무원으로 편성된 단위조직을 말한다.

❸ 구조대 편성·운영(119구조·구급에 관한 법률 제8조) ♨

(1) 119구조대의 편성 및 운영권자

소방청장·소방본부장 또는 소방서장

(2) 구조대의 구분 ♨♨

일반구조대	시·도의 규칙으로 정하는 바에 따라 소방서마다 1개 대(隊) 이상 설치하되, 소방서가 없는 시·군·구의 경우에는 해당 시·군·구 지역의 중심지에 있는 119안전센터에 설치할 수 있다.
특수구조대 2021 간부	소방대상물, 지역 특성, 재난 발생 유형 및 빈도 등을 고려하여 시·도의 규칙으로 정하는 바에 따라 설치한다. 다만, 고속국도구조대는 직할구조대에 설치할 수 있다. ① **화**학구조대 : 화학공장이 밀집한 지역 ② **수**난구조대 : 내수면지역 ③ **산**악구조대 : 자연공원 등 산악지역 ④ **고**속국도구조대 : 고속국도 ⑤ **지**하철구조대 : 도시철도의 역사(驛舍) 및 역 시설 (Ⓜ 화수고산지)
직할구조대	대형·특수 재난사고의 구조, 현장 지휘 및 테러현장 등의 지원 등을 위하여 소방청 또는 시·도 소방본부에 설치하되, 시·도 소방본부에 설치하는 경우에는 시·도의 규칙으로 정하는 바에 따른다.
테러대응구조대	테러 및 특수재난에 전문적으로 대응하기 위하여 소방청과 시·도 소방본부에 각각 설치하며, 시·도 소방본부에 설치하는 경우에는 시·도의 규칙으로 정하는 바에 따른다.

(3) 구조대원의 자격기준

구조대원은 소방공무원으로서 다음의 어느 하나에 해당하는 자격을 갖추어야 한다.

① 소방청장이 실시하는 인명구조사 교육을 받았거나 인명구조사 시험에 합격한 사람
② 공공기관의 구조 관련 분야에서 근무한 경력이 <u>2년</u> 이상인 사람
③ 응급구조사 자격을 가진 사람으로서 소방청장이 실시하는 구조업무에 관한 교육을 받은 사람

(4) 구조대의 출동구역

① 소방청에 설치하는 직할구조대 및 테러대응구조대 : 전국
② 시·도 소방본부에 설치하는 직할구조대 및 테러대응구조대 : 관할 시·도
③ 소방청 직할구조대에 설치하는 고속국도구조대 : 소방청장이 한국도로공사와 협의하여 정하는 지역
④ 그 밖의 구조대 : 소방서 관할 구역

(5) 소방청장등의 요청이나 지시에 따라 출동구역 밖으로 출동할 수 있는 경우

① 지리적·지형적 여건상 신속한 출동이 가능한 경우
② 대형재난이 발생한 경우
③ 그 밖에 소방청장이나 소방본부장이 필요하다고 인정하는 경우

❹ 국제구조대의 편성과 운영(119구조·구급에 관한 법률 제9조)

(1) 국제구조대의 편성과 운영

① <u>소방청장</u>은 국외에서 대형재난 등이 발생한 경우 재외국민의 보호 또는 재난발생국의 국민에 대한 인도주의적 구조 활동을 위하여 국제구조대를 편성하여 운영할 수 있다.
② 소방청장은 외교부장관과 협의를 거쳐 국제구조대를 재난발생국에 파견할 수 있다.
③ 소방청장은 국제구조대를 국외에 파견할 것에 대비하여 구조대원에 대한 교육훈련 등을 실시할 수 있다.
④ 소방청장은 국제구조대의 국외재난대응능력을 향상시키기 위하여 국제연합 등 관련 국제기구와의 협력체계 구축, 해외재난정보의 수집 및 기술연구 등을 위한 시책을 추진할 수 있다.
⑤ 소방청장은 국제구조대를 재난발생국에 파견하기 위하여 필요한 경우 관계 중앙행정기관의 장 또는 시·도지사에게 직원의 파견 및 장비의 지원을 요청할 수 있다. 이 경우 관계 중앙행정기관의 장 또는 시·도지사는 특별한 사유가 없으면 요청에 따라야 한다.

⑥ 국제구조대의 편성, 파견, 교육훈련 및 국제구조대원의 귀국 후 건강관리와 그 밖에 필요한 사항은 대통령령으로 정한다.

⑦ 국제구조대는 행정안전부령으로 정하는 장비를 구비하여야 한다.

(2) 국제구조대에서 갖추어야 할 장비의 기준

① 구조 및 인양 등에 필요한 일반구조용 장비

② 사무통신 및 지휘 등에 필요한 지휘본부용 장비

③ 매몰자 탐지 등에 필요한 탐색용 장비

④ 화학전 또는 생물학전에 대비한 화생방 대응용 장비

⑤ 구급활동에 필요한 구급용 장비

⑥ 구조활동 중 구조대원의 안전 및 숙식 확보를 위하여 필요한 개인용 장비

실수줄이기

1. [21년 간부] 「119 구조·구급에 관한 법률 시행령」상 특수구조대에 해당하는 것을 〈보기〉에서 있는 대로 고른 것은?

   ㉠ 화학구조대   ㉡ 수난구조대
   ㉢ 산악구조대   ㉣ 고속국도구조대
   ㉤ 지하철구조대 ㉥ 테러대응구조대

   ① ㉠
   ② ㉠, ㉡
   ③ ㉠, ㉡, ㉢, ㉣
   ④ ㉠, ㉡, ㉢, ㉣, ㉤
   ⑤ ㉠, ㉡, ㉢, ㉣, ㉤, ㉥

1.

특수구조대	소방대상물, 지역 특성, 재난 발생 유형 및 빈도 등을 고려하여 시·도의 규칙으로 정하는 바에 따라 설치한다. 다만, 고속국도구조대는 직할구조대에 설치할 수 있다. ① **화**학구조대 : 화학공장이 밀집한 지역 ② **수**난구조대 : 내수면지역 ③ **산**악구조대 : 자연공원 등 산악지역 ④ **고**속국도구조대 : 고속국도 ⑤ **지**하철구조대 : 도시철도의 역사(驛舍) 및 역 시설 (M 화수고산지)

답 ④

02 구조활동의 기본

❶ 구조활동의 원칙 ♦

현장의 안전 확보	현장의 안전을 확보하고 자신의 안전을 지키는 일은 어떠한 구조현장에 있어서도 절대적으로 지켜야할 가장 중요한 원칙이다.
명령통일	① 구조활동은 현장을 장악한 현장지휘관의 판단 하에 엄정한 규율을 바탕으로 조직적인 부대활동을 기본원칙으로 하며 자의적인 단독행동은 절대로 해서는 안 된다. ② 명령통일이라고 하는 것은 '한 대원은 오직 한 사람의 지휘관에게만 보고 하고 한사람의 지휘만을 받는다'는 것이다. ③ 대원의 안전에 위협이 되는 심각한 위험상황이 발생하여 현장에서 긴급히대원을 철수 시킨다던가 하는 급박한 경우 외에는 반드시 명령통일의 원칙을 준수하여야 한다.
현장 활동의 우선순위	① **인**명의 **안**전 → ② **사**고의 **안**정화 → ③ **재**산가치의 **보**존 (Ⓜ 인안/ 사안/ 재보)
구조활동의 우선순위 2016 간부	① 구**명**(救命) → ② 신체**구**출 → ③ 정신적, 육체적 고**통**경감 → ④ **피**해의 최소화 (Ⓜ 명구통피)

❷ 초기대응 절차(LAST) ♦

구조현장의 초기대응 단계에서 지켜야 할 절차가 있다. LAST는 이 대응 절차를 간단히 설명하고 기억하기 쉽도록 한 것이다. 이 절차를 지키지 않으면 구조현장에 혼란이 발생하고 2차사고 등으로 인하여 초기대응에 실패할 가능성이 높아진다. (Ⓜ 현접상후)

1단계 **현장 확인** (Locate)	재난·사고가 발생하면 먼저 <u>사고장소와 현장상황을 정확히 파악</u>해야 한다. 즉, ① 사고 원인은 무엇이고 어떻게 진행되고 있는가. ② 그 상황에 대응하는 방법과 인력, 장비는 무엇인가. ③ 우리가 적절한 대응능력을 갖추고 있는가를 판단하는 것이다. 또한 현장의 지형적 조건(접근로, 지형), 일출이나 일몰시간, 기후 및 수온 등을 고려해서 구조대의 활동에 예상되는 어려움과 유의해야 할 사항을 판단한다. 이 'L'의 단계에서 요한 인력과 장비, 지원을 받아야할 부서 등을 정확히 파악하는 것이 이후 전개되는 <u>구조활동의 성패를 좌우</u>한다.
2단계 **접근** (Access)	<u>구조활동의 실행 단계로 안전하고 신속하게 요구조자에게 접근하는 단계</u>이다. 사고장소가 바다나 강이라면 구조대원 자신이 물에 들어가지 않아도 되는 안전한 구조방법을 우선 선택하고 산악사고라면 실족이나 추락, 낙석 등의 위험성이 있는지 주의하며 접근한다.
3단계 **상황의 안정화** (Stabilization)	<u>현장을 장악하여 상황이 더 이상 악화되지 않고 안전이 유지될 수 있도록 조치하는 단계</u>이다. 요구조자를 위험상황에서 구출하고 부상이 있으면 적절한 응급처치를 한다. 이후 주변의 위험요인을 제거하여 더 이상 사고가 확대되지 않도록 조치한다.
4단계 **후송** (Transport)	요구조자가 아무런 부상 없이 안전하게 구출되는 것이 최선의 구조활동이지만 사고의 종류나 현장상황에 따라 심각한 손상을 입은 요구조자를 구출할 수도 있다. 이 경우 현장에서 제공할 수 있는 응급처치는 상당히 제한적이다. 또한 외관상 아무런 부상이 없거나 경상으로 보이는 경우에도 심각한 손상이 있거나 후유증이 발생할 수 있기 때문에 요구조자는 <u>일단 의료기관으로 후송하는 것을 원칙</u>으로 한다. 이와 같이 'T'는 마지막 후송단계로서 사고의 긴급성에 따라 적절한 이동수단을 사용하여 의료기관에 후송하는 것으로 초기대응이 마무리된다.

chapter 03 | 구조활동의 기록

① 구조요청의 거절 🔥🔥

(1) 구조요청을 거절할 수 있는 범위

구조요청을 거절하는 것은 물론 비긴급상황인 경우이지만 비긴급 상황일지라도 무조건 거절하는 것이 아니고 다른 수단에 의한 조치가 불가능한 경우에는 필요한 안전조치를 취하여야 한다. 따라서 구조요청의 거절은 현장의 상황을 종합적으로 고려하여 거절하는 범위를 최소화 하는 것이 옳다. (Ⓜ **문단동주**)

① 단순 잠긴 **문** 개방의 요청을 받은 경우

② 시설물에 대한 **단**순 안전조치 및 장애물 단순 제거의 요청을 받은 경우

③ **동**물의 단순 처리 · 포획 · 구조 요청을 받은 경우

④ **주**민생활 불편해소 차원의 단순 민원 등 구조활동의 필요성이 없다고 인정되는 경우

※※ 요구조자 또는 응급환자가 구조 · 구급대원에게 폭력을 행사하는 등 구조 · 구급활동을 방해하는 경우에는 구조 · 구급활동을 거절할 수 있다.

(2) 구조거절 확인서

① 구조를 요청한 사람이나 목격자에게 알리고,

② '구조거절 확인서'를 작성하여 소속 소방관서장에게 보고하고,

③ 소속 소방관서에 <u>3년간</u> 보관하여야 한다.

※※ 구조거절 확인서는 소송 등 분쟁발생시 근거자료로 활용될 수 있으므로 현장 상황과 조치내용을 자세하게 기재하여야 한다.

> **개념원리**   구급요청 거절 (Ⓜ **치감타취 만열간**)
>
> 단, 구급대원은 구급대상자의 병력 · 증상 및 주변 상황을 종합적으로 평가하여 구급대상자의 응급 여부를 판단하여야 한다.
> ① 단순 **치**통환자
> ② 단순 **감**기환자. 다만, <u>섭씨 38도 이상</u>의 고열 또는 호흡곤란이 있는 경우는 제외한다.
> ③ 혈압 등 생체징후가 안정된 **타**박상 환자
> ④ 술에 **취**한 사람. 다만, 강한 자극에도 의식이 회복되지 아니하거나 외상이 있는 경우는 제외한다.
> ⑤ **만**성질환자로서 검진 또는 입원 목적의 이송 요청자
> ⑥ 단순 **열**상(裂傷) 또는 찰과상(擦過傷)으로 지속적인 출혈이 없는 외상환자
> ⑦ 병원 **간** 이송 또는 자택으로의 이송 요청자. 다만, <u>의사가 동승한 응급환자의 병원 간 이송은 제외한다.</u>

❷ 구조활동 상황의 기록 등

(1) 구조대원은 '구조활동일지'에 구조활동상황을 상세히 기록하고,

(2) 소속 소방관서에 <u>3년간 보관</u>하여야 한다. 다만, 구조차에 이동단말기가 설치되어 있는 경우에는 이동단말기로 구조활동일지를 작성할 수 있다.

(3) 구조대원은 근무중 위험물·유독물 및 방사성물질에 노출되거나 감염성 질병에 걸린 요구조자와 접촉한 경우에는 <u>그 사실을 안 때부터 48시간 이내</u>에 소방청장등에게 보고하여야 한다.

(4) 감염성 질병 및 유해물질 등 접촉 보고서를 작성하여 보고하고,

(5) 감염성 질병·유해물질 등 접촉 보고서 및 유해물질 등 접촉관련 진료 기록부 등은 구조대원이 퇴직할때까지 소방공무원인사기록철에 함께 보관하여야 한다.

04 구조장비

❶ 산악구조용 장비

(1) 로프(Rope)와 슬링

밧줄 또는 자일이라고 불리는 로프는 가장 기본적인 구조용 도구로서 구조대원의 진입, 탈출, 요구조자 구출은 물론 각종 장비를 끌어 올리거나 고정시키는 등 그 쓰임새가 많고 가장 이용도가 높은 장비이다.

(2) 로프의 재질

과거에는 로프를 마닐라 삼이나 면 등의 천연재료를 사용하여 만들었으나 현재 이러한 천연섬유는 거의 사용되지 않으며 합성섬유, 특히 폴리에스터나 나일론 또는 케블러 등 여러 재료를 혼합하여 직조한 것이 대부분이다.

▶ 매듭과 꺾임에 의한 로프의 장력변화

매듭의 종류	매듭의 강도(%)
매듭하지 않은 상태	100
8자 매듭	75 ~ 80
한겹고정 매듭	70 ~ 75
이중 피셔맨매듭	65 ~ 70
피셔맨매듭	60 ~ 65
테이프매듭	60 ~ 70
말뚝매듭	60 ~ 65
옭매듭(엄지매듭)	60 ~ 65

❷ 구조로프

(1) 구조용 로프

'구조장비보유기준'에서는 로프를 일반 구조용 장비인 개인용 로프, 산악구조용 장비인 등반용 로프(Climbing Rope) 등으로 구분하고 있다.

(2) 정적로프와 동적로프

구조활동에 사용하는 로프는 신축성에 따라 크게 동적로프(Dynamic rope)와 정적로프(Static rope)로 구분할 수 있다.

정적로프	신장율이 5% 미만 정도로 하중을 받아도 잘 늘어나지 않으며 마모 내구성이 강하고 파괴력에 견디는 힘이 높은 반면 유연성이 낮아 조작이 불편하고 추락시의 하중이 그대로 전달되는 결점이 있다.
동적로프	신장율이 7% 이상 정도로서 신축성이 높아 충격을 흡수하는데 유리하므로 자유낙하가 발생할 수 있는 암벽등반에 유리하다. 일반 구조활동용으로는 정적로프나 세미스태틱(Semi-static Rope) 로프가 적합하고 산악 구조활동과 장비의 고정 등에는 동적로프가 적합하다. 보통 동적로프는 부드러우면서 여러 가지 색상이 섞인 화려한 문양이고 정적로프는 뻣뻣하며 검정이나 흰색, 노란색 등 단일 색상으로 만들어져 외형만으로도 비교적 쉽게 구분이 가능하다.

(3) 로프 관리 및 사용상의 주의점 ♨

① 로프의 관리
  ㉠ 로프는 언제든지 사용할 수 있도록 철저히 관리하여야 한다. 특히 중점을 두어야하는 부분은 적절한 점검과 청결유지, 그리고 보관이다.
  ㉡ 로프는 그늘지고 통풍이 잘되는 곳에 보관하도록 한다.
  ㉢ 로프를 사리고 끝처리로 너무 단단히 묶어두지 않도록 한다.
  ㉣ 로프에 계속적으로 하중을 가하면 로프가 늘어나 있는 상태이므로 노화가 빨리 오게 된다.
  ㉤ 부피를 줄이기 위해 좁은 상자나 자루에 오래 방치하는 것도 좋지 않다.

② 로프를 오래 사용하기 위한 관리상 주의점
  ㉠ 열이나 화학약품, 유류 등 로프를 손상시킬 수 있는 어떤 요인과도 접촉하지 않도록 한다. 대부분의 로프는 석유화학제품이므로 산이나 알칼리 등의 화학약품과 각종 연료유, 엔진오일 등에 부식·용해된다.
  ㉡ 로프를 밟거나 깔고 앉지 말 것. 로프의 외형이 급속히 마모되고 무게를 지탱하는 능력이 저하된다.
  ㉢ 로프를 설치할 때 건물이나 장비의 모서리에 직접 닿지 않도록 한다. 로프보호대나 천, 종이박스 등을 깔아서 마찰로부터 로프를 보호한다.

② 대부분의 로프는 <u>장시간 햇볕(특히 자외선)</u>을 받으면 변색, 강도저하 등을 일으킨다. 잘 포장해서 어둡고 서늘한 곳에 보관한 로프는 8년이 경과되어도 손상되지 않았다는 보고가 있었지만 새 로프일지라도 장시간 옥외에 진열, 방치하면 강도가 많이 약해진다.

⑰ 정기적으로 로프를 세척하여 이물질을 제거하도록 한다. 로프의 섬유사이에 끼는 먼지나 모래가루는 로프 자체를 상하게 하고 카라비너나 하강기 등 관련 장비의 마모를 촉진시킨다.

③ 로프 세척 방법

㉠ 미지근한 물에 <u>중성 세제</u>를 알맞게 풀어 로프를 충분히 적시고 흔들어 모래나 먼지가 빠져나가도록 한다.

㉡ 부드러운 솔이 있으면 가볍게 문질러 주면 좋다. 물이 어느 정도 빠지면 그늘지고 통풍이 잘되는 곳에 말린다.

㉢ 일반적인 세탁기는 세탁과정에서 로프가 꼬이고 마찰을 발생시키기 때문에 사용하지 않도록 한다.

④ 로프의 사용

㉠ 사용 전·중·후에 시각과 촉각을 이용하여 계속적으로 점검한다.

㉡ 일반적으로 로프를 사용한 후에 사리는 과정에서 로프의 외형을 확인하고 일일이 손으로 만져보며 응어리, 얼룩, 눌림 등이 있는지 확인하고 보풀이나 변색, 마모정도 등도 유의해서 점검한다. 조금이라도 의심이 간다면 그 로프는 폐기하여야 한다.

㉢ 폐기대상인 로프는 절대로 인명구조용으로 재사용되지 않도록 확실히 조치한다.

㉣ <u>직경 9mm이하</u>의 로프를 사용할 때에는 반드시 2줄로 설치하여 안전을 확보한다.

㉤ 로프를 설치하기 전에 세심하게 살펴보고 조금이라도 의심이 가는 부분이 있으면 사용하지 않는다.

(4) 슬링(Sling)

① 런너(Runner)라고도 부르는 슬링은 평평한 띠처럼 생긴 일종의 로프로 <u>일반적인 로프에 비해 유연성이 높으면서도 다루기 쉬우며</u> 신체에 고정하는 경우 접촉 면적이 높아 안정감 있게 사용할 수 있다.

② 슬링은 보통 <u>20~25mm</u> 내외의 폭으로 제조되며 형태에 따라 판형슬링(TapeSling)과 관형슬링(Tube Sling)으로 구분한다.

③ 로프에 비해 상대적으로 값이 싸기 때문에 짧게 잘라서 등반시의 확보, 고정용 또는 안전벨트의 대용 등으로 다양하게 활용한다.

④ 슬링은 같은 굵기의 로프보다 강도는 우수하지만 충격을 받았을 때 잘 늘어나지 않기 때문에 슬링을 <u>등반 또는 하강시에 로프 대용으로 사용하는 것은 매우 위험하다.</u>

❸ 하강기류

8자하강기	① 로프를 이용해서 하강해야 하는 경우 사용한다. ② 작고 가벼우면서도 견고하고 사용이 간편하다. ③ 전형적인 하강기는 8자 형태이지만 이를 약간 변형시킨 구조용 하강기나 튜브형 하강기도 많이 사용된다. ④ 구조용 하강기는 일반적인 8자 하강기에 비하여 제동 및 고정이 용이한 것이 장점이다.	
그리그리	① 그리그리는 스토퍼와 같이 로프의 역회전을 방지할 수 있는 구조로 주로 확보용 장비이다. ② 주로 암벽 등에서 확보(belay)하는 장비로 사용되며 짧은 거리를 하강할 때 이용하기도 한다. ③ 8자 하강기나 스톱, 그리그리 등 각종 하강기를 사용하여 선등자를 확보하는 경우 확보자는 본인의 몸을 견고히 고정하여 추락 등 사고에 대비하고 로프의 끝부분이 기구에서 빠지지 않도록 매듭 처리하여 안전을 확보토록 한다.	
스톱하강기	① 스톱하강기는 로프 한가닥을 이용하여 제동을 걸어주는 장비로 하강 스피드의 조절이 용이하고 우발적인 급강하 사고를 방지할 수 있기 때문에 최근 구조대에서 사용이 증가하고 있는 추세이다. ② 스톱의 한 면을 열어 로프를 삽입하고 아래쪽은 안전벨트의 카라비너에 연결한다. ③ 오른손으로 아랫줄을 잡고 왼손으로 레버를 조작하면 쉽게 하강속도를 조절할 수 있다. 손잡이를 꽉 잡으면 급속히 하강하므로 주의한다.	
카라비너	① 각종 기구와 로프 또는 기구와 기구를 연결할 때 빼놓을 수 없는 장비로서 현장에서는 비나 또는 스냅링(snap ring)으로도 부른다. ② D형과 O형의 두 가지 형태가 있으며, 재질은 알루미늄 합금이나 스테인리스 스틸이다. ③ 강도는 제품별로 몸체에 표시되며 일반적으로 종방향으로 25kN~30kN, 횡방향으로는 8kN~10kN 정도이다. ④ 사용 전에 점검하여 심한 마모, 변형, 또는 균열이 있거나 큰 충격을 받은 것은 절대 사용하지 않도록 한다. ⑤ 구조활동시에는 잠금장치가 있는 카라비너를 사용하는 것을 원칙으로 하고 횡방향으로 충격이 걸리지 않도록 설치해야 한다. 부득이 잠금장치가 없는 카라비너를 사용할 때에는 로프나 다른 물체에 의해 개폐구가 열리는 일이 없도록 주의해야 한다.	

등강기	① 로프를 활용하여 등반할 때 보조장치로 사용되며 로프에 결착하여 수직 또는 수평으로 이동할 수 있도록 고안된 기구이다. ② 톱니가 나 있는 캠이 로프를 물고 역회전을 하지 못하도록 함으로서 한 방향으로만 움직이게 된다. ③ 등반기, 쥬마, 유마르 등으로도 불리며 등반뿐만 아니라 로프를 이용하여 물건을 당기는 경우 손잡이 역할도 할 수 있어 사용범위가 매우 넓다. ④ 손잡이 부분을 제거하여 소형화하고 간편히 사용할 수 있도록 변형된 크롤(Croll), 베이직(Basic) 등 유사한 장비도 있다.
퀵드로세트	① 퀵드로는 웨빙슬링으로 만든 고리 양쪽에 카라비너를 끼운 것으로 로프를 확보물에 빨리 연결하기 위해서 사용하는 장비이다. ② 퀵드로는 웨빙의 길이에 따라 5cm부터 20cm까지 다양하게 세트로 구성된다. ③ 퀵드로의 카라비너는 열리는 곳이 서로 반대방향 또는 같은 방향으로 향하도록 끼우고 개폐부분이 끝을 향하도록 하는 것이 편리하고 안전하다.

05 로프 매듭

❶ 로프 매듭 ♦

좋은 매듭의 조건	① 묶기 쉬워야 한다. ② 연결이 튼튼하여 자연적으로 풀리지 않아야 한다. ③ 사용 후 간편하게 해체할 수 있는 매듭이어야 한다.
로프 매듭 시 주의사항	① 매듭법을 많이 아는 것보다는 잘 쓰이는 매듭을 정확히 숙지하는 것이 더욱 중요하다. ② 매듭은 정확한 형태를 만들고 단단하게 조여야 풀어지지 않고 하중을 지탱할 수 있다. ③ 될 수 있으면 매듭의 크기가 작은 방법을 선택한다. 매듭부분으로 기구, 장비 등을 통과시켜야 하는 경우가 있기 때문이다. ④ 매듭의 끝 부분이 빠지지 않도록 주매듭을 묶은 후 옭매듭 등으로 다시 마감해 준다. 이때 끝 부분이 빠지지 않도록 충분한 길이를 남겨두어야 하는데 매듭에서 로프 끝까지 11~20cm정도 남겨 두도록 한다. ⑤ 끊어지지 않는 로프는 존재하지 않고 풀어지지 않는 매듭도 없다. 따라서 사용 중에 로프와 매듭부분에 이상이 없는지 수시로 확인한다. ⑥ 로프는 매듭 부분의 강도가 저하된다는 사실을 기억한다.

❷ 매듭의 종류 ♦

마디짓기(결절)	로프의 끝이나 중간에 마디나 매듭·고리를 만드는 방법
이어매기(연결·결합·결속)	한 로프를 다른 로프와 서로 연결하는 방법
움켜매기(결착)	로프를 지지물 또는 특정 물건에 묶는 방법

❸ 기본 매듭 ♦

마디짓기(결절)	① 옭매듭(엄지매듭) ② 두겹옭매듭(고리 옭매듭) ③ 8자매듭 ④ 두겹 8자매듭 ⑤ 이중 8자매듭 ⑥ 줄사다리매듭 ⑦ 고정매듭 ⑧ 나비매듭
이어매기(연결·결합·결속)	① 바른매듭(맞매듭) ② 한겹매듭, 두겹매듭 ③ 8자 연결매듭 ④ 피셔맨매듭
움켜매기(결착)	① 말뚝매기(까베스땅 매듭) ② 절반매듭 ③ 잡아매기 ④ 감아매기 ⑤ 클램하이스트 매듭

(1) 마디짓기 (결절)

옭매듭(엄지매듭)	로프에 마디를 만들어 도르래나 구멍으로부터 로프가 빠지는 것을 방지하거나 절단한 로프의 끝에서 꼬임이 풀어지는 것을 방지할 때 사용하는 가장 단순한 형태의 매듭이다.
두겹옭매듭 (고리 옭매듭)	① 두겹 옭매듭은 로프의 중간에 고리를 만들 필요가 있을 때 사용한다. ② 간편하게 매듭할 수 있는 방법이지만 힘을 받으면 고리가 계속 조이므로 풀기가 힘들다.
8자매듭	① 매듭이 8자 모양을 닮아서 '8자매듭'이라고 한다. ② 옭매듭보다 매듭부분이 커서 다루기 편하고 풀기도 쉽다.
두겹8자매듭	① 두겹8자매듭은 간편하고 튼튼하기 때문에 로프에 고리를 만드는 경우 가장 많이 활용된다. ② 로프에 고리를 만들어 카라비나에 걸거나 나무, 기둥 등에 확보하고자 하는 경우 등에 폭넓게 활용한다.
이중8자매듭	로프 끝에 두개의 고리를 만들 수 있어 두개의 확보물에 로프를 고정하는 경우에 매우 유용하다.
줄사다리매듭	이 매듭은 로프에 일정한 간격을 두고 수개의 옭매듭을 만들어 로프를 타고 오르거나 내릴 때에 지지점으로 이용할 수 있도록 하는 매듭이다.
고정매듭	① 로프의 굵기에 관계없이 묶고 풀기가 쉬우며 조여지지 않으므로 로프를 물체에 묶어 지지점을 만들거나 유도 로프를 결착하는 경우 등에 활용한다. ② 구조활동은 물론이고 어디서든 자주 사용되는 중요한 매듭이어서 '매듭의 왕(king of knots)'이라고 까지 부른다.

두겹고정매듭	① 로프의 끝에 두 개의 고리를 만들어 활용하는 매듭이다. ② 수직맨홀 등 좁은 공간으로 진입하거나 요구조자를 구출하는 경우 유용하게 활용할 수 있다. ③ 특히 완만한 경사면에서 확보물 없이 3명 이상이 한줄 로프를 잡고 등반하는 경우 중간에 위치한 사람들이 이 매듭을 만들어 어깨와 허리에 걸면 로프가 벗겨지지 않고 활동이 용이하다.
나비매듭	① 로프 중간에 고리를 만들 필요가 있을 경우에 사용하며 다른 매듭에 비하여 충격을 받은 경우에도 풀기가 쉬운 것이 장점이다. ② 중간 부분이 손상된 로프를 임시로 사용하고자 하는 경우에 손상된 부분이 가운데로 오도록 하여 매듭을 만들면 손상된 부분에 힘이 가해지지 않아 응급대처가 가능하다.

(2) 이어매기 (연결)

바른매듭 (맞매듭)	① 바른매듭은 묶고 풀기가 쉬우며 같은 굵기의 로프를 연결하기에 적합한 매듭이다. ② 로프 연결의 기본이 되는 매듭이며 힘을 많이 받지 않는 곳에 사용하지만 굵기 또는 재질이 서로 다른 로프를 연결할 때에는 미끄러져 빠질 염려가 있어 직접 안전을 확보하는 매듭에는 적합하지 않다.	
한겹매듭, 두겹매듭	① 한겹매듭은 굵기가 다른 로프를 결합할 때에 사용한다. 주로프는 접어둔 채 가는 로프를 묶는 것이 좋으며 로프 끝을 너무 짧게 묶으면 쉽게 빠지므로 주의한다. ② 두겹매듭은 한겹매듭에서 가는 로프를 한 번 더 돌려 감은 것으로 한겹매듭보다 더 튼튼하게 연결할 때에 사용한다.	
8자 연결매듭	① 많은 힘을 받을 수 있고 힘이 가해진 경우에도 풀기가 쉬워 로프를 연결하거나 안전을 확보하기 위한 매듭으로 자주 사용된다. ② 수 로프로 8자 형태의 매듭을 만든 다음 연결하는 로프를 반대 방향에서 역순으로 진입시켜 이중8자의 형태를 만든다. ③ 매듭이 이루어지면 양쪽 끝의 로프를 당겨 완전한 형태의 매듭을 완성하고 옭매듭으로 마무리한다.	
피셔맨매듭	① 두 로프가 서로 다른 로프를 묶고 당겨서 매듭부분이 맞물리도록 하는 방법이다. ② 신속하고 간편하게 묶을 수 있으며 매듭의 크기도 작다. ③ 두 줄을 이을 때 연결매듭으로 많이 활용되는 매듭이지만 힘을 받은 후에는 풀기가 매우 어려워 장시간 고정시켜 두는 경우에 주로 사용한다. ④ 매듭 부분을 이중으로 하면(이중피셔맨매듭) 매듭이 더욱 단단하고 쉽사리 느슨해지지 않는다.	

④ 움켜매기(결착)

말뚝매기 (까베스땅 매듭)	① 로프의 한쪽 끝을 지지점에 묶는 매듭으로 구조활동을 위해 로프로 지지점을 설정하는 경우 많이 사용한다. ② 묶고 풀기는 쉬우나 반복적인 충격을 받는 경우에는 매듭이 자연적으로 풀릴 수 있으므로 매듭의 끝을 안전하게 처리하여야 한다. ③ 말뚝매기가 풀리지 않도록 끝 부분을 옭매듭하여 마감하는 방법을 많이 활용하고 주 로프에 2회 이상의 절반매듭을 하는 방법도 사용한다.
절반매듭	① 로프를 물체에 묶을 때 간편하게 사용하는 매듭이다. ② 묶고 풀기는 쉬우나 결속력이 매우 약하기 때문에 절반매듭 단독으로는 사용하지 않는다.
잡아매기	① 안전벨트가 없을 때 요구조자의 신체에 로프를 직접 결착하는 고정매듭의 일종이다. ② 요구조자의 구출이나 낙하훈련 등과 같이 충격이 심한 훈련이나, 신체에 주는 고통을 완화하기 위하여 사용된다. ③ 긴급한 경우 이외에는 사용하지 않도록 한다.
감아매기 (비상매듭)	① 굵은 로프에 가는 로프를 감아매어 당기는 방법이다. ② 고리부분을 당기면 매듭이 고정되고 매듭부분을 잡고 움직이면 주 로프의 상하로 이동시킬 수 있으므로 로프등반이나 고정 등에 많이 활용한다. ③ 감는 로프는 주 로프의 절반정도 굵기일 때 가장 효과적이며 3회 이상 돌려 감아야 한다.
클램하이스트 매듭	① 감아매기와 같이 자기 제동(self locking)이 되는 매듭으로 주 로프에 보조로프를 3~5회 감고 로프 끝을 고리 안으로 통과시켜 완성한다. ② 하중이 걸리면 매듭이 고정되고 하중이 걸리지 않으면 매듭을 위 아래로 움직일 수 있다.

❺ 응용매듭

(1) 신체묶기

두겹고정매듭 활용	① 맨홀이나 우물 등 협소한 수직공간에 구조대원이 진입하거나 요구조자를 구출할 때 사용한다. ② 두겹고정매듭을 만들어 고리부분에 양 다리를 넣고 손으로는 로프를 잡고 지지하도록 한다. ③ 로프의 끝을 길게 하여 가슴부분에 고정매듭을 만들면 두 손을 자유롭게 쓸 수도 있다. ④ 한줄 로프를 잡고 여러 사람이 등반할 때 중간에 있는 사람이 사용하면 고리가 벗겨지지 않고 안전하게 활동할 수 있다. 한쪽 고리를 허리에 끼우고 크기를 조절하여 어깨에 건다. / 두개의 고리가 몸에 걸려있기 때문에 안전하다.
세겹고정매듭 활용	① 들것을 사용할 수 없는 장소에서 안전벨트 없이 요구조자의 끌어올리거나 매달아 내려 구출할 때 사용하는 방법이다. ② 경추나 척추 손상이 의심되는 요구조자 또는 다발성 골절환자에게는 사용하면 안 된다.
앉아매기 (간이 안전벨트)	① 안전벨트 대용으로 하강 또는 수평도하 등에 사용할 수 있는 매듭이다. ② 3m 정도 길이의 로프나 슬링의 끝을 서로 묶어 큰 원을 만들고 허리에 감은 다음, 등 뒤의 로프를 다리사이로 빼내어 카라비나로 연결한다. ③ 로프보다는 슬링을 이용하는 것이 신체에 가해지는 충격을 줄일 수 있다.

(2) 기구묶기

도끼	두겹8자매듭 + 옭매듭 + 절반매듭
갈고리	하단(말뚝매듭 + 옭매듭) + 절반매듭 + 절반매듭
사다리	두겹 8자매듭
관창수관 동력절단기	말뚝매듭 + 옭매듭

도끼
← 절반매듭
← 두겹팔자매듭+옭매듭

갈고리
← 절반매듭
← 절반매듭
← 말뚝매듭+옭매듭(하단)

관창
← 개폐밸브 통과후 노즐을 씌운다.
← 말뚝매듭+옭매듭

동력
절단기
← 말뚝매듭+옭매듭
← 손잡이 통과

06. 위험물질의 표지와 식별방법

1 위험물질의 표시방법

(1) 유해화학물질 관리법, 산업안전보건법

유해화학물질관리법에서는 인체 및 환경에 유해한 화학물질들에 대하여 유해그림으로 표시하고 있다. 또한 유독물을 보관·저장 또는 진열하는 장소와 운반차량에 "유독물"을 문자로 표시하여야 하고 유독물의 용기나 포장에는 유독물의 유해그림, 유해성, 취급 시 주의사항 등을 표시하도록 하고 있다.

유독물의 유해그림은 국민건강 및 환경상의 위해를 예방하기 위하여 건강장해, 환경유해, 물리적 위험 등을 기준으로 분류한 고독성, 유독성 등 황색바탕에 흑색그림으로 되어있다.

유해화학물질 관리법 및 산업안전보건법(EU와 같음)					
폭발성	산화성	독성	인화성	부식성	유해성

(2) 화학물질 세계조화(GHS) 시스템

① GHS의 의미 : 화학물질 세계조화시스템(GHS : Globally Harmonized System)은 화학물질의 안전한 사용, 운송, 폐기를 위해 국제적으로 이해하기 쉽게 설명된 화학물질 분류체계와 위험물 표시를 전 세계에 하나의 공통된 시스템으로 운영하여 화학물질에 노출된 사람과 환경을 보호하기 위한 인프라를 구축하는 사업이다.

② 우리나라의 도입 ♦ : GHS의 국내도입에 따라 기존 유해물질로 분류되던 물질이 유독물로 표시되는 물질이 다수 발생하게 되며 유해성 표지방법도 우리나라는 7개의 그림을 사용해 왔으나 GHS에서는 9개의 그림으로 분류 표시한다.

현행				GHS 표시방법				
폭발성	인화성	산화성	부식성	폭발성	인화성	산화성	부식성	환경 유해성
환경 유해성	독성 변이원성 발암성	유해성		독성	독성 변이원성 발암성	자극성	고압가스	

❷ 유해물질사고 대응 절차

(1) 격리 및 방호

유해물질이 누출된 경우 최대한 신속하게 현장을 격리

(2) 현장상황 파악

구조대원은 실제상황에서 현장 상황을 정확히 파악하는 것이 중요

(3) 현장관리

현장지휘관은 교통통제, 응급처치 등을 위해서 필요하면 경찰이나 적십자, 유독물질을 취급하는 전문기관의 협조를 구한다.

(4) 경계구역 설정

사고현장에서 구조활동에 임하는 대원이 활동에 불필요한 제약을 받지 않고 2차 재해를 방지하기 위하여 오염방지와 구조활동에 필요한 범위를 정하여 경계구역을 설정한다. 경계구역은 위험지역(Hot Zone), 경고지역(Worm Zone), 안전지역(Cold Zone)으로 구분한다.

위험지역 (Hot Zone)	① 사고가 발생한 장소와 그 부근으로서 누출된 물질로 오염된 지역을 말하며 붉은색으로 표시한다. ② 구조와 오염제거활동에 직접 관계되는 인원 이외에는 출입을 엄격히 금지하고 구조대원들도 위험지역에 머무는 시간을 최소화하여야 한다.
경고지역 (Worm Zone)	① 요구조자를 구조하고 안전조치를 취하는 등 구조활동을 위한 공간으로 노란색으로 표시한다. ② 이 지역 안에 구조활동에 필요한 각종 장비를 설치하고 필요한 지원을 수행한다. ③ 경고지역에는 제독·제염소를 설치하고 모든 인원은 이곳을 통하여 출입하도록 해야 한다.
안전지역 (Cold Zone)	① 지원인력과 장비가 머무를 수 있는 공간으로 녹색으로 표시한다. ② 이곳에 대기하는 인원들도 오염의 확산에 대비하여 개인보호장구를 소지하고 풍향이나 상황의 변화를 주시하여야 한다.

(5) 인명구조

오염된 지역에서 요구조자를 구출하는 것은 구조대원 역시 오염될 가능성이 있기 때문에 상당한 위험성을 내포하고 있다. 그러나 요구조자를 오염지역에서 이동시키는 것만으로도 생존 가능성이 매우 높아지기 때문에 구조작업은 반드시 시행할 조치이다.

(6) 누출물질에 대한 조치

유독성 물질	① 독극물과 유독성 가스는 사람과 자연에 큰 피해를 준다. 독성물질이 퍼지는 경로는 다양하기 때문에 발견자는 무조건 전문 진료를 받도록 한다. ② 유독성물질이 누출된 사고임이 판명된 경우 현장활동에 임하는 대원들의 안전에 유의하고 사고가 더 이상 확산되지 않도록 누출된 물질의 차단과 처리에 중점을 두도록 한다.
부식성 물질	대부분의 경우 대량의 물로 신속히 세척하여 중화시키는 것이 유효하지만 대량으로 누출된 경우 2차 오염으로 심각한 피해를 입힐 수 있으므로 모래나 흙 등으로 둑을 쌓아서 누출을 차단하는 방법을 강구한다. 화학적 방법에 의한 중화는 반드시 관련 전문가와 협의가 필요하다.
폭발물	폭발물로 의심되는 물질 또는 폭발우려가 있는 상황이라면 주변 사람들을 신속히 대피시켜야 한다. 특히 주의해야 하는 상황이 화재로 시작되는 폭발이다.
기타 물질	최초 대응자가 모든 화학물질에 적합한 조치를 취할 수는 없다. 어떤 형태로든 위험물질과 관련된 사고가 발생하면 사고장소를 통제하고 경계구역 내에서 인명을 대피시키는 것이 최우선 과제이다.

(7) 대피, 철수

① 대피와 철수를 고려할 때 참고할 수 있는 정보는 미국 교통국에서 발행하는 유해물질 방재 핸드북(ERG)이지만 실제 상황에 그대로 적용하기는 어렵다. 따라서 현장의 누출물질과 누출규모에 대한 정보를 파악하는 것은 매우 중요하다.

② 대피장소는 가능한 한 현장에서 멀리 떨어진 학교나 병원 등으로 정하고 세부 절차와 계획은 각 소방관서의 긴급구조대응계획에 수립되어 있으므로 이를 참고토록 한다.

③ 대피장소에서는 창문을 닫고 TV나 라디오를 청취하면서 정보를 얻도록 한다. 필요하면 대피한 시민들에게 현장 상황을 적절히 알려서 불안감을 해소시켜 줄 수 있도록 한다.

❸ 개인방호복

현장에 출동하는 대원들은 개인방호장비를 착용하여 유독물질에 의한 위험을 최소화 한다.

A급 방호복	① A급 방호장비는 분진이나 증기, 가스 상태의 유독물질을 차단할 수 있는 최고등급의 방호장비이다. ② 착용자 뿐만 아니라 공기호흡기까지를 차폐할 수 있는 일체형 구조이며 내부의 압력을 높여 외부의 공기와 접촉하지 않도록 한다. ③ 유독가스 속으로 진입할 때나 피부에 접촉하면 손상을 입을 수 있는 유독성 물질을 직접 상대하며 작업하는 경우에 사용한다.
B급 방호복	① B급 방호장비는 헬멧과 방호복, 공기호흡기로 구성된다. 위험물질의 비산에 의하여 손상을 입을 수 있는 액체를 다룰 경우 사용한다. ② 장갑과 장화가 방호복과 일체형인 경우도 있고 분리된 장비도 있다. 분리된 장비를 사용할 때에는 손목과 발목, 목, 허리 등을 밀폐하여 유독물질이 방호복 안으로 들어오지 못하게 해야 한다.
C급 방호복	C급 방호장비는 B급과 호흡보호장비에서 차이가 있다. C급 방호장비는 방독면과 같은 공기정화식 호흡보호장비를 사용한다.
D급 방호복	① D급 방호장비는 호흡보호장비가 없이 피부만을 보호하는 수준이다. ② 소방대원의 경우 헬멧과 방화복, 보안경, 장갑을 착용한 상태가 D급에 해당한다. 위험이 없는 Coldzone에서 활동하는 대원만 D급 방호복을 착용한다.

실수줄이기

1. 경계구역 구분에 있어서 다음 내용과 관계 깊은 것은?

   > 지원인력과 장비가 머무를 수 있는 공간이다.

   ① 위험지역
   ② 안전지역
   ③ 경고지역
   ④ 준비지역

2. 다음 내용과 관계 깊은 것은?

   > 소방대원의 경우 헬멧과 방화복, 보안경, 장갑을 착용한 상태

   ① A급
   ② B급
   ③ C급
   ④ D급

1.
경계구역 설정 : 사고현장에서 구조활동에 임하는 대원이 활동에 불필요한 제약을 받지 않고 2차 재해를 방지하기 위하여 오염방지와 구조활동에 필요한 범위를 정하여 경계구역을 설정한다. 경계구역은 위험지역(Hot Zone), 경고지역(Worm Zone), 안전지역(Cold Zone)으로 구분한다.

안전지역 (Cold Zone)	① 지원인력과 장비가 머무를 수 있는 공간으로 녹색으로 표시한다. ② 이곳에 대기하는 인원들도 오염의 확산에 대비하여 개인보호장구를 소지하고 풍향이나 상황의 변화를 주시하여야 한다.

답 ②

2.
급 방호복
① D급 방호장비는 <u>호흡보호장비가 없이 피부만을 보호하는 수</u>준이다.
② 소방대원의 경우 헬멧과 방화복, 보안경, 장갑을 착용한 상태가 D급에 해당한다. 위험이 없는 Coldzone에서 활동하는 대원만 D급 방호복을 착용한다.

답 ④

07 출제예상문제

1 구조대원의 자격기준에 관한 사항으로 틀린 것은?

① 임명권자는 소방청장, 소방본부장, 소방서장이다.
② 소방청장이 실시하는 인명구조사 시험에 합격한 사람
③ 간호사 자격을 가진 사람으로서 구조업무에 관한 교육을 받은 사람
④ 공공기관의 구조관련 분야에서 근무한 경력이 2년 이상인 사람

1.
구조대원의 자격기준
① 소방청장이 실시하는 인명구조사 교육을 받았거나 인명구조사 시험에 합격한 사람
② 공공기관의 구조 관련 분야에서 근무한 경력이 2년 이상인 사람
③ 응급구조사 자격을 가진 사람으로서 소방청장이 실시하는 구조업무에 관한 교육을 받은 사람

2 구조대의 출동구역은 시도관할로 제한되어 있으나 출동구역 밖으로 출동할 수 없는 경우는?

① 환자 보호자의 요청에 의한 경우
② 지리적, 지형적 여건상 신속한 출동이 가능한 경우
③ 소방본부장의 지시에 의한 경우
④ 대형재난이 발생한 경우

2.
소방청장등의 요청이나 지시에 따라 출동구역 밖으로 출동할 수 있는 경우
① 지리적·지형적 여건상 신속한 출동이 가능한 경우
② 대형재난이 발생한 경우
③ 그 밖에 소방청장이나 소방본부장이 필요하다고 인정하는 경우

3 다음 내용과 관계 깊은 것은?

> 한 사람이 오직 한 사람의 지휘관에게만 보고하고 한 사람의 지휘만을 받는다.

① 구조활동의 우선순위
② 현장의 안전확보
③ 명령통일
④ 현장 활동의 우선순위

3.
명령통일
① 구조활동은 현장을 장악한 현장지휘관의 판단 하에 엄정한 규율을 바탕으로 조직적인 부대활동을 기본원칙으로 하며 자의적인 단독행동은 절대로 해서는 안 된다.
② 명령통일이라고 하는 것은 '한 대원은 오직 한 사람의 지휘관에게만 보고 하고 한사람의 지휘만을 받는다'는 것이다.
③ 대원의 안전에 위협이 되는 심각한 위험상황이 발생하여 현장에서 긴급히 대원을 철수 시킨다던가 하는 급박한 경우 외에는 반드시 명령통일의 원칙을 준수 하여야 한다.

Answer 1.③ 2.① 3.③

4 현장 활동에서 우선순위가 바르게 연결된 것은?

① 인명의 안전 – 재산의 보존 – 사고의 안정화
② 재산의 보존 – 사고의 안정화 – 인명의 안전
③ 사고의 안정화 – 인명의 안전 – 재산의 보존
④ 인명의 안전 – 사고의 안정화 – 재산의 보존

4.
현장 활동의 우선순위
① **인**명의 **안**전 → ② **사**고의 **안**정화 → ③ **재**산가치의 **보**존

* 2016년 간부
5 다음 중 구조 활동 우선순위를 바르게 배열한 것은?

㉠ 요구조자의 구명에 필요한 조치를 한다.
㉡ 요구조자의 상태 악화 방지에 필요한 조치를 한다.
㉢ 안전구역으로 신체구출 활동을 침착히 개시한다.
㉣ 위험현장에서 격리하여 재산을 보전한다.

① ㉠-㉢-㉡-㉣
② ㉠-㉢-㉣-㉡
③ ㉠-㉡-㉢-㉣
④ ㉡-㉠-㉢-㉣
⑤ ㉡-㉠-㉣-㉢

5.
구조활동의 우선순위
① **구명**(救命) → ② 신체**구출** → ③ 정신적, 육체적 고**통**경감 → ④ **피**해의 최소화

6 구조현장 초기대응절차(LAST)로 옳은 것은?

① 현장 확인 – 접근 – 상황의 안정화 – 후송
② 상황의 안정화 – 후송 – 현장 확인 – 접근
③ 접근 – 상황의 안정화 – 현장 확인 – 후송
④ 현장 확인 – 상황의 안정화 – 후송 – 접근

6.
초기대응 절차(LAST)
현장 확인 – 접근 – 상황의 안전화 – 후송

Answer 4.④ 5.① 6.①

7 「119구조・구급에 관한 법률 시행령」상 구조 또는 구급 요청을 거절할 수 있는 경우에 해당하지 않는 것은?

① 동물의 단순 처리・포획・구조 요청을 받은 경우
② 섭씨 38도 이상의 고열 감기환자
③ 혈압 등 생체징후가 안정된 타박상 환자
④ 술에 취했으나 외상이 없고 강한 자극에 의식을 회복한 사람
⑤ 요구조자 또는 응급환자가 구조・구급대원에게 폭력을 행사하는 등 구조・구급활동을 방해하는 경우

8 "구조요청의 거절"에 관한 내용으로 틀린 것은?

① 구조요청 거절은 현장상황을 종합적으로 검토하여 범위를 최소화한다.
② 구조거절확인서는 소속 소방관서에 5년간 보관한다.
③ 단순 문 개방 요청은 거절할 수 있다.
④ 주민불편 해소차원의 단순 민원 사항도 거절할 수 있다.

7.
㉠ 구조요청을 거절할 수 있는 범위
• 단순 잠긴 문 개방의 요청을 받은 경우
• 시설물에 대한 단순 안전조치 및 장애물 단순 제거의 요청을 받은 경우
• 동물의 단순 처리・포획・구조 요청을 받은 경우
• 주민생활 불편해소 차원의 단순 민원 등 구조활동의 필요성이 없다고 인정되는 경우

㉡ 구급요청 거절 범위
• 단순 치통환자
• 단순 감기환자. 다만, 섭씨 38도 이상의 고열 또는 호흡곤란이 있는 경우는 제외한다.
• 혈압 등 생체징후가 안정된 타박상 환자
• 술에 취한 사람. 다만, 강한 자극에도 의식이 회복되지 아니하거나 외상이 있는 경우는 제외한다.
• 만성질환자로서 검진 또는 입원 목적의 이송 요청자
• 단순 열상(裂傷) 또는 찰과상(擦過傷)으로 지속적인 출혈이 없는 외상환자
• 병원 간 이송 또는 자택으로의 이송 요청자. 다만, 의사가 동승한 응급환자의 병원 간 이송은 제외한다.
• 요구조자 또는 응급환자가 구조・구급대원에게 폭력을 행사하는 등 구조・구급활동을 방해하는 경우에는 구조・구급활동을 거절할 수 있다

8.
㉠ 구조요청을 거절하는 것은 물론 비긴급상황인 경우이지만 비긴급 상황일지라도 무조건 거절하는 것이 아니고 다른 수단에 의한 조치가 불가능한 경우에는 필요한 안전조치를 취하여야 한다. 따라서 구조요청의 거절은 현장의 상황을 종합적으로 고려하여 거절하는 범위를 최소화 하는 것이 옳다.

㉡ 구조거절 확인서
• 구조를 요청한 사람이나 목격자에게 알리고,
• '구조거절 확인서'를 작성하여 소속 소방관서장에게 보고하고,
• 소속 소방관서에 <u>3년간</u> 보관하여야 한다.

Answer 7.② 8.②

9 "로프의 관리"에 대한 내용으로 옳지 않은 것은?

① 대부분 로프는 깨끗이 세척해서 뜨거운 햇볕에 잘 말려서 보관해야 한다.
② 정기적으로 로프를 세척하여 이물질을 제거하도록 한다.
③ 부피를 줄이기 위해 좁은 상자나 자루에 오래 방치하는 것도 좋지 않다.
④ 로프를 설치할 때 건물이나 장비의 모서리에 직접 닿지 않도록 한다.

10 "매듭에서 가장 중요한 조건"으로 옳지 않은 것은?

① 굵고 단단해야 한다.
② 사용 후 간편하게 해체할 수 있어야 한다.
③ 자연적으로 풀리지 않아야 한다.
④ 묶기 쉬워야 한다.

11 "로프매듭 시 주의사항"으로 옳은 것은?

① 될 수 있으면 매듭의 크기가 큰 방법을 선택한다.
② 매듭의 끝 부분이 빠지지 않도록 주매듭을 묶은 후 옭매듭 등으로 마감해준다.
③ 매듭의 끝 부분은 최소한 로프 직경의 5배 정도는 남아 있어야 한다.
④ 로프는 매듭 부분의 강도가 강화된다는 사실을 기억한다.

9.

로프의 관리
㉠ 로프는 언제든지 사용할 수 있도록 철저히 관리하여야 한다. 특히 중점을 두어야하는 부분은 적절한 점검과 청결유지, 그리고 보관이다.
㉡ 로프는 그늘지고 통풍이 잘되는 곳에 보관하도록 한다.
㉢ 로프를 사리고 끝처리로 너무 단단히 묶어두지 않도록 한다.
㉣ 로프에 계속적으로 하중을 가하면 로프가 늘어나 있는 상태이므로 노화가 빨리 오게 된다.
㉤ 부피를 줄이기 위해 좁은 상자나 자루에 오래 방치하는 것도 좋지 않다.

10.

좋은 매듭의 조건
㉠ 묶기 쉬워야 한다.
㉡ 연결이 튼튼하여 자연적으로 풀리지 않아야 한다.
㉢ 사용 후 간편하게 해체할 수 있는 매듭이어야 한다.

11.

로프 매듭 시 주의사항
㉠ 매듭법을 많이 아는 것보다는 잘 쓰이는 매듭을 정확히 숙지하는 것이 더욱 중요하다.
㉡ 매듭은 정확한 형태를 만들고 단단하게 조여야 풀어지지 않고 하중을 지탱할 수 있다.
㉢ 될 수 있으면 매듭의 크기가 작은 방법을 선택한다. 매듭부분으로 기구, 장비 등을 통과시켜야 하는 경우가 있기 때문이다.
㉣ 매듭의 끝 부분이 빠지지 않도록 주매듭을 묶은 후 옭매듭 등으로 다시 마감해 준다. 이때 끝 부분이 빠지지 않도록 충분한 길이를 남겨두어야 하는데 매듭에서 로프 끝까지 11~20cm정도 남겨 두도록 한다.
㉤ 끊어지지 않는 로프는 존재하지 않고 풀어지지 않는 매듭도 없다. 따라서 사용 중에 로프와 매듭부분에 이상이 없는지 수시로 확인한다.
㉥ 로프는 매듭 부분의 강도가 저하된다는 사실을 기억한다.

Answer 9.① 10.① 11.②

12 "로프매듭의 3가지 형태"으로 틀린 것은?

① 마디짓기
② 이어매기
③ 옭매듭
④ 움켜매기

12.
매듭의 종류

마디짓기 (결절)	로프의 끝이나 중간에 마디나 매듭·고리를 만드는 방법
이어매기 (연결·결합·결속)	한 로프를 다른 로프와 서로 연결하는 방법
움켜매기 (결착)	로프를 지지물 또는 특정 물건에 묶는 방법

13 다음 중 "마디 짖기"와 관계없는 것은?

① 바른매듭
② 옭매듭
③ 두겹8자매듭
④ 줄사다리매듭

13.
마디짓기(결절)
㉠ 옭매듭(엄지매듭)
㉡ 두겹옭매듭(고리 옭매듭)
㉢ 8자매듭
㉣ 두겹 8자매듭
㉤ 이중 8자매듭
㉥ 줄사다리매듭
㉦ 고정매듭
㉧ 나비매듭

Answer 12.③ 13.①

14 다음 GHS 표시와 관계있는 것은?

① 산화성
② 부식성
③ 환경유해성
④ 독성

✳ **연도별 기출경향** ✳

[기출연도]	2012	2013	2014	2015	2016	2017	2018	2019	2020	2021	2022	2023	2024
문항수	0	2	1	1	2	0	1	1	0	0	0	1	0

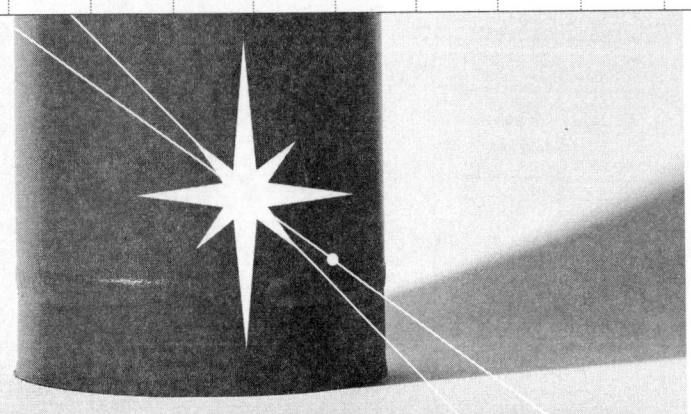

PART 22

구급실무

01	응급의료개론
02	환자분류
03	환자평가
04	응급의료 장비
05	감염방지 및 개인 보호 장비
06	심폐소생술
07	화상

01 응급의료개론

❶ 우리나라의 응급의료체계

년도	주요 업무
1979	야간응급환자 신고센터 운영(대한의사협회 주관)
1982	소방에서 119구급대 운영
	야간 구급환자 신고센터 운영지침(내무부와 보건사회부 주관)
1987	응급의료체계의 구축을 가시화(대통령 공약사업)
1990	응급실 운영지침(보건사회부 주관)
1991	응급의료관리 규칙(보건사회부 주관)
	응급 응급의료지원센터 추진 및 응급의료기관 지정(보건사회부 주관)
1994	응급의료에 관한 법률 국회통과
1995	응급의료에 관한 법률 시행
	응급구조사 양성 시작
1996	응급의학전문의 제도 인가
2000	응급의료에 관한 법률 재개정 (응급의료기관의 재분류, 응급의료위원회의 운영, 권역응급의료센터 및 전문응급의료센터 신설 등)
2003	응급의료기금의 확대로 응급의료체계 활성화
2005	5년마다 응급의료기본계획 수립(보건복지부)
2011	119구조구급에 관한 법률 제정
2012	119 단일체제로 통합
2021	119구조구급에 관한 법률 개정

❷ 용어정의

119구급대	구급활동에 필요한 장비를 갖추고 소방공무원으로 편성된 단위조직
응급환자	질병, 분만, 각종 사고 및 재해로 인한 부상이나 그 밖의 위급한 상태로 인하여 즉시 필요한 응급처치를 받지 아니하면 생명을 보존할 수 없거나 심신에 중대한 위해(危害)가 발생할 가능성이 있는 환자 또는 이에 준하는 사람으로서 보건복지부령으로 정하는 사람
응급의료	응급환자가 발생한 때부터 생명의 위험에서 회복되거나 심신상의 중대한 위해가 제거되기까지의 과정에서 응급환자를 위하여 하는 상담·구조(救助)·이송·응급처치 및 진료 등의 조치
응급처치	응급의료 행위의 하나로서 응급환자의 기도를 확보하고 심장박동의 회복, 그 밖에 생명의 위험이나 증상의 현저한 악화를 방지하기 위하여 긴급히 필요로 하는 처치를 말한다.
응급의료종사자	관계 법령에서 정하는 바에 따라 취득한 면허 또는 자격의 범위에서 응급환자에 대한 응급의료를 제공하는 의료인(의사·치과의사·한의사·조산사 및 간호사)과 응급구조사
응급의료기관	「의료법」 제3조에 따른 의료기관 중에서 이 법에 따라 지정된 권역응급의료센터, 전문응급의료센터, 지역응급의료센터 및 지역응급의료기관을 말한다.
응급의료기관등	응급의료기관, 구급차등의 운용자 및 응급의료지원센터
구급차등	응급환자의 이송 등 응급의료의 목적에 이용되는 자동차, 선박 및 항공기 등의 이송수단

❸ 119구급대의 편성과 운영

(1) 119구급대의 편성 및 운영권자
소방청장·소방본부장 또는 소방서장

(2) 구급대의 종류

① **일반구급대** : 시·도의 규칙으로 정하는 바에 따라 소방서마다 1개 대 이상 설치하되, 소방서가 설치되지 아니한 시·군·구의 경우에는 해당 시·군·구 지역의 중심지에 소재한 119안전센터에 설치할 수 있다.

② **고속국도구급대** : 교통사고 발생 빈도 등을 고려하여 소방청, 시·도 소방본부 또는 고속국도를 관할하는 소방서에 설치하되, 시·도 소방본부 또는 소방서에 설치하는 경우에는 시·도의 규칙으로 정하는 바에 따른다.

(3) 구급대원의 자격기준 ♠

① 의료인(의사·치과의사·한의사·조산사 및 간호사)

② 1급 응급구조사 자격을 취득한 사람

③ 2급 응급구조사 자격을 취득한 사람
④ 소방청장이 실시하는 구급업무에 관한 교육을 받은 사람(구급차 운전과 구급에 관한 <u>보조업무만</u> 할 수 있다.)

(4) 응급구조사의 응시자격 ♨

① 1급 응급구조사 응시자격
  ㉠ 대학 또는 전문대학에서 응급구조학을 전공하고 졸업한 사람
  ㉡ 보건복지부장관이 인정하는 외국의 응급구조사 자격인정을 받은 사람
  ㉢ 2급 응급구조사로서 응급구조사의 업무에 <u>3년 이상</u> 종사한 사람

② 2급 응급구조사 응시자격
  ㉠ 보건복지부장관이 지정하는 응급구조사 양성기관에서 대통령령으로 정하는 양성과정을 마친 사람
  ㉡ 보건복지부장관이 인정하는 외국의 응급구조사 자격인정을 받은 사람

(5) 구급대원의 자격별 응급처치 범위 ♨♨ 2016

1급 응급구조사 업무범위 M **약정인기**	① 심폐소생술의 시행을 위한 **기**도유지(기도기의 삽입, 기도삽관, 후두마스크 삽관 등을 포함) ② **정**맥로의 확보 ③ **인**공호흡기를 이용한 호흡의 유지 ④ **약**물투여 : 저혈당성 혼수 시 포도당의 주입, 흉통 시 니트로글리세린의 혀 아래(설하) 투여, 쇼크 시 일정량의 수액투여, 천식발작 시 기관지 확장제 흡입 ⑤ 2급 응급구조사의 업무
2급 응급구조사 업무범위	① 구강 내 이물질의 제거 ② 기도기(air way)를 이용한 기도유지 ③ 기본 심폐소생술 ④ 산소투여 ⑤ 부목, 척추고정기, 공기 등을 이용한 사지 및 척추 등의 고정 ⑥ 외부 출혈의 지혈 및 창상의 응급처치 ⑦ 심박, 체온 및 혈압 등의 측정 ⑧ 쇼크방지용 하의 등을 이용한 혈압의 유지

(6) 119구급상황관리센터의 설치 · 운영 등

① 설치 · 운영권자 : <u>소방청장은</u> 119구급대원 등에게 응급환자 이송에 관한 정보를 효율적으로 제공하기 위하여 소방청과 시 · 도 소방본부에 119구급상황관리센터를 설치 · 운영하여야 한다.

② 구급상황센터 수행 업무
  ㉠ 응급환자에 대한 <u>안내 · 상담 및 지도</u>
  ㉡ 응급환자를 <u>이송 중인</u> 사람에 대한 <u>응급처치의 지도 및 이송병원 안내</u>
  ㉢ 제㉠호 및 제㉡호와 관련된 <u>정보의 활용 및 제공</u>
  ㉣ 119구급이송 관련 <u>정보망</u>의 설치 및 관리 · 운영
  ㉤ 감염병환자등의 이송 등 <u>중요사항 보고 및 전파</u>
  ㉥ 재외국민, 영해 · 공해상 선원 및 항공기 승무원 · 승객 등에 대한 의료상담 등 응급의료서비스 제공

③ 119구급상황관리센터 평가 : <u>보건복지부장관은</u> 업무를 평가할 수 있으며, 소방청장은 그 평가와 관련한 자료의 수집을 위하여 보건복지부장관이 요청하는 경우 기록 등 필요한 자료를 제공하여야 한다.

④ 전산망 연계 구축 : 소방청장은 응급환자의 이송정보가 「응급의료에 관한 법률」 제25조제1항제6호의 응급의료 전산망과 연계될 수 있도록 하여야 한다.

④ 구조 · 구급활동 등

(1) 소방청장등(소방청장, 본부장, 서장)은 위급상황이 발생한 때에는 구조 · 구급대를 현장에 신속하게 출동시켜 인명구조, 응급처치 및 구급차등의 이송, 그 밖에 필요한 활동을 하게 하여야 한다.

(2) 누구든지 구조 · 구급활동을 방해하여서는 아니 된다.(5년 이하의 징역 또는 5천만원 이하의 벌금)

(3) 소방청장등은 대통령령으로 정하는 위급하지 아니한 경우에는 구조 · 구급대를 출동시키지 아니할 수 있다.

(4) <u>구조 · 구급대원은 요구조자 또는 응급환자가 구조 · 구급대원에게 폭력을 행사하는 등 구조 · 구급활동을 방해하는 경우에는 구조 · 구급활동을 거절할 수 있다.</u>

(5) 구조 · 구급대원은 구조 또는 구급 요청을 거절한 경우 구조 또는 구급을 요청한 사람이나 목격자에게 그 내용을 알리고, 행정안전부령으로 정하는 바에 따라 그 내용을 기록 · 관리하여야 한다.

⑤ 구급요청 거절 ♨♨♨ 2019 간부 (M 치감타취 만열간)

구급대원은 구급대상자의 병력·증상 및 주변 상황을 종합적으로 평가하여 구급대상자의 응급 여부를 판단하여야 한다.

(1) 단순 **치**통환자

(2) 단순 **감**기환자. 다만, 섭씨 38도 이상의 고열 또는 호흡곤란이 있는 경우는 제외한다.

(3) 혈압 등 생체징후가 안정된 **타**박상 환자

(4) 술에 **취**한 사람. 다만, 강한 자극에도 의식이 회복되지 아니하거나 외상이 있는 경우는 제외한다.

(5) **만**성질환자로서 검진 또는 입원 목적의 이송 요청자

(6) 단순 **열**상(裂傷) 또는 찰과상(擦過傷)으로 지속적인 출혈이 없는 외상환자

(7) 병원 **간** 이송 또는 자택으로의 이송 요청자. 다만, 의사가 동승한 응급환자의 병원 간 이송은 제외한다.

> **개념원리** 구조요청 거절(다만, 다른 수단으로 조치하는 것이 불가능한 경우에는 그러하지 아니하다.) (M 문단동주)
> 1) 단순 **문** 개방의 요청을 받은 경우
> 2) 시설물에 대한 **단**순 안전조치 및 장애물 단순 제거의 요청을 받은 경우
> 3) **동**물의 단순 처리·포획·구조 요청을 받은 경우
> 4) 그 밖에 **주**민생활 불편해소 차원의 단순 민원 등 구조활동의 필요성이 없다고 인정되는 경우

01 출제예상문제

1 용어의 정의에서 다음 내용과 관계 깊은 것은?

> 응급환자가 발생한 때부터 생명의 위험에서 회복되거나 심신상의 중대한 위해가 제거되기까지의 과정에서 응급환자를 위하여 하는 상담·구조·이송·응급처치 및 진료 등의 조치를 말한다.

① 응급환자
② 응급처치
③ 응급의료기관
④ 응급의료

2 응급의료 개념 및 정의에 대한 설명으로 잘못된 것은?

① 응급의료란 응급환자를 위하여 하는 상담, 구조, 이송, 응급처치 및 진료 등의 조치를 말한다.
② 즉시 필요한 응급처치를 받지 아니하면 생명을 보존할 수 없는 환자를 말한다.
③ 응급의료종사자에는 치과의사, 한의사, 간호사, 약사, 응급구조사가 포함된다.
④ 생명의 위험이나 증상의 현저한 악화를 방지하기 위하여 긴급히 필요로 하는 처치이다.

1.

응급의료
응급환자가 발생한 때부터 생명의 위험에서 회복되거나 심신상의 중대한 위해가 제거되기까지의 과정에서 응급환자를 위하여 하는 상담·구조(救助)·이송·응급처치 및 진료 등의 조치

2.

응급의료종사자
관계 법령에서 정하는 바에 따라 취득한 면허 또는 자격의 범위에서 응급환자에 대한 응급의료를 제공하는 의료인(의사·치과의사·한의사·조산사 및 간호사)과 응급구조사

Answer 1.④ 2.③

3 다음 중 응급의료기관에 해당하는 것은?

① 전문응급의료센터
② 응급의료정보센터기관
③ 대한심폐소생술협회기관
④ 중앙응급의료위원회기관

4 1급 응급구조사 자격에 해당되지 않는 것은?

① 4년제 대학에서 응급구조학을 전공하고 졸업한 사람
② 전문대학에서 응급구조학을 전공하고 졸업한 사람
③ 보건복지부장관이 인정하는 외국의 응급구조사 자격을 받은 사람
④ 2급 응급구조사로서 응급구조사의 업무에 5년 이상 종사한 사람

* 2016년
5 2급 응급구조사의 업무범위에 해당하지 않는 것은?

① 산소 투여
② 기본 심폐소생술
③ 구강내 이물질 제거
④ 인공호흡기를 이용한 호흡유지

3.
응급의료기관
「의료법」 제3조에 따른 의료기관 중에서 이 법에 따라 지정된 권역응급의료센터, 전문응급의료센터, 지역응급의료센터 및 지역응급의료기관을 말한다.

4.
1급 응급구조사 응시자격
㉠ 대학 또는 전문대학에서 응급구조학을 전공하고 졸업한 사람
㉡ 보건복지부장관이 인정하는 외국의 응급구조사 자격인정을 받은 사람
㉢ 2급 응급구조사로서 응급구조사의 업무에 <u>3년 이상</u> 종사한 사람

5.
2급 응급구조사 업무범위
㉠ 구강 내 이물질의 제거
㉡ 기도기(air way)를 이용한 기도유지
㉢ 기본 심폐소생술
㉣ 산소투여
㉤ 부목, 척추고정기, 공기 등을 이용한 사지 및 척추 등의 고정
㉥ 외부 출혈의 지혈 및 창상의 응급처치
㉦ 심박, 체온 및 혈압 등의 측정
㉧ 쇼크방지용 하의 등을 이용한 혈압의 유지

Answer 3.① 4.④ 5.④

6 구조구급요청의 거절사유에 해당하는 것은?

① 섭씨 38도의 고열환자
② 외상이 있는 만취자
③ 호흡곤란을 겪고 있는 자
④ 응급환자의 병원 간 이송

6.
구급요청 거절사유
㉠ 단순 **치**통환자
㉡ 단순 **감**기환자. 다만, 섭씨 38도 이상의 고열 또는 호흡곤란이 있는 경우는 제외한다.
㉢ 혈압 등 생체징후가 안정된 **타**박상 환자
㉣ 술에 **취**한 사람. 다만, 강한 자극에도 의식이 회복되지 아니하거나 외상이 있는 경우는 제외한다.
㉤ **만**성질환자로서 검진 또는 입원 목적의 이송 요청자
㉥ 단순 **열**상(裂傷) 또는 찰과상(擦過傷)으로 지속적인 출혈이 없는 외상환자
㉦ 병원 **간** 이송 또는 자택으로의 이송 요청자. 다만, 의사가 동승한 응급환자의 병원 간 이송은 제외한다.

Answer 6.④

02 환자 분류

신속한 평가를 통해 응급 처치 및 이송순위를 결정하는 것을 말한다. 우리나라에서는 「긴급구조대응활동 및 현장지휘에 관한 규칙」에 따른 중증도 분류표에 따른 분류와 START 중증도 분류법이 대체적으로 쓰이고 있다.

1 중증도 분류표에 따른 분류법 (M 긴적토/ 응황거북/ 비녹구/ 지흑십) 2015 2023

구분	내용	표시
긴급 환자 (적색)	① 생명을 위협할만한 쇼크 또는 저산소증이 나타나거나 임박한 경우 ② 만약 즉각적인 처치를 행할 경우에 환자는 안정화될 가능성과 소생 가능성이 있는 경우	긴급 (토끼)
응급 환자 (황색)	① 손상이 전신적인 증상이나 효과를 유발하지만, 아직까지 쇼크 또는 저산소증 상태가 아닌 경우 ② 전신적 반응이 발생하더라도 적절한 조치를 행할 경우 즉각적인 위험 없이 45~60분 정도 견딜 수 있는 상태	응급 (거북이)
비응급 환자 (녹색)	전신적인 위험 없이 손상이 국한 된 경우 : 최소한의 조치로도 수 시간 이상 아무 문제가 없는 상태	비응급 (구급차)
지연 환자 (흑색)	① 대량 재난 시에 임상적 및 생물학적 사망이 명확히 구분되지 않는 상태와 자발순환이나 호흡이 없는 모든 무반응의 상태를 죽음으로 생각한다. ② 몇몇 분류에서는 어떤 처치에도 불구하고 생존 가능성이 희박한 경우를 포함	사망 (십자가)

실수줄이기

1. [15년] 병원으로 이송을 위한 환자의 중증도를 분류가 옳지 않은 것은?

   ① 사망 또는 생존의 가능성이 없는 환자 – 지연환자 – 흰색
   ② 수시간 이내 응급처치를 요하는 환자 – 응급환자 – 황색
   ③ 수시간, 수일 후 치료해도 생명에 지장이 없는 환자 – 비응급 환자 – 녹색
   ④ 수분, 수시간 이내 응급처치를 요구하는 단계 – 긴급환자 – 적색

2. "건물붕괴현장에서 부상자 중 심각한 호흡부전에 따른 저산소증이 관찰"되었다. 응급환자 분류표상 옳은 것은?

   ① 사망 – 흑색
   ② 응급환자 – 황색
   ③ 비 응급환자 – 녹색
   ④ 긴급환자 – 적색

1.
중증도 분류표에 따른 분류법

긴급 환자 (적색)	① 생명을 위협할만한 쇼크 또는 저산소증이 나타나거나 임박한 경우 ② 만약 즉각적인 처치를 행할 경우에 환자는 안정화될 가능성과 소생 가능성이 있는 경우
응급 환자 (황색)	① 손상이 전신적인 증상이나 효과를 유발하지만, 아직까지 쇼크 또는 저산소증 상태가 아닌 경우 ② 전신적 반응이 발생하더라도 적절한 조치를 행할 경우 즉각적인 위험없이 45-60분 정도 견딜 수 있는 상태
비응급 환자 (녹색)	전신적인 위험 없이 손상이 국한 된 경우 : 최소한의 조치로도 수 시간 이상 아무 문제가 없는 상태
지연 환자 (흑색)	① 대량 재난 시에 임상적 및 생물학적 사망이 명확히 구분되지 않는 상태와 자발순환이나 호흡이 없는 모든 무반응의 상태를 죽음으로 생각한다. ② 몇몇 분류에서는 어떤 처치에도 불구하고 생존 가능성이 희박한 경우를 포함

답 ①

2.
문제1번 해설 참조

답 ④

응급환자분류표

② START 중증도 분류법

① START 분류법

㉠ 우선 걸을 수 있는 환자는 지정된 장소로 이동하라고 말한다. (보행가능 시 – 비응급 환자)

㉡ 남아 있는 환자에 대해 의식, 호흡, 맥박을 확인하여 분류한다. (Ⓜ 긴응지)

> - **긴**급 환자 – 의식 **장**애, 호흡수 30회/분 이**상**, 노뼈동맥 촉진 **불**가능 (Ⓜ 긴장상불)
> - **응**급 환자 – 의식 **명**료, 호흡수 30회/분 이**하**, 노뼈동맥 촉진 **가**능 (Ⓜ 응명하가)
> - **지**연 환자 – 기도 개방 후에도 **무**호흡, **무**맥 (Ⓜ 지무무)

㉢ 지정된 장소로 온 환자들을 다시 평가하면서 분류한다.

② START분류법의 환자평가 항목 : START분류법은 신속, 간결 그리고 일관성 있게 분류해야 한다. 환자평가는 RPM을 기본으로 한다.

> - **R**espiration : 호흡
> - **P**ulse : 맥박
> - **M**ental Status : 의식 수준 (Ⓜ RPM)

** 지정된 곳(구급차 또는 근처 건물 등)으로 모인 환자는 의식이 있으며, 지시를 따를 수 있고 걸을 수 있으므로 뇌로 충분한 관류와 호흡·맥박·신경계가 적절히 작용한다는 것을 알 수 있다. 따라서 비응급 환자로 분류하고 지정된 곳으로 가지 못하는 환자는 긴급, 응급, 지연환자로 분류된다.

③ 남아 있는 환자 중에서 우선순위 분류 : 의식 장애가 있는 환자를 우선으로 START분류법을 이용해 신속하게 분류해야 한다. 분류하는 도중에는 환자 상태에 따라 아래의 3가지 처치만을 제공하고 다른 환자를 분류해야 한다.
㉠ **기도** 개방 및 **입**인두 기도기 삽관
㉡ **직접**압박
㉢ 환자 상태에 따른 **팔다리** 거상 (Ⓜ 기도입 직접 팔다리)

- 호흡(R)확인 : 호흡이 없는 환자가 기도개방처치로 호흡을 한다면 긴급환자, 그래도 호흡이 없다면 지연환자로 분류한다. 호흡수가 분당 30회 이상이면 긴급환자, 30회 이하라면 응급환자로 분류한다.
- 맥박(P)확인 : 환자 상태가 무의식, 무호흡, 무맥이라면 지연환자로 분류하고 호흡은 없고 맥박이 있다면 긴급환자로 분류한다. 호흡과 맥박이 모두 있는 환자라면 다음 환자로 넘어가야 한다.
- 의식수준(M) : 의식이 명료하다면 응급환자로 의식장애가 있다면 긴급환자로 분류한다.
- 지정된 장소에 모인 환자 : 걸을 수 있다고 해서 모두 비응급 환자라 분류해서는 안되며 그 중에서도 의식장애, 출혈, 쇼크 전구증상 있는 환자가 있을 수 있다.

따라서 START분류법에 의해 호흡, 맥박, 의식 수준을 평가해 재분류해야 한다.
** 전구증상 : 어떤 질환의 증후(symptom)가 나타나기 전에 일어나는 증상

📑 START 분류법

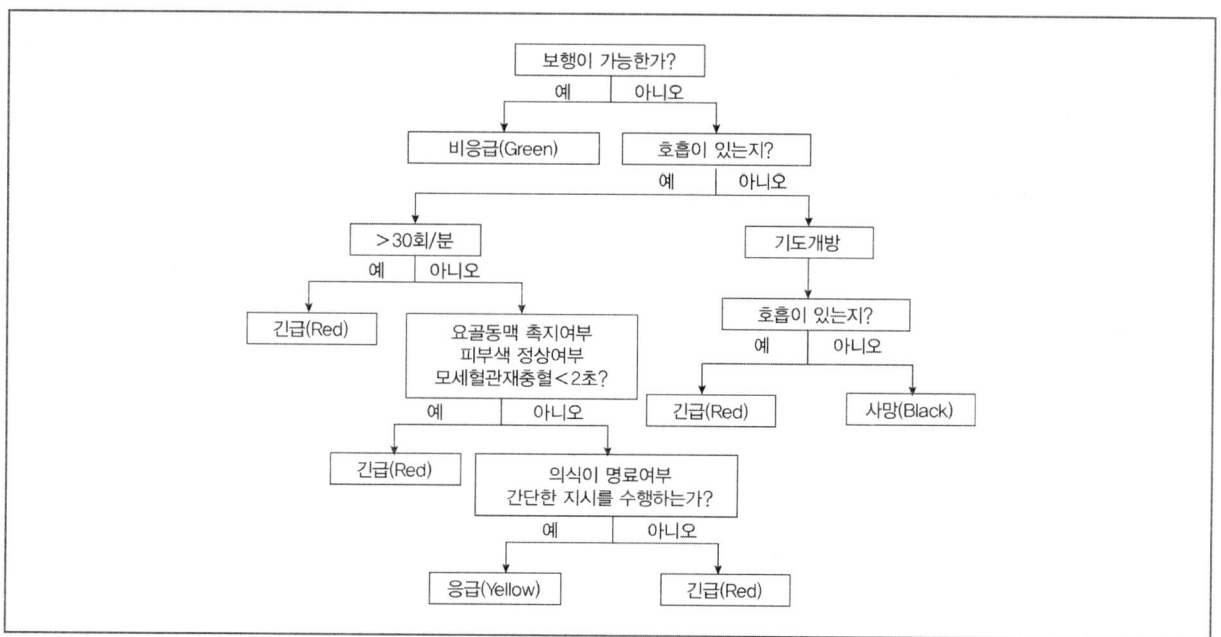

02 출제예상문제

1 START 중증도 분류법에 대한 설명으로서 바르지 못한 것은?

① 의식장애, 호흡수 30회/분 이상, 노뼈동맥 촉진 불가능일 경우 응급환자로 분류한다.
② 우선 걸을 수 있는 환자는 지정된 장소로 이동하라고 말한다.
③ 기도 개방 후에도 무호흡, 무맥이면 지연 환자로 분류한다.
④ 지정된 장소로 온 환자들을 다시 평가하면서 분류한다.

1.
START 분류법
- **긴**급 환자 – 의식 **장**애, 호흡수 30회/분 이**상**, 노뼈동맥 촉진 **불**가능
- **응**급 환자 – 의식 **명**료, 호흡수 30회/분 이**하**, 노뼈동맥 촉진 **가**능
- **지**연 환자 – 기도 개방 후에도 **무**호흡, **무**맥

2 START분류법에서 환자평가 항목이 아닌 것은?

① 의식상태
② 혈압
③ 호흡
④ 맥박

2.
START분류법의 환자평가 항목
- **R**espiration : 호흡
- **P**ulse : 맥박
- **M**ental Status : 의식 수준

Answer 1.① 2.②

3 지정된 곳으로 가지 못한 의식장애가 있는 환자를 우선으로 중증도 분류(START)법을 이용하여 분류하는 도중에는 3가지 처치만을 제공하고 다른 환자를 분류해야 하는 것으로 바른 것은?

> 가. 기도개방 및 입인두 기도기 삽관
> 나. 직접압박
> 다. 다발성 손상
> 라. 중증의 화상
> 마. 팔다리 거상

① 가, 나, 다
② 가, 나, 라
③ 나, 다, 마
④ 가, 나, 마

* 2023년 간부

4 「긴급구조대응활동 및 현장지휘에 관한 규칙 상」 중증도 분류별 표시방법으로 옳은 것은?

① 사망 : 적색, 십자가 표시
② 긴급 : 녹색, 토끼 그림
③ 응급 : 적색, 거북이 그림
④ 비응급 : 녹색, 구급차 그림에 × 표시
⑤ 대기 : 황색, 구급차 그림에 × 표시

3.

의식 장애가 있는 환자를 우선으로 START분류법을 이용해 신속하게 분류해야 한다. 분류하는 도중에는 환자 상태에 따라 아래의 3가지 처치만을 제공하고 다른 환자를 분류해야 한다.
① **기도** 개방 및 **입**인두 기도기 삽관
② **직접**압박
③ 환자 상태에 따른 **팔다리** 거상

4.

중증도 분류표에 따른 분류법

긴급 환자 (적색)	① 생명을 위협할만한 쇼크 또는 저산소증이 나타나거나 임박한 경우 ② 만약 즉각적인 처치를 행할 경우에 환자는 안정화될 가능성과 소생 가능성이 있는 경우	(토끼)
응급 환자 (황색)	① 손상이 전신적인 증상이나 효과를 유발하지만, 아직까지 쇼크 또는 저산소증 상태가 아닌 경우 ② 전신적 반응이 발생하더라도 적절한 조치를 행할 경우 즉각적인 위험 없이 45~60분 정도 견딜 수 있는 상태	(거북이)
비응급 환자 (녹색)	전신적인 위험 없이 손상이 국한된 경우 : 최소한의 조치로도 수 시간 이상 아무 문제가 없는 상태	(구급차)
지연 환자 (흑색)	① 대량 재난 시에 임상적 및 생물학적 사망이 명확히 구분되지 않는 상태와 자발순환이나 호흡이 없는 모든 무반응의 상태를 죽음으로 생각한다. ② 몇몇 분류에서는 어떤 처치에도 불구하고 생존 가능성이 희박한 경우를 포함	(십자가)

Answer 3.④ 4.④

03 환자평가

❶ 환자평가의 단계

1.	→	2.	→	3.	→	4.	→	5.
현장 안전 확인		1차(즉각적인)평가		주요병력 및 신체 검진		세부 신체 검진		재평가
				(2차 평가)				

❷ 현장 안전 확인

(1) 현장이 안전한지를 확인하고 위험물을 평가하거나 통제해야 한다.

(2) 개인 보호장비를 착용하고 시위현장, 끊어진 전선, 위험물질 유출 등을 조심해야 한다. 필요하다면 1차 평가 전에 한전, 경찰, 견인차, 시청 등 추가지원을 요청해야 한다.

(3) 환자의 사고 경위나 병력을 환자나 가족 또는 주변사람으로부터 파악해야 한다.

❸ 1차 평가 (M 첫/ 의기호순위/ 치)

1차 평가의 주요 목적은 치명적인 상태를 발견하고 현장에서 바로 처치하기 위해서이다.

(1) 환자의 전반적인 상태(**첫**인상 평가)

(2) 환자평가(**의**식확인 – **기**도유지 – **호**흡확인 – **순**환확인 – **위**급정도 판단)

(3) **치**명적인 상태에는 즉각적인 처치를 실시한다.(기도 유지, 산소공급, 인공호흡 제공, 치명적인 출혈에 대한 지혈 등)

(4) 이송여부 결정

의식수준 분류(4단계)

A(Alert)[명료]	질문에 적절한 반응이나 대답을 할 수 있는 상태
V(Verbal Stimuli)[언어지시에 반응]	질문에 적절한 반응이나 대답은 할 수 없으나 소리나 고함에 반응하는 상태 (신음소리도 가능)
P(Pain Stimuli)[자극에 반응]	언어지시에는 반응하지 않고 자극에는 반응하는 상태
U(Unresponse)[무반응]	어떠한 자극에도 반응하지 않는 상태

4 주요 병력 및 신체검진(2차 평가) 2018 간부

1차 평가가 끝나면 더 자세한 평가를 실시해야 한다. 2차 평가에서 중요한 두부분으로는 병력과 생체징후 평가가 있다. 생체징후 측정은 재평가에서도 중요하다. SAMPLE력은 환자의 현재 문제와 그에 영향을 미칠 수 있는 과거력을 수집하는 것이다. 생체징후는 환자의 맥박, 혈압, 호흡 그리고 피부상태를 포함한다. 처음 측정한 것을 기본으로 재평가를 통해 비교·처치되어야 한다.

(1) 생체징후(활력징후)

① 맥박수

구분	맥박수(회/분)	구분	맥박수(회/분)
신생아	120~160	미취학기(4~6)	80~120
5개월 미만	90~140	학령기(7~11)	70~110
6~12개월	80~140	청소년기(11~14)	60~105
유아(2~4)	80~130	성인	60~100

② 맥박 양상

맥박	원인
빠르고 **규**칙적이며 **강**함 (M 빠규강초)	운동, 공포, 열, 고혈압, 출혈 **초**기, 임신
빠르고 **규**칙적이며 **약**함 (M 빠규약후)	쇼크, 출혈 **후**기
느림	머리손상, 약물, 중독, 심질환, 소아의 산소결핍
불규칙적	심전도계 문제
무맥	심장마비, 중증 출혈, 중증 저체온증

③ 호흡수

구분	정상 호흡수	구분	정상 호흡수
신생아	30~50회/분	미취학기(4~6)	20-30회/분
5개월미만	25~40회/분	학령기(7~11)	15-30회/분
6~12개월	20~30회/분	청소년기(12~15)	15-30회/분
유아(2~4)	20~30회/분	성인	12-20회/분 (24회/분 이상 또는 10회/분 미만인 경우 위험)

④ 호흡의 양상

원인	처치
코고는 소리	기도 폐쇄/기도 개방
쌕쌕거림	천식과 같은 내과적 문제/처방약 복용유무 확인 및 신속한 이송
꾸르륵 소리	기도에 액체가 있는 경우/기도 흡인과 신속 이송
귀에 거슬리는 소리	현장처치로 완화되지 않는 내과적 문제/신속 이송(까마귀 소리 등)

⑤ 정상 혈압범위

구분	수축기압	이완기압
성인	90-150(나이+100)	60~90mmHg
아동과 청소년 청소년(12~15세) 아동(7~11세) 소아(4~6세)	약 80+(나이× 2) 평균 114 평균 105 평균 99	약 2/3 수축기압 평균 76 평균 69 평균 65

⑥ 동공반응 ♦

동공 모양	원인
수축 (Ⓜ **수**안마녹살)	**살**충제 중독, **마**약 남용, **녹**내장약, **안**과치료제
이완 (Ⓜ **이**공안실)	**공**포, **안**약, **실**혈
비대칭 (Ⓜ **비**졸두(머리)인공안구)	뇌**졸**중, **머리**손상, **안구** 손상, **인공**눈
무반응 (Ⓜ **무**핍부분약)	뇌 산소결**핍**, 안구**부분**손상, **약**물남용
불규칙한 모양 (Ⓜ **불**만후 급성)	**만**성질병, 수술 **후** 상태, **급성** 손상

(2) SAMPLE

> - **S**igns/Symptoms - 질병의 <u>징후 및 증상</u>
> - **A**llergies - 약물, 음식, 환경 요소 등에 대한 <u>알레르기</u>
> - **M**edications - 현재 복용 중인 <u>약물</u>
> - **P**ertinent past medical history - 관련 있는 <u>과거병력</u>
> - **L**ast oral intake - <u>마지막 음식물 섭취</u>
> - **E**vents - 현재 질병이나 손상을 일으킨 <u>사건</u>

❺ 세부 신체검진

(1) 치명적인 상황을 처치한 후에 실시해야 하며, 머리에서부터 시작하고 신체검진 범위는 환자의 질병과 손상에 따라 다양해진다.

(2) 단순한 손상인 경우는 세부 신체검진이 필요하지 않을 경우도 많다. 일반적으로 비외상 환자보다 외상환자 평가에 더 의미가 있다.

❻ 재평가

(1) 환자의 평가는 계속 바뀔 수 있으며 상태가 악화되거나 호전될 수 있다. 이런 이유로 재평가가 필요하며 1차 평가 및 주요 병력 그리고 신체검진을 통해 얻은 정보를 기본으로 하고 재평가를 통한 수치와 비교하여 호전되었는지 악화되었는지를 알 수 있다.

(2) 또한 구급대원의 처치가 환자에게 어떤 영향을 미쳤는지도 평가할 수 있다. <u>보통 15분마다 평가해야 하며 위급한 환자인 경우는 5분마다 평가해야 한다.</u>

03 출제예상문제

1 환자평가 단계에서 가장 먼저 해야 할 것은?

① 1차(즉각적인) 평가
② 세부 신체 검진
③ 현장 안전 확인
④ 주요 병력 및 신체 검진

2 외상환자의 1차 평가 순서로써 바르게 연결된 것은?

① 의식확인 – 기도유지 – 호흡확인 – 순환확인 – 위급정도 판단
② 기도유지 – 호흡확인 – 순환확인 – 위급정도 판단 – 의식확인
③ 호흡확인 – 순환확인 – 위급정도 판단 – 의식확인 – 기도유지
④ 순환확인 – 위급정도 판단 – 의식확인 – 기도유지 – 의식확인

3 다음 중 의식수준확인의 4단계 내용이 아닌 것은?

① H(Health : 건강)
② V(Verbal Stimuli : 언어지시에 반응)
③ P(Pain Stimuli : 자극에 반응)
④ U(Unresponse : 무반응)

1.

환자평가의 단계
현장 안전확인 – 1차 평가 – 주요병력 및 신체검진(2차 평가) – 세부 신체 검진 – 재평가

2.

1차 평가
의식확인 – **기**도유지 – **호**흡확인 – **순**환확인 – **위**급정도 판단

3.

의식수준 분류(4단계)

A(Alert) [명료]	질문에 적절한 반응이나 대답을 할 수 있는 상태
V(Verbal Stimuli) [언어지시에 반응]	질문에 적절한 반응이나 대답은 할 수 없으나 <u>소리나 고함에 반응하는 상태</u>(신음소리도 가능)
P(Pain Stimuli) [자극에 반응]	언어지시에는 반응하지 않고 <u>자극에는 반응하는 상태</u>
U(Unresponse) [무반응]	<u>어떠한 자극에도 반응하지 않는</u> 상태

Answer 1.③ 2.① 3.①

※ 2018년 간부

4 응급환자의 평가 중 2차 평가의 단계로 옳은 것은?

① 의식상태 평가
② 활력징후 평가
③ 기도유지 평가
④ 순환 평가
⑤ 이송의 우선순위 결정

5 "SAMPLE"에서 증상(Symptoms)에 해당되는 것은?

① 호흡음
② 피부느낌
③ 주호소
④ 호흡수

4.
1차 평가가 끝나면 더 자세한 평가를 실시해야 한다. 2차 평가에서 중요한 두부분으로는 병력과 생체징후 평가가 있다. SAMPLE력은 환자의 현재 문제와 그에 영향을 미칠 수 있는 과거력을 수집하는 것이다. 생체징후는 환자의 맥박, 혈압, 호흡 그리고 피부상태를 포함한다.

5.
SAMPLE
- **S**igns/Symptoms – 질병의 징후 및 증상
- **A**llergies – 약물, 음식, 환경 요소 등에 대한 알레르기
- **M**edications – 현재 복용 중인 약물
- **P**ertinent past medical history – 관련 있는 과거 병력
- **L**ast oral intake – 마지막 음식물 섭취
- **E**vents – 현재 질병이나 손상을 일으킨 사건

Answer 4.② 5.③

04 응급의료 장비

응급의료 장비의 구분

응급의료장비 M 기호순이외	1. **기**도 확보 유지 장비	1) 입인두기도기 2) 코인두기도기 3) 후두마스크기도기 4) 후두튜브(LT) 5) 아이젤(I-Gel) 6) 기관 내 삽입(Intubation)
	2. **호**흡 유지 장비	1) 흡인기 2) 코삽입관(Nasal Cannula) 3) 단순 얼굴 마스크(Oxygen Mask) 4) 비재호흡마스크 5) 벤튜리 마스크 6) 포켓 마스크(Pocket Mask) 7) 백-밸브 마스크 소생기 8) 자동식 산소소생기
	3. **순**환 유지 장비	1) 기계식 가슴압박 장치 2) 자동심장충격기
	4. 환자 **이**송 장비(들것)	1) 주들것 2) 분리형 들것 3) 바구니형 들것(basket stretcher) 4) 가변형 들것 5) 접이식 들것(보조들것) 6) 계단형 들것
	5. **외**상 처치 장비	1) 목뼈보호대 2) 머리 고정장비 3) 철사부목 4) 패드(성형) 부목 5) 공기부목 6) 진공부목(vacuum splint) 7) 긴 척추고정판

1 기도확보유지 장비

기도유지기의 일차적 기능은 혀에 의한 상기도 폐쇄를 예방하여 기도를 유지하는 것이다. 일반적으로 입인두 기도유지기와 코인두기도유지기가 많이 사용되며 숙달된 응급구조사는 식도위관기도유지기 등도 사용한다.

(1) 입인두 기도기

① 용도 : 무의식 환자의 기도유지를 위해 사용

② 주의사항

    ㉠ 의식이 있고, 반혼수 상태 환자에게는 부적절하다.(구토유발 및 제거행동)

    ㉡ 구토 반사가 있으면 제거해야 한다.

    ㉢ 구토에 의해 위 내용물에 의한 흡인을 방지할 수 없다.

    ㉣ 크기가 크거나 작으면 후두개 압박이나 성대경련과 같이 오히려 기도유지가 안되거나 기도 폐쇄를 유발할 수 있다.

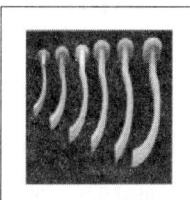

(2) 코인두 기도기

의식이 있는 환자에게 일시적으로 기도를 확보해 주기 위한 기구로 입인두 기도기를 사용할 수 없을 때 사용

(3) 후두마스크 기도기

① 용도 : 무의식 환자의 기도유지를 위해 사용

② 주의사항

    ㉠ 의식이 있고, 반혼수 상태 환자에게는 부적절하다.(구토유발 및 제거행동)

    ㉡ 구토 반사가 있으면 제거해야 한다.

    ㉢ 구토에 의해 위 내용물에 의한 흡인을 방지할 수 없다.

    ㉣ 크기가 크거나 작으면 후두개 압박이나 성대경련과 같이 오히려 기도유지가 안되거나 기도 폐쇄를 유발할 수 있다.

(4) 후두튜브(LT)

① 용도 : 후두마스크와 동일하게 기본 기도기보다 기도 확보가 쉽고 콤비튜브 형태 기도기로 환자에게 적용시간이 짧고 어려운 기도확보 장소에서도 빠르게 적용이 가능

② 특징 : 후두마스크와 동일

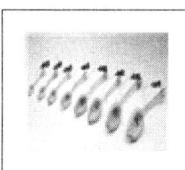

❷ 호흡유지 장비

(1) 흡인기
의식이 없는 환자의 구강 또는 비강내 타액, 분비물 등 이물질을 신속하게 흡인하기 위한 기구이며 작동원리에 따라 전지형(충전식)과 수동형으로, 사용범위에 따라 고정식, 이동식으로 분류할 수 있다.

충전식 흡인기 수동형 응급 흡인기

(2) 코삽입관(Nasal Cannula)
① 용도 : 비강용 산소투여 장치로 환자의 거부감을 최소화 시켰으며 낮은 산소를 요구하는 환자에게 사용된다. 환자의 코에 삽입하는 2개의 돌출관을 통해 환자에게 산소를 공급하며 유량을 분당 1~6로 조절하면 산소농도를 24~44%로 유지할 수 있다.

② 성인용, 소아용으로 구분

(3) 단순 얼굴 마스크(Oxygen Mask)
① 용도 : 입과 코를 동시에 덮어주는 산소공급기구로 작은 구멍의 배출구와 산소가 유입되는 관 및 얼굴에 고정시키는 끈으로 구성되어 있다. 6~10L의 유량으로 흡입 산소농도를 35~60%까지 증가시킬 수 있다.

② 특징
㉠ 성인용, 소아용으로 구분
㉡ 이산화탄소 배출구멍이 있으나 너무 작아 불편감을 호소하기도 한다.
㉢ 얼굴에 완전히 밀착되지 않아 충분한 산소가 공급되지 않을 수 있다.
㉣ 이산화탄소 잔류로 인해 산소공급량은 높을수록 효과적이다.

(4) 비재호흡마스크
① 용도 : 심한 저산소증 환자에게 고농도의 산소를 제공하기에 적합

② 특징
㉠ 체크(일방향) 밸브가 달려 있다.
㉡ 산소저장낭이 달려있어 호흡 시 100%에 가까운 산소를 제공할 수 있다.
㉢ 산소저장낭을 부풀려 사용하고 <u>최소 분당 10~15L 유량의 산소를 투여</u>하면 85~100%의 산소를 공급할 수 있다.
㉣ 얼굴밀착의 정도에 따라 산소농도가 달라진다.

(5) 벤튜리 마스크

① 용도 : 특수한 용도로 산소를 제공할 경우에 사용되며, 표준 얼굴 마스크에 연결된 공급 배관을 통해 특정 산소 농도를 공급해 주는 호흡기구

① 특징
    ㉠ 일정한 산소가 공급될 때 공기의 양도 일정하게 섞여 들어가는 형태
    ㉡ <u>만성폐쇄성폐질환(COPD)</u> 환자에게 유용
    ㉢ 분당 산소 유입량은 2~8ℓ

(6) 포켓 마스크(Pocket Mask)

입 대 입 인공호흡 시 환자와 직접적인 신체접촉을 피할 수 있으며, 산소튜브가 있어 충분한 산소를 보충하면서 인공호흡을 할 수 있다. 유아에 사용할 때는 마스크를 거꾸로 하여 기저부가 코위에 놓이도록 사용한다.

(7) 백-밸브 마스크 소생기

백-밸브 마스크 환기장치는 병원 전 환기장치로서 가장 보편적으로 사용

① 용도 : 보유 산소장비 없이 즉각적인 초기 환기를 제공할 수 있다.

② 구성 : 안면마스크, 인공호흡용 백, 밸브, 산소저장백

③ 특징
    ㉠ 산소를 추가 투여하지 않은 상태로 21%정도의 산소 공급
    ㉡ <u>분당 10~15L의 산소를 공급할 경우</u>(산소저장주머니 없이 40~60% 산소 공급)
    ㉢ 산소저장주머니 연결 후 분당 10~15L의 산소를 공급할 경우 거의 100%의 산소 공급
    ㉣ 영아, 소아, 성인용으로 구분
    ㉤ 과압방지용 밸브가 있음

(8) 자동식 산소소생기

① 용도 : 무호흡/호흡곤란 환자에게 자동 또는 수동으로 산소를 공급

② 종류 : 압력방식과 부피/시간방식

③ 특징
    ㉠ 자동과 수동선택이 가능하다.
    ㉡ 과압방지 장치가 있음 (50~60 cmH2O)
    ㉢ 환자에게 고농도(100%) 산소공급 가능
    ㉣ 종류(압력과 부피)별 차이점이 있음

❸ 순환유지 장비

(1) 기계식 가슴압박 장치

기계식 가슴압박 장치는 주변 상황이나 응급구조사의 상태에 관계없이 정확히 심폐소생술을 시행할 수 있으며, 압축공기(산소)용 및 전기충전용이 있다.

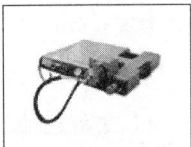

(2) 자동 심장충격기

심전도를 모르는 현장 응급처치자나 응급구조사가 제세동을 시행할 수 있도록 제세동기 내에 심전도를 인식하고 제세동을 시행할 것을 지시해줄 수 있는 프로그램이 내장되어 있다. 겔로 덮인 큰 접착성 패드를 환자의 가슴에 부착하여 심폐소생술을 멈추는 시간을 최소화하며 연속적으로 제세동할 수 있으며 심실세동 및 무맥성 심실빈맥 외에는 제세동하지 않도록 도안된 장비이다.

❹ 환자이송 장비(들 것)

(1) 주들 것

구급차에 환자를 옮겨 싣고 내리는데 필요한 장비

(2) 분리형 들것

① 용도 : 다발성 외상환자처럼 환자 움직임을 최소화하여 이동 가능

② 특징

　㉠ 알루미늄 재질로 된 경우 환자의 체온을 급격하게 떨어트릴 수 있다.
　㉡ <u>양쪽으로 분리</u>하여 사용할 수 있어 환자이송 시 2차 손상을 방지할 수 있다.
　㉢ 들것 중앙이 개방되어 척추고정 능력이 매우 적다.(외상환자에게는 부적합)
　㉣ 들것 중앙이 개방되어 있으며, X-선 투시도 가능하다.
　㉤ 다발성 외상환자를 긴 척추 고정판에 옮길 때 유용하다.

(3) 바구니형 들것(basket stretcher)

① 용도 : 구조대에서 주로 사용되며 바구니 모양의 환자 이동장비

② 특징

　㉠ 종류 : 일체형, 분리형

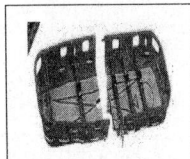

    ⓛ 수직구조 및 수평구조용으로 적합
    ⓒ 눈판 및 얼음구조 시 유용
    ⓔ 수평구조 시 분리형인 경우 연결부위를 반드시 추가 결착 필요
    ⓜ 척추손상 환자에게는 단독사용보다 긴척추고정판에 1차 고정 후 사용

(4) 가변형 들것

① 용도 : 유연성 있는 재질로 만들어져 제한된 공간에서 유용
② 특징

    ㉠ 유연한 재질의 천, 고무 등으로 제작된다.
    ⓛ 손잡이가 다리를 제외한 2면 또는 3면에만 있다.
    ⓒ 좁은 계단 및 공간이동시에 유용하다.
    ⓔ 단독으로는 척추고정이 안 된다.

(5) 접이식 들것(보조들것)

① 용도 : 주들 것 이외에 추가 환자 이송 시 사용되는 장비
② 특징

    ㉠ 재질에 따라 척추고정이 되는 들것도 있다.
    ⓛ 접어서 보관하므로 휴대가 쉽다.
    ⓒ 다수 환자 발생 시에 간이 침상으로 사용 가능

(6) 계단형 들것

① 용도 : 의자형태로 만들어 계단이송 시 효과적
② 특징

    ㉠ 계단을 내려올 때 사용되는 장비이다.
    ⓛ 궤도형으로 수직으로 힘을 주어야 움직인다.
    ⓒ 척추고정이 안 된다.
    ⓔ 들것 자체로 구급차에 옮길 수가 없으므로 가변형 들것을 사용하는 것이 바람직하다.
    ⓜ 엘리베이터가 없는 빌라 및 아파트에 사용이 유용하다.
    ⓗ 바퀴가 있어 앉은 채로 이동이 가능하다.

❺ 외상처치 장비

(1) 목뼈보호대

척수손상은 여러 신경계통의 기능마비를 유발하거나 영구마비를 일으킬 수 있으므로 외상초기에 척추고정을 시행하여 척수손상이 악화되거나 발생되는 것을 방지하여야 한다.
척추고정의 시작은 경추고정으로부터 시작한다.

① **용도** : 환자를 구출하거나 이송하기 전에 목 고정장비

② **종류** : 일체형, 조립형, 조절형

③ 방사선 투과 가능한 특수 재질

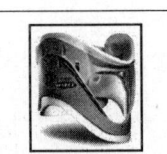

(2) 머리 고정장비

목뼈 보호대만으로는 경추의 완전한 고정이 불가능하다. 머리 고정장비를 긴 척추고정판 등과 함께 사용하여 완벽한 경추고정을 유지하여 이송 시 안전을 확보할 수 있다. 환자가 소리를 들을 수 있도록 구멍을 냈으며 가볍고 보수가 용이하다.

(3) 철사부목

① **용도** : 손상 부위에 따라 철사를 구부려 사용할 수 있는 부목으로 긴뼈 골절이나 관절 부위 손상이 의심되는 부위에 따라 모양 변형이 가능

② **특징**
　㉠ 신체에 적합하도록 변형이 가능하다.
　㉡ 철사그대로 사용하기보다 착용감을 위해 붕대로 감아주면 더 좋다.
　㉢ 큰 관절이나 근육이 손상된 경우 다른 부목으로 추가 고정해주면 좋다.

(4) 패드(성형) 부목

① **용도** : 단순하게 성인 신체의 긴뼈 골절시에 사용하도록 만들어진 부목으로 현장에서 신속하게 고정이 가능

② **특징**
　㉠ 대, 중, 소로 구분
　㉡ 사지골절에 사용하기가 적합
　㉢ X-ray 촬영이 가능
　㉣ 결착 시 벨크로로 되어있어 신속결착이 가능하나 관리가 필요

(4) 공기부목

① 용도 : 부목에 공기를 불어 넣어 골절부위를 고정하는 장비

② 특징

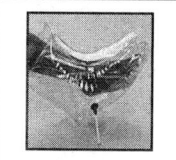

　㉠ 비닐 재질로 되어 있어 골절부위의 관찰이 가능하다.

　㉡ 출혈이 있는 경우 지혈효과가 있다.

　㉢ 온도와 압력의 변화에 예민하다.

　㉣ 부목 압력을 수시로 확인하여야 한다.(압력은 부목 가장자리를 눌러 양쪽벽이 닿을 정도)

　㉤ 개방성 골절이 있는 환자에게 적용해서는 안 된다.

(6) 진공부목(vacuum splint)

① 용도 : 공기부목과 반대로 공기를 제거하여 고정하는 장비

② 특징

　㉠ 공기를 제거하면 특수 소재 알갱이들이 단단해 지면서 고정된다.

　㉡ 변형된 관절 및 골절에 유용하다.

　㉢ 외형이 찢기거나 뚫리면 부목의 기능을 하지 못하므로 주의해야한다.

　㉣ 전신 진공부목은 척추고정이 안 된다.

　㉤ 사용하기 전 알갱이를 고루 펴서 적용한다.

　㉥ 진공을 시키면 형태가 고정되므로 'C'나 'U'자 모양으로 적용한다.

　㉦ 진공으로 인해 부피가 감소하며 느슨해진 고정끈을 재 결착해야 한다.

(7) 긴 척추고정판

① 용도 : 들것으로 많이 사용되어지다 보니 들것으로 오인하는 경우가 많지만 척추손상이 의심되는 환자를 고정하는 전신용 부목

② 특징

　㉠ 재질이 미끄러우므로 장축 이동이 가능

　㉡ 가슴, 배, 다리 고정끈 결착 확인

　㉢ 구조현장 및 부력이 있어 수상구조 시 유용

　㉣ 들것 대용으로도 사용이 가능하여 수직 및 수평구조 시 사용

　㉤ 임신 말기 환자의 경우 좌측위로 고정판이 왼쪽으로 기울어지게 해야 한다.(대정맥 압박 방지)

04 출제예상문제

1 만성폐쇄성폐질환(COPD) 환자에게 유용한 것은?

① 백-밸브 마스크 소생기
② 벤튜리 마스크
③ 포켓마스크
④ 비재호흡마스크

2 들것의 종류 중 다음 내용과 관계가 깊은 것은?

> 유연성 있는 재질로 만들어져 제한된 공간에서 유용

① 분리형 들것
② 의자형 들것
③ 가변형 들것
④ 척추 고정판 들것

1.
벤튜리 마스크
㉠ 용도: 특수한 용도로 산소를 제공할 경우에 사용되며, 표준 얼굴 마스크에 연결된 공급 배관을 통해 특정 산소 농도를 공급해 주는 호흡기구
㉡ 특징
• 일정한 산소가 공급될 때 공기의 양도 일정하게 섞여 들어가는 형태
• 만성폐쇄성폐질환(COPD) 환자에게 유용
• 분당 산소 유입량은 2~8ℓ

2.
가변형 들것
㉠ 용도: 유연성 있는 재질로 만들어져 제한된 공간에서 유용
㉡ 특징
• 유연한 재질의 천, 고무 등으로 제작된다.
• 손잡이가 다리를 제외한 2면 또는 3면에만 있다.
• 좁은 계단 및 공간이동시에 유용하다.
• 단독으로는 척추고정이 안 된다.

Answer 1.② 2.③

3 "긴 척추고정판"에 대한 설명으로 잘못된 것은?

① 척추손상이 의심되는 환자를 고정하는 전신용 부목이다.
② 구조현장 및 부력이 있어 수상구조 시 유용하다.
③ 들것대용이나 수직 및 수평구조 시 사용이 불가능하다.
④ 임신 말기 환자의 경우 좌측위로 고정판이 왼쪽으로 기울어지게 해야 한다.

3.
긴 척추고정판
㉠ 용도 : 들것으로 많이 사용되어지다 보니 들것으로 오인하는 경우가 많지만 척추손상이 의심되는 환자를 고정하는 전신용 부목
㉡ 특징
• 재질이 미끄러우므로 장축 이동이 가능
• 가슴, 배, 다리 고정끈 결착 확인
• 구조현장 및 부력이 있어 수상구조 시 유용
• 들것 대용으로도 사용이 가능하여 수직 및 수평구조 시 사용
• 임신 말기 환자의 경우 좌측위로 고정판이 왼쪽으로 기울어지게 해야 한다.(대정맥 압박 방지)

Answer 3.③

chapter 05 | 감염방지 및 개인 보호 장비

❶ 감염예방의 정의

감염은 혈액의 포함여부와 관련 없이 혈액, 체액, 분비물(혈액이 포함되지 않은 땀은 제외)에 의해 전파될 수 있다. 감염예방은 감염되었거나 감염되었을지도 모르는 환자로부터 감염원이 전파될 가능성을 줄이기 위함으로 모든 환자 처치 시 적용되는 것으로 환자의 진단명이나 감염 상태 등에 상관없이 적용한다.

❷ 감염예방을 위한 처치

(1) 현장 도착 전 예방법
① 주요 전염질환에 대한 사전지식 습득
② 개인 보호 장비 착용 : 보호안경, 장갑, 가운, 마스크

(2) 현장 도착 후 예방법
① 기본 예방법

> - 날카로운 기구를 사용할 경우에는 손상을 당하지 않도록 주의한다.
> - 바늘 끝이 사용자의 몸 쪽으로 향하지 않도록 한다.
> - 사용한 바늘은 다시 뚜껑을 씌우거나, 구부리거나, 자르지 말고 그대로 주사바늘통에 즉시 버린다.
> - 부득이 바늘 뚜껑을 씌워야 할 경우는 한 손으로 조작하여 바늘 뚜껑을 주사바늘에 씌운 후 닫도록 한다.
> - 주사바늘, 칼날 등 날카로운 기구는 구멍이 뚫리지 않는 통에 모은다.
> - 심폐소생술 시행 시 반드시 일 방향 휴대용 마스크를 이용하며 직접 접촉을 피한다.
> - 피부염이나 피부에 상처가 있는 처치자는 환자를 직접 만지거나 환자의 검체를 맨손으로 접촉하지 않도록 한다.
> - 장갑은 한 환자에게 사용하더라도 오염된 신체부위에서 깨끗한 부위로 이동할 경우 교환해야 한다.

② 전파경로에 따른 예방법 : 질병은 병원체, 박테리아, 바이러스와 같은 미생물에 의해 야기되며 크게 직접전파와 간접전파로 나눌 수 있다.
  ㉠ 직접전파 : 수혈, 개방성 상처와의 접촉, 눈과 입의 점막을 통한 접촉으로 전파
  ㉡ 간접전파 : 주사바늘과 같은 오염물질 또는 호흡기를 통한 비말흡입에 의해 전파

전파경로에 따른 원인과 예방법

전파경로	원인	해당질환	감염예방법
공기에 의한 전파	감염을 유발하는 작은 입자(5µm 이하)가 공기 중의 먼지와 함께 떠다니다가 흡입에 의해 감염이 발생한다.	■ **홍역** ■ **수두** ■ **결핵**(M 공기 홍수결)	- 환자 이동을 최소화한다. - 이동이 불가피할 경우에는 환자에게 수술용 마스크를 착용하도록 한다.
비말에 의한 전파	감염균을 가진 큰 입자(5µm이상)가 기침이나 재채기, 흡입(suction) 시 다른 사람의 코나 점막 또는 결막에 튀어서 단거리(약 1m이내)에 있는 사람에게 감염을 유발시킨다.	■ 뇌수막염 ■ 폐렴 ■ 패혈증 ■ 부비동염 ■ 중이염 ■ 백일해 ■ 이하선염 ■ 풍진 ■ 인두염 ■ 인플루엔자 ■ 결핵 ■ **코로나19**	- 환자와 1m 이내에서 접촉할 경우는 마스크를 착용한다.
접촉에 의한 전파	직접 혹은 간접 접촉에 의해 감염된다.	■ 소화기계, 호흡기계, 피부 또는 창상의 감염이나 다제내성균이 집락 된 경우 ■ 오랫동안 환경에서 생존하는 장 감염 ■ 장출혈성 대장균, 이질, A형 간염, 로타바이러스 ■ 피부감염 : 단순포진 바이러스, 농가진, 농양, 봉소염, 욕창, 이 기생충, 옴, 대상포신 ■ 바이러스성 출혈성 결막염	■ 장갑 착용 및 손 위생 - 장갑을 착용하고 처치 후에는 오염된 장갑으로 환자나 기구를 만지지 않는다. - 처치 후 소독비누로 손을 씻거나 물없이 사용하는 손 소독제를 사용한다. ■ 가운 - 가운은 멸균될 필요는 없으며 깨끗하게 세탁된 가운이면 된다. - 가운을 입어야 하며 입었던 가운으로 인해 주위 환경이 오염되지 않도록 한다. ■ 환자 이동 - 환자 이동시 주위 환경을 오염시키지 않도록 주의한다. ■ 환자 처치 물품 - 환자가 사용했던 물건이나 만졌던 것 그리고 재사용 물품은 소독한다.

(3) 환자처치 후 예방법

① 손 위생

> - 장갑 착용여부와 상관없이 환자 처치 후에는 꼭 손을 씻어야 한다.
> - 장갑을 벗는 즉시 손을 씻는다. 이때, 손의 장신구(반지, 시계, 팔찌 등)가 있다면 빼낸 후 씻어야 한다.
> - 거품을 충분히 낸 후 손가락 사이와 접히는 부위를 포함해 세심하게 문지른다.
> - 손톱아래는 솔을 이용해 이물질을 제거한다.
> - 반드시 흐르는 물을 이용해서 손목과 팔꿈치 아래까지 씻는다.
> - 가능한 1회용 수건을 이용해 물기를 완전히 제거한다.
> - 물과 비누가 없는 경우에는 손 소독제를 이용해 임시 세척을 하고 나중에 꼭 물과 비누를 이용해 손을 씻는다.
> - 평상시에는 일반 비누를 이용하여 손 씻기를 해도 무관하나 전염병 발생 등 감염관리상의 문제가 발생시에는 손 소독제를 사용하도록 한다.

② **처치 기구 및 환경관리** : 일반적으로 혈압기의 커프와 청진기 같이 단순 피부접촉기구들은 소독을 해야 하며 개방상처나 점막 접촉기구들은 반드시 멸균처리 해야 한다. 가능하다면 1회용기구를 사용해야 하며 1회용기구는 절대로 재사용해서는 안 된다.

> - 혈액이나 분비물, 체액, 배설물로 오염된 것은 피부나 점막이 오염되지 않도록 적당한 방법으로 씻는다.
> - 재사용 물품은 장갑을 착용 후 피, 점액, 조직물 등 오염물질을 세척하고 소독 및 멸균처리를 해야 한다.
> - 1회용 물품은 감염물 폐기물통에 버려야 한다.
> - B형 간염(HBV)이나 HIV(인체면역결핍바이러스)환자에게 사용한 1회용 기구는 이중백을 이용해 밀봉 후 폐기해야 한다.
> - 시트 : 혈액, 배설물, 분비물, 체액 등으로 오염된 것은 따로 분리하여 피부나 점막이 오염되지 않도록 운반 및 처리한다.
> - 가운, 옷 : 체액에 오염되면 비닐 백에 담아 오염되었음을 표시한 후 뜨거운 물에 25분 이상 단독 세탁을 해야 한다.
> - 구급차 내 바닥, 침상, 침상 난간 등 주위 환경을 깨끗이 청소하고 1회/주 이상 정기적으로 소독한다.
> - 마지막으로 처치자는 위의 모든 행동을 마친 후 뜨거운 물로 샤워를 해야 한다.

❸ 소독과 멸균

세척 (Cleaning)	대상물로부터 <u>모든 이물질(토양, 유기물 등)</u>을 제거하는 과정으로 소독과 멸균의 가장 기초단계이다. 일반적으로 물과 기계적인 마찰, 세제를 사용한다.
소독 (Disinfecting)	생물체가 아닌 환경으로부터 <u>세균의 아포를 제외한 미생물을 제거하는</u> 과정이다. 일반적으로 액체 화학제, 습식 저온 살균제의 의해 이루어진다.
멸균 (Sterilization)	물리적, 화학적 과정을 통하여 <u>모든 미생물을 완전하게 제거하고 파괴시키는 것</u>을 말하며 고압증기멸균법, 가스멸균법, 건열멸균법, H_2O_2 Plasma 멸균법과 액체 화학제 등을 이용한다.
살균제 (Germicide)	미생물 중 <u>병원성 미생물을 사멸시키기 위한 물질</u>을 말한다. 이중 피부나 조직에 사용하는 살균제를 피부소독제(antiseptics)라 한다.
화학제 (Chemicals)	<u>진균과 박테리아의 아포를 포함한 모든 형태의 미생물을 파괴하는 것</u>으로 화학멸균제(Chemical sterilant)라고도 하며, 단기간 접촉되는 경우 높은 수준의 소독제로 작용할 수 있다.

chapter 05 출제예상문제

1 감염질환 및 예방에 대한 설명으로 틀린 것은?

① 감염예방은 환자의 진단명이나 감염상태 등에 상관없이 적용한다.
② 환자에게 사용한 주사바늘의 뚜껑을 부득이 씌워야 할 경우 한 손으로 조작하여 씌운 후 닫도록 한다.
③ B형 간염은 몇 년간 몸에 잠복해 있다가 발병되거나 전파되기도 한다.
④ AIDS는 약에 대한 내성이 쉽게 생기며 가래나 기침에 의한 호흡기계 분비물로 공기전파 된다.

1.
현장 도착 전 예방법
① 주요 전염질환에 대한 사전지식 습득
 ㉠ **B형 간염**(Hepatitis B) : 간에 직접적인 영향을 미치는 치명적인 바이러스로 혈액 또는 체액에 의해 전파된다.
 ㉡ **결핵**(Tuberculosis) : 약에 대한 내성이 쉽게 생기며 몸이 약해지면 다시 재발하는 질병으로 가래나 기침에 의한 호흡기계 분비물(비말 등)로 공기 전파된다.
 ㉢ **AIDS**(Acquired Immune Deficiency Syndrome) : 피부접촉, 기침, 재채기, 식기 도구의 공동사용으로는 감염되지 않으나 감염자의 혈액 또는 체액에 접촉시 감염될 수 있다.
② 개인 보호 장비 착용 : 보호안경, 장갑, 가운, 마스크

2 감염예방을 위한 현장도착 후 기본예방법으로 틀린 것은?

① 부득이 바늘 뚜껑을 씌워야 할 경우는 한 손으로 조작하여 바늘 뚜껑을 씌우도록 한다.
② 바늘 끝이 사용자의 몸 쪽으로 향하지 않도록 해야 한다.
③ 심폐소생술 시행 시 반드시 양 방향 휴대용 마스크를 이용하며 직접 접촉을 피한다.
④ 장갑은 한 환자에게 사용하더라도 오염된 신체부위에서 깨끗한 부위로 이동할 경우 교환해야 한다.

2.
현장 도착 후 예방법
• 날카로운 기구를 사용할 경우에는 손상을 당하지 않도록 주의한다.
• 바늘 끝이 사용자의 몸 쪽으로 향하지 않도록 한다.
• 사용한 바늘은 다시 뚜껑을 씌우거나, 구부리거나, 자르지 말고 그대로 주사바늘통에 즉시 버린다.
• 부득이 바늘 뚜껑을 씌워야 할 경우는 한 손으로 조작하여 바늘 뚜껑을 주사바늘에 씌운 후 닫도록 한다.
• 주사바늘, 칼날 등 날카로운 기구는 구멍이 뚫리지 않는 통에 모은다.
• 심폐소생술 시행 시 반드시 일 방향 휴대용 마스크를 이용하며 직접 접촉을 피한다.
• 피부염이나 피부에 상처가 있는 처치자는 환자를 직접 만지거나 환자의 검체를 맨손으로 접촉하지 않도록 한다.
• 장갑은 한 환자에게 사용하더라도 오염된 신체부위에서 깨끗한 부위로 이동할 경우 교환해야 한다.

Answer 1.④ 2.③

3 다음 중 "간접전파"에 해당되는 것은?

① 수혈
② 개방성 상처와의 접촉
③ 눈과 입의 점막을 통한 접촉
④ 호흡기를 통한 비말흡입

4 다음 중 공기로 감염되지 않은 것은?

① 풍진
② 결핵
③ 수두
④ 뇌수막염

5 다음 중 "비말에 의해 전파"되는 병명이 아닌 것은?

① 뇌수막염
② 중이염
③ 홍역
④ 코로나19

3.
전파경로에 따른 예방법
㉠ 직접전파 : 수혈, 개방성 상처와의 접촉, 눈과 입의 점막을 통한 접촉으로 전파
㉡ 간접전파 : 주사바늘과 같은 오염물질 또는 호흡기를 통한 비말흡입에 의해 전파

4.

전파경로	원인	해당질환
공기에 의한 전파	감염을 유발하는 작은 입자(5μm 이하)가 공기 중의 먼지와 함께 떠다니다가 흡입에 의해 감염이 발생한다.	■ 홍역 ■ 수두 ■ 결핵 (M 공기 홍수결)
비말에 의한 전파	감염균을 가진 큰 입자(5μm이상)가 기침이나 재채기, 흡입(suction) 시 다른 사람의 코나 점막 또는 결막에 튀어서 단거리(약 1m이내)에 있는 사람에게 감염을 유발시킨다.	■ 뇌수막염 ■ 폐렴 ■ 패혈증 ■ 부비동염 ■ 중이염 ■ 백일해 ■ 이하선염 ■ 풍진 ■ 인두염 ■ 인플루엔자 ■ 결핵 ■ 코로나19

5.
문제 4번 해설 참조

Answer 3.④ 4.④ 5.③

6 다음 용어의 정의에 있어서 다음 내용에 알맞은 것은?

> 생물체가 아닌 환경으로부터 세균의 아포를 제외한 미생물을 제거하는 과정이다.

① 화학제
② 세척
③ 멸균
④ 소독

6.
소독과 멸균

세척 (Cleaning)	대상물로부터 모든 이물질(토양, 유기물 등)을 제거하는 과정으로 소독과 멸균의 가장 기초단계이다. 일반적으로 물과 기계적인 마찰, 세제를 사용한다.
소독 (Disinfecting)	생물체가 아닌 환경으로부터 세균의 아포를 제외한 미생물을 제거하는 과정이다. 일반적으로 액체 화학제, 습식 저온 살균제의 의해 이루어진다.
멸균 (Sterilization)	물리적, 화학적 과정을 통하여 모든 미생물을 완전하게 제거하고 파괴시키는 것을 말하며 고압증기멸균법, 가스멸균법, 건열멸균법, H_2O_2 Plasma 멸균법과 액체 화학제 등을 이용한다.
살균제 (Germicide)	미생물 중 병원성 미생물을 사멸시키기 위한 물질을 말한다. 이중 피부나 조직에 사용하는 살균제를 피부소독제(antiseptics)라 한다.
화학제 (Chemicals)	진균과 박테리아의 아포를 포함한 모든 형태의 미생물을 파괴하는 것으로 화학멸균제(Chemical sterilant)라고도 하며, 단기간 접촉되는 경우 높은 수준의 소독제로 작용할 수 있다.

Answer 6.④

06 심폐소생술(CPR)

심정지가 발생했을 때 아무런 조치를 취하지 않으면 4~5분 내에 뇌손상이 일어나기 때문에 심장 정기 초기 5분의 대응이 운명을 좌우하는 것이다. 이에 따라 응급상황 시 초기 목격자에 의하여 심폐소생술이 시행된 경우 소생율이 3배 이상으로 증가가 가능하다.

1 성인심폐소생술 방법

(1) 환자 반응 확인(심정지 확인)
환자의 어깨를 가볍게 두드리며 "괜찮으세요?"라고 외치면서 환자의 반응을 확인한다.

(2) 119신고 및 자동 심장 충격기 요청
환자의 의식(반응)이 없으면 주변 사람에게 큰소리로 119에 신고 및 자동 심장충격기 요청, 주변에 아무도 없으면 직접 119에 신고한다.

(3) 호흡확인
환자의 얼굴과 가슴을 10초 이내로 관찰하여 호흡이 있는지를 확인한다. 호흡이 없거나 비정상적이라면 즉시 심폐소생술을 준비한다.

(4) 가슴압박 30회 시행
① 깍지를 낀 두 손의 손바닥으로 환자의 가슴 압박점(양쪽 젖꼭지 사이의 흉부의정중앙)을 찾아 30회 가슴 압박을 실시한다.

② 팔을 쭉 펴고 수직으로 최소 5cm 깊이로 환자 가슴을 눌러 준 다음 힘을 뺀다.

③ 분당 100회 ~ 120회의 속도로 30회 흉부를 압박하고 흉부압박 때 환자 가슴에서 양손을 떼지 않는다.

(5) 기도개방

① 인공호흡을 시행하기 위해서는 먼저 환자의 머리를 젖히고, 턱을 들어 올려서 환자의 기도를 개방한다.

② 기도유지 방법

　㉠ 머리기울임-턱들어올리기 : 이 처치법은 기도를 최대한 개방시켜 주는 방법으로 기도와 호흡을 유지하는데 유용하다. 특히, 혀로 인한 폐쇄를 예방하는데 좋다. 그러나 척추손상이 의심되는 환자에게 사용해서는 안 된다.

　㉡ 턱 밀어올리기법(하악견인법) : 머리, 목, 척추 손상 등이 의심되는 환자에게 사용 되는 기도개방 처치법

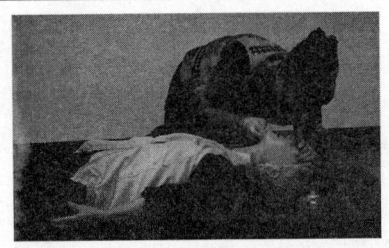
머리기울임-턱들어올리기

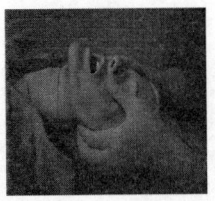
턱 밀어올리기법(하악견인법)

(6) 인공호흡 2회 시행

① 환자의 코를 막은 다음 구조자의 입을 환자의 입에 밀착시킨 후 환자의 가슴이 올라올 정도로 1초 동안 숨을 불어 넣는다.(2번 시행)

② 구조자가 인공호흡을 모르거나 능숙하지 않은 경우에는 인공호흡을 제외하고, 지속적으로 가슴압박만을 시행(가슴압박 소생술)

(7) 가슴압박과 인공호흡의 반복

① 30회의 가슴압박과 2회의 인공호흡을 119구급대원이 도착할 때까지 반복해서 시행한다.

② 구조자가 두사람인 경우에는 30:2로 1인은 흉부압박을 하고 다른 1인은 인공호흡을 한다.[5주기마다(매 2분마다) 교대하여 실시]

③ 흉부압박 시 중단 시간이 10초 미만이 되도록 함

(8) 회복자세

환자의 호흡이 회복되었으면 환자를 옆으로 돌려 눕혀 기도가 막히는 것을 예방한다.

❷ 심폐소생술 시 고려 사항

(1) 심폐소생술 효과 확인

CPR이 효과적으로 실시되는지 확인하기 위해서는 가슴압박은 목동맥 촉진, 인공호흡은 가슴이 충분히 올라오는지로 알 수 있다. 또한 아래의 징후들을 통해 알 수 있다.

① 동공 수축

② 피부색 회복

③ 자발적인 심박동과 호흡

④ 팔다리의 움직임

⑤ 삼키는 행위

⑥ 의식 회복

(2) CPR 시작 및 중단

심정지가 발생한 환자를 목격하거나 발견하였을 경우에는 특별한 이유가 없는 한 CPR이 시행되어야 한다. 그러나 환자가 무의식이며 호흡이 없다 해도 맥박이 있다면 CPR을 실시해서는 안 된다. 그리고 환자의 사망이 명백하거나 처치자가 위험에 처한 경우, 심폐소생술에 의한 소생가능성이 명백히 없는 경우, 더 자세히 알아보면 다음의 경우에는 CPR을 시작하지 않을 수 있다.

① CPR을 시작하지 않을 수 있는 경우

　㉠ 환자발생장소에 <u>구조자의 신변에 위험요소</u>가 있는 경우

　㉡ 환자의 사망이 <u>명백</u>한 경우 : 시반의 발생, 외상에 의한 뇌 또는 체간의 분쇄손상, 신체일부의 부패, 허파 또는 심장의 노출, 몸이 분리된 경우

　㉢ <u>사후 강직</u> 상태 : 사후 강직은 사망 후 4~10시간 이후에 나타난다.

　　** 시반현상 : 중력에 의해 혈액이 낮은 곳으로 몰려들어 피부색이 빨간색 또는 자주색을 띄는 것을 말한다. 이는 추운 환경에 노출된 경우를 제외하고 사망한지 15분 이상 경과되었음을 나타낸다.

② CPR을 시작하면 중단해서는 안되나 CPR을 중단할 수 있는 경우

　㉠ 환자의 맥박과 호흡이 회복된 경우

　㉡ 의사 또는 다른 처치자와 교대할 경우

　㉢ 심폐소생술을 장시간 계속하여 처치자가 지쳐서 더 이상 심폐소생술을 계속할 수 없는 경우

　㉣ 사망으로 판단할 수 있는 명백한 증거가 있는 경우

　㉤ 의사가 사망을 선고한 경우

06 출제예상문제

1 CPR을 중단할 수 있는 경우가 아닌 것은?

① 환자의 늑골이 골절된 상태
② 의사가 사망을 선고한 경우
③ 심폐소생술을 장시간 계속하여 처치자가 지쳐서 더 이상 심폐소생술을 계속할 수 없는 경우
④ 의사 또는 다른 처치자와 교대할 경우

2 심폐소생술의 가슴압박요령으로 올바른 것은?

① 가슴압박의 중단이 불가피한 경우에도 10분 이상 가슴 압박을 중단해서는 안 된다.
② 성인인 경우 처치자의 수와 관계없이 가슴압박 : 인공호흡의 비율을 15:2로 한다.
③ 성인에서는 가슴압박 깊이는 최소 5cm를 유지해야 한다.
④ 가슴압박의 속도는 최소 분당 120회 이상 유지하도록 해야 한다.

3 의식이 없거나 척추손상이 의심되는 환자의 기도개방방법으로서 옳은 것은?

① 하악견인법
② 머리기울임법
③ 트렌델렌버그법
④ 상악견인법

1.

CPR을 중단할 수 있는 경우
㉠ 환자의 맥박과 호흡이 회복된 경우
㉡ 의사 또는 다른 처치자와 교대할 경우
㉢ 심폐소생술을 장시간 계속하여 처치자가 지쳐서 더 이상 심폐소생술을 계속할 수 없는 경우
㉣ 사망으로 판단할 수 있는 명백한 증거가 있는 경우
㉤ 의사가 사망을 선고한 경우

2.

① 가슴압박의 중단이 불가피한 경우에도 10초 이상 가슴 압박을 중단해서는 안 된다.
② 성인인 경우 처치자의 수와 관계없이 가슴압박 : 인공호흡의 비율을 30:2로 한다.
④ 가슴압박의 속도는 최소 분당 100회~120회의 속도로 유지하도록 해야 한다.

3.

턱 밀어올리기법(하악견인법)
머리, 목, 척추 손상 등이 의심되는 환자에게 사용 되는 기도개방 처치법

Answer 1.① 2.③ 3.①

07 화상

화상으로 인한 사망에는 현장사망과 지연사망이 있다. 현장사망은 대부분 기도손상과 호흡장애로 일어나며 현장에서의 응급처치가 중요하다. 지연사망은 체액손실로 인한 쇼크와 감염으로 인해 일어난다. 따라서 구급대원의 신속한 평가와 응급처치 그리고 이송이 필요하다.

1 화상 깊이

피부화상은 조직손상 깊이에 따라서도 분류되는데 1도, 2도, 3도로 나뉜다. 한명의 환자에게서 각기 다른 깊이의 화상이 나타날 수 있으며 인체 부위, 노출 정도 및 기간에 따라 달라진다.

깊이에 따른 화상 분류

1도 화상	경증으로 표피만 손상된 경우이다. 햇빛(자외선)으로 인한 경우와 뜨거운 액체나 화학손상에서 많이 볼 수 있다. 화상부위는 발적, 동통, 압통이 나타나며, 범위가 넓은 경우 심한 통증을 호소할 수 있으므로 처치가 필요한 경우가 있다.
2도 화상	표피와 진피가 손상된 경우로 열에 의한 손상이 많다. 내부 조직으로 체액손실과 2차감염과 같은 심각한 합병증을 유발할 수 있다. 화상부위는 발적, 창백하거나 얼룩진 피부, 수포가 나타난다. 손상부위는 체액이 나와 축축한 형태를 띠며 진피에 많은 신경섬유가 지나가 심한 통증을 호소한다.
3도 화상	대부분의 피부조직이 손상된 경우로 심한 경우 근육, 뼈, 내부 장기도 포함되는 경우가 있다. 화상부위는 특징적으로 건조하거나 가죽과 같은 형태를 보이며 창백, 갈색 또는 까맣게 탄 피부색이 나타난다. 신경섬유가 파괴되어 통증이 없거나 미약할 수 있으나 보통 3도 화상 주변 부위가 부분화상임으로 심한 통증을 호소한다.

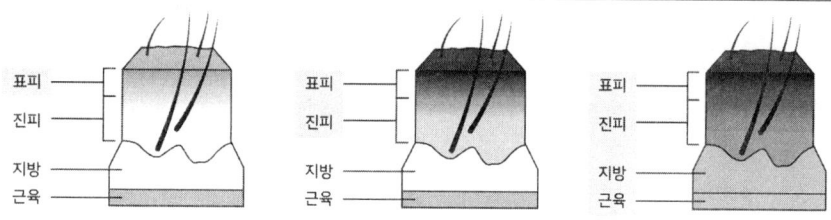

1도 화상	2도 화상	3도 화상
• 붉은색 피부 • 통증 호소	• 수포 • 심한 통증 • 붉으며 흰 피부 • 축축하고 얼룩덜룩한 피부	• 검은색 또는 흰색 • 딱딱한 피부 감촉 • 거의 없는 통증 • 화상주위의 통증

❷ 화상범위

처치와 이송 전에 화상범위를 파악해야 하며 '9법칙'이라 불리는 기준을 이용한다. <u>9의 법칙은 범위가 큰 경우 사용하며, 범위가 작은 경우에는 환자의 손바닥크기를 1%라 가정하고 평가하면 된다. 다만, 소아의 경우 성인과 달리 몸에 비해 머리가 크므로 달리 평가해야 한다.</u>

9의 법칙

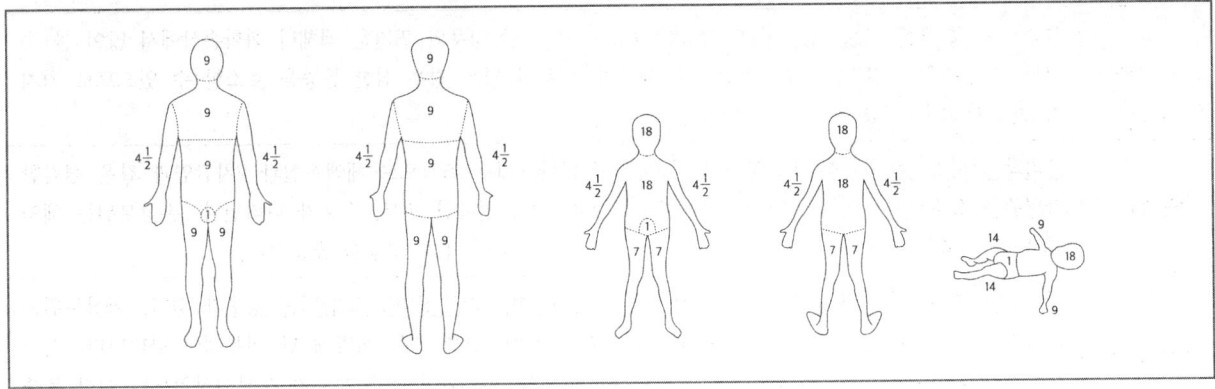

❸ 응급 처치

(1) 손상이 진행되는 것을 차단한다.

옷에서 불이나 연기가 난다면 물로 끄고 기름, 왁스, 타르와 같은 반고체 물질은 물로 식혀 줘야 하며 제거하려고 시도해서는 안 된다.

(2) 기도가 개방된 상태인지 계속 주의를 기울여야 한다.

기도화상, 호흡곤란, 밀폐공간에서의 화상환자는 고농도산소를 주어야 한다.

(3) 화상 입은 부위를 완전히 노출하기 위해 감싸고 있는 옷을 제거한다.

화상 입은 부위의 반지, 목걸이, 귀걸이와 같은 장신구는 제거하고 피부에 직접 녹아 부착된 합성물질 등이 있다면 떼어 내려고 시도하지 말아야 한다.

(4) 화상 중증도를 분류한다.

① 중증이라면 즉각적으로 이송해야 하며 그렇지 않다면 다음 단계의 처치를 실시하도록 한다.
② 경증화상(2도 15%)이라면 국소적인 냉각법을 실시한다.
③ 손상부위 오염을 방지하기 위해서 건조하고 멸균된 거즈로 드레싱 한다.
④ 손과 발의 화상은 거즈로 분리시켜 드레싱 해야 하며 수포를 터트리거나 연고, 로션 등을 바르면 안 된다.

(5) 보온을 유지한다.

중증화상은 체온유지기능을 저하시키기 때문이다.

(6) 화상환자에게 발생된 다른 외상을 처치하고 즉시 화상치료가 가능한 병원으로 이송한다.

✳ **연도별 기출경향** ✳

[기출연도]	2012	2013	2014	2015	2016	2017	2018	2019	2020	2021	2022	2023	2024
문항수	1	2	0	1	1	2	2	2	0	1	1	1	2

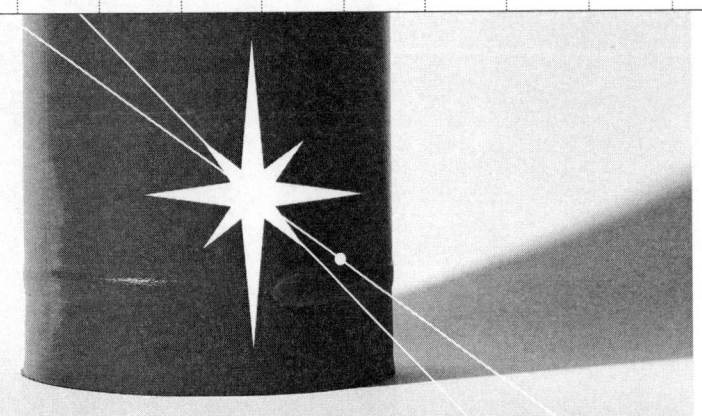

PART 23

재난 및 안전관리

01	소방활동의 특성
02	재해(사고)발생 이론
03	재난
04	재난관리 및 재난관리 체제

01 소방활동의 특성

❶ 소방활동의 특수성 (Ⓜ 확대 위불/ 활장/ 행위/ 활이/ 정육피)

(1) **확대 위**험성과 **불**안정성

(2) **활**동 **장**해

(3) **행**동의 **위**험성

(4) **활**동환경의 **이**상성

(5) **정**신적 · **육**체적 **피**로

❷ 소방 안전관리의 특성 🔥🔥 (Ⓜ 일적/ 특양/ 계반)

(1) 안전관리의 **일**체성 · **적**극성

(2) 안전관리의 **특**이성 · **양**면성

(3) 안전관리의 **계**속성 · **반**복성

① 안전관리의 일체성 · 적극성 : 재해현장의 소방활동에 있어서 안전관리에 대한 일체성의 예는 수관연장 시 수관을 화재 건물과 가까이 두고 연장하지 않도록 하는 것은 화재건물의 낙하물체나 고열의 복사열에 의한 수관손상을 방지하여 결과적으로 진압활동이나 인명구조 시 엄호주수가 완전히 이루어질 수 있도록 하기 위한 것이다. 이는 대원 자신의 안전으로 연결되어 소방활동이 적극적으로 실행될 수 있도록 한다.
안전관리의 일체성, 적극성은 효과적인 소방활동을 염두에 둔 적극적인 행동대책이라고 할 수 있다.

② 안전관리의 특이성 · 양면성 : 소방 조직의 재난현장 활동은 임무 수행과 동시에 대원의 안전을 확보하여야 하는 양면성이 요구된다. 예측 불가한 현장상황은 위험성을 수반한 현장 임무수행이 전제로 될 때 안전관리의 개념이 성립되는 것이다. 이와 같이 재난현장의 위험성을 용인하는 가운데 임무수행과 안전확보를 양립시키는 특이성 · 양면성이 있다.

③ 안전관리의 계속성 · 반복성 : 안전관리는 끝없이 계속 · 반복적으로 실시되어야 한다. 재해현장의 안전관리는 출동에서부터 귀소하여 다음 출동을 위한 점검 · 정비까지 계속된다. 그러므로 평소 지속적인 교육훈련의 반복과 장비 점검 및 정비를 철저히 실시함이 안전관리의 중요한 요소가 된다.

02 재해(사고)발생 이론

재해발생은 작업자가 작업을 시작하여 시간이 경과함에 따라 인간과 환경 및 기계 중 어느 하나가 잘못되어 일어나는 사고현상으로 인간, 환경, 기계를 안전사고 발생의 3대 요소라고 한다.

1 하인리히(H.W.Heinrich) 이론 🔥🔥🔥 [2016 간부] [2021 간부] [2023] [2024]

산업재해 발생 원리에 대한 최초의 것으로 하인리히의 저서 「산업재해방지론」에서 주장한 이른바 사고발생의 연쇄성을 강조한 도미노(domino)이론으로서, 재해란 상해로 귀착되는 5개 요인의 연쇄작용의 결과로 초래된다는 것이다. 즉, 상해는 항상 사고에 의해 일어나고, 사고는 항상 순차적으로 앞서는 요인의 결과로 일어난다고 하였다. 하인리히는 사고발생 과정을 5개의 골패원리로서 다음과 같이 정리하였다.

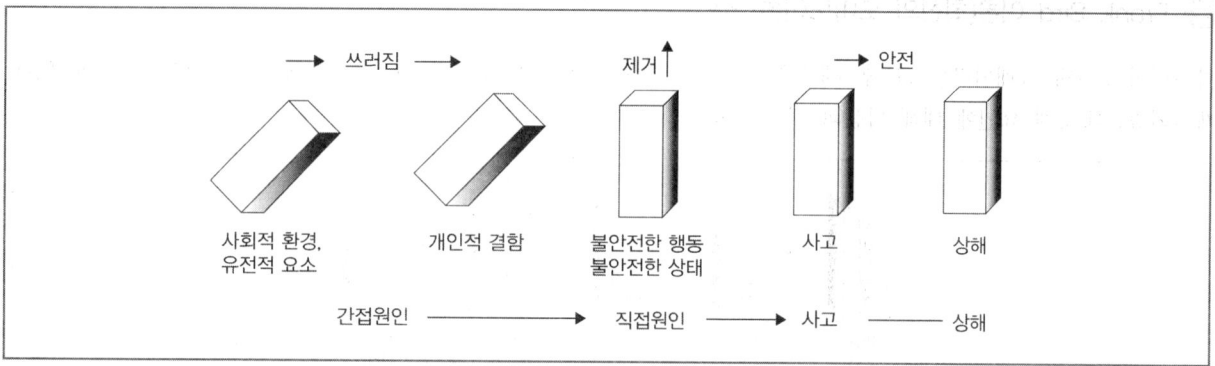

(1) 하인리히의 사고발생 과정 (M 사개불사상)

① **사회적 환경 및 유전적 요소** : 무모, 완고, 탐욕, 기타 바람직하지 못한 성격은 유전에 의해서 계승되며, 환경은 바람직하지 못한 성격을 조장하고 교육을 방해할 것이다. 유전 및 환경은 모두 인적 결함의 원인이 된다.

② **개인적 결함** : 신경질, 무분별, 무지 등과 같은 선천적 또는 후천적인 인적 결함은 불안전한 행동을 일으키거나 또는 기계적, 물리적인 위험성이 존재하게 하는데 밀접한 원인이 된다.

③ **불안전한 행동이나 불안전한 상태** : 매달려 있는 짐 아래에 서 있다든지, 안전장치를 제거하는 등과 같은 사람의 불안전한 행동, 방호장치 없는 톱니바퀴, 난간이 없는 계단, 불충분한 조명 등과 같은 기계적 또는 물리적인 위험성은 직접적인 사고의 원인이 된다.

④ **사고** : 물체의 낙하, 날아오는 물체에 의한 타격 등과 같은 현상은 상해의 원인이 된다.

⑤ **상해** : 좌상, 열상 등의 상해는 사고의 결과로서 생긴다.

(2) 안전관리의 가장 중요한 요소

① 안전관리활동에 의해 제거할 수 있는 것은 불안전 행동과 불안전 상태이다. 그러므로 사고·재해를 방지 하기 위해서는 불안전한 행동 및 불안전한 상태의 두개를 모두 없애지 않으면 안된다는 것이다.

② 하인리히의 「1 : 29 : 300의 법칙」

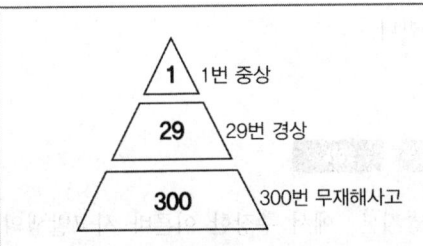

1회의 중상재해가 발생했다면 그 사람은 같은 원인으로 29회의 경상재해를 일으키고, 또 같은 성질의 무상해 사고를 300회 동반한다고 하는 것이다.
즉, 전 사고 330건 중 중상이 나올 확률은 1건, 경상이 29건, 무재해사고는 300건이 발생할 수 있다.

❷ Frank Bird 이론(최신의 도미노이론) ♨♨

하인리히의 5개 골패원리는 그 후 새로운 도미노이론에 의해 교체되었다. 새로운 재해연쇄는 버드(Bird)에 의해 제기되었는데 5개 요인에 대해 다음과 같이 설명하고 있다.

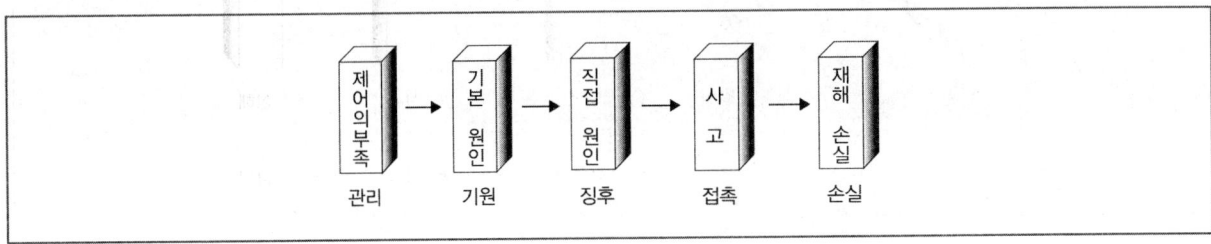

(1) Frank Bird 이론(최신의 도미노이론) 5단계 (Ⓜ 제기직사상)

① **제어(=통제, 관리)의 부족－관리(1단계)**
   ㉠ 재해연쇄 중에서 가장 중요한 인자는 안전관리자가 이미 확립되어 있는 안전에 관한 전문적 관리의 원리를 충분하게 이해하고 그것을 행하는 것이다.
   ㉡ 제어의 부족은 경영자, 안전관리자 등 안전감독기관이 안전에 관한 제도, 조직, 지도, 관리 등을 소홀히 하는 것을 의미한다. 그리고 안전관리계획에는 사고연쇄 중의 모든 요인을 해결하기 위한 대책이 포함되어 있어야 한다.

② **기본원인－기원(2단계)** : 재해 또는 사고에는 그것의 기본적인 또는 배후 원인이 되는 개인의 제반요인 및 작업에 관한 여러 요인들이 연결되어 사고의 원인을 제공한다.
   ㉠ 개인적 요인 : 지식 및 기능의 부족, 부적당한 동기부여, 육체적 또는 정신적인 제반문제 등
   ㉡ 작업상의 요인 : 기계설비의 결함, 부적절한 작업 기준, 부적당한 기기의 사용방법, 작업체제 등 재해의 원인을 해결하는 것보다는 오히려 그 근원이 되는 기본원인을 찾아내어 가장 유효한 제어를 달성하는 것이 중요하다.

③ **직접원인－징후(3단계)** : 불안전한 행동 또는 불안전한 상태로 일컬어지는 것으로서 하인리히의 연쇄이론에서 가장 중요한 대책사항으로 취급되어 온 요인이다. 관리자는 이러한 징후를 효과적으로 발견·분류하기 위한 시스템을 만들고 그 기본원인을 규명하여 제어방법을 설정 할 필요가 있다.

④ **사고－접촉(4단계)** : 사고란 육체적 손상, 상해, 재해의 손실에 귀결되는 바람직하지 못한 사상으로서 신체 또는 구조물의구분치를 넘어선 에너지원과의 접촉 또는 정상적인 신체의 작용을 저해하는 물질과의 접촉이라고 할 수 있다. 연쇄이론에 있어서의 사고는 접촉의 단계라 말할 수 있다.

⑤ **상해－손실(5단계)** : 재해연쇄의 요인에서 사용되는 상해라는 말에는 작업 장소에서 생기는 안전사고의 결과로 나타나는 인적, 물적 손실을 말하며, 크게 인위적재해와 자연적재해로 분류된다. 즉, 고전적 도미노이론(하인리히 이론)에서는 직접원인만 제거하면 재해는 일어나지 않는다고 하였지만 최신의 도미노이론에서는 반드시 기본원인을 제거하라고 주장한 것이다.

(2) 버드의 「1 : 10 : 30 : 600의 법칙」 (Ⓜ 일씹삼육 중경물위)

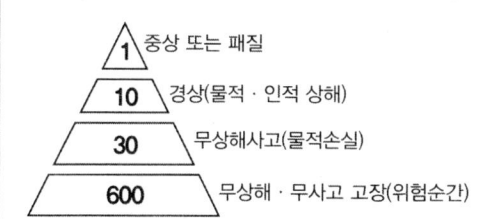

버드는 또한 17만5천 건의 사고를 분석한 결과 중상 또는 폐질 1, 경상(물적 또는 인적상해) 10, 무상해사고(물적손실) 30, 무상해·무사고 고장(위험순간) 600의 비율로 사고가 발생한다는 이른바 「1: 10: 30: 600의 법칙」을 주장하였다.

버드 VS 하인리히의 연쇄성 이론 비교

단계	버드 (M 제기직사상)	하인리히 (M 사개불사상)
1단계	**제**어(통제, 관리) 부족	**사**회적 환경 및 유전적 요소
2단계	**기**본원인	**개**인적 결함
3단계	**직**접원인	**불**안전한 행동 및 상태
4단계	**사**고	**사**고
5단계	**상**해(재해)	**상**해(재해)
재해예방	기본원인 제거	직접원인 제거(**불**안전한 행동 및 상태)

3 재해의 기본원인(4개의 M)

(1) 재해 발생의 연쇄관계에서 재해의 직접원인인 불안전 상태나 불안전 행동을 발생시키는 기원이 되는 기본원인인 4개의 M이 있다. 이 경우 4개의 M의 각각이 불안전 상태, 불안전 행동의 어느 것에 대해서도 원인이 될 수 있다는 것을 이해할 필요가 있다.

재해발생의 연쇄관계

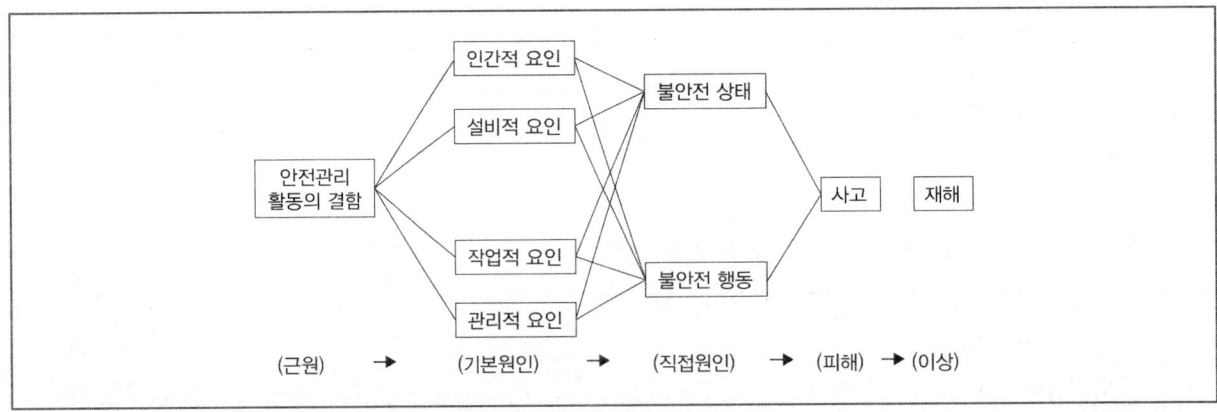

(2) 4개의 M ([M] 인기매관) 2024 간부

Man (인간)	인간이 실수를 일으키는 요소도 중요하지만 본인보다도 본인 이외의 사람, 직장에서는 동료나 상사 등 <u>인간환경을 중시</u>한다. 직장에서의 인간관계, 집단의 본연의 모습은 지휘·명령·지시·연락 등에 영향을 주고, 인간행동의 신뢰성으로 관계하는 것이다. ① 심리적 원인 : 망각, 걱정거리, 무의식 행동, 위험감각, 지름길 반응, 생략행위, 억측판단, 착오 등 ② 생리적 원인 : 피로, 수면부족, 신체기능, 알코올, 질병, 나이 먹는 것 등 ③ 직장적 원인 : 직장의 인간관계, 리더십, 팀워크, 커뮤니케이션 등
Machine (기계)	<u>기계 설비 등의 물적 조건</u>을 말하는 것으로 기계의 위험 방호설비, 기계나 통로의 안전유지, 인간·기계·인터페이스의 인간공학적 설계 등이다. ① 기계·설비의 설계상의 결함 ② 위험방호의 불량 ③ 표준화의 부족 ④ 점검 정비의 부족 ⑤ 본질 안전화의 부족(인간공학적 배려의 부족)
Media (매체)	Media란 본래 인간과 기계를 연결하는 매체라고 하는 의미지만 구체적으로는 <u>작업정보, 작업방법, 작업환경</u> 등이다. ① 작업 정보의 부적절 ② 작업자세, 작업동작의 결함 ③ 작업방법의 부적절 ④ 작업공간의 불량 ⑤ 작업환경 조건의 불량
Management (관리)	안전법규의 철저, 기준분류의 정비, 안전관리 조직, 교육훈련, 계획, 지휘감독 등의 <u>관리</u>이다. ① 관리조직의 결함 ② 규정·메뉴얼의 불비, 불철저 ③ 안전관리 계획의 불량 ④ 교육·훈련 부족 ⑤ 부하에 대한 지도·감독 부족 ⑥ 적성배치의 불충분 ⑦ 건강관리의 불량

④ 재해예방 및 조사

(1) 재해예방의 4원칙 🔥🔥 (Ⓜ 예가/ 손우/ 원연/ 대책)

예방 가능의 원칙	천재지변을 제외한 모든 인위적 재난은 원칙적으로 예방이 가능하다.
손실 우연의 원칙	사고의 결과로서 생긴 재해 손실은 사고 당시의 조건에 따라 우연적으로 발생한다. 따라서 재해 방지의 대상은 우연성에 좌우되는 손실의 방지보다는 사고 발생 자체의 방지가 되어야 한다.
원인 연계의 원칙	사고발생에는 반드시 원인이 있고 대부분 복합적으로 연계되므로 모든 원인은 종합적으로 검토되어야 한다.
대책 선정의 원칙	사고의 원인이나 불안전 요소가 발견되면 반드시 대책을 선정 실시하여야 하며, 사고예방을 위한 가능한 안전대책은 반드시 존재한다.

(2) 재해방지대책(3E) 🔥🔥 (Ⓜ 기교관)

Engineering (**기술**적 대책)	안전 설계, 작업환경·설비의 개선, 행정의 개선, 안전기준의 설정, 점검 보존의 확립 등
Education (**교육**적 대책)	안전지식 또는 기능의 결여나 부적절한 태도 시정
Enforcement (**관리**적 대책)	관리적 대책은 엄격한 규칙에 의해 제도적으로 시행되어야 하므로 다음의 조건이 충족되어야 한다. ① 적합한 기준 설정 ② 각종 규정 및 수칙의 준수 ③ 전 작업자의 기준 이해 ④ 관리자 및 지휘자의 솔선수범 ⑤ 부단한 동기 부여와 사기 향상

03 재난

1. 재난의 정의(재난안전법 제3조 제1호 및 제2호) 🔥🔥🔥 [2023]

재난 [제1호]	국민의 생명·신체·재산과 국가에 피해를 주거나 줄 수 있는 것	
	자연 재난	태풍, 홍수, 호우, 강풍, 풍랑, 해일, 대설, 한파, 낙뢰, 가뭄, 폭염, 지진, 황사, 조류 대발생, 조수, 화산활동, 소행성·유성체 등 자연우주물체의 추락·충돌, 그 밖에 이에 준하는 자연현상으로 인하여 발생하는 재해
	사회 재난	○ 화재·붕괴·폭발·교통사고(항공사고 및 해상사고를 포함한다)·화생방사고·환경오염 사고 등으로 인하여 발생하는 대통령령으로 정하는 규모 이상의 피해 대통령령으로 정하는 규모 이상의 피해(재난 및 안전관리법 시행령 제2조) 1. 국가 또는 지방자치단체 차원의 대처가 필요한 인명 또는 재산의 피해 2. 제1호의 피해에 준하는 것으로 행정안전부장관이 재난관리를 위하여 필요하다고 인정하는 피해 ○ 국가핵심기반의 마비, 감염병 또는 가축전염병의 확산, 미세먼지 등으로 인한 피해
해외 재난 [제2호]	대한민국의 영역 밖에서 대한민국 국민의 생명·신체 및 재산에 피해를 주거나 줄 수 있는 재난으로서 정부차원에서 대처할 필요가 있는 재난	

2. 재난의 유형

(1) 학자들의 분류방법

① Jones(존스)의 분류 🔥🔥🔥 [2019] [2023]

  ㉠ 재난의 발생원인과 재해현상에 따라 분류하고 있으며, 자연재해·준자연재해·인위재해로 구분한다.

  ㉡ 장기간에 걸쳐 진행되는 완만한 환경 변화 현상인 공해, 온난화, 염수화, 토질 침식 등 까지 재난에 포함시키고 있으므로, 재난관리 측면에서 볼 때 일반행정 관리 분야까지도 재난으로 분류하고 있기 때문에 이를 재난관리 분야에 그대로 적용시키기에는 너무 광범위하다는 문제점이 있다.

재난					
자연재난				준 자연재난	인위재난
지구물리학적 재해 M 지형기			생물학적 재해	스모그현상 온난화현상 사막화현상 염수화현상 눈사태 산성화 홍수 토양침식 등	공해 광화학 연무 폭동 교통사고 폭발사고 태업 전쟁 등 M 인 교동 발태공연
지질학적 재난	지형학적 재난	기상학적 재난			
지진 화산 쓰나미 등 M 지 진화나	산사태 염수토양 등 M 형 산염토	안개, 눈, 해일 번개, 토네이도, 폭풍, 태풍, 가뭄, 이상기온 등	세균질병 유독식물 유독동물 M 생 균독		

준 자연재난 : M 준 스모(선수) 홍토식 (화나서) 온염산성(에서) 눈사(태) 일어났다.

② Anesth(아네스)의 분류 ♦♦♦ 2009 2008 2023

㉠ 자연재해와 인위재해로 분류한다. 자연재해를 기후성 재해와 지진성 재해로, 인위재해를 고의성 유무에 따라 사고성 재해와 계획적 재해로 구분한다.

㉡ Anesth의 재난분류는 미국의 지역재난계획에서 주로 원용하고 있으며, 장시간에 걸쳐 완만하게 진행되고, 인명피해를 발생시키지 않는 일반행정 관리 분야의 재난을 제외하고 있다는 점이 특징이다.

대분류	소분류	재난 종류
자연재난 M 자기지	기후성 재난	태풍 (M 기태)
	지진성 재난	지진, 화산폭발, 해일 (M 지진화해)
인위재난 M 인사계	사고성 재난	생물학적 사고(바이러스 · 박테리아 · 독혈증 등) 화학적 사고(유독물질 등) 화재사고 교통사고(차량 · 항공 · 선박 · 철도) 산업사고(건축물 붕괴) 폭발사고(가스 갱도 화학 폭발물) 방사능 재해
	계획적 재난	테러, 폭동, 전쟁 (M 계 테러 폭전)

③ Gilbert(길버트)의 분류 재난

㉠ 유사전쟁모형

㉡ 사회적 취약성 모형

㉢ 불확실성 모형

(2) 자연재난과 사회재난 특성 비교

구분	자연재난	사회재난
피해가시성	가시적으로 환경의 손상 초래	가시적으로 피해가 나타나지 않는 경우 존재
예측가능성	과거의 경험과 데이터에 의해 예측가능	• 새로운 형태의 재난등장으로 예측이 불가능 • 피난의 여지 거의 없음
상황전환점	• 식별 가능한 분명한 상황의 전환점 존재 • 전환점 이후 시간의 경과에 따라 상황이 개선되는 경향이 있음	분명한 상황의 전환점이 존재할 수도 있으나 유독물질의 사고의 경우 시간의 경과에 따라 호전되지 않을 수 있음
통제가능성	통제가 불가능	인간의 실수 또는 우연을 제외하고는 인간의통제가 가능
지역	주로 광범위하게 영향을 미침	대부분 국소적으로 영향을 미침
영향범위	주로 재난 희생자에게 한정	불신과 신뢰상실로 희생되지 않은 인간에게까지 영향을 미침
지속성	영향은 비교적 단기간 지속된다	사안에 따라 단기간 또는 장기적으로 나타남

❸ 재해재난이론

(1) 재난배양이론

터너의 의해 제기된 것으로 재난 발전의 초기 단계인 배양(incubation) 단계에서부터 사회 속에서는 재난이 잠재되어 누적되어 가고 있다는 것

(2) 정상사건이론

페로우(C. Perrow)의 의해 제기된 것으로 현대사회의 기술적, 조직적 시스템의 특성을 복잡하고, 꽉 짜여진 것에서 찾는다. 복잡하고 꽉 짜여진 기술적 체계는 필연적으로 사고를 발생시킬 수밖에 없다는 것

(3) 고도신뢰이론

고도신뢰이론은 정상사건이론의 비관적 측면에 대한 반발로 제시되었으며, 사고 예방이 가능하다는 전제 아래, 복잡성과 꽉 짜여진 체계에서 사고 발생 가능성을 낮출 수 있는 조직의 전략을 발전시킬 수 있으며, 따라서 사고는 예방할 수 있고, 조직의 안전에 관한 신뢰성도 높일 수 있다는 것이다.

■ 고도신뢰 이론의 위기관리 전략

① 가외성 전략

② 의사결정 분권화 전략

③ 관점의 유연화 전략

④ 조직 학습 전략

❹ 재난의 특성 (M 상예복 누통인)

■ 학자별 분류 비교

(1) 컴포트(Comfort) 학자

상호작용성, 불확실성, 복잡성, 인지성

(2) 터너(Turner) 학자

상호작용성, 불확실성, 복잡성, 누적성

상호 작용성	실제로 재난이 발생한 경우 재해 자체와 피해주민 및 피해지역의 기반시설이 서로 영향을 미치면서 여러 가지 사건이 전개될 수 있음을 의미한다.
예측 불확실성	재난이 발생할 때 그로 인해 일정한 유형의 피해가 초래된다는 사실은 알려져 있지만, 실제로 재해가 발생할 확률, 규모, 시기가 사전에 알려지지 않은 상태를 말한다.
복잡성	불확실성과 상호작용의 산물로서 이들 두 요인이 복합적으로 작용하여 행정체제가 처리하여야 할 업무를 사전에 전부 파악하기는 거의 불가능함을 의미한다. (정상사건이론, 고도신뢰이론)
누적성	① 재난은 사고가 아니라 배양의 과정을 통하여 가시적으로 발생하기 이전부터 누적되어 온 위험요인들이 특정 시점에서 표출된 결과라는 것이다. (터너 – 재난배양이론) ② 재난 발전의 초기단계인 배양단계에서부터 사회속에서는 재난이 잠재되어 누적되어 가고있다는 것으로, 재난의 배양에 대한 강조는 재난 자체보다는 재난을 야기하는 사회적 상황에 대하여 사전적인 관심을 기울여야 한다는 것이다.
통제 불가능성	① 자연재해 – 상황이 전개되는 시점에서 대응활동과 재난통제가 극히 제한적으로 진행(피해규모를 최소화 할 수 있는 여지가 있기는 하나 근본적으로 예방할 수 없는 불가항력) ② 기술재난 – 재난대응활동과 재난통제의 가능성이 상대적으로 높음(기술적이라는 점에서 예방 가능)
인지성	① 인지적인 문제는 언어학적으로 의미상 관련 있는 단어들의 집합적인 문제와 관련된다. ② 언어에 내재된 모호성으로 인해 재난의 배양에 있어 정보수집과 의사소통의 어려움이 발생하고 그에 따라 위험이 발생할 요인이 축적된다.

04 재난관리 및 재난관리 체제

① 재난관리의 개념

(1) 재난관리는 재난의 <u>예방·대비·대응·복구</u>를 위하여 행하는 모든 활동을 의미한다.

(2) 위험으로부터 국민의 생명과 재산을 보호함이 목적이다.

(3) 미리 재난을 예방하고 재난에 대비하여, 재난 발생 후 물적·인적 피해를 최소화하고 원래의 상태로 시설을 복구하기 위한 모든 측면을 포함한다.

(4) 재난의 원리, 재난의 진행, 재난으로 인한 결과를 관리하는 것이다.

② 재난관리의 모형

(1) 페탁(Petak)의 재난관리 모형 ♦

① 재난관리의 과정 – 재난 발생 시점이나 관리시기를 기준으로 구분 : 윌리엄 페탁은 재난관리과정을 재난의 진행 과정과 대응활동에 따라서 재해 이전과 이후, 즉 사전재난관리와 사후재난관리로 나누었다. 시계열적으로 이루어지는 <u>재해관리과정을 재해의 완화와 예방, 재해의 대비와 계획, 재해의 대응, 재해복구의 4단계</u>로 설명하고 있다. (M 완예/ 비계/ 응/ 복/)

② 특징
  ㉠ 4단계 과정의 특징 : 상호단절적인 과정이라기보다는 상호순환적인 성격이 있으며 완화, 준비계획, 응급대응, 복구 등의 과정은 각 과정이 개별적으로 이루어지는 것이 아니라 시간적 활동순서일 뿐이다.
  ㉡ 각 과정의 활동 결과 및 내용 : 다음 단계의 활동에 영향을 미치며 최종 복구활동의 결과, 노력 그리고 경험은 최초의 완화단계의 활동에 환류되어 장기적인 재난관리능력 향상에 도움을 주게 된다.
  ㉢ 효과적인 재난관리 : 재난관리과정이 각각의 고유한 기능을 지니는 하위체제로서 작용하게 되고 4가지 과정이 통합관리될 때에 효과적인 재난관리가 이루어질 수 있다.

(2) 맥롤린(McLoughline)의 통합관리 모형

① 재난(조직의 생존을 위협하는 사건이나 조건) : 미국의 재난 관련 대응조직들이 수많은 공공·민간조직과 혼합되어 대응단계에서의 협조문제가 재난대응의 전통적인 문제로 반복되는데 관심을 둔다.

② 미국의 통합재난관리 : 연방, 주, 지방의 협조 아래 일련의 순환과정을 통해 인명과 재산을 보호하고 행정능력을 유지할 수 있다고 하면서 <u>행정이 주가 된 재난관리의 모형을 제시</u>하였다.

③ 재난관리의 단계별 관리사항 (M 예 대 응 복) 2015 2016 간부

단계		내용
예방	단계별 재난 개념	• 미래에 발생할 가능성이 있는 재난을 사전에 예방하고, 재난 발생 가능성을 감소시키며, 발생 가능한 재난의 피해를 최소화하기 위한 활동이다. • 장기적 관점에서 장래의 모든 재난에 대비하려는 것으로 정치적·정책 지향적 기술이 필요하다는 점에서 다른 단계의 활동과 구분된다.
	주요 활동	• 조직 및 자원관리 • 토지이용 관리 및 감시감독·조사 • 위험지도 제작, 재난취약시설점검 • 세금경감 및 세금인상정책(조세) • 수해상습지구의 설정과 수해방지시설의 공사 • 건축법규, 재난재해보험, 소송(기소) • 공공 예방안전교육, 과학적 연구 • 안전법규, 기타 관련 법령 및 조례
대비	단계별 재난 개념	• 비상시 효과적인 대응을 용이하게 하고 작전능력을 향상시키기 위한 사전준비 활동 • 재난발생 시 대응정책을 위한 대응자원 및 대응기관들의 사전 동의를 확보 • 재난으로 인한 재산상의 손실을 줄이기 위해 재난대응활동가들을 훈련시킨다. • 재난대응계획을 개발하고 관리에 필요한 체제를 준비한다.
	주요 활동	• 비상경보체계 구축 • 대응조직(기구) 관리 • 재난위험성 분석 • 자원동원관리체계 구축 • 대응요원들의 교육훈련 • 대응활동을 위한 비상통신시스템 구축 및 관리 • 재난대응계획 수립 • 긴급대응계획의 수립 및 연습 • 대응시스템의 가동 연습 • 지역 간 상호원조협조 체결 • 경보시스템 구축 • 재난방송 및 공공정보자료 제공
대응	단계별 재난 개념	• 재난 발생 시 신속한 대응으로 인한 인명 및 재산피해를 최소화하고, 재난의 확산을 방지하며, 순조롭게 복구되도록 활동하는 단계이다. • 재난 발생 직전과 직후 또는 재난이 진행되는 동안의 긴급복구활동을 말한다.
	주요 활동	• 비상방송 및 경보시스템의 가동 • 긴급대응계획 가동(활성화) • 피해주민 수용 및 구호 • 긴급대피 및 은신 • 대응자원 동원 • 시민들에게 비상대비 및 방어활동을 유발하도록 하는 긴급지시 • 응급의료지원활동 전개 • 대책본부 및 긴급구조통제단의 활동 개시 • 공식적으로 승인된 대주민 비상경고 • 탐색 및 구조 • 재해 진압 • 생필품 공급 • 긴급의약품 조달
복구	단계별 재난 개념	• 재난상황이 어느 정도 안정된 후 취하는 활동단계로 재난으로 인한 피해지역을 재난 이전의 상태로 회복시키는 활동을 포함한다. • 단기복구는 최소한의 필수불가결한 생활지원활동이고, 중장기 복구는 정상적인 생활 상태로의 원상복귀를 위한 활동이다.
	주요 활동	• 피해 평가 • 보험금 지급 • 재난으로 인한 실직자 지원 • 시설복구 및 전염병 억제 • 피해주민 및 대응활동요원 재난심리 상담 (외상 후 스트레스 관련) • 잔해물 제거 • 대부 및 보조금 지원 • 유익한 재난 관련 공공정보 제공 • 대응계획 평가, 수정 및 수정내용 배포 • 이재민 지원 • 임시주거지(주택) 마련

④ 재난관리체제의 목적

알려진 또는 알려지지 않은 위험으로부터 주민의 생명과 재산을 보호하는 것으로, 모든 정부의 기본적 존재 이유는 주민의 생명과 재산 보호이므로 재난관리행정체제는 가장 기본적인 정부 기능을 담당하는 체제의 하나이다.

⑤ 재난관리체제의 특성 ♦ (M 복연/ 유/ 가/ 열)

(1) 복잡·연계성
① 재난관리체제는 자연적·인적 재난에 대응하기 위해 존재하는 하나의 네트워크체제로서 구성요소 간의 연계관계를 통하여 재난관리기능을 수행한다.
② 이러한 네트워크체제는 정부조직간 뿐만 아니라 국제기구와 적십자사 등의 비정부조직과도 연계하는 체제이다.

(2) 재난관리행정체제의 경계의 유동성
① 예방단계와 달리 재해 발생 이후에는 정책 결정 뿐만 아니라 정책 집행도 복수의 기관이 협력하여 이루어진다.
② 재난관리체제의 전체 구성원들은 단일의 상관이 아니라 직속상관 또는 기관이 여럿인 반격자 형태의 조직구조이다.

(3) 가외성 (하나의 기능이 여러 기관에 섞여있는 중첩성과 같은 기능이 여러 기관에서 개별적으로 이루어지는 중복성)
① 재난관리체제가 담당하여야 할 업무 환경은 불확실성이 지배하고 있다.
② 재난관리체제의 활동과 제반업무는 일반 행정조직에 적용되는 경제적 능률성의 논리와 대립되는 경계성의 원리에 따라 계획되고 평가되어야 하며, 상당한 정도의 가외성이 확보되어야 한다.

(4) 일상적 대응능력의 열세성
① 소규모 재산피해부터 대규모 재난에 이르기까지 그 규모는 예측하기 어려우며, 대규모 재난시에는 항상 일상적 대응능력(소방과 같은 상설대응조직)의 열세성을 띤다.
② 주변의 자원을 통합적으로 이용하기 때문에 대응계획과 훈련이 중요하다.

6 재난관리 체제의 형태 ◊ 2022

(1) 분산관리

① 재난의 발생 유형에 따라 <u>소관부처별로 업무를 분산</u>시킨다.

② 재난의 종류에 따라 대응방식의 차이와 대응계획 및 책임기관도 각각 다르게 배정된다.

③ 재난에 대비한 통합적 국가정책이 어렵기 때문에 <u>전체적 관리능력이 저하된다.</u>

④ <u>관련부처의 수가 많다.</u>

⑤ <u>책임이 분산</u>된다.

⑥ 재난 시 유사기관 간의 <u>중복적 대응</u>이 있을 수 있다.

⑦ <u>지휘체계가 다양</u>하다.

(2) 통합관리

① 분산관리방식의 문제점이 제기되자 통합관리방식이 제시되었다.

② 재난·재해의 유형과 관계없이 일상적으로 <u>비상대응기관을 통합적으로 관리</u>한다.

③ 유사한 자원동원 체계와 자원유형을 필요로 한다.

④ <u>관련부처의 수가 적다.</u>

⑤ <u>지휘체계가 단일화</u> 되었다.

⑥ 모든 재난은 피해 정도, 대응방식 및 자원이 유사하다는 점이 이론적 근거가 되며 통합책임기관은 지방자치단체의 재난·재해대응활동에 단일화된 지원을 제공하고 모든 재난·재해에 계획, 대응활동의 유사성을 고려하여 재난·재해에 기획, 대응활동의 유사성을 고려하여 재난·재해 대비 준비 및 대응자원의 활용을 최적화 한다.

⑦ 콰란텔리(Quarantelli)는 유형별 분산관리방식이 통합관리방식으로 전환되어야하는 근거로 재난개념의 변화, 재난대응의 유사성, 계획내용의 유사성, 대응자원의 공통성을 제시하고 있다.

재난관리 방식별 비교

유형	분산(유형별) 관리방식	통합 관리방식
의의	재난의 유형에 따라 부처별로 분산하여 관리하는 방식	전체적으로 통합된 하나의 기관을 설립하여 모든 재난을 관리하는 방식(IEMS) * IEMS(통합비상 관리시스템) (integrated emergency management system)
관련부처 (기관)의 수	다수 부처 및 기관 관련	소수 부처 및 기관 관련
책임범위와 부담	• 소관 재난 관리책임 • 부담 분산	• 모든 재난 관리책임 • 과도한 부담 가능성
활동범위	특정 부분의 재난관리활동	모든 재난관리 활동
정보의 전달	정보전달 다원화(복잡)	정보전달 단일화(간단)
재난대응	대응조직 없음	통합대응/ 지휘통제 용이
재원 마련·배분	복잡	간소
총체성	임기응변적이며 산만한 관리로 재난에 대한 인지능력은 미약하고 단편적	모든 단체를 통합적인 중재로 재난에 대한 인지능력은 강력하고 종합적
법적 일관성	유관기관 간 책임 전가	혼선과 잡음 없이 소통되고 책임 소재 명확
신속성	적극적인 대응활동 어려움	실효성 있는 현장 파악과 대응
효율성	인적·물적 낭비	인적·물적 소비를 최대한 효율적으로 관리
장점	특정 재난에 하나의 부처가 지속적으로 담당하고 있어 경험 축적과 전문성이 제고되고 업무의 과다가 방지됨	재난 발생 시 총괄적 자원 동원과 신속한 대응이 쉽고 자원봉사자 등 가용자원을 효율적으로 활용
단점	• 다양하고 복잡한 재난에 대처능력 미비 • 부처 간 업무 중복과 연계성 미흡 • 재원 마련과 자원 배분 복잡성	• 종합관리체계 구축 어려움 • 부처 간 이기주의와 기존 조직의 맹목적인 반대 • 업무와 책임이 과도하게 하나의 조직에 집중

05 출제예상문제

* 2021년 간부
1 하인리히(H. W. Heinrich)의 도미노 이론의 5단계 중 사고의 직접원인이 되는 3번째 단계에 해당하는 것은?

① 유전적 요소
② 불안전한 행동
③ 사회적 환경요소
④ 인적, 물적 손실
⑤ 개인적 결함

* 2016년 간부
2 하인리히의 안전사고 연쇄성 이론의 5단계 순서를 올바르게 배열한 것은?

① 사고-사회적 환경 및 유전적 요소-불안전행동 및 상태-상해-개인적 결함
② 개인적 결함-사회적 환경 및 유전적 요소-불안전 행동 및 상태-상해-사고
③ 불안전 행동 및 상태-사회적 환경 및 유전적 요소-개인적 결함-사고-상해
④ 사회적 환경 및 유전적 요소-개인적 결함-불안전 행동 및 상태-사고-상해
⑤ 사회적 환경 및 유전적 요소-불안전 행동 및 상태-개인적 결함-상해-사고

1.
하인리히의 재해발생 5단계 이론

2.
하인리히의 재해발생 5단계 이론
① **사**회적 환경 및 유전적 요소
② **개**인적 결함
③ **불**안전한 행동 및 상태
④ **사**고
⑤ **상**해

Answer 1.② 2.④

3 하인리히의 도미노이론에 대한 각 단계의 특징을 설명한 것으로 옳지 않은 것은?

① 사고의 원인이 어떻게 연쇄반응을 일으키는가에 대하여 설명하는 이론이다.
② 이 연쇄를 구성하는 요인 중 하나만 제거하더라도 연쇄적 진행은 저지될 수 있어서 재해는 일어나지 않는다.
③ 안전관리활동에 의해 제거할 수 있는 것은 불안전 상태와 불안전 행동이다.
④ 하인리히는 안전사고의 원인에서 발생까지 이르는 전 과정을 크게 5단계로 구분했고, 이 중 2단계를 사고예방의 핵심문제로 보았다.

4 다음은 버드(F. Bird)의 최신 도미노이론에 대한 것이다. 버드는 사고의 연쇄성에서 가장 중요한 요소로 무엇을 들었는가?

> ⓐ 통제의 부족 → ⓑ 기본원인 → ⓒ 직접원인 → ⓓ 사고 → 재해

① ⓐ   ② ⓑ
③ ⓒ   ④ ⓓ

※ 2019년

5 존스(Jones)의 재해분류 중 기상학적 재해가 아닌 것은?

① 번개
② 폭풍
③ 쓰나미
④ 토네이도

3.
④ 안전관리활동에 의해 제거할 수 있는 것은 불안전 행동과 불안전 상태이다. 그러므로 사고·재해를 방지하기 위해서는 불안전한 행동 및 불안전한 상태의 두 개를 모두 없애지 않으면 안된다는 것이다.

4.
고전적 도미노이론(하인리히 이론)에서는 직접원인만 제거하면 재해는 일어나지 않는다고 하였지만 최신의 도미노이론에서는 반드시 기본원인을 제거하라고 주장한 것이다.

5.
Jones(존스)의 분류

재난				
자연재난			준자연재난	인위재난
지구물리학적 재해			생물학적 재해	스모그 현상 온난화 현상 사막화 현상 염수화 현상 눈사태 산성화 홍수 토양침식 등	공해 광화학 연무 폭동 교통사고 폭발사고 태업 전쟁 등
지질학적 재난	지형학적 재난	기상학적 재난	세균 질병 유독 식물 유독 동물		
지진 화산 쓰나미 등	산사태 염수 토양 등	안개, 눈, 해일 번개, 토네이도, 폭풍, 태풍, 가뭄, 이상기온 등			

Answer 3.④ 4.② 5.③

6 존스(David K. C. Jones)의 재난 분류에 관한 설명으로 옳은 것은?

① 자연재난은 기후성 재난과 지진성 재난으로 구분한다.
② 인위재난은 사고성 재난과 계획적 재난으로 구분한다.
③ 재난은 자연재난, 준자연재난, 인위재난으로 구분한다
④ 지진성 재난에 지진, 화산 폭발, 해일이 포함된다.

7 아네스(Anesth)의 재난분류에 대한 설명으로 옳지 않은 것은?

① 재난은 자연재난과 인적재난으로 구분된다.
② 자연재난은 지구물리학적 재난과 생물학적 재난으로 구분된다.
③ 인적재난은 사고성 재난과 계획적 재난으로 구분된다.
④ 사고성 재난은 화학적 재난, 방사능 재난 등을 포함한다.

8 다음의 설명과 관련된 재난의 특성은?

> 언어에 내재된 모호성으로 인해 재난의 배양에 있어 정보수집과 의사소통의 어려움이 발생하게 되고 그에 따라 위험발발요인이 축적되게 된다.

① 누적성
② 인지성
③ 불확실성
④ 복잡성

6.
5번문제 참조

7.
Anesth(아네스)의 분류

대분류	소분류	재난 종류
자연재난	기후성 재난	태풍
	지진성 재난	지진, 화산폭발, 해일
인위재난	사고성 재난	생물학적 사고(바이러스·박테리아·독혈증 등) 화학적 사고(유독물질 등) 화재사고 교통사고(차량·항공·선박·철도) 산업사고(건축물 붕괴) 폭발사고(가스 갱도 화학 폭발물) 방사능 재해
	계획적 재난	테러, 폭동, 전쟁

8.
인지성
㉠ 인지적인 문제는 언어학적으로 의미상 관련 있는 단어들의 집합적인 문제와 관련된다.
㉡ 언어에 내재된 모호성으로 인해 재난의 배양에 있어 정보수집과 의사소통의 어려움이 발생하고 그에 따라 위험이 발생할 요인이 축적된다.

Answer 6.③ 7.② 8.②

9 다음 설명과 관련 있는 재난의 특성은?

> 재난은 언제 어디서 발생할지 정확하게 예측할 수 없고, 재난 발생 후 위험 자체가 기존의 기술적·사회적 장치와 맞물려 어떻게 전개될지 알 수 없으며 재난의 대응·복구 단계의 진행방향을 정확하게 예측할 수 없다.

① 누적성
② 복잡성
③ 인지성
④ 불확실성

10 페탁(Petak)이 제시한 재난관리 모형을 4단계로 나타낸 것 중 옳은 것은?

① 재해의 완화와 예방 – 재해의 대비와 계획 – 재해의 대응 – 재해 복구
② 재난의 완화 – 재난의 대응 – 재난의 준비 – 재난 복구
③ 재난 대비 – 재난 예방 – 재난 대응 – 재난 복구
④ 관심 – 주의 – 경계 – 복구

11 재난관리방식 중 통합관리방식의 특징을 모두 고른 것은?

> ㉠ 재난유형별 관리
> ㉡ 지휘체계의 단일화
> ㉢ 대응계획의 복잡성
> ㉣ IEMS

① ㉠, ㉢
② ㉠, ㉣
③ ㉡, ㉢
④ ㉡, ㉣

9.
불확실성
재난이 발생할 때 그로 인해 일정한 유형의 피해가 초래된다는 사실은 알려져 있지만, 실제로 재해가 발생할 확률, 규모, 시기가 사전에 알려지지 않은 상태를 말한다.

10.
페탁(Petak)의 재난관리 모형
윌리엄 페탁은 재난관리과정을 재난의 진행과정과 대응활동에 따라서 재해 이전과 이후, 즉 사전재난관리와 사후재난관리로 나누었다. 시계열적으로 이루어지는 재해관리과정을 재해의 **완**화와 **예**방, 재해의 대**비**와 **계**획, 재해의 대**응**, 재해**복구**의 4단계로 설명하고 있다.

11.
통합관리
㉠ 분산관리방식의 문제점이 제기되자 통합관리방식이 제시되었다.
㉡ 재난·재해의 유형과 관계없이 일상적으로 비상대응기관을 통합적으로 관리한다.(IEMS)
㉢ 유사한 자원동원 체계와 자원유형을 필요로 한다.
㉣ 관련부처의 수가 적다.
㉤ 지휘체계가 단일화 되었다.
㉥ 콰란텔리(Quarantelli)는 유형별 분산관리방식이 통합관리방식으로 전환되어야하는 근거로 재난개념의 변화, 재난대응의 유사성, 계획내용의 유사성, 대응자원의 공통성을 제시하고 있다.

Answer 9.④ 10.① 11.④

※ 2015년

12 다음 중 재난에 대한 예방, 대비, 대응 및 복구 중에 종류가 다른 하나는?

① 재난 유형별 사전교육 및 훈련 실시
② 비상방송 시스템구축
③ 재난 취약 시설 점검
④ 자원 관리 체계 구축

13 다음 중 재난관리체제의 특징이 아닌 것은?

① 복잡 · 연계성
② 가외성
③ 체제경계의 안정성
④ 일상적 대응능력의 열세성

14 다음의 재난관리방식 중 통합관리방식에 해당하는 것으로 옳게 나열한 것은?

> ㉠ 전통적 재난관리제도
> ㉡ 재난대응에 참여하는 모든 비상대응기관들을 통합관리
> ㉢ 정보전달의 단일화
> ㉣ 재난의 종류에 따라 책임기관을 각각 다르게 배정하여 관리

① ㉠, ㉢
② ㉠, ㉣
③ ㉡, ㉢
④ ㉡, ㉣

12.
① 재난 유형별 사전교육 및 훈련 실시 – 대비
② 비상방송 시스템구축 – 대비
③ 재난 취약 시설 점검 – 예방
④ 자원 관리 체계 구축 – 대비

13.
재난관리체제의 특성
㉠ **복잡 · 연계**성
㉡ 재난관리행정체제의 경계의 **유동**성
㉢ **가**외성(하나의 기능이 여러 기관에 섞여있는 중첩성과 같은 기능이 여러 기관에서 개별적으로 이루어지는 중복성)
㉣ 일상적 대응능력의 **열**세성

14.
통합관리
㉠ 분산관리방식의 문제점이 제기되자 통합관리방식이 제시되었다.
㉡ 재난 · 재해의 유형과 관계없이 일상적으로 비상대응기관을 통합적으로 관리한다.
㉢ 유사한 자원동원 체계와 자원유형을 필요로 한다.
㉣ 관련부처의 수가 적다.
㉤ 지휘체계가 단일화 되었다.
㉥ 모든 재난은 피해 정도, 대응방식 및 자원이 유사하다는 점이 이론적 근거가 되며 통합책임기관은 지방자치단체의 재난 · 재해대응활동에 단일화된 지원을 제공하고 모든 재난 · 재해에 계획, 대응활동의 유사성을 고려하여 재난 · 재해에 기획, 대응활동의 유사성을 고려하여 재난 · 재해 대비 준비 및 대응자원의 활용을 최적화 한다.
㉦ 콰란텔리(Quarantelli)는 유형별 분산관리방식이 통합관리방식으로 전환되어야하는 근거로 재난개념의 변화, 재난대응의 유사성, 계획내용의 유사성, 대응자원의 공통성을 제시하고 있다.

Answer 12.③ 13.③ 14.③

✱ 2016년 간부

15 다음 중 재난사태 관리단계에 대한 내용과 관계 없는 것은?

① 예방단계 : 재난을 사전에 예방하고 재난발생 가능성을 감소시키며, 발생 가능한 재난의 피해를 최소화시키기 위한 활동을 한다.
② 완화단계 : 각종 재난관리계획의 실행, 재해 대책본부의 활동개시, 긴급대피계획을 실천, 긴급의약품 조달, 생필품 공급, 피난처 제공 등의 활동을 한다.
③ 대비(준비) 단계 : 재난의 피해를 최소화시키기 위한 제반 활동에도 불구하고 재난발생확률이 높아진 경우, 재해 발생 후에 효과적으로 대응할 수 있도록 비상방송시스템 구축 등 운영적인 장치들을 준비하는 단계이다.
④ 대응단계 : 일단 재해가 발생한 경우 신속한 대응활동을 통하여 재해로 인한 인명 및 재산피해를 최소화하고, 재해의 확산을 방지하며, 순조롭게 복구가 이루어질 수 있도록 활동하는 단계이다.
⑤ 복구단계 : 재해 상황이 어느 정도 안정된 후 취하는 활동단계로, 재해로 인한 피해지역의 토지를 재해 이전의 상태로 복구시켜 이용이 가능하도록 회복시키는 활동을 포함한다.

✱ 2022년

16 재난관리 방식 중 분산관리에 대한 일반적인 설명으로 옳지 않은 것은?

① 재난의 종류에 따라 대응방식의 차이와 대응계획 및 책임기관이 각각 다르게 배정된다.
② 재난 시 유관기관 간의 중복적 대응이 있을 수 있다.
③ 재난의 발생 유형에 따라 소관부처별로 업무가 나뉜다.
④ 재난 시 유사한 자원동원 체계와 자원유형이 필요하다.

15.

재난관리의 단계별 관리사항

단계	내용
예방	• 미래에 발생할 가능성이 있는 재난을 사전에 예방하고, 재난 발생 가능성을 감소시키며, 발생 가능한 재난의 피해를 최소화하기 위한 활동이다. • 장기적 관점에서 장래의 모든 재난에 대비하려는 것으로 정치적·정책 지향적 기술이 필요하다는 점에서 다른 단계의 활동과 구분된다.
대비	• 비상시 효과적인 대응을 용이하게 하고 작전능력을 향상시키기 위한 사전준비 활동 • 재난발생 시 대응정책을 위한 대응자원 및 대응기관들의 사전 동의를 확보 • 재난으로 인한 재산상의 손실을 줄이기 위해 재난대응활동가들을 훈련시킨다. • 재난대응계획을 개발하고 관리에 필요한 체제를 준비한다.
대응	• 재난 발생 시 신속한 대응으로 인한 인명 및 재산피해를 최소화하고, 재난의 확산을 방지하며, 순조롭게 복구되도록 활동하는 단계이다. • 재난 발생 직전과 직후 또는 재난이 진행되는 동안의 긴급복구활동을 말한다.
복구	• 재난상황이 어느 정도 안정된 후 취하는 활동단계로 재난으로 인한 피해지역을 재난 이전의 상태로 회복시키는 활동을 포함한다. • 단기복구는 최소한의 필수불가결한 생활지원활동이고, 중장기 복구는 정상적인 생활상태로의 원상복귀를 위한 활동이다.

16.

분산관리
㉠ 재난의 발생 유형에 따라 소관부처별로 업무를 분산시킨다.
㉡ 재난의 종류에 따라 대응방식의 차이와 대응계획 및 책임기관도 각각 다르게 배정된다.
㉢ 재난에 대비한 통합적 국가정책이 어렵기 때문에 전체적 관리능력이 저하된다.
㉣ 관련부처의 수가 많다.
㉤ 책임이 분산된다.
㉥ 재난 시 유사기관 간의 중복적 대응이 있을 수 있다.
㉦ 지휘체계가 다양하다.

Answer 15.② 16.④

※ 2023년
17 재난(재해)에 관한 설명으로 옳지 않은 것은?

① 아네스(Br. J. Anesth)는 재난을 크게 자연재난과 인적(인위) 재난으로 구분하였다.
② 존스(David K. Jones)는 재난을 크게 자연재난, 준자연재난, 인적(인위)재난으로 구분하였다.
③ 「재난 및 안전관리 기본법」제3조 제1호에 따른 재난은 자연재난, 사회재난, 해외재난으로 구분된다.
④ 하인리히(H. W. Heinrich)의 도미노 이론은 재해발생과정을 유전적 요인 및 사회적 환경→개인적 결함→불안전 행동 및 불안전 상태→사고→재해(상해)라는 5개 요인의 연쇄작용으로 설명하였다.

※ 2024년 간부
18 재해원인 분석방법 중 하나인 4M 분석방법에 관한 설명으로 옳은 것은?

① 재해의 원인을 Man, Machine, Manner, Management 요인으로 구분하여 분석한다.
② 기계·설비의 설계상 결함은 관리적 요인에 해당한다.
③ 작업정보의 부적절은 작업·환경적 요인에 해당한다.
④ 표준화의 부족은 인적 요인에 해당한다.
⑤ 심리적 요인은 작업·환경적 요인에 해당한다.

17.
③ 「재난 및 안전관리 기본법」제3조 제1호에 따른 재난은 자연재난, 사회재난으로 구분하고, 해외재난은 제3조 제2호에 정의되고 있다.

18.
재해의 기본원인(4개의 M)
1. 재해의 원인 : Man, Machine, Media, Management
2. Media(작업정보, 작업방법, 작업환경)
   ① 작업 정보의 부적절
   ② 작업자세, 작업동작의 결함
   ③ 작업방법의 부적절
   ④ 작업공간의 불량
   ⑤ 작업환경 조건의 불량
3. Machine(기계 등의 물적조건)
   ① 기계·설비의 설계상의 결함
   ② 위험방호의 불량
   ③ 표준화의 부족
   ④ 점검 정비의 부족
   ⑤ 본질 안전화의 부족(인간공학적 배려의 부족)
4. Man : 심리적 원인, 생리적 원인, 직장적 원인

Answer 17.③ 18.③

* 2024년

19 다음은 재해 발생 과정에 관한 이론이다. 각 이론에서 재해발생을 방지하기 위해 제거해야 하는 단계가 옳게 나열된 것은?

> ㉠ 하인리히(H. W. Heinrich)의 도미노 이론 : 사회적 환경 및 유전적 요소 → 개인적 결함 → 불안전한 행동 및 상태 → 사고 → 재해
> ㉡ 버드(F. Bird)의 수정 도미노 이론 : 제어의 부족 → 기본원인 → 직접원인 → 사고 → 재해

	㉠	㉡
①	개인적 결함	직접원인
②	개인적 결함	기본원인
③	불안전한 행동 및 상태	직접원인
④	불안전한 행동 및 상태	기본원인

19.

버드 VS 하인리히의 연쇄성 이론 비교

단계	버드 (M 제기직사상)	하인리히 (M 사개불사상)
1단계	**제**어(통제, 관리) 부족	**사**회적 환경 및 유전적 요소
2단계	**기**본원인	**개**인적 결함
3단계	**직**접원인	**불**안전한 행동 및 상태
4단계	**사**고	**사**고
5단계	**상**해(재해)	**상**해(재해)
재해예방	기본원인 제거	직접원인 제거(불안전한 행동 및 상태)

Answer 19.④

✱ **연도별 기출경향** ✱

[기출연도]	2012	2013	2014	2015	2016	2017	2018	2019	2020	2021	2022	2023	2024
문항수	7	6	0	5	8	7	4	4	3	6	7	3	5

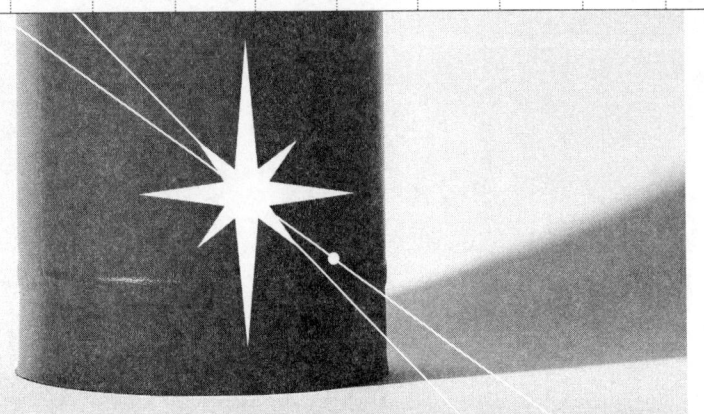

PART 24

재난 및 안전관리 기본법

01	총칙
02	안전관리기구 및 기능
03	안전관리계획
04	재난의 예방
05	재난의 대비
06	재난의 대응과 긴급구조
07	재난의 복구
08	안전문화 진흥
09	보칙
10	벌칙

01 총칙

재난 및 안전관리 기본법 구성 ◆◆◆ 2017 | 2018 | 2020 | 2021 | 2022 | 2022 간부 | 2023

구분		범위
제1장 총칙		제1조(목적) 제2조(기본이념) 제3조(정의) 제4조(국가 등의 책무) 제5조(국민의 책무) 제6조(재난 및 안전관리 업무의 총괄·조정)
제2장 안전관리 기구 및 기능	제1절 중앙 안전관리위원회 등	제9조(중앙안전관리위원회) 제10조(안전정책조정위원회) 제10조의2(재난 및 안전관리 사업예산의 사전협의 등) 제10조의3(재난 및 안전관리 사업에 대한 평가) 제10조의4(지방자치단체의 재난 및 안전관리 사업예산의 사전검토 등) 제11조(지역위원회) 제12조(재난방송협의회) 제12조의2(안전관리민관협력위원회) 제12조의3(중앙민관협력위원회의 기능 등) 제13조(지역위원회 등에 대한 지원 및 지도)
	제2절 중앙 재난안전대책본부 등	제14조(중앙재난안전대책본부 등) 제14조의2(수습지원단 파견 등) 제15조(중앙대책본부장의 권한 등) 제15조의2(중앙 및 지역사고수습본부) 제16조(지역재난안전대책본부) 제17조(지역대책본부장의 권한 등) 제17조의2(재난현장 통합자원봉사지원단의 설치 등) 제17조의3(대책지원본부)
	제3절 재난안전상황실 등	제18조(재난안전상황실) 제19조(재난 신고 등) 제20조(재난상황의 보고) 제21조(해외재난상황의 보고 및 관리)
제3장 안전관리계획		제22조(국가안전관리기본계획의 수립 등) 제23조(집행계획) 제23조의2(국가안전관리기본계획 등과의 연계) 제24조(시·도안전관리계획의 수립) 제25조(시·군·구안전관리계획의 수립)

제4장 재난의 예방	제25조의2(재난관리책임기관의 장의 재난예방조치 등) 제26조(국가핵심기반의 지정 등) 제26조의2(국가핵심기반의 관리 등) 제27조(특정관리대상지역의 지정 및 관리 등) 제28조(지방자치단체에 대한 지원 등) 제29조(재난방지시설의 관리) 제29조의2(재난안전분야 종사자 교육) 제30조(재난예방을 위한 긴급안전점검 등) 제31조(재난예방을 위한 안전조치) 제31조의2(안전취약계층에 대한 안전 환경 지원) 제32조(정부합동 안전 점검) 제32조의2(사법경찰권) 제32조의3(집중 안전점검 기간 운영 등) 제33조(안전관리전문기관에 대한 자료요구 등) 제33조의2(재난관리체계 등에 대한 평가 등) 제33조의3(재난관리 실태 공시 등)		키워드 • 예방·안전조치 • 지정·관리 • 지원 • 점검
제5장 재난의 대비	제34조(재난관리자원의 관리) 제34조의2(재난현장 긴급통신수단의 마련) 제34조의3(국가재난관리기준의 제정·운용 등) 제34조의4(기능별 재난대응 활동계획의 작성·활용) 제34조의5(재난분야 위기관리 매뉴얼 작성·운용) 제34조의6(다중이용시설 등의 위기상황 매뉴얼 작성·관리 및 훈련) 제34조의7(안전기준의 등록 및 심의 등) 제34조의8(재난안전통신망의 구축·운영) 제34조의9(재난대비훈련 기본계획 수립) 제35조(재난대비훈련 실시)		키워드 • 비축·관리 • 통신 • 제정·운용 • 작성·운용 • 훈련 • 매뉴얼
제6장 재난의 대응	제1절 응급조치 등	제36조(재난사태 선포) 제37조(응급조치) 제38조(위기경보의 발령 등) 제38조의2(재난 예보·경보체계 구축·운영 등) 제39조(동원명령 등) 제40조(대피명령) 제41조(위험구역의 설정) 제42조(강제대피조치) 제43조(통행제한 등) 제44조(응원) 제45조(응급부담) 제46조(시·도지사가 실시하는 응급조치 등) 제47조(재난관리책임기관의 장의 응급조치) 제48조(지역통제단장의 응급조치 등)	키워드 • 재난사태 선포 • 응급조치 • 명령 • 조치 • 제한

	제2절 긴급구조	제49조(중앙긴급구조통제단) 제50조(지역긴급구조통제단) 제51조(긴급구조) 제52조(긴급구조 현장지휘) 제52조의2(긴급대응협력관) 제53조(긴급구조활동에 대한 평가) 제54조(긴급구조대응계획의 수립) 제54조의2(긴급구조 관련 특수번호 전화서비스의 통합·연계) 제55조(재난대비능력 보강) 제55조의2(긴급구조지원기관의 능력에 대한 평가) 제56조(해상에서의 긴급구조) 제57조(항공기 등 조난사고 시의 긴급구조 등)	키워드 • 구조 • 보강
제7장 재난의 복구	제1절 피해조사 및 복구계획	제58조(재난피해 신고 및 조사) 제59조(재난복구계획의 수립·시행) 제59조의2(재난복구계획에 따라 시행하는 사업의 관리)	키워드 • 피해 • 복구 • 특별재난지역 • 지원 • 보상
	제2절 특별재난지역 선포 및 지원	제60조(특별재난지역의 선포) 제61조(특별재난지역에 대한 지원)	
	제3절 재정 및 보상 등	제62조(비용 부담의 원칙) 제63조(응급지원에 필요한 비용) 제64조(손실보상) 제65조(치료 및 보상) 제65조의2(포상) 제66조(재난지역에 대한 국고보조 등의 지원) 제66조의2(복구비 등의 선지급) 제66조의3(복구비등의 반환)	
제8장 안전문화 진흥		제66조의4(안전문화 진흥을 위한 시책의 추진) 제66조의7(국민안전의 날 등) 제66조의8(안전관리헌장) 제66조의9(안전정보의 구축·활용) 제66조의10(안전지수의 공표) 제66조의11(지역축제 개최 시 안전관리조치) 제66조의12(안전사업지구의 지정 및 지원)	

제9장 보칙	제66조의13(재난 및 안전관리를 위한 특별교부세 교부) 제67조(재난관리기금의 적립) 제68조(재난관리기금의 운용 등) 제69조(재난원인조사) 제70조(재난상황의 기록 관리) 제71조(재난 및 안전관리에 필요한 과학기술의 진흥 등) 제71조의2(재난 및 안전관리기술개발 종합계획의 수립 등) 제72조(연구개발사업 성과의 사업화 지원) 제73조(기술료의 징수 및 사용) 제74조(재난관리정보통신체계의 구축·운영) 제74조의2(재난관리정보의 공동이용) 제74조의3(정보 제공 요청 등) 제74조의4(재난안전데이터의 수집 등) 제75조(안전관리자문단의 구성·운영) 제75조의2(안전책임관) 제76조(재난안전 관련 보험·공제의 개발·보급 등) 제76조의2(재난안전의무보험에 관한 법령이 갖추어야 할 기준 등) 제76조의3(재난안전의무보험의 평가 및 개선권고 등) 제76조의4(재난안전의무보험 종합정보시스템의 구축·운영 등) 제76조의5(재난취약시설 보험·공제의 가입 등) 제77조(재난관리 의무 위반에 대한 징계 요구 등) 제77조의2(적극행정에 대한 면책) 제78조(권한의 위임 및 위탁) 제78조의2(벌칙 적용 시의 공무원 의제)
제10장 벌칙	제78조의3(벌칙) 제78조의4(벌칙) 제79조(벌칙) 제80조(벌칙) 제81조(양벌규정) 제82조(과태료)

① 목적(기본법 제1조)

이 법은 각종 재난으로부터 국토를 보존하고 국민의 생명·신체 및 재산을 보호하기 위하여 국가와 지방자치단체의 재난 및 안전관리체제를 확립하고, 재난의 예방·대비·대응·복구와 안전문화 활동 그 밖에 재난 및 안전관리에 필요한 사항을 규정함을 목적으로 한다.

② 기본이념(기본법 제2조)

이 법은 재난을 예방하고 재난이 발생한 경우 그 피해를 최소화하여 일상으로 회복할 수 있도록 지원하는 것이 국가와 지방자치단체의 기본적 의무임을 확인하고, 모든 국민과 국가·지방자치단체가 국민의 생명 및 신체의 안전과 재산보호에 관련된 행위를 할 때에는 안전을 우선적으로 고려함으로써 국민이 재난으로부터 안전한 사회에서 생활할 수 있도록 함을 기본이념으로 한다.

③ 용어정의(기본법 제3조) 🔥🔥🔥

(1) 재난 🔥🔥🔥 `2016` `2017 하반기` `2020` `2022 간부` `2023 간부`

재난이란 국민의 생명·신체 및 재산과 국가에 피해를 주거나 줄 수 있는 것으로서 다음의 것을 말한다.

자연재난 (M 풍수호 강풍일대 지뢰가 폭파 황산조수우주)	사회재난 (M 화붕발교항해화환/기마감전미)

① 태풍
② 홍수
③ 호우(豪雨)
④ 강풍
⑤ 풍랑
⑥ 해일(海溢)
⑦ 대설
⑧ 한파
⑨ 낙뢰
⑩ 가뭄
⑪ 폭염
⑫ 지진
⑬ 황사(黃砂)
⑭ 조류(藻類) 대발생
⑮ 조수(潮水)
⑯ 화산활동
⑰ 소행성·유성체 등 자연우주물체의 추락·충돌
⑱ 그 밖에 이에 준하는 자연현상으로 인하여 발생하는 재해
	① 화재·붕괴·폭발·교통사고(항공사고 및 해상사고를 포함한다)·화생방사고·환경오염사고 등으로 인하여 발생하는 대통령령으로 정하는 규모 이상의 피해
	[대통령령으로 정하는 규모 이상의 피해]
	  1. 국가 또는 지방자치단체 차원의 대처가 필요한 인명 또는 재산의 피해
	  2. 그 밖에 제1호의 피해에 준하는 것으로서 행정안전부장관이 재난관리를 위하여 필요하다고 인정하는 피해
	② 국가핵심기반의 마비
	③ 「감염병의 예방 및 관리에 관한 법률」에 따른 감염병
	④ 「가축전염병예방법」에 따른 가축전염병의 확산
	⑤ 「미세먼지 저감 및 관리에 관한 특별법」에 따른 미세먼지 등으로 인한 피해

(2) 해외재난

해외재난이란 대한민국의 영역 밖에서 대한민국 국민의 생명·신체 및 재산에 피해를 주거나 줄 수 있는 재난으로서 정부차원에서 대처할 필요가 있는 재난을 말한다.

(3) 재난관리

재난관리란 재난의 예방·대비·대응 및 복구를 위하여 하는 모든 활동을 말한다. (M 예/대/응/복)

(4) 안전관리

안전관리란 재난이나 그 밖의 각종 사고로부터 사람의 생명·신체 및 재산의 안전을 확보하기 위하여 하는 모든 활동을 말한다.

(4의2) 안전기준 2022 간부

안전기준이란 각종 시설 및 물질 등의 제작, 유지관리 과정에서 안전을 확보할 수 있도록 적용하여야 할 기술적 기준을 체계화한 것을 말하며, 안전기준의 분야, 범위 등에 관하여는 대통령령으로 정한다.

▶ 재난 및 안전관리 기본법 시행령 [별표 1]

안전기준의 분야 및 범위

안전기준의 분야	안전기준의 범위
1. 건축 시설 분야	다중이용업소, 문화재 시설, 유해물질 제작·공급시설 등 관련 구조나 설비의 유지·관리 및 소방 관련 안전기준
2. 생활 및 여가 분야	생활이나 여가활동에서 사용하는 기구, 놀이시설 및 각종 외부활동과 관련된 안전기준
3. 환경 및 에너지 분야	대기환경·토양환경·수질환경·인체에 위험을 유발하는 유해성 물질과 시설, 발진시설 운영과 관련된 안전기준
4. 교통 및 교통시설 분야	육상교통·해상교통·항공교통 등과 관련된 시설 및 안전 부대시설, 시설의 이용자 및 운영자 등과 관련된 안전기준
5. 산업 및 공사장 분야	각종 공사장 및 산업현장에서의 주변 시설물과 그 시설의 사용자 또는 관리자 등의 안전부주의 등과 관련된 안전기준(공장시설을 포함한다)
6. 정보통신 분야 (사이버 안전 분야는 제외한다)	정보통신매체 및 관련 시설과 정보보호에 관련된 안전기준
7. 보건·식품 분야	의료·감염, 보건복지, 축산·수산·식품 위생 관련 시설 및 물질 관련 안전기준
8. 그 밖의 분야	제1호부터 제7호까지에서 정한 사항 외에 제43조의9에 따른 안전기준심의회에서 안전관리를 위하여 필요하다고 정한 사항과 관련된 안전기준

비고 : 위 표에서 규정한 안전기준의 분야, 범위 등에 관한 세부적인 사항은 행정안전부장관이 정한다.

(5) 재난관리책임기관 ♨

재난관리책임기관이란 재난관리업무를 하는 다음의 기관을 말한다.

① 중앙행정기관 및 지방자치단체

② 지방행정기관 · 공공기관 · 공공단체(공공기관 및 공공단체의 지부 등 지방조직을 포함)

③ 재난관리의 대상이 되는 중요시설의 관리기관 등으로서 대통령령으로 정하는 기관

재난 및 안전관리 기본법 시행령 [별표 1의2]

재난관리책임기관(제3조 관련)

1. 재외공관
2. 농림축산검역본부
3. 지방우정청
4. 국립검역소
5. 유역환경청, 지방환경청 및 수도권대기환경청
6. 지방고용노동청
7. 지방항공청
8. 지방국토관리청
9. 홍수통제소
10. 지방해양수산청
11. 지방산림청
12. 시 · 도의 교육청 및 시 · 군 · 구의 교육지원청
13. 한국철도공사
14. 서울교통공사
15. 대한석탄공사
16. 한국농어촌공사
17. 한국농수산식품유통공사
18. 한국가스공사
19. 한국가스안전공사
20. 한국전기안전공사
21. 한국전력공사
22. 한국환경공단
23. 수도권매립지관리공사
24. 한국토지주택공사
25. 한국수자원공사
26. 한국도로공사
27. 인천교통공사
28. 인천국제공항공사
29. 한국공항공사
30. 국립공원공단
31. 한국산업안전보건공단
32. 한국산업단지공단
33. 부산교통공사
34. 국가철도공단
35. 국토안전관리원
36. 한국원자력연구원
37. 한국원자력안전기술원
38. 농업협동조합중앙회
39. 수산업협동조합중앙회
40. 산림조합중앙회
41. 대한적십자사
42. 「하천법」제39조에 따른 댐등의 설치자(관리자를 포함한다)
43. 「원자력안전법」제20조에 따른 발전용원자로 운영자
44. 「방송통신발전 기본법」제40조에 따른 재난방송 사업자
45. 국립수산과학원
46. 국립해양조사원
47. 한국석유공사
48. 대한송유관공사
49. 한국전력거래소
50. 서울올림픽기념국민체육진흥공단
51. 한국지역난방공사
52. 삭제 〈2017. 1. 6.〉
53. 한국관광공사
54. 국립자연휴양림관리소
55. 한국마사회
56. 지방자치단체 소속 시설관리공단
57. 지방자치단체 소속 도시개발공사
58. 한국남동발전주식회사
59. 한국중부발전주식회사
60. 한국서부발전주식회사
61. 한국남부발전주식회사
62. 한국동서발전주식회사
63. 한국수력원자력주식회사
64. 「유료도로법」제10조에 따라 유료도로관리청으로부터 유료도로관리권을 설정받은 자
65. 공항철도주식회사
66. 서울시메트로9호선주식회사
67. 여수광양항만공사
68. 한국해양교통안전공단
69. 사단법인 한국선급
70. 한국원자력환경공단
71. 독립기념관
72. 예술의전당
73. 대구도시철도공사
74. 광주광역시도시철도공사
75. 대전광역시도시철도공사
76. 부산항만공사
77. 인천항만공사
78. 울산항만공사
79. 경기평택항만공사
80. 의정부경량전철주식회사
81. 용인경량전철주식회사
82. 신분당선주식회사
83. 부산김해경전철주식회사
84. 해양환경공단
85. 가축위생방역지원본부
86. 국토지리정보원
87. 항공교통본부
88. 김포골드라인운영 주식회사
89. 경기철도주식회사
90. 주식회사에스알
91. 남서울경전철
92. 행정안전부장관이 재난의 예방 · 대비 · 대응 · 복구를 위하여 특별히 필요하다고 인정하여 고시하는 기관 · 단체(민간단체를 포함한다) 및 민간업체. 이 경우 민간단체 및 민간업체에 대해서는 해당 단체 · 업체와 협의를 거쳐야 한다.

(5의2) 재난관리주관기관 🔥🔥🔥 2019 간부 2020 간부 2021 간부 2024 간부 2024

재난관리주관기관이란 재난이나 그 밖의 각종 사고에 대하여 그 유형별로 예방·대비·대응 및 복구 등의 업무를 주관하여 수행하도록 대통령령으로 정하는 관계 중앙행정기관을 말한다.

📎 재난 및 안전관리 기본법 시행령 [별표 1의3]

재난 및 사고유형별 재난관리주관기관(제3조의2 관련)

재난관리주관기관	재난 및 사고의 유형
교육부 Ⓜ 교육학교	**학교** 및 학교시설에서 발생한 사고
과학기술정보통신부 Ⓜ 과기자위우정	1. **우**주전파 재난 2. **정**보통신 사고 3. **위**성항법장치(GPS) 전파혼신 4. **자**연우주물체의 추락·충돌
외교부 Ⓜ 해외	**해**외에서 발생한 재난
법무부 Ⓜ 교정법	법무시설에서 발생한 사고 (**교정**시설 ○)
국방부	국방시설에서 발생한 사고
행정안전부 Ⓜ 행정공내수다른	1. **정**부중요시설 사고 2. **공**동구 재난(국토교통부가 관장하는 공동구는 제외한다) 3. **내**륙에서 발생한 유도선 등의 **수**난 사고 4. 풍수해(조수는 제외한다)·지진·화산·낙뢰·가뭄·한파·폭염으로 인한 재난 및 사고로서 **다른** 재난관리주관기관에 속하지 아니하는 재난 및 사고
문화체육관광부 Ⓜ 문 경공	**경**기장 및 **공**연장에서 발생한 사고
농림**축**산식품부 Ⓜ 농가저축	1. **가**축 질병 2. **저**수지 사고
산업통상자원부 Ⓜ 산통가유원자력댐	1. **가**스 수급 및 누출 사고 2. 원**유**수급 사고 3. **원자**력안전 사고(파업에 따른 가동중단으로 한정한다) 4. 전**력** 사고 5. 전력생산용 **댐**의 사고
보건**복**지부 Ⓜ 보복의	보건**의료** 사고

01. 총칙 **399**

보건복지부 질병관리청 Ⓜ 질감	감염병 재난
환경부 Ⓜ 환수식유녹황환댐미	1. 수질분야 대규모 환경오염 사고 2. 식용수 사고 3. 유해화학물질 유출 사고 4. 조류(藻類) 대발생(녹조에 한정한다) 5. 황사 6. 환경부가 관장하는 댐의 사고 7. 미세먼지
고용노동부 Ⓜ 고사대인	사업장에서 발생한 대규모 인적 사고
국토교통부 Ⓜ 국도공고 여섯(육)시 항공 다붕대 아니	1. 국토교통부가 관장하는 공동구 재난 2. 고속철도 사고 3. 도로터널 사고 4. 육상화물운송 사고 5. 도시철도 사고 6. 항공기 사고 7. 항공운송 마비 및 항행안전시설 장애 8. 다중밀집건축물 붕괴 대형사고로서 다른 재난관리주관기관에 속하지 아니하는 재난 및 사고
해양수산부 Ⓜ 해적선조해환	1. 조류 대발생(적조에 한정한다) 2. 조수(潮水) 3. 해양 분야 환경오염 사고 4. 해양 선박 사고
금융위원회	금융 전산 및 시설 사고
원자력안전위원회	1. 원자력안전 사고(파업에 따른 가동중단은 제외한다) 2. 인접국가 방사능 누출 사고
소방청	1. 화재·위험물 사고 2. 다중 밀집시설 대형화재
문화재청	문화재 시설 사고
산림청	1. 산불 2. 산사태
해양경찰청	해양에서 발생한 유도선 등의 수난 사고

비고
1. 재난관리주관기관이 지정되지 않았거나 분명하지 않은 경우에는 행정안전부장관이 「정부조직법」에 따른 관장 사무와 피해 시설의 기능 또는 재난 및 사고 유형 등을 고려하여 재난관리주관기관을 정한다.
2. 감염병 재난 발생 시 중앙사고수습본부는 법 제34조의5 제1항 제1호에 따른 위기관리 표준매뉴얼에 따라 설치·운영 한다.

(6) 긴급구조 [2022 간부]

긴급구조란 재난이 발생할 우려가 현저하거나 재난이 발생하였을 때에 국민의 생명·신체 및 재산을 보호하기 위하여 긴급구조기관과 긴급구조지원기관이 하는 인명구조, 응급처치, 그 밖에 필요한 모든 긴급한 조치를 말한다.

(7) 긴급구조기관 🔥🔥 (Ⓜ 소해)

긴급구조기관은 소방청·소방본부 및 소방서를 말한다. 다만, 해양에서 발생한 재난의 경우에는 해양경찰청·지방해양경찰청 및 해양경찰서이다.

(8) 긴급구조지원기관

긴급구조지원기관이란 긴급구조에 필요한 인력·시설 및 장비, 운영체계 등 긴급구조능력을 보유한 기관이나 단체로서 대통령령으로 정하는 기관과 단체를 말한다.

[시행령 제4조(긴급구조지원기관)]
1. 교육부, 과학기술정보통신부, 국방부, 산업통상자원부, 보건복지부, 환경부, 국토교통부, 해양수산부, 방송통신위원회, 경찰청, 기상청 및 산림청
2. 국방부장관이 법 제57조제3항제2호에 따른 탐색구조부대로 지정하는 군부대와 그 밖에 긴급구조 지원을 위하여 국방부장관이 지정하는 군부대
3. 「대한적십자사 조직법」에 따른 대한적십자사
4. 「의료법」 제3조제2항제3호마목에 따른 종합병원
5. 「응급의료에 관한 법률」에 따른 응급의료기관(제2조제5호), 응급의료정보센터 및 구급차등의 운용자
6. 「재해구호법」 제29조에 따른 전국재해구호협회
7. 긴급구조기관과 긴급구조활동에 관한 응원협정을 체결한 기관 및 단체
9. 그밖에 긴급구조에 필요한 인력과 장비를 갖춘 기관 및 단체로서 행정안전부령으로 정하는 기관 및 단체

[행정안전부령 별표1]
긴급구조지원기관(제2조 관련)
1. 유역환경청 또는 지방환경청
2. 지방국토관리청
3. 지방항공청
4. 「지역보건법」에 따른 보건소
5. 「지방공기업법」에 따른 지하철공사 및 도시철도공사
6. 「한국가스공사법」에 따른 한국가스공사
7. 「고압가스 안전관리법」에 따른 한국가스안전공사
8. 「한국농어촌공사 및 농지관리기금법」에 따른 한국농어촌공사
9. 「전기사업법」에 따른 한국전기안전공사

10. 「한국전력공사법」에 따른 한국전력공사
11. 「대한석탄공사법」에 따른 대한석탄공사
12. 「한국광물자원공사법」에 따른 한국광물자원공사
13. 「한국수자원공사법」에 따른 한국수자원공사
14. 「한국도로공사법」에 따른 한국도로공사
15. 「한국공항공사법」에 따른 한국공항공사
16. 「항만공사법」에 따른 항만공사
17. 「한국원자력안전기술원법」에 따른 한국원자력안전기술원 및 「방사선 및 방사성동위원소 이용진흥법」에 따른 한국원자력의학원
18. 「자연공원법」에 따른 국립공원관리공단
19. 「전기통신사업법」 제5조에 따른 기간통신사업자로서 소방청장이 정하여 고시하는 기간통신사업자

(9) 국가재난관리기준 `2022 간부`

모든 유형의 재난에 공통적으로 활용할 수 있도록 재난관리의 전 과정을 통일적으로 단순화·체계화한 것으로서 <u>행정안전부장관이 고시한 것</u>을 말한다.

(9의2) 안전문화활동

안전문화활동이란 안전교육, 안전훈련, 홍보 등을 통하여 안전에 관한 가치와 인식을 높이고 안전을 생활화하도록 하는 등 재난이나 그 밖의 각종 사고로부터 안전한 사회를 만들어가기 위한 활동을 말한다.

(9의3) 안전취약계층 `2022 간부`

안전취약계층이란 <u>어린이, 노인, 장애인, 저소득층 등 신체적·사회적·경제적 요인</u>으로 인하여 재난에 취약한 사람을 말한다.

(10) 재난관리정보 ♨ (Ⓜ 재동지시) `2019 간부`

재난관리정보란 재난관리를 위하여 필요한 **재**난상황정보, **동**원가능 자원정보, **시**설물정보, **지**리정보를 말한다.

(10의2) 재난안전의무보험

재난안전의무보험이란 재난이나 그 밖의 각종 사고로 사람의 생명·신체 또는 재산에 피해가 발생한 경우 그 피해를 보상하기 위한 보험 또는 공제(共濟)로서 이 법 또는 다른 법률에 따라 일정한 자에 대하여 가입을 강제하는 보험 또는 공제를 말한다.

(11) 재난안전통신망

재난안전통신망이란 재난관리책임기관·긴급구조기관 및 긴급구조지원기관이 재난관리업무에 이용하거나 재난현장에서의 통합지휘에 활용하기 위하여 구축·운영하는 무선통신망을 말한다.

(12) 국가핵심기반

국가핵심기반이란 에너지, 정보통신, 교통수송, 보건의료 등 국가경제, 국민의 안전·건강 및 정부의 핵심기능에 중대한 영향을 미칠 수 있는 시설, 정보기술시스템 및 자산 등을 말한다.

(13) 재난안전데이터

재난안전데이터란 정보처리능력을 갖춘 장치를 통하여 생성 또는 처리가 가능한 형태로 존재하는 재난 및 안전관리에 관한 정형 또는 비정형의 모든 자료를 말한다.

❹ 국가 등의 책무(기본법 제4조)

(1) 국가 및 지방자치단체

① 재난이나 그 밖의 각종 사고로부터 국민의 생명·신체 및 재산을 보호할 책무를 지고, 재난이나 그 밖의 각종 사고를 예방하고 피해를 줄이기 위하여 노력하여야 하며, 발생한 피해를 신속히 대응·복구하기 위한 계획을 수립·시행하여야 한다.

② 안전에 관한 정보를 적극적으로 공개하여야 하며, 누구든지 이를 편리하게 이용할 수 있도록 하여야 한다.

(2) 재난관리책임기관의 장

재난관리책임기관의 장은 소관 업무와 관련된 안전관리에 관한 계획을 수립하고 시행하여야 하며, 그 소재지를 관할하는 특별시·광역시·특별자치시·도·특별자치도와 시·군·구의 재난 및 안전관리업무에 협조하여야 한다.

❺ 국민의 책무(기본법 제5조)

국민은 국가와 지방자치단체가 재난 및 안전관리업무를 수행할 때 최대한 협조하여야 하고, 자기가 소유하거나 사용하는 건물·시설 등으로부터 재난이나 그 밖의 각종 사고가 발생 하지 아니하도록 노력하여야 한다.

❻ 재난 및 안전관리 업무의 총괄·조정(기본법 제6조)

행정안전부장관은 국가 및 지방자치단체가 행하는 재난 및 안전관리 업무를 총괄·조정한다.

01 출제예상문제

* 2021년
1 「재난 및 안전관리 기본법」상 재난관리 단계별 조치사항의 연결이 옳지 않은 것은?

① 예방단계 – 재난방지시설의 관리
② 대비단계 – 재난현장 긴급통신수단의 마련
③ 대응단계 – 특별재난지역의 선포
④ 복구단계 – 피해조사 및 복구계획 수립·시행

1.
③ 특별재난지역선포 – 복구단계

* 2020년
2 「재난 및 안전관리 기본법」상 재난관리에 관한 내용으로 옳은 것은?

① 예방–재난 발생을 사전에 방지하기 위하여 매년 재난대비훈련 계획을 수립하고, 관계 기관과 합동으로 재난대비훈련을 실시한다.
② 대비–재난을 효율적으로 관리하기 위하여 재난유형에 따라 위기관리 매뉴얼을 작성·운용한다.
③ 대응–재난 피해지역을 재해 이전 상태로 회복시키기 위하여 피해상황을 조사하고, 자체복구계획을 수립·시행한다.
④ 복구–재난의 수습활동을 효율적으로 하기 위하여 재난관리자원의 비축·관리 및 긴급통신수단을 마련한다.

2.
① 대비–재난 발생을 사전에 방지하기 위하여 매년 재난대비훈련 계획을 수립하고, 관계 기관과 합동으로 재난대비훈련을 실시한다.
③ 복구–재난 피해지역을 재해 이전 상태로 회복시키기 위하여 피해상황을 조사하고, 자체복구계획을 수립·시행한다.
④ 대비–재난의 수습활동을 효율적으로 하기 위하여 재난관리자원의 비축·관리 및 긴급통신수단을 마련한다.

Answer 1.③ 2.②

* 2018년

3 재난관리의 단계별 주요 활동 중 '긴급통신수단 구축'이 해당되는 단계로 옳은 것은?

① 대응 단계
② 대비 단계
③ 예방 단계
④ 복구 단계

3.
재난의 대비 - 재난현장 긴급통신수단의 마련

* 2017년 하반기

4 재난관리 활동 중 재난 현장에서 재산 및 인명보호를 위해 소방이 주도적인 역할을 하는 단계는?

① 예방
② 대비
③ 복구
④ 대응

4.
긴급구조기관은 **소**방청·소방본부 및 소방서를 말하며, 긴급구조기관은 재난의 대응단계에서 긴급구조의 주도적 역할을 한다.

* 2022년

5 「재난 및 안전관리 기본법」상 재난관리의 대비단계 관리사항을 있는 대로 모두 고른 것은?

㉠ 국가재난관리기준의 제정·운용
㉡ 재난 예보·경보체계 구축·운영
㉢ 재난안전분야 종사자 교육
㉣ 재난안전통신망의 구축·운영

① ㉠, ㉡
② ㉠, ㉣
③ ㉠, ㉡, ㉣
④ ㉡, ㉢, ㉣

5.
대비단계

제5장 재난의 대비	제34조(재난관리자원의 비축·관리)
	제34조의2(재난현장 긴급통신수단의 마련)
	제34조의3(국가재난관리기준의 제정·운용 등)
	제34조의4(기능별 재난대응 활동계획의 작성·활용)
	제34조의5(재난분야 위기관리 매뉴얼 작성·운용)
	제34조의6(다중이용시설 등의 위기상황 매뉴얼 작성·관리 및 훈련)
	제34조의7(안전기준의 등록 및 심의 등)
	제34조의8(재난안전통신망의 구축·운영)
	제34조의9(재난대비훈련 기본계획 수립)
	제35조(재난대비훈련 실시)

Answer 3.② 4.④ 5.②

6 다음 중 "재난 및 안전관리기본법"의 제정 목적에 맞지 않은 것은?

① 안전문화 활동
② 국민의 생명·신체 및 재산을 보호
③ 재난의 예방·대비·대응·복구
④ 국민의 교통질서 확립

* 2020년
7 「재난 및 안전관리 기본법」상 재난의 분류가 다른 하나는?

① 「감염병의 예방 및 관리에 관한 법률」에 따른 감염병의 확산
② 황사로 인하여 발생하는 재해
③ 환경오염사고로 인하여 발생하는 대통령령으로 정하는 규모 이상의 피해
④ 「미세먼지 저감 및 관리에 관한 특별법」에 따른 미세먼지 등으로 인한 피해

* 2023년 간부
8 「재난 및 안전관리 기본법」상 재난의 대비에 포함되어야 할 내용으로 옳은 것만을 〈보기〉에서 있는대로 고른 것은?

─── 〈보기〉 ───
㉠ 국가핵심기반의 지정
㉡ 재난안전분야 종사자 교육
㉢ 지방자치단체에 대한 지원
㉣ 재난현장 긴급통신수단의 마련
㉤ 재난분야 위기관리 매뉴얼 작성·운용

① ㉠, ㉡
② ㉡, ㉢
③ ㉢, ㉣
④ ㉣, ㉤
⑤ ㉠, ㉣, ㉤

6.
목적(기본법 제1조)
이 법은 각종 재난으로부터 국토를 보존하고 국민의 생명·신체 및 재산을 보호하기 위하여 국가와 지방자치단체의 재난 및 안전관리체제를 확립하고, 재난의 예방·대비·대응·복구와 안전문화 활동 그 밖에 재난 및 안전관리에 필요한 사항을 규정함을 목적으로 한다.

7.
재난의 분류

	국민의 생명·신체·재산과 국가에 피해를 주거나 줄 수 있는 것	
재난	자연재난	태풍, 홍수, 호우, 강풍, 풍랑, 해일, 대설, 한파, 낙뢰, 가뭄, 폭염, 지진, 황사, 조류 대발생, 조수, 화산활동, 소행성·유성체 등 자연우주물체의 추락·충돌, 그 밖에 이에 준하는 자연현상으로 인하여 발생하는 재해
	사회재난	• 화재·붕괴·폭발·교통사고(항공사고 및 해상사고를 포함한다)·화생방사고·환경오염 사고 등으로 인하여 발생하는 대통령령으로 정하는 규모 이상의 피해 대통령령으로 정하는 규모 이상의 피해 (재난 및 안전관리법 시행령 제2조) 1. 국가 또는 지방자치단체 차원의 대처가 필요한 인명 또는 재산의 피해 2. 제1호의 피해에 준하는 것으로 행정안전부장관이 재난관리를 위하여 필요하다고 인정하는 피해 • 국가핵심기반의 마비, 감염병 또는 가축전염병의 확산, 미세먼지 등으로 인한 피해
해외재난	대한민국의 영역 밖에서 대한민국 국민의 생명·신체 및 재산에 피해를 주거나 줄 수 있는 재난으로서 정부차원에서 대처할 필요가 있는 재난	

8.

재난의 대비	제34조(재난관리자원의 비축·관리) 제34조의2(재난현장 긴급통신수단의 마련) 제34조의3(국가재난관리기준의 제정·운용 등) 제34조의4(기능별 재난대응 활동계획의 작성·활용) 제34조의5(재난분야 위기관리 매뉴얼 작성·운용) 제34조의6(다중이용시설 등의 위기상황 매뉴얼 작성·관리 및 훈련) 제34조의7(안전기준의 등록 및 심의 등) 제34조의8(재난안전통신망의 구축·운영) 제34조의9(재난대비훈련 기본계획 수립) 제35조(재난대비훈련 실시)

Answer 6.④ 7.② 8.④

9 다음은 재난 및 안전관리 기본법상 자연재난에 대한 설명이다. ㉠~㉢에 들어갈 내용을 바르게 나열한 것은?

> 태풍, 홍수, 호우, 강풍, (㉠), (㉡), (㉢), 낙뢰, 가뭄, 지진, 황사, 조류 대발생, 조수, 화산활동, 그 밖에 이에 준하는 자연현상으로 인하여 발생하는 재해를 말한다.

① 풍랑, 환경오염사고, 대설
② 붕괴, 폭풍, 해일
③ 풍랑, 해일, 대설
④ 붕괴, 해일, 폭염

9.
태풍, 홍수, 호우, 강풍, 풍랑, 해일, 대설, 한파, 낙뢰, 가뭄, 폭염, 지진, 황사, 조류 대발생, 조수, 화산활동, 소행성·유성체 등 자연우주물체의 추락·충돌, 그 밖에 이에 준하는 자연현상으로 인하여 발생하는 재해

* 2020년 간부

10 「재난 및 안전관리 기본법 시행령」상 재난 및 사고 유형에 따른 재난관리주관기관으로 옳지 않은 것은?

① 가축질병 – 보건복지부
② 항공기 사고 – 국토교통부
③ 정부주요시설 사고 – 행정안전부
④ 교정시설에서 발생한 사고 – 법무부
⑤ 학교시설에서 발생한 사고 – 교육부

10.

농림축산식품부 **M** 농가저축	1. **가**축 질병 2. **저**수지 사고

* 2021년 간부

11 「재난 및 안전관리 기본법 시행령」상 재난 및 사고 유형별 재난관리주관기관으로 옳게 짝지어진 것은?

① 도로터널 사고 – 행정안전부
② 가스 수급 및 누출 사고 – 산업통상자원부
③ 해양 분야 환경오염 사고 – 해양경찰청
④ 금융 전산 및 시설 사고 – 과학기술정보통신부
⑤ 경기장 및 공연장에서 발생한 사고 – 소방청

11.
① 도로터널 사고 – 국토교통부
③ 해양 분야 환경오염 사고 – 해양수산부
④ 금융 전산 및 시설 사고 – 금융위원회
⑤ **경**기장 및 **공**연장에서 발생한 사고 – **문**화체육관광부

Answer 9.③ 10.① 11.②

※ 2019년 간부
12 「재난 및 안전관리 기본법」상 재난관리를 위하여 필요한 재난관리정보에 해당하는 것만을 있는 대로 고른 것은?

| ㉠ 재난상황정보 | ㉡ 동원가능 자원정보 |
| ㉢ 시설물정보 | ㉣ 지리정보 |

① ㉠
② ㉠, ㉢
③ ㉠, ㉡, ㉣
④ ㉡, ㉢, ㉣
⑤ ㉠, ㉡, ㉢, ㉣

※ 2017년 하반기
13 다음 중 긴급구조에 대한 설명으로 옳지 않은 것은?

① "긴급구조"란 재난이 발생할 우려가 현저하거나 재난이 발생하였을 때에 국민의 생명·신체 및 재산을 보호하기 위하여 긴급구조기관과 긴급구조지원기관이 하는 인명구조, 응급처치, 그 밖에 필요한 모든 긴급한 조치를 말한다.
② 재난 현장에서 긴급구조통제단장이 긴급구조활동에 대한 지휘를 한다.
③ "긴급구조기관"이란 행정안전부·소방본부 및 소방서를 말한다. 다만, 해양에서 발생한 재난의 경우에는 해양경찰청·지방해양경찰청 및 해양경찰서이다.
④ "긴급구조지원기관"이란 긴급구조에 필요한 인력·시설 및 장비, 운영체계 등 긴급구조능력을 보유한 기관이나 단체로서 대통령령으로 정하는 기관과 단체를 말한다.

12.
재난관리정보
재난관리정보란 재난관리를 위하여 필요한 **재**난상황정보, **동**원가능 자원정보, **시**설물정보, **지**리정보를 말한다.

13.
③ 긴급구조기관은 **소**방청·소방본부 및 소방서를 말한다. 다만, 해양에서 발생한 재난의 경우에는 **해**양경찰청·지방해양경찰청 및 해양경찰서이다.

Answer 12.⑤ 13.③

14 재난 및 안전관리 기본법상 재난의 정의 및 유형에 대한 설명으로 옳지 않은 것은?

① 재난관리를 위하여 필요한 재난상황정보, 동원가능 자원정보, 시설물정보, 지리정보를 재난관리정보라 한다.
② 감염병의 예방 및 관리에 관한 법률에 따른 감염병도 재난의 일종이다.
③ 대한민국의 영역 밖에서 대한민국 국민의 생명·신체 및 재산에 피해를 주거나 줄 수 있는 재난으로서 정부차원에서 대처할 필요가 있는 재난을 해외재난이라고 한다.
④ 재난은 자연재난, 인적재난, 사회재난으로 구분된다.

15 재난 및 안전관리기본법에서 말하는 용어의 정의로 잘못된 것은?

① 재난관리란 재난의 예방·대비·대응 및 복구를 위하여 하는 모든 활동을 말한다.
② 해외재난이란 대한민국의 영역 밖에서 대한민국 국민의 생명·신체 및 재산에 피해를 주거나 줄 수 있는 재난으로서 정부차원에서 대처할 필요가 있는 재난을 말한다.
③ 안전관리란 안전교육, 안전훈련 등을 통하여 안전에 관한 가치와 인식을 높이고 안전을 생활화하도록 하는 활동을 말한다.
④ 긴급구조기관이란 소방청·소방본부·소방서 및 해양경찰청·해양경찰서를 말한다.

16 재난 및 안전관리 기본법령상 국가 및 지방자치단체가 행하는 재난 및 안전관리 업무를 총괄·조정하는 자는?

① 대통령
② 국무총리
③ 행정안전부장관
④ 중앙소방본부장

14.
④ 재난은 자연재난, 사회재난으로 구분된다.

15.
③ 안전관리란 재난이나 그 밖의 각종 사고로부터 사람의 생명·신체 및 재산의 안전을 확보하기 위하여 하는 모든 활동을 말한다.

16.
행정안전부장관은 국가 및 지방자치단체가 행하는 재난 및 안전관리 업무를 총괄·조정한다.

Answer 14.④ 15.③ 16.③

* 2022년 간부
17 「재난 및 안전관리 기본법」상 용어의 정의로 옳지 않은 것은?

① "국가재난관리기준"이란 모든 유형의 재난에 공통적으로 활용할 수 있도록 재난관리의 전 과정을 통일적으로 단순화·체계화한 것으로서 행정안전부장관이 고시한 것을 말한다.
② "재난관리"란 재난이나 그 밖의 각종 사고로부터 사람의 생명·신체 및 재산의 안전을 확보하기 위하여 하는 모든 활동을 말한다.
③ "안전기준"이란 각종 시설 및 물질 등의 제작, 유지관리 과정에서 안전을 확보할 수 있도록 적용하여야 할 기술적 기준을 체계화한 것을 말한다.
④ "긴급구조"란 재난이 발생할 우려가 현저하거나 재난이 발생하였을 때에 국민의 생명·신체 및 재산을 보호하기 위하여 긴급구조기관과 긴급구조 지원기관이 하는 인명구조, 응급처치, 그 밖에 필요한 모든 긴급한 조치를 말한다.
⑤ "안전취약계층"이란 어린이, 노인, 장애인, 저소득층 등 신체적·사회적·경제적 요인으로 인하여 재난에 취약한 사람을 말한다.

17.
② 재난관리란 재난의 **예**방·**대**비·**대응** 및 **복**구를 위하여 하는 모든 활동을 말한다. (**M 예/대/응/복**)

* 2022년 간부
18 「재난 및 안전관리 기본법」상 자연재난에 해당하지 않는 것은?

① 가뭄
② 폭염
③ 미세먼지
④ 황사(黃砂)
⑤ 조류(藻類) 대발생

18.

자연재난	태풍, 홍수, 호우, 강풍, 풍랑, 해일, 대설, 한파, 낙뢰, 가뭄, 폭염, 지진, 황사, 조류 대발생, 조수, 화산활동, 소행성·유성체 등 자연우주물체의 추락·충돌, 그 밖에 이에 준하는 자연현상으로 인하여 발생하는 재해

Answer 17.② 18.③

※ 2023년
19 「재난 및 안전관리 기본법」상 재난관리 단계와 활동내용의 연결이 옳지 않은 것은?

① 예방 단계 – 위험구역의 설정
② 대비 단계 – 재난현장 긴급통신수단의 마련
③ 대응 단계 – 재난 예보·경보체계 구축·운영
④ 복구 단계 – 특별재난지역 선포 및 지원

※ 2024년 간부
20 「재난 및 안전관리 기본법 시행령」상 재난 및 사고의 유형에 따른 재난관리주관기관의 연결로 옳지 않은 것은?

① 내륙에서 발생한 유도선 등의 수난 사고 : 소방청
② 해외에서 발생한 재난 : 외교부
③ 전력생산용 댐의 사고 : 산업통상자원부
④ 유해화학물질 유출 사고 : 환경부
⑤ 해양에서 발생한 유도선 등의 수난 사고 : 해양경

※ 2024년
21 「재난 및 안전관리 기본법 시행령」상 재난 및 사고 유형과 재난관리 주관기관의 연결이 옳지 않은 것은?

① 저수지 사고 — 국토교통부
② 자연우주물체의 추락·충돌 — 과학기술정보통신부
③ 공동구 재난(국토교통부가 관장하는 공동구는 제외한다)— 행정안전부
④ 원자력안전 사고(파업에 따른 가동중단으로 한정한다) — 산업통상자원부

19.
① 대응 단계 – 위험구역의 설정[제41조]

20.
재난 및 사고유형별 재난관리주관기관(제3조의2 관련)

행정안전부 (암기: 행정공내수다른)	1. 정부중요시설 사고 2. 공동구 재난(국토교통부가 관장하는 공동구는 제외한다) 3. <u>내륙에서 발생한 유도선 등의 수난 사고</u> 4. 풍수해(조수는 제외한다)·지진·화산·낙뢰·가뭄·한파·폭염으로 인한 재난 및 사고로서 다른 재난관리주관기관에 속하지 아니하는 재난 및 사고

21.
재난 및 사고유형별 재난관리주관기관(제3조의2 관련)

농림축산식품부 (암기: 농가저축)	국토교통부 (암기 :국도공고여섯(육)시 항공나붕내 아니)
1. <u>가</u>축 질병 2. <u>저</u>수지 사고	1. 국토교통부가 관장하는 공동구 재난 2. 고속철도 사고 3. 도로터널 사고 4. 육상화물운송 사고 5. 도<u>시</u>철도 사고 6. <u>항</u>공기 사고 7. 항공운송 마비 및 항행안전시설 장애 8. <u>다</u>중밀집건축물 붕<u>괴대</u>형사고로서 다른 재난관리주관기관에 속하지 <u>아니</u>하는 재난 및 사고

Answer 19.① 20.① 21.①

chapter 02 안전관리기구 및 기능

01 중앙안전관리위원회 등 `2018 간부` `2019`

❶ 중앙안전관리위원회(기본법 제9조) ♦♦♦

재난 및 안전관리에 관한 사항을 심의하기 위하여 <u>국무총리 소속</u>으로 중앙안전관리위원회를 둔다.

(1) 중앙안전관리위원회의 심의사항

- 재난 및 안전관리에 관한 중요 정책에 관한 사항
- 국가안전관리기본계획에 관한 사항
- 재난 및 안전관리 사업 관련 중기사업계획서, 투자우선순위 의견 및 예산요구서에 관한 사항
- 중앙행정기관의 장이 수립·시행하는 계획, 점검·검사, 교육·훈련, 평가 등 재난 및 안전관리업무의 조정에 관한 사항
- 안전기준관리에 관한 사항
- 재난사태의 선포에 관한 사항
- 특별재난지역의 선포에 관한 사항
- 재난이나 그 밖의 각종 사고가 발생하거나 발생할 우려가 있는 경우 이를 수습하기 위한 관계 기관 간 협력에 관한 중요 사항
- 재난안전의무보험의 관리·운용 등에 관한 사항
- 중앙행정기관의 장이 시행하는 대통령령으로 정하는 재난 및 사고의 예방사업 추진에 관한 사항
- 「재난안전산업 진흥법」 제5조에 따른 기본계획에 관한 사항
- 그 밖에 위원장이 회의에 부치는 사항

(2) 중앙안전관리위원회의 구성

위원장	국무총리(위원장이 부득이한 사유로 직무를 수행할 수 없을 때에는 행정안전부장관, 대통령령으로 정하는 중앙행정기관의 장 순으로 직무를 대행한다.)
간사	간사 1명을 두되 간사위원은 행정안전부장관 (행정안전부장관 등이 중앙위원회 위원장의 직무를 대행할 때에는 행정안전부의 재난안전관리사무를 담당하는 본부장이 중앙위원회 간사의 직무를 대행한다.)
위원	○ 기획재정부장관, 교육부장관, 과학기술정보통신부장관, 외교부장관, 통일부장관, 법무부장관, 국방부장관, 행정안전부장관, 문화체육관광부장관, 농림축산식품부장관, 산업통상자원부장관, 보건복지부장관, 환경부장관, 고용노동부장관, 여성가족부장관, 국토교통부장관, 해양수산부장관 및 중소벤처기업부장관 ○ 국가정보원장, 방송통신위원회위원장, 국무조정실장, 식품의약품안전처장, 금융위원회위원장 및 원자력안전위원회위원장 ○ 경찰청장, 소방청장, 문화재청장, 산림청장, 질병관리청장, 기상청장 및 해양경찰청장 ○ 그 밖에 중앙위원회의 위원장이 지정하는 기관 및 단체의 장

(3) 중앙위원회는 사무가 국가안전보장과 관련된 경우에는 국가안전보장회의와 협의하여야 한다.

(4) 중앙위원회의 위원장은 그 소관 사무에 관하여 재난관리책임기관의 장이나 관계인에게 자료의 제출, 의견 진술, 그 밖에 필요한 사항에 대하여 협조를 요청할 수 있다. 이 경우 요청을 받은 사람은 특별한 사유가 없으면 요청에 따라야 한다.

(5) 중앙위원회의 구성과 운영 등에 필요한 사항은 대통령령으로 정한다.

[중앙위원회의 운영(시행령 제8조)]
○ 중앙위원회의 회의는 위원의 요청이 있거나 위원장이 필요하다고 인정하는 경우에 위원장이 소집한다.
○ 중앙위원회의 회의는 재적위원 과반수의 출석으로 개의(開議)하고, 출석위원 과반수의 찬성으로 의결한다.
○ 위원장은 회의 안건과 관련하여 필요하다고 인정하는 경우에는 관계 공무원과 민간전문가 등을 회의에 참석하게 하거나 관계 기관의 장에게 자료 제출을 요청할 수 있다. 이 경우 요청을 받은 관계 공무원과 관계 기관의 장은 특별한 사유가 없으면 요청에 따라야 한다.
○ 규정한 사항 외에 중앙위원회의 운영에 필요한 사항은 중앙위원회 의결을 거쳐 위원장이 정한다.

❷ 안전정책조정위원회(기본법 제10조)

중앙위원회에 상정될 안건을 사전에 검토하고 다음의 사무를 수행하기 위해 중앙위원회에 안전정책조정위원회 ("조정위원회"라 한다)를 둔다.

(1) 안전정책조정위원회의 심의사항

- ○ 다음의 사항에 대한 사전 조정
  - 중앙행정기관의 장이 수립·시행하는 계획, 재난 및 안전관리업무의 조정에 관한 사항
  - 안전기준관리에 관한 사항
  - 재난이나 그 밖의 각종 사고가 발생하거나 발생할 우려가 있는 경우 이를 수습하기 위한 관계 기관 간 협력에 관한 중요 사항
  - 재난안전의무보험의 관리·운용 등에 관한 사항
  - 중앙행정기관의 장이 시행하는 대통령령으로 정하는 재난 및 사고의 예방사업 추진에 관한 사항
- ○ 중앙행정기관의 장이 국가안전관리기본계획에 따라 작성한 집행계획의 심의
- ○ 국가핵심기반의 지정에 관한 사항의 심의
- ○ 재난 및 안전관리기술 종합계획의 심의 및 그 밖에 중앙위원회가 위임한 사항

(2) 조정위원회의 구성

위원장	행정안전부장관
간사	간사위원 1명을 두며, 간사위원은 행정안전부의 재난안전관리사무를 담당하는 본부장이 된다.
위원	○ 기획재정부차관, 교육부차관, 과학기술정보통신부차관, 외교부차관, 통일부차관, 법무부차관, 국방부차관, 행정안전부의 재난안전관리 사무를 담당하는 본부장, 문화체육관광부차관, 농림축산식품부차관, 산업통상자원부차관, 보건복지부차관, 환경부차관, 고용노동부차관, 여성가족부차관, 국토교통부차관, 해양수산부차관 및 중소벤처기업부차관 이 경우 복수차관이 있는 기관은 재난 및 안전관리 업무를 관장하는 차관으로 한다. ○ 국가정보원 제2차장, 방송통신위원회 상임위원, 국무조정실 제2차장 및 금융위원회 부위원장 ○ 그 밖에 재난 및 안전관리에 관한 지식과 경험이 풍부한 사람 중에서 조정위원회 위원장이 임명하거나 위촉하는 사람

(3) 조정위원회의 위원장은 제(1)항에 따라 조정위원회에서 심의·조정된 사항 중 대통령령으로 정하는 중요 사항에 대해서는 조정위원회의 심의·조정 결과를 중앙위원회의 위원장에게 보고하여야 한다.

[조정위원회 심의 결과의 중앙위원회 보고(시행령 제9조의2)]
법 제10조제5항에서 "대통령령으로 정하는 중요 사항"이란 다음 각 호의 어느 하나에 해당하는 사항을 말한다.
1. 법 제10조제1항제2호에 따른 집행계획의 심의
2. 법 제10조제1항제3호에 따른 국가핵심기반의 지정에 관한 사항의 심의
3. 그 밖에 중앙위원회로부터 위임받아 심의한 사항 중 조정위원회 위원장이 필요하다고 인정하는 사항

(4) 조정위원회의 위원장은 중앙위원회 또는 조정위원회에서 심의·조정된 사항에 대한 이행상황을 점검하고, 그 결과를 중앙위원회에 보고할 수 있다.

(5) 조정위원회 및 실무위원회의 구성 및 운영 등에 필요한 사항은 대통령령으로 정한다.

(6) 실무위원회

안전정책조정위원회 업무의 효율적 운영을 위하여 필요한 경우 실무위원회를 둘 수 있으며, 위원장 1명을 포함하여 50명 내외의 위원으로 구성한다.

① 구성

위원장	행정안전부의 재난안전관리 사무를 담당하는 본부장
위원	실무위원회는 다음 어느 하나에 해당하는 사람 중에서 실무위원장이 임명하거나 위촉하는 사람으로 위원장을 포함한 50명 내외로 구성한다. ○ 관계 중앙행정기관의 고위공무원단에 속하는 공무원 또는 3급 상당 이상에 해당하는 공무원 중에서 해당 중앙행정기관의 장이 추천하는 공무원 ○ 재난 및 안전관리에 관한 지식과 경험이 풍부한 사람 ○ 그 밖에 실무위원장이 필요하다고 인정하는 분야의 전문지식과 경력이 충분한 사람

② 운영 및 심의사항 : 실무위원회의 회의는 위원 5명 이상의 요청이 있거나 실무위원장이 필요하다고 인정하는 경우에 실무위원장이 소집하며 실무위원장이 회의마다 지정하는 25명 내외의 위원으로 구성하여 과반수의 출석으로 개의하고, 출석위원 과반수의 찬성으로 의결하고 다음과 같은 사항을 심의한다.

○ 재난 및 안전관리를 위하여 관계 중앙행정기관의 장이 수립하는 대책에 관하여 협의·조정이 필요한 사항
○ 재난 발생 시 관계 중앙행정기관의 장이 수행하는 재난의 수습에 관하여 협의·조정이 필요한 사항
○ 그 밖에 실무위원회의 위원장이 회의에 부치는 사항

❸ 재난 및 안전관리 사업예산의 사전협의(기본법 제10조의2)

(1) 중앙행정기관의 장은 재난 및 안전관리 사업(행정안전부장관이 기획재정부장관과 협의하여 정하는 사업을 말한다)과 관련된 중기사업계획서와 해당 기관의 재난 및 안전관리 사업에 관한 투자우선순위 의견을 매년 1월31일까지 행정안전부장관에게 제출하여야 한다.

(4) 관계 중앙행정기관의 장은 기획재정부장관에게 제출하는 재난 및 안전관리 사업 관련 예산요구서를 매년 5월31일까지 행정안전부장관에게 제출하여야 한다.

(3) 행정안전부장관은 중기사업계획서, 투자우선순위 의견 및 예산요구서를 검토하고 중앙위원회의 심의를 거쳐 다음 각 호의 사항을 매년 6월30일까지 기획재정부장관에게 통보하여야 한다.

- 재난 및 안전관리 사업의 투자 방향
- 관계 중앙행정기관별 재난 및 안전관리 사업의 투자우선순위, 투자적정성, 중점 추진방향등에 관한 사항
- 재난 및 안전관리 사업의 유사성·중복성 검토결과
- 그 밖에 재난 및 안전관리 사업의 투자효율성을 높이기 위하여 필요한 사항

(4) 기획재정부장관은 국가재정상황과 재정운용원칙에 부합하지 아니하는 등 부득이한 사유가 있는 경우를 제외하고 제(3)항에 따라 통보받은 결과를 토대로 재난 및 안전관리 사업에 관한 예산안을 편성하여야 한다.

❹ 재난 및 안전관리 사업에 대한 평가(기본법 제10조의3)

(1) 행정안전부장관은 매년 재난 및 안전관리 사업의 효과성 및 효율성을 평가하고, 그 결과를 관계 중앙행정기관의 장에게 통보하여야 한다.

(2) 행정안전부장관은 평가를 위하여 중앙행정기관의 장 또는 지방자치단체의 장 등에게 해당 기관에서 추진한 재난 및 안전관리 사업의 집행실적 등에 관한 자료 제출을 요청할 수 있다. 이 경우 자료 제출을 요청받은 중앙행정기관의 장 또는 지방자치단체의 장 등은 특별한 사유가 없으면 이에 따라야 한다.

(3) 관계 중앙행정기관의 장은 평가 결과를 다음 연도 재난 및 안전관리 사업에 반영하여야 한다.

(4) 평가의 범위·방법 등에 관하여 필요한 사항은 대통령령으로 정한다.

❺ 지방자치단체의 재난 및 안전관리 사업예산의 사전검토 등(기본법 제10조의4)

(1) 지방자치단체의 장은 「지방재정법」 제36조에 따라 예산을 편성하기 전에 다음 각 호에 해당하는 재난 및 안전관리 사업에 대하여 사업의 집행 실적 및 성과, 향후 사업 추진 필요성 등 행정안전부령으로 정하는 사항을 고려하여 투자우선순위를 검토하고, 제11조에 따른 시·도 안전관리위원회 또는 시·군·구 안전관리위원회의 심의를 거쳐야 한다.

① 재난 및 안전관리 체계의 구축 및 운영
② 재난 및 안전관리를 목적으로 하는 시설의 구축 및 기능 강화
③ 재난취약 지역·시설 등의 위험요소 제거 및 기능 회복
④ 재난안전 관련 교육·훈련 및 홍보
⑤ 그 밖에 재난 및 안전관리와 관련된 사업 중 <u>행정안전부령으로 정하는 사업</u>

> [행정안전부령으로 정하는 사업]
> 1. 재난 및 안전관리에 관한 연구개발 사업
> 2. 그 밖에 지방자치단체의 장이 사업예산의 사전검토가 필요하다고 인정하여 행정안전부장관과 협의하여 정하는 재난 및 안전관리 사업

(2) 행정안전부장관은 지방자치단체의 장에게 심의 결과의 제출을 요청할 수 있다. 이 경우 요청을 받은 지방자치단체의 장은 특별한 사유가 없으면 이에 따라야 한다.

(3) 지방자치단체의 장은 해당 지방자치단체의 예산이 확정된 날부터 <u>2개월 이내</u>에 재난 및 안전관리 사업에 대한 예산 현황을 행정안전부장관에게 제출하여야 한다. 이 경우 시장·군수·구청장은 특별시장·광역시장·도지사를 거쳐 제출하여야 한다.

(4) 지방자치단체의 장은 해당 지방자치단체의 결산이 승인된 날부터 <u>2개월 이내</u>에 재난 및 안전관리 사업에 대한 결산 현황을 행정안전부장관에게 제출하여야 한다. 이 경우 시장·군수·구청장은 특별시장·광역시장·도지사를 거쳐 제출하여야 한다.

❻ 지역위원회(시·도 안전관리위원회 및 시·군·구 안전관리위원회)[기본법 제11조]

구성 및 심의·조정 사항

구분	시·도 안전관리위원회	시·군·구 안전관리위원회
소속	특별시장·광역시장·특별자치시장·도지사·특별자치도지사 소속	시장·군수·구청장 소속
위원장	시·도지사	시장·군수·구청장
심의·조정 사항	○ 해당 지역에 대한 재난 및 안전관리정책에 관한 사항 ○ 안전관리계획에 관한 사항 ○ 해당 지역을 관할하는 재난관리책임기관이 수행하는 재난 및 안전관리업무의 추진에 관한 사항 ○ 재난이나 그 밖의 각종 사고가 발생하거나 발생할 우려가 있는 경우 이를 수습하기 위한 관계 기관 간 협력에 관한 사항 ○ 다른 법령이나 조례에 따라 해당 위원회의 권한에 속하는 사항 ○ 그 밖에 해당 위원회의 위원장이 회의에 부치는 사항	
실무조정위원회	○ 시·도위원회와 시·군·구위원회의 회의에 부칠 의안을 검토하고, 재난 및 안전관리에 관한 관계기관 간의 협의·조정 등을 위하여 지역위원회에 안전정책실무조정위원회를 둘 수 있다. ○ 지역위원회 및 안전정책실무조정위원회의 구성과 운영에 필요한 사항은 해당 지방자치단체의 조례로 정한다.	

❼ 재난방송협의회(기본법 제12조)

(1) 재난에 관한 예보·경보·통지나 응급조치 및 재난관리를 위한 재난방송이 원활히 수행될 수 있도록 <u>중앙위원회에 중앙재난방송협의회</u>를 둘 수 있으며, 지역 차원에서 재난에 대한 예보·경보·통지나 응급조치 및 재난방송이 원활히 수행될 수 있도록 <u>지역위원회에 시·도 또는 시·군·구 재난방송협의회</u>를 둘 수 있다.

(2) <u>중앙재난방송협의회의 구성 및 운영에 필요한 사항은 대통령령으로 정하고</u>, <u>지역재난방송협의회의 구성 및 운영에 필요한 사항은 해당 지방자치단체의 조례로 정한다.</u>

[대통령령-시행령 제10조의3(중앙재난방송협의회의 구성과 운영)]

가. 중앙재난방송협의회의 구성
　　중앙위원회에 두는 중앙재난방송협의회는 <u>위원장 1명과 부위원장 1명을 포함한 25명 이내의 위원으로 구성한다.</u>

나. 중앙재난방송협의회의 심의사항
　○ 재난에 관한 예보·경보·통지나 응급조치 및 재난관리를 위한 재난방송 내용의 효율적 전파 방안
　○ 재난방송과 관련하여 중앙행정기관, 특별시·광역시·특별자치시·도·특별자치도 및 방송사업자 간의 역할분담 및 협력체제구축에 관한 사항
　○ 언론에 공개할 재난 관련 정보의 결정에 관한 사항
　○ 재난방송 관련 법령과 제도의 개선 사항
　○ 그 밖에 재난방송이 원활히 수행되도록 하기 위하여 필요한 사항으로서 방송통신위원회위원장과 미래창조과학부장관이 요청하거나 중앙재난방송협의회 위원장이 필요하다고 인정하는 사항

다. 운영사항
　　<u>위원장은 위원 중에서 과학기술정보통신부장관이 지명하는 사람</u>이 되고, 부위원장은 중앙재난방송협의회의 위원 중에서 호선하며, 위원장은 중앙재난방송협의회를 대표하고 중앙재난방송협의회의 사무를 총괄한다.

＊ 호선 : 어떤 조직의 구성원들이 그 가운데에서 어떠한 사람을 뽑음. 또는 그런 선거

---

❽ 안전관리민관협력위원회의 구성과 운영(기본법 제12조의2)

(1) <u>안전정책조정위원회(조정위원회)의 위원장</u>은 재난 및 안전관리에 관한 민관협력관계를 원활히 하기 위하여 <u>중앙안전관리민관협력위원회</u>를 구성·운영할 수 있다.

(2) <u>지역안전관리위원회의 위원장</u>은 재난 및 안전관리에 관한 지역 차원의 민관 협력관계를 원활히 하기 위하여 <u>시·도 또는 시·군·구 안전관리민관협력위원회</u>를 구성·운영할 수 있다.

(3) 중앙안전관리민관협력위원회의 구성 및 운영에 필요한 사항은 대통령령으로 정하고, 지역안전관리민관협력위원회의 구성 및 운영에 필요한 사항은 해당 지방자치단체의 조례로 정한다.

> [대통령령-시행령 제12조의3(중앙민관협력위원회의 구성·운영)]
> 가. 중앙안전관리민관협력위원회 구성
>   중앙안전관리민관협력위원회는 <u>공동위원장 2명을 포함하여 35명 이내의 위원</u>으로 구성한다.
> 나. 공동위원장
>   공동위원장은 행정안전부의 재난안전관리사무를 담당하는 본부장과 위촉된 민간위원 중에서 중앙민관협력위원회의 의결을 거쳐 행정안전부장관이 지명하는 사람이 된다.
> 다. 중앙민관협력위원회의 위원
>   1) 당연직 위원 (M 안관협)
>   ○ 행정안전부 **안**전정책실장
>   ○ 행정안전부 재난**관**리실장
>   ○ 행정안전부 재난**협**력실장
>   2) 민간위원 : 다음에 해당하는 사람 중에서 성별을 고려하여 행정안전부장관이 위촉하는 사람
>   ○ 재난 및 안전관리 활동에 적극적으로 참여하고 전국 규모의 회원을 보유하고 있는 협회 등의 민간 단체 대표
>   ○ 재난 및 안전관리 분야 유관기관, 단체·협회 또는 기업 등에 소속된 재난 및 안전관리 전문가
>   ○ 재난 및 안전관리 분야에 학식과 경험이 풍부한 사람

⑨ 중앙민관협력위원회의 기능 등(기본법 제12조의3)

(1) 중앙민관협력위원회의 기능

① 재난 및 안전관리 민관협력활동에 관한 협의

② 재난 및 안전관리 민관협력활동사업의 효율적 운영방안의 협의

③ 평상시 재난 및 안전관리 위험요소 및 취약시설의 모니터링·제보

④ 재난 발생 시 제34조에 따른 재난관리자원의 동원, 인명구조·피해복구 활동 참여, 피해주민 지원서비스 제공 등에 관한 협의

(2) 중앙민관협력위원회의 회의 소집(공동위원장이 소집)

① 대규모 재난의 발생으로 민관협력 대응이 필요한 경우

② 재적위원 4분의 1 이상이 회의 소집을 요청하는 경우

③ 그 밖에 공동위원장이 회의 소집이 필요하다고 인정하는 경우

(3) 재난긴급대응단

① 재난 발생 시 신속한 재난대응 활동 참여 등 중앙민관협력위원회의 기능을 지원하기 위하여 <u>중앙안전관리민관협력위원회에 재난긴급대응단을 둘 수 있다.</u>

② 임무 : 재난긴급대응단은 중앙민관협력위원회에 참여하는 유관기관, 단체·협회 또는 기업에서 파견된 인력으로 구성하고 다음과 같은 임무를 수행하며 <u>시·군·구 재난안전 대책본부 소속 통합지원본부의 장 또는 현장지휘를 하는 긴급구조통제단장의 지휘·통제를 따른다.</u>
  ㉠ 재난 발생 시 인명구조 및 피해복구 활동 참여
  ㉡ 평상시 재난예방을 위한 활동 참여
  ㉢ 그 밖에 신속한 재난대응을 위하여 필요한 활동

🔟 지역위원회 등에 대한 지원 및 지도(기본법 13조)

(1) 행정안전부장관은 시·도위원회의 운영과 지방자치단체의 재난 및 안전관리업무에 대하여 필요한 지원과 지도를 할 수 있으며,

(2) 시·도지사는 관할 구역의 시·군·구위원회의 운영과 시·군·구의 재난 및 안전관리업무에 대하여 필요한 지원과 지도를 할 수 있다.

심의사항 비교

중앙 안전관리위원회	○ 재난 및 안전관리에 관한 <u>중요 정책</u>에 관한 사항 ○ <u>국가안전관리기본계획</u>에 관한 사항 ○ 재난 및 안전관리 사업 관련 중기사업계획서, 투자우선순위 의견 및 예산요구서에 관한 사항 ○ 중앙행정기관의 장이 수립·시행하는 계획, 점검·검사, 교육·훈련, 평가 등 재난 및 안전관리 업무의 조정에 관한 사항 ○ <u>안전기준관리</u>에 관한 사항 ○ <u>재난사태의 선포</u>에 관한 사항 ○ <u>특별재난지역의 선포</u>에 관한 사항 ○ 재난이나 그 밖의 각종 사고가 발생하거나 발생할 우려가 있는 경우 이를 수습하기 위한 관계 기관 간 협력에 관한 중요 사항 ○ 중앙행정기관의 장이 시행하는 대통령령으로 정하는 재난 및 사고의 예방사업 추진에 관한 사항 ○ 재난안전의무보험의 관리·운용 등에 관한 사항 ○ 「재난안전산업진흥법」 제5조에 따른 기본계획에 관한 사항 ○ 그 밖에 위원장이 회의에 부치는 사항
지역위원회	○ <u>해당 지역에 대한 재난 및 안전관리정책</u>에 관한 사항 ○ <u>안전관리계획</u>에 관한 사항 ○ 해당 지역을 관할하는 재난관리책임기관이 수행하는 재난 및 안전관리업무의 추진에 관한 사항 ○ 재난이나 그 밖의 각종 사고가 발생하거나 발생할 우려가 있는 경우 이를 수습하기 위한 관계 기관 간 협력에 관한 사항 ○ 다른 법령이나 조례에 따라 해당 위원회의 권한에 속하는 사항 그 밖에 해당 위원회의 위원장이 회의에 부치는 사항

안전
정책조정위원회의
	○ 다음의 사항에 대한 <u>사전 조정</u>
	  – 중앙행정기관의 장이 수립·시행하는 계획, 재난 및 안전관리업무의 조정에 관한 사항
	  – 안전기준관리에 관한 사항
	  – 재난이나 그 밖의 각종 사고가 발생하거나 발생할 우려가 있는 경우 이를 수습하기 위한 관계 기관 간 협력에 관한 중요 사항
	  – 중앙행정기관의 장이 시행하는 대통령령으로 정하는 재난 및 사고의 예방사업 추진에 관한 사항
	○ 중앙행정기관의 장이 <u>국가안전관리기본계획에 따라 작성한 집행계획의 심의</u>
	○ <u>국가핵심기반의 지정에 관한 사항의 심의</u>
	○ 재난 및 안전관리기술 종합계획의 심의 및 그 밖에 중앙위원회가 위임한 사항

중앙안전관리위원회 등 구성

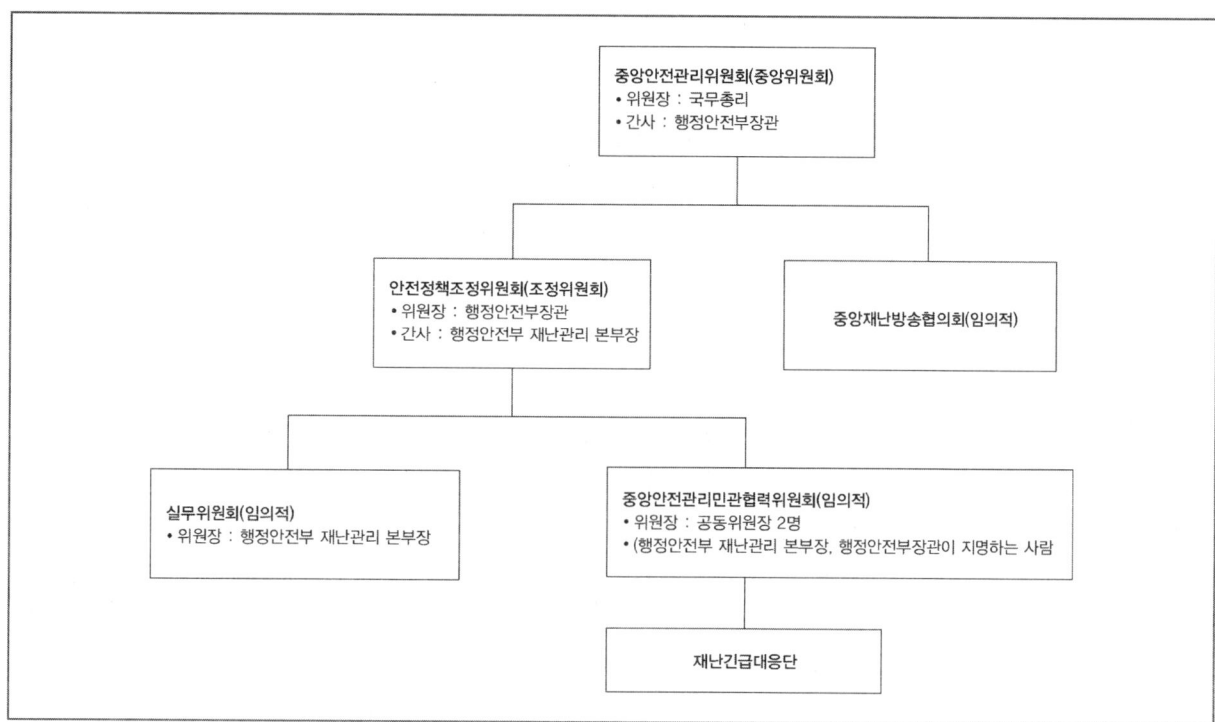

지역위원회 등 구성

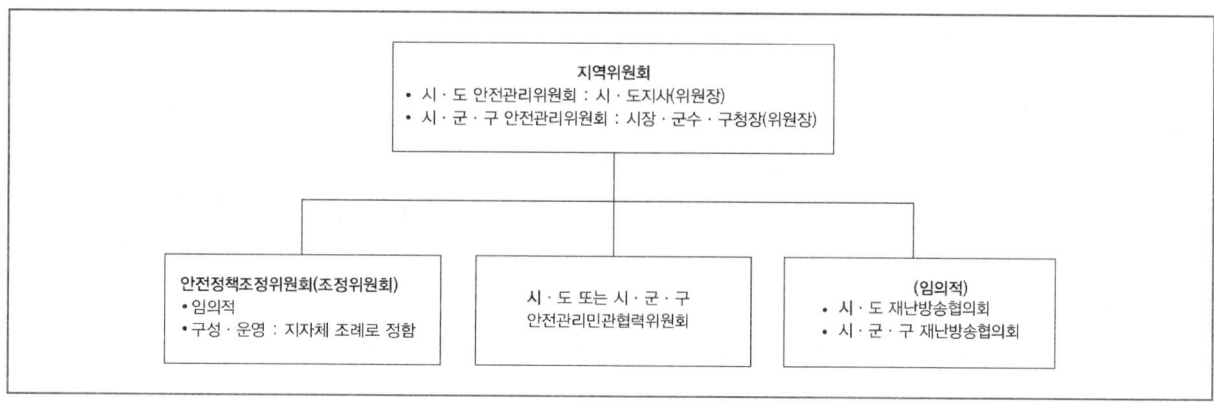

02 중앙재난안전대책본부 등

1 중앙재난안전대책본부(기본법 제14조) ♦♦♦ 2023

대통령령으로 정하는 대규모 재난의 대응·복구 등에 관한 사항을 총괄·조정하고 필요한 조치를 하기 위하여 행정안전부에 중앙재난안전대책본부를 둔다.

(1) 중앙재난안전대책본부의 운영

① 중앙대책본부에 본부장과 차장을 둔다.

② 중앙대책본부의 본부장은 행정안전부장관이 되며, 중앙대책본부장은 중앙대책본부의 업무를 총괄하고 필요하다고 인정하면 중앙재난안전대책본부회의를 소집할 수 있다. 다만, 해외재난의 경우에는 외교부장관이, 방사능재난의 경우에는 중앙방사능방재대책본부의 장이 각각 중앙대책본부장의 권한을 행사한다.

③ ②항에도 불구하고 재난의 효과적인 수습을 위하여 다음의 어느 하나에 해당하는 경우에는 국무총리가 중앙대책본부장의 권한을 행사할 수 있다. 이 경우 행정안전부장관, 외교부장관(해외재난의 경우에 한정한다) 또는 원자력안전위원회 위원장(방사능 재난의 경우에 한정한다)이 차장이 된다. (Ⓜ 범수건)
  ㉠ 국무총리가 **범**정부적 차원의 통합 대응이 필요하다고 인정하는 경우
  ㉡ 행정안전부장관이 국무총리에게 **건**의하는 경우
  ㉢ **수**습본부장의 요청을 받아 행정안전부장관이 국무총리에게 건의하는 경우

④ ③항에도 불구하고 국무총리가 필요하다고 인정하여 지명하는 중앙행정기관의 장은 행정안전부장관, 외교부장관(해외재난의 경우에 한정한다) 또는 원자력안전위원회 위원장(방사능 재난의 경우에 한정한다)과 공동으로 차장이 된다.

⑤ 중앙대책본부장은 대규모재난이 발생하거나 발생할 우려가 있는 경우에는 대통령령으로 정하는 바에 따라 실무반을 편성하고, 중앙재난안전대책본부상황실을 설치하는 등 해당 대규모재난에 대하여 효율적으로 대응하기 위한 체계를 갖추어야 한다. 이 경우 제18조제1항제1호에 따른 중앙재난안전상황실과 인력, 장비, 시설 등을 통합·운영할 수 있다.

⑥ 중앙대책본부, 중앙재난안전대책본부회의의 구성과 운영에 필요한 사항은 대통령령으로 정한다.

> [대규모 재난의 범위(시행령 제13조)]
> ○ 재난 중 인명 또는 재산의 피해 정도가 매우 크거나 재난의 영향이 사회적·경제적으로 광범위하여 주무부처의 장 또는 지역재난안전대책본부의 본부장의 건의를 받아 중앙재난안전대책본부의 본부장이 인정 하는 재난
> ○ 위의 재난에 준하는 것으로서 중앙대책본부장이 재난관리를 위하여 중앙재난안전대책 본부의 설치가 필요하다고 판단하는 재난

(2) 중앙재난안전대책본부장의 권한 등(기본법 제15조)

① 중앙대책본부장은 대규모 재난을 효율적으로 수습하기 위하여 관계 재난관리 책임 기관의 장에게 행정 및 재정상의 조치, 소속 직원의 파견, 그 밖에 필요한 지원을 요청할 수 있다. 이 경우 요청을 받은 관계 재난관리책임기관의 장은 특별한 사유가 없으면 요청에 따라야 한다.

② ①항에 따라 파견된 직원은 대규모 재난의 수습에 필요한 소속기관의 업무를 성실히 수행하여야 하며, 대규모 재난의 수습이 끝날 때까지 중앙대책본부에서 상근하여야 한다.

③ 중앙대책본부장은 해당 대규모 재난의 수습에 필요한 범위에서 수습본부장 및 지역 대책본부장을 지휘할 수 있다.

(3) 중앙재난안전대책본부회의의 구성 및 심의·협의사항

중앙대책본부장은 중앙대책본부의 업무를 총괄하고 필요하다고 인정하면 중앙재난안전대책본부회의를 소집할 수 있다.

① **중앙재난안전대책본부회의의 구성**(시행령 제16조) : 다음의 하나에 해당하는 기관의 <u>고위공무원단에 속하는 일반직공무원(국방부의 경우에는 이에 상당하는 장성급(將星級) 장교를, 경찰청 및 해양경찰청의 경우에는 치안감 이상의 경찰공무원을, 소방청의 경우에는 소방감 이상의 소방공무원을 말한다)</u> 중에서 소속기관의 장의 추천에 의하여 중앙대책본부장이 임명하는 사람으로 구성된다.

  ⊙ 기획재정부, 교육부, 과학기술정보통신부, 외교부, 통일부, 법무부, 국방부, 행정안전부, 문화체육관광부, 농림축산식품부, 산업통상자원부, 보건복지부, 환경부, 고용노동부, 여성가족부, 국토교통부, 해양수산부 및 중소벤처기업부

  ⓒ 조달청, 경찰청, 소방청, 문화재청, 산림청, 기상청 및 해양경찰청

  ⓒ 그 밖에 중앙대책본부장이 필요하다고 인정하는 행정기관

  다만, 국무총리가 중앙대책본부장의 권한을 행사하는 경우의 중앙대책본부회의는 ①의 ⊙~ⓒ호의 어느 하나에 해당하는 기관의 장 중에서 국무총리가 임명하는 사람으로 구성한다.

② **심의·협의 사항**(시행령 제17조) : 중앙대책본부회의는 재난**복**구계획에 관한 사항을 심의·확정하는 외에 다음 사항을 협의한다. (M 복예응예)

  ⊙ 재난**예**방대책에 관한 사항

  ⓒ 재난**응**급대책에 관한 사항

  ⓒ 국고지원 및 **예**비비 사용에 관한 사항

  ② 그 밖에 중앙대책본부장이 회의에 부치는 사항

(4) 수습지원단(기본법 제14조의2)
① 중앙대책본부장은 국내 또는 해외에서 발생하였거나 발생할 우려가 있는 대규모재난의 수습을 지원하기 위하여 관계 중앙행정기관 및 관계 기관·단체의 재난관리에 관한 전문가 등으로 수습지원단을 구성하여 현지에 파견할 수 있다.
② 중앙대책본부장은 구조·구급·수색 등의 활동을 신속하게 지원하기 위하여 행정안전부·소방청 또는 해양경찰청 소속의 전문 인력으로 구성된 특수기동구조대를 편성하여 재난현장에 파견할 수 있다.
③ 수습지원단의 구성과 운영 및 특수기동구조대의 편성과 파견 등에 필요한 사항은 대통령령으로 정한다.

[수습지원단의 구성 및 임무 등(시행령 제18조)]
(1) 수습지원단의 구성
　① 재난 유형별로 관계 재난관리책임기관의 전문가 및 민간 전문가로 구성한다. 다만, 해외재난의 경우에는 따로 수습지원단을 구성하지 아니하고 「119구조·구급에 관한 법률」 제9조에 따른 국제구조대로 갈음할 수 있다.
　② 수습지원단의 단장은 수습지원단원 중에서 중앙대책본부장이 지명하는 사람이 되고, 단장은 수습지원단원을 지휘·통솔하며 운영을 총괄한다.
(2) 수습지원단의 임무
　① 지역대책본부장 등 재난 발생지역의 책임자에 대하여 사태수습에 필요한 기술 자문·권고 또는 조언
　② 중앙대책본부장에 대하여 재난수습을 위한 재난현장 상황, 재난발생의 원인, 행정적·재정적으로 조치할 사항 및 진행 상황 등에 관한 보고

[특수기동구조대의 편성 및 파견 등(시행령 제18조의2)]
(1) 중앙대책본부장은 특수기동구조대의 대원을 소방청 중앙119구조본부 및 해양경찰청 중앙해양특수구조단 소속 공무원 중에서 선발하고, 특수기동구조대 대장을 특수기동구조대의 대원중에서 지명한다. 이 경우 중앙대책본부장은 재난 유형별로 필요한 전문 인력을 추가할 수 있다.
(2) 중앙대책본부장의 특수기동구조대를 재난 현장에 파견 사항
　① 각급통제단장 또는 「수상에서의 수색·구조 등에 관한 법률」 제7조에 따른 중앙구조본부의 장, 광역구조본부의 장, 지역구조본부의 장이 중앙대책본부장에게 요청하는 경우
　② 중앙대책본부장이 구조·구급·수색 등의 활동을 신속하게 지원하기 위하여 필요하다고 인정하는 경우
(3) 외교부장관 또는 원자력안전위원회 위원장은 중앙대책본부장의 권한을 행사하는 경우 특수기동구조대를 파견하기 위해서는 행정안전부장관과 협의하여야 한다.
(4) 특수기동구조대는 재난현장에서 구조·구급·수색 등의 활동에 관하여 각급통제단장의 지휘·통제를 따른다. 다만, 해양에서 발생하는 재난에 관하여는 「수상에서의 수색·구조 등에 관한 법률」 제7조에 따른 중앙구조본부의 장, 광역구조본부의 장, 지역구조본부의 장의 지휘·통제를 따른다.

❷ 중앙 및 지역사고수습본부(기본법 제15조의2)

재난관리주관기관의 장은 재난이 발생하거나 발생할 우려가 있는 경우에는 재난상황을 효율적으로 관리하고 재난을 수습하기 위한 중앙사고수습본부(이하 "수습본부")를 신속하게 설치·운영하여야 한다.

(1) 수습본부의 장

해당 재난관리주관기관의 장

(2) 운영

① 수습본부장은 재난정보의 수집·전파, 상황관리, 재난발생 시 초동조치 및 지휘 등을 위한 수습본부상황실을 설치·운영하여야 한다. 이 경우 재난안전상황실과 인력, 장비, 시설 등을 통합·운영할 수 있다.

② 수습본부장은 재난을 수습하기 위하여 필요하면 관계 재난관리책임기관의 장에게 행정상 및 재정상의 조치, 소속 직원의 파견, 그 밖에 필요한 지원을 요청할 수 있다. 이 경우 요청을 받은 관계 재난관리책임기관의 장은 특별한 사유가 없으면 요청에 따라야 한다.

③ 수습본부장은 지역사고수습본부를 운영할 수 있으며, 지역사고수습본부의 장은 수습 본부장이 지명한다.

④ 수습본부장은 해당 재난의 수습에 필요한 범위에서 시·도지사 및 시장·군수·구청장 (시·도 대책본부 및 시·군·구 대책본부가 운영되는 경우에는 해당 본부장)을 지휘할 수 있다.

⑤ 수습본부장은 재난을 수습하기 위하여 필요하면 수습지원단을 구성·운영할 것을 중앙대책본부장에게 요청할 수 있다.

⑥ 수습본부의 구성·운영 등에 필요한 사항은 대통령령으로 정한다.

❸ 지역재난안전대책본부(기본법 제16조)

(1) 해당 관할 구역에서 재난의 수습 등에 관한 사항을 총괄·조정하고 필요한 조치를 하기 위하여 시·도지사는 시·도 재난안전대책본부를, 시장·군수·구청장은 시·군·구 재난안전대책본부를 둔다.

(2) 지역대책본부

시·도대책본부 또는 시·군·구대책본부

(3) 지역대책본부의 본부장

시·도지사 또는 시장·군수·구청장

(4) 지역대책본부장은 지역대책본부의 업무를 총괄하고 필요하다고 인정하면 대통령령으로 정하는 바에 따라 지역재난안전대책본부회의를 소집할 수 있다.

(5) 시·군·구대책본부의 장은 재난현장의 총괄·조정 및 지원을 위하여 재난현장 통합지원본부("통합지원본부"라 한다)를 설치·운영할 수 있다. 이 경우 통합지원본부의 장은 긴급구조에 대해서는 제52조에 따른 시·군·구 긴급구조통제단장의 현장지휘에 협력하여야 한다.

(6) 통합지원본부의 장은 관할 시·군·구의 부단체장이 되며, 실무반을 편성하여 운영할 수 있다.

(7) 지역대책본부 및 통합지원본부의 구성과 운영에 필요한 사항은 해당 지방자치단체의 조례로 정한다.

④ 지역대책본부장의 권한 등(기본법 제17조)

(1) 지역대책본부장은 재난의 수습을 효율적으로 하기 위하여 해당 시·도 또는 시·군·구를 관할 구역으로 하는 재난관리책임기관의 장에게 행정 및 재정상의 조치나 그 밖에 필요한 업무협조를 요청할 수 있다. 이 경우 요청을 받은 재난관리책임기관의 장은 특별한 사유가 없으면 요청에 따라야 한다.

(2) 지역대책본부장은 재난의 수습을 위하여 필요하다고 인정하면 해당 시·도 또는 시·군·구의 전부 또는 일부를 관할 구역으로 하는 재난관리책임기관의 장에게 소속 직원의 파견을 요청할 수 있다. 이 경우 요청을 받은 재난관리책임기관의 장은 특별한 사유가 없으면 즉시 요청에 따라야 한다.

(3) (2)항에 따라 파견된 직원은 지역대책본부장의 지휘에 따라 재난의 수습에 필요한 소속 기관의 업무를 성실히 수행하여야 하며, 재난의 수습이 끝날 때까지 지역대책본부에서 상근하여야 한다.

⑤ 재난현장 통합자원봉사지원단의 설치 등(기본법 제17조의2)

(1) 지역대책본부장은 재난의 효율적 수습을 위하여 지역대책본부에 통합자원봉사지원단을 설치·운영할 수 있다.

(2) 통합자원봉사지원단 수행 업무

① 자원봉사자의 모집·등록

② 자원봉사자의 배치 및 운영

③ 자원봉사자에 대한 교육훈련

④ 자원봉사자에 대한 안전조치

⑤ 자원봉사 관련 정보의 수집 및 제공

⑥ 그 밖에 자원봉사 활동의 지원에 관한 사항

(3) 행정안전부장관은 통합자원봉사지원단의 원활한 운영을 위하여 필요한 경우 지방자치단체에 대하여 행정 및 재정적 지원을 할 수 있다.

(4) 행정안전부장관, 시·도지사 및 시장·군수·구청장은 통합자원봉사지원단의 원활한 운영을 위하여 필요한 경우 자원봉사 관련 업무 종사자에 대한 교육훈련을 실시할 수 있다.

(5) 제(1)항부터 제(4)항까지에서 규정한 사항 외에 통합자원봉사지원단의 구성·운영에 관하여 필요한 사항은 해당 지방자치단체의 조례로 정한다.

❻ 대책지원본부(기본법 제17조의3)

(1) 행정안전부장관은 수습본부 또는 지역대책본부의 재난상황의 관리와 재난 수습 등을 효율적으로 지원하기 위하여 필요한 경우에는 대책지원본부를 둘 수 있다.

(2) 대책지원본부의 장("대책지원본부장"이라 한다)은 행정안전부 소속 공무원 중에서 행정안전부장관이 지명하는 사람이 된다.

(3) 대책지원본부장은 재난 수습 등을 효율적으로 지원하기 위하여 필요하면 관계 재난관리책임기관의 장에게 행정상 및 재정상의 조치, 소속 직원의 파견, 그 밖에 필요한 지원을 요청할 수 있다.

(4) 대책지원본부의 구성과 운영 등에 필요한 사항은 대통령령으로 정한다.

재난안전대책본부 및 사고수습본부 등 구성

재난안전대책본부

중앙재난안전대책본부
- 소 속 : 행정안전부
- 본부장 : 행정안전부장관(원칙) / 국무총리 권한 행사 가능
- 예 외 : (해외)외교부장관, (방사능)중앙방사능방재대책본부장
- 구성원 : 차장, 총괄조정관, 대변인, 통제관, 부대변인, 담당관
- 기 구 : 실무반과 상황실(필수), 수습지원단 구성(필수)

지역재난안전대책본부
- 소 속 : 시·도 대책본부 또는 시·군·구 대책본부
- 본부장 : 시·도지사 또는 시장·군수·구청장
- 기 구 : 재난현장 통합지원본부(임의적) – 본부장 : 부단체장
- 통합지원본부장 : 실무반 편성·운영 가능
- 운 영
  – 관할구역 재난관리 책임기관의 장에게 행정 및 재정 업무 요청
  – 통합자원봉사지원단 설치·운영

중앙사고수습본부
- 중앙본부장 : 해당 재난관리주관기관의 장
- 운 영
  – 수습본부상황실을 설치·운영(필수)
  – 지역사고수습본부 운영(임의적)
  – 지역사고수습본부장(중앙본부장이 지명)
  – 시·도지사 및 시장·군수·구청장 지휘가능
  – 중앙본부장 : 수습지원단을 구성·운영 요청(중앙대책본부장)

대책지원본부(임의적)
- 설치권자 : 행정안전부장관
   (수습본부 또는 지역대책본부의 효율적 지원)
- 본 부 장 : 행정안전부 소속 공무원 중에서 행정안전부장관이 지명하는 사람

03 재난안전상황실 등

❶ 재난안전상황실(기본법 제18조) ♦♦♦

<u>행정안전부장관, 시·도지사 및 시장·군수·구청장</u>은 재난정보의 수집·전파, 상황관리, 재난발생 시 초동조치 및 지휘 등의 업무를 수행하기 위하여 다음 각 호의 구분에 따른 상시 <u>재난안전상황실을 설치·운영</u>하여야 한다.

(1) 행정안전부장관

중앙재난안전상황실

(2) 시·도지사 및 시장·군수·구청장

시·도별 및 시·군·구별 재난안전상황실

(3) 중앙행정기관

소관 업무분야의 재난상황을 관리하기 위하여 재난안전상황실을 설치·운영하거나 재난상황을 관리할 수 있는 체계 설정

(4) 재난관리책임기관(법 제3조 제5호 나목)

재난안전상황실을 설치·운영 가능

※ 2, 3, 4의 재난상황실은 중앙재난안전상황실 및 다른 기관의 재난안전상황실은 유기적인 협조체제 유지

❷ 재난 신고 등(기본법 제19조)

(1) 누구든지 재난의 발생이나 재난이 발생할 징후를 발견하였을 때에는 즉시 그 사실을 시장·군수·구청장·긴급구조기관, 그 밖의 관계 행정기관에 신고하여야 한다.

(2) 신고를 받은 시장·군수·구청장과 그 밖의 관계 행정기관의 장은 관할 긴급구조기관의 장에게, 긴급구조기관의 장은 그 소재지 관할 시장·군수·구청장 및 재난관리주관기관의 장에게 통보하여 응급대처방안을 마련할 수 있도록 조치하여야 한다.

❸ 재난상황의 보고(기본법 제20조) - 국내재난

시장·군수·구청장, 소방서장, 해양경찰서장, 재난관리책임기관의 장 또는 국가핵심기반을 관리하는 기관·단체의 장("관리기관의 장"이라 한다)은 그 관할구역, 소관 업무 또는 시설에서 재난이 발생하거나 발생할 우려가 있으면 대통령령으로 정하는 바에 따라 재난상황에 대해서는 즉시, 응급조치 및 수습현황에 대해서는 지체 없이 각각 행정안전부장관, 관계 재난관리주관기관의 장 및 시·도지사에게 보고하거나 통보하여야 한다.
이 경우 관계 재난관리주관기관의 장 및 시·도지사는 보고받은 사항을 확인·종합하여 행정안전부장관에게 통보하여야 한다.
또한 시장·군수·구청장, 소방서장, 해양경찰서장, 재난관리책임기관의 장 또는 관리기관의 장은 재난이 발생한 경우 또는 재난 발생을 신고받거나 통보받은 경우에는 즉시 관계 재난관리책임기관의 장에게 통보하여야 한다.

재난상황 보고 절차

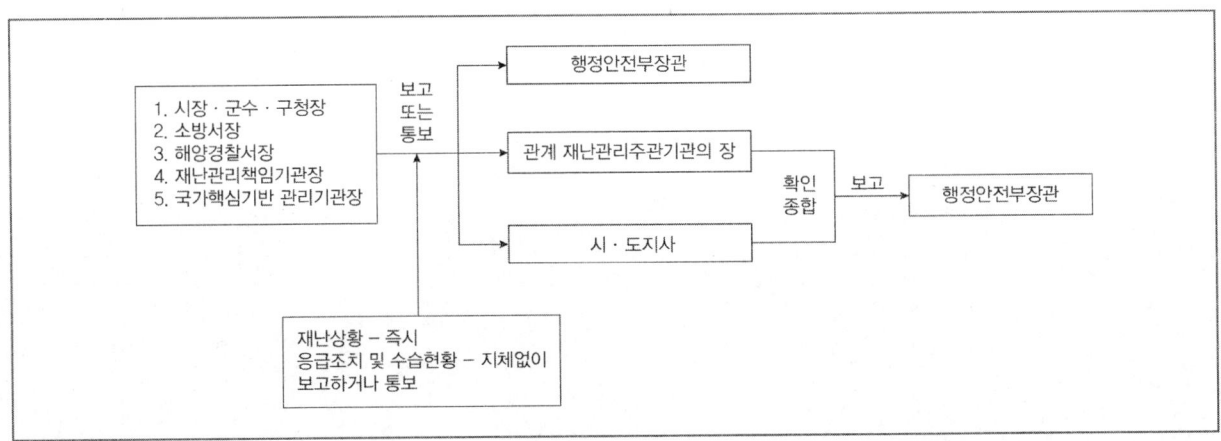

④ 해외재난상황의 보고 및 관리(기본법 제21조)

(1) 재외공관의 장은 관할 구역에서 해외재난이 발생하거나 발생할 우려가 있으면 즉시 그 상황을 외교부장관에게 보고하여야 한다.

(2) 제(1)항의 보고를 받은 외교부장관은 지체 없이 해외재난 발생 또는 발생 우려 지역에 거주하거나 체류하는 대한민국 국민("해외재난국민"이라 한다)의 생사확인 등 안전 여부를 확인하고, 행정안전부장관 및 관계 중앙행정기관의 장과 협의하여 해외재난국민의 보호를 위한 방안을 마련하여 시행하여야 한다.

(3) 해외재난국민의 가족 등은 외교부장관에게 해외재난국민의 생사확인 등 안전 여부 확인을 요청할 수 있다. 이 경우 외교부장관은 특별한 사유가 없으면 그 요청에 따라야 한다.

(4) 제(2)항 및 제(3)항에 따른 안전 여부 확인과 가족 등의 범위는 대통령령으로 정한다.

[재난상황의 보고(시행령 제24조)] 🔥🔥
① 재난상황의 보고 및 통보에는 다음 각 호의 사항이 포함되어야 한다. (M 재일장원/피/응/대복/향조/중)
　1. **재**난 발생의 **일**시·**장**소와 재난의 **원**인
　2. 재난으로 인한 **피**해내용
　3. **응**급조치 사항
　4. **대**응 및 **복**구활동 사항
　5. **향**후 **조**치계획
　6. 그 밖에 해당 재난을 수습할 책임이 있는 **중**앙행정기관의 장이 정하는 사항
② 시장·군수·구청장, 소방서장, 해양경찰서장, 법 제3조제5호나목에 따른 재난관리책임기관의 장 또는 법 제26조제1항에 따른 국가핵심기반의 장이 보고하여야 하는 재난의 구체적인 종류, 규모 및 보고방법 등은 행정안전부령으로 정한다.
③ 시·도지사는 보고받은 사항이 다음 각 호의 어느 하나에 해당되는 경우에는 이를 종합하여 행정안전부장관 및 재난관리주관기관의 장에게 통보하여야 한다.
　1. 재난이 2개 이상의 시·군·구에 걸쳐 발생한 경우
　2. 그 밖에 재난의 신속한 수습을 위하여 중앙대책본부장 또는 재난관리주관기관의 장의 지휘·통제나 다른 시·도의 협력이 필요하다고 인정되는 재난
④ 재난관리책임기관 중 시·도의 전부 또는 일부를 관할구역으로 하는 재난관리책임기관의 장은 해당 지역에서 소관 업무에 관계되는 재난이 발생하였을 때에는 즉시 그 사실을 재난이 발생한 지역의 관할 시·도지사 및 시장·군수·구청장에게 통보하여야 한다.

[재난상황의 보고 등(시행규칙 제5조)] 🔥
① 시장·군수·구청장, 소방서장, 해양경찰서장, 법 제3조제5호나목에 따른 재난관리책임기관의 장 또는 법 제26조제1항에 따른 국가핵심기반의 장(이하 "재난상황의 보고자"라 한다)은 다음 각 호의 구분에 따라 <u>재난상황을 보고</u> 해야 한다

1. 최초 보고	인명피해 등 주요 재난 발생 시 지체 없이 서면(전자문서를 포함한다), 팩스, 전화 중 <u>가장 빠른 방법</u>으로 하는 보고
2. 중간 보고	별지 제1호서식(자연재난에 따른 재난의 경우에는 별지 제2호서식)에 따라 전산시스템 등을 활용하여 <u>재난 수습기간 중에 수시로 하는 보고</u>
3. 최종 보고	재난 수습이 끝나거나 재난이 소멸된 후 영 제24조 제1항에 따른 사항을 종합하여 하는 보고

② 법 제20조제1항에 따라 <u>재난상황의 보고자</u>는 응급조치 내용을 별지 제3호서식의 응급복구조치 상황 및 별지 제4호서식의 응급구호조치 상황으로 구분하여 <u>재난기간 중 1일 2회 이상 보고</u>하여야 한다.

[재난상황의 보고대상(시행규칙 제5조의2)]
영 제24조제2항에 따라 재난상황의 보고자가 보고하여야 하는 재난의 종류와 규모는 다음 각 호와 같다.
1. 신고 및 보고된 산불
2. 국가핵심기반에서 발생한 화재·붕괴·폭발
3. 국가기관, 지방자치단체, 공공기관, 지방공사 및 지방공단, 유치원, 학교에서 발생한 화재, 붕괴, 폭발
4. 접경지역에 있는 하천의 급격한 수량 증가나 제방의 붕괴 등을 일으켜 인명 또는 재산에 피해를 줄 수 있는 댐의 방류
5. 감염병의 확산 또는 해외 신종감염병의 국내 유입으로 인한 재난
6. 단일 사고로서 사망 3명 이상(화재 또는 교통사고의 경우에는 5명 이상을 말한다) 또는 부상 20명 이상의 재난
7. 「가축전염병 예방법」 제11조제1항 각 호에 해당하는 가축의 발견
8. 지정문화재의 화재 등 관련 사고
9. 상수원보호구역의 수질오염 사고
10. 수질오염 사고
11. 유선·도선의 충돌, 좌초, 그 밖의 사고
12. 화학사고
13. 지진재해의 발생
14. 그 밖에 행정안전부장관이 정하여 고시하는 재난

02 출제예상문제

* 2019년

1 「재난 및 안전관리 기본법」상 중앙안전관리위원회와 안전정책조정위원회에 대한 설명으로 옳지 않은 것은?

① 중앙안전관리위원회는 국무총리 소속으로 국무총리가 위원장이다.
② 중앙안전관리위원회는 재난사태의 선포에 관한 사항을 심의하고, 안전정책조정위원회는 특별재난지역의 선포에 관한 사항을 심의한다.
③ 안전정책조정위원회는 중앙위원회에 상정될 안건을 사전에 검토한다.
④ 안전정책조정위원회 위원장은 행정안전부장관이 된다.

* 2018년 간부

2 다음 중 재난 및 안전관리 기본법에 근거한 안전관리기구 및 기능에 대한 설명으로 옳지 않은 것은?

① 재난 및 안전관리에 관한 중요정책에 관한 사항은 국무총리 소속으로 중앙안전관리위원회에서 심의한다.
② 중앙안전관리위원회에 상정될 안건을 사전에 검토하기 위해 중앙안전관리 위원회에 안전정책조정위원회를 둔다.
③ 행정안전부장관은 매년 재난 및 안전관리 사업의 효과성 및 효율성을 평가하고 그 결과를 관계 중앙행정기관의 장에게 통보하여야 한다.
④ 지역별 재난 및 안전관리에 관한 사항을 심의조정하기 위하여 시·도지사 소속으로 시·도 안전관리위원회를 둔다.
⑤ 중앙재난방송협의회의 구성 및 운영에 필요한 사항은 행정안전부령으로 정한다.

1.
중앙안전관리위원회의 심의사항
• 재난 및 안전관리에 관한 중요 정책에 관한 사항
• 국가안전관리기본계획에 관한 사항
• 재난 및 안전관리 사업 관련 중기사업계획서, 투자우선순위 의견 및 예산요구서에 관한 사항
• 중앙행정기관의 장이 수립·시행하는 계획, 점검·검사, 교육·훈련, 평가 등 재난 및 안전관리업무의 조정에 관한 사항
• 안전기준관리에 관한 사항
• 재난사태의 선포에 관한 사항
• 특별재난지역의 선포에 관한 사항
• 재난이나 그 밖의 각종 사고가 발생하거나 발생할 우려가 있는 경우 이를 수습하기 위한 관계 기관 간 협력에 관한 중요 사항
• 재난안전의무보험의 관리·운용 등에 관한 사항
• 중앙행정기관의 장이 시행하는 대통령령으로 정하는 재난 및 사고의 예방사업 추진에 관한 사항
• 「재난안전산업 진흥법」 제5조에 따른 기본계획에 관한 사항
• 그 밖에 위원장이 회의에 부치는 사항

2.
재난방송협의회(기본법 제12조)
㉠ 재난에 관한 예보·경보·통지나 응급조치 및 재난관리를 위한 재난방송이 원활히 수행될 수 있도록 중앙위원회에 중앙재난방송협의회를 둘 수 있으며, 지역 차원에서 재난에 대한 예보·경보·통지나 응급조치 및 재난방송이 원활히 수행될 수 있도록 지역위원회에 시·도 또는 시·군·구 재난방송협의회를 둘 수 있다.
㉡ <u>중앙재난방송협의회의 구성 및 운영에 필요한 사항은 대통령령으로 정하고, 지역재난방송협의회의 구성 및 운영에 필요한 사항은 해당 지방자치단체의 조례로 정한다.</u>

Answer 1.② 2.⑤

3 재난 및 안전관리 기본법상 지역별 재난 및 안전관리에 관한 사항 중 지역위원회가 심의·조정할 수 없는 사항은?

① 해당 지역에 대한 재난 및 안전관리정책에 관한 사항
② 해당 지역을 관할하는 상급 지방자치단체가 수행하는 재난 및 안전관리업무의 추진에 관한 사항
③ 재난이나 그 밖의 각종 사고가 발생하거나 발생할 우려가 있는 경우 이를 수습하기 위한 관계 기관 간 협력에 관한 사항
④ 다른 법령이나 조례에 따라 해당 위원회의 권한에 속하는 사항

3.
지역위원회(시·도 안전관리위원회 및 시·군·구 안전관리위원회)[기본법 제11조]

심의·조정 사항	• 해당 지역에 대한 재난 및 안전관리 정책에 관한 사항 • 안전관리계획에 관한 사항 • 해당 지역을 관할하는 재난관리책임기관이 수행하는 재난 및 안전관리 업무의 추진에 관한 사항 • 재난이나 그 밖의 각종 사고가 발생하거나 발생할 우려가 있는 경우 이를 수습하기 위한 관계 기관 간 협력에 관한 사항 • 다른 법령이나 조례에 따라 해당 위원회의 권한에 속하는 사항 • 그 밖에 해당 위원회의 위원장이 회의에 부치는 사항

4 재난 및 안전관리 기본법 상 다음 설명에 해당하는 기구는?

• 평상 시 재난 및 안전관리 위험요소 및 취약시설의 모니터링. 제보 기능을 한다.
• 재적위원 4분의 1이상이 회의 소집을 요청하는 경우 회의가 소집될 수 있다.
• 기구 내에 재난긴급 대응단을 둘 수 있다.

① 중앙안전관리위원회
② 중앙재난방송협의회
③ 중앙안전관리민관협력위원회
④ 안전정책조정위원회

4.
중앙민관협력위원회의 기능 등(기본법 제12조의3)
㉠ 중앙민관협력위원회의 기능
 • 재난 및 안전관리 민관협력활동에 관한 협의
 • 재난 및 안전관리 민관협력활동사업의 효율적 운영방안의 협의
 • 평상시 재난 및 안전관리 위험요소 및 취약시설의 모니터링·제보
 • 재난 발생 시 인적·물적 자원 동원, 인명구조·피해복구 활동 참여, 피해주민 지원서비스 제공 등에 관한 협의
㉡ 중앙민관협력위원회의 회의 소집(공동위원장이 소집)
 • 대규모 재난의 발생으로 민관협력 대응이 필요한 경우
 • 재적위원 4분의 1 이상이 회의 소집을 요청하는 경우
 • 그 밖에 공동위원장이 회의 소집이 필요하다고 인정하는 경우

Answer 3.② 4.③

※ 2019년

5 다음 중 "중앙재난안전대책본부장"은?

① 국무총리
② 행정안전부장관
③ 행정안전부 본부장
④ 대통령

6 "교통대란으로 인한 국가기반체제 마비가 발생"하였을 때 중앙재난안전대책본부의 차장 역할을 할 수 있는 자는?

① 국무총리
② 소방청장
③ 행정안전부 본부장
④ 행정안전부장관

5.

중앙재난안전대책본부(기본법 제14조)
① 중앙대책본부에 본부장과 차장을 둔다.
② <u>중앙대책본부의 본부장은 행정안전부장관이 되며</u>, 중앙대책본부는 중앙대책본부의 업무를 총괄하고 필요하다고 인정하면 중앙재난안전대책본부회의를 소집할 수 있다. 다만, <u>해외재난의 경우에는 외교부장관이</u>, <u>방사능재난의 경우에는 중앙방사능방재대책본부의 장</u>이 각각 중앙대책본부의 권한을 행사한다.
③ ②항에도 불구하고 재난의 효과적인 수습을 위하여 다음의 어느 하나에 해당하는 경우에는 <u>국무총리가 중앙대책본부장의 권한을 행사할 수 있다</u>. 이 경우 행정안전부장관, 외교부장관(해외재난의 경우에 한정한다) 또는 원자력안전위원회 위원장(방사능 재난의 경우에 한정한다)이 차장이 된다. **(M 범수건)**

① 국무총리가 **범**정부적 차원의 통합 대응이 필요하다고 인정하는 경우
② 행정안전부장관이 국무총리에게 **건**의하는 경우
③ **수**습본부장의 요청을 받아 행정안전부장관이 국무총리에게 건의하는 경우

6.

행정안전부장관이 본부장일 경우

차장	행정안전부 재난안전관리사무를 담당하는 본부장
총괄조정관	행정안전부 소속 공무원 중 해당 재난 업무를 담당하는 고위공무원단에 속하는 일반직 공무원
대변인	행정안전부 소속 공무원 중 행정안전부징관이 지명하는 고위공무원단에 속하는 일반직공무원
통제관	행정안전부 소속 공무원 중 해당 재난 업무를 담당하는 고위공무원단에 속하는 일반직 공무원
부대변인	재난 및 사고 유형별 재난관리주관기관 소속 공무원 중에서 소속 기관의 장의 추천을 받아 행정안전부장관이 지명하는 공무원
담당관	행정안전부 소속 공무원 중 해당 재난 업무를 담당하는 부서의 과장급 공무원

Answer 5.② 6.③

※ 2020년
7 「재난 및 안전관리 기본법」상 우리나라 재난관리체계에 관한 설명으로 옳지 않은 것은?

① 재난 및 안전관리에 관한 중요 정책을 심의하기 위하여 국무총리 소속으로 중앙안전관리위원회를 둔다.
② 대통령령으로 정하는 대규모 재난의 대응·복구를 총괄하기 위하여 행정안전부에 중앙재난안전대책본부를 둔다.
③ 소방서는 인명구조, 응급처치 등 긴급 조치를 담당하는 긴급구조지원기관에 해당한다.
④ 시·군·구 재난안전대책본부장은 시장·군수·구청장이며, 시·군·구 긴급구조통제단장은 소방서장이다.

7.
③ 소방서는 인명구조, 응급처치 등 긴급 조치를 담당하는 긴급구조기관에 해당한다.

8 다음 중 "재난안전상황실" 설치·운영권자가 아닌 것은?

① 중앙119구조본부장
② 부산광역시장
③ 경기도지사
④ 영월군수

8.
재난안전상황실(기본법 제18조) 🔥🔥🔥
<u>행정안전부장관, 시·도지사 및 시장·군수·구청장</u>은 재난정보의 수집·전파, 상황관리, 재난발생 시 초동조치 및 지휘 등의 업무를 수행하기 위하여 다음 각 호의 구분에 따른 상시 <u>재난안전상황실을 설치·운영</u>하여야 한다.

9 재난상황의 보고 및 통보사항으로 잘못된 것은?

① 재난발생의 일시 및 장소와 재난의 원인
② 해당 재난을 수습할 책임이 있는 지역행정기관의 장이 정하는 사항
③ 응급조치 사항
④ 대응 및 복구활동 사항

9.
재난상황의 보고(시행령 제24조) 🔥🔥
① 재난상황의 보고 및 통보에는 다음 각 호의 사항이 포함되어야 한다. (**M 재일장원/피/응/대복/향조/중**)
 1. **재**난 발생의 **일**시·**장**소와 재난의 **원**인
 2. 재난으로 인한 **피**해내용
 3. **응**급조치 사항
 4. **대**응 및 **복**구활동 사항
 5. **향**후 **조**치계획
 6. 그 밖에 해당 재난을 수습할 책임이 있는 **중**앙행정기관의 장이 정하는 사항

Answer 7.③ 8.① 9.②

10 재난상황의 보고기관이 아닌 것은?

① 경찰서장
② 구청장
③ 해양경찰서장
④ 소방서장

11 재난상황보고 내용과 관계있는 것은?

> 전산시스템 등을 활용하여 재난의 수습기간 중에 수시로 하는 보고

① 최초보고
② 중간보고
③ 최종보고
④ 기타보고

10.

재난상황의 보고(기본법 제20조) – 국내재난
시장·군수·구청장, 소방서장, 해양경찰서장, 재난관리책임기관의 장 또는 국가핵심기반을 관리하는 기관·단체의 장("관리기관의 장"이라 한다)은 그 관할구역, 소관 업무 또는 시설에서 재난이 발생하거나 발생할 우려가 있으면 대통령령으로 정하는 바에 따라 재난상황에 대해서는 즉시, 응급조치 및 수습현황에 대해서는 지체 없이 각각 행정안전부장관, 관계 재난관리주관기관의 장 및 시·도지사에게 보고하거나 통보하여야 한다.
이 경우 관계 재난관리주관기관의 장 및 시·도지사는 보고받은 사항을 확인·종합하여 행정안전부장관에게 통보하여야 한다.

11.

재난상황의 보고 등(시행규칙 제5조) 🔥
① 시장·군수·구청장, 소방서장, 해양경찰서장, 법 제3조 제5호 나목에 따른 재난관리책임기관의 장 또는 법 제26조제1항에 따른 국가핵심기반의 장(이하 "재난상황의 보고자"라 한다)은 다음 각 호의 구분에 따라 재난상황을 보고해야 한다

1. 최초 보고	인명피해 등 주요 재난 발생 시 지체 없이 서면(전자문서를 포함한다), 팩스, 전화 중 가장 빠른 방법으로 하는 보고
2. 중간 보고	별지 제1호서식(자연재난에 따른 재난의 경우에는 별지 제2호서식)에 따라 전산시스템 등을 활용하여 재난 수습기간 중에 수시로 하는 보고
3. 최종 보고	재난 수습이 끝나거나 재난이 소멸된 후 영 제24조제1항에 따른 사항을 종합하여 하는 보고

② 법 제20조제1항에 따라 재난상황의 보고자는 응급조치 내용을 별지 제3호서식의 응급복구조치 상황 및 별지 제4호서식의 응급구호조치 상황으로 구분하여 재난기간 중 1일 2회 이상 보고하여야 한다.

Answer 10.① 11.②

12 해외재난상황 발생 시 가장 먼저 보고하여야 할 곳은?

① 외교부장관
② 국방부장관
③ 행정안전부장관
④ 경찰청장

12.
해외재난상황의 보고 및 관리(기본법 제21조)
① 재외공관의 장은 관할 구역에서 해외재난이 발생하거나 발생할 우려가 있으면 즉시 그 상황을 외교부장관에게 보고하여야 한다.
② 제①항의 보고를 받은 외교부장관은 지체 없이 해외재난 발생 또는 발생 우려 지역에 거주하거나 체류하는 대한민국 국민("해외재난국민"이라 한다)의 생사확인 등 안전 여부를 확인하고, 행정안전부장관 및 관계 중앙행정기관의 장과 협의하여 해외재난국민의 보호를 위한 방안을 마련하여 시행하여야 한다.
③ 해외재난국민의 가족 등은 외교부장관에게 해외재난국민의 생사확인 등 안전 여부 확인을 요청할 수 있다. 이 경우 외교부장관은 특별한 사유가 없으면 그 요청에 따라야 한다.
④ 제②항 및 제③항에 따른 안전 여부 확인과 가족 등의 범위는 대통령령으로 정한다.

* 2023년
13 「재난 및 안전관리 기본법」상 대통령령으로 정하는 대규모 재난의 대응 복구 등에 관한 사항을 총괄 조정하고 필요한 조치를 하기 위하여 행정안전부에 두는 조직은?

① 안전관리자문단
② 중앙안전관리위원회
③ 안전정책조정위원회
④ 중앙긴급구조통제단
⑤ 중앙재난안전대책본부

13.
중앙재난안전대책본부(기본법 제14조)
대통령령으로 정하는 대규모 재난의 대응·복구 등에 관한 사항을 총괄·조정하고 필요한 조치를 하기 위하여 행정안전부에 중앙재난안전대책본부를 둔다.

Answer 12.① 13.⑤

03 안전관리계획

01 국가안전관리기본계획

1 국가안전관리기본계획의 수립 등(기본법 제22조) 🔥🔥

(1) 국무총리는 대통령령으로 정하는 바에 따라 국가의 재난 및 안전관리업무에 관한 기본계획("국가안전관리기본계획"이라 한다)의 수립지침을 작성하여 관계 중앙행정기관의 장에게 통보하여야 한다.

(2) 제(1)항에 따른 수립지침에는 부처별로 중점적으로 추진할 안전관리기본계획의 수립에 관한 사항과 국가재난관리체계의 기본방향이 포함되어야 한다.

(3) 관계 중앙행정기관의 장은 제(1)항에 따른 수립지침에 따라 그 소관에 속하는 재난 및 안전관리업무에 관한 기본계획을 작성한 후 국무총리에게 제출하여야 한다.

(4) 국무총리는 제(3)항에 따라 관계 중앙행정기관의 장이 제출한 기본계획을 종합하여 국가안전관리기본계획을 작성하여 중앙위원회의 심의를 거쳐 확정한 후 이를 관계 중앙행정기관의 장에게 통보하여야 한다.

(5) 중앙행정기관의 장은 제(4)항에 따라 확정된 국가안전관리기본계획 중 그 소관 사항을 관계 재난관리책임기관(중앙행정기관과 지방자치단체는 제외한다)의 장에게 통보하여야 한다.

(6) 국가안전관리기본계획을 변경하는 경우에는 제(1)항부터 제(5)항까지를 준용한다.

(7) 국가안전관리기본계획과 제23조의 집행계획, 제24조의 시·도안전관리계획 및 제25조의 시·군·구안전관리계획은 「민방위기본법」에 따른 민방위계획 중 재난관리분야의 계획으로 본다.

(8) 국가안전관리기본계획에는 다음 각 호의 사항이 포함되어야 한다. (M 재시교생산범취식)
① **재**난에 관한 대책
② **생**활안전, **교**통안전, **산**업안전, **시**설안전, **범**죄안전, **식**품안전, 안전**취**약계층 안전 및 그 밖에 이에 준하는 안전관리에 관한 대책

[국가안전관리기본계획 수립(시행령 제26조)] 🔥🔥
① 국무총리는 법 제22조 제1항에 따른 국가의 재난 및 안전관리업무에 관한 기본계획(이하 "국가안전관리기본계획"이라한다)의 수립지침을 5년마다 작성해야 한다.
② 국무총리는 법 제22조제4항에 따라 국가안전관리기본계획을 5년마다 수립해야 한다. 이 경우 관계 기관 및 전문가 등의 의견을 들을 수 있다.
③ 관계 중앙행정기관의 장은 국가안전관리기본계획을 이행하기 위하여 필요한 예산을 반영하는 등의 조치를 하여야 한다.
④ 행정안전부장관은 법 제22조제4항에 따라 통보받은 국가안전관리기본계획을 행정안전부의 인터넷 홈페이지에 공개해야 한다.

국가안전관리 기본계획 작성절차(5년마다)

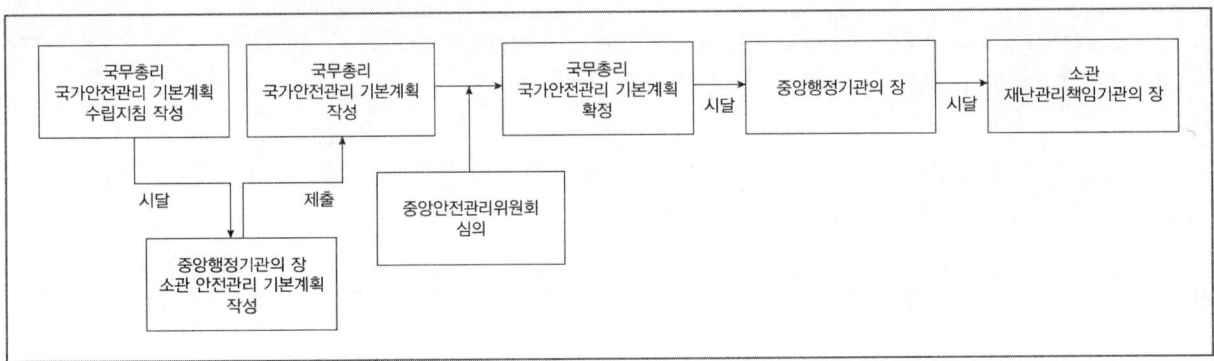

02 집행계획

① 집행계획(기본법 제23조)

(1) 관계 중앙행정기관의 장은 통보받은 국가안전관리기본계획에 따라 그 소관 업무에 관한 집행계획을 작성하여 조정위원회의 심의를 거쳐 국무총리의 승인을 받아 확정한다.

(2) 관계 중앙행정기관의 장은 확정된 집행계획을 행정안전부장관, 시·도지사 및 재난관리책임기관의 장에게 각각 통보하여야 한다.

(3) 재난관리책임기관의 장은 제(2)항에 따라 통보받은 집행계획에 따라 세부집행계획을 작성하여 관할 시·도지사와 협의한 후 소속 중앙행정기관의 장의 승인을 받아 이를 확정하여야 한다. 이 경우 그 재난관리책임기관의 장이 공공기관이나 공공단체의 장인 경우에는 그 내용을 지부 등 지방조직에 통보하여야 한다.

> [집행계획의 작성 및 제출 등(시행령 제27조)]
> ① 관계 중앙행정기관의 장은 매년 10월 31일까지 다음 연도의 법 제23조제1항에 따른 집행계획(이하 "집행계획"이라 한다)을 작성하여 행정안전부장관에게 통보하여야 한다.
> ② 행정안전부장관은 집행계획을 효율적으로 수립하기 위하여 필요한 경우에는 집행계획의 작성지침을 마련하여 관계 중앙 행정기관의 장에게 통보할 수 있다.
> ③ 관계 중앙행정기관의 장은 집행계획을 작성하는 경우에 필요하면 제28조에 따라 세부집행계획을 작성하여야 하는 재난관리책임기관의 장에게 집행계획의 작성에 필요한 자료의 제출을 요청할 수 있다.
> ④ 중앙행정기관의 장은 법 제23조 제1항에 따라 확정된 집행계획에 변경 사항이 있을 때에는 그 변경 사항을 행정안전부장관과 협의한 후 국무총리에게 보고하여야 한다. 다만, 다음 각 호의 어느 하나에 해당하는 경미한 사항은 보고를 생략할 수 있다.
>   1. 집행계획 중 재난 및 안전관리에 소요되는 비용 등의 단순 증감에 관한 사항
>   2. 다른 관계 중앙행정기관의 재난 및 안전관리에 영향을 미치지 않는 사항
>   3. 그 밖에 행정안전부장관이 집행계획의 기본방향에 영향을 미치지 않는 것으로 인정하는 사항

국가안전관리 집행계획 작성절차(매년마다)

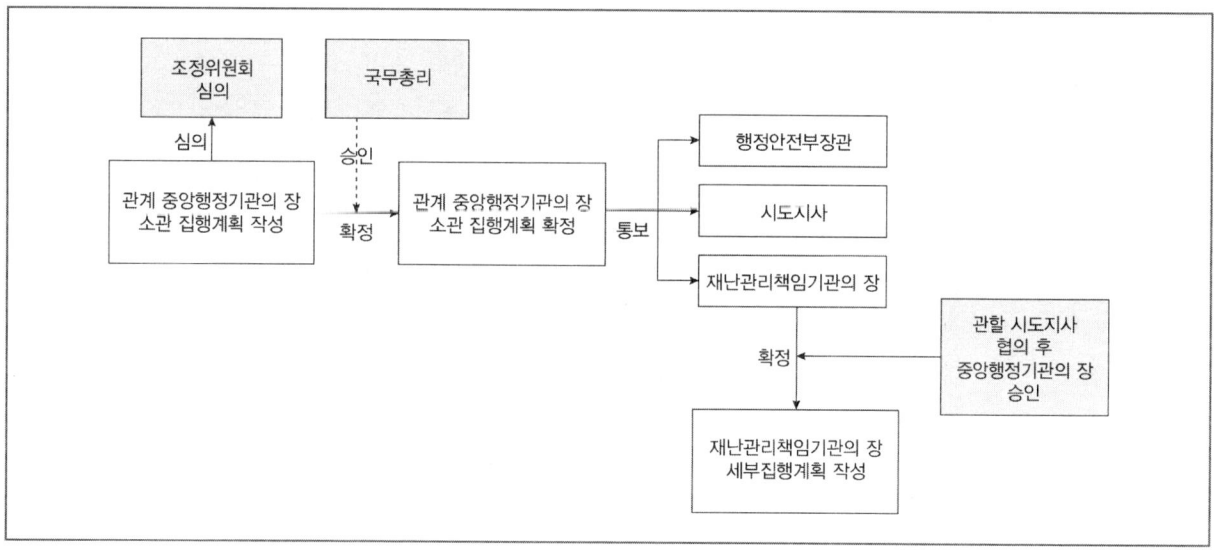

03 시·도 및 시·군·구 안전관리계획

① 시·도 안전관리계획의 수립(기본법 제24조)

(1) 행정안전부장관은 국가안전관리기본계획과 집행계획에 따라 시·도의 재난 및 안전관리업무에 관한 계획("시·도안전관리계획"이라 한다)의 수립지침을 작성하여 이를 시·도지사에게 통보하여야 한다.

(2) 시·도의 전부 또는 일부를 관할 구역으로 하는 재난관리책임기관의 장은 그 소관 재난 및 안전관리업무에 관한 계획을 작성하여 관할 시·도지사에게 제출하여야 한다.

(3) 시·도지사는 제(1)항에 따라 통보받은 수립지침과 제(2)항에 따라 제출받은 재난 및 안전관리업무에 관한 계획을 종합하여 시·도안전관리계획을 작성하고 시·도위원회의 심의를 거쳐 확정한다.

(4) 시·도지사는 제(3)항에 따라 확정된 시·도안전관리계획을 행정안전부장관에게 보고하고, 제(2)항에 따른 재난관리책임기관의 장에게 통보하여야 한다.

시·도 안전관리계획 수립절차

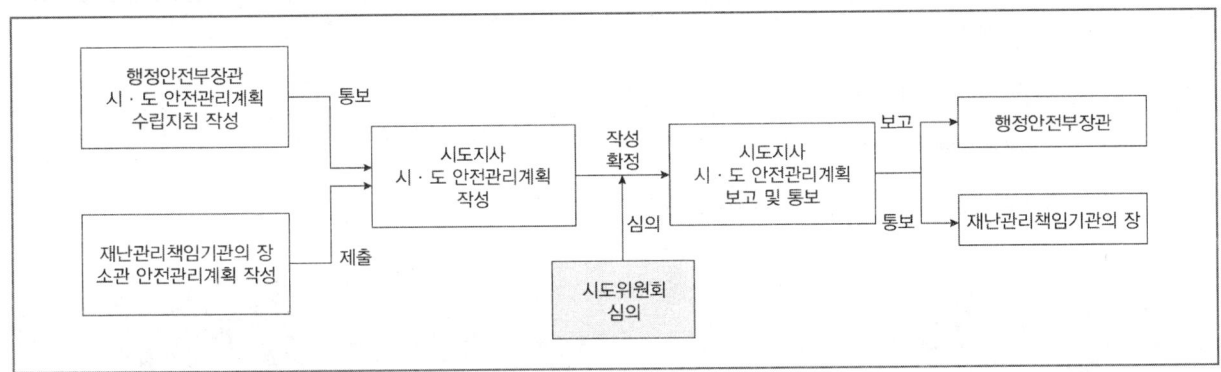

② 시·군·구안전관리계획의 수립(기본법 제25조)

(1) 시·도지사는 확정된 시·도안전관리계획에 따라 시·군·구의 재난 및 안전관리업무에 관한 계획(이하 "시·군·구안전관리계획"이라 한다)의 수립지침을 작성하여 시장·군수·구청장에게 통보하여야 한다.

(2) 시·군·구의 전부 또는 일부를 관할 구역으로 하는 재난관리책임기관의 장은 그 소관 재난 및 안전관리업무에 관한 계획을 작성하여 시장·군수·구청장에게 제출하여야 한다.

(3) 시장·군수·구청장은 제(1)항에 따라 통보받은 수립지침과 제(2)항에 따라 제출받은 재난 및 안전관리업무에 관한 계획을 종합하여 시·군·구안전관리계획을 작성하고 시·군·구위원회의 심의를 거쳐 확정한다.

(4) 시장·군수·구청장은 제(3)항에 따라 확정된 시·군·구안전관리계획을 시·도지사에게 보고하고, 제(2)항에 따른 재난관리책임기관의 장에게 통보하여야 한다.

[시·도안전관리계획 및 시·군·구안전관리계획의 작성(시행령 제29조)]
① 법 제24조제3항에 따른 시·도안전관리계획과 법 제25조 제3항에 따른 시·군·구안전관리계획은 법 제22조 제8항 각 호의 대책을 포함하여 작성하여야 한다〈법 제22조 제8항〉.
  1. 재난에 관한 대책
  2. 생활안전, 교통안전, 산업안전, 시설안전, 범죄안전, 식품안전, 안전취약계층 안전 및 그 밖에 이에 준하는 안전관리에 관한 대책
② 시·도지사 및 시장·군수·구청장은 소관 안전관리계획에 대하여 실무위원회의 사전검토 및 심의를 거칠 수 있다.
③ 시·도지사는 전년도 12월 31일까지, 시장·군수·구청장은 해당 연도 2월 말일까지 소관 안전관리계획을 확정하여야 한다.
④ 법 제24조제2항 및 제25조제2항에 따라 재난관리책임기관의 장이 작성하는 그 소관 안전관리업무에 관한 계획에는 다음 각 호의 사항이 포함되어야 한다.
  1. 소관 재난 및 안전관리에 관한 기본방향
  2. 재난별 대응 시 관계 기관 간의 상호 협력 및 조치에 관한 사항
  3. 소관 재난 및 안전관리를 위한 사업계획에 관한 사항
  4. 그 밖에 재난 및 안전관리에 필요한 사항

시·군·구 안전관리계획 수립절차

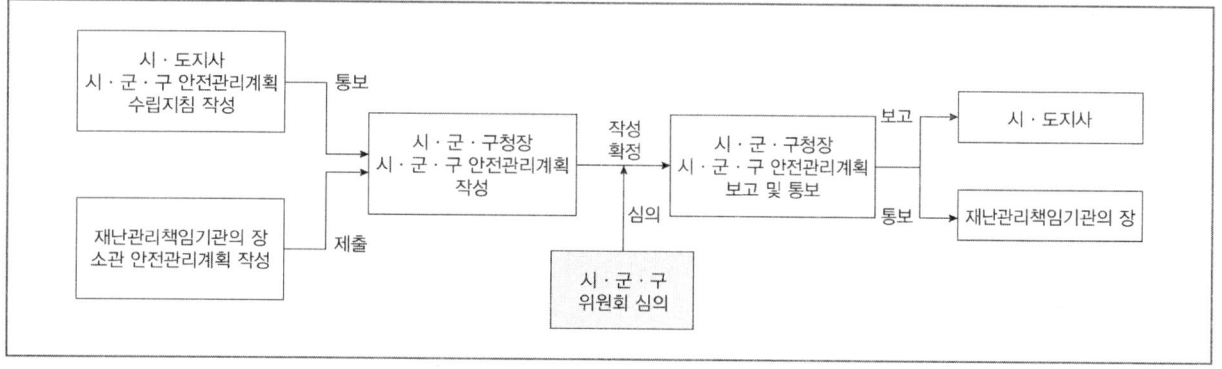

03 출제예상문제

1 「다음은 국가안전관리기본계획에 관한 내용이다. ㉠, ㉡에 들어갈 내용으로 옳게 짝지어진 것은?

> 국가안전관리기본계획은 재난의 예방·대비·대응·복구 등 재난 및 안전관리를 위한 기본방향과 관련 부처가 추진할 안전관리계획 등을 포함하는 것으로 (㉠)마다 수립하는 국가재난관리의 장기적인 마스터 플랜이다. 각종 재난 및 안전 관련 계획 간의 중복을 방지하고 연계성을 강화한 국가안전관리기본계획의 수립지침 작성책임은 (㉡)에게 있다.

① 5년, 국무총리
② 5년, 행정안전부장관
③ 3년, 국무총리
④ 3년, 행정안전부장관

2 재난 및 안전관리 기본법령상 국가안전관리 기본계획의 재난 및 안전관리대책으로 옳지 않은 것은?

① 긴급구호대책
② 교통안전대책
③ 범죄안전대책
④ 생활안전대책

1.
국가안전관리기본계획 수립(시행령 제26조)
① 국무총리는 법 제22조제1항에 따른 국가의 재난 및 안전관리업무에 관한 기본계획(이하 "국가안전관리기본계획"이라 한다)의 수립지침을 5년마다 작성해야 한다.
② 국무총리는 법 제22조제4항에 따라 국가안전관리기본계획을 5년마다 수립해야 한다. 이 경우 관계 기관 및 전문가 등의 의견을 들을 수 있다.
③ 관계 중앙행정기관의 장은 국가안전관리기본계획을 이행하기 위하여 필요한 예산을 반영하는 등의 조치를 하여야 한다.
④ 행정안전부장관은 법 제22조제4항에 따라 통보받은 국가안전관리기본계획을 행정안전부의 인터넷 홈페이지에 공개해야 한다.

2.
국가안전관리기본계획에는 다음 각 호의 사항이 포함되어야 한다. (**M** **재**시**교**생**산**범**취**식**)
① **재**난에 관한 대책
② **생**활안전, **교**통안전, **산**업안전, **시**설안전, **범**죄안전, **식**품안전, 안전**취**약계층 안전 및 그 밖에 이에 준하는 안전관리에 관한 대책

Answer 1.① 2.①

3 재난 및 안전관리 기본법령 상 국가안전관리기본계획 및 집행계획에 관한 설명으로 옳지 않은 것은?

① 국무총리는 국가안전관리기본계획을 5년마다 수립하여야 한다.
② 국무총리는 국가안전관리기본계획을 작성하여 중앙위원회의 심의를 거쳐 확정한 후 이를 관계 중앙행정기관의 장에게 통보하여야 한다.
③ 국무총리는 집행계획을 효율적으로 수립하기 위하여 필요한 경우에는 집행계획의 작성지침을 마련하여 관계 중앙행정기관의 장에게 통보할 수 있다.
④ 국가안전관리기본계획에는 재난에 관한 대책, 생활안전·교통안전·산업안전·시설안전·범죄안전·식품안전·안전취약계층 안전 및 그 밖에 이에 준하는 안전관리에 관한 대책으로 구성한다.

4 재난 및 안전관리 기본법 상 안전관리계획의 작성권자에 대한 설명으로 옳지 않은 것은?

① 국가안전관리기본계획의 수립지침은 국무총리가 작성한다.
② 국가안전관리기본계획은 행정안전부장관이 작성한다.
③ 관계 중앙행정기관의 장은 소관 업무에 관한 집행계획을 작성한다.
④ 재난관리책임기관의 장은 집행계획에 따라 세부집행계획을 작성한다.

3.
집행계획의 작성 및 제출 등(시행령 제27조)
① 관계 중앙행정기관의 장은 매년 10월 31일까지 다음 연도의 법 제23조제1항에 따른 집행계획(이하 "집행계획"이라 한다)을 작성하여 행정안전부장관에게 통보하여야 한다.
② 행정안전부장관은 집행계획을 효율적으로 수립하기 위하여 필요한 경우에는 집행계획의 작성지침을 마련하여 관계 중앙 행정기관의 장에게 통보할 수 있다.

4.
국가안전관리기본계획 수립(시행령 제26조)
① 국무총리는 법 제22조제1항에 따른 국가의 재난 및 안전관리업무에 관한 기본계획(이하 "국가안전관리기본계획"이라 한다)의 수립지침을 5년마다 작성해야 한다.
② 국무총리는 법 제22조제4항에 따라 국가안전관리기본계획을 5년마다 수립해야 한다. 이 경우 관계 기관 및 전문가 등의 의견을 들을 수 있다.

Answer 3.③ 4.②

04 재난의 예방

재난의 예방이란 발생 가능한 재난의 위험성 평가 및 분석, 위험요인 제거, 관련법 정비·제정, 예방관련 정책수립시행 등을 통해 <u>재난발생의 위험성을 사전에 제거하기 위한 모든 행위</u>를 말한다.

1 재난관리책임기관의 장의 재난예방조치 등(기본법 제25조의2)

(1) <u>재난관리책임기관의 장</u>은 소관 관리대상 업무의 분야에서 재난 발생을 사전에 방지하기 위하여 다음의 조치를 하여야 한다. 🔥🔥 (Ⓜ 조/예/교/체/핵/특/방/관) 2021 간부

> 1. 재난에 대응할 **조**직의 구성 및 정비
> 2. 재난의 **예**측 및 예측정보 등의 제공·이용에 관한 체계의 구축
> 3. 재난 발생에 대비한 **교**육·훈련과 재난관리예방에 관한 홍보
> 4. 재난이 발생할 위험이 높은 분야에 대한 안전관리**체**계의 구축 및 안전관리규정의 제정
> 5. 지정된 국가**핵**심기반의 관리
> 6. **특**정관리대상지역에 관한 조치
> 7. 재난**방**지시설의 점검·관리
> 8. 제34조에 따른 재난**관**리자원의 관리
> 9. 그 밖에 재난을 예방하기 위하여 필요하다고 인정되는 사항

(2) <u>재난관리책임기관의 장</u>은 제(1)항에 따른 재난예방조치를 효율적으로 시행하기 위하여 필요한 <u>사업비를 확보</u>하여야 한다.

(3) <u>재난관리책임기관의 장</u>은 다른 재난관리책임기관의 장에게 재난을 예방하기 위하여 필요한 협조를 요청할 수 있다. 이 경우 요청을 받은 다른 재난관리책임기관의 장은 특별한 사유가 없으면 요청에 따라야 한다.

(4) <u>재난관리책임기관의 장</u>은 재난관리의 실효성을 확보할 수 있도록 제(1)항 제4호에 따른 <u>안전관리체계 및 안전관리규정을 정비·보완</u>하여야 한다.

(5) 재난관리책임기관의 장 및 국회·법원·헌법재판소·중앙선거관리위원회의 행정사무를 처리하는 기관의 장은 재난상황에서 해당 기관의 핵심기능을 유지하는 데 필요한 계획(이하 "기능연속성계획"이라 한다)을 수립·시행하여야 한다.

(6) 행정안전부장관이 재난상황에서 해당 기관·단체의 핵심 기능을 유지하는 것이 특별히 필요하다고 인정하여 고시하는 기관·단체(민간단체를 포함한다) 및 민간업체는 기능연속성계획을 수립·시행하여야 한다. 이 경우 민간단체 및 민간업체에 대해서는 해당 단체 및 업체와 협의를 거쳐야 한다.

(7) <u>행정안전부장관</u>은 재난관리책임기관의 <u>기능연속성계획 이행실태를 정기적으로 점검</u>하고, 그 결과를 제33조의2에 따른 재난관리체계 등에 대한 평가에 반영할 수 있다.

(8) 기능연속성계획에 포함되어야 할 사항 및 계획수립의 절차 등은 국회규칙, 대법원규칙, 헌법재판소규칙, 중앙선거관리위원회규칙 및 대통령령으로 정한다.

[기능연속성계획의 수립 등(시행령 제29조의3)]

① <u>행정안전부장관</u>은 법 제25조의2 제5항에 따른 재난상황에서 각 재난관리책임기관의 핵심기능을 유지하는 데 필요한 계획(이하 "기능연속성계획"이라 한다)의 수립을 위한 <u>지침을 작성하여 재난관리책임기관, 행정안전부장관이 고시하는 기관·단체(민간단체 포함) 및 민간업체의 장에게 통보</u>해야 한다.

② 제①항에 따라 기능연속성계획의 수립을 위한 지침을 통보받은 관계 중앙행정기관의 장 및 시·도지사는 소관 업무 또는 관할 지역의 특수성을 반영한 지침을 작성하여 관계 재난관리책임기관의 장 및 관할 지역의 재난관리책임기관의 장에게 각각 통보할 수 있다.

③ <u>기능연속성계획에는 다음 각 호의 사항이 포함되어야 한다.</u> (M 선/의/대/구/교)
  1. 재난관리책임기관의 핵심기능의 **선**정과 우선순위에 관한 사항
  2. 재난상황에서 핵심기능을 유지하기 위한 **의**사결정권자 지정 및 그 권한의 대행에 관한 사항
  3. 핵심기능의 유지를 위한 **대**체시설, 장비 등의 확보에 관한 사항
  4. 재난상황에서의 소속 직원의 활동계획 등 기능연속성계획의 **구**체적인 시행절차에 관한 사항
  5. 소속 직원 등에 대한 기능연속성계획의 **교**육·훈련에 관한 사항
  6. 그 밖에 재난관리책임기관의 장이 재난상황에서 해당 기관의 핵심기능을 유지하는데 필요하다고 인정하는 사항

④ <u>재난관리책임기관의 장</u>은 기능연속성계획을 수립하거나 변경한 경우에는 <u>수립 또는 변경 후 1개월 이내에 행정안전부장관에게 통보</u>하여야 한다. 이 경우 시장·군수·구청장은 시·도지사를 거쳐 통보하고, 별표 1의2에 따른 재난관리책임기관의 장은 관계 중앙행정기관의 장 또는 시·도지사를 거쳐 통보한다.

⑤ 행정안전부장관은 법 제25조의2 제6항에 따라 기능연속성계획의 이행실태를 확인·점검(이하 이 조에서 "이행실태점검"이라 한다)하는 경우에는 재난관리책임기관의 장에게 미리 이행실태점검 계획을 통보하여야 한다.

⑥ 행정안전부장관은 이행실태점검을 하는 경우에는 다음의 따라 정하는 행정기관과 합동으로 점검을 할 수 있다.
  1. 재난관리책임기관과 행정안전부장관이 고시하는 기관·단체 및 민간업체 : 관계 중앙행정기관의 장 또는 소관 지방자치단체의 장
  2. 시·군·구 : 시·도지사

⑦ 행정안전부장관은 이행실태점검 결과에 따라 기능연속성계획수립기관의 장에게 시정이나 보완 등을 요청할 수 있으며, 재난관리책임기관에 대해서는 시정이나 보완 등을 요청한 사항이 적정하게 반영되었는지를 법 제33조의2에 따른 재난관리체계 등에 대한 평가에 반영할 수 있다.

⑧ 제①항부터 제⑦항까지에서 규정한 사항 외에 기능연속성계획의 수립 및 이행실태점검에 필요한 사항은 행정안전부장관이 정한다.

❷ 국가핵심기반시설의 지정 등(기본법 제26조)

(1) 관계 중앙행정기관의 장은 소관 분야의 국가핵심기반을 다음 각 호의 기준에 따라 조정위원회의 심의를 거쳐 지정할 수 있다. ♨

> (M 연/둘/국경사규범/가복용)
> 1. 다른 국가핵심기반 등에 미치는 **연쇄**효과
> 2. **둘** 이상의 중앙행정기관의 공동대응 필요성
> 3. 재난이 발생하는 경우 **국**가안전보장과 **경**제 · **사**회에 미치는 피해 **규**모 및 **범**위
> 4. 재난의 발생 **가**능성 또는 그 **복**구의 **용**이성

(2) 관계 중앙행정기관의 장은 제(1)항에 따른 지정 여부를 결정하기 위하여 필요한 자료의 제출을 소관 재난관리책임기관의 장에게 요청할 수 있다.

(3) 관계 중앙행정기관의 장은 소관 재난관리책임기관이 해당 업무를 폐지 · 정지 또는 변경하는 경우에는 조정위원회의 심의를 거쳐 국가핵심기반의 지정을 취소할 수 있다.

(4) 국가핵심기반의 지정 및 지정취소 등에 필요한 사항은 대통령령으로 정한다.

> [국가핵심기반의 지정 등(시행령 제30조)]
> ① 관계 중앙행정기관의 장은 소관 재난관리책임기관의 장이나 해당 시설 관리자의 의견을 들어 법 제26조제1항 각 호와 별표 2의 기준에 적합하게 국가핵심기반을 지정하여야 한다.
> ② 관계 중앙행정기관의 장은 제(1)항에 따라 국가핵심기반을 지정하려는 경우에는 미리 행정안전부장관과 협의를 거쳐 조정위원회에 심의를 요청하여야 한다.
> ③ 관계 중앙행정기관의 장이 법 제26조 제3항에 따라 국가핵심기반의 지정을 취소하는 경우에 제②항을 준용한다.
> ④ 관계 중앙행정기관의 장은 법 제26조 제1항 및 제3항에 따라 국가핵심기반을 지정하거나 취소하는 경우에는 다음 각 호의 사항을 관보에 공고하여야 한다. 다만, 관계 중앙행정기관의 장이 국가의 안전보장을 위하여 필요하다고 인정하는 경우에는 공고를 생략할 수 있다.
>   1. 국가핵심기반의 명칭
>   2. 국가핵심기반의 관리 기관 또는 업체 및 그 장의 명칭
>   3. 국가핵심기반의 지정 또는 취소 사유
> ⑤ 행정안전부장관은 국가핵심기반으로 지정하여 관리할 필요가 있다고 인정되는 시설, 정보기술시스템 및 자산 등을 관계 중앙행정기관의 장에게 국가핵심기반으로 지정하도록 권고할 수 있다.
> ⑥ 제①항부터 제⑤항까지에서 규정한 사항 외에 국가핵심기반의 지정 등에 필요한 세부사항은 행정안전부장관이 정한다.

❸ 국가핵심기반의 관리 등(기본법 제26조의2)

(1) <u>관계 중앙행정기관의 장</u>은 제26조 제1항에 따라 국가핵심기반을 지정한 경우에는 대통령령으로 정하는 바에 따라 소관 분야 <u>국가핵심기반 보호계획을 수립</u>하여 해당 관리기관의 장에게 통보하여야 한다.

(2) <u>관리기관의 장</u>은 제(1)항에 따라 통보받은 국가핵심기반 보호계획에 따라 <u>소관 국가핵심기반에 대한 보호계획을 수립·시행</u>하여야 한다.

(3) <u>행정안전부장관 또는 관계 중앙행정기관의 장</u>은 대통령령으로 정하는 바에 따라 <u>국가핵심기반의 보호 및 관리 실태를 확인·점검</u>할 수 있다.

(4) <u>행정안전부장관</u>은 국가핵심기반에 대한 <u>데이터베이스를 구축·운영</u>하고, 관계 중앙행정기관의 장이 재난관리정책의 수립 등에 이용할 수 있도록 통합지원할 수 있다.

[국가핵심기반의 관리 등(시행령 제30조의2)]
① 행정안전부장관은 법 제26조의2 제1항에 따른 국가핵심기반 보호계획의 수립을 위한 지침을 작성하여 관계 중앙행정기관의 장에게 통보하여야 한다.
② 행정안전부장관 또는 관계 중앙행정기관의 장은 법 제26조의2 제3항에 따라 국가핵심기반의 보호 및 관리 실태를 확인·점검(이하 이 조에서 "관리실태점검"이라 한다)하는 경우에는 국가핵심기반을 관리하는 기관·단체 등의 장(이하 이 조에서 "관리기관의 장"이라 한다)에게 미리 관리실태점검 계획을 통보하여야 한다. 다만, 긴급한 사유가 있는 경우에는 관리실태점검 계획의 통보를 생략할 수 있다.
③ 관계 중앙행정기관의 장은 관리실태 점검을 실시한 경우에는 그 결과를 행정안전부장관에게 통보하여야 한다.
④ 행정안전부장관 또는 관계 중앙행정기관의 장은 관리실태점검 결과 시정 등이 필요한 사항에 대하여 해당 관리기관의 장에게 시정 등을 권고할 수 있다.

---

❹ 특정관리대상지역의 지정 및 관리 등(기본법 제27조)]

(1) <u>중앙행정기관의 장 또는 지방자치단체의 장</u>은 재난이 발생할 위험이 높거나 재난예방을 위하여 계속적으로 관리할 필요가 있다고 인정되는 지역을 대통령령(시행령31조)으로 정하는 바에 따라 <u>특정관리대상지역으로 지정</u>할 수 있다.

(2) <u>재난관리책임기관의 장</u>은 제(1)항에 따라 지정된 특정관리대상지역에 대하여 대통령령(시행령32, 33조)으로 정하는 바에 따라 재난 발생의 위험성을 제거하기 위한 조치 등 <u>특정관리대상지역의 관리·정비에 필요한 조치</u>를 하여야 한다.

(3) 중앙행정기관의 장, 지방자치단체의 장 및 재난관리책임기관의 장은 제(1)항 및 제(2)항에 따른 지정 및 조치 결과를 대통령령(시행령 35조)으로 정하는 바에 따라 행정안전부장관에게 보고하거나 통보하여야 한다.

(4) 행정안전부장관은 제(3)항에 따라 보고받거나 통보받은 사항을 대통령령(시행령 35조)으로 정하는 바에 따라 정기적으로 또는 수시로 국무총리에게 보고하여야 한다.

(5) 국무총리는 제(4)항에 따라 보고받은 사항 중 재난을 예방하기 위하여 필요하다고 인정하는 사항에 대해서는 중앙행정기관의 장, 지방자치단체의 장 또는 재난관리책임기관의 장에게 시정조치나 보완을 요구할 수 있다.

(6) 제(1)항부터 제(5)항까지에서 규정한 사항 외에 특정관리대상지역의 지정, 관리 및 정비에 필요한 사항은 대통령령(시행령 34조의2)으로 정한다.

[특정관리대상지역의 지정 등(시행령 제31조)]
① 중앙행정기관의 장 또는 지방자치단체의 장은 특정관리대상지역을 지정하기 위하여 소관 지역의 현황을 매년 정기적으로 또는 수시로 조사하여야 한다.
② 중앙행정기관의 장 또는 지방자치단체의 장은 다음 각 호의 어느 하나에 해당하는 지역을 제32조 제1항에 따른 특정관리대상지역의 지정·관리 등에 관한 지침에서 정하는 세부지정기준 등에 따라 특정관리대상지역으로 지정하거나 그 지정을 해제하여야 한다. 🔥 (Ⓜ **자위공산특**)
  1. **자**연재난으로 인한 피해의 위험이 높거나 피해가 우려되는 지역
  2. 재난예방을 위하여 관리할 필요가 있다고 인정되는 지역으로서 법 제41조 제1항에 따른 **위**험구역
  3. 재난예방을 위하여 관리할 필요가 있다고 인정되는 지역으로서 「산업입지 및 개발에 관한 법률」 제26조에 따른 **공**공시설이 설치된 지역
  4. 재난예방을 위하여 관리할 필요가 있다고 인정되는 지역으로서 「산업집적활성화 및 공장설립에 관한 법률」 제33조제6항에 따른 **산**업시설구역
  5. 그 밖에 재난관리책임기관의 장이 재난의 예방을 위하여 **특**별히 관리할 필요가 있다고 인정하는 지역
③ 중앙행정기관의 장 또는 지방자치단체의 장은 제②항에 따라 특정관리대상지역을 지정하거나 해제할 때에는 행정안전부령으로 정하는 바에 따라 그 사실을 특정관리대상지역의 소유자·관리자 또는 점유자(이하 "관계인"이라 한다)에게 알려주어야 한다.

[특정관리대상지역의 안전등급 및 안전점검 등(시행령 제34조의2)]

① 재난관리책임기관의 장은 제31조 제2항에 따라 지정된 특정관리대상지역을 제32조 제1항에 따른 특정관리대상지역의 지정·관리 등에 관한 지침에서 정하는 안전등급의 평가기준에 따라 다음 각 호의 어느 하나에 해당하는 등급으로 구분하여 관리하여야 한다. ♨♨ (M 우양보미불) 2019 간부

　1. A등급 : 안전도가 **우수**한 경우
　2. B등급 : 안전도가 **양**호한 경우
　3. C등급 : 안전도가 **보통**인 경우
　4. D등급 : 안전도가 **미흡**한 경우
　5. E등급 : 안전도가 **불량**한 경우

② 재난관리책임기관의 장은 D등급 또는 E등급에 해당하거나 D등급 또는 E등급에서 상위 등급으로 조정되는 특정관리대상지역에 관한 다음 각 호의 사항을 해당 기관에서 발행하거나 관리하는 공보 또는 홈페이지 등에 공고하고, 이를 행정안전부장관에게 통보하여야 한다. D등급 또는 E등급에 해당하는 특정관리대상지역의 지정이 해제되는 경우에도 또한 같다.

　1. 특정관리대상지역의 명칭 및 위치
　2. 특정관리대상지역의 관계인의 인적사항
　3. 해당 등급의 평가 사유(D등급 또는 E등급에 해당하는 특정관리대상지역의 지정이 해제되는 경우에는 그 사유를 말한다)

③ 재난관리책임기관의 장은 다음 각 호의 구분에 따라 특정관리대상지역에 대한 안전점검을 실시하여야 한다.

　1. 정기안전점검 ♨ (아베쎄반일/ 디월일/ 이월이)
　　가. A등급, B등급 또는 C등급에 해당하는 특정관리대상지역 : **반**기별 **1**회 이상
　　나. D등급에 해당하는 특정관리대상지역 : **월** **1**회 이상
　　다. E등급에 해당하는 특정관리대상지역 : **월** **2**회 이상
　2. 수시안전점검 : 재난관리책임기관의 장이 필요하다고 인정하는 경우

④ 행정안전부장관은 특정관리대상지역을 체계적으로 관리하기 위하여 정보화시스템을 구축·운영할 수 있다.

⑤ 재난관리책임기관의 장은 제④항에 따라 운영되는 정보화시스템을 이용하여 특정관리대상지역을 관리하여야 한다.

❺ 재난방지시설의 관리(기본법 제29조)

(1) 재난관리책임기관의 장은 관계 법령 또는 제3장의 안전관리계획에서 정하는 바에 따라 대통령령으로 정하는 재난방지시설을 점검·관리하여야 한다.

(2) 행정안전부장관은 재난방지시설의 관리 실태를 점검하고 필요한 경우 보수·보강 등의 조치를 재난관리책임기관의 장에게 요청할 수 있다. 이 경우 요청을 받은 재난관리책임기관의 장은 신속하게 조치를 이행하여야 한다.

[재난방지시설의 범위(시행령 제37조)]
법 제29조제1항에서 "대통령령으로 정하는 재난방지시설"이란 다음 각 호의 어느 하나에 해당하는 시설
1. 소하천부속물 중 제방·호안(기슭·둑 침식 방지시설)·보 및 수문
2. 하천시설 중 댐·하구둑·제방·호안·수제·보·갑문·수문·수로터널·운하 및 수문조사시설 중 홍수발생의 예보를 위한 시설
3. 방재시설
4. 하수도 중 하수관로 및 공공하수처리시설
5. 농업생산기반시설 중 저수지, 양수장, 우물 등 지하수이용시설, 배수장, 취입보(取入洑), 용수로, 배수로, 웅덩이, 방조제, 제방
6. 사방시설
7. 댐
8. 유람선·낚시어선·모터보트·요트 또는 윈드서핑 등의 수용을 위한 레저용 기반시설
9. 도로의 부속물 중 방설·제설시설, 토사유출·낙석 방지 시설, 공동구(共同溝), 터널·교량·지하도 및 육교
10. 재난 예보·경보시설
11. 항만시설
12. 그 밖에 행정안전부장관이 정하여 고시하는 재난을 예방하기 위하여 설치한 시설

6 재난안전분야 종사자 교육(기본법 제29조의2)

(1) 재난관리책임기관에서 재난 및 안전관리업무를 담당하는 공무원이나 직원은 행정안전부장관이 실시하는 전문교육을 행정안전부령으로 정하는 바에 따라 정기적으로 또는 수시로 받아야 한다.

(2) 행정안전부장관은 필요하다고 인정하면 대통령령으로 정하는 전문인력 및 시설기준을 갖춘 교육기관으로 하여금 전문교육을 대행하게 할 수 있다.

(3) 행정안전부장관은 정당한 사유 없이 전문교육을 받지 아니한 자에 대하여 소속 재난관리책임기관의 장에게 징계할 것을 요구할 수 있다.

(4) 전문교육의 종류 및 대상, 그 밖에 전문교육의 실시에 필요한 사항은 행정안전부령으로 정한다.

[재난안전분야 종사자 교육 종류 등(시행규칙 제6조의2)]
① 법 제29조의2에 따른 재난안전분야 종사자 전문교육은 관리자 전문교육과 실무자 전문교육으로 구분하며, 그 교육 대상자는 다음 각 호와 같다.
  1. 관리자 전문교육 (Ⓜ 장/부/책)
    가. 재난관리책임기관에서 재난 및 안전관리 업무를 담당하는 부서의 **장**
    나. 시·군·구의 **부**단체장
    다. 법 제75조의2에 따른 안전**책**임관
  2. 실무자 전문교육
    재난관리책임기관에서 재난 및 안전관리 업무를 담당하는 부서의 공무원 또는 직원으로서 제1호에 해당하지 아니하는 사람
② 전문교육의 대상자는 해당 업무를 맡은 후 6개월 이내에 신규교육을 받아야 하며, 신규교육을 받은 후 매 2년마다 정기교육을 받아야 한다.
③ 전문교육의 이수시간은 다음 각 호와 같다.
  ㉠ 관리자 전문교육 : 7시간 이상
  ㉡ 실무자 전문교육 : 14시간 이상
④ 제①항부터 제③항까지에서 규정한 사항 외에 전문교육의 교육과정 운영 등에 관하여 필요한 사항은 행정안전부장관이 정한다.

❼ 재난예방을 위한 긴급안전점검(기본법 제30조)

(1) 행정안전부장관 또는 재난관리책임기관(행정기관만을 말한다. 이하 이 조에서 같다)의 장은 대통령령으로 정하는 시설 및 지역에 재난이 발생할 우려가 있는 등 대통령령으로 정하는 긴급한 사유가 있으면 소속 공무원으로 하여금 긴급안전점검을 하게 하고, 행정안전부장관은 다른 재난관리책임기관의 장에게 긴급안전점검을 하도록 요구할 수 있다. 이 경우 요구를 받은 재난관리책임기관의 장은 특별한 사유가 없으면 요구에 따라야 한다.

(2) 제(1)항에 따라 긴급안전점검을 하는 공무원은 관계인에게 필요한 질문을 하거나 관계 서류 등을 열람할 수 있다.

(3) 제(1)항에 따른 긴급안전점검의 절차 및 방법, 긴급안전점검결과의 기록·유지 등에 필요한 사항은 대통령령으로 정한다.

(4) 제(1)항에 따라 긴급안전점검을 하는 공무원은 그 권한을 표시하는 증표를 지니고 이를 관계인에게 보여주어야 한다.

(5) 행정안전부장관은 제(1)항에 따라 긴급안전점검을 하면 그 결과를 해당 재난관리책임기관의 장에게 통보하여야 한다.

[긴급안전점검 대상 시설 등(시행령 제38조)]
① 법 제30조 제1항에 따라 긴급안전점검의 대상이 되는 시설 및 지역은 특정관리대상지역과 그 밖에 행정안전부장관, 시·도지사 또는 시장·군수·구청장이 긴급안전점검이 필요하다고 인정하는 시설 및 지역으로 한다.
② 법 제30조 제1항에 따라 긴급안전점검이 필요한 긴급한 사유는 다음 각 호와 같다.
  1. 사회적으로 피해가 큰 재난이 발생하여 피해시설의 긴급한 안전점검이 필요하거나 이와 유사한 시설의 재난 예방을 위하여 점검이 필요한 경우
  2. 계절적으로 재난 발생이 우려되는 취약시설에 대한 안전대책이 필요한 경우
③ 법 제30조 제1항에 따라 행정안전부장관과 재난관리책임기관의 장은 긴급안전점검을 실시할 때에는 미리 긴급안전점검 대상 시설 및 지역의 관계인에게 긴급안전점검의 목적·날짜 등을 서면으로 통지하여야 한다. 다만, 서면통지로는 긴급안전점검의 목적을 달성할 수 없는 경우에는 말로 통지할 수 있다.
④ 법 제30조제1항에 따라 긴급안전점검을 실시하였을 때에는 행정안전부령으로 정하는 긴급안전점검 대상 시설 및 지역의 관리에 관한 카드에 긴급안전점검 결과 및 안전조치 사항 등을 기록·유지하여야 한다.

8 재난예방을 위한 안전조치 등(기본법 제31조)

(1) 행정안전부장관 또는 재난관리책임기관(행정기관만을 말한다. 이하 이 조에서 같다)의 장은 제30조에 따른 긴급안전점검 결과 재난 발생의 위험이 높다고 인정되는 시설 또는 지역에 대하여는 대통령령으로 정하는 바에 따라 그 소유자·관리자 또는 점유자에게 다음 각 호의 안전조치를 할 것을 명할 수 있다. (M 정/보/제)

1. **정**밀안전진단(시설만 해당한다). 이 경우 다른 법령에 시설의 정밀안전진단에 관한 기준이 있는 경우에는 그 기준에 따르고, 다른 법령의 적용을 받지 아니하는 시설에 대하여는 행정안전부령으로 정하는 기준에 따른다.
2. **보**수(補修) 또는 보강 등 정비
3. 재난을 발생시킬 위험요인의 **제**거

(2) 제(1)항에 따른 안전조치명령을 받은 소유자·관리자 또는 점유자는 이행계획서를 작성하여 행정안전부장관 또는 재난관리책임기관의 장에게 제출한 후 안전조치를 하고, 행정안전부령으로 정하는 바에 따라 그 결과를 행정안전부장관 또는 재난관리책임기관의 장에게 통보하여야 한다.

(3) 행정안전부장관 또는 재난관리책임기관의 장은 제(1)항에 따른 안전조치명령을 받은 자가 그 명령을 이행하지 아니하거나 이행할 수 없는 상태에 있고, 안전조치를 이행하지 아니할 경우 공중의 안전에 위해를 끼칠 수 있어 재난의 예방을 위하여 긴급하다고 판단하면 그 시설 또는 지역에 대하여 사용을 제한하거나 금지시킬 수 있다. 이 경우 그 제한하거나 금지하는 내용을 보기 쉬운 곳에 게시하여야 한다.

(4) 행정안전부장관 또는 재난관리책임기관의 장은 제(1)항 제2호 또는 제3호에 따른 안전조치명령을 받아 이를 이행하여야 하는 자가 그 명령을 이행하지 아니하거나 이행할 수 없는 상태에 있고, 재난예방을 위하여 긴급하다고 판단하면 그 명령을 받아 이를 이행하여야 할 자를 갈음하여 필요한 안전조치를 할 수 있다. 이 경우 「행정대집행법」을 준용한다.

(5) 행정안전부장관 또는 재난관리책임기관의 장은 제(3)항에 따른 안전조치를 할 때에는 미리 해당 소유자·관리자 또는 점유자에게 서면으로 이를 알려 주어야 한다. 다만, 긴급한 경우에는 구두로 알리되, 미리 구두로 알리는 것이 불가능하거나 상당한 시간이 걸려 공중의 안전에 위해를 끼칠 수 있는 경우에는 안전조치를 한 후 그 결과를 통보할 수 있다.

> [안전조치명령(시행령 제39조)] 🔥
> ① 법 제31조제(1)항에 따라 행정안전부장관 또는 재난관리책임기관의 장은 안전조치에 필요한 사항을 명하려는 경우에는 다음 각 호의 사항이 적힌 행정안전부령으로 정하는 안전조치명령서를 제38조제1항에 따른 시설 및 지역의 관계인에게 통지하여야 한다. (Ⓜ 결이기사방관)
>   1. 안전점검의 **결**과
>   2. 안전조치를 명하는 **이유**
>   3. 안전조치의 이행**기**한
>   4. 안전조치를 하여야 하는 **사**항
>   5. 안전조치 **방**법
>   6. 안전조치를 한 후 **관**계 재난관리책임기관의 장에게 통보하여야 하는 사항
> ② 법 제31조 제2항에 따라 작성·제출하여야 하는 이행계획서에는 다음 각 호의 사항이 포함되어야 한다.
>   1. 안전조치를 이행하는 관계인의 **인**적사항 (Ⓜ 인방기)
>   2. 이행할 안전조치의 내용 및 **방**법
>   3. 안전조치의 이행**기**한
> ③ 행정안전부장관 또는 재난관리책임기관의 장은 법 제31조 제2항에 따라 안전조치 결과를 통보받은 경우에는 안전조치 이행 여부를 확인하여야 한다.

❾ 안전취약계층에 대한 안전 환경 지원(기본법 제31조의2)

(1) 재난관리책임기관의 장은 안전취약계층이 재난이나 그 밖의 각종 사고로부터 안전을 확보할 수 있는 생활환경을 조성하기 위하여 안전용품의 제공 및 시설 개선 등 필요한 사항을 지원하기 위하여 노력하여야 한다.

(2) 제(1)항에 따른 지원의 대상, 범위, 방법 및 절차 등에 필요한 사항은 대통령령 또는 해당 지방자치단체의 조례로 정한다.

> [안전취약계층에 대한 안전 환경 지원(시행령 39조의2)]
> ① 중앙행정기관의 장이 법 제31조의2 제1항에 따라 <u>안전취약계층으로 지원하는 대상</u>은 다음 각 호와 같다.
>   1. **13**세 미만의 어린이 🔥 (Ⓜ 일삼/육오/장/취)
>   2. **65**세 이상의 노인
>   3. 「장애인복지법」 제2조에 따른 **장**애인
>   4. 그 밖에 재난이나 그 밖의 각종 사고에 **취**약하다고 인정되는 사람
> ② 중앙행정기관의 장은 제①항 각 호에 따른 안전취약계층에게 다음 각 호의 사항을 지원할 수 있다.
>   1. 안전관리를 위하여 필요한 소방·가스·전기 등의 안전점검 및 시설 개선
>   2. 어린이 보호구역 등 취약지역의 안전 확보를 위한 환경 개선
>   3. 재난 및 사고 예방을 위하여 필요한 안전장비 및 용품의 제공
>   4. 그 밖에 안전취약계층의 안전한 생활환경을 조성하기 위하여 필요하다고 인정되는 사항
> ③ 제①항 및 제②항에서 규정한 사항 외에 안전취약계층에 대한 안전 환경 지원에 필요한 사항은 중앙행정기관의 장이 정한다.

(3) 행정안전부장관은 제3조 제5호가목에 따른 재난관리책임기관의 장에게 제(1)항에 따른 지원이 원활히 수행되는 데 필요한 사항을 요청할 수 있다. 이 경우 요청을 받은 재난관리책임기관의 장은 특별한 사유가 없으면 요청에 따라야 한다.

(4) 행정안전부장관은 제(1)항에 따른 지원과 관련하여 지방자치단체에 필요한 지원 및 지도를 할 수 있다.

⑩ 정부합동 안전 점검(기본법 제32조)

(1) <u>행정안전부장관</u>은 재난관리책임기관의 재난 및 안전관리 실태를 점검하기 위하여 대통령령으로 정하는 바에 따라 <u>정부합동안전점검단(이하 "정부합동점검단"이라 한다)</u>을 편성하여 안전 점검을 실시할 수 있다.

(2) 행정안전부장관은 정부합동점검단을 편성하기 위하여 필요하면 관계 재난관리책임기관의 장에게 관련 공무원 또는 직원의 파견을 요청할 수 있다. 이 경우 요청을 받은 관계 재난관리책임기관의 장은 특별한 사유가 없으면 요청에 따라야 한다.

(3) 행정안전부장관은 제(1)항에 따른 점검을 실시하면 점검결과를 관계 재난관리책임기관의 장에게 통보하고, 보완이나 개선이 필요한 사항에 대한 조치를 관계 재난관리책임기관의 장에게 요구할 수 있다.

(4) 제(3)항에 따라 점검결과 및 조치 요구사항을 통보받은 관계 재난관리책임기관의 장은 보완이나 개선이 필요한 사항에 대한 조치계획을 수립하여 필요한 조치를 한 후 그 결과를 행정안전부장관에게 통보하여야 한다.

(5) 행정안전부장관은 제(4)항에 따른 조치 결과를 점검할 수 있다.

(6) 행정안전부장관은 제(1)항에 따른 안전 점검결과와 제(4)항에 따른 조치 결과를 제66조의9 제2항에 따른 안전정보통합관리시스템을 통하여 공개할 수 있다. 다만, 「공공기관의 정보공개에 관한 법률」 제9조 제1항 각 호의 어느 하나에 해당하는 정보에 대해서는 공개하지 아니할 수 있다.

⑪ 집중 안전점검 기간 운영 등(기본법 제32조의3)

(1) 행정안전부장관은 재난을 예방하고 국민의 안전의식을 높이기 위하여 재난관리책임기관의 장의 의견을 들어 매년 집중 안전점검 기간을 설정하고 그 운영에 필요한 계획을 수립하여야 한다.

(2) 행정안전부장관 및 재난관리책임기관의 장은 제(1)항에 따른 집중 안전점검 기간 동안에 재난이나 그 밖의 각종 사고의 발생이 우려되는 시설 등에 대하여 집중적으로 안전점검을 실시할 수 있다.

(3) 행정안전부장관은 제(2)항에 따른 집중 안전점검 기간에 실시한 안전점검 결과로서 재난관리책임기관의 장이 관계 법령에 따라 공개하는 정보를 제66조의9제2항에 따른 안전정보통합관리시스템을 통하여 공개할 수 있다.

(4) 제(1)항부터 제(3)항까지에서 규정한 사항 외에 집중 안전점검 기간의 설정 및 운영 등에 필요한 사항은 대통령령으로 정한다.

⑫ 안전관리전문기관에 대한 자료요구 등(기본법 제33조)

(1) 행정안전부장관은 재난 예방을 효율적으로 추진하기 위하여 대통령령으로 정하는 안전관리전문기관에 안전점검 결과, 주요시설물의 설계도서 등 대통령령으로 정하는 안전관리에 필요한 자료를 요구할 수 있다.

(2) 제(1)항에 따라 자료를 요구받은 안전관리전문기관의 장은 특별한 사유가 없으면 요구에 따라야 한다.

⑬ 재난관리체계 등에 대한 평가 등(기본법 제33조의2)

(1) 행정안전부장관은 재난관리책임기관에 대하여 대통령령으로 정하는 바에 따라 다음 각 호의 사항을 정기적으로 평가할 수 있다. (Ⓜ 단/조/체/기)

> 1. 대규모재난의 발생에 대비한 **단**계별 예방 · 대응 및 복구과정
> 2. 재난에 대응할 **조**직의 구성 및 정비 실태
> 3. 안전관리**체**계 및 안전관리규정
> 4. 재난관리**기**금의 운용 현황

(2) 제(1)항에도 불구하고 공공기관에 대하여는 관할 중앙행정기관의 장이 평가를 하고, 시 · 군 · 구에 대하여는 시 · 도지사가 평가를 한다.

(3) 행정안전부장관은 다음 각 호의 어느 하나에 해당하는 경우에는 제(2)항에 따른 평가에 대한 확인평가를 할 수 있다.

> 1. 제(5)항에 따른 우수한 기관을 선정하기 위하여 필요한 경우
> 2. 그 밖에 행정안전부장관이 재난 및 안전관리를 위하여 필요하다고 인정하는 경우

(4) 행정안전부장관은 제(1)항과 제(3)항에 따른 평가 결과를 중앙위원회에 종합 보고한다.

(5) 행정안전부장관은 필요하다고 인정하면 해당 재난관리책임기관의 장에게 시정조치나 보완을 요구할 수 있으며, 우수한 기관에 대하여는 예산지원 및 포상 등 필요한 조치를 할 수 있다. 다만, 공공기관의 장 및 시장 · 군수 · 구청장에게 시정조치나 보완 요구를 하려는 경우에는 관할 중앙행정기관의 장 및 시 · 도지사에게 한다.

(6) 행정안전부장관은 제(2)항에 따른 공공기관에 대한 평가 결과를 「공공기관의 운영에 관한 법률」 제48조에 따른 공공기관 경영실적 평가에 반영하도록 기획재정부장관에게 요구할 수 있다.

[재난관리체계 등의 평가(시행령 제42조)]
① 행정안전부장관은 법 제33조의2제1항 제1호에 따라 대규모의 재난 발생에 대비한 단계별 예방·대응 및 복구과정을 평가하는 경우에는 다음 각 호의 사항을 평가할 수 있다.
  1. 집행계획, 세부집행계획, 시·도안전관리계획 및 시·군·구안전관리계획의 평가
  2. 재난예방을 위한 교육·홍보 실태
  2의2. 재난 및 안전관리 분야 종사자의 전문교육 이수 실태
  3. 특정관리대상지역과 국가핵심기반의 관리 실태
  3의2. 법 제34조의5 제1항에 따른 재난유형별 위기관리 매뉴얼의 작성·운용 및 관리 실태
  4. 응급대책을 위한 자재·물자·장비·이재민수용시설 등의 지정 및 관리 실태
  5. 재난상황 관리의 운용 실태
  6. 법 제59조제1항에 따른 자체복구계획 또는 같은 조 제4항에 따른 재난복구계획에 따라 시행하는 사업의 추진 사항 등
② 행정안전부장관은 법 제33조의2에 따른 재난관리체계 등의 평가를 위하여 재난관리체계 등의 평가에 관한 지침을 마련하여 재난관리책임기관의 장에게 알려야 한다.
③ 재난관리체계 등의 평가는 서면조사 또는 현지조사의 방법으로 한다.
④ 행정안전부장관은 재난관리체계 등의 평가를 위하여 필요하다고 인정하는 경우에는 관계 중앙행정기관의 장과 소관 재난관리책임기관의 장에게 각각 재난 및 안전관리체계의 구축, 안전관리규정의 제정 및 그 정비·보완에 관한 자료 제출을 요청할 수 있다.

⓮ 재난관리 실태 공시 등(기본법 제33조의3)

(1) 시장·군수·구청장(제3호의 경우에는 시·도지사를 포함한다)은 다음 각 호의 사항이 포함된 재난관리 실태를 매년 1회 이상 관할 지역 주민에게 공시하여야 한다. ♦ (M 전발수/재예실/기적/행동매뉴얼/중요)
  1. **전**년도 재난의 **발**생 및 **수**습 현황
  2. **재**난**예**방조치 **실**적
  3. 재난관리**기**금의 **적**립 및 집행 현황
  4. 현장조치 **행동매뉴얼**의 작성·운용 현황
  5. 그 밖에 대통령령으로 정하는 재난관리에 관한 **중요** 사항

(2) 행정안전부장관 또는 시·도지사는 제33조의2에 따른 평가 결과를 공개할 수 있다.

(3) 제(1)항 및 제(2)항에 따른 공시 방법 및 시기 등 필요한 사항은 대통령령으로 정한다.

04 출제예상문제

* 2021년 간부

1 「재난 및 안전관리 기본법」상 재난관리 단계별 활동 내용 중 예방단계에 포함되어야 할 내용을 〈보기〉에서 있는 대로 고른 것은?

― 〈보기〉 ―
㉠ 재난에 대응할 조직의 구성 및 정비
㉡ 재난의 예측 및 예측정보 등의 제공·이용에 관한 체계의 구축
㉢ 재난 발생에 대비한 교육·훈련과 재난관리 예방에 관한 홍보
㉣ 재난이 발생할 위험이 높은 분야에 대한 안전 관리체계의 구축 및 안전관리규정의 제정
㉤ 재난관리자원의 비축·관리

① ㉠
② ㉠, ㉡
③ ㉠, ㉡, ㉢
④ ㉠, ㉡, ㉢, ㉣
⑤ ㉠, ㉡, ㉢, ㉣, ㉤

1.

재난관리책임기관의 장의 재난예방조치 등(기본법 제25조의2)
재난관리책임기관의 장은 소관 관리대상 업무의 분야에서 재난 발생을 사전에 방지하기 위하여 다음의 조치를 하여야 한다.
1. 재난에 대응할 조직의 **구**성 및 **정**비
2. 재난의 **예**측 및 예측정보 등의 제공·이용에 관한 **체**계의 구축
3. 재난 발생에 대비한 **교**육·**훈**련과 재난관리예방에 관한 **홍보**
4. 재난이 발생할 위험이 높은 분야에 대한 안전관리체계의 **구**축 및 안전관리규정의 **제**정
5. 지정된 국가**핵심**기반의 관리
6. **특정**관리대상지역에 관한 조치
7. 재난**방**지시설의 **점**검·**관**리
8. 재난**관**리자원의 관리
9. 그 밖에 재난을 예방하기 위하여 필요하다고 인정되는 사항

* 2019년 간부

2 「재난 및 안전관리 기본법 시행령」상 특정관리대상 지역에 대한 안전등급의 평가기준에 따라 실시하여야 하는 정기안전점검 실시기준으로 옳지 않은 것은?

① 안전등급 A등급: 반기별 1회 이상
② 안전등급 B등급: 반기별 1회 이상
③ 안전등급 C등급: 반기별 2회 이상
④ 안전등급 D등급: 월 1회 이상
⑤ 안전등급 E등급: 월 2회 이상

2.

재난관리책임기관의 장은 다음 각 호의 구분에 따라 특정관리대상지역에 대한 안전점검을 실시하여야 한다.
1. 정기안전점검 (아베쎄반일/ 디월일/ 이월이)
  가. A등급, B등급 또는 C등급에 해당하는 특정관리대상지역: **반기별 1회** 이상
  나. D등급에 해당하는 특정관리대상지역: **월 1회** 이상
  다. E등급에 해당하는 특정관리대상지역: **월 2회** 이상

Answer 1.⑤ 2.③

3 재난 및 안전관리 기본법상 국가핵심기반의 지정 기준에 해당하지 않는 것은?

① 다른 기반시설이나 체계 등에 미치는 연쇄효과
② 둘 이상의 중앙행정기관의 공동대응 필요성
③ 민간기업과 개인의식에 미치는 피해 규모와 범위
④ 재난의 발생 가능성 또는 그 복구의 용이성

4 재난예방을 위하여 실시하는 긴급안전점검과 관련된 내용으로 옳지 않은 것은?

① 행정안전부장관의 경우에는 다른 재난관리책임기관의 장에게 긴급안전점검을 실시하도록 요구할 수 있다.
② 관계인에게 미리 긴급안전점검에 관한 사항을 서면으로만 통지하여야 실시할 수 있다.
③ 긴급안전점검을 하는 공무원은 그 권한을 표시하는 증표를 관계인에게 보여주어야 한다.
④ 긴급안전점검을 하는 공무원은 관계인에게 필요한 질문을 하거나 관계서류 등을 열람할 수 있다.

3.
핵심기반시설의 지정 등(기본법 제26조)
관계 중앙행정기관의 장은 소관 분야의 국가핵심기반을 다음 각 호의 기준에 따라 조정위원회의 심의를 거쳐 지정할 수 있다.

> (M 연/둘/국경사규범/가복용)
> 1. 다른 국가핵심기반 등에 미치는 **연**쇄효과
> 2. **둘** 이상의 중앙행정기관의 공동대응 필요성
> 3. 재난이 발생하는 경우 **국**가안전보장과 **경**제 · **사**회에 미치는 피해 **규**모 및 **범**위
> 4. 재난의 발생 **가**능성 또는 그 **복**구의 **용**이성

4.
긴급안전점검 대상 시설 등(시행령 제38조)
① 법 제30조제1항에 따라 긴급안전점검의 대상이 되는 시설 및 지역은 특정관리대상지역과 그 밖에 행정안전부장관, 시 · 도지사 또는 시장 · 군수 · 구청장이 긴급안전점검이 필요하다고 인정하는 시설 및 지역으로 한다.
② 법 제30조제1항에 따라 긴급안전점검이 필요한 긴급한 사유는 다음 각 호와 같다.
  1. 사회적으로 피해가 큰 재난이 발생하여 피해시설의 긴급한 안전점검이 필요하거나 이와 유사한 시설의 재난예방을 위하여 점검이 필요한 경우
  2. 계절적으로 재난 발생이 우려되는 취약시설에 대한 안전대책이 필요한 경우
③ 법 제30조제1항에 따라 행정안전부장관과 재난관리책임기관의 장은 긴급안전점검을 실시할 때에는 미리 긴급안전점검 대상 시설 및 지역의 관계인에게 긴급안전점검의 목적 · 날짜 등을 서면으로 통지하여야 한다. 다만, 서면 통지로는 긴급안전점검의 목적을 달성할 수 없는 경우에는 말로 통지할 수 있다.
④ 법 제30조제1항에 따라 긴급안전점검을 실시하였을 때에는 행정안전부령으로 정하는 긴급안전점검 대상 시설 및 지역의 관리에 관한 카드에 긴급안전점검 결과 및 안전조치 사항 등을 기록 · 유지하여야 한다.

Answer 3.③ 4.②

5 재난 및 안전관리 기본법령상 시장·군수·구청장이 매년 1회 이상 관할 주민에게 공시하여야 하는 재난관리 실태에 포함되지 않는 것은?

① 재난훈련의 실적
② 재난예방조치 실적
③ 재난관리기금의 적립 현황
④ 전년도 재난의 발생 및 수습 현황

5.
재난관리 실태 공시 등(기본법 제33조의3)
시장·군수·구청장(제3호의 경우에는 시·도지사를 포함한다)은 다음 각 호의 사항이 포함된 재난관리 실태를 매년 1회 이상 관할 지역 주민에게 공시하여야 한다. 🔥 (M 전발수/재예실/기적/행동매뉴얼/중요)
1. **전**년도 재난의 **발**생 및 **수**습 현황
2. **재**난**예**방조치 **실**적
3. 재난관리**기**금의 **적**립 및 집행 현황
4. 현장조치 **행동매뉴얼**의 작성·운용 현황
5. 그 밖에 대통령령으로 정하는 재난관리에 관한 **중요** 사항

Answer 5.①

05 | 재난의 대비

❶ 재난관리자원의 관리(기본법 제34조)

(1) 재난관리책임기관의 장은 재난관리를 위하여 필요한 물품, 재산 및 인력 등의 물적·인적자원(이하 "재난관리자원"이라 한다)을 비축하거나 지정하는 등 체계적이고 효율적으로 관리하여야 한다.

(2) 재난관리자원의 관리에 관하여는 따로 법률로 정한다.

❷ 재난현장 긴급통신수단의 마련(기본법 제34조의2)

(1) 재난관리책임기관의 장은 재난의 발생으로 인하여 통신이 끊기는 상황에 대비하여 미리 유선이나 무선 또는 위성통신망을 활용할 수 있도록 긴급통신수단을 마련하여야 한다.

(2) 행정안전부장관은 재난현장에서 제(1)항에 따른 긴급통신수단(이하 "긴급통신수단"이라 한다)이 공동 활용될 수 있도록 하기 위하여 재난관리책임기관, 긴급구조기관 및 긴급구조지원기관에서 보유하고 있는 긴급통신수단의 보유 현황 등을 조사하고, 긴급통신수단을 관리하기 위한 체계를 구축·운영할 수 있다.

(3) 행정안전부장관은 제(2)항에 따른 조사를 위하여 필요한 자료의 제출을 재난관리책임기관, 긴급구조기관 및 긴급구조지원기관의 장에게 요청할 수 있다. 이 경우 요청을 받은 관계 기관의 장은 특별한 사유가 없으면 요청에 따라야 한다.

(4) 긴급통신수단을 관리하기 위한 체계를 구축·운영하는 데 필요한 사항은 대통령령으로 정한다.

재난관리자원의 긴급통신수단 마련의 주체

주체	내용
① 재난관리책임기관의 장	유선이나 무선 또는 위성통신망을 활용할 수 있도록 긴급통신수단을 마련
② 행정안전부장관	재난관리책임기관, 긴급구조기관 및 긴급구조지원기관에서 보유하고 있는 긴급통신수단의 보유 현황 등을 조사하고, 긴급통신수단을 관리하기 위한 체계를 구축·운영
③ 행정안전부장관	필요한 자료의 제출을 재난관리책임기관, 긴급구조기관 및 긴급구조지원기관의 장에게 요청

❸ 국가재난관리기준의 제정·운용 등(기본법 제34조의3)

(1) 행정안전부장관은 재난관리를 효율적으로 수행하기 위하여 다음 각 호의 사항이 포함된 국가재난관리기준을 제정하여 운용하여야 한다. 다만, 「산업표준화법」 제12조에 따른 한국산업표준을 적용할 수 있는 사항에 대하여는 한국산업표준을 반영할 수 있다. (Ⓜ 용/ 대/ 재상유/ 예/ 전/ 지/ 상/ 평방)

　1. 재난분야 **용**어정의 및 표준체계 정립
　2. 국가재난 **대**응체계에 대한 원칙
　3. **재**난경감 · **상**황관리 · **유**지관리 등에 관한 일반적 기준
　4. 그 밖의 대통령령으로 정하는 사항

> [국가재난관리기준에 포함될 사항(시행령 제43조의4)]
> 법 제34조의3 제1항 제4호에서 "대통령령으로 정하는 사항"이란 다음 각 호의 사항을 말한다.
> 　1. 재난에 관한 **예**보 · 경보의 발령 기준
> 　2. 재난상황의 **전**파
> 　3. 재난 발생 시 효과적인 **지휘** · 통제 체제 마련
> 　4. 재난관리를 효과적으로 수행하기 위한 관계기관 간 **상**호협력 방안
> 　5. 재난관리체계에 대한 **평**가 기준이나 **방**법
> 　6. 그 밖에 재난관리를 효율적으로 수행하기 위하여 행정안전부장관이 필요하다고 인정하는 사항

(2) 제(1) 항의 기준을 제정 또는 개정할 때에는 미리 관계 중앙행정기관의 장의 의견을 들어야 한다.

(3) 행정안전부장관은 재난관리책임기관의 장이 재난관리업무를 수행함에 있어 제(1)항의 국가재난관리기준을 적용하도록 권고할 수 있다.

❹ 기능별 재난대응 활동계획의 작성·활용(기본법 제34조의4)

(1) <u>재난관리책임기관의 장</u>은 재난관리가 효율적으로 이루어질 수 있도록 대통령령으로 정하는 바에 따라 <u>기능별 재난대응 활동계획</u>(이하 "재난대응활동계획"이라 한다)을 작성하여 활용하여야 한다.

(2) 행정안전부장관은 재난대응활동계획의 작성에 필요한 작성지침을 재난관리책임기관의 장에게 통보할 수 있다.

(3) <u>행정안전부장관</u>은 재난관리책임기관의 장이 작성한 재난대응활동계획을 확인·점검하고, 필요하면 관계 재난관리책임기관의 장에게 시정을 요청할 수 있다. 이 경우 시정 요청을 받은 재난관리책임기관의 장은 특별한 사유가 없으면 요청에 따라야 한다.

(4) 제(1)항부터 제(3)항까지에서 규정한 사항 외에 재난대응활동계획의 작성·운용·관리 등에 필요한 사항은 대통령령으로 정한다.

[기능별 재난대응 활동계획의 작성·활용(시행령 제43조의5)]

① 법 제34조의4 제1항에 따른 재난대응 활동계획(이하 "재난대응활동계획"이라 한다)에는 다음 각 호의 기능이 포함되어야 한다.
  1. 재난상황관리 기능
  2. 긴급 생활안정 지원 기능
  3. 긴급 통신 지원 기능
  4. 시설피해의 응급복구 기능
  5. 에너지 공급 피해시설 복구 기능
  6. 재난관리자원 지원 기능
  7. 교통대책 기능
  8. 의료 및 방역서비스 지원 기능
  9. 재난현장 환경 정비 기능
  10. 자원봉사 지원 및 관리 기능
  11. 사회질서 유지 기능
  12. 재난지역 수색, 구조·구급지원 기능
  13. 재난 수습 홍보 기능

② 재난관리책임기관의 장은 법 제34조의4제2항에 따른 재난대응활동계획 작성지침에 따라 기능별 재난대응활동계획을 작성·활용하여야 한다.

❺ 재난분야 위기관리 매뉴얼 작성·운용(기본법 제34조의5) ♨♨

(1) 재난관리책임기관의 장은 재난을 효율적으로 관리하기 위하여 재난유형에 따라 다음 각 호의 위기관리 매뉴얼을 작성·운용하여야 한다. 이 경우 재난대응활동계획과 위기관리 매뉴얼이 서로 연계되도록 하여야 한다.
(Ⓜ 표/실/행) 2021 간부 2022

1. 위기관리 **표준매뉴얼**	국가적 차원에서 관리가 필요한 재난에 대하여 재난관리 체계와 관계 기관의 임무와 역할을 규정한 문서로 위기대응 실무매뉴얼의 작성 기준이 되며, 재난관리주관기관의 장이 작성한다. 다만, 다수의 재난관리주관기관이 관련되는 재난에 대해서는 관계 재난관리주관기관의 장과 협의하여 행정안전부장관이 위기관리 표준매뉴얼을 작성할 수 있다.
	작성주체 : 재난관리주관기관의장(다수 재난관리주관기관 관련 시 - 행정안전부장관)
2. 위기대응 **실무매뉴얼**	위기관리 표준매뉴얼에서 규정하는 기능과 역할에 따라 실제 재난대응에 필요한 조치사항 및 절차를 규정한 문서로 재난관리주관기관의 장과 관계 기관의 장이 작성한다. 이 경우 재난관리주관기관의 장은 위기대응 실무매뉴얼과 제1호에 따른 위기관리 표준매뉴얼을 통합하여 작성할 수 있다.
	작성주체 : 재난관리주관기관의 장과 관계 기관의 장
3. 현장조치 **행동매뉴얼**	재난현장에서 임무를 직접 수행하는 기관의 행동조치 절차를 구체적으로 수록한 문서로 위기대응 실무매뉴얼을 작성한 기관의 장이 지정한 기관의 장이 작성하되, 시장·군수·구청장은 재난유형별 현장조치 행동매뉴얼을 통합하여 작성할 수 있다. 다만, 현장조치 행동매뉴얼 작성 기관의 장이 다른 법령에 따라 작성한 계획·매뉴얼 등에 재난유형별 현장조치 행동매뉴얼에 포함될 사항이 모두 포함되어 있는 경우 해당 재난유형에 대해서는 현장조치 행동매뉴얼이 작성된 것으로 본다.
	작성주체 : 위기대응 실무매뉴얼을 작성한 기관의 장이 지정한 기관의 장 ※ 시장·군수·구청장은 재난유형별 현장조치 행동매뉴얼을 통합하여 작성할 수 있다.

(2) 행정안전부장관은 재난유형별 위기관리 매뉴얼의 작성 및 운용기준을 정하여 재난관리책임기관의 장에게 통보할 수 있다.

(3) 재난관리주관기관의 장이 작성한 위기관리 표준매뉴얼은 행정안전부장관의 승인을 받아 이를 확정하고, 위기대응 실무매뉴얼과 연계하여 운용하여야 한다.

(4) 재난관리주관기관의 장은 위기관리 표준매뉴얼 및 위기대응 실무매뉴얼을 정기적으로 점검하여야 한다.

(5) 행정안전부장관은 재난유형별 위기관리 매뉴얼의 표준화 및 실효성 제고를 위하여 대통령령으로 정하는 위기관리 매뉴얼협의회를 구성·운영할 수 있다.

(6) 재난관리주관기관의 장은 소관 분야 재난유형의 위기대응 실무매뉴얼 및 현장조치 행동매뉴얼을 조정·승인하고 지도·관리를 하여야 하며, 소관분야 위기관리 매뉴얼을 새로이 작성하거나 변경한 때에는 이를 행정안전부장관에게 통보하여야 한다.

(7) 시장·군수·구청장이 작성한 현장조치 행동매뉴얼에 대하여는 시·도지사의 승인을 받아야 한다. 시·도지사는 현장조치 행동매뉴얼을 승인하는 때에는 재난관리주관기관의 장이 작성한 위기대응 실무매뉴얼과 연계되도록 하여야 하며, 승인 결과를 재난관리주관기관의 장 및 행정안전부장관에게 보고하여야 한다.

(8) 행정안전부장관은 위기관리 매뉴얼의 체계적인 운용을 위하여 관리시스템을 구축·운영할 수 있으며, 제(3)항부터 제(7)항까지의 규정에 따른 위기관리 매뉴얼의 작성·운용 등 필요한 사항은 대통령령으로 정한다.

(9) 행정안전부장관은 재난관리업무를 효율적으로 하기 위하여 대통령령으로 정하는 바에 따라 위기관리에 필요한 매뉴얼 표준안을 연구·개발하여 보급할 수 있다. 이 경우 다음 각 호의 사항을 고려하여야 한다.

> (Ⓜ 요/단/대/안/매)
> 1. 재난유형에 따른 국민행동**요**령의 표준화
> 2. 재난유형에 따른 예방·대비·대응·복구 **단**계별 조치사항에 관한 연구 및 표준화
> 3. 재난현장에서의 **대**응과 상호협력 절차에 관한 연구 및 표준화
> 4. **안**전취약계층의 특성을 반영한 연구·개발
> 5. 그 밖에 위기관리에 관한 **매**뉴얼의 개선·보완에 필요한 사항

(10) 행정안전부장관은 위기관리 매뉴얼의 작성·운용 실태를 정기적으로 점검하여야 하며, 필요한 경우 이를 시정 또는 보완하기 위하여 위기관리 매뉴얼을 작성·운용하는 기관의 장에게 필요한 조치를 하도록 권고할 수 있다. 이 경우 권고를 받은 기관의 장은 특별한 사유가 없으면 이에 따라야 한다.

> [위기관리 매뉴얼협의회의 구성·운영(제43조의6)]
> ① 법 제34조의5 제5항에 따른 <u>위기관리 매뉴얼협의회(이하 이 조에서 "협의회"라 한다)는 위원장 1명을 포함하여 200명 이내의 위원으로 구성</u>한다.
> ② 협의회는 다음 각 호의 사항을 심의한다.
>   1. 위기관리 표준매뉴얼 및 위기대응 실무매뉴얼의 검토에 관한 사항
>   2. 위기관리 매뉴얼의 작성방법 및 운용기준 등에 관한 사항
>   3. 위기관리 매뉴얼의 개선에 관한 사항
>   4. 그 밖에 행정안전부장관이 위기관리 매뉴얼의 표준화 및 실효성 제고를 위하여 필요하다고 인정하는 사항

③ 협의회의 위원은 다음 각 호의 사람 중에서 행정안전부장관이 임명하거나 위촉한다.
　1. 재난관리주관기관에서 재난 및 안전관리 업무를 담당하는 부서의 과장급 이상 공무원
　2. 재난관리책임기관에서 위기관리 매뉴얼에 관한 업무를 담당하는 공무원 또는 직원
　3. 재난 및 안전관리 또는 위기관리 매뉴얼에 관한 학식과 경험이 풍부한 사람
④ 협의회의 위원장은 위원 중에서 행정안전부장관이 지명한다.
⑤ 위촉위원의 임기는 2년으로 하며, 위원의 사임 등으로 새로 위촉된 위원의 임기는 전임위원 임기의 남은 기간으로 한다.
⑥ 협의회의 회의에 출석하는 위원에게는 예산의 범위에서 수당과 여비 등을 지급할 수 있다. 다만, 공무원인 위원이 그 업무와 관련하여 회의에 참석하는 경우에는 그러하지 아니하다.
⑦ 제①항부터 제⑥항까지에서 규정한 사항 외에 협의회 운영에 필요한 사항은 행정안전부장관이 정한다.

재난분야 위기관리 매뉴얼 작성·운용 절차

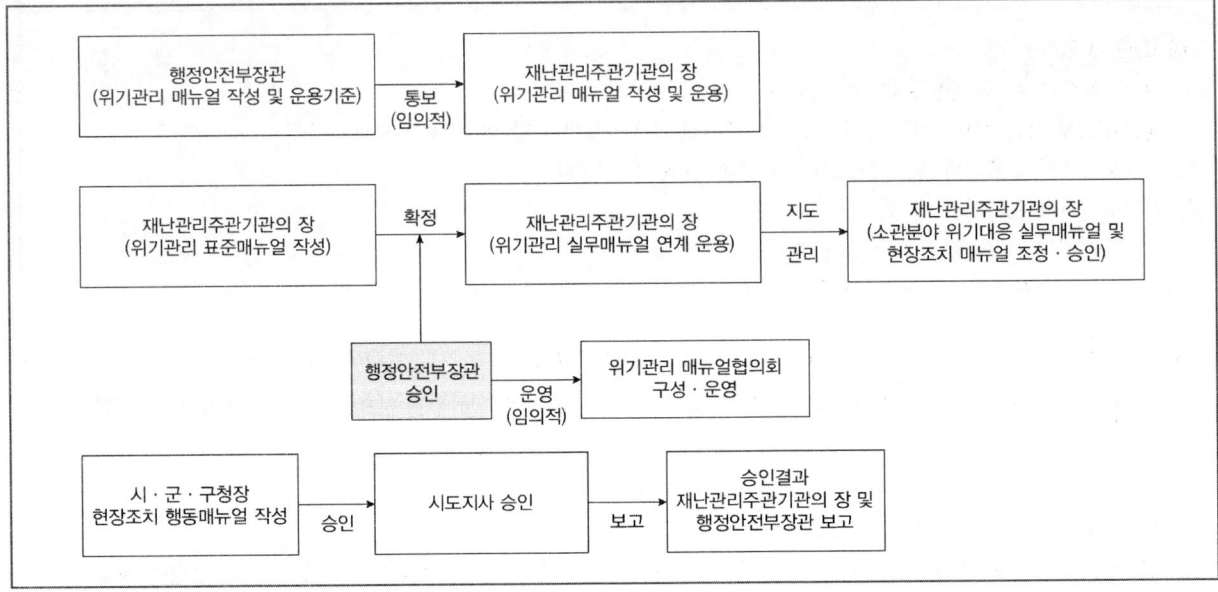

⑥ 다중이용시설 등의 위기상황 매뉴얼 작성·관리 및 훈련(기본법 제34조의6)

(1) 대통령령으로 정하는 다중이용시설 등의 소유자·관리자 또는 점유자는 대통령령으로 정하는 바에 따라 위기상황에 대비한 매뉴얼(이하 "위기상황 매뉴얼"이라 한다)을 작성·관리하여야 한다. 다만, 다른 법령에서 위기상황에 대비한 대응계획 등의 작성·관리에 관하여 규정하고 있는 경우에는 그 법령에서 정하는 바에 따른다.

(2) 제(1)항에 따른 소유자·관리자 또는 점유자는 대통령령으로 정하는 바에 따라 위기상황 매뉴얼에 따른 훈련을 주기적으로 실시하여야 한다. 다만, 다른 법령에서 위기상황에 대비한 대응계획 등의 훈련에 관하여 규정하고 있는 경우에는 그 법령에서 정하는 바에 따른다.

(3) 행정안전부장관, 관계 중앙행정기관의 장 또는 지방자치단체의 장은 위기상황 매뉴얼(제(1)항 단서 및 제(2)항 단서에 따른 위기상황에 대비한 대응계획 등을 포함한다)의 작성·관리 및 훈련실태를 점검하고 필요한 경우에는 개선명령을 할 수 있다.

[위기상황 매뉴얼 작성·관리 대상(제43조의8)] ♨ 2019 간부

법 제34조의6 제1항 본문에서 "대통령령으로 정하는 다중이용시설 등의 소유자·관리자 또는 점유자"란 다음 각 호의 어느 하나에 해당하는 건축물 또는 시설(이하 "다중이용시설등"이라 한다)의 관계인을 말한다.

1. 「건축법 시행령」 제2조 제17호가목에 따른 다중이용 건축물 (Ⓜ 판운문종 종합관광 오천/ 16층)

   * 「건축법 시행령」 제2조제17호가목
   가. 다음의 어느 하나에 해당하는 용도로 쓰는 바닥면적의 합계가 **5천**제곱미터 이상인 건축물
      1) **문**화 및 집회시설(동물원 및 식물원은 제외한다)
      2) **종**교시설
      3) **판**매시설
      4) **운**수시설 중 여객용 시설
      5) 의료시설 중 **종합**병원
      6) 숙박시설 중 **관광**숙박시설
   나. **16층** 이상인 건축물

2. 그 밖에 제1호에 따른 건축물에 준하는 건축물 또는 시설로서 행정안전부장관이 법 제34조의6 제1항 본문에 따른 위기상황에 대비한 매뉴얼(이하 "위기상황 매뉴얼"이라 한다)의 작성·관리가 필요하다고 인정하여 고시하는 건축물 또는 시설

[위기상황 매뉴얼의 작성·관리 방법 등(시행령 제43조의9)]
① 법 제34조의6 제1항에 따라 다중이용시설등의 관계인이 작성·관리하여야 하는 위기상황 매뉴얼에는 다음 각 호의 사항이 포함되어야 한다.
  1. 위기상황 대응조직의 체계
  2. 위기상황 발생 시 구성원의 역할에 관한 사항
  3. 위기상황별·단계별 대처방법에 관한 사항
  4. 응급조치 및 피해복구에 관한 사항
  5. 그 밖에 행정안전부장관이 위기상황의 효율적인 극복을 위하여 필요하다고 인정하여 고시하는 사항
② 위기상황 매뉴얼을 작성·관리하는 관계인은 법 제34조의6 제2항에 따라 매년 1회 이상 위기상황 매뉴얼에 따른 훈련을 실시하여야 한다.
③ 위기상황 매뉴얼을 작성·관리하는 관계인은 제②항에 따른 훈련 결과를 반영하여 위기상황 매뉴얼이 실제 위기상황에서 무리 없이 작동하도록 지속적으로 보완·발전시켜야 한다.
④ 행정안전부장관은 관계 중앙행정기관의 장 또는 지방자치단체의 장에게 소관 분야의 위기상황에 대비한 위기상황 매뉴얼의 표준안을 작성·보급할 것을 요청할 수 있다.
⑤ 제①항부터 제④항까지에서 규정한 사항 외에 위기상황 매뉴얼의 작성 방법 및 기준 등에 관하여 필요한 사항은 행정안전부장관이 정하여 고시한다.

❼ 안전기준의 등록 및 심의 등(기본법 제34조의7)

(1) 행정안전부장관은 안전기준을 체계적으로 관리·운용하기 위하여 안전기준을 통합적으로 관리할 수 있는 체계를 갖추어야 한다.

(2) 중앙행정기관의 장은 관계 법률에서 정하는 바에 따라 안전기준을 신설 또는 변경하는 때에는 행정안전부장관에게 안전기준의 등록을 요청하여야 한다.

(3) 행정안전부장관은 제(2)항에 따라 안전기준의 등록을 요청받은 때에는 안전기준심의회의 심의를 거쳐 이를 확정한 후 관계 중앙행정기관의 장에게 통보하여야 한다.

(4) 중앙행정기관의 장이 신설 또는 변경하는 안전기준은 제34조의3에 따른 국가재난관리기준에 어긋나지 아니하여야 한다.

(5) 안전기준의 등록 방법 및 절차와 안전기준심의회 구성 및 운영에 관하여는 대통령령으로 정한다.

⑧ 재난안전통신망의 구축·운영(기본법 제34조의8)

(1) 행정안전부장관은 체계적인 재난관리를 위하여 재난안전통신망을 구축·운영하여야 하며, 재난관리책임기관·긴급구조기관 및 긴급구조지원기관(이하 이 조에서 "재난관련기관"이라 한다)은 재난관리에 재난안전통신망을 사용하여야 한다.

(2) 삭제

(3) 재난안전통신망의 운영, 사용 등에 필요한 사항은 다른 법률(재난안전통신망법)로 정한다.

⑨ 재난대비훈련 기본계획 수립(기본법 제34조의9)

(1) 행정안전부장관은 매년 재난대비훈련 기본계획을 수립하고 재난관리책임기관의 장에게 통보하여야 한다.

(2) 재난관리책임기관의 장은 제(1)항의 재난대비훈련 기본계획에 따라 소관분야별로 자체계획을 수립하여야 한다.

(3) 행정안전부장관은 제(1)항에 따라 수립한 재난대비훈련 기본계획을 국회 소관상임위원회에 보고하여야 한다.

📄 재난대비훈련 기본계획 수립절차

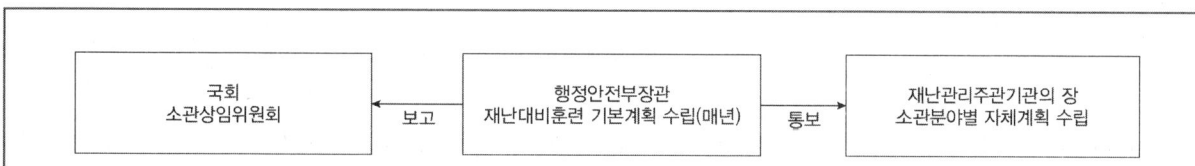

[재난대비훈련 기본계획의 수립(시행령 제43조의13)]
행정안전부장관은 법 제34조의9 제1항에 따라 재난대비훈련 기본계획을 수립하는 경우에는 다음 각 호의 사항을 포함하여야 한다. (M 목/유/기/평)
1. 재난대비훈련 **목**표
2. 재난대비훈련 **유**형 선정기준 및 훈련프로그램
3. 재난대비훈련 **기**획, 설계 및 실시에 관한 사항
4. 재난대비훈련 **평**가 및 평가결과에 따른 교육·재훈련의 실시 등에 관한 사항
5. 그 밖에 재난대비훈련의 실시를 위하여 행정안전부장관이 필요하다고 인정하여 정하는 사항

⑩ 재난대비훈련 실시(기본법 제35조)

(1) 행정안전부장관, 중앙행정기관의 장, 시·도지사, 시장·군수·구청장 및 긴급구조기관(이하 이 조에서 "훈련주관기관"이라 한다)의 장은 대통령령으로 정하는 바에 따라 <u>매년 정기적으로 또는 수시로</u> 재난관리책임기관, 긴급구조지원기관 및 군부대 등 관계 기관(이하 이 조에서 "훈련참여기관"이라 한다)과 합동으로 재난대비훈련(제34조의5에 따른 위기관리 매뉴얼의 숙달훈련을 포함한다)을 실시하여야 한다.

훈련주관기관	행정안전부장관, 중앙행정기관의 장, 시·도지사, 시장·군수·구청장, 긴급구조기관
훈련참여기관	재난관리책임기관, 긴급구조지원기관 및 군부대 등 관계 기관

(2) 훈련주관기관의 장은 제(1)항에 따른 재난대비훈련을 실시하려면 제34조의9제2항에 따른 자체계획을 토대로 재난대비훈련 실시계획을 수립하여 훈련참여기관의 장에게 통보하여야 한다.

(3) 훈련참여기관의 장은 제(1)항에 따른 재난대비훈련을 실시하면 훈련상황을 점검하고, 그 결과를 대통령령으로 정하는 바에 따라 훈련주관기관의 장에게 제출하여야 한다.

(4) 훈련주관기관의 장은 대통령령으로 정하는 바에 따라 다음 각 호의 조치를 하여야 한다.

---
1. 훈련참여기관의 훈련과정 및 훈련결과에 대한 점검·평가
2. 훈련참여기관의 장에게 훈련과정에서 나타난 미비사항이나 개선·보완이 필요한 사항에 대한 보완조치 요구
3. 훈련과정에서 나타난 제34조의5제1항 각 호의 위기관리 매뉴얼의 미비점에 대한 개선·보완 및 개선·보완조치 요구
---

(5) 재난대비훈련의 효율적인 추진을 위한 절차·방법 등에 필요한 사항은 대통령령으로 정한다.

[재난대비훈련 등(시행령 제43조의14)]
① 행정안전부장관, 중앙행정기관의 장, 시·도지사, 시장·군수·구청장 및 긴급구조기관의 장(이하 "훈련주관기관의 장"이라 한다)은 법 제35조 제1항에 따라 관계 기관과 합동으로 참여하는 재난대비훈련을 각각 소관 분야별로 주관하여 연 1회 이상 실시하여야 한다.
② 제①항에 따라 재난대비훈련에 참여하는 기관은 자체 훈련을 수시로 실시할 수 있다.
③ 훈련주관기관의 장은 법 제35조 제1항에 따라 재난대비훈련을 실시하는 경우에는 훈련일 15일 전까지 훈련일시, 훈련장소, 훈련내용, 훈련방법, 훈련참여 인력 및 장비, 그 밖에 훈련에 필요한 사항을 재난관리책임기관, 긴급구조지원기관 및 군부대 등 관계 기관(이하 "훈련참여기관"이라 한다)의 장에게 통보하여야 한다.
⑤ 훈련주관기관의 장은 재난대비훈련 수행에 필요한 능력을 기르기 위하여 제①항에 따른 재난대비훈련 참석자에게 재난대비훈련을 실시하기 전에 사전교육을 하여야 한다. 다만, 다른 법령에 따라 해당 분야의 재난대비훈련 교육을 받은 경우에는 이 영에 따른 교육을 받은 것으로 본다.
⑥ 훈련참여기관의 장은 법 제35조 제3항에 따라 재난대비훈련 실시 후 10일 이내에 그 결과를 훈련주관기관의 장에게 제출하여야 한다.
⑦ 제①항에 따른 재난대비훈련에 참여하는 데에 필요한 비용은 참여 기관이 부담한다. 다만, 민간 긴급구조지원기관에 대해서는 훈련주관기관의 장이 부담할 수 있다.
⑧ 제①항부터 제⑦항까지에서 규정한 사항 외에 재난대비훈련 및 지원에 필요한 사항은 행정안전부장관이 정한다.

[재난대비훈련의 평가(시행령 제43조의15)]
① 훈련주관기관의 장은 다음 각 호의 평가항목 중 훈련 특성에 맞는 평가항목을 선정하여 법 제35조제4항에 따른 재난대비훈련평가(이하 "훈련평가"라 한다)를 실시하여야 한다.
  1. 분야별 전문인력 참여도 및 훈련목표 달성 정도
  2. 장비의 종류·기능 및 수량 등 동원 실태
  3. 유관기관과의 협력체제 구축 실태
  4. 긴급구조대응계획 및 세부대응계획에 의한 임무의 수행 능력
  5. 긴급구조기관 및 긴급구조지원기관 간의 지휘통신체계
  6. 긴급구조요원의 임무 수행의 전문성 수준
  7. 그 밖에 행정안전부장관이 정하는 평가에 필요한 사항
② 훈련주관기관의 장은 훈련평가의 결과를 훈련 종료일부터 30일 이내에 재난관리책임기관의 장 및 관계 긴급구조지원기관의 장에게 통보하고, 통보를 받은 재난관리책임기관의 장 및 긴급구조지원기관의 장은 평가 결과가 다음 훈련계획 수립 및 훈련을 실시하는데 반영되도록 하는 등의 재난관리에 필요한 조치를 하여야 한다.
③ 행정안전부장관은 제①항에 따른 평가 결과 우수기관에 대해서는 포상 등 필요한 조치를 할 수 있다.
④ 행정안전부장관은 체계적이고 효율적인 훈련평가를 위하여 필요한 경우 민간전문가로 이루어진 평가단을 구성하여 운영할 수 있다.
⑤ 제①항부터 제④항까지에서 규정한 사항 외에 훈련평가에 필요한 사항은 행정안전부장관이 정하여 고시한다.

chapter 05 출제예상문제

※ 2021년

1 「재난 및 안전관리 기본법」상 재난관리책임기관의 장은 재난을 효율적으로 관리하기 위하여 재난유형에 따라 위기관리 매뉴얼을 작성·운용하여야 한다. ( ) 안에 들어갈 내용으로 옳은 것은?

> (㉠)은 국가적 차원에서 관리가 필요한 재난에 대하여 재난관리체계와 관계 기관의 임무와 역할을 규정한 문서이고, (㉡)은 재난현장에서 임무를 직접 수행하는 기관의 행동조치 절차를 구체적으로 수록한 문서이다.

① ㉠ 위기관리 표준매뉴얼 ㉡ 위기대응 실무매뉴얼
② ㉠ 위기관리 표준매뉴얼 ㉡ 현장조치 행동매뉴얼
③ ㉠ 위기대응 실무매뉴얼 ㉡ 현장조치 행동매뉴얼
④ ㉠ 위기대응 실무매뉴얼 ㉡ 위기관리 표준매뉴얼
⑤ ㉠ 현장조치 행동매뉴얼 ㉡ 위기관리 표준매뉴얼

1.

재난분야 위기관리 매뉴얼 작성·운용(기본법 제34조의5) ♠♠

<u>재난관리책임기관의 장은 재난을 효율적으로 관리하기 위하여 재난유형에 따라 다음 각 호의 위기관리 매뉴얼을 작성·운용하여야 한다.</u> 이 경우 재난대응활동계획과 위기관리 매뉴얼이 서로 연계되도록 하여야 한다. **(M 표/실/행)** [21년 간부, 22년]

1. 위기관리 표준매뉴얼	<u>국가적 차원에서 관리가 필요한 재난에 대하여 재난관리 체계와 관계 기관의 임무와 역할을 규정한 문서</u>로 위기대응 실무매뉴얼의 작성 기준이 되며, 재난관리주관기관의 장이 작성한다. 다만, 다수의 재난관리주관기관이 관련되는 재난에 대해서는 관계 재난관리주관기관의 장과 협의하여 행정안전부장관이 위기관리 표준매뉴얼을 작성할 수 있다.
2. 위기대응 실무매뉴얼	위기관리 표준매뉴얼에서 규정하는 기능과 역할에 따라 <u>실제 재난대응에 필요한 조치사항 및 절차를 규정한 문서</u>로 재난관리주관기관의 장과 관계 기관의 장이 작성한다. 이 경우 재난관리주관기관의 장은 위기대응 실무매뉴얼과 제1호에 따른 위기관리 표준매뉴얼을 통합하여 작성할 수 있다.
3. 현장조치 행동매뉴얼	<u>재난현장에서 임무를 직접 수행하는 기관의 행동조치 절차를 구체적으로 수록한 문서</u>로 위기대응 실무매뉴얼을 작성한 기관의 장이 지정한 기관의 장이 작성하되, 시장·군수·구청장은 재난유형별 현장조치 행동매뉴얼을 통합하여 작성할 수 있다. 다만, 현장조치 행동매뉴얼 작성 기관의 장이 다른 법령에 따라 작성한 계획·매뉴얼 등에 재난유형별 현장조치 행동매뉴얼에 포함될 사항이 모두 포함되어 있는 경우 해당 재난유형에 대해서는 현장조치 행동매뉴얼이 작성된 것으로 본다.

Answer 1.②

* 2019년 간부

2 「재난 및 안전관리 기본법 시행령」상 다중이용시설의 관계인이 위기상황에 대비한 매뉴얼을 작성하여 이에 따른 훈련을 주기적으로 실시해야 하는 건축물 또는 시설에 해당하지 않는 것은?

① 바닥면적의 합계가 4,000m^{2}인 판매시설
② 바닥면적의 합계가 5,000m^{2}인 운수시설 중 여객용 시설
③ 바닥면적의 합계가 6,000m^{2}인 숙박시설 중 관광 숙박시설
④ 바닥면적의 합계가 7,000m^{2}인 의료시설 중 종합 병원
⑤ 바닥면적의 합계가 8,000m^{2}인 문화 및 집회시설 (동물원 및 식물원은 제외)

3 재난 및 안전관리 기본법상 안전기준의 등록 및 심의에 대한 설명으로 옳지 않은 것은?

① 행정안전부장관은 안전기준을 체계적으로 관리·운용하기 위하여 안전기준을 통합으로 관리할 수 있는 체계를 갖추어야 한다.
② 중앙행정기관의 장은 관계법률에서 정하는 바에 따라 안전기준을 신설 또는 변경하는 때에는 행정안전부장관에게 안전기준의 등록을 요청하여야 한다.
③ 중앙행정기관의 장이 신설 또는 변경하는 안전기준은 국가재난관리기준에 어긋나지 아니하여야 한다.
④ 안전기준의 등록 방법 및 절차와 안전기준심의회 구성 및 운영에 관하여는 행정안전부장관이 정한다.

2.
위기상황 매뉴얼 작성·관리 대상(제43조의8)
법 제34조의6제1항 본문에서 "대통령령으로 정하는 다중이용시설 등의 소유자·관리자 또는 점유자"란 다음 각 호의 어느 하나에 해당하는 건축물 또는 시설(이하 "다중이용시설등"이라 한다)의 관계인을 말한다.
1. 「건축법 시행령」 제2조제17호가목에 따른 다중이용 건축물 (**M** 판운문종 종합관광 오천/ 16층)

「건축법 시행령」 제2조 제17호가목
가. 다음의 어느 하나에 해당하는 용도로 쓰는 바닥면적의 합계가 **5천**제곱미터 이상인 건축물
  1) **문**화 및 집회시설(동물원 및 식물원은 제외한다)
  2) **종**교시설
  3) **판**매시설
  4) **운**수시설 중 여객용 시설
  5) 의료시설 중 **종합**병원
  6) 숙박시설 중 **관광**숙박시설
나. **16층** 이상인 건축물

3.
안전기준의 등록 및 심의 등(기본법 제34조의7)
㉠ 행정안전부장관은 안전기준을 체계적으로 관리·운용하기 위하여 안전기준을 통합적으로 관리할 수 있는 체계를 갖추어야 한다.
㉡ 중앙행정기관의 장은 관계 법률에서 정하는 바에 따라 안전기준을 신설 또는 변경하는 때에는 행정안전부장관에게 안전기준의 등록을 요청하여야 한다.
㉢ 행정안전부장관은 제2)항에 따라 안전기준의 등록을 요청받은 때에는 안전기준심의회의 심의를 거쳐 이를 확정한 후 관계 중앙행정기관의 장에게 통보하여야 한다.
㉣ 중앙행정기관의 장이 신설 또는 변경하는 안전기준은 제34조의3에 따른 국가재난관리기준에 어긋나지 아니하여야 한다.
㉤ 안전기준의 등록 방법 및 절차와 안전기준심의회 구성 및 운영에 관하여는 대통령령으로 정한다.

Answer 2.① 3.④

* 2022년

4 「재난 및 안전관리 기본법」상 재난현장에서 임무를 직접 수행하는 기관의 행동조치 절차를 구체적으로 수록한 문서는?

① 재난대응 활동계획
② 현장조치 행동매뉴얼
③ 위기대응 실무매뉴얼
④ 위기관리 표준매뉴얼

4.
② 현장조치 행동매뉴얼 – 재난현장에서 임무를 직접 수행하는 기관의 행동조치 절차를 구체적으로 수록한 문서로 위기대응 실무매뉴얼을 작성한 기관의 장이 지정한 기관의 장이 작성하되, 시장·군수·구청장은 재난유형별 현장조치 행동매뉴얼을 통합하여 작성할 수 있다.

Answer 4.②

06 재난의 대응과 긴급구조

대형재난 발생 등으로 인한 인명 및 재산상의 피해 경감을 위하여 재난사태 선포, 재난예보·경보의 발령 등 행정조치를 마련하고 있으며, 긴급구조의 전문적 수행을 위하여 긴급구조통제단 구성 및 현장지휘 등에 대한 법적 근거를 명시하여 재난 대응태세를 강화토록 하고 있다.

01 응급조치 등

❶ 재난사태 선포(기본법 제36조) ♨♨

(1) <u>행정안전부장관은 대통령령으로 정하는 재난</u>이 발생하거나 발생할 우려가 있는 경우 사람의 생명·신체 및 재산에 미치는 중대한 영향이나 피해를 줄이기 위하여 긴급한 조치가 필요하다고 인정하면 <u>중앙위원회의 심의를 거쳐 재난사태를 선포할 수 있다.</u> 다만, 행정안전부장관은 재난상황이 긴급하여 중앙위원회의 <u>심의를 거칠 시간적 여유가 없다고 인정하는 경우에는 중앙위원회의 심의를 거치지 아니하고 재난사태를 선포할 수 있다.</u>

(2) 행정안전부장관은 제(1)항 단서에 따라 재난사태를 선포한 경우에는 지체 없이 중앙위원회의 승인을 받아야 하고, 승인을 받지 못하면 선포된 재난사태를 즉시 해제하여야 한다.

(3) 행정안전부장관 및 지방자치단체의 장은 제(1)항에 따라 <u>재난사태가 선포된 지역에 대하여 다음 각 호의 조치를</u> 할 수 있다. (Ⓜ 발동위급/ 공비/ 여권/ 휴교/ 필)

> 1. 재난경보의 **발**령, 재난관리자원의 **동**원, **위**험구역 설정, 대피명령, 응**급**지원 등 이 법에 따른 응급조치
> 2. 해당 지역에 소재하는 행정기관 소속 **공**무원의 **비**상소집
> 3. 해당 지역에 대한 **여**행 등 이동 자제 **권**고
> 4. 「유아교육법」, 「초·중등교육법」 및 「고등교육법」에 따른 휴업명령 및 **휴**원·휴**교** 처분의 요청
> 5. 그 밖에 재난예방에 **필**요한 조치

(4) 행정안전부장관은 재난으로 인한 위험이 해소되었다고 인정하는 경우 또는 재난이 추가적으로 발생할 우려가 없어진 경우에는 선포된 재난사태를 즉시 해제하여야 한다.

② 응급조치(기본법 제37조)

(1) 제50조 제2항에 따른 시·도긴급구조통제단 및 시·군·구긴급구조통제단의 단장(이하 "지역통제단장"이라 한다)과 시장·군수·구청장은 재난이 발생할 우려가 있거나 재난이 발생하였을 때에는 즉시 관계 법령이나 재난대응활동계획 및 위기관리 매뉴얼에서 정하는 바에 따라 수방(水防)·진화·구조 및 구난(救難), 그 밖에 재난 발생을 예방하거나 피해를 줄이기 위하여 필요한 다음 각 호의 응급조치를 하여야 한다. 다만, 지역통제단장의 경우에는 제2호 중 진화에 관한 응급조치와 제4호 및 제6호의 응급조치만 하여야 한다.

가. 응급조치의 주체
  1) 시·도 긴급구조통제단 및 시·군·구 긴급구조통제단의 단장(이하 지역통제단장)
  2) 시장·군수·구청장

나. 응급조치 사항 ♨♨♨ [2017] [2018 간부]

시장·군수·구청장	지역통제단장

1) 경보의 발령 또는 전달이나 피난의 권고 또는 지시
1)의2 제31조에 따른 안전조치
  ○ 정밀안전진단(시설만 해당한다)
  ○ 보수(補修) 또는 보강 등 정비
  ○ 재난을 발생시킬 위험요인의 제거
2) 진화·수방·지진방재, 그 밖의 응급조치와 구호
3) 피해시설의 응급복구 및 방역과 방범, 그 밖의 질서 유지
4) 긴급수송 및 구조수단의 확보
5) 급수 수단의 확보, 긴급피난처 및 구호품 등 재난관리자원의 확보
6) 현장지휘통신체계의 확보
7) 그 밖에 재난 발생을 예방하거나 줄이기 위하여 필요한 사항
	(M) 현진구
	2) **진**화에 관한 응급조치
	4) 긴급수송 및 **구**조수단의 확보
	6) **현**장지휘통신체계의 확보

---

(2) 시·군·구의 관할 구역에 소재하는 재난관리책임기관의 장은 시장·군수·구청장이나 지역통제단장이 요청하면 관계 법령이나 시·군·구안전관리계획에서 정하는 바에 따라 시장·군수·구청장이나 지역통제단장의 지휘 또는 조정하에 그 소관 업무에 관계되는 응급조치를 실시하거나 시장·군수·구청장이나 지역통제단장이 실시하는 응급조치에 협력하여야 한다.

❸ 위기경보의 발령 등(기본법 제38조)

(1) 재난관리주관기관의 장(단일 재난유형의 경우)은 <u>대통령령으로 정하는 재난</u>에 대한 징후를 식별하거나 재난발생이 예상되는 경우에는 그 위험 수준, 발생 가능성 등을 판단하여 그에 부합되는 조치를 할 수 있도록 위기경보를 발령할 수 있다. 다만, 제34조의5 제1항제1호 단서의 상황(다수의 재난관리주관기관이 관련되는 재난의 경우)인 경우에는 행정안전부장관이 위기경보를 발령할 수 있다.

> * 위기경보의 발령권자
>   1. 단일 재난유형의 경우 : 관계 재난관리주관기관의 장
>   2. 다수의 재난관리주관기관이 관련되는 재난의 경우 : 행정안전부장관이 발령 가능

(2) 제(1)항에 따른 <u>위기경보는</u> 재난 피해의 전개 속도, 확대 가능성 등 재난상황의 심각성을 종합적으로 고려하여 <u>관심·주의·경계·심각으로 구분</u>할 수 있다. 다만, 다른 법령에서 재난 위기경보의 발령 기준을 따로 정하고 있는 경우에는 그 기준을 따른다.

(3) 재난관리주관기관의 장은 <u>심각 경보를 발령 또는 해제할 경우에는 행정안전부장관과 사전에 협의</u>하여야 한다. 다만, 긴급한 경우에 재난관리주관기관의 장은 우선 조치한 후 지체 없이 행정안전부장관과 협의하여야 한다.

(4) 재난관리책임기관의 장은 제(1)항에 따른 위기경보가 신속하게 발령될 수 있도록 재난과 관련한 위험정보를 얻으면 즉시 행정안전부장관, 재난관리주관기관의 장, 시·도지사 및 시장·군수·구청장에게 통보하여야 한다.

> [위기경보의 발령대상 재난(시행령 제46조)
> 법 제38조 제1항 본문에서 "대통령령으로 정하는 재난"이란 다음의 재난을 말한다.
>   1. 자연재난 및 사회재난
>   2. 그 밖에 인명 또는 재산의 피해 정도가 매우 크고 그 영향이 광범위할 것으로 예상되어 재난관리주관 기관의 장이 위기경보의 발령이 필요하다고 인정하는 재난

④ 재난 예보 · 경보체계 구축 · 운영(기본법 제38조의2)

(1) 재난관리책임기관의 장은 사람의 생명 · 신체 및 재산에 대한 피해가 예상되면 그 피해를 예방하거나 줄이기 위하여 재난에 관한 예보 또는 경보 체계를 구축 · 운영할 수 있다.

(2) 재난관리책임기관의 장은 재난에 관한 예보 또는 경보가 신속하게 실시될 수 있도록 재난과 관련한 위험정보를 얻으면 즉시 행정안전부장관, 재난관리주관기관의 장, 시 · 도지사 및 시장 · 군수 · 구청장에게 통보하여야 한다.

(3) 행정안전부장관, 시 · 도지사 또는 시장 · 군수 · 구청장은 재난에 관한 예보 · 경보 · 통지나 응급조치를 실시하기 위하여 필요하면 다음 각 호의 조치를 요청할 수 있다. 다만, 다른 법령에 특별한 규정이 있을 때에는 그러하지 아니하다.

---

1. 전기통신시설의 소유자 또는 관리자에 대한 전기통신시설의 우선 사용
2. 전기통신사업자 중 대통령령으로 정하는 주요 전기통신사업자에 대한 필요한 정보의 문자나 음성 송신 또는 인터넷 홈페이지 게시
3. 방송사업자에 대한 필요한 정보의 신속한 방송
4. 대통령령으로 정하는 주요 신문사업자 및 인터넷신문사업자에 대한 필요한 정보의 게재
5. 디지털광고물의 관리자에 대한 필요한 정보의 게재

---

(4) 제(3)항에 따른 재난에 관한 예보 · 경보 · 통지 중 지진 · 지진해일 · 화산과 그 밖에 대통령령으로 정하는 자연재난에 대해서는 기상청장이 예보 · 경보 · 통지를 실시한다. 이 경우 기상청장은 제(3)항 각 호의 조치를 요청할 수 있다.

(5) 제(3)항 및 제(4)항에 따른 요청을 받은 전기통신시설의 소유자 또는 관리자, 전기통신사업자, 방송사업자, 신문사업자, 인터넷신문사업자 및 디지털광고물 관리자는 정당한 사유가 없으면 요청에 따라야 한다.

(6) 전기통신사업자나 방송사업자, 휴대전화 또는 내비게이션 제조업자는 제(3)항 및 제(4)항에 따른 재난의 예보 · 경보 실시 사항이 사용자의 휴대전화 등의 수신기 화면에 반드시 표시될 수 있도록 소프트웨어나 기계적 장치를 갖추어야 한다.

(7) 시장 · 군수 · 구청장은 위험구역 및 자연재해위험개선지구 등 재난으로 인하여 사람의 생명 · 신체 및 재산에 대한 피해가 예상되는 지역에 대하여 그 피해를 예방하기 위하여 시 · 군 · 구 재난 예보 · 경보체계 구축 종합계획(이하 "시 · 군 · 구종합계획"이라 한다)을 5년 단위로 수립하여 시 · 도지사에게 제출하여야 한다.

⑻ 시·도지사는 제(7)항에 따른 시·군·구 종합계획을 기초로 시·도 재난 예보·경보체계 구축 종합계획(이하 "시·도종합계획"이라 한다)을 수립하여 행정안전부장관에게 제출하여야 하며, 행정안전부장관은 필요한 경우 시·도지사에게 시·도종합계획의 보완을 요청할 수 있다.

⑼ 시·도 종합계획과 시·군·구 종합계획에는 다음 각 호의 사항이 포함되어야 한다.

> 1. 재난 예보·경보체계의 구축에 관한 기본방침
> 2. 재난 예보·경보체계 구축 종합계획 수립 대상지역의 선정에 관한 사항
> 3. 종합적인 재난 예보·경보체계의 구축과 운영에 관한 사항
> 4. 그 밖에 재난으로부터 인명 피해와 재산 피해를 예방하기 위하여 필요한 사항

⑽ 시·도지사와 시장·군수·구청장은 각각 시·도 종합계획과 시·군·구 종합계획에 대한 사업시행계획을 매년 수립하여 행정안전부장관에게 제출하여야 한다.

⑾ 시·도지사와 시장·군수·구청장이 각각 시·도 종합계획과 시·군·구 종합계획을 변경하려는 경우에는 제(7)항과 제(8)항을 준용한다.

⑿ 제(3)항 및 제(4)항에 따른 요청의 절차, 시·도 종합계획, 시·군·구 종합계획 및 사업시행계획의 수립 등에 필요한 사항은 대통령령으로 정한다.

5 동원명령(기본법 제39조)

(1) 중앙대책본부장과 시장·군수·구청장(시·군·구 대책본부가 운영되는 경우에는 해당 본부장을 말한다.)은 재난이 발생하거나 발생할 우려가 있다고 인정하면 다음 각 호의 조치를 할 수 있다. (Ⓜ **민책군**)

> 1. 「**민**방위기본법」 제26조에 따른 민방위대의 동원
> 2. 응급조치를 위하여 재난관리**책**임기관의 장에 대한 관계 직원의 출동 또는 재난관리자원의 동원 등 필요한 조치의 요청
> 3. 동원 가능한 재난관리자원 등이 부족한 경우에는 국방부장관에 대한 **군**부대의 지원 요청

(2) 제(1)항에 따라 필요한 조치의 요청을 받은 기관의 장은 특별한 사유가 없으면 요청에 따라야 한다.

6 대피명령(기본법 제40조)

(1) 시장·군수·구청장과 지역통제단장(대통령령으로 정하는 권한을 행사하는 경우에만 해당)은 재난이 발생하거나 발생할 우려가 있는 경우에 사람의 생명 또는 신체나 재산에 대한 위해를 방지하기 위하여 필요하면 해당 지역 주민이나 그 지역 안에 있는 사람에게 대피하도록 명하거나 선박·자동차 등을 그 소유자·관리자 또는 점유자에게 대피시킬 것을 명할 수 있다. 이 경우 미리 대피장소를 지정할 수 있다.

(2) 제(1)항에 따른 대피명령을 받은 경우에는 즉시 명령에 따라야 한다.

7 위험구역의 설정(기본법 제41조)

(1) 시장·군수·구청장과 지역통제단장(대통령령으로 정하는 권한을 행사하는 경우에만 해당)은 재난이 발생하거나 발생할 우려가 있는 경우에 사람의 생명 또는 신체에 대한 위해 방지나 질서의 유지를 위하여 필요하면 위험구역을 설정하고, 응급조치에 종사하지 아니하는 사람에게 다음 각 호의 조치를 명할 수 있다.

> 1. 위험구역에 출입하는 행위나 그 밖의 행위의 금지 또는 제한
> 2. 위험구역에서의 퇴거 또는 대피

(2) 시장·군수·구청장과 지역통제단장은 제(1)항에 따라 위험구역을 설정할 때에는 그 구역의 범위와 제(1)항 제1호에 따라 금지되거나 제한되는 행위의 내용, 그 밖에 필요한 사항을 보기 쉬운 곳에 게시하여야 한다.

(3) 관계 중앙행정기관의 장은 재난이 발생하거나 발생할 우려가 있는 경우로서 사람의 생명 또는 신체에 대한 위해 방지나 질서의 유지를 위하여 필요하다고 인정되는 경우에는 시장·군수·구청장과 지역통제단장에게 위험구역의 설정을 요청할 수 있다.

⑧ 강제대피조치(기본법 제42조)

(1) 시장·군수·구청장과 지역통제단장(대통령령으로 정하는 권한을 행사하는 경우에만 해당)은 대피명령을 받은 사람 또는 위험구역에서의 퇴거나 대피명령을 받은 사람이 그 명령을 이행하지 아니하여 위급하다고 판단되면 그 지역 또는 위험구역 안의 주민이나 그 안에 있는 사람을 강제로 대피 또는 퇴거시키거나 선박·자동차 등을 견인시킬 수 있다.

(2) 시장·군수·구청장 및 지역통제단장은 제(1)항에 따라 주민 등을 강제로 대피 또는 퇴거시키기 위하여 필요하다고 인정하면 관할 경찰관서의 장에게 필요한 인력 및 장비의 지원을 요청할 수 있다.

(3) 제(2)항에 따른 요청을 받은 경찰관서의 장은 특별한 사유가 없는 한 이에 응하여야 한다.

⑨ 통행제한(기본법 제43조)

(1) 시장·군수·구청장과 지역통제단장(대통령령으로 정하는 권한을 행사하는 경우에만 해당)은 응급조치에 필요한 물자를 긴급히 수송하거나 진화·구조 등을 하기 위하여 필요하면 대통령령으로 정하는 바에 따라 경찰관서의 장에게 도로의 구간을 지정하여 해당 긴급수송 등을 하는 차량 외의 차량의 통행을 금지하거나 제한하도록 요청할 수 있다.

(2) 제(1)항에 따른 요청을 받은 경찰관서의 장은 특별한 사유가 없으면 요청에 따라야 한다.

⑩ 응원(기본법 제44조)

(1) 시장·군수·구청장은 응급조치를 하기 위하여 필요하면 다른 시·군·구나 관할 구역에 있는 군부대 및 관계 행정기관의 장, 그 밖의 민간기관·단체의 장에게 재난관리자원의 지원 등 필요한 응원(應援)을 요청할 수 있다. 이 경우 응원을 요청받은 군부대의 장과 관계 행정기관의 장은 특별한 사유가 없으면 요청에 따라야 한다.

(2) 제(1)항에 따라 응원에 종사하는 사람은 그 응원을 요청한 시장·군수·구청장의 지휘에 따라 응급조치에 종사하여야 한다.

⑪ 응급부담(기본법 제45조)

<u>시장·군수·구청장과 지역통제단장</u>(대통령령으로 정하는 권한을 행사하는 경우에만 해당)은 그 관할 구역에서 재난이 발생하거나 발생할 우려가 있어 응급조치를 하여야 할 급박한 사정이 있으면 해당 재난현장에 있는 사람이나 인근에 거주하는 사람에게 응급조치에 종사하게 하거나 대통령령으로 정하는 바에 따라 다른 사람의 토지·건축물·인공구조물, 그 밖의 소유물을 일시 사용할 수 있으며, 장애물을 변경하거나 제거할 수 있다.

📎 조치별 주체권자(기본법 제39~45조) 🔥 (Ⓜ 동원은 중앙시장이고/ 대위깡통급은 시장지역이고/ 응원은 시장이다.)

조치사항	주체권자
동원명령(기본법 제39조)	**중앙**대책본부장과 **시장**·군수·구청장
대피명령(기본법 제40조)	**시장**·군수·구청장과 **지역**통제단장
위험구역의 설정(기본법 제41조)	시장·군수·구청장과 지역통제단장
강제대피조치(기본법 제42조)	시장·군수·구청장과 지역통제단장
통행제한(기본법 제43조)	시장·군수·구청장과 지역통제단장
응원(기본법 제44조)	**시장**·군수·구청장
응**급**부담(기본법 제45조)	시장·군수·구청장과 지역통제단장

⑫ 주체별 응급조치 사항(기본법 제46~48조)

(1) 시·도지사가 실시하는 응급조치(기본법 제46조)

① 발령조건

> ○ 관할 구역에서 재난이 발생하거나 발생할 우려가 있는 경우로서 대통령령으로 정하는 경우(인명이나 재산의 피해가 매우 크고 그 영향이 광범위하거나 광범위할 것으로 예상되어 응급조치가 필요하다고 인정되는 경우)
> ○ 둘 이상의 시·군·구에 걸쳐 재난이 발생하거나 발생할 우려가 있는 경우

② 발령할 수 있는 사항

○ 제39조(동원)　　　　○ 제40조(대피명령)　　　　○ 제41조(위험구역의 설정)
○ 제42조(강제대피조치)　　○ 제43조(통행제한)　　　　○ 제44조(응원)
○ 제45조(응급부담)

③ 시·도지사는 응급조치를 하기 위하여 필요하면 이 절에 따라 응급조치를 하여야 할 시장·군수·구청장에게 필요한 지시를 하거나 다른 시·도지사 및 시장·군수·구청장에게 응원을 요청할 수 있다.

(2) 재난관리책임기관의 장의 응급조치(기본법 제47조)

재난이 발생하거나 발생할 우려가 있으면 즉시 그 소관 업무에 관하여 필요한 응급조치를 하고, 시·도지사, 시장·군수·구청장 또는 지역통제단장이 실시하는 응급조치가 원활히 수행될 수 있도록 필요한 협조를 하여야 한다.

(3) 지역통제단장의 응급조치(기본법 제48조)

① 지역통제단장의 응급대책 요청대상자(긴급구조를 위하여 필요 시)

○ 중앙대책본부장　　　　○ 시·도지사　　　　○ 시장·군수·구청장

② 응급대책 요청사항

○ 제37조(응급조치)　　　　○ 제38조의2(재난 예보·경보체계 구축·운영)
○ 제39조(동원명령)　　　　○ 제44조(응원)

(4) 중앙대책본부장, 시·도지사 또는 시장·군수·구청장은 특별한 사유가 없으면 요청에 따라야 한다.

(5) 지역통제단장은 제37조에 따른 응급조치 및 제40조부터 제43조까지와 제45조에 따른 응급대책을 실시하였을 때에는 이를 즉시 해당 시장·군수·구청장에게 통보하여야 한다. 다만, 인명구조 및 응급조치 등 긴급한 대응이 필요한 경우에는 우선 조치한 후에 통보할 수 있다.

02 긴급구조

긴급구조라 함은 재난이 발생할 우려가 현저하거나 재난이 발생한 때에 국민의 생명·신체 및 재산을 보호하기 위하여 긴급구조기관과 긴급구조지원기관이 행하는 인명구조·응급처치 그 밖에 필요한 모든 긴급한 조치를 말한다.

긴급구조기관 2016	소방청·소방본부 및 소방서 (다만, 해양에서 발생한 재난의 경우에는 해양경찰청·지방해양경찰청 및 해양경찰서)
긴급구조지원기관	1. 교육부, 과학기술정보통신부, 국방부, 산업통상자원부, 보건복지부, 환경부, 국토교통부, 해양수산부, 방송통신위원회, 경찰청, 기상청 및 산림청 2. 국방부장관이 법 제57조제3항 제2호에 따른 탐색구조부대로 지정하는 군부대와 그밖에 긴급구조지원을 위하여 국방부장관이 지정하는 군부대 3. 대한적십자사 4. 종합병원 5. 응급의료기관, 응급의료정보센터 및 구급차등의 운용자 6. 전국재해구호협회 7. 긴급구조기관과 긴급구조활동에 관한 응원협정을 체결한 기관 및 단체 9. 그 밖에 긴급구조에 필요한 인력과 장비를 갖춘 기관 및 단체로서 행정안전부령으로 정하는 기관 및 단체

1 중앙긴급구조통제단(기본법 제49조) 2016 2019 2017 간부

(1) 긴급구조에 관한 사항의 총괄·조정, 긴급구조기관 및 긴급구조지원기관이 하는 긴급구조 활동의 역할 분담과 지휘·통제를 위하여 소방청에 중앙긴급구조통제단(중앙통제단)을 둔다.

(2) 중앙통제단의 단장은 소방청장이 된다.

(3) 중앙통제단장은 긴급구조를 위하여 필요하면 긴급구조지원기관 간의 공조체제를 유지하기 위하여 관계 기관·단체의 장에게 소속 직원의 파견을 요청할 수 있다. 이 경우 요청을 받은 기관·단체의 장은 특별한 사유가 없으면 요청에 따라야 한다.

(4) 중앙통제단의 구성·기능 및 운영에 필요한 사항은 대통령령으로 정한다.

[중앙통제단의 기능(시행령 제54조)] 🔥
중앙통제단은 법 제49조제4항에 따라 다음 각 호의 기능을 수행한다. (M 국가 총통 계집 필요)
1. **국가** 긴급구조대책의 **총**괄·조정
2. 긴급구조활동의 지휘·**통**제(긴급구조활동에 필요한 긴급구조기관의 인력과 장비 등의 동원을 포함)
3. 긴급구조지원기관간의 역할분담 등 긴급구조를 위한 현장활동**계**획의 수립
4. 긴급구조대응계획의 **집**행
5. 그 밖에 중앙통제단의 장(이하 "중앙통제단장"이라 한다)이 **필요**하다고 인정하는 사항

[중앙통제단의 구성 및 운영(시행령 제55조)]
① 중앙통제단장은 중앙통제단을 대표하고, 그 업무를 총괄한다.
② 중앙통제단에는 부단장을 두고 부단장은 중앙통제단장을 보좌하며 중앙통제단장이 부득이한 사유로 직무를 수행할 수 없을 경우에는 그 직무를 대행한다.
③ 제②항에 따른 부단장은 소방청 차장이 되며, 중앙통제단에는 대응계획부·현장지휘부 및 자원지원부를 둔다.
④ 제①항부터 제③항까지에서 규정한 사항 외에 중앙통제단의 구성 및 운영에 필요한 사항은 <u>행정안전부령</u>으로 정한다.

긴급구조대응활동 및 현장지휘에 관한 규칙 [별표 3]

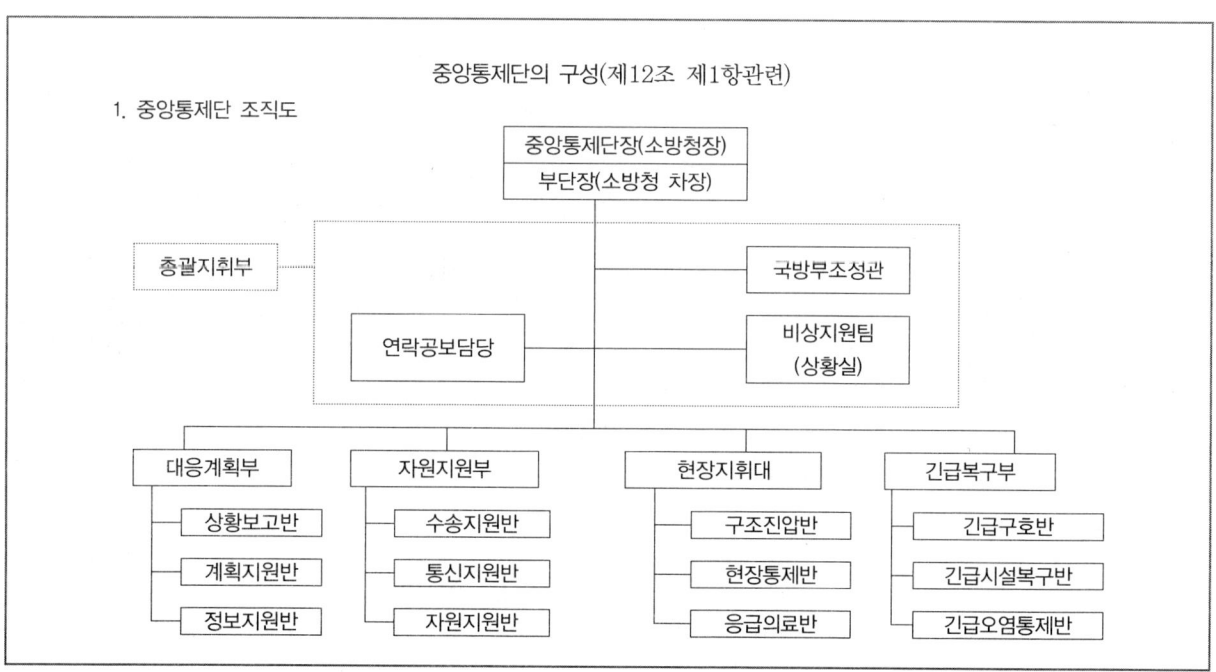

2. 부서별 임무 (M 중앙/ 총괄 연국비/ 대응 상계정/ 지원 수통자/ 현장 응급진통제/ 긴급 구시오)

부서별		주요임무	대응계획
중앙통제단장		1. 긴급구조활동의 총괄 지휘·조정·통제 2. 정부차원의 긴급구조대응계획의 가동	지휘통제계획 (#1)
총괄지휘부	**국**방부조정관	1. 중앙통제단장과 공동으로 국방부의 긴급 구조지원활동 조정·통제 2. 광범위한 지역에 걸친 재난시 대규모 탐색구조 활동 지원	국방부 세부대응계획
	연락공보담당	1. 대중정보계획(#3) 가동 2. 대중매체 홍보에 관한 사항 3. 종합상황실과 공동으로 비상경고계획(#2) 가동 4. 국회 또는 중앙재난안전대책본부장의 연락 및 보고에 관한 사항	대중정보계획 (#3)
	비상지원팀 (상황실)	1. 중앙통제단 지원기능수행 2. 긴급구조대응계획중 기능별 긴급구조대응계획 가동지원 3. 각 소속 기관·단체에 분담된 임무연락 및 이행완료 여부 보고	기능별대응계획 (#1-11)
대응계획부	**상**황보고반	재난상황정보를 종합 분석·정리하여 중앙대책본부장 등에게 보고	지휘통제계획 (#1)
	계획지원반	시·도 긴급구조통제단의 대응계획부의 작전 계획 수립지원	지휘통제계획 (#1)
	정보지원반	시·도 긴급구조통제단 기술정보 지원	지휘통제계획 (#1)
자원지원부	**수**송지원반	1. 긴급구조지원기관의 자원수송지원 2. 다른 지역 자원봉사자의 재난현장 집단수송 지원	지휘통제계획 (#1)
	통신지원반	1. 재난현장의 중앙통제단과 소방청의 종합상황실과의 통신지원 2. 정부차원의 재난통신지원 활동	재난통신계획 (#11)
	자원지원반	소방청 자원관리시스템을 통한 시·도통제단 자원 요구사항 지원	지휘통제계획 (#1)
현장지휘대	구조**진**압반	1. 정부차원의 인명구조 및 화재 등 위험진압 지원 2. 시·도 소방본부 및 권역별 긴급구조지휘대 자원의 지휘·조정·통제	구조진압계획 (#5)
	현장**통제**반	1. 정부차원의 대규모 대피계획 지원 2. 지방 경찰관서 현장통제자원의 지휘·조정·통제	현장통제계획 (#8)
	응급의료반	1. 정부차원의 응급의료자원 지원활동 2. 정부차원의 재난의료체계 가동 3. 시·도 응급의료 자원의 지휘·조정·통제	응급의료계획 (#6)
긴급복구부	긴급**구**호반	1. 정부긴급구호활동 지원 2. 시·도 긴급구조통제단 긴급구호활동의 지휘·조정·통제	긴급구호계획 (#10)
	긴급**시설**복구반	1. 정부긴급시설복구 지원활동 2. 시·도 긴급구조통제단 긴급시설복구자원의 지휘·조정·통제	긴급복구계획 (#9)
	긴급**오**염 통제반	1. 정부차원의 긴급오염통제 지원활동 2. 시·도 긴급구조통제단 긴급오염통제자원의 지휘·조정·통제	긴급오염통제계 획(#7)

> [통제단의 운영기준(긴급구조대응활동 및 현장지휘에 관한 규칙 제15조)]
> 통제단장은 다음의 어느 하나에 해당하는 경우에는 중앙통제단 또는 지역통제단(이하 "통제단"이라 한다)을 구성하여 운영해야 한다.
> 1. 영 제63조제1항제2호 각 목의 어느 하나에 해당하는 기능(기능별 긴급구조대응계획)의 수행이 필요한 경우
>   ** 기능별 긴급구조대응계획 : 지휘통제, 비상경고, 대중정보, 피해상황분석, 구조·진압, 응급의료, 긴급오염통제, 현장통제, 긴급복구, 긴급구호, 재난통신
> 2. 긴급구조관련기관의 인력 및 장비의 동원이 필요하고, 동원된 자원 및 그 활동을 통합하여 지휘·조정·통제할 필요가 있는 경우
> 3. 그 밖에 통제단장이 재난의 종류·규모 및 피해상황 등을 종합적으로 고려하여 통제단의 운영이 필요하다고 인정하는 경우
>
> [대응단계 발령기준(긴급구조대응활동 및 현장지휘에 관한 규칙 제15조의2)]
> ① 현장지휘관은 현장대응을 위한 긴급구조기관의 인력 및 장비를 확보하기 위하여 대응단계를 발령할 수 있다.
> ② 제①항에 따른 대응단계 발령기준에 관한 세부 사항은 긴급구조대응계획에서 정하는 바에 따른다.
>   ** 긴급구조대응계획 : 시·도 긴급구조기관의 장은 매년 시·도 긴급구조대응계획을 작성하여 소방청장에게 보고하여야 한다.

② 지역긴급구조통제단(기본법 제50조) 2019

(1) 지역별 긴급구조에 관한 사항의 총괄·조정, 해당 지역에 소재하는 긴급구조기관 및 긴급구조지원기관 간의 역할분담과 재난현장에서의 지휘·통제를 위하여

① 시·도의 소방본부에 시·도 긴급구조통제단을 두고,

② 시·군·구의 소방서에 시·군·구 긴급구조통제단을 둔다.

(2) 시·도 긴급구조통제단과 시·군·구 긴급구조통제단(이하 "지역통제단"이라 한다)에는 각각 단장 1명을 두되,

① 시·도 긴급구조통제단의 단장은 소방본부장이 되고,

② 시·군·구 긴급구조통제단의 단장은 소방서장이 된다.

(3) 지역통제단장은 긴급구조를 위하여 필요하면 긴급구조지원기관 간의 공조체제를 유지하기 위하여 관계 기관·단체의 장에게 소속 직원의 파견을 요청할 수 있다. 이 경우 요청을 받은 기관·단체의 장은 특별한 사유가 없으면 요청에 따라야 한다.

(4) 지역통제단의 기능과 운영에 관한 사항은 대통령령으로 정한다.

긴급구조대응활동 및 현장지휘에 관한 규칙 [별표 4]

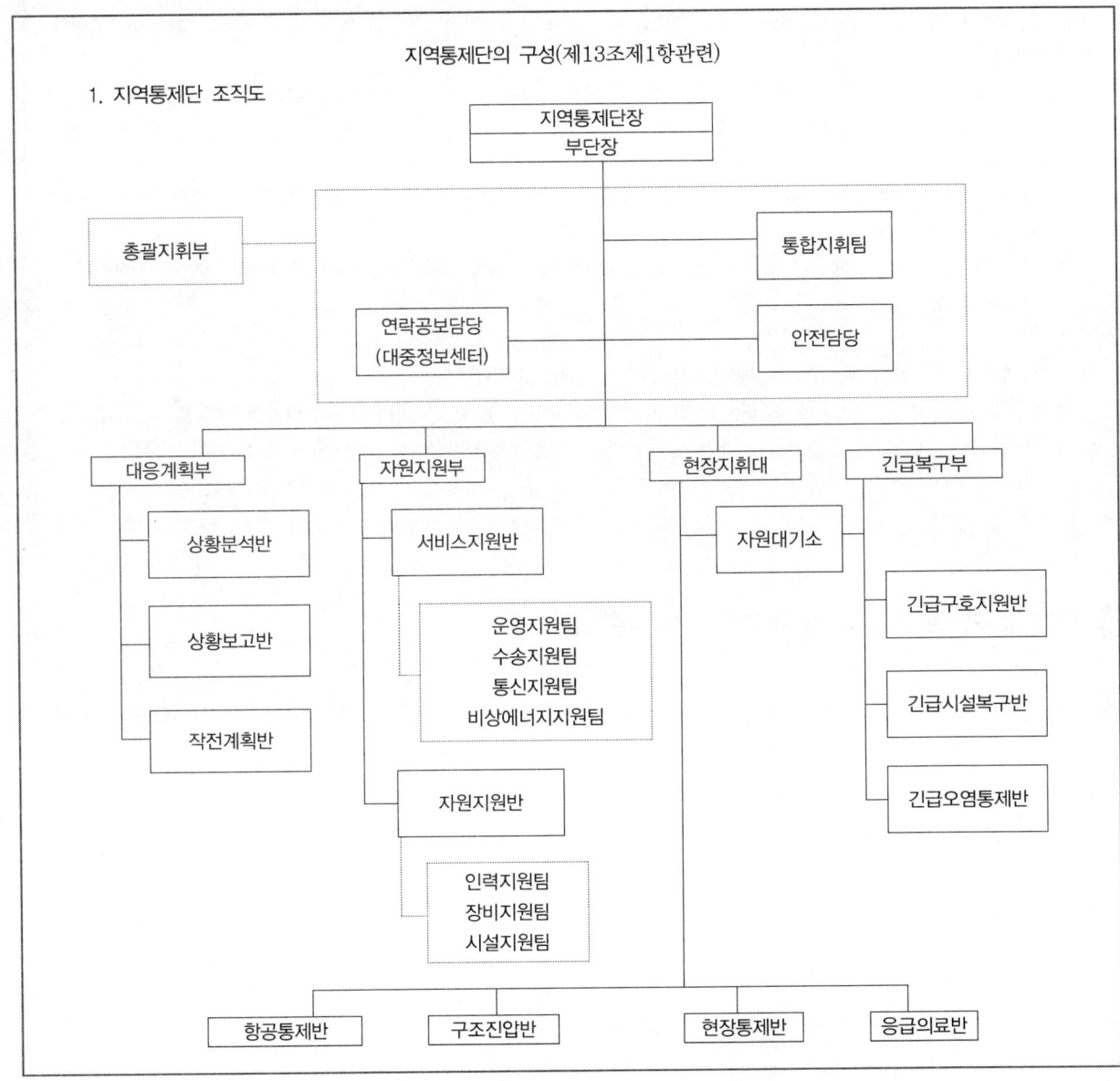

2. 부서별 임무

(Ⓜ 지역/ 총괄 연통안전/ 대응 석고작/자원 운수통상 서비스 인력시장 자원/ 현장 응급진통제항공/긴급 구시오)

부서별		주요임무	대응계획
지역통제단장		1. 긴급구조활동의 총괄 지휘·조정·통제 2. 시·도 긴급구조대응계획의 가동 책임	지휘통제계획 (#1)
총괄지휘부	**통**합지휘팀	1. 전반적 대응 목표 및 전략 결정 2. 대응활동계획의 공동 이행(소속기관별 임무분담 및 이행) 3. 전반적 자원활용의 조정 4. 그 밖에 통제단장 지원활동	각 소속기관 세부 대응계획
	연락공보담당	1. 대중정보제공에 관한 사항 2. 대중매체에 대한 홍보에 관한 사항 3. 상황실과 공동으로 비상경고계획 이행 4. 국회 또는 중앙재난안전대책본부장의 연락 및 보고에 관한 사항	대중정보계획 (#3)
	안전담당	1. 재난현장의 안전진단 및 안전조치 2. 현장활동 요원들의 안전수칙 수립 및 교육	지휘통제계획 (#1)
대응계획부	상황분**석**반	1. 재난상황정보의 수집·분석 및 대응목표 우선순위 설정 2. 재난상황예측 3. 작전계획반과 공동으로 대응활동계획 수립	지휘통제계획 (#1)
	상황보**고**반	대책본부장 및 중앙통제단장 등에 대한 보고서 작성	지휘통제계획 (#1)
	작전계획반	1. 현장 대응활동계획 수립 및 배포 2. 작전계획에 따른 자원할당	지휘통제계획 (#1)
자원지원부	**서비스**지원반	1. **운영**지원팀 : 통제단 운영지원 및 현장지휘소 설치 2. **수송**지원팀 : 긴급구조자원 수송지원 3. **통신**지원팀 : 현장지휘 및 자원관리에 필요한 통신지원 4. **비상**에너지지원팀 : 전기, 연료 등 지원	지휘통제계획 (#1) 재난통신계획 (#11)
	자원지원반	1. **인력**지원팀 : 현장인력지원 및 자원집결지운영 2. **장**비지원팀 : 현장 필요장비 동원 및 지원 3. **시설**지원팀 : 현장 필요시설 동원 및 지원	지휘통제계획 (#1)
현장지휘대	구조**진압**반	1. 각 시·군·구긴급구조통제단 인명구조 및 화재 등 위험진압 및 지원 2. 그 밖에 각 시·군·구 구조진압반 지휘·조정·통제 3. 자원대기소 운영	구조진압계획 (#5)
	현장**통제**반	1. 시·도 대피계획 지원 2. 각 대응구역별 현장자원의 지휘·조정·통제	현장통제계획 (#8)

	응급의료반	1. 시·도차원의 응급의료 및 자원지원활동 2. 대응구역별 응급의료자원의 지휘·조정·통제 3. 사상자 분산이송통제 4. 사상자 현황파악 및 상황보고반에 대한 보고자료 제공	응급의료계획 (#6)
	항공통제반	1. 항공대 운항통제 및 이착륙장 관리 2. 응급환자 원거리 항공이송 통제	항공구조활동지침
긴급복구부	긴급**구**호지원반	1. 시·도차원의 긴급구호 및 자원지원활동 2. 긴급구조요원 및 자원봉사자에 대한 의식주 지원	긴급구호계획 (#10)
	긴급**시**설복구반	1. 시·도차원의 긴급시설복구 및 자원지원 활동 2. 시·군·구 긴급구조통제단 긴급시설복구 자원의 지휘·조정·통제	긴급복구계획 (#9)
	긴급**오**염통제반	1. 시·도차원의 긴급오염통제 및 자원지원 활동 2. 시·군·구 긴급구조통제단 긴급오염통제 자원의 지휘·조정·통제	긴급오염통제계획 (#7)

중앙통제단과 지역통제단 비교

구분		중앙통제단	지역통제단
단장		소방청장 * 부단장 : 소방청 차장	① 시·도 긴급구조통제단 : 소방본부장 ② 시·군·구 긴급구조통제단 : 소방서장
조직	총괄지휘부	**연**락공보담당 **국**방부조정관 **비**상지원팀	**연**락공보담당 **통**합지휘팀 **안전**담당
	대응계획부	**상**황보고반 **계**획지원반 **정**보지원반	상황분**석**반 상황보**고**반 **작**전계획반
	자원지원부	**수**송지원반 **통**신지원반 **자**원지원반	**서비스**지원반 **자원**지원반
	현장지휘대	**응급**의료반 구조**진**압반 현장**통제**반	**응급**의료반 구조**진**압반 현장**통제**반 **항공**통제반
	긴급복구부	긴급**구**호반 긴급**시**설복구반 긴급**오**염통제반	긴급**구**호반 긴급**시**설복구반 긴급**오**염통제반
기능		① **국**가 긴급구조대책의 **총**괄·조정 ② 긴급구조활동의 지휘·**통**제 ③ 긴급구조지원기관간의 역할분담 능 긴급구조를 위한 현장활동**계**획의 수립 ④ 긴급구조대응계획의 **집**행 ⑤ 그 밖에 중앙통제단의 장이 **필요**하다고 인정하는 사항	

❸ 긴급구조(기본법 제51조) 2018 간부

(1) <u>지역통제단장은 재난이 발생하면 소속 긴급구조요원을 재난현장에 신속히 출동시켜 필요한 긴급구조활동을 하게 하여야 한다.</u> 🔥 2018 간부

(2) 지역통제단장은 긴급구조를 위하여 필요하면 긴급구조지원기관의 장에게 소속 긴급구조지원요원을 현장에 출동시키거나 긴급구조에 필요한 재난관리자원을 지원하는 등 긴급구조활동을 지원할 것을 요청할 수 있다. 이 경우 요청을 받은 기관의 장은 특별한 사유가 없으면 즉시 요청에 따라야 한다.

(3) 제(2)항에 따른 요청에 따라 긴급구조활동에 참여한 민간 긴급구조지원기관에 대하여는 대통령령으로 정하는 바에 따라 그 경비의 전부 또는 일부를 지원할 수 있다.

(4) 긴급구조활동을 하기 위하여 회전익항공기(이하 이 항에서 "헬기"라 한다)를 운항할 필요가 있으면 긴급구조기관의 장이 헬기의 운항과 관련되는 사항을 헬기운항통제기관에 통보하고 헬기를 운항할 수 있다. 이 경우 관계 법령에 따라 해당 헬기의 운항이 승인된 것으로 본다.

❹ 긴급구조 현장지휘(기본법 제52조) 🔥 2018 상반기 2021

(1) 재난현장에서는 <u>시·군·구긴급구조통제단장이 긴급구조활동을 지휘한다. 다만, 치안활동과 관련된 사항은 관할 경찰관서의 장과 협의하여야 한다.</u>

(2) 제(1)항에 따른 현장지휘는 다음 각 호의 사항에 관하여 한다. (Ⓜ 탐구/기지배/추방/봉지임무/사이/자/통)

> 1. 재난현장에서 인명의 **탐**색·**구**조
> 2. 긴급구조**기**관 및 긴급구조**지**원기관의 긴급구조요원·긴급구조지원요원 및 재난관리자원의 **배**치와 운용
> 3. **추**가 재난의 **방**지를 위한 응급조치
> 4. 긴급구조**지**원기관 및 자원**봉**사자 등에 대한 **임무**의 **부**여
> 5. **사**상자의 응급처치 및 의료기관으로의 **이**송
> 6. 긴급구조에 필요한 재난관리**자**원의 관리
> 7. 현장접근 **통**제, 현장 주변의 교통정리, 그 밖에 긴급구조활동을 효율적으로 하기 위하여 필요한 사항

(3) 시·도긴급구조통제단장은 필요하다고 인정하면 제(1)항에도 불구하고 직접 현장지휘를 할 수 있다.

(4) 중앙통제단장은 대통령령으로 정하는 대규모 재난이 발생하거나 그 밖에 필요하다고 인정하면 제(1)항 및 제(3)항에도 불구하고 직접 현장지휘를 할 수 있다.

> [중앙통제단장이 현장지휘를 할 수 있는 재난(시행령 제60조)]
> 1. 재난 중 인명 또는 재산의 피해 정도가 매우 크거나 재난의 영향이 사회적·경제적으로 광범위하여 주무부처의 장 또는 지역대책본부장의 건의를 받아 중앙대책본부장이 인정하는 재난
> 2. 제1호에 따른 재난에 준하는 것으로서 중앙대책본부장이 재난관리를 위하여 법 제14조제1항에 따른 중앙대책본부의 설치가 필요하다고 판단하는 재난

(5) 재난현장에서 긴급구조활동을 하는 긴급구조요원과 긴급구조지원기관의 긴급구조지원요원 및 재난관리자원에 대한 운용은 제(1)항·제(3)항 및 제(4)항에 따라 현장지휘를 하는 긴급구조통제단장(이하 "각급통제단장"이라 한다)의 지휘·통제에 따라야 한다.

(6) 지역대책본부장은 각급통제단장이 수행하는 긴급구조활동에 적극 협력하여야 한다.

(7) 시·군·구긴급구조통제단장은 제16조 제3항에 따라 설치·운영하는 통합지원본부의 장에게 긴급구조에 필요한 인력이나 물자 등의 지원을 요청할 수 있다. 이 경우 요청받은 기관의 장은 최대한 협조하여야 한다.

(8) 재난현장의 구조활동 등 초동 조치상황에 대한 언론 발표 등은 각급통제단장이 지명하는 자가 한다.

(9) 각급통제단장은 재난현장의 긴급구조 등 현장지휘를 효과적으로 하기 위하여 재난현장에 현장지휘소를 설치·운영할 수 있다. 이 경우 긴급구조활동에 참여하는 긴급구조지원기관의 현장지휘자는 현장지휘소에 대통령령으로 정하는 바에 따라 연락관을 파견하여야 한다.

(10) 각급통제단장은 긴급구조 활동을 종료하려는 때에는 재난현장에 참여한 지역사고수습본부장, 통합지원본부의 장 등과 협의를 거쳐 결정하여야 한다. 이 경우 각급통제단장은 긴급구조 활동 종료 사실을 지역대책본부장 및 제(5)항에 따른 긴급구조지원기관의 장에게 통보하여야 한다.

(11) 해양에서 발생한 재난의 긴급구조활동에 관하여는 제(1)항부터 제(10)항까지의 규정을 준용한다. 이 경우 시·군·구긴급구조통제단장, 시·도 긴급구조통제단장, 중앙긴급구조통제단장은 「수상에서의 수색·구조 등에 관한 법률」 제7조에 따른 지역구조본부의 장, 광역구조본부의 장, 중앙구조본부의 장으로 각각 본다.

[현장지휘소의 시설 및 장비(긴급구조대응활동 및 현장지휘에 관한 규칙 제14조)] 🔥
① 법 제52조 제5항에 따른 각급통제단장은 법 제52조 제9항에 따라 현장지휘소를 설치하는 경우에는 다음 각 호의 시설 및 장비를 모두 갖추어야 한다.
   1. 조명기구 및 발전장비
   2. 확성기 및 방송장비
   3. 재난대응구역지도 및 작전상황판
   4. 개인용컴퓨터·프린터·복사기·팩스·휴대전화·카메라(스냅 및 동영상 촬영용을 말한다)·녹음기·간이책상 및 의자 등
   5. 지휘용 무전기 및 자원관리용 무전기
   6. 종합상황실의 자원관리시스템과 연계되는 무선데이터 통신장비
   7. 통제단 보고서양식 및 각종 상황처리대장
② 제①항에서 규정한 사항 외에 현장지휘소의 설치에 필요한 세부사항은 긴급구조대응계획이 정하는 바에 따른다.

[통제선의 설치(긴급구조대응활동 및 현장지휘에 관한 규칙 제17조) 🔥🔥
① 통제단장 및 시·도경찰청장 또는 경찰서장은 재난현장 주위의 주민보호와 원활한 긴급구조활동에 필요한 최소한의 통제규모를 설정하여 통제선을 설치할 수 있다.
② 제①항에 따른 통제선은 제1통제선과 제2통제선으로 구분하되, 제1통제선은 통제단장이 긴급구조활동에 직접 참여하는 인력 및 장비만을 출입할 수 있도록 설치하고, 제2통제선은 시·도경찰청장 또는 경찰서장(이하 "경찰관서장"이라 한다)이 구조·구급차량 등의 출동주행에 지장이 없도록 긴급구조활동에 직접 참여하거나 긴급구조활동을 지원하는 인력 및 장비만을 출입할 수 있도록 설치·운영한다.
③ 제①항에 따른 통제선 표지의 형식은 별표 6과 같다.
④ 통제단장은 제②항에도 불구하고 다음 각 호의 어느 하나에 해당하는 사람에게 별지 제1호서식에 따른 출입증을 부착하도록 하여 제1통제선 안으로 출입하도록 할 수 있다. (Ⓜ 관/구/응/보/수/필)
   1. 제1통제선 구역내 소방대상물 **관**계자 및 근무자
   2. 전기·가스·수도·토목·건축·통신 및 교통분야 등의 **구**조업무 지원자
   3. 「응급의료에 관한 법률」 제2조제4호에 따른 **응**급의료종사자
   4. 취재인력 등 **보**도업무 종사자
   5. **수**사업무에 종사하는 사람
   6. 그 밖에 통제단장이 긴급구조활동에 **필**요하다고 인정하는 사람
⑤ 경찰관서장은 제②항에도 불구하고 제④항에 따라 통제단장이 발급한 출입증을 가진 사람에 대하여는 제2통제선 안으로 출입하도록 해야 하며, 긴급구조활동에 필요하다고 인정하는 사람에 대하여는 제2통제선 안으로 출입하도록 할 수 있다.
⑥ 통제단장은 제④항에 따라 출입증을 발급하는 경우에는 별지 제1호의2서식의 출입증 배포관리대장에 이를 기록하고 관리해야 한다.

❺ 긴급대응협력관(기본법 제52조의2)

긴급구조기관의 장은 긴급구조지원기관의 장에게 다음 각 호의 업무를 수행하는 긴급대응협력관을 대통령령으로 정하는 바에 따라 지정·운영하게 할 수 있다.

(1) 평상시 해당 긴급구조지원기관의 긴급구조대응계획 수립 및 재난관리자원의 관리

(2) 재난대응업무의 상호 협조 및 재난현장 지원업무 총괄

❻ 긴급구조활동에 대한 평가(기본법 제53조)

(1) 중앙통제단장과 지역통제단장은 재난상황이 끝난 후 대통령령으로 정하는 바에 따라 긴급구조지원기관의 활동에 대하여 종합평가를 하여야 한다.

(2) 제(1)항에 따른 종합평가결과

① 시·군·구긴급구조통제단장은 시·도 긴급구조통제단장 및 시장·군수·구청장에게,

② 시·도 긴급구조통제단장은 소방청장에게 보고하거나 통보하여야 한다.

[긴급구조활동에 대한 평가(시행령 제62조)]
① 법 제53조 제1항에 따른 긴급구조지원기관의 활동에 대한 종합평가에는 다음 각 호의 사항이 포함되어야 한다.
  1. 긴급구조 활동에 참여한 인력 및 장비
  2. 긴급구조대응계획의 이행 실태
  3. 긴급구조요원의 전문성
  4. 통합 현장 대응을 위한 통신의 적절성
  5. 긴급구조교육 수료자 현황
  6. 긴급구조 대응상의 문제점 및 개선이 필요한 사항
② 제①항에 따른 종합평가 결과를 통보받은 긴급구조지원기관의 장은 평가 결과에 따라 보완 등 적절한 조치를 하여야 한다.
③ 제①항 및 제②항에서 규정한 사항 외에 긴급구조활동 평가에 대한 사항은 행정안전부령으로 정한다.

❼ 긴급구조대응계획의 수립(기본법 제54조) ♨♨

긴급구조기관의 장은 재난이 발생하는 경우 긴급구조기관과 긴급구조지원기관이 신속하고 효율적으로 긴급구조를 수행할 수 있도록 대통령령으로 정하는 바에 따라 재난의 규모와 유형에 따른 긴급구조대응계획을 수립·시행하여야 한다. (Ⓜ 본능유)

(1) 기**본**계획

(2) 기**능**별 긴급구조대응계획

(3) 재난**유**형별 긴급구조대응계획

[긴급구조대응계획의 수립(시행령 제63조)] ① 법 제54조에 따라 긴급구조기관의 장이 수립하는 긴급구조대응계획은 1) 기본계획, 2) 기능별 긴급구조대응계획, 3) 재난유형별 긴급구조대응계획으로 구분하되, 구분된 계획에 포함되어야 하는 사항은 다음 각 호와 같다.	
1. 기본계획	(Ⓜ 목기운) 가. 긴급구조대응계획의 **목**적 및 적용범위 나. 긴급구조대응계획의 **기**본방침과 절차 다. 긴급구조대응계획의 **운**영책임에 관한 사항
2. 기능별 긴급구조대응계획 [2017 간부]	(Ⓜ 지비대피구급긴현호복통) 가. **지**휘통제 : 긴급구조체제 및 중앙통제단과 지역통제단의 운영체계 등에 관한 사항 나. **비**상경고 : 긴급대피, 상황 전파, 비상연락 등에 관한 사항 다. **대**중정보 : 주민보호를 위한 비상방송시스템 가동 등 긴급 공공정보 제공에 관한 사항 및 재난상황 등에 관한 정보 통제에 관한 사항 라. **피**해상황분석 : 재난현장상황 및 피해정보의 수집·분석·보고에 관한 사항 마. **구**조·진압 : 인명 수색 및 구조, 화재진압 등에 관한 사항 바. 응**급**의료 : 대량 사상자 발생 시 응급의료서비스 제공에 관한 사항 사. **긴**급오염통제 : 오염 노출 통제, 긴급 감염병 방제 등 재난현장 공중보건에 관한 사항 아. **현**장통제 : 재난현장 접근 통제 및 치안 유지 등에 관한 사항 자. 긴급**복**구 : 긴급구조활동을 원활하게 하기 위한 긴급구조차량 접근 도로 복구 등에 관한 사항 차. 긴급구**호** : 긴급구조요원 및 긴급대피 수용주민에 대한 위기 상담, 임시 의식주 제공 등에 관한 사항 카. 재난**통**신 : 긴급구조기관 및 긴급구조지원기관 간 정보통신체계 운영 등에 관한 사항
3. 재난유형별 긴급구조대응계획 [2020 간부]	(Ⓜ 재주비) 가. **재**난 발생 단계별 주요 긴급구조 대응활동 사항 나. **주**요 재난유형별 대응 매뉴얼에 관한 사항 다. **비**상경고 방송메시지 작성 등에 관한 사항
② 긴급구조기관의 장은 긴급구조대응계획을 수립하기 위하여 필요한 경우에는 긴급구조지원기관의 장에게 소관별 긴급구조세부대응계획을 수립하여 제출하도록 요청할 수 있다. 이 경우 긴급구조기관의 장은 긴급구조세부대응계획의 작성에 필요한 긴급구조세부대응계획의 수립에 관한 지침을 작성하여 배포하여야 한다.	

[긴급구조대응계획의 수립절차(시행령 제64조)]
① <u>소방청장</u>은 매년 법 제54조에 따라 <u>시·도긴급구조대응계획의 수립에 관한 지침을 작성하여 시·도긴급구조 기관의 장에게 전달</u>하여야 한다.
② 시·도 긴급구조기관의 장은 제①항에 따른 지침에 따라 시·도긴급구조대응계획을 작성하여 소방청장에게 보고하고 시·군·구긴급구조대응계획의 수립에 관한 지침을 작성하여 시·군·구긴급구조기관에 통보하여야 한다.
③ 시·군·구긴급구조기관의 장은 제②항에 따른 시·군·구긴급구조대응계획의 수립에 관한 지침에 따라 시·군·구긴급구조대응계획을 작성하여 시·도 긴급구조기관의 장에게 보고하여야 한다.
④ 긴급구조대응계획을 변경하는 경우에는 제①항부터 제③항까지의 규정을 준용한다.
⑤ 제①항부터 제④항까지에서 규정한 사항 외에 긴급구조대응계획의 수립 및 시행에 필요한 사항은 행정안전부령으로 정한다.

[재난유형별 긴급구조대응계획의 작성체계(긴급구조대응활동 및 현장지휘에 관한 규칙 제35조)]
재난유형별 긴급구조대응계획은 다음 각 호의 재난유형별로 재난의 진행단계에 따라 조치해야 하는 주요사항과 주민보호를 위한 대민정보사항을 포함하여 작성해야 한다. 🔥 (Ⓜ **폭풍홍시가지다유방**)
  1. **홍**수
  2. 태**풍**
  3. **폭**설
  4. **지**진
  5. **시**설물 등의 붕괴
  6. **가**스 폭발
  7. **다**중이용시설의 대형화재
  8. **유**해화학물질(**방**사능을 포함)의 누출 및 확산

❽ 긴급구조 관련 특수번호 전화서비스의 통합·연계(기본법 제54조의2)

(1) <u>행정안전부장관</u>은 긴급구조 요청에 대한 신속한 대응을 위하여 대통령령으로 정하는 긴급구조 관련 특수번호 전화서비스(이하 "특수번호 전화서비스"라 한다)의 통합·연계 체계를 구축·운영하여야 한다.

(2) 행정안전부장관은 제(1)항에 따라 통합·연계되는 특수번호 전화서비스의 운영실태를 조사·분석하여 그 결과를 특수번호 전화서비스의 통합·연계 체계의 운영 개선에 활용할 수 있다.

(3) 행정안전부장관은 필요한 경우 관계 중앙행정기관의 장 또는 대통령령으로 정하는 공공기관의 장에게 특수번호 전화서비스의 통합·연계 및 조사·분석 결과의 활용 등에 관한 협조를 요청할 수 있다. 이 경우 요청을 받은 해당 기관의 장은 특별한 사유가 없으면 협조하여야 한다.

(4) 제(1)항부터 제(3)항까지에서 규정한 사항 외에 특수번호 전화서비스의 통합·연계 체계의 구축·운영 등에 필요한 사항은 대통령령으로 정한다.

⑨ 재난대비능력 보강(기본법 제55조)

(1) 국가와 지방자치단체는 재난관리에 필요한 재난관리자원의 확보·확충, 통신망의 설치·정비 등 긴급구조능력을 보강하기 위하여 노력하고, 필요한 재정상의 조치를 마련하여야 한다.

(2) 긴급구조기관의 장은 긴급구조활동을 신속하고 효과적으로 할 수 있도록 긴급구조지휘대 등 긴급구조체제를 구축하고, 상시 소속 긴급구조요원 및 장비의 출동태세를 유지하여야 한다.

(3) 긴급구조업무와 재난관리책임기관(행정기관 외의 기관만 해당한다)의 재난관리업무에 종사하는 사람은 대통령령으로 정하는 바에 따라 긴급구조에 관한 교육을 받아야 한다. 다만, 다른 법령에 따라 긴급구조에 관한 교육을 받은 경우에는 이 법에 따른 교육을 받은 것으로 본다.

(4) 소방청장과 시·도지사는 제(3)항에 따른 교육을 담당할 교육기관을 지정할 수 있다.

(5) 긴급구조기관의 장은 재난이 발생한 경우 사상자의 신속한 분류·응급처치 및 이송을 위하여 「의료법」 제3조에 따른 의료기관 및 「응급의료에 관한 법률」 제2조에 따른 응급의료기관등에 현장 응급의료에 필요한 재난관리자원 등에 관한 자료를 요청할 수 있다. 이 경우 자료의 요청을 받은 관계 기관의 장은 정당한 사유가 없으면 이에 따라야 한다.

(6) 제(5)항에 따라 긴급구조기관의 장이 요청할 수 있는 자료의 종류는 대통령령으로 정한다.

[긴급구조에 관한 교육(시행령 제66조)]
① 긴급구조지원기관에서 긴급구조업무와 재난관리업무를 담당하는 부서의 담당자 및 관리자는 법 제55조제3항에 따라 다음 각 호의 구분에 따른 긴급구조에 관한 교육을 받아야 한다.
  1. 신규교육 : 해당 업무를 맡은 후 1년 이내에 받는 긴급구조교육
  2. 정기교육 : 신규교육을 받은 후 2년마다 받는 긴급구조교육
② 제①항에서 규정한 사항 외에 재난관리업무에 종사하는 사람의 교육에 필요한 세부 사항은 행정안전부령으로 정한다.

[긴급구조지휘대 구성·운영(시행령 제65조)] 🔥🔥
① 법 제55조 제2항에 따른 긴급구조지휘대는 다음 각 호의 사람으로 구성하여야 한다. (Ⓜ 현자통안상구)
　1. **현**장지휘요원
　2. **자**원지원요원
　3. **통**신지원요원
　4. **안**전관리요원
　5. **상**황조사요원
　6. **구**급지휘요원
② 법 제55조제2항에 따른 긴급구조지휘대는 소방서현장지휘대, 방면현장지휘대, 소방본부현장지휘대 및 권역현장지휘대로 구분하되, 구분된 긴급구조지휘대의 설치기준은 다음 각 호와 같다.
　(Ⓜ 권방(진) 이사 나머진 1개 - 권역/ 방면 2~4개, 나머지는 서·본부별로 설치)
　1. 소방서현장지휘대 : 소방서별로 설치·운영
　2. 방면현장지휘대 : 2개 이상 4개 이하의 소방서별로 소방본부장이 1개를 설치·운영
　3. 소방본부현장지휘대 : 소방본부별로 현장지휘대 설치·운영
　4. 권역현장지휘대 : 2개 이상 4개 이하의 소방본부별로 소방청장이 1개를 설치·운영
③ 제①항 및 제②항에서 규정한 사항 외에 긴급구조지휘대의 세부 운영기준은 행정안전부령으로 정한다.

[긴급구조대응활동 및 현장지휘에 관한 규칙 제16조(긴급구조지휘대의 구성 및 기능)]
① 영 제65조 제3항의 규정에 의하여 긴급구조지휘대는 별표 5의 규정에 따라 구성·운영하되, 소방본부 및 소방서의 긴급구조지휘대는 상시 구성·운영하여야 한다.

■ 긴급구조대응활동 및 현장지휘에 관한 규칙 [별표 5]

긴급구조지휘대(제16조제1항 관련)
1. 구성

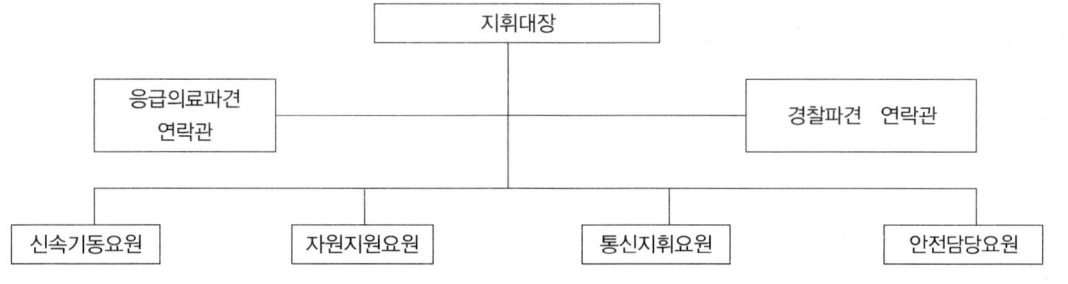

2. 임무

구분	주요 임무
지휘대장	가. 화재 등 재난사고의 발생 시 현장지휘 · 조정 · 통제 나. 통제단 가동 전 재난현장 지휘활동 등
응급의료파견 연락관	가. 재난현장 다수사상자 발생 시 재난의료체계 가동 요청 나. 사상자 관리 및 병원수용능력 파악 등 의료자원 관리 등
경찰파견 연락관	가. 재난현장 및 위험지역 출입통제 및 통행금지 나. 재난발생 지역 긴급교통로 확보 및 치안유지 활동 등
신속기동요원	가. 재난현장과 상황실(지휘부)간 실시간 정보지원체계 구축 나. 현장상황 파악 및 통제단 가동을 위한 상황판단 정보 제공 등
자원지원요원	가. 자원대기소, 자원집결지 선정 및 동원자원 관리 나. 긴급구조지원기관 및 응원협정체결기관 동원요청 등
통신지휘요원	가. 재난현장 통신지원체계 유지 · 관리 나. 지휘대장의 현장활동대원 무전지휘 운영 지원 등
안전담당요원	가. 현장활동 안전사고 방지대책 수립 및 이행 나. 재난현장 안전진단 및 안전조치 등

② 영 제65조 제3항의 규정에 의하여 <u>긴급구조지휘대는 다음 각호의 기능을 수행한다.</u> 🔥
  1. 통제단이 <u>가동되기 전(후×)</u> 재난초기시 현장지휘
  2. 주요 긴급구조지원기관과의 합동으로 현장지휘의 조정 · 통제
  3. 광범위한 지역에 걸친 재난발생시 전진지휘
  4. 화재 등 일상적 사고의 발생시 현장지휘
③ 영 제65조제1항에 따라 긴급구조지휘대를 구성하는 사람은 통제단이 설치 · 운영되는 경우 다음 각 호의 구분에 따라 통제단의 해당부서에 배치된다. 🔥🔥 (Ⓜ 신/자/통/안/경/급-대/자/구/공안/현/급) 2022 간부

  1. 신속기동요원 : 대응계획부
  2. 자원지원요원 : 자원지원부
  3. 통신지휘요원 : 구조진압반
  4. 안전담당요원 : 연락공보담당 또는 안전담당
  5. 경찰파견 연락관 : 현장통제반
  6. 응급의료파견 연락관 : 응급의료반

[긴급구조기관의 장이 요청할 수 있는 자료(시행령 제66조의2)]
긴급구조기관의 장은 법 제55조 제5항 전단에 따라 의료기관 및 응급의료기관등에 대하여 다음 각 호의 사항에 관한 자료를 요청할 수 있다.
  1. 응급의료 종사자 수 등 해당 의료기관의 응급의료 인력
  2. 구급차량, 특수의료장비 등 해당 의료기관의 응급의료 장비
  3. 병상, 수술실 등 해당 의료기관의 응급환자 수용능력

⑩ 긴급구조지원기관의 능력에 대한 평가(기본법 제55조의2)

(1) 긴급구조지원기관은 대통령령으로 정하는 바에 따라 긴급구조에 필요한 능력을 유지하여야 한다.

(2) 긴급구조기관의 장은 긴급구조지원기관의 능력을 평가할 수 있다. 다만, 상시 출동체계 및 자체 평가제도를 갖춘 기관과 민간 긴급구조지원기관에 대하여는 대통령령으로 정하는 바에 따라 평가를 하지 아니할 수 있다.

(3) 긴급구조기관의 장은 제(2)항에 따른 평가 결과를 해당 긴급구조지원기관의 장에게 통보하여야 한다.

(4) 제(1)항부터 제(3)항까지에서 규정한 사항 외에 긴급구조지원기관의 능력 평가에 필요한 사항은 대통령령으로 정한다.

[긴급구조지원기관의 능력에 대한 평가(시행령 제66조의3)]
① 긴급구조지원기관이 법 제55조의2 제1항에 따라 유지하여야 하는 긴급구조에 필요한 능력의 구성요소는 다음 각 호와 같다.
  1. 다음 각 목의 어느 하나에 해당하는 전문인력 (M 교 일사/업삼/국민자격)
     가. 긴급구조에 관한 교육을 14시간 이상 이수한 사람
     나. 긴급구조 관련 업무에 3년 이상 종사한 경력이 있는 사람
     다. 해당 기관의 긴급구조 분야와 관련되는 국가자격 또는 민간자격을 보유한 사람
  2. 긴급구조활동에 필요한 다음 각 목의 시설이나 장비
     가. 긴급구조기관으로부터 재난발생 상황 및 긴급구조 지원 요청을 접수하고 처리할 수 있는 상시 운영 시설
     나. 재난이 발생할 우려가 현저하거나 재난이 발생하였을 때 긴급구조기관과 연락할 수 있는 정보통신 시설이나 장비
     다. 긴급구조지원기관의 해당 분야별 긴급구조활동을 수행하는 데에 필요한 시설이나 장비
     라. 전문인력과 나목 및 다목의 시설·장비를 재난 현장으로 수송할 수 있는 장비
  3. 재난 현장에서 긴급구조활동을 지속적으로 수행하는 데에 필요한 다음 각 목의 물자
     가. 전문인력의 안전 확보 및 휴식·대기 등을 위한 물자
     나. 제2호 각 목의 시설 및 장비의 운영과 유지·보수 및 정비에 필요한 물자
  4. 재난 현장에서 제1호부터 제3호까지의 전문인력, 시설·장비 및 물자를 긴급구조기관과 연계하여 운영하기 위한 다음 각 목의 운영체계
     가. 재난 현장에서의 의사전달 및 조정 체계
     나. 재난 현장에 투입된 인력, 시설·장비, 물자 등의 상황을 신속하게 파악하고, 효율적으로 배치·관리할 수 있는 자원관리체계
     다. 긴급구조기관과의 협조체제를 유지하기 위한 현장지휘체계
② 긴급구조기관의 장은 법 제55조의2 제2항 본문에 따라 제①항에 따른 긴급구조에 필요한 능력의 구성요소를 평가대상으로 하여 매년 긴급구조지원기관의 능력을 평가할 수 있다.

③ 긴급구조기관의 장은 법 제55조의2 제3항에 따라 긴급구조지원기관의 능력 평가 결과를 긴급구조지원기관의 장에게 통보할 때에는 해당 기관의 긴급구조에 필요한 능력의 개선 및 보완에 필요한 사항을 포함할 수 있다.
④ 긴급구조지원기관의 장은 제③항에 따라 개선 및 보완 사항을 통보받은 때에는 그에 따라 긴급구조에 필요한 능력을 개선·보완하여 긴급구조에 필요한 능력을 유지하여야 한다.
⑤ 제①항에 따른 긴급구조에 필요한 능력의 구성요소에 대한 세부 사항에 관하여는 긴급구조지원기관의 특성 등을 고려하여 소방청장이 정한다.

[긴급구조대응활동 및 현장지휘에 관한 규칙 제39조(긴급구조활동평가단의 구성)] ♨
① 통제단장은 재난상황이 종료된 후 긴급구조활동의 평가를 위하여 긴급구조기관에 긴급구조활동평가단(이하 "평가단"이라 한다.)을 구성하여야 한다.
② 평가단의 <u>단장은 통제단장</u>으로 하고, 단원은 다음 각호의 어느 하나에 해당하는 자와 <u>민간전문가 2인 이상을 포함하여 5인 이상 7인 이하</u>로 구성한다. (Ⓜ 단/대/자/지/복/필)
　1. 통제**단**장
　2. 통제단의 **대**응계획부장 또는 소속 반장
　3. **자**원지원부장 또는 소속 반장
　4. 긴급구조**지**휘대장
　5. 긴급**복**구부장 또는 소속 반장
　6. 긴급구조활동에 참가한 기관·단체의 요원 또는 평가에 관한 전문지식과 경험이 풍부한 자 중에서 통제단장이 **필**요하다고 인정하는 자

[긴급구조대응활동 및 현장지휘에 관한 규칙 제2조(정의)]
① 긴급구조관련기관
　가. 긴급구조기관
　나. 긴급구조지원기관
　다. 현장에 참여하는 자원봉사기관 및 단체
② 기관별지휘소
　재난현장에 출동하는 긴급구조관련기관별로 소속 직원을 지휘·조정·통제하는 장소 또는 지휘차량·선박·항공기 등을 말한다.
③ 현장지휘소
　중앙긴급구조통제단장, 시·도긴급구조통제단장 또는 시·군·구긴급구조통제단장이 재난현장에서 기관별지휘소를 총괄하여 지휘·조정 또는 통제하는 등의 재난현장지휘를 효과적으로 수행하기 위하여 설치·운영하는 장소 또는 지휘차량·선박·항공기 등을 말한다.
④ 현장지휘관
　가. 중앙통제단장
　나. 시·도긴급구조통제단장 또는 시·군·구긴급구조통제단장("지역통제단장"이라 한다)
　다. 통제단장(중앙통제단장 및 지역통제단장을 말한다.)의 사전명령에 따라 현장지휘를 하는 소방관서 선착대의 장 또는 긴급구조지휘대의 장
⑤ 재난대응구역
　대규모 재난이 발생하여 시·도긴급구조통제단장의 지휘통제가 마비된 경우에 시·군·구긴급구조통제단장이 관할구역 안에서 자체적으로 재난에 대응하기 위하여 설정하는 구역을 말한다.

⓫ 해상에서의 긴급구조(기본법 제56조) `2024 간부`

해상에서 발생한 선박이나 항공기 등의 조난사고의 긴급구조활동에 관하여는 「수상에서의 수색·구조 등에 관한 법률」 등 관계 법령에 따른다.

⓬ 항공기 등 조난사고 시의 긴급구조 등(기본법 제57조)

(1) 소방청장은 항공기 조난사고가 발생한 경우 항공기 수색과 인명구조를 위하여 항공기 수색·구조계획을 수립·시행하여야 한다. 다만, 다른 법령에 항공기의 수색·구조에 관한 특별한 규정이 있는 경우에는 그 법령에 따른다.

(2) 항공기의 수색·구조에 필요한 사항은 <u>대통령령</u>으로 정한다.

(3) 국방부장관은 항공기나 선박의 조난사고가 발생하면 관계 법령에 따라 긴급구조업무에 책임이 있는 기관의 긴급구조활동에 대한 군의 지원을 신속하게 할 수 있도록 다음 각 호의 조치를 취하여야 한다.

> 1. 탐색구조본부의 설치·운영
> 2. 탐색구조부대의 지정 및 출동대기태세의 유지
> 3. 조난 항공기에 관한 정보 제공

(4) 제(3)항제1호에 따른 탐색구조본부의 구성과 운영에 필요한 사항은 <u>국방부령</u>으로 정한다.

06 출제예상문제

1 「재난사태 선포지역에서 행정안전부장관 및 지방자치단체의 장의 조치와 가장 거리가 먼 것은?

① 해당 지역에 대한 여행 금지
② 해당 지역의 행정기관 소속 공무원 비상소집
③ 재난경보 발령, 위험구역 설정
④ 인력·장비 및 물자의 동원

2 다음은 재난 및 안전관리 기본법의 일부이다. ㉠~㉣에 들어갈 내용으로 옳은 것은?

> (㉠)은(는) 재난 및 안전관리 기본법 제41조에 따른 위험구역 및 자연재해대책법 제12조에 따른 자연재해위험 개선지구 등 재난으로 인하여 사람의 생명·신체 및 재난에 대한 피해가 예상되는 지역에 대하여 그 피해를 예방하기 위하여 (㉡) 재난 예보·경보체계 구축 종합계획을 (㉢)단위로 수립하여 (㉣)에게 제출하여야 한다.

	㉠	㉡	㉢	㉣
①	시장·군수·구청장	시·도	3년	시·도지사
②	시장·군수·구청장	시·군·구	5년	시·도지사
③	시·도지사	시·군·구	3년	행정안전부장관
④	시·도지사	시·도	5년	행정안전부장관

1.

행정안전부장관 및 지방자치단체의 장은 제1)항에 따라 재난사태가 선포된 지역에 대하여 다음 각 호의 조치를 할 수 있다. (**M** 발동위급/ 공비/ 여권/ 휴교/ 필)
1. 재난경보의 **발**령, 인력·장비 및 물자의 **동**원, **위**험구역 설정, 대피명령, 응급지원 등 이 법에 따른 응**급**조치
2. 해당 지역에 소재하는 행정기관 소속 **공**무원의 **비**상소집
3. 해당 지역에 대한 **여**행 등 이동 자제 **권**고
4. 「유아교육법」, 「초·중등교육법」 및 「고등교육법」에 따른 휴업명령 및 **휴**원·**휴교** 처분의 요청
5. 그 밖에 재난예방에 **필**요한 조치

2.

시장·군수·구청장은 위험구역 및 자연재해위험개선지구 등 재난으로 인하여 사람의 생명·신체 및 재산에 대한 피해가 예상되는 지역에 대하여 그 피해를 예방하기 위하여 시·군·구 재난 예보·경보체계 구축 종합계획(이하 "시·군·구종합계획"이라 한다)을 5년 단위로 수립하여 시·도지사에게 제출하여야 한다.

Answer 1.① 2.②

* 2024년 간부

3 재난사태 선포 절차에 대한 설명으로 옳은 것은?

① 행정안전부장관이 직접 선포할 수도 있다.
② 중앙위원회 사전심의를 반드시 거쳐야 한다.
③ 국방부장관에게 선포를 건의하여야 한다.
④ 승인을 받지 못하면 선포된 재난사태를 7일 후에 해제하여야 한다.

* 2018년 간부

4 「재난 및 안전관리 기본법」상 재난이 발생할 우려가 있거나 재난이 발생하였을 때에 즉시 취해야 하는 응급조치로 옳지 않은 것은?

① 응급지원에 필요한 비용부담
② 피해시설의 응급복구 및 방역과 방범, 그 밖의 질서 유지
③ 긴급수송 및 구조 수단의 확보
④ 급수 수단의 확보, 긴급피난처 및 구호품의 확보
⑤ 현장지휘통신체계의 확보

3.

재난사태 선포(기본법 제36조)
㉠ 행정안전부장관은 대통령령으로 정하는 재난이 발생하거나 발생할 우려가 있는 경우 사람의 생명·신체 및 재산에 미치는 중대한 영향이나 피해를 줄이기 위하여 긴급한 조치가 필요하다고 인정하면 중앙위원회의 심의를 거쳐 재난사태를 선포할 수 있다. 다만, 행정안전부장관은 재난상황이 긴급하여 중앙위원회의 심의를 거칠 시간적 여유가 없다고 인정하는 경우에는 중앙위원회의 심의를 거치지 아니하고 재난사태를 선포할 수 있다.
㉡ 행정안전부장관은 제1)항 단서에 따라 재난사태를 선포한 경우에는 지체 없이 중앙위원회의 승인을 받아야 하고, 승인을 받지 못하면 선포된 재난사태를 즉시 해제하여야 한다.

4.

응급조치(기본법 제37조)
제50조제2항에 따른 시·도긴급구조통제단 및 시·군·구긴급구조통제단의 단장(이하 "지역통제단장"이라 한다)과 시장·군수·구청장은 재난이 발생할 우려가 있거나 재난이 발생하였을 때에는 즉시 관계 법령이나 재난대응활동계획 및 위기관리 매뉴얼에서 정하는 바에 따라 수방(水防)·진화·구조 및 구난(救難), 그 밖에 재난 발생을 예방하거나 피해를 줄이기 위하여 필요한 다음 각 호의 응급조치를 하여야 한다. 다만, 지역통제단장의 경우에는 제2호 중 진화에 관한 응급조치와 제4호 및 제6호의 응급조치만 하여야 한다.
가. 응급조치의 주체
 1) 시·도 긴급구조통제단 및 시·군·구 긴급구조통제단의 단장(이하 지역통제단장)
 2) 시장·군수·구청장
나. 응급조치 사항 🔥🔥🔥 2017 2018 간부

시장·군수·구청장	지역통제단장
1) 경보의 발령 또는 전달이나 피난의 권고 또는 지시 1)의2 제31조에 따른 안전조치 • 정밀안전진단(시설만 해당한다) • 보수(補修) 또는 보강 등 정비 • 재난을 발생시킬 위험요인의 제거 2) 진화·수방·지진방재, 그 밖의 응급조치와 구호 3) 피해시설의 응급복구 및 방역과 방범, 그 밖의 질서 유지 4) 긴급수송 및 구조수단의 확보 5) 급수 수단의 확보, 긴급피난처 및 구호품의 확보 6) 현장지휘통신체계의 확보 7) 그 밖에 재난 발생을 예방하거나 줄이기 위하여 필요한 사항	(M 현진구) 2) **진**화에 관한 응급조치 4) 긴급수송 및 **구**조수단의 확보 6) **현**장지휘통신체계의 확보

Answer 3.① 4.①

※ 2021년

5 「재난 및 안전관리 기본법」상 재난현장에서 시·군·구 긴급구조통제단장의 긴급구조 현장지휘 사항을 모두 고른 것은?

> ㉠ 재난현장에서 인명의 탐색·구조
> ㉡ 추가 재난의 방지를 위한 응급조치
> ㉢ 사상자의 응급처치 및 의료기관으로의 이송
> ㉣ 긴급구조에 필요한 물자의 관리

① ㉠, ㉡
② ㉠, ㉡, ㉢
③ ㉡, ㉢, ㉣
④ ㉠, ㉡, ㉢, ㉣

※ 2019년

6 「재난 및 안전관리 기본법」상 긴급구조에 대한 설명으로 옳지 않은 것은?

① 중앙긴급구조통제단의 단장은 행정안전부장관이 된다.
② 시·도 긴급구조통제단의 단장은 소방본부장이 된다.
③ 시·군·구 긴급구조통제단의 단장은 소방서장이 된다.
④ 재난현장에서는 시·군·구 긴급구조통제단장이 긴급구조 활동을 지휘한다.

※ 2018년 상반기

7 재난 현장에서 긴급구조현장지휘 내용으로 옳지 않은 것은?

① 추가 재난의 방지를 위한 응급조치
② 긴급구조지원기관 및 자원봉사자 등에 임무부여
③ 사상자의 응급조치 의료기관 이송
④ 재난관리책임기관 및 긴급구조지원기관의 인력장비의 배치와 운용

5.

긴급구조 현장지휘(기본법 제52조)

㉠ 재난현장에서는 시·군·구긴급구조통제단장이 긴급구조활동을 지휘한다. 다만, 치안활동과 관련된 사항은 관할 경찰관서의 장과 협의하여야 한다.
㉡ 제㉠항에 따른 현장지휘는 다음 각 호의 사항에 관하여 한다.
(M 탐구/ 기지인장/ 추방/ 봉지임부/ 사이/ 물/ 통)
1. 재난현장에서 인명의 **탐**색·**구**조
2. 긴급구조**기**관 및 긴급구조**지**원기관의 **인**력·**장**비의 배치와 운용
3. **추**가 재난의 **방**지를 위한 응급조치
4. 긴급구조**지**원기관 및 자원**봉**사자 등에 대한 **임**무의 **부**여
5. **사**상자의 응급처치 및 의료기관으로의 **이**송
6. 긴급구조에 필요한 **물**자의 관리
7. 현장접근 **통**제, 현장 주변의 교통정리, 그 밖에 긴급구조활동을 효율적으로 하기 위하여 필요한 사항

6.
① 중앙통제단의 단장은 소방청장이 된다.

7.
현장지휘는 다음 각 호의 사항에 관하여 한다.
(M 탐구/ 기지인장/ 추방/ 봉지임부/ 사이/ 물/ 통)
1. 재난현장에서 인명의 **탐**색·**구**조
2. 긴급구조**기**관 및 긴급구조**지**원기관의 **인**력·**장**비의 배치와 운용
3. **추**가 재난의 **방**지를 위한 응급조치
4. 긴급구조**지**원기관 및 자원**봉**사자 등에 대한 **임**무의 **부**여
5. **사**상자의 응급처치 및 의료기관으로의 **이**송
6. 긴급구조에 필요한 **물**자의 관리
7. 현장접근 **통**제, 현장 주변의 교통정리, 그 밖에 긴급구조활동을 효율적으로 하기 위하여 필요한 사항

Answer 5.④ 6.① 7.④

※ 2020년 간부

8 「재난 및 안전관리 기본법 시행령」상 긴급구조기관의 장이 수립하는 재난유형별 긴급구조대응계획에 포함되어야 할 내용으로 옳은 것은?

> ㉠ 긴급구조대응계획의 기본방침과 절차
> ㉡ 긴급구조대응계획의 목적 및 적용범위
> ㉢ 주요 재난유형별 대응 매뉴얼에 관한 사항
> ㉣ 비상경고 방송메시지 작성 등에 관한 사항
> ㉤ 긴급구조대응계획의 운영책임에 관한 사항
> ㉥ 재난 발생 단계별 주요 긴급구조 대응활동 사항

① ㉠, ㉡, ㉢
② ㉠, ㉡, ㉤
③ ㉡, ㉣, ㉥
④ ㉢, ㉣, ㉤
⑤ ㉢, ㉣, ㉥

8.

재난유형별 긴급구조대응계획

(M 재주비)
가. **재**난 발생 단계별 주요 긴급구조 대응활동 사항
나. **주**요 재난유형별 대응 매뉴얼에 관한 사항
다. **비**상경고 방송메시지 작성 등에 관한 사항

※ 2018년 간부

9 「재난 및 안전관리 기본법」상 긴급구조 통제단에 관한 설명으로 옳지 않은 것은?

① 재난현장에서는 시·군·구 긴급구조통제 단장이 긴급구조활동을 지휘한다.
② 긴급구조통제단장은 긴급구조지원요원의 현장 출동을 명령할 수 있다.
③ 시·도긴급구조통제단의 단장은 소방본부장이 된다.
④ 중앙긴급구조통제단의 단장은 소방청장이 된다.
⑤ 시·군·구의 소방서에 시·군·구 긴급구조통제단을 두고 단장은 소방서장이 된다.

9.

긴급구조(기본법 제51조)
㉠ 지역통제단장은 재난이 발생하면 소속 긴급구조요원을 재난현장에 신속히 출동시켜 필요한 긴급구조활동을 하게 하여야 한다.
㉡ 지역통제단장은 긴급구조를 위하여 필요하면 긴급구조지원기관의 장에게 소속 긴급구조지원요원을 현장에 출동시키거나 긴급구조에 필요한 장비·물자를 제공하는 등 긴급구조활동을 지원할 것을 요청할 수 있다. 이 경우 요청을 받은 기관의 장은 특별한 사유가 없으면 즉시 요청에 따라야 한다.
㉢ 제㉡항에 따른 요청에 따라 긴급구조활동에 참여한 민간 긴급구조지원기관에 대하여는 대통령령으로 정하는 바에 따라 그 경비의 전부 또는 일부를 지원할 수 있다.
㉣ 긴급구조활동을 하기 위하여 회전익항공기(이하 이 항에서 "헬기"라 한다)를 운항할 필요가 있으면 긴급구조기관의 장이 헬기의 운항과 관련되는 사항을 헬기운항통제기관에 통보하고 헬기를 운항할 수 있다. 이 경우 관계 법령에 따라 해당 헬기의 운항이 승인된 것으로 본다.

Answer 8.⑤ 9.②

* 2017년 간부

10 긴급구조기관의 장이 수립하는 긴급구조 대응계획 중 기능별 긴급구조대응계획에 포함되지 않는 것은?

① 대중정보계획
② 재난통신계획
③ 긴급오염통제계획
④ 위험지역설정계획
⑤ 피해상황분석계획

* 2017년 간부

11 「재난 및 안전관리 기본법」상 긴급구조에 대한 설명으로 옳지 않은 것은?

① 긴급구조에 관한 사항의 총괄·조정, 긴급구조기관 및 긴급구조지원기관이 하는 긴급구조활동의 역할 분담과 지휘·통제를 위하여 소방청에 중앙긴급구조통제단을 두며, 단장은 소방청장이 된다.
② 재난현장에서는 시·군·구 긴급구조통제 단장이 긴급구조활동을 지휘한다. 다만, 치안활동과 관련된 사항은 관할 경찰관서의 장과 협의하여야 한다.
③ 해상에서 발생한 선박이나 항공기 등의 조난사고의 긴급구조활동에 관하여는 수상에서의 수색·구조 등에 관한 법률 등 관계 법령에 따른다.
④ 지역통제단장은 긴급구조를 위하여 필요하면 긴급구조기관 간의 공조체제를 유지하기 위하여 관계 기관·단체의 장에게 소속직원의 파견을 요청할 수 있다.
⑤ 행정안전부, 소방본부, 소방서, 대한적십자사는 긴급구조기관에 해당하는 기관이다.

10.

기능별 긴급구조대응계획

(M) 지비대피구급긴현호복통)

가. **지**휘통제: 긴급구조체제 및 중앙통제단과 지역통제단의 운영체계 등에 관한 사항
나. **비**상경고: 긴급대피, 상황 전파, 비상연락 등에 관한 사항
다. **대**중정보: 주민보호를 위한 비상방송시스템 가동 등 긴급 공공정보 제공에 관한 사항 및 재난상황 등에 관한 정보 통제에 관한 사항
라. **피**해상황분석: 재난현장상황 및 피해정보의 수집·분석·보고에 관한 사항
마. **구**조·진압: 인명 수색 및 구조, 화재진압 등에 관한 사항
바. **응급**의료: 대량 사상자 발생 시 응급의료서비스 제공에 관한 사항
사. **긴**급오염통제: 오염 노출 통제, 긴급 감염병 방제 등 재난현장 공중보건에 관한 사항
아. **현**장통제: 재난현장 접근 통제 및 치안 유지 등에 관한 사항
자. 긴급**복**구: 긴급구조활동을 원활하게 하기 위한 긴급구조차량 접근 도로 복구 등에 관한 사항
차. 긴급구**호**: 긴급구조요원 및 긴급대피 수용주민에 대한 위기 상담, 임시 의식주 제공 등에 관한 사항
카. 재난**통**신: 긴급구조기관 및 긴급구조지원기관 간 정보통신체계 운영 등에 관한 사항

11.

긴급구조기관	소방청·소방본부 및 소방서 (다만, 해양에서 발생한 재난의 경우에는 해양경찰청·지방해양경찰청 및 해양경찰서)

Answer 10.④ 11.⑤

12 「재난 및 안전관리 기본법」상 긴급구조 현장지휘에 대한 설명으로 옳지 않은 것은?

① 대통령령으로 정하는 대규모 재난이 발생한 경우 중앙긴급구조통제단장이 직접 현장지휘를 할 수 있다.
② 재난현장에서는 시·군·구 긴급구조통제단장이 긴급구조활동을 지휘하는 것이 원칙이다.
③ 소방본부, 소방서 및 해양경찰청은 긴급구조기관에 포함된다.
④ 재난현장에서 치안활동과 관련된 사항은 관할 경찰관서의 장이 지휘한다.

12.

긴급구조 현장지휘(기본법 제52조) 🔥🔥 **2018 상반기**
2021

재난현장에서는 <u>시·군·구긴급구조통제단장이 긴급구조활동을 지휘한다</u>. 다만, <u>치안활동과 관련된 사항은 관할 경찰관서의 장과 협의하여야 한다</u>.

13 긴급구조대응활동 및 현장지휘에 관한 규칙상 긴급구조활동평가단 단원의 구성에 포함되지 않는 자는?

① 총괄지휘부장
② 자원지원부장
③ 긴급복구부장
④ 긴급구조지휘대장

13.

긴급구조대응활동 및 현장지휘에 관한 규칙 제39조 (긴급구조활동평가단의 구성)
① 통제단장은 재난상황이 종료된 후 긴급구조활동의 평가를 위하여 긴급구조기관에 긴급구조활동평가단(이하 "평가단"이라 한다.)을 구성하여야 한다.
② 평가단의 단장은 통제단장으로 하고, 단원은 다음 각호의 어느 하나에 해당하는 자와 민간전문가 2인 이상을 포함하여 5인 이상 7인 이하로 구성한다.
 1. 통제단장
 2. 통제단의 대응계획부장 또는 소속 반장
 3. 자원지원부장 또는 소속 반장
 4. 긴급구조지휘대장
 5. 긴급복구부장 또는 소속 반장
 6. 긴급구조활동에 참가한 기관·단체의 요원 또는 평가에 관한 전문지식과 경험이 풍부한 자 중에서 통제단장이 필요하다고 인정하는 자

14 긴급구조대응활동 및 현장지휘에 관한 규칙상 재난유형별 긴급구조대응계획은 재난의 진행단계에 따라 조치하여야 하는 주요사항 등을 포함하여 작성하여야 한다. 위에서 언급된 재난유형에 포함되지 않는 것은?

① 홍수
② 가뭄
③ 폭설
④ 태풍

14.

재난유형별 긴급구조대응계획의 작성체계(긴급구조대응활동 및 현장지휘에 관한 규칙 제35조)
<u>재난유형별 긴급구조대응계획은 다음 각 호의 재난유형별로 재난의 진행단계에 따라 조치해야 하는 주요사항과 주민보호를 위한 대민정보사항을 포함하여 작성해야 한다.</u> 🔥
(M) 폭풍홍시가지다유방)
1. **홍**수 2. **태**풍
3. **폭**설 4. **지**진
5. **시**설물 등의 붕괴
6. **가**스 폭발
7. **다**중이용시설의 대형화재
8. **유**해화학물질(**방**사능을 포함)의 누출 및 확산

Answer 12.④ 13.① 14.②

15 다음은 긴급구조지원기관이 유지하여야 하는 긴급구조에 필요한 능력의 구성요소 중 전문인력의 자격에 관한 기준이다. 빈칸에 들어갈 내용으로 옳은 것은?

- 긴급구조에 관한 교육을 (㉠)시간 이상 이수한 사람
- 긴급구조 관련 업무에 (㉡)년 이상 종사한 경력이 있는 사람

① ㉠ 50 ㉡ 5
② ㉠ 12 ㉡ 5
③ ㉠ 12 ㉡ 3
④ ㉠ 14 ㉡ 3

15.
긴급구조지원기관의 능력에 대한 평가(시행령 제66조의3)
① 긴급구조지원기관이 법 제55조의2제1항에 따라 유지하여야 하는 긴급구조에 필요한 능력의 구성요소는 다음 각 호와 같다.
 1. 다음 각 목의 어느 하나에 해당하는 전문인력
  (**M 교 일사/업삼/국민자격**)
  가. 긴급구조에 관한 **교육**을 **14시간** 이상 이수한 사람
  나. 긴급구조 관련 **업무**에 **3**년 이상 종사한 경력이 있는 사람
  다. 해당 기관의 긴급구조 분야와 관련되는 **국가**자격 또는 **민간**자격을 보유한 사람

16 "중앙긴급구조통제단"의 기능 중 잘못된 것은?

① 국가 긴급구조대책의 총괄, 조정
② 긴급구조대응계획의 집행
③ 국가 안전관리기본계획 및 집행계획의 심의
④ 긴급구조지원기관간의 역할분담

16.
중앙통제단의 기능(시행령 제54조) 🔥
중앙통제단은 법 제49조제4항에 따라 다음 각 호의 기능을 수행한다. (**M 국가 총통 계집 필요**)
1. **국가** 긴급구조대책의 **총괄**·조정
2. 긴급구조활동의 지휘·**통제**(긴급구조활동에 필요한 긴급구조기관의 인력과 장비 등의 동원을 포함)
3. 긴급구조지원기관간의 역할분담 등 긴급구조를 위한 현장활동**계획**의 수립
4. 긴급구조대응계획의 **집행**
5. 그 밖에 중앙통제단의 장(이하 "중앙통제단장"이라 한다)이 **필요**하다고 인정하는 사항

Answer 15.④ 16.③

17 다음 중 재난대비능력 보강에 관한 내용으로 옳지 않은 것은?

① 국가 및 지방자치단체는 재난관리에 필요한 인력·장비·시설의 확충, 통신망의 설치·정비 등 긴급구조능력을 보강하기 위하여 노력하여야 한다.
② 긴급구조기관의 장은 신속하고 효과적인 긴급구조활동을 수행할 수 있도록 긴급구조체제를 구축하여야 한다.
③ 긴급구조업무 및 재난관리업무에 종사하는 자는 대통령령이 정하는 바에 따라 긴급구조에 관한 교육을 받아야 한다.
④ 행정안전부장관은 긴급구조에 관한 교육을 담당할 교육기관을 지정할 수 있다.

18 중앙통제단 구성에 있어서 "현장지휘대"에 속하지 않는 것은?

① 구조진압반
② 긴급구호반
③ 응급의료반
④ 현장통제반

17.

재난대비능력 보강(기본법 제55조)
㉠ 국가와 지방자치단체는 재난관리에 필요한 인력·장비·시설의 확충, 통신망의 설치·정비 등 긴급구조능력을 보강하기 위하여 노력하고, 필요한 재정상의 조치를 마련하여야 한다.
㉡ 긴급구조기관의 장은 긴급구조활동을 신속하고 효과적으로 할 수 있도록 긴급구조지휘대 등 긴급구조체제를 구축하고, 상시 소속 긴급구조요원 및 장비의 출동태세를 유지하여야 한다.
㉢ 긴급구조업무와 재난관리책임기관(행정기관 외의 기관만 해당한다)의 재난관리업무에 종사하는 사람은 대통령령으로 정하는 바에 따라 긴급구조에 관한 교육을 받아야 한다. 다만, 다른 법령에 따라 긴급구조에 관한 교육을 받은 경우에는 이 법에 따른 교육을 받은 것으로 본다.
㉣ 소방청장과 시·도지사는 제(3)항에 따른 교육을 담당할 교육기관을 지정할 수 있다.
㉤ 긴급구조기관의 장은 재난이 발생한 경우 사상자의 신속한 분류·응급처치 및 이송을 위하여 「의료법」 제3조에 따른 의료기관 및 「응급의료에 관한 법률」 제2조에 따른 응급의료기관등에 현장 응급의료에 필요한 인력·장비 등 자원에 관한 자료를 요청할 수 있다. 이 경우 자료의 요청을 받은 관계 기관의 장은 정당한 사유가 없으면 이에 따라야 한다.
㉥ 제㉤항에 따라 긴급구조기관의 장이 요청할 수 있는 자료의 종류는 대통령령으로 정한다.

18.

현장지휘대
① **응급**의료반
② 구조**진**압반
③ 현장**통제**반

Answer 17.④ 18.②

19 재난현장에서 통제선을 설치할 수 있는 자는?

① 시장, 군수
② 지방경찰청장
③ 군 사단장
④ 도지사

20 "긴급구조지휘대" 구성에 있어서 바르게 연결된 것은?

① 소방서현장지휘대 : 119안전센터별로 설치운영
② 방면현장지휘대 : 1개 이상 3개 이하의 소방서별로 소방본부장이 1개를 설치, 운영
③ 소방본부현장지휘대 : 소방서별로 설치운영
④ 권역현장지휘대 : 2개 이상 4개 이하의 소방본부별로 소방청장이 1개를 설치, 운영

19.

통제선의 설치(긴급구조대응활동 및 현장지휘에 관한 규칙 제17조) 🔥🔥

① 통제단장 및 시·도경찰청장 또는 경찰서장은 재난현장 주위의 주민보호와 원활한 긴급구조활동에 필요한 최소한의 통제규모를 설정하여 통제선을 설치할 수 있다.
② 제①항에 따른 통제선은 제1통제선과 제2통제선으로 구분하되, 제1통제선은 통제단장이 긴급구조활동에 직접 참여하는 인력 및 장비만을 출입할 수 있도록 설치하고, 제2통제선은 시·도경찰청장 또는 경찰서장(이하 "경찰관서장"이라 한다)이 구조·구급차량 등의 출동주행에 지장이 없도록 긴급구조활동에 직접 참여하거나 긴급구조활동을 지원하는 인력 및 장비만을 출입할 수 있도록 설치·운영한다.
③ 제①항에 따른 통제선 표지의 형식은 별표 6과 같다.
④ 통제단장은 제②항에도 불구하고 다음 각 호의 어느 하나에 해당하는 사람에게 별지 제1호서식에 따른 출입증을 부착하도록 하여 제1통제선 안으로 출입하도록 할 수 있다. (M 관/전가수토건통교구/응/보/수/필)

1. 제1통제선 구역내 소방대상물 **관**계자 및 근무자
2. **전**기·**가**스·**수**도·**토**목·**건**축·**통**신 및 **교**통 분야 등의 **구**조업무 지원자
3. 「응급의료에 관한 법률」 제2조제4호에 따른 **응**급의료종사자
4. 취재인력 등 **보**도업무 종사자
5. **수**사업무에 종사하는 사람
6. 그 밖에 통제단장이 긴급구조활동에 **필**요하다고 인정하는 사람

20.

법 제55조제2항에 따른 긴급구조지휘대는 소방서현장지휘대, 방면현장지휘대, 소방본부현장지휘대 및 권역현장지휘대로 구분하되, 구분된 긴급구조지휘대의 설치기준은 다음 각 호와 같다.
(M 권방(진) 이사 나머진 1개 - 권역/ 방면 2~4개, 나머지는 서·본부별로 설치)

1. **소**방서현장지휘대 : 소방서별로 설치·운영
2. **방**면현장지휘대 : 2개 이상 4개 이하의 소방서별로 소방본부장이 1개를 설치·운영
3. **소**방본부현장지휘대 : 소방본부별로 현장지휘대 설치·운영
4. **권**역현장지휘대 : 2개 이상 4개 이하의 소방본부별로 소방청장이 1개를 설치·운영

Answer 19.② 20.④

* 2024년 간부

21 「재난 및 안전관리 기본법」과 「수상에서의 수색·구조 등에 관한 법률」상 해상에서의 긴급구조 및 항공기 등 조난사고 시의 긴급구조에 관한 설명으로 옳지 않은 것은?

① 해상에서 발생한 선박이나 항공기 등의 조난사고의 긴급구조활동에 관하여는 「수상에서의 수색·구조 등에 관한 법률」 등 관계 법령에 따른다.
② 해수면에서의 수난구호는 구조본부의 장이 수행하고, 내수면에서의 수난구호는 소방관서의 장이 수행한다.
③ 국방부장관은 항공기 조난사고가 발생한 경우 항공기 수색과 인명구조를 위하여 항공기 수색·구조계획을 수립·시행하여야 한다.
④ 국방부장관은 항공기나 선박의 조난사고가 발생하면 관계 법령에 따라 긴급구조업무에 책임이 있는 기관의 긴급구조활동에 대한 군의 지원을 신속하게 할 수 있도록 조치를 취하여야 한다.
⑤ 국방부장관이 설치하는 탐색구조본부의 구성과 운영에 필요한 사항은 국방부령으로 정한다.

21.

항공기 등 조난사고 시의 긴급구조 등(기본법 제57조)
(1) <u>소방청장</u>은 항공기 조난사고가 발생한 경우 항공기 수색과 인명구조를 위하여 항공기 수색·구조계획을 수립·시행하여야 한다. 다만, 다른 법령에 항공기의 수색·구조에 관한 특별한 규정이 있는 경우에는 그 법령에 따른다.

* 2022년 간부

22 「긴급구조대응활동 및 현장지휘에 관한 규칙」상 통제단이 설치·운영되는 경우에 긴급구조지휘대를 구성하는 사람과 배치되는 해당 부서의 연결이 옳은 것만을 〈보기〉에서 있는 대로 고른 것은?

─────── 〈보기〉 ───────
㉠ 신속기동요원 – 대응계획부
㉡ 통신지휘요원 – 구조진압반
㉢ 안전담당요원 – 현장통제반
㉣ 경찰파견 연락관 – 연락공보담당

① ㉠, ㉡
② ㉠, ㉢
③ ㉠, ㉡, ㉣
④ ㉡, ㉢, ㉣
⑤ ㉠, ㉡, ㉢, ㉣

22.

영 제65조제1항에 따라 긴급구조지휘대를 구성하는 사람은 통제단이 설치·운영되는 경우 다음 각 호의 구분에 따라 통제단의 해당부서에 배치된다. 🔥🔥**[M 신/자/통/안/경/급－대/자/구/공안/현/급]**

2022 간부
1. **신**속기동요원: **대**응계획부
2. **자**원지원요원: **자**원지원부
3. **통**신지휘요원: **구**조진압반
4. **안**전담당요원: 연락**공**보담당 또는 **안**전담당
5. **경**찰파견 연락관: **현**장통제반
6. 응**급**의료파견 연락관: 응**급**의료반

Answer 21.③ 22.①

07 재난의 복구

01 피해조사 및 복구계획

❶ 재난피해 신고 및 조사(기본법 제58조)

(1) 재난으로 피해를 입은 사람은 피해상황을 행정안전부령으로 정하는 바에 따라 시장·군수·구청장(시·군·구 대책본부가 운영되는 경우에는 해당 본부장)에게 신고할 수 있으며, 피해 신고를 받은 시장·군수·구청장은 피해상황을 조사한 후 중앙대책본부장에게 보고하여야 한다.

(2) 재난관리책임기관의 장은 재난으로 인하여 피해가 발생한 경우에는 피해상황을 신속하게 조사한 후 그 결과를 중앙대책본부장에게 통보하여야 한다.

(3) 중앙대책본부장은 재난피해의 조사를 위하여 필요한 경우에는 대통령령으로 정하는 바에 따라 관계 중앙행정기관 및 관계 재난관리책임기관의 장과 합동으로 중앙재난피해합동조사단을 편성하여 재난피해 상황을 조사할 수 있다.

(4) 중앙대책본부장은 제(3)항에 따른 중앙재난피해합동조사단을 편성하기 위하여 관계 재난관리책임기관의 장에게 소속 공무원이나 직원의 파견을 요청할 수 있다. 이 경우 요청을 받은 관계 재난관리책임기관의 장은 특별한 사유가 없으면 요청에 따라야 한다.

(5) 제(1)항 및 제(2)항에 따른 피해상황 조사의 방법 및 기준 등 필요한 사항은 중앙대책본부장이 정한다.

❷ 재난복구계획의 수립·시행(기본법 제59조)

(1) 재난관리책임기관의 장은 사회재난으로 인한 피해[특별재난지역으로 선포된 지역의 사회재난으로 인한 피해("특별재난지역 피해"라 한다)는 제외한다]에 대하여 제58조 제2항에 따른 피해조사를 마치면 지체 없이 자체복구계획을 수립·시행하여야 한다.

(2) 시·도지사 또는 시장·군수·구청장은 특별재난지역 피해에 대하여 관할구역의 피해상황을 종합하는 재난복구계획을 수립한 후 수습본부장 및 관계 중앙행정기관의 장과 협의를 거쳐 중앙대책본부장에게 제출하여야 한다.

(3) 제(2)항에도 불구하고 긴급하게 복구를 실시하여야 하는 등 대통령령으로 정하는 특별한 사유가 있는 경우에는 수습본부장이 특별재난지역 피해에 대한 재난복구계획을 직접 수립하여 중앙대책본부장에게 제출할 수 있다.

(4) 중앙대책본부장은 제(2)항 또는 제(3)항에 따라 제출받은 재난복구계획을 제14조 제3항 본문에 따른 중앙재난안전대책본부회의의 심의를 거쳐 확정하고, 이를 관계 재난관리책임기관의 장에게 통보하여야 한다.

(5) 재난관리책임기관의 장은 제(4)항에 따라 재난복구계획을 통보받으면 그 재난복구계획에 따라 지체 없이 재난복구를 시행하여야 한다. 이 경우 지방자치단체의 장은 재난복구를 위하여 필요한 경비를 지방자치단체의 예산에 계상(計上)하여야 한다.

[자체복구계획 및 재난복구계획(시행령 제68조)]
① 법 제59조에 따른 자체복구계획 및 재난복구계획에는 피해시설별·관리주체별 복구 내용, 일정 및 복구비용 등이 포함되어야 한다.
② 법 제59조제3항에서 "대통령령으로 정하는 특별한 사유"란 다음 각 호의 어느 하나에 해당하는 경우로서 수습본부의 장이 직접 재난복구계획을 수립할 필요성이 있다고 판단하는 경우를 말한다.
  (M 특사(가)/ 2시(예)/ 철원 항해화)
  1. 사회재난 중 **특**별재난지역으로 선포된 지역의 **사**회재난으로 인한 피해(이하 "특별재난지역 피해"라 한다)에 대하여 긴급하게 복구를 실시하여야 하는 경우
  2. **2**개 이상의 **시**·도에 걸쳐 특별재난지역 피해가 발생한 경우
  3. **항**공사고, **해**상사고, **철**도사고, **화**학사고, **원**전사고 또는 이에 준하는 사고로 인하여 발생한 특별재난지역 피해로서 국가적 차원에서 복구할 필요성이 큰 경우

재난복구계획의 수립 · 시행 절차

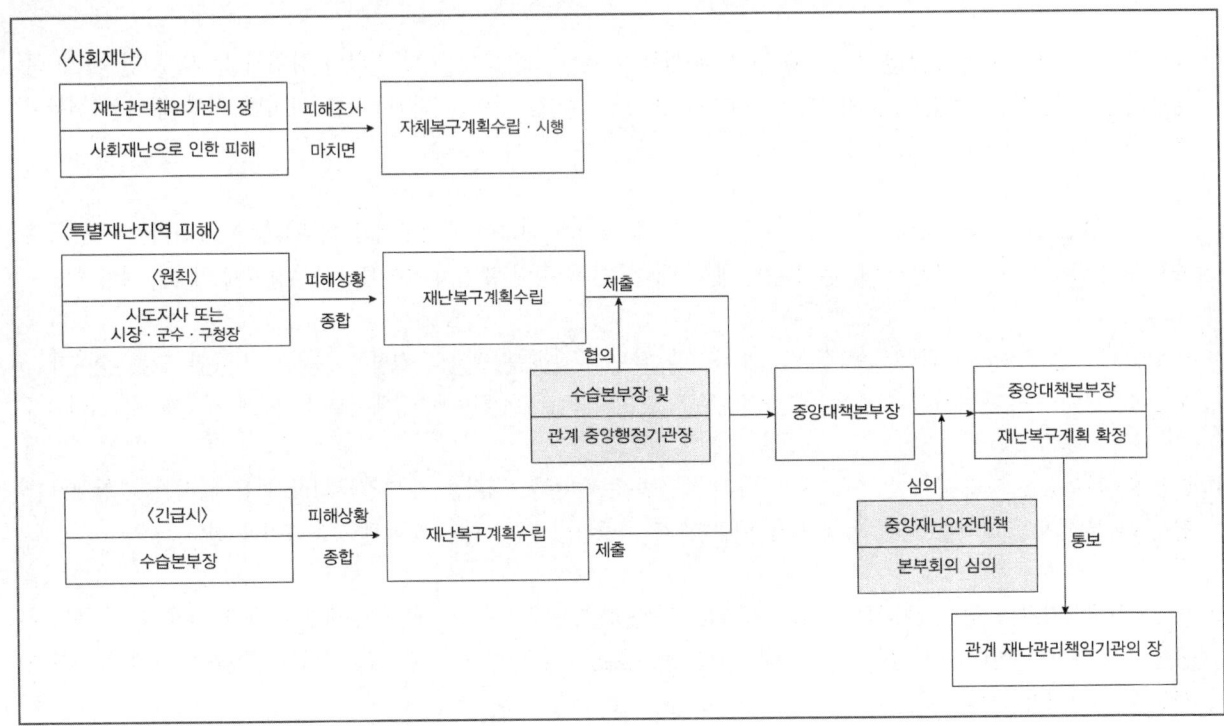

❸ 재난복구계획에 따라 시행하는 사업의 관리(기본법 제59조의2)

(1) 재난관리책임기관의 장은 제59조 제1항에 따른 자체복구계획 또는 같은 조 제4항에 따른 재난복구계획에 따라 시행하는 사업이 체계적으로 관리되도록 하여야 한다.

(2) 중앙대책본부장은 제59조 제4항에 따른 재난복구계획에 따라 시행하는 사업이 효율적으로 추진될 수 있도록 대통령령으로 정하는 사업에 대하여 지도 · 점검하고, 필요하면 시정명령 또는 시정요청(현지 시정명령과 시정요청을 포함한다)을 할 수 있다. 이 경우 시정명령 또는 시정요청을 받은 관계 기관의 장은 정당한 사유가 없으면 이에 따라야 한다.

(3) 제(2)항에 따른 지도 · 점검 등에 필요한 사항은 대통령령으로 정한다.

02 특별재난지역의 선포 및 지원

1 특별재난지역의 선포(기본법 제60조) 🔥🔥🔥 `2017` `2018` `2021` `2024 간부`

(1) 중앙대책본부장은 대통령령으로 정하는 규모의 재난이 발생하여 국가의 안녕 및 사회질서의 유지에 중대한 영향을 미치거나 피해를 효과적으로 수습하기 위하여 특별한 조치가 필요하다고 인정하거나 제(3)항에 따른 지역대책본부장의 요청이 타당하다고 인정하는 경우에는 중앙위원회의 심의를 거쳐 해당 지역을 특별재난지역으로 선포할 것을 대통령에게 건의할 수 있다.

(2) 제(1)항에 따라 특별재난지역의 선포를 건의 받은 대통령은 해당 지역을 특별재난지역으로 선포할 수 있다.

(3) 지역대책본부장은 관할지역에서 발생한 재난으로 인하여 제(1)항에 따른 사유가 발생한 경우에는 중앙대책본부장에게 특별재난지역의 선포 건의를 요청할 수 있다.

[특별재난의 범위 및 선포 등(시행령 제69조)] 🔥
① 법 제60조제1항에서 "대통령령으로 정하는 규모의 재난"이란 다음 각 호의 어느 하나에 해당하는 재난을 말한다. (Ⓜ 자이오초/ 자시동사일초/ 사지행재곤란/ 생극피수복)
  1. **자**연재난으로서 「자연재난 구호 및 복구 비용 부담기준 등에 관한 규정」 제5조 제1항에 따른 국고 지원 대상 피해 기준금액의 **2.5배**를 **초**과하는 피해가 발생한 재난
  1의2. **자**연재난으로서 「자연재난 구호 및 복구 비용 부담기준 등에 관한 규정」 제5조 제1항에 따른 국고 지원 대상에 해당하는 **시**·군·구의 관할 읍·면·**동**에 같은 항 각 호에 따른 국고 지원 대상 피해 기준금액의 4분의 1을 **초**과하는 피해가 발생한 재난
  2. **사**회재난의 재난 중 재난이 발생한 해당 **지**방자치단체의 **행**정능력이나 **재**정능력으로는 재난의 수습이 **곤란**하여 국가적 차원의 지원이 필요하다고 인정되는 재난
  3. 그 밖에 재난 발생으로 인한 **생**활기반 상실 등 **극**심한 **피**해의 효과적인 **수**습 및 **복**구를 위하여 국가적 차원의 특별한 조치가 필요하다고 인정되는 재난
② 법 제60조 제2항에 따라 대통령이 특별재난지역을 선포하는 경우에 중앙대책본부장은 특별재난지역의 구체적인 범위를 정하여 공고하여야 한다.

특별재난지역 선포 절차

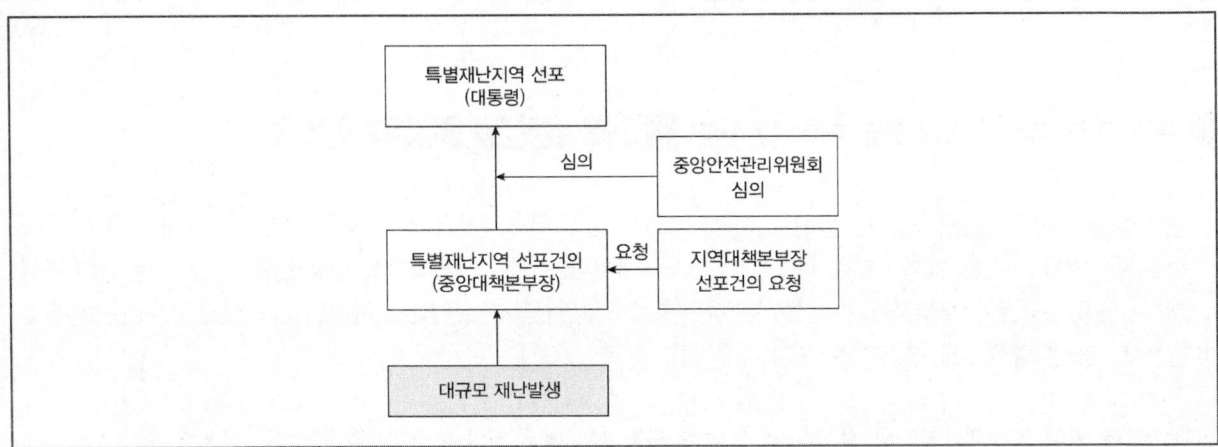

❷ 특별재난지역에 대한 지원(기본법 제61조)

국가나 지방자치단체는 제60조에 따라 특별재난지역으로 선포된 지역에 대하여는 제66조제3항에 따른 지원을 하는 외에 대통령령으로 정하는 바에 따라 응급대책 및 재난구호와 복구에 필요한 **행**정상 · **재**정상 · **금**융상 · **의**료상의 특별지원을 할 수 있다.

[특별재난지역에 대한 지원(시행령 제70조)] 🔥
① 국가가 시행령 제69조 제1항 제1호 및 제1호의2의 재난과 관련하여 특별재난지역으로 선포한 지역에 대한 특별지원의 내용은 다음 각 호와 같다.(자연재난)
  1. 「자연재난 구호 및 복구 비용 부담기준 등에 관한 규정」 제7조에 따른 <u>국고의 추가지원</u>
  2. 「자연재난 구호 및 복구 비용 부담기준 등에 관한 규정」 제4조에 따른 지원
  3. <u>의료 · 방역 · 방제(防除)</u> 및 <u>쓰레기 수거 활동</u> 등에 대한 지원
  4. 「재해구호법」에 따른 <u>의연금품의 지원</u>
  5. 농어업인의 영농 · 영어 · 시설 · 운전 자금 및 중소기업의 시설 · 운전 자금의 <u>우선 융자, 상환 유예, 상환 기한 연기 및 그 이자 감면과 중소기업에 대한 특례보증 등의 지원</u>
  6. 그 밖에 재난응급대책의 실시와 재난의 구호 및 복구를 위한 지원
② 국가가 시행령 제69조 제1항 제2호에 해당하는 재난 및 그에 준하는 같은 항 제3호의 재난과 관련하여 특별재난지역으로 선포한 지역에 대하여 하는 특별지원의 내용은 다음 각 호와 같다. (사회재난 등)
  1. 「사회재난 구호 및 복구 비용 부담기준 등에 관한 규정」에 따른 지원
  2. 의료 · 방역 · 방제(防除) 및 쓰레기 수거 활동 등에 대한 지원
  3. 농어업인의 영농 · 영어 · 시설 · 운전 자금 및 중소기업의 시설 · 운전 자금의 우선 융자, 상환 유예, 상환 기한 연기 및 그 이자 감면과 중소기업에 대한 특례보증 등의 지원
  4. 그 밖에 중앙대책본부장이 필요하다고 인정하는 지원

③ 중앙대책본부장은 제②항에 따른 지원을 위한 피해금액과 복구비용의 산정, 국고지원 내용 등을 관계 중앙행정기관의 장과의 협의 및 중앙대책본부회의의 심의를 거쳐 확정한다.

④ 중앙대책본부장 및 지역대책본부장은 특별재난지역이 선포되었을 때에는 재난응급대책의 실시와 재난의 구호 및 복구를 위하여 법 제59조 제2항에 따른 재난복구계획의 수립·시행 전에 재난대책을 위한 예비비, 재난관리기금·재해구호기금 및 의연금을 집행할 수 있다.

03 재정 및 보상

❶ 비용 부담의 원칙(기본법 제62조)

(1) 재난관리에 필요한 비용은 이 법 또는 다른 법령에 특별한 규정이 있는 경우 외에는 이 법 또는 제3장의 안전관리계획에서 정하는 바에 따라 <u>그 시행의 책임이 있는 자가 부담한다</u>. 다만, <u>시·도지사나 시장·군수·구청장이 다른 재난관리책임기관이 시행할 재난의 응급조치를 시행한 경우 그 비용은 그 응급조치를 시행할 책임이 있는 재난관리책임기관이 부담</u>한다.

(2) 제(1)항 단서에 따른 비용은 관계 기관이 협의하여 정산한다.

❷ 응급지원에 필요한 비용(기본법 제63조)

(1) 제44조제1항(응원), 제46조(시도지사가 실시하는 응급조치) 또는 제48조 제1항(지역통제단장의 응급조치)에 따라 <u>응원을 받은 자는 그 응원에 드는 비용을 부담하여야 한다</u>.

(2) 제(1)항의 경우 그 응급조치로 인하여 다른 지방자치단체가 이익을 받은 경우에는 그 수익의 범위에서 이익을 받은 해당 지방자치단체가 그 비용의 일부를 분담하여야 한다.

(3) 제(1)항과 제(2)항에 따른 비용은 관계 기관이 협의하여 정산한다.

③ 손실보상(기본법 제64조)

(1) 국가나 지방자치단체는 제39조(동원명령) 및 제45조(응급부담)[제46조(시도지사가 실시하는 응급조치)에 따라 시·도지사가 행하는 경우를 포함한다]에 따른 조치로 인하여 손실이 발생하면 보상하여야 한다.

(2) 제(1)항에 따른 손실보상에 관하여는 손실을 입은 자와 그 조치를 한 중앙행정기관의 장, 시·도지사 또는 시장·군수·구청장이 협의하여야 한다.

(3) 제(2)항에 따른 협의가 성립되지 아니하면 대통령령으로 정하는 바에 따라 「공익사업을 위한 토지 등의 취득 및 보상에 관한 법률」 제51조에 따른 관할 토지수용위원회에 재결을 신청할 수 있다.

(4) 제(3)항에 따른 재결에 관하여는 「공익사업을 위한 토지 등의 취득 및 보상에 관한 법률」 제83조부터 제86조까지의 규정을 준용한다.

> [재결의 신청기간(시행령 제71조)]
> ① 법 제64조 제2항에 따른 손실보상에 관한 협의는 법 제39조 및 제45조(법 제46조에 따라 시·도지사가 행하는 경우를 포함한다)에 따른 조치가 있는 날부터 60일 이내에 하여야 한다.
> ② 법 제64조 제3항에 따른 재결의 신청은 법 제39조 및 제45조(법 제46조에 따라 시·도지사가 행하는 경우를 포함한다)에 따른 조치가 있는 날부터 180일 이내에 하여야 한다.

④ 치료 및 보상(기본법 제65조)

(1) 재난 발생 시 긴급구조활동과 응급대책·복구 등에 참여한 자원봉사자, 제45조에 따른 응급조치 종사명령을 받은 사람 및 제51조 제2항에 따라 긴급구조활동에 참여한 민간 긴급구조지원기관의 긴급구조지원요원이 응급조치나 긴급구조활동을 하다가 부상을 입은 경우 및 부상으로 인하여 장애를 입은 경우에는 치료를 실시하고 보상금을 지급하며, 사망(부상으로 인하여 사망한 경우를 포함한다)한 경우에는 그 유족에게 보상금을 지급한다. 다만, 다른 법령에 따라 국가나 지방자치단체의 부담으로 같은 종류의 보상금을 받은 사람에게는 그 보상금에 상당하는 금액을 지급하지 아니한다.

(2) 재난의 응급대책·복구 및 긴급구조 등에 참여한 자원봉사자의 장비 등이 응급대책·복구 또는 긴급구조와 관련하여 고장나거나 파손된 경우에는 그 자원봉사자에게 수리비용을 보상할 수 있다.

(3) 제(1)항에 따른 치료 및 보상금은 국가나 지방자치단체가 부담하며, 그 기준과 절차 등에 관한 사항은 대통령령으로 정한다.

[치료 및 보상금의 부담 및 지급기준 등(시행령 제72조)]
① 법 제65조제1항 및 제2항에 따른 치료 및 보상금은 해당 재난이 국가의 업무 또는 시설과 관계되는 경우에는 국가가 부담하고, 지방자치단체의 업무 또는 시설과 관계되는 경우에는 지방자치단체가 부담한다.
② 법 제65조제1항에 따라 실시하는 부상을 입은 사람 및 부상으로 장애를 입은 사람에 대한 치료는 치료에 필요한 실비를 지급하는 방법으로 할 수 있다.
③ 법 제65조제1항에 따라 부상을 입은 사람, 부상으로 장애를 입은 사람, 사망(부상으로 사망한 경우를 포함한다)한 사람의 유족에게 지급하는 보상금의 지급기준에 관하여는 「의사상자 등 예우 및 지원에 관한 법률」 제8조와 같은 법 시행령 제12조를 준용한다.
④ 법 제65조제2항에 따른 장비 등의 고장이나 파손에 대한 보상은 다음 각 호의 기준에 따라 지급액을 결정한다.
  1. 고장나거나 파손된 장비 등의 수리가 불가능한 경우에는 참여 당시 장비 등의 교환가격
  2. 고장나거나 파손된 장비 등의 수리가 가능한 경우에는 수리에 필요한 실비
⑤ 제①항에 따른 보상 중 유족에 대한 보상금은 그 배우자, 미성년자인 자녀, 부모, 조부모, 성년인 자녀, 형제자매 순으로 지급한다. 이 경우 같은 순위의 유족이 2명 이상일 경우에는 같은 금액으로 나누어 지급하되, 태아는 그 지급순위에 관하여는 이미 출생한 것으로 본다.

⑤ 포상(기본법 제65조의2)

국가와 지방자치단체는 긴급구조 등의 활성화를 위하여 긴급구조활동과 응급대책·복구 등에 참여하여 현저한 공로가 있는 자원봉사자에게 「상훈법」에 따라 훈장 또는 포장을 수여할 수 있다.

⑥ 재난지역에 대한 국고보조 등의 지원(기본법 제66조) 🔥🔥 [2018 간부]

(1) 국가는 다음 각 호의 어느 하나에 해당하는 재난의 원활한 복구를 위하여 필요하면 대통령령으로 정하는 바에 따라 그 비용의 전부 또는 일부를 국고에서 부담하거나 지방자치단체, 그 밖의 재난관리책임자에게 보조할 수 있다. 다만, 제39조 제1항[동원명령](제46조 제1항[시도지사가 실시하는 응급조치]에 따라 시·도지사가 하는 경우를 포함한다) 또는 제40조 제1항의 대피명령을 방해하거나 위반하여 발생한 피해에 대하여는 그러하지 아니하다.

1. 자연재난
2. 사회재난 중 특별재난지역으로 선포된 지역의 재난

(2) 제(1)항에 따른 재난복구사업의 재원은 대통령령으로 정하는 재난의 구호 및 재난의 복구비용 부담기준에 따라 국고의 부담금 또는 보조금과 지방자치단체의 부담금·의연금 등으로 충당하되, 지방자치단체의 부담금 중 시·도 및 시·군·구가 부담하는 기준은 행정안전부령으로 정한다.

(3) 국가와 지방자치단체는 재난으로 피해를 입은 시설의 복구와 피해주민의 생계 안정 및 피해기업의 경영 안정을 위하여 다음 각 호의 지원을 할 수 있다. 다만, 다른 법령에 따라 국가 또는 지방자치단체가 같은 종류의 보상금 또는 지원금을 지급하거나, 제3조 제1호나목에 해당하는 재난으로 피해를 유발한 원인자가 보험금 등을 지급하는 경우에는 그 보상금, 지원금 또는 보험금 등에 상당하는 금액은 지급하지 아니한다.

> 1. 사망자·실종자·부상자 등 피해주민에 대한 구호
> 2. 주거용 건축물의 복구비 지원
> 3. 고등학생의 학자금 면제
> 4. 자금의 융자, 보증, 상환기한의 연기, 그 이자의 감면 등 관계 법령에서 정하는 금융지원
> 5. 세입자 보조 등 생계안정 지원
> 5의2. 소상공인에 대한 지원
> 6. 관계 법령에서 정하는 바에 따라 국세·지방세, 건강보험료·연금보험료, 통신요금, 전기요금 등의 경감 또는 납부유예 등의 간접지원
> 7. 주 생계수단인 농업·어업·임업·염생산업(鹽生産業)에 피해를 입은 경우에 해당 시설의 복구를 위한 지원
> 8. 공공시설 피해에 대한 복구사업비 지원
> 9. 그 밖에 중앙재난안전대책본부회의에서 결정한 지원 또는 지역재난안전대책본부회의에서 결정한 지원

(4) 제(3)항에 따른 지원의 기준은 제(1)항 각 호의 어느 하나에 해당하는 재난(자연재난, 사회재난 중 특별재난지역으로 선포된 지역의 재난)에 대해서는 대통령령으로 정하고, 사회재난으로서 제60조 제2항에 따라 특별재난지역으로 선포되지 아니한 지역의 재난에 대해서는 해당 지방자치단체의 조례로 정한다.

(5) 국가와 지방자치단체는 재난으로 피해를 입은 사람에 대하여 심리적 안정과 사회 적응을 위한 상담 활동을 지원할 수 있다. 이 경우 구체적인 지원절차와 그 밖에 필요한 사항은 대통령령으로 정한다.

(6) 국가 또는 지방자치단체는 제(3)항 각 호에 따른 지원의 원인이 되는 사회재난에 대하여 그 원인을 제공한 자가 따로 있는 경우에는 그 원인제공자에게 국가 또는 지방자치단체가 부담한 비용의 전부 또는 일부를 청구할 수 있다.

(7) 제(3)항 각 호에 따라 지원되는 금품 또는 이를 지급받을 권리는 양도·압류하거나 담보로 제공할 수 없다.

❼ 복구비 등의 선지급(기본법 제66조의2)

(1) 지방자치단체의 장은 재난의 신속한 구호 및 복구를 위하여 필요하다고 판단되면 제66조에 따라 재난의 구호 및 복구를 위하여 지원하는 비용(이하 "복구비등"이라 한다) 중 대통령령으로 정하는 항목에 대해서는 제59조 또는 「자연재해대책법」 제46조에 따른 복구계획 수립 전에 미리 지급할 수 있다.

(2) 제(1)항에 따라 복구비등을 선지급 받으려는 자는 대통령령으로 정하는 바에 따라 재난으로 인한 피해 물량 등에 관하여 신고하여야 한다.

(3) 지방자치단체의 장은 제(1)항에 따라 미리 복구비등을 지급하기 위하여 피해 주민의 주(主) 생계수단을 판단하기 위한 다음 각 호의 사항에 대한 확인을 해당 각 호의 자에게 요청할 수 있다. 이 경우 확인을 요청받은 자는 특별한 사유가 없으면 요청에 따라야 한다.

> 1. 근로소득 및 사업소득 수준에 관한 사항 : 국세청장 또는 관할 세무서장
> 2. 국민연금 가입·납입에 관한 사항 : 「국민연금법」 제24조에 따른 국민연금공단의 이사장
> 3. 국민건강보험 가입·납입에 관한 사항 : 「국민건강보험법」 제13조에 따른 국민건강보험공단의 이사장

(4) 제(1)항에 따른 복구비등 선지급을 위하여 필요한 선지급의 비율·절차 등에 관한 사항은 대통령령으로 정한다.

❽ 복구비등의 반환(기본법 제66조의3)

(1) 국가와 지방자치단체는 복구비등을 받은 자가 다음 각 호의 어느 하나에 해당하는 경우에는 행정안전부령으로 정하는 바에 따라 그 받은 복구비등을 반환하도록 명하여야 한다.

> 1. 부정한 방법으로 복구비등을 받은 경우
> 2. 복구비등을 받은 후 그 지급 사유가 소급하여 소멸된 경우
> 3. 그 밖에 대통령령으로 정하는 사유가 발생한 경우
>
> [복구비등의 반환(시행령 제73조의4)]
> 법 제66조의3 제1항 제3호에서 "대통령령으로 정하는 사유"란 다음 각 호의 사유를 말한다.
> 1. 행정 착오 등으로 인하여 재난복구계획 및 재해복구계획에 포함되지 아니하였어야 하는 복구비등이 포함된 경우
> 2. 행정 착오 등으로 인하여 복구비등이 잘못 지급된 경우

⑵ 제(1)항에 따라 반환명령을 받은 자는 즉시 복구비등을 반환하여야 한다.

⑶ 제(2)항에 따라 반환하여야 할 반환금을 지정된 기한까지 반환하지 아니하면 국세 체납처분 또는 지방세 체납처분의 예에 따라 징수한다.

⑷ 제(3)항에 따른 반환금의 징수는 국세와 지방세를 제외하고는 다른 공과금에 우선한다.

07 출제예상문제

✱ 2021년

1 「재난 및 안전관리 기본법」에 대한 내용이다. ( ) 안에 들어갈 용어로 옳은 것은?

> (가)은 대통령령으로 정하는 재난이 발생하거나 발생할 우려가 있는 경우 사람의 생명·신체 및 재산에 미치는 중대한 영향이나 피해를 줄이기 위하여 긴급한 조치가 필요하다고 인정하면 (나)의 심의를 거쳐 (다)을/를 선포할 것을 대통령에게 건의할 수 있다.

① (가) 중앙재난안전대책본부장
  (나) 안전정책조정위원회
  (다) 재난사태
② (가) 행정안전부장관
  (나) 중앙안전관리위원회
  (다) 재난사태
③ (가) 중앙재난안전대책본부장
  (나) 중앙안전관리위원회
  (다) 특별재난지역
④ (가) 행정안전부장관
  (나) 안전정책조정위원회
  (다) 특별재난지역

1.

특별재난지역의 선포(기본법 제60조)
㉠ 중앙대책본부장은 <u>대통령령으로 정하는 규모의 재난</u>이 발생하여 국가의 안녕 및 사회질서의 유지에 중대한 영향을 미치거나 피해를 효과적으로 수습하기 위하여 특별한 조치가 필요하다고 인정하거나 제3항에 따른 지역대책본부장의 요청이 타당하다고 인정하는 경우에는 <u>중앙위원회의 심의를 거쳐 해당 지역을 특별재난지역으로 선포할 것을 대통령에게 건의</u>할 수 있다.
㉡ 제㉠항에 따라 특별재난지역의 선포를 건의 받은 <u>대통령은 해당 지역을 특별재난지역으로 선포</u>할 수 있다.
㉢ 지역대책본부장은 관할지역에서 발생한 재난으로 인하여 제1)항에 따른 사유가 발생한 경우에는 <u>중앙대책본부장에게 특별재난지역의 선포 건의를 요청</u>할 수 있다.

Answer 1.③

※ 2018년

2 다음은 「재난 및 안전관리 기본법」상 특별재난지역의 선포와 관련된 내용이다. ( ) 안에 들어갈 내용으로 옳은 것은?(순서대로 ㉠, ㉡)

> (㉠)은/는 대통령령으로 정하는 규모의 재난이 발생하여 국가의 안녕 및 사회질서의 유지에 중대한 영향을 미치거나 피해를 효과적으로 수습하기 위하여 특별한 조치가 필요하다고 인정하거나 제지역대책본부장의 요청이 타당하다고 인정하는 경우에는 (㉡)의 심의를 거쳐 해당 지역을 특별재난지역으로 선포할 것을 대통령에게 건의할 수 있다.

① 중앙재난안전대책본부장, 안전정책조정위원회
② 중앙안전관리위원회, 중앙사고수습본부
③ 중앙안전관리위원회, 중앙재난안전대책본부장
④ 중앙재난안전대책본부장, 중앙안전관리위원회

※ 2017년

3 「재난 및 안전관리 기본법」상 특별재난지역 선포권자는 누구인가?

① 대통령　　② 소방청장
③ 소방본부장　④ 시도지사

4 재난 및 안전관리 기본법령상 국가와 지방자치단체가 재난으로 피해를 입은 시설의 복구와 피해주민의 생계안정을 위해 지원할 수 있는 사항이 아닌 것은?

① 고등학생의 학자금 면제
② 상업용 건축물의 복구비 지원
③ 세입자 보조 등 생계안정 지원
④ 공공시설 피해에 대한 복구사업비 지원

2.

중앙대책본부장은 대통령령으로 정하는 규모의 재난이 발생하여 국가의 안녕 및 사회질서의 유지에 중대한 영향을 미치거나 피해를 효과적으로 수습하기 위하여 특별한 조치가 필요하다고 인정하거나 제3)항에 따른 지역대책본부장의 요청이 타당하다고 인정하는 경우에는 중앙위원회의 심의를 거쳐 해당 지역을 특별재난지역으로 선포할 것을 대통령에게 건의할 수 있다.

3.

특별재난지역의 선포를 건의 받은 대통령은 해당 지역을 특별재난지역으로 선포할 수 있다.

4.

국가와 지방자치단체는 재난으로 피해를 입은 시설의 복구와 피해주민의 생계 안정 및 피해기업의 경영 안정을 위하여 다음 각 호의 지원을 할 수 있다. 다만, 다른 법령에 따라 국가 또는 지방자치단체가 같은 종류의 보상금 또는 지원금을 지급하거나, 제3조제1호나목에 해당하는 재난으로 피해를 유발한 원인자가 보험금 등을 지급하는 경우에는 그 보상금, 지원금 또는 보험금 등에 상당하는 금액은 지급하지 아니한다.

1. 사망자·실종자·부상자 등 피해주민에 대한 구호
2. 주거용 건축물의 복구비 지원
3. 고등학생의 학자금 면제
4. 자금의 융자, 보증, 상환기한의 연기, 그 이자의 감면 등 관계 법령에서 정하는 금융지원
5. 세입자 보조 등 생계안정 지원
6. 관계 법령에서 정하는 바에 따라 국세·지방세, 건강보험료·연금보험료, 통신요금, 전기요금 등의 경감 또는 납부유예 등의 간접지원
7. 주 생계수단인 농업·어업·임업·염생산업(鹽生産業)에 피해를 입은 경우에 해당 시설의 복구를 위한 지원
8. 공공시설 피해에 대한 복구사업비 지원
9. 그 밖에 중앙재난안전대책본부회의에서 결정한 지원 또는 지역재난안전대책본부회의에서 결정한 지원

Answer 2.④ 3.① 4.②

5 "특별재난지역 선포"와 관련하여 설명이 잘못된 것은?

① 중앙대책본부장은 중앙위원회의 심의를 거쳐, 해당 지역을 특별재난지역으로 선포할 것을 국무총리에게 건의할 수 있다.
② 사회재난의 재난 중 재난이 발생한 해당 지방자치단체의 행정능력이나 재정능력으로는 재난의 수습이 곤란하여 국가적 차원의 지원이 필요하다고 인정되는 재난
③ 재난 발생으로 인한 생활기반 상실 등 극심한 피해의 효과적이 수습 및 복구를 위하여 국가적 차원의 특별한 조치가 필요하다고 인정되는 재난을 말한다.
④ 자연재난으로 국고지원 대상 피해기준금액의 2.5배를 초과하는 피해가 발생한 재난

* 2018년 간부

6 「재난 및 안전관리 기본법」상 재난지역에 대한 국고보조 등의 지원에 대한 내용으로 옳지 않은 것은?

① 국가는 자연재난의 원활한 복구를 위하여 필요하면 대통령으로 정하는 바에 따라 그 비용의 전부 또는 일부를 국고에서 부담하거나 지방자치단체, 그 밖의 재난 관리책인자에게 보조할 수 있다.
② 국가와 지방자치단체는 재난으로 피해를 입은 시설의 복구와 피해주민의 생계 안정을 위하여 주거용 건축물의 복구비를 지원 할 수 있다.
③ 국가와 지방자치단체는 재난으로 피해를 입은 사람에 대하여 심리적 안정과 사회 적응을 위한 상담 활동을 지원할 수 있다.
④ 재난복구사업의 재원은 대통령령으로 정하는 재난의 구호 및 재난의 복구비용 부담기준에 따라 국고의 부담금 또는 보조금과 지방자치단체의 부담금·의연금 등으로 충당한다.
⑤ 국가와 지방자치단체로부터 재난으로 피해를 입은 시설의 복구와 피해주민의 생계 안정을 위해 지원되는 금품 또는 이를 지급받을 권리는 양도하거나 담보로 제공할 수 있다.

5.

① <u>중앙대책본부장은</u> <u>대통령령으로 정하는 규모의 재난</u>이 발생하여 국가의 안녕 및 사회질서의 유지에 중대한 영향을 미치거나 피해를 효과적으로 수습하기 위하여 특별한 조치가 필요하다고 인정하거나 제3항에 따른 지역대책본부장의 요청이 타당하다고 인정하는 경우에는 <u>중앙위원회의 심의를 거쳐 해당 지역을 특별재난지역으로 선포할 것을 대통령에게 건의할 수 있다.</u>

6.

⑤ 국가 또는 지방자치단체는 제3)항 각 호에 따른 지원의 원인이 되는 사회재난에 대하여 그 원인을 제공한 자가 따로 있는 경우에는 그 원인제공자에게 국가 또는 지방자치단체가 부담한 비용의 전부 또는 일부를 청구할 수 있다. 이에 따라 <u>지원되는 금품 또는 이를 지급받을 권리는 양도·압류하거나 담보로 제공할 수 없다</u>.

Answer 5.① 6.⑤

08 안전문화 진흥

01 안전문화의 진흥을 위한 시책 등

❶ 안전문화의 진흥을 위한 시책의 추진(기본법 제66조의4)

(1) 중앙행정기관의 장과 지방자치단체의 장은 소관 재난 및 안전관리업무와 관련하여 국민의 안전의식을 높이고 안전문화를 진흥시키기 위한 다음 각 호의 안전문화활동을 적극 추진하여야 한다.

> 1. 안전교육 및 안전훈련(응급상황시의 대처요령을 포함한다)
> 2. 안전의식을 높이기 위한 캠페인 및 홍보
> 3. 안전행동요령 및 기준·절차 등에 관한 지침의 개발·보급
> 4. 안전문화 우수사례의 발굴 및 확산
> 5. 안전 관련 통계 현황의 관리·활용 및 공개
> 6. 안전에 관한 각종 조사 및 분석
> 6의2. 안전취약계층의 안전관리 강화
> 7. 그 밖에 안전문화를 진흥하기 위한 활동

(2) 행정안전부장관은 제(1)항에 따른 안전문화활동의 추진에 관한 총괄·조정 업무를 관장한다.

(3) 지방자치단체의 장은 지역 내 안전문화활동에 주민이 참여할 수 있는 제도를 마련하여 시행할 수 있다.

(4) 국가와 지방자치단체는 국민이 안전문화를 실천하고 체험할 수 있는 안전체험시설을 설치·운영할 수 있다.

(5) 국가와 지방자치단체는 지방자치단체 또는 그 밖의 기관·단체에서 추진하는 안전문화활동을 위하여 필요한 예산을 지원할 수 있다.

2 국민안전의 날 등(기본법 제66조의7) ♨♨♨

(1) 국가는 국민의 안전의식 수준을 높이기 위하여 매년 4월 16일을 국민안전의 날로 정하여 필요한 행사 등을 한다.

(2) 국가는 대통령령으로 정하는 바에 따라 국민의 안전의식 수준을 높이기 위하여 안전점검의 날과 방재의 날을 정하여 필요한 행사 등을 할 수 있다.

> [안전점검의 날 등(시행령 제73조의6)]
> ① 안전점검의 날은 매월 4일로 하고, 방재의 날은 매년 5월 25일로 한다.
> ② 재난관리책임기관은
>   ㉠ 안전점검의 날에는 재난취약시설에 대한 일제점검, 안전의식 고취 등 안전 관련 행사를 실시
>   ㉡ 방재의 날에는 자연재난에 대한 주민의 방재의식을 고취하기 위하여 재난에 대한 교육·홍보 등의 관련 행사를 실시한다.
> ③ 제②항에서 규정한 사항 외에 안전점검의 날 및 방재의 날 행사 등에 필요한 사항은 행정안전부장관이 각각 정한다.

📄 안전점검의 날 등 (Ⓜ 4×4 = 16/ 안4/ 5×5 = 25)

국민안전의 날	매년 4월 16일
안전점검의 날	매월 4일
방재의 날	매년 5월 25일

3 안전관리헌장(기본법 제66조의8) ♨

(1) 국무총리는 재난을 예방하고, 재난이 발생할 경우 그 피해를 최소화하기 위하여 재난 및 안전관리업무에 종사하는 자가 지켜야 할 사항 등을 정한 안전관리헌장을 제정·고시하여야 한다.

(2) 재난관리책임기관의 장은 제(1)항에 따른 안전관리헌장을 실천하는 데 노력하여야 하며, 안전관리헌장을 누구나 쉽게 볼 수 있는 곳에 항상 게시하여야 한다.

❹ 안전정보의 구축·활용(기본법 제66조의9)

(1) <u>행정안전부장관</u>은 재난 및 각종 사고로부터 국민의 생명과 신체 및 재산을 보호하기 위하여 다음 각 호의 <u>정보</u><u>(이하 "안전정보"라 한다)를 수집하여 체계적으로 관리</u>하여야 한다.

---
1. 재난이나 그 밖의 각종 사고에 관한 통계, 지리정보 및 안전정책에 관한 정보
1의2. 안전취약계층의 재난 및 각종 사고 피해에 관한 통계
2. 정부합동 안전 점검 결과
3. 정부합동 안전점검 따른 조치 결과
4. 재난관리체계 등에 대한 평가 결과
5. 긴급구조지원기관의 능력 평가 결과
6. 재난원인조사 결과
7. 개선권고 등의 조치결과에 관한 정보
8. 그 밖에 재난이나 각종 사고에 관한 정보로서 행정안전부장관이 수집·관리가 필요하다고 인정하는 정보

---

(2) <u>행정안전부장관</u>은 안전정보를 체계적으로 관리하고 안전정보 및 다른 법령에 따라 재난관리책임기관의 장이 공개하는 시설 등에 대한 각종 안전점검·진단 등의 결과를 통합적으로 공개하기 위하여 <u>안전정보통합관리시스템을 구축·운영</u>하여야 한다.

(3) 행정안전부장관은 안전정보통합관리시스템을 관계 행정기관 및 국민이 안전수준을 진단하고 개선하는 데 활용할 수 있도록 하여야 한다.

(4) 행정안전부장관은 안전정보통합관리시스템을 구축·운영하기 위하여 관계 행정기관의 장에게 필요한 자료를 요청할 수 있다. 이 경우 요청을 받은 관계 행정기관의 장은 특별한 사유가 없으면 요청에 따라야 한다.

(5) 안전정보 등의 수집·공개·관리, 안전정보통합관리시스템의 구축·활용 등에 필요한 사항은 대통령령으로 정한다.

5 안전지수의 공표(기본법 제66조의10)

(1) 행정안전부장관은 지역별 안전수준과 안전의식을 객관적으로 나타내는 지수(이하 "안전지수"라 한다)를 개발·조사하여 그 결과를 공표할 수 있다.

(2) 행정안전부장관은 안전지수의 조사를 위하여 관계 행정기관의 장에게 필요한 자료를 요청할 수 있다. 이 경우 요청을 받은 관계 행정기관의 장은 특별한 사유가 없으면 요청에 따라야 한다.

(3) 행정안전부장관은 안전지수의 개발·조사에 관한 업무를 효율적으로 수행하기 위하여 필요한 경우 대통령령으로 정하는 기관 또는 단체로 하여금 그 업무를 대행하게 할 수 있다.

(4) 안전지수의 조사 항목, 방법, 공표절차 등 필요한 사항은 대통령령으로 정한다.

6 지역축제 개최 시 안전관리조치(기본법 제66조의11)

(1) 중앙행정기관의 장 또는 지방자치단체의 장은 대통령령으로 정하는 지역축제를 개최하려면 해당 지역축제가 안전하게 진행될 수 있도록 지역축제 안전관리계획을 수립하고, 그 밖에 안전관리에 필요한 조치를 하여야 한다.

(2) 행정안전부장관 또는 시·도지사는 제(1)항에 따른 지역축제 안전관리계획의 이행 실태를 지도·점검할 수 있으며, 점검결과 보완이 필요한 사항에 대해서는 관계 기관의 장에게 시정을 요청할 수 있다. 이 경우 시정 요청을 받은 관계 기관의 장은 특별한 사유가 없으면 요청에 따라야 한다.

(3) 중앙행정기관의 장 또는 지방자치단체의 장 외의 자가 대통령령으로 정하는 지역축제를 개최하려는 경우에는 해당 지역축제가 안전하게 진행될 수 있도록 지역축제 안전관리계획을 수립하여 대통령령으로 정하는 바에 따라 관할 시장·군수·구청장에게 사전에 통보하고, 그 밖에 안전관리에 필요한 조치를 하여야 한다. 지역축제 안전관리계획을 변경하려는 때에도 또한 같다.

(4) 제(3)항에 따른 통보를 받은 관할 시장·군수·구청장은 필요하다고 인정되는 때에는 지역축제 안전관리계획에 대하여 보완을 요구할 수 있다. 이 경우 보완을 요구받은 자는 정당한 사유가 없으면 이에 따라야 한다.

(5) 제(1)항부터 제(4)항까지의 규정에 따른 지역축제 안전관리계획의 내용, 수립절차 등 필요한 사항은 대통령령으로 정한다.

[지역축제 개최 시 안전관리조치(시행령 제73조의9)] 🔥
① 법 제66조의11제1항 및 제3항에서 "**대통령령으로 정하는 지역축제**"란 각각 다음 각 호의 어느 하나에 해당하는 지역축제를 말한다. (Ⓜ 일천/ 산수/ 폭발)
  1. 축제기간 중 순간 최대 관람객이 1천명 이상이 될 것으로 예상되는 지역축제
  2. 축제장소나 축제에 사용하는 재료 등에 사고 위험이 있는 지역축제로서 다음 각 목의 어느 하나에 해당하는 지역축제
    가. 산 또는 수면에서 개최하는 지역축제
    나. 불, 폭죽, 석유류 또는 가연성 가스 등의 폭발성 물질을 사용하는 지역축제
② 법 제66조의11 제1항 및 제3항에 따른 지역축제 안전관리계획(이하 "지역축제 안전관리계획"이라 한다)에는 각각 다음 각 호의 사항이 포함되어야 한다. (Ⓜ 개임방인연)
  1. 지역축제의 **개**요
  2. 축제 장소 · 시설 등을 관리하는 사람 및 관리조직과 **임**무에 관한 사항
  3. 화재예방 및 인명피해 **방**지조치에 관한 사항
  4. 안전관리**인**력의 확보 및 배치계획
  5. 비상시 대응요령, 담당 기관과 담당자 **연**락처
③ 법 제66조의11 제1항 및 제3항에 따라 지역축제를 개최하려는 자가 지역축제 안전관리계획을 수립하려면 개최지를 관할하는 지방자치단체, 소방서 및 경찰서 등 안전관리 유관기관의 의견을 미리 들어야 한다.
④ 법 제66조의11 제3항에 따라 지역축제를 개최하려는 자는 지역축제 안전관리계획을 수립하여 축제 개최일 3주 전까지 관할 시장 · 군수 · 구청장에게 제출해야 한다. 이 경우 지역축제 안전관리계획을 변경하려는 경우에는 해당 축제 개최일 7일 전까지 변경된 내용을 제출해야 한다.
⑤ 행정안전부장관은 지역축제 안전관리계획이 효율적으로 수립 · 관리될 수 있도록 하기 위하여 지역축제 안전관리 매뉴얼을 작성하여 중앙행정기관의 장 또는 지방자치단체의 장에게 통보하고 행정안전부 인터넷 홈페이지 등을 통하여 공개할 수 있다.
⑥ 제①항부터 제⑤항까지에서 규정한 사항 외에 지역축제 안전관리계획의 세부적인 내용 및 수립절차 등에 관하여 필요한 사항은 행정안전부장관이 정한다.

❼ 안전사업지구의 지정 및 지원(기본법 제66조의12)

(1) 행정안전부장관은 지역사회의 안전수준을 높이기 위하여 시 · 군 · 구를 대상으로 안전사업지구를 지정하여 필요한 지원할 수 있다.

(2) 제(1)항에 따른 안전사업지구의 지정기준, 지정절차 등 필요한 사항은 대통령령으로 정한다.

08 출제예상문제

1 「국가는 국민의 안전의식 수준을 높이기 위하여 국민안전의 날, 안전점검의 날, 방재의 날 등을 정하고 있다. 다음 중 맞게 연결된 것은?

	국민안전의 날	안전점검의 날	방재의 날
①	매년 4월 16일	매년 5월 25일	매월 4일
②	매년 4월 16일	매월 4일	매년 5월 25일
③	매년 5월 25일	매월 4일	매년 4월 16일
④	매년 5월 25일	매년 4월 16일	매월 4일

2 "안전관리헌장" 제정 고시권자는?

① 행정안전부장관 ② 시도지사
③ 국무총리 ④ 대통령

3 「재난 및 안전관리 기본법」상 지역축제 안전관리계획 수립 및 안전관리 조치를 하여야 하는 지역축제에 해당하지 않는 것은?

① 축제장소에 사고 위험이 있는 지역축제로서 산에서 개최하는 지역축제
② 축제장소에 사고 위험이 있는 지역축제로서 축제의 예산 규모가 30억 이상 될 것으로 예상되는 지역축제
③ 축제장소에 사고 위험이 있는 지역축제로서 수면에서 개최하는 지역축제
④ 축제에 사용하는 재료에 사고 위험이 있는 지역축제로서 불, 폭죽, 석유류 또는 가연성 가스 등의 폭발성 물질을 사용하는 지역축제

1.

안전점검의 날 등 (M 4×4 = 16/ 안4/ 5×5 = 25)

국민안전의 날	매년 4월 16일
안전점검의 날	매월 4일
방재의 날	매년 5월 25일

2.

안전관리헌장(기본법 제66조의8) 🔥
㉠ 국무총리는 재난을 예방하고, 재난이 발생할 경우 그 피해를 최소화하기 위하여 재난 및 안전관리업무에 종사하는 자가 지켜야 할 사항 등을 정한 안전관리헌장을 제정·고시하여야 한다.
㉡ 재난관리책임기관의 장은 제1)항에 따른 안전관리헌장을 실천하는 데 노력하여야 하며, 안전관리헌장을 누구나 쉽게 볼 수 있는 곳에 항상 게시하여야 한다.

3.

법 제66조의11제1항 및 제3항에서 "대통령령으로 정하는 지역축제"란 각각 다음 각 호의 어느 하나에 해당하는 지역축제를 말한다. (M 일천/ 산수/ 폭발)
1. 축제기간 중 순간 최대 관람객이 1천명 이상이 될 것으로 예상되는 지역축제
2. 축제장소나 축제에 사용하는 재료 등에 사고 위험이 있는 지역축제로서 다음 각 목의 어느 하나에 해당하는 지역축제
  가. 산 또는 수면에서 개최하는 지역축제
  나. 불, 폭죽, 석유류 또는 가연성 가스 등의 폭발성 물질을 사용하는 지역축제

Answer 1.② 2.③ 3.②

09 보칙

❶ 재난 및 안전관리를 위한 특별교부세 교부(기본법 제66조의13)

「지방교부세법」 제9조제1항제2호에 따른 특별교부세는 「지방교부세법」에 따라 행정안전부장관이 교부 등을 행한다. 이 경우 특별교부세의 교부는 지방자치단체의 재난 및 안전관리 수요에 한정한다.

❷ 재난관리기금의 적립(기본법 제67조) ♦

(1) 지방자치단체는 재난관리에 드는 비용에 충당하기 위하여 매년 재난관리기금을 적립하여야 한다.

(2) 제(1)항에 따른 재난관리기금의 매년도 최저적립액은 최근 3년 동안의 「지방세법」에 의한 보통세의 수입결산액의 평균연액의 100분의 1에 해당하는 금액으로 한다. (Ⓜ 저삼지보수백일)

❸ 재난관리기금의 운용 등(기본법 제68조)

(1) 재난관리기금에서 생기는 수입은 그 전액을 재난관리기금에 편입하여야 한다.

(2) 제67조제2항에 따른 매년도 최저적립액 중 대통령령으로 정하는 일정 비율 이상(해당 연도의 최저적립액의 100분의 21을 말한다.)은 응급복구 또는 긴급한 조치에 우선적으로 사용하여야 한다.

(3) 제(1)항 및 제(2)항에 따른 재난관리기금의 용도·운용 및 관리에 필요한 사항은 대통령령으로 정한다.

❹ 재난원인조사(기본법 제69조) ♦

(1) 행정안전부장관은 재난이나 그 밖의 각종 사고의 발생 원인과 재난 발생 시 대응과정에 관한 조사·분석·평가(제34조의5 제1항에 따른 위기관리 매뉴얼의 준수 여부에 대한 평가를 포함한다. 이하 "재난원인조사"라 한다)가 필요하다고 인정하는 경우 직접 재난원인조사를 실시하거나, 재난관리책임기관의 장으로 하여금 재난원인조사를 실시하고 그 결과를 제출하게 할 수 있다.

(2) 행정안전부장관은 다음 각 호의 어느 하나에 해당하는 재난의 경우에는 재난안전 분야 전문가 및 전문기관 등이 공동으로 참여하는 정부합동 재난원인조사단(이하 "재난원인조사단"이라 한다)을 편성하고, 이를 현지에 파견하여 재난원인조사를 실시할 수 있다. 🔥

> 1. 인명 또는 재산의 피해 정도가 매우 크거나 재난의 영향이 사회적·경제적으로 광범위한 재난으로서 대통령령으로 정하는 재난
>
>> "대통령령으로 정하는 재난"이란 다음 각 호의 재난을 말한다.
>> ① 특별재난지역을 선포하게 한 재난
>> ② 중앙재난안전대책본부, 지역재난안전대책본부 또는 중앙사고수습본부를 구성·운영하게 한 재난
>> ③ 반복적으로 발생하는 재난으로서 행정안전부장관이 재발 방지를 위하여 재난원인조사가 필요하다고 판단하는 재난
>
> 2. 제1호에 따른 재난에 준하는 재난으로서 행정안전부장관이 체계적인 재난원인조사가 필요하다고 인정하는 재난

(3) 재난원인조사단은 대통령령으로 정하는 바에 따라 재난원인조사 결과를 조정위원회에 보고하여야 한다.

(4) 행정안전부장관은 재난원인조사를 위하여 필요하면 관계 기관의 장 또는 관계인에게 소속직원의 파견(관계 기관의 장에 대한 요청의 경우로 한정한다), 관계 서류의 열람 및 자료제출 등의 요청을 할 수 있다. 이 경우 요청을 받은 관계 기관의 장 또는 관계인은 특별한 사유가 없으면 요청에 따라야 한다.

(5) 행정안전부장관은 제(1)항 및 제(2)항에 따라 실시한 재난원인조사 결과 개선 등이 필요한 사항에 대해서는 관계 기관의 장에게 그 결과를 통보하거나 개선권고 등의 필요한 조치를 요청할 수 있다. 이 경우 요청을 받은 관계 기관의 장은 대통령령으로 정하는 바에 따라 개선권고 등에 따른 조치계획과 조치결과를 행정안전부장관에게 통보하여야 한다.

(6) 행정안전부장관은 재난원인조사단의 재난원인조사 결과를 신속히 국회 소관 상임위원회에 제출·보고하여야 한다.

(7) 재난원인조사단의 권한, 편성 및 운영 등에 필요한 사항은 대통령령으로 정한다.

재난원인조사 절차

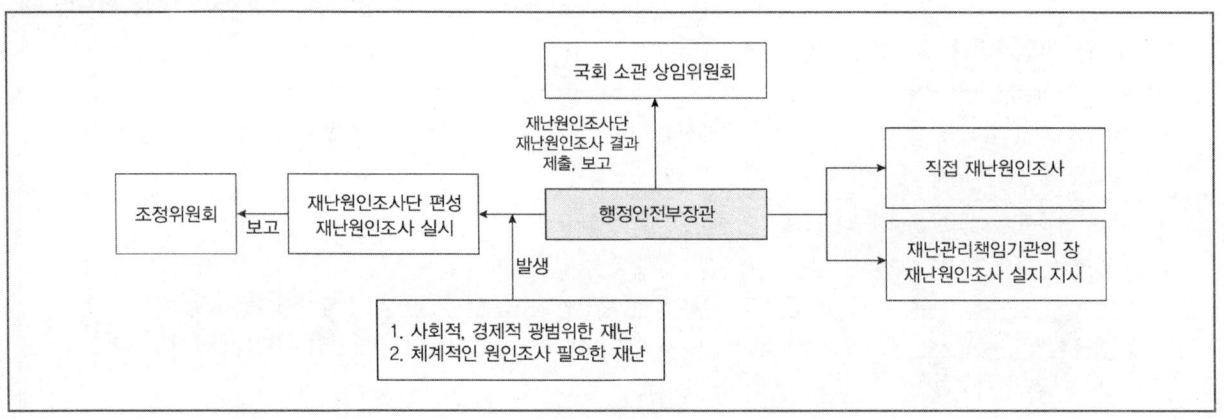

5 재난상황의 기록관리(기본법 제70조)

(1) 재난관리책임기관의 장은 다음 각 호의 사항을 기록하고, 이를 보관하여야 한다. 이 경우 시장·군수·구청장을 제외한 재난관리책임기관의 장은 그 기록사항을 시장·군수·구청장에게 통보하여야 한다. (Ⓜ 피대결개필)

> 1. 소관 시설·재산 등에 관한 **피**해상황을 포함한 재난상황
> 1의2. 재난 발생 시 **대**응과정 및 조치사항
> 2. 재난원인조사(재난관리책임기관의 장이 실시한 재난원인조사에 한정한다) **결**과
> 3. **개**선권고 등의 조치결과
> 4. 그 밖에 재난관리책임기관의 장이 기록·보관이 **필**요하다고 인정하는 사항

(2) 행정안전부장관은 매년 재난상황 등을 기록한 재해연보 또는 재난연감을 작성하여야 한다.

(3) 행정안전부장관은 제(2)항에 따른 재해연보 또는 재난연감을 작성하기 위하여 필요한 경우 재난관리책임기관의 장에게 관련 자료의 제출을 요청할 수 있다. 이 경우 요청을 받은 재난관리책임기관의 장은 요청에 적극 협조하여야 한다.

(4) 재난관리주관기관의 장은 제14조에 따른 대규모 재난과 제60조에 따라 특별재난지역으로 선포된 사회재난 또는 재난상황 등을 기록하여 관리할 특별한 필요성이 인정되는 재난에 관하여 재난수습 완료 후 수습상황과 재난예방 및 피해를 줄이기 위한 제도 개선의견 등을 기록한 재난백서를 작성하여야 한다. 이 경우 관계 기관의 장이 재난대응에 참고할 수 있도록 재난백서를 통보하여야 한다.

(5) 재난관리주관기관의 장은 제(4)항에 따른 재난백서를 신속히 국회 소관 상임위원회에 제출·보고하여야 한다.

(6) 재난상황의 작성·보관 및 관리에 필요한 사항은 대통령령으로 정한다.

> [재난상황의 기록 관리(시행령 제76조)]
> ① 법 제70조 제1항에 따라 재난관리책임기관의 장은 피해시설물별로 다음 각 호의 사항이 포함된 재난상황의 기록을 작성·보관 및 관리하여야 한다.
>   1. 피해상황 및 대응 등
>   가. 피해일시 및 피해지역
>   나. 피해원인, 피해물량 및 피해금액
>   다. 동원 인력·장비 등 응급조치 내용
>   라. 피해지역 사진, 영상, 도면 및 위치 정보
>   마. 인명피해 상황 및 피해주민 대처 상황
>   바. 자원봉사자 등의 활동 사항
>   2. 복구상황
>   가. 자체복구계획 또는 재난복구계획에 따라 시행하는 사업의 종류별 복구물량 및 복구금액의 산출내용
>   나. 복구공사의 명칭·위치, 공사발주 및 복구추진 현황
>   3. 그 밖에 미담·모범사례 등 기록으로 작성하여 보관·관리할 필요가 있는 사항
> ② 시·도지사 및 시장·군수·구청장은 제①항에 따라 작성된 재난상황의 기록을 재난복구가 끝난 해의 다음 해부터 5년간 보관하여야 한다.
> ③ 법 제70조 제2항에 따라 작성하는 재해연보 및 재난연감은 책자 형태 또는 전자적 형태의 기록물로 발행할 수 있으며, 발행한 재해연보 및 재난연감은 관계 재난관리책임기관의 장에게 송부하거나 전자적 방법으로 게시하여 열람할 수 있도록 하여야 한다.

6 재난 및 안전관리에 필요한 과학기술의 진흥 등(기본법 제71조)

(1) 정부는 재난 및 안전관리에 필요한 연구·실험·조사·기술개발(이하 "연구개발사업"이라 한다) 및 전문인력 양성 등 재난 및 안전관리 분야의 과학기술 진흥시책을 마련하여 추진하여야 한다.

(2) 행정안전부장관은 연구개발사업을 하는 데에 드는 비용의 전부 또는 일부를 예산의 범위에서 출연금으로 지원할 수 있다.

(3) 행정안전부장관은 연구개발사업을 효율적으로 추진하기 위하여 다음 각 호의 어느 하나에 해당하는 기관·단체 또는 사업자와 협약을 맺어 연구개발사업을 실시하게 할 수 있다.

> 1. 국공립 연구기관
> 2. 특정연구기관
> 3. 과학기술분야 정부출연연구기관
> 4. 대학·산업대학·전문대학 및 기술대학
> 5. 재난 또는 안전 분야의 연구기관
> 6. 기업부설연구소 또는 기업의 연구개발전담부서

(4) 행정안전부장관은 연구개발사업을 효율적으로 추진하기 위하여 행정안전부 소속 연구기관이나 그 밖에 대통령령으로 정하는 기관·단체 또는 사업자 중에서 연구개발사업의 총괄기관을 지정하여 그 총괄기관에게 연구개발사업의 기획·관리·평가, 제(3)항에 따른 협약의 체결, 개발된 기술의 보급·진흥 등에 관한 업무를 하도록 할 수 있다.

(5) 제(2)항에 따른 출연금의 지급·사용 및 관리와 제(3)항에 따른 협약의 체결방법 등 연구개발사업의 실시에 필요한 사항은 대통령령으로 정한다.

7 재난 및 안전관리기술개발 종합계획의 수립 등(기본법 제71조의 2) 2022 간부

(1) 행정안전부장관은 제71조 제1항의 재난 및 안전관리에 관한 과학기술의 진흥을 위하여 5년마다 관계 중앙행정기관의 재난 및 안전관리기술개발에 관한 계획을 종합하여 조정위원회의 심의와 「국가과학기술자문회의법」에 따른 국가과학기술자문회의의 심의를 거쳐 재난 및 안전관리기술개발 종합계획(이하 "개발계획"이라 한다)을 수립하여야 한다.

(2) 관계 중앙행정기관의 장은 개발계획에 따라 소관 업무에 관한 해당 연도 시행계획을 수립하고 추진하여야 한다.

(3) 개발계획 및 시행계획에 포함하여야 할 사항 및 계획수립의 절차 등에 관하여는 대통령령으로 정한다.

❽ 연구개발사업 성과의 사업화 지원(기본법 제72조)

(1) 행정안전부장관은 연구개발사업의 성과를 사업화하는 「중소기업기본법」 제2조에 따른 중소기업(이하 "중소기업"이라 한다)이나 그 밖의 법인 또는 사업자 등에 대하여 다음 각 호의 지원을 할 수 있다. 이 경우 중소기업에 대한 지원을 우선적으로 실시할 수 있다.

> 1. 시제품(試製品)의 개발·제작 및 설비투자에 필요한 비용의 지원
> 2. 연구개발사업의 성과로 발생한 특허권 등 지식재산권의 전용실시권(專用實施權) 또는 통상실시권(通常實施權)의 설정·허락 또는 그 알선
> 3. 사업화로 생산된 재난 및 안전 관련 제품 등의 우선 구매
> 4. 연구개발사업에 사용되거나 생산된 기기·설비 및 시제품 등의 사용권 부여 또는 그 알선
> 5. 그 밖에 사업화를 위하여 필요한 사항으로서 행정안전부령으로 정하는 사항

(2) 제(1)항에 따른 지원의 방법 및 절차 등에 관하여 필요한 사항은 대통령령으로 정한다.

❾ 기술료의 징수 및 사용(기본법 제73조)

(1) 행정안전부장관은 연구개발사업의 성과를 사업화함으로써 수익이 발생할 경우에는 사업자로부터 그 수익의 일부에 해당하는 금액(이하 "기술료"라 한다)을 징수할 수 있다.

(2) 행정안전부장관은 기술료를 다음 각 호의 사업에 사용할 수 있다.

> 1. 재난 및 안전관리 연구개발사업
> 2. 그 밖에 재난 및 안전관리와 관련된 기술의 육성을 위한 사업으로서 <u>대통령령으로 정하는 사업</u>
>
> [대통령령으로 정하는 사업이란 다음 각 호의 사업을 말한다.]
> ① 법 제72조에 따른 연구개발사업 성과의 사업화 지원
> ② 우수한 기술을 개발한 기관·단체 또는 사업자 및 연구원에 대한 포상 등의 지원
> ③ 그 밖에 행정안전부장관이 재난 및 안전관리와 관련된 기술의 육성을 위하여 필요하다고 인정하는 사업

(3) 기술료의 징수대상, 징수방법 및 사용 등에 필요한 사항은 대통령령으로 정한다.

⑩ 재난관리정보통신체계의 구축·운영(기본법 제74조)

(1) 행정안전부장관과 재난관리책임기관·긴급구조기관 및 긴급구조지원기관의 장은 재난관리업무를 효율적으로 추진하기 위하여 대통령령으로 정하는 바에 따라 재난관리정보통신체계를 구축·운영할 수 있다.

(2) 재난관리책임기관·긴급구조기관 및 긴급구조지원기관의 장은 제(1)항에 따른 재난관리정보통신체계의 구축에 필요한 자료를 관계 재난관리책임기관·긴급구조기관 및 긴급구조지원기관의 장에게 요청할 수 있다. 이 경우 요청을 받은 기관의 장은 특별한 사유가 없으면 요청에 따라야 한다.

(3) 행정안전부장관은 재난관리책임기관·긴급구조기관 및 긴급구조지원기관의 장이 제(1)항에 따라 구축하는 재난관리정보통신체계가 연계 운영되거나 표준화가 이루어지도록 종합적인 재난관리정보통신체계를 구축·운영할 수 있으며, 재난관리책임기관·긴급구조기관 및 긴급구조지원기관의 장은 특별한 사유가 없으면 이에 협조하여야 한다.

⑪ 재난관리정보의 공동이용(제74조의2)

(1) 재난관리책임기관·긴급구조기관 및 긴급구조지원기관은 재난관리업무를 효율적으로 처리하기 위하여 수집·보유하고 있는 재난관리정보를 다른 재난관리책임기관·긴급구조기관 및 긴급구조지원기관과 공동이용하여야 한다.

(2) 제(1)항에 따라 공동이용되는 재난관리정보를 제공하는 기관은 해당 정보의 정확성을 유지하도록 노력하여야 한다.

(3) 재난관리정보의 처리를 하는 재난관리책임기관·긴급구조기관·긴급구조지원기관 또는 재난관리업무를 위탁받아 그 업무에 종사하거나 종사하였던 자는 직무상 알게 된 재난관리정보를 누설하거나 권한 없이 다른 사람이 이용하도록 제공하는 등 부당한 목적으로 사용하여서는 아니 된다.

(4) 제(1)항에 따른 공유 대상 재난관리정보의 범위, 재난관리정보의 공동이용절차 등에 관하여 필요한 사항은 대통령령으로 정한다.

⑫ 정보 제공 요청 등(기본법 제74조의3)

(1) 중앙대책본부장 또는 지역대책본부장은 신속한 재난 대응을 위하여 필요한 경우 재난으로 인하여 생명·신체에 대한 피해를 입은 사람과 생명·신체에 대한 피해 발생이 우려되는 사람(이하 "재난피해자등"이라 한다)에 대한 다음 각 호에 해당하는 정보의 제공을 관계 중앙행정기관의 장, 지방자치단체의 장, 공공기관의 장, 전기통신사업자, 그 밖의 법인·단체 또는 개인에게 요청할 수 있으며, 요청을 받은 자는 정당한 사유가 없으면 이에 따라야 한다.

> 1. 성명, 주민등록번호, 주소 및 전화번호(휴대전화번호를 포함한다)
> 2. 재난피해자등의 이동경로 파악 및 수색·구조를 위한 다음 각 목의 정보
>   가. 「개인정보 보호법」에 따른 영상정보처리기기를 통하여 수집된 정보
>   나. 「대중교통의 육성 및 이용촉진에 관한 법률」에 따른 교통카드의 사용명세
>   다. 신용카드·직불카드·선불카드의 사용일시, 사용장소(재난 발생 지역 및 그 주변 지역에서 사용한 내역으로 한정)
>   라. 처방전의 의료기관 명칭, 전화번호 및 진료기록부상의 진료일시

(2) 중앙대책본부장 또는 지역대책본부장은 재난피해자등의 개인위치정보의 제공을 전기통신사업자와 위치정보사업을 하는 자에게 요청할 수 있고, 요청을 받은 자는 「통신비밀보호법」제3조에도 불구하고 정당한 사유가 없으면 이에 따라야 한다.

(3) 중앙대책본부장 또는 지역대책본부장은 제(1)항 및 제(2)항에 따라 수집된 정보를 관계 재난관리책임기관·긴급구조기관·긴급구조지원기관, 그 밖에 재난 대응 관련 업무를 수행하는 기관에 제공할 수 있다.

(4) 중앙대책본부장 또는 지역대책본부장은 제(1)항 및 제(2)항에 따라 수집된 정보의 주체에게 다음 각 호의 사실을 통지하여야 한다.

> 1. 재난 대응을 위하여 필요한 정보가 수집되었다는 사실
> 2. 제1호의 정보가 다른 기관에 제공되었을 경우 그 사실
> 3. 수집된 정보는 이 법에 따른 재난 대응 관련 업무 이외의 목적으로 사용할 수 없으며, 업무 종료 시 지체 없이 파기된다는 사실

(5) 누구든지 제(1)항 및 제(2)항에 따라 수집된 정보를 이 법에 따른 재난 대응 이외의 목적으로 사용할 수 없으며, 업무 종료 시 지체 없이 해당 정보를 파기하여야 한다.

(6) 제(1)항 및 제(2)항에 따라 수집된 정보의 보호 및 관리에 관한 사항은 이 법에서 정한 것을 제외하고는 「개인정보 보호법」에 따른다.

(7) 행정안전부장관 또는 지방자치단체의 장은 특정 지역에서 다중운집으로 인하여 재난이나 각종 사고가 발생하거나 발생할 우려가 있는 경우 해당 지역에 있는 불특정 다수인의 기지국 접속 정보의 제공을 제(2)항에 따른 전기통신사업자 또는 위치정보사업을 하는 자에게 요청할 수 있고, 요청을 받은 자는 정당한 사유가 없으면 이에 따라야 한다.

(8) 행정안전부장관 또는 지방자치단체의 장은 제(7)항에 따라 수집된 정보를 관계 재난관리책임기관·긴급구조기관·긴급구조지원기관, 그 밖에 재난 대응 관련 업무를 수행하는 기관에 제공할 수 있다. 다만, 재난 대응 관련 업무를 수행하는 데 필요하여 해당 기관의 장이 제(7)항에 따라 수집된 정보의 제공을 요청하는 경우 행정안전부장관 또는 지방자치단체의 장은 특별한 사유가 없으면 그 요청에 따라야 한다.

(9) 제(2)항에 따른 개인위치정보 및 제(7)항에 따른 기지국 접속 정보의 제공을 요청하는 방법 및 절차, 제(3)항 및 제(8)항에 따른 정보 제공의 대상·범위 및 제4항에 따른 통지의 방법 등에 필요한 사항은 대통령령으로 정한다.

13 재난안전데이터의 수집 등(제74조의4)

(1) 행정안전부장관은 데이터에 기반한 재난 및 안전관리를 위하여 재난안전데이터의 수집·연계·분석·활용·공유·공개(이하 "수집등"이라 한다)를 하여야 한다.

(2) 행정안전부장관은 효율적인 재난안전데이터의 수집등을 위하여 재난안전데이터통합관리시스템을 구축·운영할 수 있다.

(3) 행정안전부장관은 재난안전데이터의 수집등을 위하여 재난관리책임기관의 장에게 필요한 데이터의 제공을 요청할 수 있다. 이 경우 요청을 받은 재난관리책임기관의 장은 특별한 사유가 없으면 이에 따라야 한다.

(4) 행정안전부장관은 재난안전데이터의 수집등 및 관련 전문인력의 양성, 재난안전데이터통합관리시스템의 구축·운영 등을 위하여 재난안전데이터센터를 설치·운영할 수 있다.

(5) 제(1)항부터 제(4)항까지에 따른 재난안전데이터의 수집등, 재난안전데이터통합관리시스템의 구축·운영, 데이터 제공의 대상·범위 및 재난안전데이터센터의 설치·운영 등에 필요한 사항은 대통령령으로 정한다.

[재난안전데이터센터(시행령 제83조의4)]
① 행정안전부장관은 재난안전데이터센터를 설치·운영하는 경우에는 데이터 전문인력을 배치해야 한다.
② 재난안전데이터센터는 다음 각 호의 업무를 수행한다.
   1. 재난안전데이터의 수집·연계·분석·활용·공유·공개("수집등"이라 한다)에 관한 계획의 수립 및 시행
   2. 재난안전데이터 수집등에 관한 실태조사 및 개선
   3. 재난안전데이터통합관리시스템의 운영
   4. 재난안전데이터 활용기술의 개발
   5. 재난안전데이터 관련 연구개발과제 발굴 및 수행
   6. 재난안전데이터 관련 교육 및 민간과의 협력
   7. 그 밖에 재난안전데이터의 수집등에 필요한 사항
③ 행정안전부장관은 재난안전데이터센터 내에 수집·저장된 재난안전데이터 및 그 분석결과에 대한 안전성 확보 조치를 해야 한다.

⑭ 안전관리자문단의 구성·운영(기본법 제75조)

(1) 지방자치단체의 장은 재난 및 안전관리업무의 기술적 자문을 위하여 민간전문가로 구성된 안전관리자문단을 구성·운영할 수 있다.

(2) 제(1)항에 따른 안전관리자문단의 구성과 운영에 관하여는 해당 지방자치단체의 조례로 정한다.

⑮ 안전책임관(제75조의2) ♨

(1) 국가기관과 지방자치단체의 장은 해당 기관의 재난 및 안전관리업무를 총괄하는 안전책임관 및 담당직원을 소속 공무원 중에서 임명할 수 있다.

(2) 안전책임관은 해당 기관의 재난 및 안전관리업무와 관련하여 다음 각 호의 사항을 담당한다. (Ⓜ **초매교중**)

1. 재난이나 그 밖의 각종 사고가 발생하거나 발생할 우려가 있는 경우 **초**기대응 및 보고에 관한 사항
2. 위기관리 **매**뉴얼의 작성·관리에 관한 사항
3. 재난 및 안전관리와 관련된 **교**육·훈련에 관한 사항
4. 그 밖에 해당 **중**앙행정기관의 장이 재난 및 안전관리업무를 위하여 필요하다고 인정하는 사항

(3) 제(1)항에 따른 안전책임관의 임명 및 운영에 필요한 사항은 대통령령으로 정한다.

16 재난안전 관련 보험·공제의 개발·보급 등(기본법 제76조)

(1) 국가는 국민과 지방자치단체가 자기의 책임과 노력으로 재난이나 그 밖의 각종 사고에 대비할 수 있도록 재난안전 관련 보험 또는 공제를 개발·보급하기 위하여 노력하여야 한다.

(2) 국가는 대통령령으로 정하는 바에 따라 예산의 범위에서 보험료·공제회비의 일부 및 보험·공제의 운영과 관리 등에 필요한 비용의 일부를 지원할 수 있다.

17 재난안전의무보험에 관한 법령이 갖추어야 할 기준 등(기본법 제76조의2)

(1) 재난안전의무보험에 관한 법령을 주관하는 중앙행정기관의 장은 재난안전의무보험에 관한 법령을 제정·개정하는 경우에는 해당 법령에 다음 각 호의 기준이 적정하게 반영되도록 노력하여야 한다.

---

1. 재난이나 그 밖의 각종 사고로 인한 사람의 생명·신체에 대한 손해를 적절히 보상하도록 대통령령으로 정하는 수준의 보상 한도를 정할 것
2. 법률에 따른 재난안전의무보험의 가입의무자를 신속히 확인하고 관리할 수 있는 체계를 갖출 것
3. 법률에 따른 재난안전의무보험의 가입의무자에 해당함에도 가입을 게을리 한 자 또는 가입하지 아니한 자 등에 대하여 가입을 독려하거나 제재할 수 있는 방안을 마련할 것
4. 보험회사, 공제회 등 재난안전의무보험에 관한 법령에 따라 재난안전의무보험 관련 사업을 하는 자(이하 "보험사업자"라 한다)가 대통령령으로 정하는 정당한 사유 없이 재난안전의무보험에 대한 가입 요청 또는 계약 체결을 거부하거나 보험계약 등을 해제·해지하는 것을 제한하도록 할 것
5. 재난이나 그 밖의 각종 사고의 발생 위험이 높은 가입의무자에 대하여 다수의 보험사업자가 공동으로 재난안전의무보험 계약을 체결할 수 있는 방안을 마련할 것
6. 재난이나 그 밖의 각종 사고로 피해를 입은 자가 최소한의 생활을 유지할 수 있도록 보험금 청구권에 대한 압류금지 등 피해자를 보호하는 조치를 마련할 것
7. 그 밖에 재난안전의무보험의 적절한 운용을 위하여 대통령령으로 정하는 기준을 갖출 것

---

(2) 행정안전부장관은 재난안전의무보험의 관리·운용 등에 공통적으로 적용될 수 있는 업무기준을 마련할 수 있다.

[재난안전의무보험의 보상 한도 등(시행령 제84조의2)]
법 제76조의2 제1항 제1호에서 "대통령령으로 정하는 수준의 보상 한도"란 피해자 1명당 다음 각 호의 기준을 모두 충족하는 금액의 보상 한도를 말한다.
　1. 사망의 경우 : 1억 5천만원 이상
　2. 부상의 경우 : 3천만원 이상
　3. 부상에 대한 치료를 마친 후 더 이상의 치료효과를 기대할 수 없고 그 증상이 고정된 상태에서 그 부상이 원인이 되는 신체적 장해가 생긴 경우 : 1억 5천만원 이상

⑱ 재난안전의무보험의 평가 및 개선권고 등(기본법 제76조의3)

(1) 행정안전부장관은 재난안전의무보험에 관한 법령과 재난안전의무보험의 관리·운용 등이 제76조의2 제1항에 따른 기준에 적합한지 등을 분석·평가하기 위하여 필요한 경우에는 재난안전의무보험 관련 법령을 주관하거나 재난안전의무보험의 운용을 주관하는 중앙행정기관의 장 등에게 관련 자료의 제출을 요청할 수 있다. 이 경우 자료의 제출을 요청받은 중앙행정기관의 장 등은 특별한 사유가 없으면 이에 따라야 한다.

(2) 행정안전부장관은 제(1)항에 따른 재난안전의무보험 등의 분석·평가 결과 해당 재난안전의무보험 등이 제76조의2제1항에 따른 기준에 적합하지 아니하다고 인정하는 경우에는 재난안전의무보험 관련 법령을 주관하거나 재난안전의무보험의 운용을 주관하는 중앙행정기관의 장 등에게 관련 법령의 개정권고, 재난안전의무보험의 관리·운용에 대한 개선권고 등을 할 수 있다.

(3) 행정안전부장관은 제(2)항에 따른 관련 법령의 개정권고 및 재난안전의무보험의 관리·운용에 대한 개선권고에 관한 사항이 효과적으로 추진될 수 있도록 재난안전의무보험에 관한 법령을 주관하는 중앙행정기관의 장으로부터 재난안전의무보험 제도개선에 관한 계획을 제출받아 이를 종합한 정비계획(이하 "정비계획"이라 한다)을 수립할 수 있다.

(4) 제(1)항부터 제(3)항까지에서 규정한 사항 외에 재난안전의무보험의 분석·평가, 개선권고의 절차·방법 및 정비계획의 수립 절차·방법 등에 관하여 필요한 사항은 대통령령으로 정한다.

⑲ 재난안전의무보험 종합정보시스템의 구축·운영 등(기본법 제76조의4)

(1) 행정안전부장관은 재난안전의무보험 관리·운용의 효율성을 높이고, 재난안전의무보험 관련 자료 또는 정보를 체계적으로 수집하여 종합적으로 관리할 수 있도록 재난안전의무보험 종합정보시스템을 구축·운영할 수 있다.

(2) 행정안전부장관은 제(1)항에 따른 재난안전의무보험 종합정보시스템의 구축·운영을 위하여 필요한 경우에는 관계 중앙행정기관의 장, 지방자치단체의 장, 공공기관, 보험사업자 또는 「보험업법」에 따른 보험 관계 단체의 장 등에게 관련 자료 또는 정보의 제공을 요청하거나 그가 관리·운영하는 재난안전의무보험 관련 전산시스템과 연계하여 자료 또는 정보를 수집할 수 있다. 이 경우 관련 자료 또는 정보의 제공을 요청받거나 전산시스템과의 연계 요청을 받은 자는 「개인정보 보호법」 제18조제1항에도 불구하고 특별한 사유가 없으면 이에 따라야 한다.

(3) 행정안전부장관은 「개인정보 보호법」 제18조 제1항에도 불구하고 이 조 제(1)항에 따른 재난안전의무보험 종합정보시스템에 수집된 자료 또는 정보를 다른 재난관리책임기관과 공동이용할 수 있고, 보험사업자 또는 「보험업법」에 따른 보험 관계 단체 등이 재난안전의무보험 관련 업무의 수행을 위하여 자료 또는 정보의 제공을 요청하는 경우 그 사용 목적에 해당하는 범위에서 관련 자료 또는 정보를 제공할 수 있다.

(4) 제(3)항에 따라 재난안전의무보험 관련 자료 또는 정보를 공동이용하거나 제공받은 자(관련 업무를 위탁받아 그 업무에 종사하거나 종사하였던 자를 포함한다)는 업무상 알게 된 재난안전의무보험 관련 자료 또는 정보를 누설하거나 권한 없이 다른 사람이 이용하도록 제공하는 등 부당한 목적으로 사용해서는 아니 된다.

(5) 제(1)항부터 제(4)항까지에서 규정한 사항 외에 재난안전의무보험 종합정보시스템의 구축·운영, 재난안전의무보험 관련 자료 또는 정보의 공동이용 및 제공 등에 필요한 사항은 대통령령으로 정한다.

20 재난취약시설 보험·공제의 가입 등(기본법 제76조의5)

(1) 다음 각 호에 해당하는 시설 중 <u>대통령령으로 정하는 시설</u>을 소유·관리 또는 점유하는 자는 해당 시설에서 발생하는 화재, 붕괴, 폭발 등으로 인한 타인의 생명·신체나 재산상의 손해를 보상하기 위하여 보험 또는 공제에 가입하여야 한다. 이 경우 다른 법률에 따라 그 손해의 보상내용을 충족하는 보험 또는 공제에 가입한 경우에는 이 법에 따른 보험 또는 공제에 가입한 것으로 본다.

① 「시설물의 안전 및 유지관리에 관한 특별법」 제2조에 따른 시설물
② 그 밖에 재난이 발생할 경우 타인에게 중대한 피해를 입힐 우려가 있는 시설

(2) 제(1)항에 따른 보험 또는 공제의 종류, 보상한도액 및 그 밖에 필요한 사항은 대통령령으로 정한다.

(3) 행정안전부장관은 제(1)항에 따른 보험 또는 공제의 가입관리 업무를 위하여 필요한 경우 대통령령으로 정하는 바에 따라 중앙행정기관의 장 또는 지방자치단체의 장에게 행정적 조치를 하도록 요청하거나 관계 행정기관, 보험회사 및 보험 관련 단체에 보험 또는 공제의 가입관리 업무에 필요한 자료를 요청할 수 있다. 이 경우 요청을 받은 자는 정당한 사유가 없으면 이에 따라야 한다.

[재난취약시설 보험·공제의 가입대상 시설(시행령 제84조의5)

법 제76조의5 제2항 각 호 외의 부분 전단에서 "대통령령으로 정하는 시설"이란 별표 3에 따른 시설("가입대상시설"이라 한다)을 말한다.

■ 재난 및 안전관리 기본법 시행령 [별표 3]

재난취약시설 보험 또는 공제의 가입대상 시설(제84조의5 관련)

1. 숙박업을 하는 시설
2. 관광숙박업을 하는 시설
3. 과학관
4. 물류창고업의 등록 대상 물류창고
5. 박물관 및 미술관
6. 휴게음식점영업 또는 일반음식점영업을 위하여 영업장으로 사용하는 바닥면적의 합계가 100제곱미터 이상인 시설
7. 장례식장
8. 경륜장 또는 경정장
9. 경주장 외의 장소에 설치되는 승자투표권의 발매, 환급금 및 반환금의 지급사무 등을 처리하기 위한 시설
10. 국제회의시설
11. 도시·군계획시설로 설치되는 지하도상가
12. 지하상가
13. 도서관
14. 주유소
15. 여객자동차터미널
16. 전시시설
17. 공동주택으로서 15층 이하의 공동주택 및 부속건물
18. 경마장
19. 경마장 외의 장소에 설치되는 마권의 발매 등을 처리하기 위한 시설
20. 농어촌민박사업을 하는 시설

[재난취약시설 보험·공제의 보상한도액 등(시행령 제84조의6)]
① 보험 또는 공제는 다음 각 호의 구분에 따른 보상한도액의 기준을 모두 충족하는 보험 또는 공제여야 한다.
  1. 사망 또는 부상의 경우 : 피해자 1명당 「자동차손해배상 보장법 시행령」 따른 금액의 범위에서 피해자에게 발생한 손해액을 지급할 것
  2. 재산상 손해의 경우 : 사고 1건당 10억원의 범위에서 피해자에게 발생한 손해액을 지급할 것
② 보험 또는 공제에 가입해야 하는 자("가입의무자"라 한다)는 다음 각 호의 구분에 따른다.
  1. 가입대상시설의 소유자와 점유자가 동일한 경우 : 소유자
  2. 가입대상시설의 소유자와 점유자가 다른 경우 : 점유자
  3. 소유자 또는 점유자와의 계약에 따라 가입대상시설에 대한 관리책임과 권한을 부여받은 자("관리자"라 한다)가 있거나 다른 법령에 따라 관리자로 규정된 자가 있는 경우 : 관리자
③ 가입의무자는 다음 각 호의 구분에 따른 시기까지(보험 또는 공제의 유효기간이 만료되는 경우에는 그 만료일까지) 보험 또는 공제에 가입해야 한다.

대상	가입시기
1. 별표 3 제1호부터 제7호까지 및 제20호에 해당하는 가입대상시설 – 숙박업을 하는 시설 – 관광숙박업을 하는 시설 – 과학관 – 물류창고업의 등록 대상 물류창고 – 박물관 및 미술관 – 휴게음식점영업 또는 일반음식점영업을 위하여 영업장으로 사용하는 바닥면적의 합계가 100제곱미터 이상인 시설 – 장례식장 – 농어촌민박사업을 하는 시설	해당 가입대상시설에 대한 허가등이 완료된 날부터 30일 이내
2. 별표 3 제8호부터 제19호까지에 해당하는 가입대상시설 – 경주장 외의 장소에 설치되는 승자투표권의 발매, 환급금 및 반환금의 지급사무 등을 처리하기 위한 시설 – 국제회의시설 – 도시·군계획시설로 설치되는 지하도상가 – 지하상가 – 도서관 – 주유소 – 여객자동차터미널 – 전시시설 – 공동주택으로서 15층 이하의 공동주택 및 부속건물 – 경마장 – 경마장 외의 장소에 설치되는 마권의 발매 등을 처리하기 위한 시설	해당 가입대상시설의 본래 사용 목적에 따른 사용 개시 전까지

21 재난관리 의무 위반에 대한 징계 요구 등(기본법 제77조)

(1) 국무총리 또는 행정안전부장관은 재난관리책임기관의 장이 이 법에 따른 조치를 하지 아니한 경우에는 대통령령으로 정하는 바에 따라 기관경고 등 필요한 조치를 할 수 있다.

(2) 행정안전부장관, 시·도지사 또는 시장·군수·구청장은 이 법에 따른 재난예방조치·재난응급조치·안전점검·재난상황관리·재난복구 등의 업무를 수행할 때 지시를 위반하거나 부과된 임무를 게을리한 재난관리책임기관의 공무원 또는 직원의 명단을 해당 공무원 또는 직원의 소속 기관의 장 또는 단체의 장에게 통보하고, 그 소속 기관의 장 또는 단체의 장에게 해당 공무원 또는 직원에 대한 징계 등을 요구할 수 있다. 이 경우 그 사실을 입증할 수 있는 관계 자료를 그 소속 기관 또는 단체의 장에게 함께 통보하여야 한다.

(3) 중앙통제단장 또는 지역통제단장은 제52조제5항에 따른 현장지휘에 따르지 아니하거나 부과된 임무를 게을리한 긴급구조요원의 명단을 해당 긴급구조요원의 소속 기관 또는 단체의 장에게 통보하고, 그 소속 기관의 장 또는 단체의 장에게 해당 긴급구조요원에 대한 징계를 요구할 수 있다. 이 경우 그 사실을 입증할 수 있는 관계 자료를 그 소속 기관 또는 단체의 장에게 함께 통보하여야 한다.

(4) 제(2)항과 제(3)항에 따라 통보를 받은 소속 기관의 장 또는 단체의 장은 해당 공무원 또는 직원에 대한 징계 등 적절한 조치를 하고, 그 결과를 해당 기관의 장에게 통보하여야 한다.

(5) 행정안전부장관, 시·도지사, 시장·군수·구청장, 중앙통제단장 및 지역통제단장은 제(2)항 및 제(3)항에 따른 사실 입증을 위한 전담기구를 편성하는 등 소속 공무원으로 하여금 필요한 조사를 하게 할 수 있다. 이 경우 조사공무원은 그 권한을 표시하는 증표를 제시하여야 한다.

(6) 행정안전부장관은 제(5)항에 따른 조사의 실효성 제고를 위하여 대통령령으로 정하는 전담기구 협의회를 구성·운영할 수 있다.

(7) 제(2)항·제(3)항에 따른 통보 및 제(5)항에 따른 조사에 필요한 사항은 대통령령으로 정한다.

22 적극행정에 대한 면책(기본법 제77조의2)

(1) 제77조제(2)항 및 제(3)항에 따른 재난관리책임기관의 공무원, 직원 및 긴급구조요원이 재난안전 사고를 예방하고 피해를 최소화하기 위하여 업무를 적극적으로 추진한 결과에 대하여 그의 행위에 고의 또는 중대한 과실이 없는 경우에는 같은 조 제(2)항 및 제(3)항에 따른 명단 통보 및 징계 등 요구를 하지 아니하거나 같은 조 제(4)항에 따른 징계 등의 책임을 묻지 아니한다.

(2) 다음 각 호의 사람이 제61조 또는 제66조제(3)항에 따른 지원 업무를 적극적으로 처리한 결과에 대하여 그의 행위에 고의나 중대한 과실이 없는 경우에는 관계 법령에 따른 징계 또는 제재 등 책임을 묻지 아니한다.
① 「감사원법」 제22조부터 제24조까지에 따른 회계검사와 감찰 대상 공무원 및 임직원
② 「금융위원회의 설치 등에 관한 법률」 제38조에 따른 검사 대상 기관 소속 임직원

(3) 제(1)항에 따른 면책의 구체적인 기준, 운영절차 및 그 밖에 필요한 사항은 대통령령으로 정한다. 다만, 제(2)항 제①호 및 제②호의 사람에 관한 사항은 감사원과 금융위원회의 규칙을 각각 따른다.

23 권한의 위임 및 위탁(기본법 제78조)

(1) 이 법에 따른 행정안전부장관의 권한은 그 일부를 대통령령으로 정하는 바에 따라 시·도지사에게 위임할 수 있다.

(2) 행정안전부장관은 제33조의2에 따른 평가 등의 업무의 일부, 제72조에 따른 연구개발사업 성과의 사업화 지원, 제73조에 따른 기술료의 징수·사용에 관한 업무 및 제73조의4에 따른 재난안전제품의 인증에 관한 업무를 대통령령으로 정하는 바에 따라 전문기관 등에 위탁할 수 있다.

(3) 행정안전부장관은 제76조의4 제1항에 따른 재난안전의무보험 종합정보시스템의 구축·운영에 관한 업무를 대통령령으로 정하는 바에 따라 「보험업법」 제176조에 따른 보험요율 산출기관에 위탁할 수 있다.

09 출제예상문제

1 「재난 및 안전관리 기본법」상 정부합동 재난원인조사에 대한 설명으로 옳은 것은?

① 정부합동 재난원인조사의 주체는 중앙대책본부장이다.
② 재난원인조사단의 권한, 편성 및 운영 등에 필요한 사항은 행정안전부장관이 정한다.
③ 재난원인조사단은 재난발생원인조사 결과를 시·도지사에게 보고하여야 한다.
④ 행정안전부장관은 재난원인조사 결과를 신속히 국회 소관 상임위원회에 제출·보고하여야 한다.

1.
① 행정안전부장관은 재난안전 분야 전문가 및 전문기관 등이 공동으로 참여하는 정부합동 재난원인조사단(이하 "재난원인조사단"이라 한다)을 편성하고, 이를 현지에 파견하여 재난원인조사를 실시할 수 있다.
② 재난원인조사단의 권한, 편성 및 운영 등에 필요한 사항은 대통령령으로 정한다.
③ 재난원인조사단은 대통령령으로 정하는 바에 따라 재난원인조사 결과를 조정위원회에 보고하여야 한다.

2 다음의 내용 중 빈칸에 들어갈 말로 옳은 것은? (순서대로 ㉠, ㉡)

> 재난 및 안전관리 기본법 시행령상 시·도지사 및 시장·군수·구청장은 재난상황의 기록을 재난 복구가 끝난 해의 (㉠)부터 (㉡)간 보관하여야 한다.

① 당해, 5년
② 당해, 10년
③ 다음해, 5년
④ 다음해, 10년

2.
시·도지사 및 시장·군수·구청장은 작성된 재난상황의 기록을 재난복구가 끝난 해의 다음 해부터 5년간 보관하여야 한다.

Answer 1.④ 2.③

3 다음 중 ㉠, ㉡의 내용으로 옳은 것은?

> 재난관리기금의 매년도 (㉠)은 최근 3년 동안의 (㉡)에 의한 보통세의 수입결산액의 평균연액의 100분의 1에 해당하는 금액으로 한다.

① 최저적립액, 지방세법
② 최저적립액, 국세법
③ 최고적립액, 지방세법
④ 최고적립액, 국세법

4 재난 및 안전관리 기본법상 재난상황의 기록관리에 관한 설명으로 옳지 않은 것은?

① 재난관리책임기관의 장은 소관 시설·재산 등에 관한 피해상황을 포함한 재난상황 등을 기록하고, 이를 보관하여야 한다.
② 재난관리주관기관의 장은 특별재난지역으로 선포된 사회재난 또는 재난상황 등을 기록하여 관리할 특별한 필요성이 인정되는 재난에 관하여 재난수습 완료 후 수습상황 등을 기록한 재해도감을 작성하여야 한다.
③ 행정안전부장관은 매년 재난상황 등을 기록한 재해연보 또는 재난연감을 작성하여야 한다.
④ 재난상황의 작성·보관 및 관리에 필요한 사항은 대통령령으로 정한다.

3.
재난관리기금의 적립(기본법 제67조)
㉠ 지방자치단체는 재난관리에 드는 비용에 충당하기 위하여 매년 재난관리기금을 적립하여야 한다.
㉡ 제㉠항에 따른 재난관리기금의 매년도 최저적립액은 최근 3년 동안의 「지방세법」에 의한 보통세의 수입결산액의 평균연액의 100분의 1에 해당하는 금액으로 한다. (**M** 저삼지보수백일)

4.
② 재난관리주관기관의 장은 제14조에 따른 대규모재난과 제60조에 따라 특별재난지역으로 선포된 사회재난 또는 재난상황 등을 기록하여 관리할 특별한 필요성이 인정되는 재난에 관하여 재난수습 완료 후 수습상황과 재난예방 및 피해를 줄이기 위한 제도 개선 의견 등을 기록한 재난백서를 작성하여야 한다. 이 경우 관계 기관의 장이 재난대응에 참고할 수 있도록 재난백서를 통보하여야 한다.

Answer 3.① 4.②

* 2017년 간부

5 다음은 안전관리기본계획, 재난의 예방·대비·대응·복구 등에 관한 사항이다. 옳지 않은 것은?

① 행정안전부장관은 국가안전관리기본계획을 5년마다 수립하여야 한다.
② 행정안전부장관은 재난관리정보통신체계가 연계 운영되거나 표준화가 이루어지도록 종합적인 재난관리정보통신체계를 구축·운영할 수 있다.
③ 재난관리책임기관의 장은 매년 10월 31일 까지 다음 해의 재난관리자원에 대한 비축·관리계획을 수립하고, 이를 행정안전부장관에게 제출하여야 한다.
④ 행정안전부장관은 긴급구조기관이 긴급구조지원기관에 대한 능력을 평가하는데 필요한 평가지침을 매년 수립하여 다른 긴급구조기관의 장에게 통보하여야 한다.
⑤ 자연재난으로서 「자연재난 구호 및 복구 비용 부담기준 등에 관한 규정」에 따른 국고지원 대상 피해 기준금액의 2.5배를 초과하는 피해가 발생한 재난은 특별 재난의 범위에 포함된다.

* 2020년 간부

6 「재난 및 안전관리 기본법」 및 같은 법 시행령상 효율적인 재난관리를 위해 실시하는 예방, 대비, 대응 및 복구 활동에 관한 내용으로 옳지 않은 것은?

① 국무총리는 국가안전관리기본계획을 5년마다 수립하여야 한다.
② 안전점검의 날은 매월 4일로 하고, 방재의 날은 매년 5월 25일로 한다.
③ 훈련주관기관의 장은 관계 기관과 합동으로 참여하는 재난대비훈련을 각각 소관 분야별로 주관하여 연 1회 이상 실시하여야 한다.
④ 행정안전부장관은 5년마다 재난 및 안전관리에 관한 과학기술의 진흥을 위하여 재난 및 안전관리 기술개발종합계획을 수립하여야 한다.
⑤ 긴급구조지원기관에서 긴급구조업무와 재난관리 업무를 담당하는 부서의 담당자 및 관리자는 신규교육을 받은 후 3년마다 정기적으로 긴급구조교육을 받아야 한다.

5.
① 국무총리는 국가안전관리기본계획을 5년마다 수립하여야 한다.

6.
[재난안전분야 종사자 교육 종류 등(시행규칙 제6조의2)]
① 법 제29조의2에 따른 재난안전분야 종사자 전문교육은 관리자 전문교육과 실무자 전문교육으로 구분하며, 그 교육 대상자는 다음 각 호와 같다.
  1. 관리자 전문교육
    가. 재난관리책임기관에서 재난 및 안전관리 업무를 담당하는 부서의 장
    나. 시·군·구의 부단체장
    다. 법 제75조의2에 따른 안전책임관
  2. 실무자 전문교육
    재난관리책임기관에서 재난 및 안전관리 업무를 담당하는 부서의 공무원 또는 직원으로서 제1호에 해당하지 아니하는 사람
② 전문교육의 교육기간은 3일 이내로 하고, 전문교육의 대상자는 해당 업무를 맡은 후 1년 이내에 신규교육을 받아야 하며, 신규교육을 받은 후 매 2년마다 정기교육을 받아야 한다.

Answer 5.① 6.⑤

※ 2022년 간부

7 「재난 및 안전관리 기본법」 및 동법 시행령에 따라 수립해야 하는 계획의 내용이다. ( ) 안에 들어갈 내용으로 옳은 것은?

> (가) (㉠)은/는 재난 및 안전관리에 관한 과학 기술의 진흥을 위하여 (㉡)년마다 관계 중앙행정기관의 재난 및 안전관리기술개발에 관한 계획을 종합하여 조정위원회의 심의와 「국가과학기술자문회의법」에 따른 국가과학기술자문회의의 심의를 거쳐 재난 및 안전관리기술개발 종합계획을 수립하여야 한다.
> (나) (㉢)은/는 국가안전관리기본계획을 (㉣)년마다 수립해야 한다.

	㉠	㉡	㉢	㉣
①	국무총리	1	행정안전부장관	1
②	과학기술정보통신부장관	5	행정안전부장관	5
③	행정안전부장관	1	국무총리	1
④	국무총리	5	국무총리	5
⑤	행정안전부장관	5	국무총리	5

7.

㉠ 재난 및 안전관리기술개발 종합계획의 수립 등(기본법 제71조의 2) 🔥 **2022 간부**
<u>행정안전부장관은</u> 제71조제1항의 재난 및 안전관리에 관한 과학기술의 진흥을 위하여 5년마다 관계 중앙행정기관의 재난 및 안전관리기술개발에 관한 계획을 종합하여 조정위원회의 심의와 「국가과학기술자문회의법」에 따른 국가과학기술자문회의의 심의를 거쳐 <u>재난 및 안전관리기술개발 종합계획(이하 "개발계획"이라 한다)을 수립하여야 한다.</u>

㉡ 국가안전관리기본계획 수립(시행령 제26조)] 🔥🔥
국무총리는 법 제22조제1항에 따른 국가의 재난 및 안전관리업무에 관한 기본계획(이하 "국가안전관리기본계획"이라 한다)의 <u>수립지침을 5년마다 작성</u>해야 한다.

Answer 7.⑤

chapter 10 　벌칙

❶ 벌칙(기본법 제78조의3) – 3년 이하의 징역 또는 3천만원 이하의 벌금

제31조 제1항에 따른 <u>안전조치명령을 이행하지 아니한 자</u>는 3년 이하의 징역 또는 3천만원 이하의 벌금에 처한다.

❷ 벌칙(기본법 제78조의4) – 2년 이하의 징역 또는 2천만원 이하의 벌금

제74조의3 제5항을 위반하여 <u>재난 대응 이외의 목적으로 정보를 사용하거나 업무가 종료되었음에도 해당 정보를 파기하지 아니한 자</u>는 2년 이하의 징역 또는 2천만원 이하의 벌금에 처한다.

❸ 벌칙(기본법 제79조) – 1년 이하의 징역 또는 1천만원 이하의 벌금

(1) 정당한 사유 없이 <u>긴급안전점검을 거부 또는 기피하거나 방해한 자</u>

(2) 정당한 사유 없이 <u>위험구역에 출입하는 행위나 그 밖의 행위의 금지명령 또는 제한명령을 위반한 자</u>

(3) 정당한 사유 없이 <u>정보제공요청 등에 따른 중앙대책본부장 또는 지역대책본부장의 요청에 따르지 아니한 자</u>

(4) 재난안전의무보험 관련 자료 또는 정보를 누설하거나 권한 없이 다른 사람이 이용하도록 제공하는 등 <u>업무상 알게 된 재난안전의무보험 관련 자료 또는 정보를 누설하거나 권한 없이 다른 사람이 이용하도록 제공하는 등 부당한 목적으로 사용한 자</u>

④ 벌칙(기본법 제80조) – 500만원 이하의 벌금

(1) 정당한 사유 없이 응급부담(시도지사가 실시하는 응급조치 포함)에 따른 토지·건축물·인공구조물, 그 밖의 소유물의 일시 사용 또는 장애물의 변경이나 제거를 거부 또는 방해한 자

(2) 재난관리정보의 공동이용 법률을 위반하여 직무상 알게 된 재난관리정보를 누설하거나 권한 없이 다른 사람이 이용하도록 제공하는 등 부당한 목적으로 사용한 자

⑤ 과태료(기본법 제82조)

(1) 200만원 이하의 과태료

> 1. 위기상황 매뉴얼을 작성·관리하지 아니한 소유자·관리자 또는 점유자
> 1의2. 다중이용시설 등의 훈련을 실시하지 아니한 소유자·관리자 또는 점유자
> 1의3. 다중이용시설 등의 개선명령을 이행하지 아니한 소유자·관리자 또는 점유자
> 2. 대피명령을 위반한 사람
> 3. 위험구역에서의 퇴거명령 또는 대피명령을 위반한 사람

(2) 300만원 이하의 과태료

재난취약시설의 보험 또는 공제에 가입하지 않은 자

(3) 제(1)항 및 제(2)항에 따른 과태료는 대통령으로 정하는 바에 따라 다의 각 호의 자가 부과·징수한다.

① 시·도지사 또는 시장·군수·구청장 : 제(1)항에 따른 과태료

② 보험 또는 공제의 가입 대상 시설의 허가·인가·등록·신고 등의 업무를 처리한 관계 행정기관의 장 : 제(2)항에 따른 과태료

서원각 용어사전 시리즈

상식은 "용어사전"
용어사전으로 중요한 용어만 한눈에 보자

1. 시사용어사전 1200
매일 접하는 각종 기사와 정보 속에서 현대인이 놓치기 쉬운, 그러나 꼭 알아야 할 최신 시사상식을 쏙쏙 뽑아 이해하기 쉽도록 정리했다!

2. 경제용어사전 1030
주요 경제용어는 거의 다 실었다! 경제가 쉬워지는 책, 경제용어사전!

3. 부동산용어사전 1300
부동산에 대한 이해를 높이고 부동산의 개발과 활용, 투자 및 부동산 용어 학습에도 적극적으로 이용할 수 있는 부동산용어사전!

중요한 용어만 공부하자!

- 최신 관련 기사 수록
- 다양한 용어를 수록하여 1000개 이상의 용어 한눈에 파악
- 용어별 중요도 표시 및 꼼꼼한 용어 설명
- 파트별 TEST를 통해 실력점검

자격증

한번에 따기 위한 서원각 교재

한 권에 준비하기 시리즈 / 기출문제 정복하기 시리즈를 통해 자격증 준비하자!